《中国文化导读》编辑委员会

总策划：张信刚
顾　问：吴同瑞　郑培凯
主　编：叶　朗　费振刚　王天有

委　员

丁一川	于迎春	王宗昱	王　博
王德岩	古兆申	朱秋华	何芳川
何　晋	李中华	李新峰	李　简
沙宗平	周学农	孟二冬	林梅村
孙尚扬	孙　淼	张文儒	张希清
张衍田	张　鸣	张学智	许抗生
郭洪体	郭润涛	彭　锋	赵长征
赵建武	刘勇强	刘厚斌	刘华祝
卢永璘	谢明良	罗　新	苏培成

《中国文化导读》编辑委员会
叶朗　费振刚　王天有　主编

ZHONGGUO

WENHUA DAODU

生活·讀書·新知 三联书店

ⓒ香港城市大学 2001 年

本书原由香港城市大学出版社及香港城市大学中国文化中心出版，发行全世界。

本书简体中文版由香港城市大学授权生活·读书·新知三联书店在中国大陆地区出版发行。

图书在版编目（CIP）数据

中国文化导读／叶朗、费振刚、王天有主编．－北京：生活·读书·新知三联书店，2007.1（2022.7 重印）
ISBN 978－7－108－02488－6

Ⅰ.中… Ⅱ.①叶…②费…③王… Ⅲ.文化史－中国
Ⅳ.K203

中国版本图书馆 CIP 数据核字（2006）第 036067 号

责任编辑	张　荷　崔　萌
装帧设计	罗　洪　康　健
图文制作	北京京鲁创业科贸有限公司（88514205）
出版发行	生活·讀書·新知三联书店
	（北京市东城区美术馆东街 22 号）
图　字	01－2006－0435
邮　编	100010
经　销	新华书店
印　刷	北京隆昌伟业印刷有限公司
版　次	2007 年 1 月北京第 1 版
	2022 年 7 月北京第 9 次印刷
开　本	720 毫米×965 毫米　1/16　印张 42
字　数	640 千字　图片 428 幅
印　数	60,001－65,000 册
定　价	129.00 元

目 录

序 .... 张信刚
前言 .... 郑培凯
中国文化的启示 .... 郑培凯

第一部分：中国历史概要

第一章	中国的史前社会	2
第二章	中国的上古社会	18
第三章	秦汉至隋唐时期的中国社会	38
第四章	宋元明清时期的中国社会	64

第二部分：中国文化导论

第五章	上古艺术	96
第六章	汉语和汉字	114
第七章	《周易》	128
第八章	《诗经》	144
第九章	楚辞	158
第十章	先秦儒家	170
第十一章	先秦道家	186
第十二章	先秦法家	202
第十三章	《孙子兵法》	214
第十四章	《史记》和《汉书》	226
第十五章	汉代科技	240
第十六章	魏晋玄学	260
第十七章	道教的产生和发展	272
第十八章	中国佛教与禅宗	290
第十九章	丝绸之路	308

第二十章	唐诗	330
第二十一章	古代音乐和舞蹈	362
第二十二章	雕塑艺术	380
第二十三章	书法艺术	402
第二十四章	学校与科举	428
第二十五章	"四大发明"在宋代的发展	444
第二十六章	中国陶瓷与海上交通贸易	460
第二十七章	宋明理学	484
第二十八章	宋词	498
第二十九章	元曲	522
第三十章	基督教、伊斯兰教的传入与中外文化的交流	544
第三十一章	明清小说	564
第三十二章	水墨画	586
第三十三章	园林艺术	610
第三十四章	昆剧与京剧	628

附录

附录一	中国古代典籍举例	645
附录二	中国民俗举例	650
附录三	中国名胜古迹	652
附录四	中国历史朝代公元对照简表	660
鸣谢		662

序

中国文化源远流长，博大精深，具有强大的生命力与凝聚力。

今天，12亿中国人使用同一语文，有一致的文化认同。一个普通的中国小学生仍能认得王羲之的书法，一个普通中国中学生仍能读懂创作于孔子之前的《诗经》。这个现象在世界各民族中是独一无二的，也是每个中国人都应感到自豪的。

然而，中国文化绝非停滞不前，几千年来，中国文化不断演进，从域外文化中吸收了大量的新元素，纳入本土的主流文化中。

第一个千年纪开始时，汉朝已在秦统一六国的基础上，融合各地文化，又接通西域，建立了辉煌的汉文化。

第二个千年纪开始时，宋朝在南北朝及隋唐大量吸收北方各民族及中亚、南亚、西亚等地的文化之后，将中华文化发展到了成熟而精致的境地。

经过两三个世纪的中西文化碰撞与交融，中华民族在20世纪之末恢复了尊严与自信。她正一面积极重视自身的传统文化，一面认真吸收外来的优良文化，并准备在第三个千年纪之始创造出一个蓬勃有力的中华新文化。

生活在21世纪，回顾中华文化的曲折过程，我们除了深感自豪之外，也从前人所创造的辉煌文明成就得到启发，从祖辈经历的苦难与血泪中得到教训，对我们自身的生命意义与人类的前景，有了最宝贵的参照系统。历史无法预测未来，无法提供创造美好世界的方案，也无法解决当今世上的争斗与纷乱。但是，却可以提供前人的经验，可以让我们思考战争与和平的后果与意义，让我们了解思想与智慧如何开拓了人类的心灵追求，让我们反省个人与历史文化息息相关的人生处境。

有鉴于此，我在1996年就开始策划中国文化课程，以使香港城市大学的每一位同学，不论是文理工商，都有机会学习并思考中国历史文化所提供的智慧资源，加强对祖国固有文化的认识，提高民族自信心，并结合香港本身的条件，为中华新文化的诞生做出努力。

为了达成这个目标，我们需要一部教材。不是传统的教科书，而是可供大学生参考并自修的读物，让青年人面对博大精深的中国文化，有一个入门的途径，可以顺利登堂入室，以窥殿堂之美。我联结了两岸三地的学者，通过高层次智性的切磋琢磨，拟定了专题式的描述分析体例，并邀请各地专家学者撰写本书的内容。

本书的撰写，北京大学有三十余位学者参与，在叶朗、费振刚、王天有三位教授的领导与协调下，完成了试用的初稿。初稿完成之后，又经历了三年时间的试用与修订，才成为现在的定稿。在修订期间，叶朗教授与郑培凯教授领导了二十位青年学者，通过实际授课的反馈，重新写定了本书，见证了"教学相长"的经验。

本书在2002年被香港电台选作年度十大好书之一，读者群日益扩大，使我感到无限欣慰。毕竟是"功不唐捐"，前后六年的工夫，得到香港文化与教育界的肯定与赞扬。现在北京三联书店愿意出版本书的简体字版，让更广大的青年学子读到这部两岸三地携手合作的成果，更使我为之欣喜。谨在此向参与或协助此一工作的学者同仁们，致以最诚挚的谢意。对促成此书简体字版的刊印，我也要特别感谢三联的李昕先生、城大中国文化中心的郑培凯教授及城大出版社的邝子器先生。

我相信作者及编者们都会同意，把这部书连同我们为之工作的热忱，献给中华民族的新世纪。

张信刚
香港城市大学
校长及大学讲座教授
2006年6月

前言

中国文化的发展,历时长远,累积了千百代人创造的富赡资源,是人类文明极其宝贵的遗产。然而,正因其富赡深邃,正因其包罗万有,正因其累积了亿万人群在悠久历史中创造的文化资源,千头万绪,缤纷多彩,也就难以在短时间内一窥堂奥,难以轻松不费力气而掌握其底蕴及脉络。现代的青年人,生活在讲求功利实效的社会,习惯了立竿见影的学习方式,以知识为商品,一切都想速成,就会感到学习中国文化"没有用"、"不实际"、"与生活脱节"、"事倍功半"。而没想到文化的修养及熏陶,和股票投机迥然不同。是与每一个人的生活息息相关,更与个人的人格成长及一生事业成就有关,是"最有用"、"最实际"的"长期投资",绝不可以等闲对待的。

年轻人不愿意修习传统中国文化,是因为年轻,涉世未深,想得不够长远。还无法体会,人生充满了复杂的转折变化,并不能以单一的专业知识来应付。他们经常抱怨,从小到大,总是被迫学习枯燥的中国历史、地理、语文,感到与现实生活无关,是些不痛不痒的老古董知识,甚至是一堆理不清的朝报。而讲授传习的方式更是令人厌恶,以背诵人名、地名、年代、年号为主,既无趣味,又无意义。

年轻人的抱怨,未免有失偏颇,但从传承中国文化的教学角度来看,这些抱怨却应当是教师发聩振聋的警钟。中国文化的教学模式与教材的编写,假如还是抱残守缺,以泥古守旧为捍卫传统,以脱离现实为追求真知,而不能改弦更张,则会加深青年一代对传统的敌视,甚至于尚未得窥门墙(不要说登堂入室了),就已弃之如敝屣,一心向往"星空是多么希腊"了。

香港城市大学为了提高青年学子的人文素养,同时增强同学对自身文化传统的认知与体会,在张信刚校长的策划与推动下,创设了中国文化科目,规定全校同学必修六个学分的中国文化课程,才有大学毕业资格。张校长更集思广益,会合了海内外的学术菁英,一同规划了专题,作为修习中国文化的探讨范畴。本书的撰写，就是按照专题的设计，邀请北京大学及港、台地区的专家学者，以深入浅出的方式，分别撰写专章，论述中国文化的各个侧面，作为同学修习中国文化课程的基本读物。如此编排，打破了过去按朝代或年代堆砌资料的框架，对浩如烟海的材料做了抉择，有取有舍，有详有略。

从体例编纂来说，本书首尾完备，对专题提供扼要的论述，使读者对中国文化得到精简的认识，是完全可以独立存在的。但是，本书的设计与呈现，还有更进一步的构想，则是配合城市大学中国文化中心网路教学的整体规划，是创新的互动教学法的一环。对中国文化与艺术的视像材料有兴趣的朋友，还可以进入中国文化中心网站（www.cciv.cityu.edu.hk），得到更多的资料。

一本书的成形，并不单是白纸上印上黑字，不止是把知识转换成可以卖钱的商品。本书从策划到试用本的出现，经历了两年时间；从第一版试用本到这一版，又经历了三年的光阴，其间出版过第一版的正式本、第一版的修订本、第二版的试用本，到现在终于完成了整体增订的计划。这里凝聚了多少人的血汗与心力、多少宝贵的时光。我不但要在这里感谢所有的作者与主编，还要特别表扬中国文化中心全体同仁的群策群力，才有今天的收获。同时我也想告诉青年学子，这本书的撰著，见证了许多人对中国文化的挚爱，对文化传承的投入。请大家阅读本书时，想想这句俗话，"前人种树，后人乘凉"，要感激为我们种树的人。心存感激之时，读这本书，就会感到亲切，就会更加珍惜自己的文化传统。

郑培凯教授
香港城市大学
中国文化中心主任
2006 年 6 月

中国文化的启示

请告诉我谁是中国人,
启示我,如何把记忆抱紧;
请告诉我这民族的伟大,
轻轻的告诉我,不要喧哗。

《祈祷》闻一多

这是闻一多早年诗作《祈祷》中的名句,展示了作为一个现代中国人所面临的困境。诗人通过自身的感受,以敏锐的艺术直觉,吐露了发自心灵深处的迷惘:现代的中国人,内经动乱与革命的冲击,外有西方强势文化的震撼,和生于斯长于斯的中国文化,不再濡相生,与传统发生了断裂与离异。

谁是中国人呢?流着祖宗遗下来的血液,就是中国人吗?丧失了文化传统的记忆,还算不算中国人呢?大声喧哗,挥舞着大刀长矛,就能造就出不卑不亢的中国人吗?怎么样才能重拾文化的记忆?怎么样才能抱紧记忆中的辉煌与伟大?怎样才能从伟大的过去吸取养料,创造光辉的未来?

我们创设中国文化科目,不拟大声疾呼,只想轻轻告诉大家:中国的传统不但有灿烂辉煌的往昔,有秦时明月汉时关,唐太宗的旌旗,成吉思汗的大纛。还有对自然的观照,看到池塘生春草,细雨鱼儿出,落霞孤鹜,秋水长天,古道西风瘦马,杏花春雨江南。更有对人生处境的深刻体会,知道上善若水,否极泰来,人有悲欢离合,月有阴晴圆缺,塞翁失马,焉知非福,亡羊补牢犹未为晚。也懂得旖旎缠绵的情景,春蚕到死丝方尽,蜡炬成灰泪始干，落红不是无情物，化作春泥更护花。

如何把记忆抱紧？如何把记忆内化，转为创造未来的资源与力量？这就是有待我们共同的努力，通过学习，理解与珍惜，成为塑造自我人格的养分。孔子说过，"知之者不如好之者，好之者不如乐之者。"当学习到了乐此不疲的地步，文化传统也就与自我成为一体，不可分割了。

那时，我们就不必担心，"闻道有先后，术业有专攻"是否有现代处境的矛盾。那时我们就可告慰九泉之下的闻一多先生，我们无愧于历史传统，无惧于未来挑战，我们是堂堂正正的中国人。

郑培凯教授
香港城市大学
中国文化中心主任

第一部分：中国历史概要

【第一章】中国的史前社会

第一节 中国的地理环境

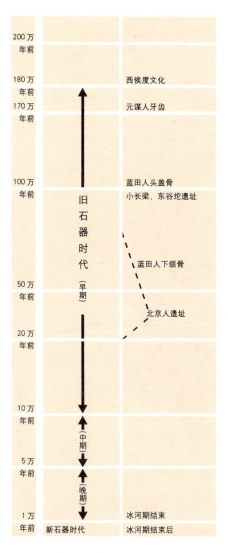

中国所处的地理位置和自然环境，对中国文化的发展，具有一定的影响。

中国位于欧亚大陆的东南部。西与中亚、西亚、南亚相接，东临太平洋，沿海是一片辽阔的平原。西部地区分布着山岭、高原和盆地。这里群山起伏，几条主要的山脉都是从西向东绵延的。这些山脉主要有：阿尔泰山脉、天山山脉、昆仑山脉、喀喇昆仑山脉、冈底斯山脉、喜马拉雅山脉等。其中喜马拉雅山脉处于最南端，是中国最高大的山脉，也是世界最高大的山脉。著名的世界最高的山峰珠穆朗玛峰，就坐落在喜马拉雅山脉上。

具有"世界屋脊"之称的世界第一大高原——青藏高原，就位于中国的西南部。青藏高原是由一系列高大的山脉组成的，范围很广大，它的北部边缘是昆仑山脉的北支和祁连山脉；它的南部边缘是喜马拉雅山脉。青藏高原的西北端，是帕米尔高原，这是地跨中国、塔吉克斯坦和阿富汗三国地区的著名的高原。附近不少高大的山脉，如中国的昆仑山、喀喇昆仑山、阿富汗的兴都库什山等，都是从帕米尔高原延伸出来的。

古代的交通不发达，在当时的条件下，要翻越这些崇山峻岭并不是一件容易的事。因此，这些连绵不断的高大山脉，给中国和西方之间的交通，造成很大的困难，影响着中西方之间的文化交流。古代中国所

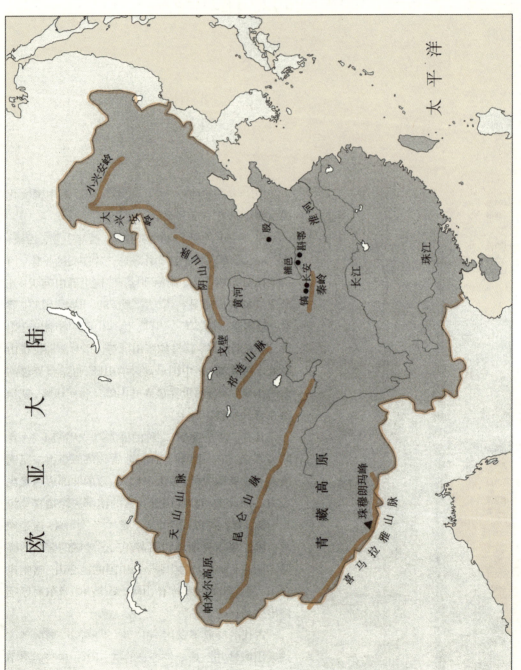

中国山脉、河流、古代国都

以与西方接触较少,这种地理障碍,是个很大的因素。

中国的北部地区有阴山山脉,再往北则是著名的蒙古大戈壁沙漠;中国的东北部地区有大小兴安岭和长白山;中国东部和东南部是一条曲折而漫长的海岸线,辽阔的海域,接连着世界最大的海洋——太平洋。从地理环境看,中国的大陆是一个为高山、海洋所环绕的广大的区域。这里物产丰富,土地辽阔,我们的祖先世世代代在这块土地上繁衍生息,创造出富有自己特色的中华民族的历史文化。

中国的地势西高东低,大多数河流都是从西向东流。境内最著名的两条河流是黄河、长江。黄河流域和长江流域是中国历史上经济最发达的地区,尤其是黄河流域,在古代具有很重要的政治地位。历代王朝的国都,有不少是设立在这个地区,例如夏代的斟鄩,商代的殷墟,西周的镐京,东周的雒邑,秦代的咸阳,西汉的长安,东汉、魏晋的洛阳,隋唐的长安、洛阳,宋代的汴梁等。这表明黄河流域是历史上许多王朝进行政治统治的中心地区。

第二节 中国大地上古人类的起源

根据国外新发现的考古学资料,人类已有300万年的历史。

到目前为止,我们在中国境内已发现距今一百多万年的古人类化石,即云南的元谋人和山西芮城的西侯度遗址。这说明最晚在一百多万年以前,我们的祖先就已生活在中国这块大地上了。

年代距今约100万年到10万年间的古人类遗址,在中国各地更是多有发现。例如北方的陕西蓝田人与北京周口店的北京人,南方的湖北郧县人和安徽和县人等,出土时都曾轰动一时。而从他们所使用的石器工具特征上看,前者以打制的石片石器为主,后者则以使用砾石石器为特征。工具制造上的这种差异,使有些学者认为,从旧石器时代早期开始,最早的"中国人"在各自的"文化"上便体现出南北不同的特色。

很可能是受冰川期的影响,大约从10万年前到距今三五万年之间,中国境内的古人类化石出现了断层。作为中国人的最直接祖先,后来出现的现代智人化石,譬如著名的山顶洞人,究竟是从元谋人、北京人等直立人逐步进化而来,还是从新的地方迁徙而来,至今仍未有定论。遗传学家最

新的研究表明,现代中国人的祖先,从基因上分析,更像是从非洲走来;而迁移的路线,可能是经由中东、南亚、东南亚半岛而抵达中国南方,一部分人又逐渐迁徙到北方。这一迁移过程发生在距今五六万年前。这些新的居民,经数万年进化,成为地地道道的中国人并造就了古代中国丰富多彩的辉煌文化。

人类只有一个共同的祖先,还是各有不同的发祥地?这一问题争论已久。即使我们承认中国应当是人类发祥地之一,但数十万年间,中国境内的远古先民,究竟是否自始而终便有着人种上的继承关系,还是在三五万年前发生了一次大的改变,从而隔断了现代中国人与最早居民间的血缘纽带?这些问题的最终答案,尚有待新资料的发现和研究的深化。

第三节 中国的旧石器文化

根据考古学分期,人类早期的历史,属于旧石器时代。这个时代,延续的时间很长。在中国,旧石器时代大约从距今180万年前延续到距今1万多年前,这段时间,又可分为早、中、晚三期,其中早期延续的时间最长,大约从180万年前延续到距今10万年前。

在旧石器时代,原始人主要使用简单的打制石器,以采集和狩猎为生。

在中国境内,有很多地区都发现了旧石器时代人类遗址。作为举例,我们在下面介绍几处遗址。

西侯度遗址

到目前为止,中国境内发现的时代最早的古人类遗址,是山西省芮城县西侯度村发现的西侯度遗址。在这里发现了一批石制品,有石核、石片和石器,石器中有砍斫器、刮削器、三棱大尖状器。除石制品外还发现了有切割痕迹的鹿角,被烧过的兽骨、鹿角和马牙,此外,还发现了大量的脊椎动物化石。西侯度遗址的年代,距今约180万年。这项发现,证明了至少在180万年前,在中国的土地上,已经有人类生活了。

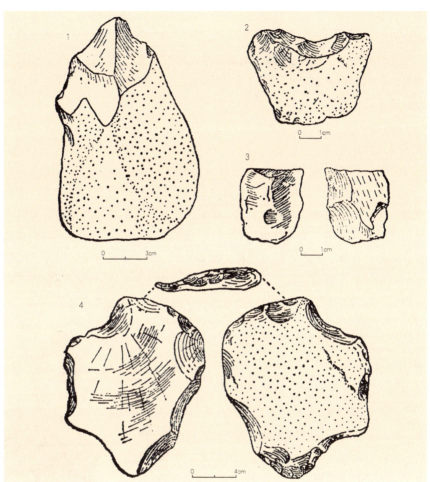

西侯度石器
1. 三棱大尖状器
2. 凹刃刮削器
3. 直刃刮削器
4. 砍砸器

元谋人遗址

西侯度遗址除发现石器外,并没有发现古人类的遗骸。目前在中国境内发现时代最早的古人类遗骸的地点,是云南省元谋县上那蚌村的元谋人遗址。在这里发现了两颗人类牙齿化石,是同一个个体的一左一右两颗中上门齿。还发现有石器、石核、石片,带有人工痕迹的动物骨片、炭屑、烧骨和动物化石。元谋人的年代,距今约170万年。

蓝田人遗址

在陕西省蓝田县内有两个地点发现了蓝田猿人的化石和石器,一个地点是蓝田县的公王岭，在这里发现了一个比较完整的人头盖骨和三枚牙齿，还发现有石器和许多动物化石。另一个地点是蓝田县的陈家窝，在这里发现了一个比较完整的下颌骨。这两个地点总称为蓝田人遗址。蓝田人的年代经过几次测定，据1987年的公布：公王岭出土的化石年代为距今100万年左右，陈家窝出土的化石为距今53万年或65万年。

北京人遗址

北京人遗址是中国境内发现的著名的猿人遗址，位于北京西南周口店的龙骨山上。这个遗址经过多次发掘，出土了极为丰富的古人类遗存。先后共发现了比较完整的人类头盖骨化石六个，还有头骨碎片、下颌骨、胫骨、肱骨、锁骨、月骨、牙齿等大约代表了四十多个个体，并发现了数以万计的石器和石制品。石器的器形有刮削器、尖状器、砍斫器、雕刻器，还发现了被火烧过的兽骨、石头、朴树子以及灰烬等。经测定，北京人遗址的年代，距今约70万年至20万年。

发明用火

在旧石器时代，人类并不会建筑房屋，主要是住在山洞里，依靠采集和狩猎维持生活。当时的生活是相当艰苦的。在没有发明用火以前，采集或狩猎来的食物都是生着吃。关于古人生吃食物的情况，在中国现存的古籍中已有记载，例如，《礼记·礼运篇》说："昔者先王……未有火化，食草木之实，鸟兽之肉，饮其血，茹其毛。"至人类发明用火之后，逐渐改变了生吃的现象。有了火就可以熟食，熟食给人提供了易于消化的食物，这对于人类体质的发展有重要意义。火可以帮助人类驱赶猛兽，又可以照明、取暖。火被人利用后，在人类的生产、生活方面，日益显示出它的重要作用。

中国古代在何时发明了使用火？从考古资料来看，时间很早。在考古发掘的几个较早的遗址里，都发现了用火的遗迹和遗物。例如在西侯度遗址中，发现了被燃烧后的兽骨、鹿角和马牙；在元谋人的遗址

北京人头部复原像

中,发现了大量的炭屑;在蓝田人的遗址中发现了炭末;在北京人的遗址中,发现了灰烬、炭块和被火烧过的骨头和石头。其中灰烬发现了很多处,都是成堆地堆放着,可以看出,北京人不仅知道使用火,而且能够管理火,使火不向四周蔓延。目前已发现的远古人类用火的遗迹遗物还有很多,这里仅举出几例。单从这几个例子已可看出,中国古代用火的历史是很悠久的。如果从西侯度遗址或蓝田人遗址算起,距今已有一百七八十万年了。

第四节 中国的新石器文化

新石器时代,约为公元前6000年(或更早)至公元前2000年左右(其中公元前3500年至公元前2000年为铜石并用时代)。

新石器时代有三大特征:磨制石器、陶器的发明、农业的产生。

目前中国各地发现的新石器时代的遗址已有六千多处以上。作为举例,下面我们介绍其中几处遗址。

磁山文化、裴李岗文化

磁山文化是1973年在河北武安县磁山发现的。在这里出土了许多新石器早期遗物,有陶器、石器和骨器等,还发现了大量灰坑、窖坑,其中有粮食经过几千年风化而形成的炭灰。磁山文化的绝对年代为公元前6000年至公元前5600年。

裴李岗文化是1977年在河南新郑县的裴李岗发现的,时代和磁山文化相当,内容也相似。

磁山文化和裴李岗文化出土的生产工具多是磨制石器,有石铲、石斧、石锛、石镰。骨器多是渔猎工具,有骨镞、带倒刺的渔叉等。

磁山文化和裴李岗文化还出土大量陶器。陶器质地比较粗糙,是用原始手制法即泥条盘筑法制成。主要是炊具,有椭圆形的陶盂、罐、小口双耳壶、碗、钵、鼎。

在磁山文化和裴李岗文化中都发现了家猪、家狗、家鸡的遗骸,说明畜牧业在经济生活中占有重要地位。

仰韶文化

　　仰韶文化是新石器时代中期文化的代表。1921年瑞典人安特生在河南渑池县仰韶村首先发现仰韶文化。1931年在河南安阳高楼庄后岗又发现了仰韶文化在下、龙山文化在中、小屯文化（商文化）在上的著名的三叠层，从此确定了仰韶文化的时代和它同龙山文化的年代关系。近50年来，仰韶文化遗址已经发现了上千处，分布在陕西的关中地区，河南大部分地区，山西南部，河北北部，更远的地方还到达甘肃、青海、河套地区。仰韶文化的绝对年代是从公元前5000年到公元前3000年。有的地方一直延续到公元前2400年。

　　仰韶文化的农作物都是旱田作物，主要是粟和黍，有人因此把这种文化称为"粟黍文化"。

　　仰韶文化的家畜家禽主要有猪、狗、鸡和黄牛。

　　仰韶文化发现的生产工具有石铲（翻土工具）、爪镰（收割工具）、石斧、石锛、鱼镖、鱼钩、网坠、弓箭、石球等等。后期的石铲和爪镰都很薄，通体磨光。箭镞有骨制、石制、角制等种类，其中一种骨镞带倒刺，具有很强的杀伤力。

　　仰韶文化已有原始的纺织和编织工艺。在出土的陶器上常有席纹和布纹。也发现骨锥、骨针和纺轮等编织工具和纺织工具。纺轮多是陶制，少量石制。

　　仰韶文化的陶器还属于原始的手制阶段，但在陶质、造型、装饰、焙烧技术等方面都已经相当成熟。其中最著名的是彩陶。早期的彩陶是红陶黑彩。后期的彩陶有的先上一层陶衣，即在器物外面通体裹上一层颜色较浅的黄色、白色和红色，然后再在上层施以彩绘。后期彩陶已有双色的图案。彩陶的图案有鱼纹、鹿纹、蛙纹、鸟纹、花卉、叶子等，有很强的装饰性。陶器的种类可分为炊器、水器、饮食器和盛储器。

　　仰韶文化已有较大的村落。目前发现最完整的村落遗址是陕西临潼的姜寨遗址。

龙山文化

　　龙山文化是新石器时代后期文化的代表。

　　龙山文化是1928年发掘山东济南附近章丘县的龙山镇城子崖遗址时发现的。龙山文化的时间为公元前2400年至公元前1900年间。就山东地区来说，在龙山文化之前有大汶口文化（公元前4300至前2400年间）。龙山文化是在大汶口文化晚期的基础上发展起来的。

龙山文化的粮食种类不仅有粟,而且有水稻。家畜、家禽有猪、狗、牛、羊、鸡。农业生产工具有扁平穿孔的石铲、蚌铲和骨铲。收割工具有双孔半月形或长条形石刀、蚌刀、石镰、带齿蚌镰等。还有大量木器加工工具,如锛、凿等,说明木器制造业已很发达。

龙山文化的制陶工艺已达到前所未有的高水平。最精美的是蛋壳黑陶和以白陶鬶为代表的白陶。

龙山文化遗址中还经常有精美玉器出土,如玉铲、阴刻兽面纹的玉锛、鸟形玉饰等等。说明制玉工艺已达到较高的水平。

龙山文化遗址中还出土了两件铜锥,是黄铜制品,说明龙山文化时代已有铜的冶炼。

在龙山文化的发现地龙山镇城子崖遗址中,还发现有南北约450米长,东西宽约390米的夯筑城墙。这对研究龙山文化晚期的社会发展有很重要的意义。

第五节 原始农业和手工业

在新石器时代,社会发展的一个重要内容就是人类学会了生产,出现了生产经济,其中有农业、家畜饲养和制陶、纺织等手工业生产。

在生产经济出现以前,人类获取的食物,无论是经狩猎得来的野兽,经采集得来的植物果实、块根和某些软体动物以及在水中捕捞到的鱼类等,都是在自然界中天然生长,早已存在的动、植物。人类获取的这些东西,都是自然界现成的天然产物。当时所制造的石器或木器,其作用也是成为辅助人们攫取自然界天然产物的工具。而现在所讲的生产经济,并不是指这种情况,它是指人类通过自己的劳动,为自然界增加新的产品,例如在农业生产中,从播种到收获的全过程,就是生产经济在农业部门中具体体现的一个很好的实例。

家畜饲养

家畜饲养是怎样发展起来的?这还是一个有待于今后考古发现和研究的问题。然而,人们的定居生活和农业生产,对家畜饲养的发展具有很大的促进作用。

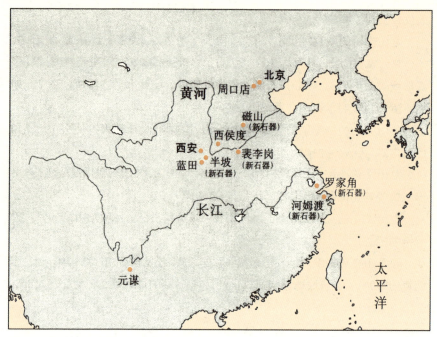

旧石器时代和新石器时代部分文化遗址

远古时期饲养家畜、家禽的种类有：猪、狗、鸡、牛、羊等，其中以猪的数量最多，而最早饲养的家畜、家禽是猪、狗、鸡。例如，在广西桂林甑皮岩遗址，曾发现不少猪骨，经鉴定是家猪的骨骼。这个遗址的年代，经多次测定，大约在公元前8000年至公元前7000年左右。遗址中出土的猪骨，是目前中国最早的家猪遗骸；在河北武安磁山遗址中，曾发现不少动物骨骼，其中有家犬和家鸡的骨骼，这个遗址的年代为距今8000年至7000年左右。这是目前发现的中国最早的家犬、家鸡遗骸。

从上述情况可知，中国很早就开始饲养家畜、家禽了。

农业的出现

中国是个农业国，农业生产有着悠久的历史。在中国历史发展的长期过程中，农业生产一直起了很重要的作用。但是中国的农业是在何时出现的，这是久为世人所关注的问题。随着考古工作的展开，新的资料不断出土，近年来对这个问题有了比较多的了解。经考古发掘，目前发现了不少反映早期农业生产情况的考古遗址，其中比较突出的有以下这些：

在山西省怀仁县鹅毛口发现了一处古遗址，出土遗物主要是石器，其中发现了三件石镰和很多石锄，应是从事农业生产所用的工具。

刻猪纹陶缸　河姆渡文化

在对湖南省道县寿雁镇白石寨村的玉蟾岩洞穴遗址进行发掘过程中，在文化胶结堆积的层面中，发现了二枚水稻谷壳，并筛洗出一件约四分之一枚稻壳残片。

以上两个遗址的年代，均在距今1万年左右。其中玉蟾岩水稻遗物的发现，将中国栽培水稻的历史，提前到距今1万年前左右，为研究水稻起源的时间和地点，提供了重要资料。

在出土早期稻谷的遗址中，比上述两个遗址的时代稍晚一些的遗址，还有以下几处：

在河南省舞阳县贾湖遗址的红烧土块中发现了稻壳印痕，还发现了很多炭化米粒。

在湖南省澧县彭头山遗址的陶片上，发现了很多夹在陶片中的大量已炭化了的稻壳和稻谷。

在湖南省澧县梦溪八十垱遗址出土了大量的八九千年前的稻谷。

上述贾湖与彭头山两个遗址的年代，均在距今8000年左右。八十垱遗址距今约八九千年。

根据发现的资料，目前已知的，中国出现农业最早的时间，是在距今1万年左右。

上述几个遗址，虽然时间较早，但出土的农产品遗物并不甚多。经考古发掘，还发现了一些距今7000年左右的，内容比较丰富且能反映出当时农业生产水平的考古遗址。这类遗址在长江流域和黄河流域均有发现，如在长江流域的有浙江余姚河姆渡遗址和浙江桐乡罗家角遗址。河姆渡遗址发现的资料相当丰富。发现了很多当地使用的农业生产工具——骨耜，最引起人们注意的是发现了大量的稻谷，保存得很完好，有的稻谷是与稻秆、稻叶、谷壳混杂在一起，形成了堆积层，堆积的厚度约20—50厘米。在罗家角遗址也发现了大量的稻谷，并且在出土的陶片中，发现夹有焦化了的谷壳，说明当时已经知道用稻谷壳作为制陶的羼和料。

河姆渡与罗家角遗址的年代，距今约7000年。

在黄河流域发现的反映远古时期农业生产情况的考古遗址很多，我们前面提到的河南省新郑县裴李岗遗址和河北省武安县磁山遗址就是其中的两处。

在裴李岗遗址出土的生产工具中，有石镰、石斧、石铲等，这是用于农业生产的工具，尤其是出土了很多石磨盘、石磨棒，这是用于谷物加工的工具，说明当时已经有了一定的谷物加工的方式。

磁山遗址也出土了不少农业生产工具，如石铲、石斧、石磨盘、石磨棒等。同时在磁山遗址中发现了不少储存粮食的窖穴，其形状是长方形灰坑，深浅不等，一般的深度在1米至2米左右，最深的达5米以上。这类窖穴发现很多，共三百多个，其中在80个窖穴中有粮食堆积。这些粮食均已腐朽，各窖穴的堆积厚度不同，现存厚度约0.32米，其中有10个窖穴堆积的厚度在2米以上。这是粮食腐朽下沉以后的堆积厚度，当初的粮食堆积应高于现在的厚度。根据标本分析，这些粮食的种类是粟。裴李岗遗址与磁山遗址的年代，约在距今7000年。

以上四个遗址是同时代的，都在距今7000年左右。可以看出，当时在农业生产中，已经有了成套的生产工具，能够使用专门工具进行谷物加工，还能储存大量粮食，说明当时的农业生产，已经比较进步了。

双孔石刀　新石器时代

三孔石犁　新石器时代

手工业的发展

远古时期，中国的手工业生产也很发达，出现了很多种门类，例如：制造石器、陶器、骨器、木器、玉器、铜器以及纺织器、编织器等，这些经济部门并非同时出现，而是在漫长的岁月中，有先有后，陆续出现的。依考古资料，出现得最早的是石器制造。

中国是世界上最早饲养家蚕和织造丝绸的国家。丝织品生产的历史很悠久，根据考古发掘，在浙江吴兴（今湖州）钱山漾遗址，出土了一批丝、麻织品，其中丝织品有绢片、丝带和丝线；麻织品有麻布残片、麻绳和麻绳结。这些丝麻织品，出土时大部分是保存在一个竹筐里。经测定，其时代距今约5000年，绢片出土时并未炭化，可以看出，制作得很精细，这表明，在距今5000年左右的中国大地上，已经出现了具有一定织造水平的丝织品了。

陶纺轮　新石器时代

原始民居

生产经济的出现，不仅改变着社会经济面貌，也改变着人们的生活条件，例如农业的出现，它并不仅为人们扩大了食物的来源，同时也要求人们要有一个比较稳定的定居生活，才能很好地从事农业生产。因而，这个时期在人类社会生活中出现了一个明显的变化——人类的居住环境由山洞逐渐过渡到平原。然而这种情况，并不仅是在人们从事农业生产活动时才会发生的，就是从事制陶、家畜饲养、纺织、编织以及金属制造等手工业生产方面，也都促使人们逐渐离开山洞过渡到平原上生活。

在平原上生活，就需要学会建造房屋。现在经考古发现的很多新石器时代人类居住的房屋遗址，形式有多种多样，有半地穴式的、有平地起建的。在平地起建的房屋中，有方形的、有圆形的、有单间的、有双间的，还有几间排列在一起的，例如在河南郑州大何庄、河南荥阳点军台遗址都发现有四间并列在一起的房屋。有的房屋遗址明显地表现出是经过规划而建造的。例如有的房屋群址中，有居住区、墓葬区以及从事手工劳动的窑场，这些建筑形成了一个有规划的村落布局，在陕西临潼姜寨、西安半坡和宝鸡北首岭等处，都发现了体现这种布局的村落遗址。从这种村落布局中可以看出，当时的人们已经过着一种有组织的社会生活。

仰韶文化半坡房屋复原图

第六节 原始氏族社会的发展

为了生存的需要，早期人类一开始便过着群居的生活。北京人洞穴遗址中发现的四十多具人骨化石及其遗物，就真实反映了这种数十万年前原始人群的生存状态。

到了大约距今两三万年前，史前中国社会进入到氏族制社会时期。在北京西南周口店龙骨山发现的山顶洞人，是中国早期氏族制社会的代表性遗址之一，距今约1.8万年。由发掘所知，当时的先民已经按照血缘关系组成了相对固定的集团，即氏族。氏族内部成员有着共同的祖先，原始群落时期近亲间的繁殖不再被允许，不同的氏族间则逐渐缔结较为固定的婚姻关系，并进而构成更大一级的社会组织。氏族制的出现，标志着人类社会化组织的初步形成。

在中国境内迄今已发现众多属于氏族制发展阶段的史前文化遗址。由于地域差异与发展程度的不同，南北各地文化遗址所反映出的社会状态与文化面貌，自然不是同步单一的模式。不过，就总体而言，随着时代的发展，氏族组织从简单到复杂，早期人类社会从野蛮逐渐走向文明，却是共同的取向。

现在以黄河中下游地区为例，对此社会进化过程试加说明。

在距今约7000至5000年之间的仰韶文化遗址中，发现了不少先民的聚落，譬如陕西西安附近发现的半坡氏族村落遗址便轰动一时。通过对其遗迹遗物的考察，我们可以了解到，当时的人已经过着定居的生活，在其居住区内，除了氏族成员的住处之外，还建有用于公共活动的建筑和氏族共同的墓地等,社会组成也较以往明显复杂化。但当时社会中还没有出现贫富贵贱的分化迹象,氏族内部人人平等,共同劳动,共同消费。

在山东大汶口文化中晚期遗址中,出现了社会开始贫富分化的明显证据,财富逐渐明显集中到少数人手中。在其氏族墓地中,便发掘出一座对当时来说十分富有的大墓,仅随葬玉器便达上百件之多,而在同一墓地的另外四座小墓中,随葬品仅有十余件简单的陶器。贫富分化的出现,说明社会成员间有了贵贱高低之别。

由考古发掘所见,这一时期出现了许多大型的聚落。社会组织明显日益复杂化。对这些聚落性质的讨论是近年来的热点,譬如酋邦说、宗邑说等等,都涉及到对当时社会组织发展程度的认定。从这些聚落看,有些已接近早期城市,而其军事防御性质亦日见突出。战争成为人类生存中的大事。

掠夺性的战争加速了社会分化的程度。同时也直接导致了这一时期社会组织功能的逐步转变。为了加强自身的力量,许多氏族很早就开始联合成部落,而战争规模的进一步发展,又使各部落根据血亲或地缘的关系结成了部落间的联盟。以往的社会组织形式中加入了军事酋长制的因素,权力的集中虽然还受到制约,但旧有的原始的民主制原则却日益遭到破坏,新的政治秩序逐步建立。中国社会已开始向早期国家阶段过渡。

推荐读物:

1. 白寿彝主编:《中国通史》第2卷(上海:上海人民出版社,1994年)。
2. 贾兰坡著:《中国大陆上的远古居民》(天津:天津人民出版社,1978年)。
3. 贾兰坡著:《贾兰坡说中国古人类大发现》(香港:商务印书馆,1994年)。
4. 黄万波著:《寻踪揭谜:四十年考古探险纪实》(北京:中国文联出版公司,1997年)。
5. 苏秉琦著:《中国文明起源新探》(香港:商务印书馆,1997年)。

图片补充资料:

1. 13页　　　　:刻猪纹陶缸,浙江余姚河姆渡出土。
2. 14页(左):双孔石刀,浙江吴兴钱山漾出土。
　　　(右):三孔石犁,上海松江区平原村遗址出土。
3. 15页　　　　:陶纺轮(左),陕西西安半坡村出土。
　　　　　　　　(右),浙江余姚河姆渡出土。

【第二章】 中国的上古社会

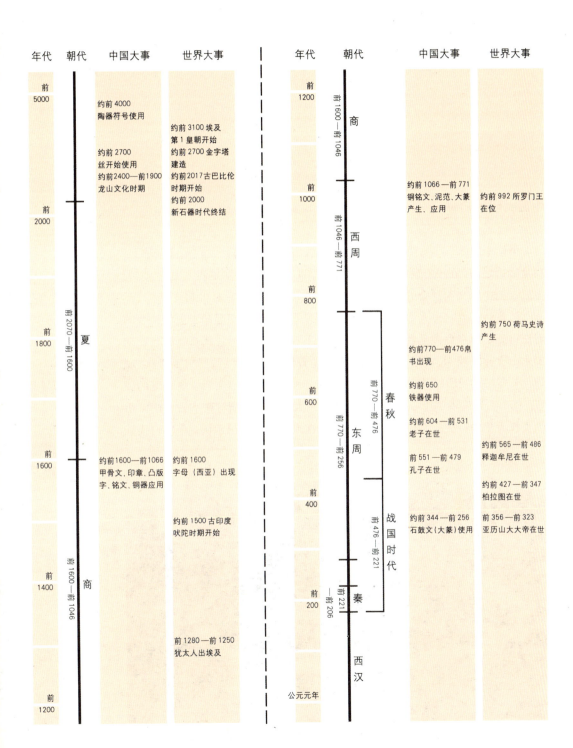

第一节 | 传说时代的中国社会

中国文明的起源

虽然中国五千年文明史的提法由来已久,但真正将其落实在实证基础上,只是晚近之事。在没有确凿证据出现之前,许多学者,特别是西方史学家,大多只肯把中国文明社会的起源设定在商周之际,至多也只是推到夏朝。

随着新石器时代大量文化遗址的不断发现,中国文明起源于史前社会的看法得到了愈来愈多学者的认同。从时间上看,由于最迟在新石器时代晚期的龙山文化时期,已相继出现了原始农业、青铜器铸造业、陶器与玉器业、城市、大型祭祀场所,以及文字符号的萌芽,这些都是标志文明发展程度的要素。同时,还发现了中心聚落、早期城市及大型祭祀场所等带有古代国家组织及权力集中特征的文化遗址。所以,现在大多数学者已承认,中国古代社

东山嘴祭坛　新石器红山文化

会在距今约4000年以前便已开始步入文明的门槛。乐观的学者更认为，文明的起源可再向上推至距今5000年，甚至更早，而如此一来，中国的文明发生史，便可与古史记载中的五千年文明史对应起来。

不过，就现有考古资料看，虽然说距今约7000至5000年前的仰韶文化遗址中已发现早期农业的萌芽；距今约6000年的山东大汶口文化等遗址中发现了生动的刻画符号；距今约5000年的东北红山文化及东南良渚文化中发现了大量精美的玉器及庄严的祭坛。虽然某一文化遗址中具有了一项或数项文明的要素，但远未完全，还只能将它们当作文明的萌芽来看。研究文明的起源，要考虑社会综合的发展，譬如以国家的出现来作为质变的标志。

全国各地大量新石器时代考古学文化遗址的发现，对我们重新认识中国早期文明发展的特征，提供了全新的角度。以往，由于受中原中心论的影响，一般以为中国文明只有一个源头，即所谓黄河是中国文明摇篮的说法。很长一段时间内，从发现仰韶文化到找到龙山文化，考古学的发现也在无形中强化着这一认识。随着考古工作的全面展开，从黄河到长江，进而珠江、辽河，各地新石器时代文化遗址纷纷呈现，蔚为大观。而各遗址中所反映出的彼此间文化特性上的差异，尤其引人瞩目。譬如红山文化与良渚文化的玉器，即为当时的中原地区所无；又如祭坛祭庙，亦远非中原可比。这些可以明证属于独自发展起来的文化遗址，其面貌上的多姿多彩，说明当时中原地区之外，存在不止一处文化圈；史前中国社会文明，呈现的是多元发展的轨迹。考古学家将这些不同地区不同文化内涵的考古学遗址，命名为不同的区系，并提出文化发展之区系理论。

否定文明起于一元学说，提出多元发展理论，无疑是近年来有关中国文明起源研究的重大收获。不过，如前所述，文明的萌芽毕竟不等于文明的诞生。各文化区系所体现出的各自文明形态尽管雏形已具，但就中国历史的发展来看，无论东北、东南还是其他地区，日后虽大多保留了各自文化的发展特征，但最终却未能如中原地区般建立起王朝国家并主导整个中国历史的走向；相反，中原以外的其他地区，是在很久以后才真正陆续步入文明社会的，早期文明的萌芽并未成长为大树。而恰恰只有中原地区，在汲取各地域文明因素的基础上，利用得天独厚的地理环境，率先完成了由史前向文明社会的转化。中国早期文明演进中既非单一路径又不是简单多元发展的特殊进程，可谓意味深长。多元一体观，应是我们把握中国文明起源与早期发展的关键所在。

传说中的古史

中国古书中保留了不少有关远古时代的传说。有巢氏构树为巢、燧人氏钻木取火、伏羲氏结网而渔、神农氏播五谷尝百草,又有所谓"三皇"、"五帝",凡此种种,在国人眼中,早已因历代积淀而变得"真实"起来,并逐渐成为"常识"。

今天来看,这些古史传说中明显掺杂了许多荒诞不经的神话与故事,虽然不尽可信,但我们也应当意识到,口耳相传而又经过不断加工改造的此类素材,毕竟存下些许远古先民走过的真实历程,特别是当我们结合考古新发现来重新审视此类传说时,更会对其价值另眼相看。

譬如由文明起源的角度去看,从黄帝、炎帝等人的故事以及尧、舜、禹禅让的传说中,便可发掘到若干新意,启发出许多思考。

黄帝与炎帝

众所周知,相传中的黄帝是生活在距今约5000年前中原地区的一位著名部落首领,而在其南部与西部地区,则分别居有蚩尤部落与炎帝部落。据传说,为了争夺对土地、人民的控制权,黄帝与他们之间分别进行过两次大规模的战争,并最终获取了胜利。此后,黄帝与炎帝部落更一举结成联盟,并在相当长时期内成为中原及周边地区最为强大与稳定的政治力量。在经历了长时期万邦林立局面后,这一规模可观的部落联盟的建立,于是被视为中国古史中一件具有划时代意义的大事。而黄帝时代,因此更与许多文明创作发生了联系,比如仓颉造字的传说。起码从司马迁作《史记》开始,便把黄帝时代列为中国历史的正式开篇,黄帝也因此成为古代中国的第一位帝王;而至迟到春秋时代,在华夏民族形成的过程中,诸夏民族已纷纷标榜为炎黄的子孙,并借此促成彼此间的融合。

此外,关于上述黄帝等人的传说,学者早在几十年前

伏羲女娲帛画 唐

伏羲女娲画像砖拓本
东汉

便讨论过，认为中国文化的早期发展绝非只有一条线索。黄帝、炎帝、蚩尤，很可能恰好分别代表了三种不同的古老文化，它们与现代考古学所揭示的文化区系理论颇能呼应。传说中的古史，正曲折反映了某种历史上的真实。从黄帝开始的所谓"五帝"时代，其间涉及这类文明发展与早期国家演进的主题甚多，就很值得探讨。

尧、舜、禹

尧、舜、禹在中国同样几乎家喻户晓。而围绕他们之间的最著名故事，则是有关"禅让"的传说。作为黄帝之后三位著名人物，他们因其高尚的道德与出色的政绩，先后成为黄河流域部落联盟的领袖。不过，在有关继承权力的方式上，他们之间的权力交接所采取的是一种所谓传贤不传子的模式，这在血缘关系至关重要的氏族制社会中，显得格外不同寻常。不过，似乎更应当注意到，禅让制度如果真的存在，它其实恰也曲折反映出古代社会的某种政治转型，政治组织已开始从单纯的血缘组织向地域政治过渡，在扩大了的新的政治实体中，不同氏族部落间需要结成新的政治军事联盟，而这种联盟，其实已接近甚至进入到了早期国家形态。果真如此，尧舜的时代，就应当属于中国社会步入文明之始，夏王朝固然理应视为文明社会，而此前的唐尧虞舜时代，未尝不是已然迈入文明的门槛。

这种认识，其实正与上面提到中国文明起源于4000年前的看法相合。考古学上的龙山文化晚期，其实大致就是传说中的尧舜时代。而由考古学角度反观尧舜禹的传说，禅让的故事或许也反映出古代先民建设文明国家的早期摸索和实践。

第二节 | 夏、商、西周

（约前2070—前771）

夏、商、周是中国历史上最早出现的三个王朝国家，它们同属于国家发展的早期阶段。其中周朝又分为西周和东周两个历史时期。东周的历史将在下节中加以介绍。

寻找夏文明

根据古书的记载，约在公元前21世纪，中国历史上出现了第一个王朝国家——夏朝。

对于夏朝的存在，古人从未有过怀疑。而且在许多人眼中，夏王朝的建立，更是中国社会自此步入文明时代的开端。"夏"字，古人理解为"雅"，引申亦即"文明"之义。

但20世纪以来，史学界出现了一股疑古的思潮，特别是对于古书中记载

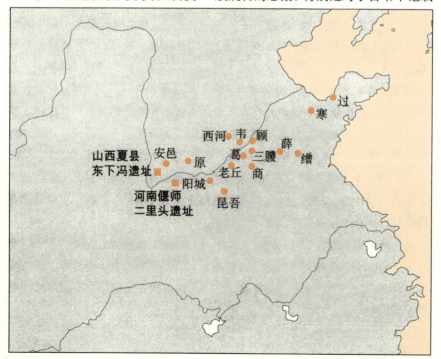

夏地图

的上古历史，大多持怀疑否定的态度。距今久远的夏王朝的历史，由于没有考古资料特别是文字的发现，更被怀疑是后人的杜撰。

我们知道，先秦两汉的古书中早就有大量有关夏朝的记载，而且每每与商、周两代合在一处叙说，合称"三代"。文献所记"三代"之中，商周的历史既已多为考古学证实，却独独认定夏代是凭空捏造，显然不足以服人。何况，从司马迁所作《史记》来看，对夏朝历史的描述，已不同于一般的传说中的古史，其世系自禹至桀，清晰可寻。考虑到《史记》对商代世系记载的可靠性已为甲骨文所肯定，周代历史更无可疑，实在没有理由怀疑同一书中会独对夏史加以伪造。

当然，证明夏王朝的存在，最好的方法还是要从考古学上寻找证据。几十年来，中国的考古学家便为此做过不少努力。从20世纪50年代开始，他们根据古书中有关夏都城的线索，在今天河南洛阳及山西南部等地，陆续发现了一些年代大致与夏相当的文化遗址。其中最重要的为河南偃师二里头遗址及山西夏县东下冯遗址。特别是二里头文化遗址的下层，时间恰在公元前2000年至前1600年之间，与夏朝纪年正好大体吻合。因此，不少学者认为，二里头等文化遗址的发现，已为夏文明的存在找到了证据。

不过，由于至今尚未发现属于这一时期的文字，所以寻找夏文明的工作还不能说已经完成。二里头文化尽管时间上与夏代相合，但它究竟是夏朝文化遗存，抑或只是同一时期另一种文化（比如先商文化）的遗留，学界尚未有定论。

夏史述略

"夏商周断代工程"：由历史学、考古学、天文学和测年技术科学等学科170位专家组成的科技研究项目，主要目标是确定夏、商、周三代的纪年。于1996年5月16日启动，到2000年11月已取得重大的阶段性成果，公布了《夏商周年表》。

尽管考古材料尚待进一步的发掘，但夏朝的存在应无可疑。根据"夏商周断代工程"公布的《夏商周年表》，夏代始年约为公元前2070年。

夏本是一个部落联盟的名称，姒姓。古代文献记载其早期生活在今河南嵩山到伊水、洛水一带和山西的南部等地，古书上称之为夏后氏。夏王朝建立后，夏才转而成为王朝国家的称号。

相传在禹死以后，他的儿子启兴兵与禹选定的接班人益进行了一场争夺统治权的战争。战争的结果，是启杀益而获得了最终的胜利，从而接替其父的职位而成为新的统治者。自此，王位世袭制取代了禅让制。

启夺取统治之位，标志着夏王朝国家的正式建立。根据古代史书《竹书纪年》的记载，夏王朝如果从禹算起，其子孙后代先后有17位当政，君位继

承上或父死子继，或兄终弟及，共延续了471年。

古史传说中禹曾建有多处都城，而且已经根据管理统治的需要开始分官设职，并制定过一部最早的刑法。而在治水的过程中，他还制定过有关贡赋的政策。应当说，夏在禹时已经开始了向早期国家模式迈进。根据古书的记载，夏王朝建立后，组建了军队，设立了监狱，制定了历法等，通过这一系列的措施，国家的职能进一步得到了完善。

作为中国历史上的第一个王朝国家，夏朝国家体制的发展还处于早期国家阶段。在以夏为中心的统一王朝名义下，其周边地区还存在着不少相对独立的政治集团，有些也同样处在向早期国家的发展过程之中。这些政治势力对夏或臣或叛，反复无常，夏的政权因此并不是十分稳固。这种状况在后来的商朝甚至西周早期仍然存在。早期王朝国家并非像后来的秦王朝那样真正实现了"大一统"，这些王朝国家与周边的方国和其他政治势力，不如说是建立在某种"联盟"的关系上，这其实正反映出从原始氏族制社会向国家过渡时的特点。

古史中记载从夏启的儿子太康时起，夏便内乱外患不断。太康时夏的政权甚至为东夷有穷氏首领羿及其部下寒浞所取代，此后几十年内夏王朝实际上已经名存实亡。直到少康时，夏才重新夺回了政权。少康之子杼在位时，东夷各族多相继臣服于夏，这一时期是夏王朝最为强盛的阶段。

夏朝后期社会动荡加剧。公元前16世纪，夏桀当政。桀是历史上有名的暴君，荒淫无道，他的所作所为使得社会矛盾迅速尖锐化。当时的百姓曾公开诅咒桀，希望他早日灭亡，并表示了宁肯与其同归于尽的决心。夏王朝的统治已摇摇欲坠。

夏王朝危机四伏之际，东部的商部族在其首领汤的带领下乘机起兵伐桀。桀败，夏亡。

商人的兴起与商汤灭夏

商是兴起于黄河中下游的一个古老部落，子姓，其始祖为契，相传曾做过夏禹的水官，大概商当时就是臣服于夏的一个部落。

商人早年经常迁徙，自契至商汤建国，相传前后共迁徙过八次之多。但其活动的地区大多不出今河南、山东境内。在商人的传说里，商人祖先之中，以相土和王亥最为著名，他们对商族的发展做出过很多贡献。

夏代末年，商族逐渐强盛。当时商族的首领汤乘夏动乱之机，在东方消灭和收服了许多小的方国与部落。相传商汤经过11次征伐战争而终于称霸一方,进而开始举兵伐夏,与桀战于鸣条(今河南开封附近),大败夏桀,并乘机灭掉了夏。

商汤灭夏建商,时间约在公元前1600年。其都城建于亳(今河南商丘)。但有人说建都于西亳(今河南偃师)。商朝共传17世,31王。商王位继承上以兄终弟及为主,晚期则出现了父子相传的继承方式。

从盘庚迁殷到商朝的覆亡

商人自商汤建国后,又曾经五次迁都。到了商王盘庚时,才把国都定在殷(今河南安阳)。其时约在公元前1300年。自此直至商朝灭亡,在二百多年的时间里,商的国都再未迁移。盘庚迁殷后的商朝,因此又被称为殷。

盘庚迁殷后,商王朝的统治得到了巩固,政治、经济均有了较大发展,特别是到了武丁统治的几十年中,国力达到了鼎盛时期。武丁时曾多次发动对外征服战争,商的国土大为拓展,《诗经》中说武丁时的商王国直接统治的地区便已有方圆千里之广,而其影响力更达到了"四海"这一古人心目中极为遥远的地方。

商地图

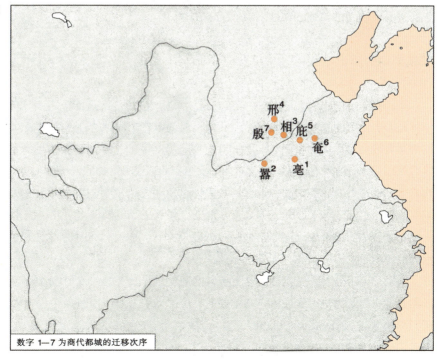

数字1—7为商代都城的迁移次序

武丁后商朝开始衰落。至纣王时，因其统治极其残暴，社会矛盾激化，统治者内部斗争也日益尖锐。纣为了专权，将贤臣比干、微子、箕子等或杀或逐，而专用恶臣，大大削弱了统治力量。乘此时机，一些小国纷纷脱离了商的控制，而改投到正在兴起的周的怀抱中。商、周力量对比发生巨大的变化，商为周所灭只是早晚的事。

商代的政治结构

由于甲骨文的发现，相对于夏而言，商代历史面貌变得颇为清晰可信。

与后代政治结构不同，商的政治体制中带有许多明显的原始氏族组织成分。国家形态仍属早期发展阶段。商王国主要由两部分组成，一是所谓内服，即商王为首的中心统治区域，其土地人民均为商王控制；一是所谓外服，地处中心统治区之外，虽属商势力控制范围，但商王难以直接治理，只能委任官员或原有的部族方国首领代为管理。外服之外，还有其他方国，但由于商对其统治难以真正实施，所以只是名义上归商所有。由此，商王朝的政治模式，实际上由对内服十分严格统治和对外服的相对松散管理混合而成。内服中设有百官，同时构成中央机构；外服由侯、甸等官员治理，虽名义上听命于商王，但独立性颇强，往往发展而为一方诸侯。

周族早期的历史

周族兴起于渭水中游的黄土高原上，姬姓。相传其始祖为后稷，名弃，善于种植，曾任舜的农师。这反映周人在很早时便以农耕生活为主。到了公刘为部落首领时，周人迁至豳（今陕西旬邑西），九代后在古公的率领下再迁至陕西岐山周原。迁到周原后，周人的社会发生了很大变化，他们开始营城郭，建宫室，设官司，部落成员被组织到被称为邑的地方单位中，开始步入早期国家阶段。因此，周人称古公为太王，把他看作周王朝的奠基者。其子王季时周日益强盛，逐渐成为商西部最强大的政治力量。这引起商王的不安，王季为商王所杀。

王季死，子昌立。他就是历史上著名的周文王。文王时注意内政改革与发展农业，周国力进一步发展。与此同时，他发动了一系列对外战争，先征服西部戎狄与一些小方国，并迁都于酆（今陕西西安之西）。但直到文王死时，周人仍未能摆脱商的控制。

周初政局

约公元前11世纪时,文王子武王即位,不久便率数万族众,联合其他方国部落,发动了伐纣的战争,在商都朝歌郊外牧野(今河南淇县西南)与商军大战,商兵倒戈,纣逃回朝歌自焚而死,商亡,周王朝建立。史称西周,时间约在公元前1046年。西周建都于镐京(今陕西西安以西)。

西周传11世12王,历时大约二百余年。

周初政治社会极不安定,商人的势力仍构成对周的威胁。为了巩固统治,周武王封纣子武庚于商都,想借其统治商的遗民。又派自己的三个弟弟管叔、蔡叔、霍叔在其周围加以监视,谓之三监。但武王死后,子成王继位,管叔、蔡叔竟联合武庚叛乱,东夷部落也参与反周。时武王之弟周公旦正辅佐成王,周公亲自率兵平定了武庚等人的叛乱,进而东征,巩固了周对其东土的统治,周的势力也乘机扩展到黄河下游及淮河流域。

为了防止类似事件的再度发生,周公在今洛阳以东30里处建成周城,成为控制东方最重要的政治军事枢纽。与此同时,强行迁商遗民于此,成立"成周八师"驻守此城。它与周人组成的"周六师"同为周王朝重要的武装力量。

西周地图

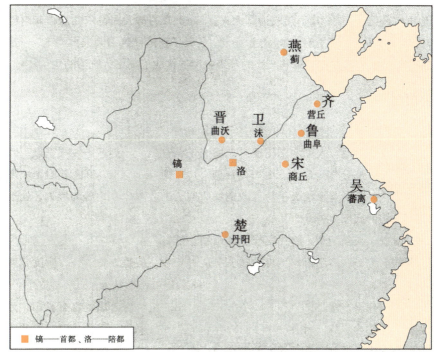

分封制、宗法等级制

周制中有不少借鉴商朝统治模式的地方。例如商朝的内外服制度就为西周所沿用并加以改造。周天子所居中心地区称王畿;其外则为诸侯代天子治理之地。当然,周代制度有许多不同于商朝的特点,而这些新的制度的建立,对于周代历史乃至中国古代整个历史的发展,意义均十分重大。

为了巩固统治,周在武王和成王时大封子弟功臣为诸侯,派往各地驻守以为周王室的屏障。这种封建制度史称"分封制"。作为周朝重要的统治模式,分封制度虽与商朝时派官员外赴外服治理有相近之处,但由于周代分封制的建立与宗法血缘关系紧密相关,所以性质上又有很大不同。周王室以"天子"的名义高高在上,作为天下的共主,所封同姓或异姓诸侯除了要保卫周天子及周国土外,还要按时履行贡纳朝觐的义务。当周与外敌作战时,诸侯还要随时带领自己的军队听候调遣,随天子出征。周初分封的重要诸侯有鲁、齐、燕、宋、卫、晋等。

周代分封制以同姓子弟为主,这与周所实行的宗法制度有密切关系。依照周代宗法制的原则,天子为周族的宗主,其子弟为小宗,分封派往各地,为周"家"守边。分封到各地的诸侯,又自为其族人的宗主,他们同样也将所属土地再封赐给其子弟,其子弟成为卿大夫。作为贵族的卿大夫也依此法将其封邑中的土地再分给其子弟,称为士。如此,从天子到诸侯到卿大夫再到士,一整套依据血缘关系建立起来的严格的等级制度便构成了周王朝统治的主要基础。

井田制

周代时土地、人民均归王所有。周天子将直接统治地区——"王畿"内的土地的一部分作为借田,由司徒管理,其余则赐给大臣,王畿外的土地则赐予诸侯。但所有土地天子均可改赐或收回。土地上的劳动者为庶人,处于社会结构的底层。

据古代文献记载,周代实行过井田制。过去曾有人对此怀疑,但据近代学者的研究,大多不再怀疑春秋前实施过井田制。但是,关于井田制度究竟何时出现,井田制的具体内容又是如何,各家看法还难以统一。据《孟子》等书,所谓井田,就是把土地划分成方块,井田之中,有公田,也有私田,劳动者先无偿为贵族耕种公田,然后再种自己的小块私地。周代井田制度的详情已难为后人所知,孟子等人的说法虽应有据,但也不能排除其中有理想化的成分。作为实际上的一种劳役地租制,井田制的出现,有其时代合理性。直至春秋时期,井田制才逐渐为新的田制所取代。

西周的衰亡

西周前期国力很强,成、康、昭、穆至共王时为周的盛世。自懿王始,由于内忧外患不断,周王朝的统治走上衰败的道路。周厉王因垄断山泽之利,导致国人暴动,厉王被逐,政权由贵族接管,史称"共和行政"。共和元年即公元前841年,是中国古史有确切纪年的开始。14年之后,诸侯归政于宣王,周元气有所恢复,但终因对外征伐频繁,内部矛盾与民族矛盾日益加剧。

宣王子幽王即位后,天灾人祸不断,民怨沸腾。公元前771年,幽王因宠幸美女褒姒,引发出一场王位继承的斗争,申侯等引犬戎之兵入攻镐京,杀幽王于骊山之下,西周遂亡。

第三节 春秋战国

(前770—前221)

西周灭亡,东周建立,周王朝名义上得以继续维系下来。但此时政治社会的主导力量开始转移到了诸侯手中,社会性质发生巨大的变化。东周五百多年的历史发展,又可划分为春秋和战国两个阶段。

从平王东迁到诸侯争霸

自公元前770年至公元前476年,是中国历史上的春秋时代。

西周末年,犬戎等西北诸游牧民族纷纷东进,对周统治中心地区的威胁日益严重,周国土日蹙。幽王被犬戎所杀后,周王室已难在关中地区立足,即位的平王于是在晋、郑等诸侯帮助下,于公元前770年东迁国都于雒邑(今河南洛阳以东),史称东周。

东迁后的周王室所控制的地区较以往大为狭小,其势力仅局限于雒邑周围几百里范围之内,事实上已沦为小国,处处要依赖诸侯大国的帮助。周王

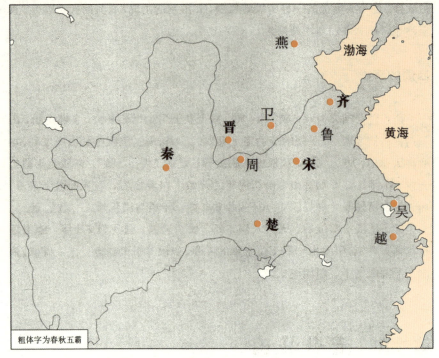

东周及春秋五霸地图

室力量的削弱，使得其号令难再为诸侯所遵从，天子逐渐失去了天下共主的地位。

周王室的衰微，为诸侯大国提供了争夺政治主导权的机会。春秋时期，一些大国通过兼并战争先后取得了所谓"霸主"的地位。当时称霸的诸侯有齐桓公、宋襄公、晋文公、秦穆公、楚庄王等，史称"春秋五霸"。这其中又以齐桓公和晋文公最为著名，他们以"尊王攘夷"为号召，联合中原诸侯与北方的戎狄和南方的楚国进行了长年的战争，客观上保护了中原先进的文明。晋楚争霸，更几乎贯穿了整个春秋时代。至春秋末年，吴王夫差、越王勾践先后强盛一时，有些史书中也将其与齐桓公、晋文公并列为春秋时的霸主。

政治、社会与经济

进入春秋时代以来，王室衰微，诸侯强大，形成了所谓"礼乐征伐自诸侯出"的政治格局。周天子的权力也不再是左右社会政治进程的关键，各诸侯国虽名义上仍保留着对周王室的臣属关系，但实际上已具有了很大的政治自主权。随着各诸侯国领土的开拓以及与周王室血亲关系的日见疏远，其独立性就愈来愈鲜明。

在诸侯国家内部，其政治体制基本上由周制发展而来，商周时的内外服制，在诸侯国中演变为所谓"国野制"。诸侯国君主对其贵族和官吏的管理，也主要依据分封的原则。君主赐予贵族土地作为其采邑，贵族以此为俸禄，其子孙则享有世袭的权利。诸侯国内部有一整套官僚架构。在封邑内，贵族也利用家臣统治属民。到了春秋时代的后期，在一些诸侯国中，贵族权力上升，逐渐控制了国家大权，其家臣地位也随之提高，甚至可以干预国家事务，于是出现了所谓"大夫专政，陪臣执国命"的情形。

春秋时社会经济进一步发展。随着国土的扩展，新开发的土地愈来愈多，其中许多更属于私人开垦的田地。私田的开垦，对旧有井田制度冲击很大，人们对井田上的劳动与分配方式日益不满，种这种公田的积极性很低。由于农民往往把私田的收入隐匿起来，也影响到国家的税收，因此，从春秋中期起，一些国家开始改变租税制，例如鲁国在公元前594年实行的"初税亩"，便是取消土地公私之分，只按照田亩的多少征税。税制的改革，既增加了国库的收入，又提高了生产者的劳动积极性，是社会进步的表现。井田制的瓦解只是时间早晚的问题。农业制度的变化同时也促进了工商业的发展。

社会结构的变化

长期以来，贵族、平民与奴隶是构成古代社会身份等级的三个主要阶层。统治者在官员的选拔任命上主要依据其出身贵贱，周代政治社会有所谓世卿世禄制度，贵族即使没有任何功劳和能力，也可以获得世代为官的特权，反之，出身较低的小贵族和平民很少有进入仕途的机会，奴隶更是连人身自由也谈不上。春秋后期，这种以身份的贵贱确定社会地位的情况开始发生改变。用人唯亲的同时，用人唯贤的现象愈来愈多见，一些中小贵族甚至平民，依靠自身的才干获得了君主的赏识和重用，一个被称为"士"的阶层日益成为社会的中坚力量，贵族开始失去对社会政治权力的垄断。

随着社会的发展，平民阶层也出现了新的分化。社会成员的贵贱身份不再是不可改变，平民可以上升为贵族，贵族也可以沦为平民。农、工、商与士人具有了各自独立的社会身份。除去士人进入政治权力中心以外，富有的商人在社会中的地位也迅速提高。奴隶因军功获得解放的例子也偶尔可见。这种新的社会结构到战国时代得到了进一步的确立。

战国形势与商鞅变法

从公元前476年到公元前221年秦统一天下，中国社会处于战国时代。

春秋初诸侯国尚有一百四十余国，经过长年的争霸与兼并战争，至战国初年，仅剩下十几个国家。大国有齐、楚、燕、韩、赵、魏、秦，即所谓的"战国七雄"，其中韩、赵、魏三国是由春秋时的晋国分裂而成，所以也称之为"三晋"。这些大国为了争夺土地和人口，在战国几百年的时间内相互间的战争不断，"战国"之名便正是由此而来。

进入战国以后，由于社会发生了巨大的变化，旧有的政治与经济制度已愈来愈难以适应时代发展的需要。诸侯国间兼并战争的日益惨烈，使得各国纷纷寻求富国强兵之路，先后开展起变法运动。

战国七雄中，以秦国商鞅所进行的变法最为彻底，成果也最为显著。公元前356年，秦孝公任用商鞅进行变法。商鞅力主以法治国，赏罚分明，在其变法措施中，明文宣布鼓励农耕，奖励军功，限制经商，取消了贵族享受爵禄的特权，将大家庭分离为小家庭以增加国家税收，后来又废除井田制，统一度量衡，在全国设31县代替西周以来的封邑制等等。商鞅变法带有明显的富国强兵的动机，却也同时触犯了秦国旧有贵族的利益。在秦孝公死后，商鞅被杀。但后来秦的统治者依然接受了商鞅变法的措施。原本相对落后的秦国，正因此而迅速变得强大起来。

对凤对龙纹绣浅黄绢面衾
战国

战国社会的发展

战国时期各国的变法运动使社会生产力得到了解放，社会经济迅速发展。铁器在农业上获得了广泛的使用，牛耕在一些地区开始推广，各国都十分重视水利设施的兴建，冶铁、制铜、纺织、漆器等手工业已相当发达，商业城市大量涌现，金属货币普遍使用，商品种类繁多。社会较之以往有了长足的进步。

战国时的社会结构也发生了很大变化。新的自耕农逐渐成为农业生产的主力，同时也出现了

铜镜采桑图纹饰　战国

大菱形纹锦　战国

大土地所有者和雇佣劳动者。手工业者和商人的地位得到进一步提高，一些富可敌国的大商贾甚至可以凭借手中的财富获取政治上的权力。与此同时，旧的宗法贵族阶层开始分化，出现了俸禄制的官僚和各种士。

春秋时期，私学兴起，自由讲学之风盛行。到了战国时代，"士"阶层进一步扩大，各国君主四处招揽人才，养士之风盛行。社会变革更刺激了思想的活跃。在这种条件下，各种学派纷纷涌现，主要有：儒家、墨家、道家、法家、名家、兵家、阴阳家、农家、纵横家、杂家等，在思想学术界出现了"百家争鸣"的局面。这是中国思想史上第一个黄金时代。

战国末年的兼并战争和秦的统一

大国的争霸在春秋战国期间几乎从未中断，它给人民带来了巨大苦难，给社会造成严重破坏，人民渴望统一局面的出现。

从春秋初年上百诸侯国到战国末年仅剩余十数国看，兼并战争又是结束分裂、走向统一的必要步骤。至战国末年，社会经济的发展与变法改革使得各国国力得到加强，从而也刺激了兼并的欲望，谁都想着要成为大一统帝业的缔造者。列国间的战争因此变得愈加频繁和惨烈，战争规模不断升级，作战时则往往要持续数月甚至数年之久。例如秦与赵于公元前260年时进行的长平之战，秦动用大军达60万，而战败的赵国军队投降后被活埋的军士竟达40万之众。

地处西方的秦国经过商鞅变法后，国力迅速提高，终于在长年的兼并战争中脱颖而出，成为列国中最强大的国家。秦国的强大，使得其他国家畏惧非常，试图联合起来以对付秦的扩张；秦为了分化其他国家的军事联盟，则采取远交近攻、逐个击破等策略。战国时出现的所谓"合纵连横"，即由此而

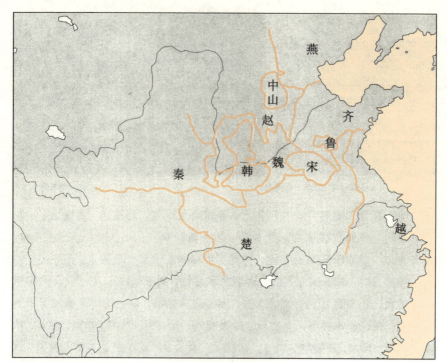

战国诸侯称雄形势图
（前350年）

秦始皇

来。秦的对外战争成为左右战国后期政治形势的关键所在。

经过充分的准备，秦王嬴政自公元前230年起，在十年的时间内，先后出兵灭掉了韩、赵、魏、楚、燕、齐六国，终于在公元前221年完成了统一中国的大业，从而结束了长期以来诸侯割据称雄的分裂局面。秦王朝的建立，标志着中国历史自此进入到了一个全新的发展阶段。

推荐读物：

1. 李学勤主编：《中国古代文明与国家形成研究》（昆明：云南人民出版社，1997年）。
2. 徐旭生著：《中国古史的传说时代》（北京：文物出版社，1985年）。
3. 张光直著，毛小雨译：《商代文明》（北京：北京工艺美术出版社，1999年）。
4. 许倬云著：《西周史》（北京：三联书店，2001年）。
5. 童书业著：《春秋史》（济南：山东大学出版社，1987年）。
6. 杨宽著：《战国史》（上海：上海人民出版社，1998年）。
7. 吕思勉著：《先秦史》（上海：上海古籍出版社，1982年）。
8. 朱凤瀚、徐勇编著：《先秦史研究概要》（天津：天津教育出版社，1997年）。
9. 中国社会科学院考古研究所编著：《新中国的考古发现和研究》（北京：文物出版社，1984年）。

图片补充资料：

1. 22页　　　：伏羲女娲帛画，新疆吐鲁番出土。
2. 23页　　　：伏羲女娲画像砖拓本，四川郫县出土。
3. 34页　　　：对凤对龙纹绣浅黄绢面衾，湖北江陵马山1号楚墓出土。
4. 35页（右）：大菱形纹锦，湖北江陵马山1号楚墓出土。

【第三章】秦汉至隋唐时期的中国社会

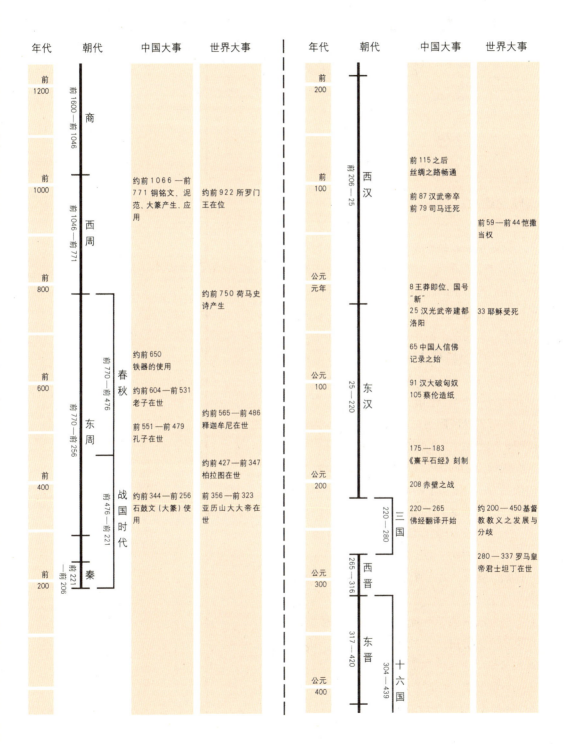

第一节 | 秦、汉

秦朝的建立

秦始皇嬴政是秦帝国的缔造者，同时也是中国长达两千多年的大一统中央集权政治传统的创造者。在他当秦王的时期，秦国的经济和军事实力空前强大，先后灭了韩、赵、魏、楚、燕、齐六个东方国家，长期以来诸侯林立、列国纷争的政治局面结束了，一个幅员辽阔的统一的大帝国建立起来了。中国乃至整个东亚地区的文明发展与社会进步从此进入一个全新的历史时期。

秦帝国以咸阳为首都，其疆域东至大海，西到陇西，北逾燕山以北的长城一线，南达南海海岸。在这样规模空前的国土上，秦始皇实行专制中央集权的统治方式，建立了以法家思想为理论基础的集权体制。秦始皇发明了"皇帝"一词来称呼帝国的最高统治者，皇帝在官僚帝国的政治体制中至高无上，是最高的立法者、仲裁者和行政首长。秦朝灭亡以后，皇帝一词一直为后世遵用，直到20世纪初的辛亥革命。

秦帝国确立了不同以往的中央及地方制度。在中央，设置丞相、御史大夫、太尉和诸卿（三公九卿），分别负责协助皇帝处理军政事务。秦朝在地方上实行郡县制，由郡守和县令在地方上推行中央政令、管理人民，负责收取赋税、征发徭役与兵役。通

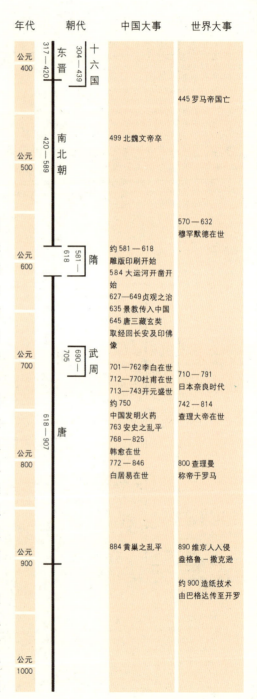

年代	朝代	中国大事	世界大事
公元400	东晋 317—420 / 十六国 304—439		445 罗马帝国亡
公元500	南北朝 420—589	499 北魏文帝卒	
公元600	隋 581—618	约581—618 雕版印刷开始 584 大运河开凿开始	570—632 穆罕默德在世
公元700	武周 690—705 / 唐 618—907	627—649 贞观之治 635 景教传入中国 645 唐三藏玄奘取经回长安及佛像 701—762 李白在世 712—770 杜甫在世 713—743 开元盛世 约750 中国发明火药 763 安史之乱平 768—825 韩愈在世 772—846 白居易在世	710—791 日本奈良时代 742—814 查理大帝在世 800 查理曼称帝于罗马
公元900		884 黄巢之乱平	890 维京人入侵盎格鲁-撒克逊 约900 造纸技术由巴格达传至开罗
公元1000			

第三章 秦汉至隋唐时期的中国社会 | 41

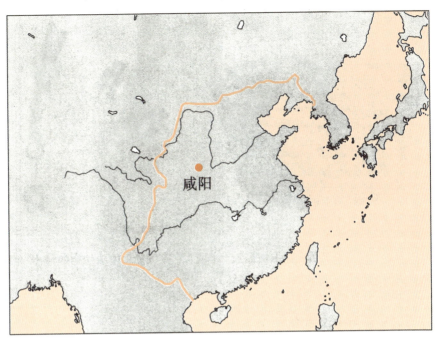

秦朝版图

过这样一整套从中央到地方的官僚统治机构，皇帝就把管理整个国家的权力，完全控制在自己的手里。

为了巩固统一的政治局面，秦始皇还推行了一系列的政治、经济和文化措施。政治上他强化了中央集权制度，加强对北方匈奴帝国的军事攻击，修筑著名的长城；对岭南用兵，使郡县范围向南大大推进。经济上采取统一度量衡、统一货币等措施。文化上他统一文字，把简化后的秦国小篆作为标准字体，颁行全国，废除原六国各自通行的文字。此外，为了加强对文化和意识形态的控制，秦始皇还以政治手段压制战国以来繁荣发展的诸子学说，焚毁大量古代典籍（医、农、卜、数术之书不在焚烧之列），坑杀了四百六十多

鹿纹瓦当　战国

十二字瓦当　战国

双兽纹瓦当　战国

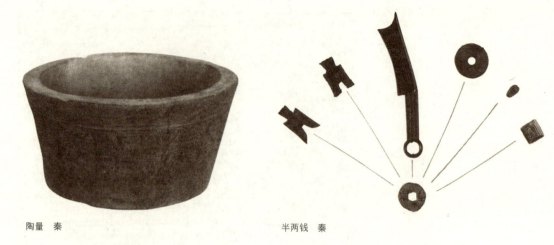

陶量　秦　　　　　　　　　半两钱　秦

名儒生。这就是著名的"焚书坑儒"。"书同文，车同轨"推动社会的进步，而焚书坑儒则是对文化发展的粗暴破坏。

秦朝的崩溃与楚汉相争

公元前221年秦国统一六国，十年后秦始皇病死于东巡的路上，再过三年（前207）秦朝就崩溃了。曾经无比强大的秦朝怎么会如此迅速、如此彻底地坍塌了呢？因为秦朝所实行的暴政，给全国人民，特别是原六国的人民带来了无可解脱的痛苦。沉重的赋税、兵役和徭役负担，严酷的法律，使刚刚脱离战国纷争的平民百姓又陷入前所未有的苦难之中。社会生产受到严重破坏。秦朝沿用战争时期的赋税征收标准，强迫人民把收获的大半上交。统一战争虽然结束了，秦朝在征发兵役和徭役方面却变本加厉，特别是修筑宫殿、陵墓和长城等大型工程，役使了大量的劳动力。严酷的法律制度中包括了"族诛"、"连坐"及各种酷刑。

公元前210年，秦二世继位。他延续了秦朝的横征暴敛和严酷统治。第二年的七月，在蕲县大泽乡（今安徽宿州东南）的风雨天气里，一队误期的戍边农民，在陈胜（？—前208）和吴广（？—前208）的领导下，首先举起了反抗秦王朝的旗帜。陈胜打出"张楚"旗号得到原楚国人民的同情和拥护，也得到痛恨无道暴秦的人民响应。反抗暴秦的浪潮迅速席卷了原六国各地。虽然陈胜的"张楚"政权被秦军击溃，但各地先后涌起的反抗力量却更加坚定、更加强大了。其中最有影响力的是前楚国的贵族后裔项羽（前233—前202）与沛县（今江苏徐州西北）人刘邦（前256—前195）所率领的军队。前207

第三章 秦汉至隋唐时期的中国社会 | 43

"汉并天下"瓦当　西汉

年,项羽率领的楚军在巨鹿(今河北平乡县西南)城下,怀着对暴秦的世代仇恨,英勇作战,以寡击众,彻底消灭了秦军的主力。第二年,刘邦率军由武关长驱关中,逼近咸阳,秦王子婴被迫出降,秦王朝就此灭亡。

秦朝灭亡了,可是天下的形势还不明朗。随后在刘邦与项羽之间爆发了将近四年的楚汉战争,战争的目的是重新建立统一的政权。一开始是由具备非凡军事才能和魅力的项羽占上风,可是后来,政治上更加成熟的刘邦摆脱了劣势,他得到当时最优秀的人才张良(?—前189)、萧何(?—前193)及韩信(?—前196)等的支持,逐渐吞噬项羽的势力范围,并于公元前202年在垓下(今安徽灵璧县东南)击垮了楚军,项羽在乌江(今安徽和县东北)自刎。这一年刘邦称帝,建立汉朝,定都长安,是为汉高祖。由秦始皇开创的统一事业进一步得到巩固。

休养生息与文景之治

刘邦建立的汉朝,继承秦王朝的政治事业,沿袭秦朝各项制度,仍旧贯彻依法治国。但汉初的统治者鉴于秦朝速亡的教训,感到政治统治的思想基础有重新调整的必要。因此,战国以来社会中流行的黄老、儒家之学,又重新纳入统治者的视野。

汉朝在战火中诞生,恢复生产、稳定社会秩序是首要任务。于是,汉朝执政者借用黄老之术,推行休养生息政策,让士兵复员,赐爵授田,在政策上优惠自耕农。这种"与民休息,清静无为"的国策,对社会生产的恢复起到了重要作用。

西汉初年有过一系列风云突变的政治事件。比如刘邦和吕后对韩信、英布等功臣的铲除,刘邦死后吕后揽权压制刘姓诸侯王,吕后死后大臣联合驱除吕氏家族等等。这些发生在长安的宫廷事变,并没有妨碍经济的复苏。随着汉初政治逐步稳定,特别是在文帝、景帝时期,出现了较长时间的政治安

云纹漆钫　西汉

漆棺彩绘云气异兽图　西汉

定状态。文帝和景帝都提倡节俭，实行轻徭薄赋，并且进一步减轻刑罚，取消了许多酷刑。社会财富的积累，生产力的提高，以及政治的清明，使国家显示出繁荣发展的迹象。这在历史上被称为"文景之治"。

汉武帝与汉朝的极盛

经过汉初七十多年的发展，到汉武帝时，经济繁荣，国力增强，汉朝进入鼎盛时期，成为当时世界上最强大的国家。汉武帝雄才大略，对内政进行了重大调整，进一步巩固中央集权的官僚体制，对外频繁用兵，不断扩大和增强汉王朝对周边地区的影响。

在内政方面，汉武帝最重要的调整，就是解决了诸侯王问题，排除了潜在的政治分裂因素。他还接受大儒董仲舒（前180—前115）的建议，"罢黜百家，独尊儒术"，正式以儒家学说作为汉朝的官方意识形态。"大一统"作为中国政治文化的重要传统，由此确立。在政治制度、经济制度等方面，汉武帝时期也进行了重大改革。

汉武帝发动了对北方匈奴帝国的战争。秦朝灭亡以后，匈奴趁机攻掠北方边境。汉初国力较弱，汉高祖刘邦曾经在平城（今山西大同东北）附近遭到匈奴骑兵围困，汉武帝之前的执政者对匈奴采取屈辱的和亲政策。汉武帝

西汉版图（2年）

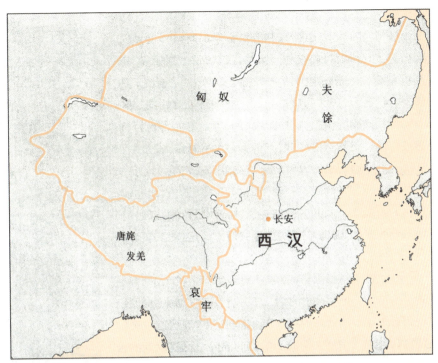

张骞出使西域辞别汉武帝图 唐

结束了这种屈辱,他发动对匈奴的战争漫长而激烈。汉朝军队多次深入大漠,重创匈奴帝国。汉朝边境向北方和西北大大推进,控制了河西走廊,并设置河西四郡。在对匈奴的战争中,涌现出一大批杰出的将领,著名的有卫青、霍去病等。

与匈奴的战争,也使汉朝有机会增加对境外世界的认识。为了寻找对付匈奴的同盟军,汉武帝派遣张骞出使西域(主要在今新疆地方)。张骞历尽艰辛,两次出使,虽然未能说服大月氏共同反击匈奴,却获得了对西域地区的完整而准确的情报。这导致汉朝动用大量人力物力长期经营西域,虽然劳民伤财,却使西域的发展从此被纳入到统一的中国历史的大河之中,西域历史成为中国历史的一部分。对西域的用兵和经营,揭开了中西方文化交流历史的新篇章。中国的各种精美货物特别是丝绸,通过河西走廊和西域,源源不断地被运往西方。这就是著名的"丝绸之路"。

汉武帝还对中国西南和东南地区用兵,扩大了郡县统治的范围,把更多的地区和民族纳入到汉朝中央的统治体系之下。汉武帝时期,基本奠定了中国政治版图的规模和范围,华夏文明的影响达到高峰。这是汉朝的极盛时期。

王莽改制与光武中兴

西汉社会经济在发展的同时,也积累了愈来愈多的问题。最主要的问题是土地兼并和自耕农日益贫困。贵族、官僚等大土地拥有者,愈来愈多地兼并自耕小农的土地,造成富者愈富,贫者愈贫,富者田连阡陌,贫者无立锥之地。失去土地的小农,或流落他乡,或卖身为奴,不再成为负担国家义务的编户齐民。随着土地兼并趋势的加重,社会危机加深,汉朝中央关于改革的讨论也增多了。但遏止土地兼并、减少奴婢占有,势必侵犯到既得利益阶层,改革难以进行。

香地绣流云菱纹绮 西汉

王莽(前45—23)是汉朝皇室的外戚,他年轻时折节下士,以儒家规范要求和修饰自己,获得很好的名声。在西汉末年的宫廷斗争中,他以改革家的面貌赢得了社会各界的支持,顺利地夺取权力,并最终篡夺了皇权,建国称帝,国号为新。但是,他所推行的一系列旨在缓和社会危机的改革措施,却遭到失败。王莽改制的主要内容,是改革土地和奴婢制度,禁止土地和奴婢的自由买卖，限制对土地和奴婢的占有数量。王莽还推行了一系列相关的改制措施，如改革货币、更改官制和地名等。王莽的改制，是以《周礼》为依据，试图把现有的社会，改变到《周礼》所描述的古代理想状态中去。但是，西汉末年的社会已经高度复杂化，其规模远非古代社会可比。这就注定了王莽改制难以推行。加上王莽在改制过程中经常反复，面对反对势力又不知所措，结果改制完全失败了。

王莽改制的失败，导致了各种社会危机的总爆发。饥荒与苛政使农民走投无路，铤而走险。在起事的风暴中，绿林军和赤眉军组织较好，实力最强。对王莽篡夺皇位心怀义愤的刘氏子孙也加入到义军行列。汉朝的旗号得到恢复，王莽及其新朝被消灭了。来自南阳郡的汉景帝的后代刘秀（前6—57），以其出类拔萃的政治与军事才干，翦灭群雄，统一全国，重新建立了汉朝中央政权，定都洛阳，史称东汉，历史上称为"光武中兴"。刘秀即东汉开国之君光武帝。

东汉社会经济的恢复与发展

光武帝刘秀起自民间，深知民间疾苦。他即位之后，先后九次下诏释放奴婢，并禁止残害奴婢。他强调"天地之性人为贵"，致力于解决社会问题。他还下令减轻赋税，废除王莽时期的苛捐杂税，整顿吏治，提倡节俭。经过十几年不懈的努力，全国出现了较为安定的局面。

东汉前期政治上比较清明，重视农业生产，兴修水利，提高技术。经过七十多年的恢复与发展，东汉的社会经济赶上并超过了西汉全盛时期。社会财富的积累与生产技术的提高，使人口和垦田数量大大增加，政府的财政收入也得到保证。东汉能够坚持长期与匈奴和西羌作战，对西域的经营规模也不逊于西汉，就是由于有了政府财政的有力保障。

东汉时期北方草原的政治局势有了很大的变化，长期受到汉朝军事打击的匈奴帝国，分裂为南匈奴和北匈奴。南匈奴归顺了汉朝，北匈奴再也不足以与汉朝为敌。但是在青藏高原的东部，以

市集画像砖拓本　东汉

及陇山以西的黄河南北,东汉王朝遇到羌族激烈而持久的反抗。东汉以国家军事力量对付羌族和其他地区的国防威胁,耗费了巨大的军费。在西域,东汉得到许多国家的支持,长期维持了对西域的政治主权地位。在经营西域的活动中,涌现出以班超(32—102)为代表的优秀的西域事务专家。班超在西域奋斗了30年,巩固了西域与内地的关系,并派人出使大秦(东罗马帝国),到达了波斯湾。班超在丝绸之路历史上写下了辉煌的一页。

东汉末年的黑暗政治与黄巾起事

西汉后期,豪门大族的势力得到扩张。刘秀建立东汉时所依托的主要政治力量,正是南阳、河北一带的豪强地主。自东汉初年起,众多豪门大姓散布各郡县,兼并土地,称雄一方。他们在所建立的大田庄中,劳役依附之民以敛财,豢养私家武装而自重,中央政令因此往往难以贯彻下达,赋税收入尤其流失严重。豪强地主的嚣张,直接威胁到东汉政权的稳固。刘秀为此曾实施过多次打击豪强的举措,例如颁布度田令,重新检核全国垦田与户籍,借此控制和解散豪强武装,并收到一定成效。但豪强势力的发展并未因此歇绝,至东汉末,反而愈演愈烈,终成尾大不掉之势,并促成帝国统治最终的分崩离析。

东汉中期以后,皇帝大多短寿,新君幼小无知,政治事务实际上操纵于外戚与宦官之手。轮流执掌朝政大权的宦官与外戚,代表着统治阶级中腐朽无能的势力。他们一方面极尽搜刮之能事,拼命夺取物质利益;另一方面对官僚阶层中具有高尚品德和治国才能的士大夫代表,进行残酷打击和压制。宦官与外戚的交替专政,使东汉后期的政治走向腐朽黑暗,社会危机、政治危机异常尖锐。

自汉武帝开太学以来,汉朝的高等教育就比较发达,培养了一批批优秀的学者和官员。东汉前期的几任皇帝也都重视儒学,太学制度和地方官学、私学保证了国家教育水平的逐步提高。到东汉后期,许多受过太学教育以及正在太学接受教育的儒生,对眼前黑暗的政治局面十分不满,以舆论的形式抨击时政,形成了不小的社会力量。但宦官势力利用皇权,以残酷手段对他们进行镇压,杀害了许多深得人心的士大夫,并对涉案的儒生及其家属实行禁锢。这就是历史上著名的"党锢之祸"。

党锢事件暴露了东汉王朝的腐朽,使知识阶层与人民大众不再对它寄予希望,社会危机一触即发。"黄巾之乱"就是在这样的背景下发生的。河北人张角兄弟以"太平道"的宗教形式在全国各地组织贫民,并于184年2月开始反抗。参加者都头裹黄巾,所以人称"黄巾军",并在黄河和长江流域都得到广泛响应。虽然黄巾军在政府军队与地方豪强的联合打击下最终失败了,但东汉王朝的统治基础已彻底动摇。在镇压黄巾军的过程中获取了政治和军事实力的官僚知识阶层,也对东汉朝廷离心离德,这样,最终造成了东汉的瓦解。

第二节 魏晋南北朝

三国鼎立

东汉在各地方军事集团的冷漠态度下名存实亡。各军事集团积极扩充力量,兼并其他集团,形成了相当长时间内的军阀割据与混战。这期间在华北和中原地区最大的军阀是袁绍(?—202)和曹操(155—220)。袁绍地盘大,军队多,没把曹操放在眼里。可是曹操极有才干,是中国历史上著名的政治家、军事家。196年,曹操把流离失所的汉献帝迎到许昌(今河南许昌东),取得政治上的主动,以汉朝丞相的身份兼并各地军阀,即所谓"挟天子以令诸侯"。200年,他在"官渡之战"中,以少胜多,击败了强大的袁绍。不久曹操统一了中国北方。

在长江中下游地区,有两个军事集团成长壮大起来。一个是长江下游的孙权(182—252)集团,一个是江汉地区的刘备(161—223)集团。刘备本来是从北方逃到荆州投奔刘表的,在曹操大军南进时,他与孙权集团联合抵抗,并在208年的"赤壁之战"中,联合孙权以寡敌众,击溃了曹军。"赤壁之战"的失利,使曹操统一全国的梦想破灭,延续了分裂的局面。随后,刘备进取巴蜀,孙权控制了长江中下游,与北方的曹操呈鼎足而立的态势。220年,曹操的儿子曹丕(187—226)篡汉自立,定都洛阳,国号魏;221年,刘备在成都称汉帝,史称蜀;222年孙权称王,七年后又称帝,国号吴。三国鼎立的局面就这样形成了。

三国之中,魏国人多地广,力量最强,孙吴次之,蜀汉最弱。蜀汉杰出的政治家诸葛亮(181—234)制定联吴抗曹的策略,整顿内政,发展经济,

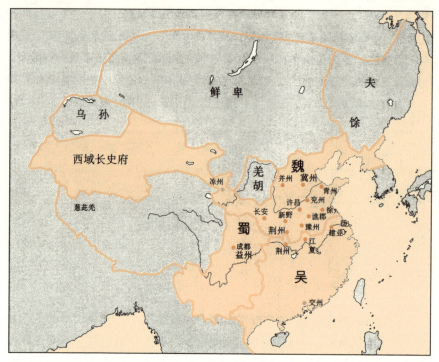

三国形势图（262年）

并以攻为守，积极北伐。但随着北方政治局面的安定和农业经济的恢复，曹魏的实力愈来愈强。263年，夺取魏国实权的司马昭出兵灭蜀。两年后，司马炎（236—290）篡夺皇位，建立晋朝，史称西晋，司马炎就是晋武帝。280年，晋军南征，灭了吴国。三国鼎立的分裂局面结束了，中国再度统一。

西晋的短暂统一与永嘉之乱

西晋初期统一不久，很快由于宫廷政治的混乱而走向末路。晋武帝的继承人晋惠帝是个弱智儿，290年惠帝的皇后贾南风与惠帝的外祖父杨骏之间因争夺对皇权的实际控制而引发矛盾。其后，皇室成员和外戚都卷入到这场残酷的自相残杀中，国家最精锐的军队、最勇敢的将领和最优秀的政治家及学者，在这场史称"八王之乱"的政治灾难中，消耗殆尽。生产破坏，经济萧条，饥民遍野。西晋在内斗中把自己推到悬崖边上。

这时又出现了民族反抗的严重问题。从东汉以来大量入居西北和北方农业、半农业地带的少数民族，包括匈奴、鲜卑、羯、氐、羌等族，内徙到自然条件较好的塞内各郡，对部族繁育发展有很大帮助，但部族的上层分子不甘于接受郡县贪官污吏的横暴统治，在各族百姓中培植了仇恨的种子，造成了民族隔阂。在西晋政权因内斗而元气大伤时，匈奴首领刘渊等人趁机起兵反晋。饥荒和兵乱使整个中国北方陷入异常严重的苦难之中。西晋政权在晋怀帝永嘉年间事实上已经土崩瓦解，历史上称这场灾难为"永嘉之乱"。刘渊的儿子刘聪时期，匈奴骑兵先后攻陷洛阳和长安，俘杀了西晋的最后两个皇帝晋怀帝和晋愍帝。西晋灭亡了，中国进入长期分裂的历史时期。

东晋与十六国

匈奴攻陷长安的第二年，即317年，在南逃的北方大族如琅邪王导等和广大流民的支持下，西晋皇室成员司马睿（276—322）在建康（今江苏南京）重新建立晋朝的政权，史称东晋，司马睿就是晋元帝。东晋政权组织北方流民开发江南，抵御北方的民族动乱向南扩大，使华夏文化在江南得到保存并继续发展。一些东晋官员还多次组织北伐，试图收复北方失地，其中以祖逖和桓温最为著名。

在中国北方，匈奴、鲜卑、羯、氐、羌等民族纷纷起兵，这些民族中涌现出许多文武双全的首领，他们都试图建立以本族为主体民族的政权。一百多年间，北方先后涌现了前赵、后赵、前燕、前秦、后燕、后秦、西秦、后凉、南凉、北凉、夏国、西燕、南燕等十几个民族政权，加上汉族建立的几个割据政权如前凉、西凉、北燕等，北方先后出现的重要国家先后共有16个，史称十六国。

各少数民族建立的政权，都学习和继承秦汉以来中国的政治及相关制度，都把统一天下、建立统一的专制政府作为目标。十六国中，只有氐族建立的前秦在国君苻坚（338—385）时期短暂地统一了北方。383年，完成北方统一事业的苻坚发动了对东晋的战争，希望统一全国。东晋宰相谢安从容镇定地组织抵抗。结果，晋军以少胜多，打败了苻坚。苻坚的士兵惊恐逃命，"风声鹤唳，草木皆兵"，史称"淝水之战"。不久，前秦被趁机起兵的鲜卑和羌族推翻，北方再度陷入分裂。

南北朝的对峙与民族大融合

东晋政权长期被门阀大族所控制。随着门阀士族的衰落，军人出身的次等士族刘裕掌握了实权。420年，刘裕篡夺皇位，建立了宋国。此后一百六十多年间,南方先后经历了宋、齐、梁、陈四个朝代,都是以建康(今江苏南京)为首都,也都是以禅让的方式建立王朝,历史上总称这四个朝代为南朝。

南朝社会相对安定,江南的经济开发使南方的经济水平愈来愈接近北方。南朝社会有一个特殊阶层——士族。士族阶层及相关制度形成于魏晋时期,士族具备特殊的文化教育传统和悠久的家族仕宦背景,享有其他社会阶层无法比拟的政治经济地位。东晋南朝的高级文官职位,几乎由士族垄断。士族阶层是东晋南朝立国的重要基础,国家管理人才的主要提供者,也是南朝文化成就的主要创造者。在很长一个时期里,士族是东晋南朝社会的中坚力量。南朝后期士族阶层丧失活力,走向腐朽,预示着南朝历史即将终结。

而在中国北方,拓跋鲜卑逐步翦灭各割据政权,结束了十六国的分裂混战局面。史称拓跋鲜卑建立的魏国为后魏或北魏。6世纪前期,北魏分裂为东魏和西魏,后来东魏为北齐所代替,西魏为北周所代替。历史上总称这五个王朝为北朝。北朝与南朝同时并存,南北对峙,史称南北朝。

北朝时期,国内居民中存在着相当数量的内迁少数民族。王朝的皇室和贵族阶层主要出自鲜卑族,军队的中坚力量也都是出自鲜卑等少数民族。鲜卑等族在社会生活中保留了许多本民族的优良传统,对北方社会风气有相当影响。同时,华夏文明对内迁民族发生了极其深刻的改造作用,深受华夏传

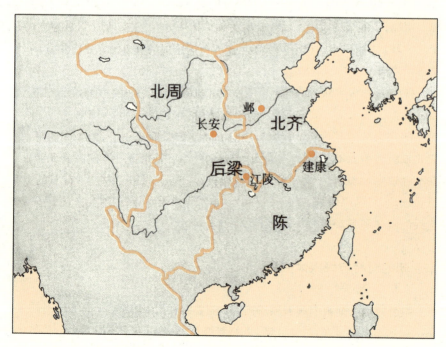

南北朝末期形势图

统文明吸引的北朝君主,积极推进汉化进程,加速了各少数民族的社会进步。不同民族、不同宗教、不同语言的北方居民,经过北朝历史的洗礼之后,逐渐融为一体,并都认同于华夏文明的历史传统。在这一过程中,北魏孝文帝元宏所推行的汉化政策最为突出。他把首都从平城迁到洛阳,强令鲜卑贵族学说汉语,在稳定北方社会结构、推动北方各少数民族的汉化方面,也发挥了十分重要的作用。

随着北方农业经济的恢复和政治秩序的稳定,北方社会的重构表现为综合国力的优势。南朝士族衰朽,国力虚弱,不再能够保持与北朝的对峙。577年,北周武帝兴兵灭北齐,统一北方。

第三节 | 隋、唐

大一统的重建

北周统一北方之后不久,就出现了幼君即位的情况,外戚杨坚(541—604)辅政。581年,杨坚夺取政权,建立隋朝,定都长安,杨坚就是隋文帝。589年隋军大举南进,南朝的最后一个君主陈后主被迫投降,陈亡。隋文帝不仅结束了南北朝,而且还结束了中国长期的割据分裂与南北对峙的局面。北方的民族大融合与南方的经济开发,对于隋朝在统一后的迅速繁荣起了关键作用。

隋代经济的发展,主要表现在耕地面积的大量增加和农作物产量的提高。人民的生活水平有一定提高,国家的赋税财政收入大大超过以往。长安、洛阳的官仓里储备着大量的粮食,足够政府使用很多年。手工业吸收了外来技术,商业盛极一时。

为了巩固南北统一的历史成果,加强南方与北方的联系,隋炀帝还主持了开凿大运河的工程。大运河贯通中国南北,全长四五千里,是迄今为止世界上最长的人工运河,以东都洛阳为中心,东北通到涿郡(今北京市),东南到余杭(今杭州市),分为永济渠、通济渠、邗沟和江南河四段。开凿大运河,在历史上足以与修筑长城并列,对后来中国历史的发展发生了很深的影响。

隋炀帝时期兴建了一系列巨大的工程,滥用民力,劳民伤财,对社会经济与政治稳定造成了损害。隋朝与高丽的战争,给人民带来极大的痛苦。过

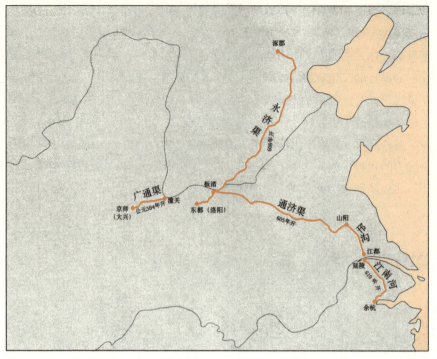

隋代开凿运河时间示意图

量的兵役和徭役，成为社会动荡的根源。农民为逃避兵役和徭役，被迫离开土地，流落他乡。农田的荒芜又造成饥荒，加上自然灾害，刚刚繁荣起来的经济迅速崩溃了。

611年，山东长白山的农民率先起来造反，各地纷纷响应。隋朝的政治秩序也迅速崩溃了。造反的农民逐渐会合成几个大的集团，其中活动于中原的瓦岗军最为突出。他们攻城略地，打开了国家粮库兴洛仓，直接威胁洛阳城。618年，隋炀帝在江都被部将杀死。只有37年的隋朝统治结束了。

唐朝的建立与贞观之治

当隋末动乱愈演愈烈之时，许多隋朝官员和贵族也都参加到推翻隋朝统治的浪潮中来，其中最著名的是太原留守李渊（566—635）。617年5月，李渊与长子李建成、次子李世民（599—649）在太原起兵，11月攻入长安。第二年，李渊称帝，建立唐朝，定都长安，李渊就是唐高祖。随后李渊在李世民的协助下，经过近十年的艰苦征战，消灭了各地的割据势力，重新在全国建立起统一的政治秩序。

第三章　秦汉至隋唐时期的中国社会 | 55

626年，李世民发动玄武门兵变，杀死太子建成，逼高祖李渊立自己为太子。不久李渊把皇位让给李世民，李世民就是唐太宗，改年号为贞观。从高祖以来的几年间，天下政治形势逐步好转，饱受战火摧残的北方地区农业经济也缓慢地恢复，高祖末年还确定了唐朝政治制度的基本框架，这些为唐代全盛时代的来临打下了基础。

唐太宗像

唐代继承了隋朝的三省六部制，中央设中书省、门下省和尚书省，三省长官组成中央决策机构，中书和门下两省掌管国家政令的草拟和审批，尚书省下辖的吏、户、礼、兵、刑、工六部作为行政事务机构负责贯彻执行中央决策。三省六部制从唐初确定以后，随着政治形势的发展与社会条件的变化，不断有所改变。

唐太宗在位的贞观年间，出现了历史上有名的"贞观之治"。唐太宗是一个雄才大略的君主，他亲身经历了隋朝的迅速灭亡，不堪暴政奋起反抗的民众给他留下了深刻印象。他在位期间，注意吸取历史教训，强调实行仁政。他承认民众与统治者的关系就是水与舟的关系，"水能载舟，亦能覆舟"。他任用贤臣，从谏如流。当时朝廷里有一批敢于向皇帝犯颜直谏的优秀官员，其中最著名的是魏征（580—643）。《贞观政要》一书，就记录了唐太宗君臣之间讨论国家事务的许多故事和言论，反映出这个时期唐朝朝廷比较清明的政治风气。贞观时期国家政策的调整比较适应社会实际，土地制度沿用北魏以来的均田制，赋税制度实行了租庸调制，这些制度有益于农业生产的恢复和发展。唐太宗在宗教、艺术等领域实行开放政策，大力吸收外来文化，促进了唐代文化艺术的高度繁荣。这一时期，社会安定，政治清明，经济走向繁荣，国力逐渐强盛，唐军还打败了长期威胁北方边塞的东突厥，受到当时及后世的赞赏。

女皇帝武则天

唐太宗去世后，皇位由太子李治（628—683）继承，李治就是唐高宗。

武则天（624—705）是唐高宗的第二个皇后。她集美丽的容貌与精明的才干于一身，经过许多曲折，取得宫廷内部斗争的胜利，获得皇后的称号。由于高宗多病，武则天经常代替高宗处理国家政务，表现出不凡的政治才能，逐渐也取得了对朝廷政治的控制权。

高宗去世后，武则天先后扶持了自己的两个儿子为帝，而把政务大权完全把持在自己手中。但她对这种局面还不满意，于是废了他们，干脆自己做皇帝。690年，武则天称帝，改国号为周，以洛阳为首都，称神都。政权稳定以后，武则天改进官吏选拔，强化了创立于隋代的科举制度，对科举制的发展影响甚大。她重视农业生产，一再下令放奴为良，压制和破坏北方社会原有的士族等级制度。她在位期间，社会形势稳定，经济持续发展，国力明显增强，文化走向繁荣，户口数量也有较大提高。武则天是中国历史上唯一的女皇帝，也是历史上一个颇有作为的皇帝。

绢画人物（部分） 唐

武周政权持续了15年之久。705年，李氏子孙受大臣拥护，逼迫年迈的武则天让出皇位，恢复了唐朝统治。

唐玄宗与开元盛世

武则天死后几年，她的孙子李隆基（685—762）即位，这就是唐玄宗。唐玄宗前期的年号是开元。这个时期内，玄宗励精图治，任用贤相，精简机构，节省开支，对地方官加强监督，整顿吏治，针对政治、经济、军事上出现的问题，进行一系列改革，收到明显的效果。

开元年间，唐朝的国力达到鼎盛阶段，对周边地区和民族的军事与政治影响力，超出了历史上任何时期，高度的物质文明和绚丽多彩的文化使周边各族增强了向心力。唐朝是当时世界上最强盛的国家之一，是亚洲各国经济、文化交流的桥梁和中心，在中西交往中也居于显著地位。文化大大发展，经济空前繁荣。这一时期出现了政治清明、物阜民殷的全盛局面，这是中国历史上继汉武帝之后的第二个鼎盛阶段，史称"开元盛世"。

舞伎联珠柄八棱金杯　唐　　鎏金鹦鹉纹提梁银罐　唐　　鎏金人物画银坛　唐　　鎏金卧龟莲花纹五足朵带银熏炉及炉台　唐

狩猎纹高足银杯　唐　　黄釉胡人狮纹扁壶　唐　　白瓷长颈瓶　唐　　歌舞狩猎纹八瓣银杯　唐

唐代的边疆民族形势

　　唐代北方草原先后由突厥与回纥两个民族控制。突厥崛起于北朝后期，到隋代分裂为东突厥与西突厥，唐初经常南下袭击唐朝的农业地区。唐太宗时期大败东突厥以后，恢复了对北方草原的政治控制。后来西突厥也接受唐的册封，唐朝在西域地区建置安西都护府与北庭都护府，有效地控制着天山南北直到阿姆河和阿尔泰山、巴尔喀什湖以西的广大地区。

　　回纥原居色楞格河一带，8世纪中期强大起来，基本控制了东起黑龙江西达阿尔泰山的草原地带。回纥首领骨力裴罗接受唐朝册封的"怀仁可汗"封号。以后回纥改名"回鹘"。9世纪中期回鹘西迁，形成吐鲁番地区的西州回鹘和河西走廊的甘州回鹘等。回鹘是维吾尔等族的前身。

　　在黑龙江、松花江和乌苏里江流域，居住着靺鞨。7世纪中期以后，黑水靺鞨与粟末靺鞨两部强大起来，黑水靺鞨在北，唐太宗时向唐朝纳贡，8世纪前期，唐朝在此建立黑水都督府。南面的粟末靺鞨在7世纪末，由首领大祚荣统一各部，713年，接受唐朝册封的"渤海郡王"称号，建立渤海国。

在云南洱海一带逐步强大起来的南诏,也是唐代重要的边疆民族之一。南诏是彝族和白族的祖先,原为六部,称六诏,最南的一部为南诏。在唐玄宗的支持下,南诏首领皮罗阁合并了其他五诏,唐玄宗封他为云南王。接受内地先进文化影响的南诏,经济文化迅速发展。

吐蕃是藏族的祖先。7世纪前期,吐蕃赞普松赞干布统一了青藏高原,以逻些(今拉萨)为政治中心,建立起强大的吐蕃政权。641年,唐太宗派人护送文成公主入藏与松赞干布成婚。文成公主带去了蔬菜种子、手工业品和医药、生产技术方面的书籍,随后唐朝的各类工匠也不断进入吐蕃,这对吐蕃的经济进步有着很大影响。后来吐蕃与唐朝之间发生过多次战争,吐蕃的军队甚至深入到长安。唐、蕃之间或战或和,加深了相互了解和经济交往。9世纪前期,吐蕃与唐朝会盟,盟约里强调唐、蕃之间要"患难相恤,暴掠不作"。这块会盟碑至今还屹立在拉萨大昭寺的门前。

唐代的对外关系

唐代与亚洲、欧洲各国的经济和文化往来,出现了前所未有的盛况,陆上丝绸之路和海上交通贸易都异常繁忙。经陆路交通,向东进入朝鲜半岛,向西经过敦煌,越过葱岭,可达印度、伊朗及阿拉伯各国;走海路,向东可到朝鲜和日本,向南从广州出发可达马来半岛,再折而向西即达印度和波斯湾

礼宾图 唐

第三章 秦汉至隋唐时期的中国社会 | 59

玄奘像

地区。长安城是世界上最重要的国际大都会,对外交通的重要都会还有扬州、广州和敦煌等。

新罗（朝鲜半岛上的重要国家）和日本与唐朝关系密切。两国都派遣了大量留学人员来到唐朝,学习先进的文化和技术,其中日本的"遣唐使"尤为著名。唐朝名僧鉴真东渡,对日本佛教的发展影响甚大。唐朝文化深刻地影响了日本和朝鲜的历史,特别是在政治经济制度、城市建筑、文字和日常生活等方面。

从汉代佛教传入以后,中国与南亚的经济文化交往愈来愈频繁,印度各地的来华僧侣与中国西行求法的僧侣,起了主要作用。唐代与天竺（印度）的往来更超过以往。著名的僧人玄奘,在唐太宗时历尽艰辛,不辞劳苦,克服了巨大的困难,到天竺研究佛学。他游历天竺,以高超的学问获得天竺佛学界的尊敬。他归国时携回六百多部佛经,在长安将部分佛经翻译成汉语。他是中国历史上最优秀的旅行家和佛经翻译家之一。

唐代与波斯（伊朗）和大食（阿拉伯）的关系也相当密切。大量的波斯、大食商人活动在中国内地,带来了许多西方物产,也把中亚和西亚等地的宗教传入中国（包括景教、祆教、摩尼教等）。中国的精美物产深受波斯、大食等国的欢迎。商人、僧侣和外交使节,络绎于丝绸之路,是唐代对外关系的重要景观。

安史之乱与藩镇割据

天宝年间的唐玄宗,在一派歌舞升平之中逐渐转化为一个贪图逸乐的皇帝,挥霍浪费,宠用奸臣。皇族、贵戚生活上的腐化引起政治上的混乱。唐朝鼎盛局面的背后已经显露出严重的危机。安史之乱就成为唐朝历史由盛而衰的转捩点。

安指安禄山（？—757）,史指史思明（？—761）,本来都是唐朝的边将。由于府兵制的破坏,唐朝军队中过分依赖边疆民族将领和士兵,这些将领和士兵与藩镇长官节度使之间的依附关系愈来愈强。节度使权力不断增大,控制了地方上的军事、行政和财政大权,开始藐视中央政府。755年,管辖今河北、山西、辽宁一带的节度使安禄山,乘唐朝政治紊乱,内地兵力空虚,在

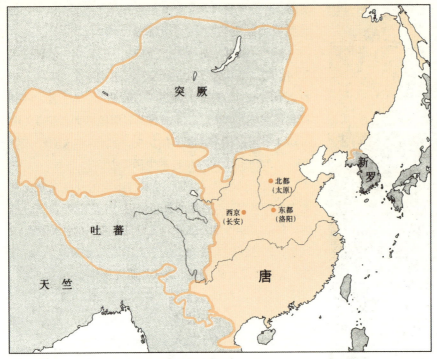

唐朝版图（741年）

范阳（今北京市）起兵，发动叛乱。叛军很快攻占唐朝的两京洛阳和长安，唐玄宗被迫出逃，在外地组织反攻。两年后，唐将郭子仪、李光弼在回纥兵的协助下，收复两京。安禄山死后，部将史思明再度起兵。这场叛乱直到763年才被唐军平息。

安史之乱使北方农业生产受到极大破坏，人民流离失所。洛阳周围几百里内，许多州县成为废墟。唐朝从此由盛转衰。

安史之乱的另外一个严重的政治后果，就是给唐朝带来了藩镇割据问题。在安史之乱期间和平叛之后，各地节度使乘机扩大地盘和军队，形成割据。很多节度使名为唐朝藩镇，实是独立王国，不向中央缴纳赋税，自己委任辖境的地方官员，有的节度使死后，由儿子或部将继任，朝廷不能干涉。

藩镇割据持续了一百多年。藩镇与藩镇之间、藩镇与中央之间，经常爆发政治和军事冲突。这使唐朝国力下降，是唐朝无法振作的一个重要原因。

调整改革与元和中兴

随着安史之乱的平定和地方藩镇之间力量的平衡，唐代宗时期起，逐渐采取措施稳定局势，重振朝纲。刘晏是唐朝后期著名的理财家，在安史之乱后财政经济的整顿中，做出了积极的贡献。

但是，随着经济的发展和社会财富的积累，自唐朝中期以来，土地买卖频繁，土地兼并严重，均田制受到破坏。建立在均田制基础上的赋税和征役制度——租庸调制，也就无法维持了。国家财政面临着危机，这种危机在安史之乱后进一步加剧。为解决财政困难，780年，唐朝政府接受宰相杨炎的建议，实行两税法。两税法主要按土地和资产的多少，一年分夏季和秋季两次收税，所以称为两税法。两税法改变了过去以人丁为主的征税标准，是中国赋税制度的一大变革，影响深远。实行两税法以后，唐朝政府的财政收入得到了基本保证，是唐朝得以在重重困难中继续维持的原因之一。

唐德宗统治的后期，对割据地方的藩镇采取姑息政策，同时也削弱了一些内地具有割据倾向的藩镇，中央与地方关系的格局有所改变。在加强中央禁军的力量、加强边疆防务以及加强中央财政储备等方面，都取得了重大进展。

由于正在兴起的社会中下层力量的发展，科举制度在德宗后期得到了重大调整，选拔出了一大批关心民生，了解现实，关注唐王朝长远利益的士子。在他们的推动下，政治革新的声浪在文学艺术革新的浪潮中涌起，出现了"二王八司马"的改革和宪宗元和初年的政治革新。元和年间，政治相对清明，社会生产有所恢复，尤其是削平了割据自雄的河北藩镇，形成了"元和中兴"的局面。

宦官专权与朋党之争

元和中兴的局面并没有维持多久。穆宗即位后，河北藩镇再次叛乱，唐王朝无力讨平，朝廷与河北藩镇之间进入一种僵持状态。统治阶级内部的权力斗争愈演愈烈。朝臣、宦官和藩镇三大政治势力之间关系的演进，构成了晚唐政治的主线。

宦官是专制皇权的附生物，在唐代后期政治体制的调整和皇帝专制加强的过程中，宦官权力逐步扩大。他们不仅操纵政权，而且掌管禁军，国策的制定、朝臣的任免、皇帝的废立，几乎全把持于宦官之手。宦官的掌权，加剧了唐朝政局走向混乱和黑暗。

朋党之争是指唐朝两派官僚互相倾轧，争权夺利。从唐宪宗时期开始，朝廷官僚士大夫之间发生了严重的分裂，一派以牛僧孺为首，称为"牛党"，另一派以李德裕为首，称为"李党"。牛李党争前后达四十多年，进一步促成统

治阶层内部分崩离析，从而加速了唐王朝的最后崩溃。

唐末农民起事与唐朝的灭亡

唐朝末年的政治混乱，加剧了积蓄已久的社会矛盾。唐朝统治者醉心于争权夺利，对于日益尖锐的社会矛盾却无心解决。两税法的实施出现了许多新的问题，土地兼并加剧，新的赋税征收原则没有得到真正贯彻，国家对农民的剥削加重。失去土地的农民开始以暴力反抗的形式发泄愤怒。

859年，爆发了裘甫领导的浙东农民起事。868年，庞勋领导的戍卒兵变演化成大规模的农民起事。874年底，王仙芝领导山东、河南农民数千人在长垣起兵，接着，黄巢起事响应。王仙芝战死后，黄巢领导大军，转战大半个中国，声势愈来愈大。880年，黄巢大军占领洛阳，次年初开入长安。黄巢建立的政权国号"大齐"。

但唐朝的残余军队开始反扑。883年，黄巢被迫撤出长安，第二年他就在泰山附近战败自杀。但是，黄巢大军深深撼动了唐朝的统治，黄巢死后不久，在中国历史上留下光辉篇章的唐王朝，就在军阀割据中走向灭亡了。

推荐读物：

1. 林剑鸣著：《秦汉史》（上海：上海人民出版社，1989年）。
2. 王仲荦著：《魏晋南北朝史》（上海：上海人民出版社，1979年）。
3. 王仲荦著：《隋唐五代史》（上海：上海人民出版社，1988—1990年）。
4. 崔瑞德、鲁唯一编，杨品泉等译：《剑桥中国秦汉史》（北京：中国社会科学出版社，1992年）。
5. 崔瑞德编，中国社会科学院历史研究所西方汉学研究课题组译：《剑桥中国隋唐史》（北京：中国社会科学出版社，1990年）。
6. 万绳楠整理：《陈寅恪魏晋南北朝史讲演录》（合肥：黄山书社，1987年）。
7. 唐长孺著：《魏晋南北朝隋唐史三论：中国封建社会的形成和前期的变化》（武昌：武汉大学出版社，1993年）。

图片补充资料：

1. 41页（下中）：十二字瓦当，陕西咸阳故城出土。
   （下右）：双兽纹瓦当，陕西凤翔县出土。

2.42页（左）：陶量，山东邹县出土。
3.44页（左）：云纹漆钫，湖南长沙马王堆汉墓出土。
　　　（右）：漆棺彩绘云气异兽图，湖南长沙马王堆汉墓出土。
4.45页（下）：张骞出使西域辞别汉武帝图，甘肃敦煌莫高窟第323窟北壁。
5.46页　　：香地绣流云菱纹绮，湖南长沙马王堆汉墓出土。
5.47页　　：市集画像砖拓本，四川新都县出土。
6.56页　　：绢画人物（部分），新疆吐鲁番阿斯塔那230号唐墓出土。
7.57页　　：舞伎联珠柄八棱金杯，陕西西安南郊何家村窖藏出土。
　　　　　　鎏金鹦鹉纹提梁银罐，陕西西安南郊何家村窖藏出土。
　　　　　　鎏金人物画银坛，陕西扶风县法门寺地宫出土。
　　　　　　鎏金卧龟莲花纹五足朵带银熏炉及炉台，陕西扶风县法门寺地宫出土。
　　　　　　狩猎纹高足银杯，陕西西安南郊何家村出土。
　　　　　　歌舞狩猎纹八瓣银杯，陕西西安南郊何家村窖藏出土。
8.58页　　：礼宾图，陕西乾县乾陵章怀太子墓墓道东壁。

【第四章】 宋元明清
　　　　时期的中国社会

年代	朝代	中国大事	世界大事
公元 900	五代 907—960 / 十国 902—979		
公元 950		947 辽国立 960—1127 商标、广告、纸币出现	
公元 1000	辽、西夏、金 902—1234 / 北宋 960—1127	1023 纸币由中央银行印刷 1038 西夏立	1001 维京人由格陵兰航抵北美洲纽芬兰
公元 1050		1041—1048 沈括提及毕昇发明活字版印刷术 1066—1084 司马光编《资治通鉴》 1069 王安石变法	
公元 1100		1107 程颐卒 1125 金灭辽 1127 靖康之变发生,北宋亡 1142 岳飞卒	1096 十字军第一次东征 约1100 大学在欧洲出现
公元 1150	南宋 1127—1279		1150 欧洲出现第一间造纸作坊(西班牙)
公元 1200		1200 朱熹卒	1189 法国建立造纸厂

年代	朝代	中国大事	世界大事
公元 1200	辽、西夏、金 902—1234 / 南宋 1127—1279		1204 十字军第四次东征
公元 1250		1279 宋帝昺自尽,南宋亡 约1298 金属活字(锡造)出现	1250—1533 印加文明(秘鲁) 1275 马可波罗抵华
公元 1300	元 1271—1368		约1320 欧洲开展了文艺复兴
公元 1350			约1337 百年战争开始 约1348 黑死病肆虐欧洲
公元 1400	明 1368—1644	1404—1408《永乐大典》编成,为古代最大之百科全书 1405—1433 郑和七次下西洋	约1390 欧洲最早之雕版印刷物出现
公元 1450			1452—1519 达·芬奇在世 1455 古腾堡印圣经
公元 1500			1492 哥伦布发现美洲大陆 1498 达迦马开辟欧洲到印度的航路

年代	朝代	中国大事	世界大事	年代	朝代	中国大事	世界大事
公元 1500	明 (1368—1644)		1520 麦哲伦横渡太平洋 1521 马丁·路德发起宗教改革	公元 1800	清 (1644—1911)		1804 法国拿破仑称帝 1818—1883 马克思在世 1821 法拉第发明马达和发电机
		1529 王守仁卒				1810 英国教士马礼逊在广州出版《使徒行传》	
公元 1550			1543 哥白尼出版《天体运行论》	公元 1850		1840 鸦片战争发生 1842《南京条约》签订 1850—1864 太平天国	1848《共产党宣言》 1859 达尔文进化论 1861—1865 美国南北战争 1868 日本明治维新 1876 贝尔发明电话
		1567—1619 印刷体（仿宋体）出现 1584 利玛窦出版《畸人十规》(中文) 1596 李时珍出版《本草纲目》 1603—1607 徐光启与利玛窦合译《几何原理》出版	1564—1616 莎士比亚在世 1564—1642 伽利略在世				
公元 1600			1596—1650 笛卡儿在世 1609 日本德川幕府统治开始 约1610 欧洲科学革命开始	公元 1900		1898 严复《天演论》出版 1898 戊戌维新推出百余日，以失败结束 1900 八国联军侵略中国，进驻北京 1911 辛亥革命成功，中华民国成立。 1919 "五四"运动爆发 1921 中国共产党成立 1937—1945 抗日战争 1949 中华人民共和国成立	1894 甲午战争爆发 1905 爱因斯坦发表相对论及光电效应 1914—1918 第一次世界大战 1939—1945 第二次世界大战 1945 广岛长崎原子弹爆炸
公元 1650		1662—1722 康熙在位	1645—1660 英国革命				
公元 1700	清 (1644—1911)		1685—1750 巴哈在世 1687 牛顿著《数学原理》	公元 1950			
		1710—1716《康熙字典》编定 1723—1735 雍正在位 1736—1795 乾隆在位					
公元 1750			1724—1804 康德在世 约1733—1880 西方工业革命 1756—1791 莫扎特在世 1769 瓦特发明蒸汽机 1770—1827 贝多芬在世 1776 美国独立 1789 法国大革命爆发				
		1782《四库全书》第一部完成 1791《红楼梦》面世（一百二十回本）					
公元 1800							

第一节 | 宋朝

从陈桥兵变到杯酒释兵权

907年至979年，中国历史又一次呈现分裂局势，史称五代十国。五代十国是联结唐宋两大王朝的五个小朝廷和十个割据政权。五代指后梁、后唐、后晋、后汉、后周。除后唐建都洛阳外，其余皆建都开封。十国指吴、南唐、吴越、闽、南汉、楚、南平、前蜀、后蜀、北汉。除北汉在北方，其余九国都在南方。

960年，后周大将赵匡胤，在东京（今河南开封）东北的陈桥驿发动兵

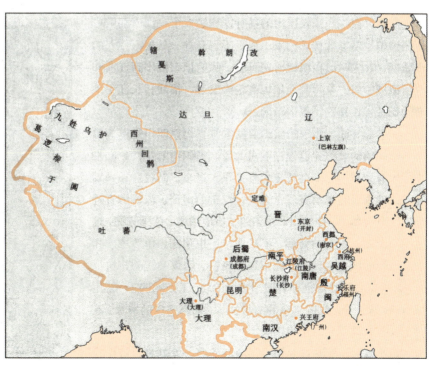

五代十国分布图（943年）

变,率领军队回到东京,夺取了后周的政权,建立宋朝,史称"北宋"。赵匡胤就是宋太祖。宋太祖与他的弟弟宋太宗用了十几年时间,陆续消灭其他割据政权,结束了五代十国割据混乱的局面。

北宋初期,为了巩固统治,宋太祖采取措施加强中央集权。这些措施有:第一,解除统军大将的兵权。他利用设酒宴的机会,暗示石守信等统军大将交出兵权;石守信等迫于其强大的武力后盾,领会皇帝的用心,称病辞职。这就是有名的"杯酒释兵权"。第二,解除地方节度使的权力。第三,派文臣到各地做知州,管理地方政事。第四,派转运使到地方管理财政。第五,从地方军队中挑选强壮士兵,编入禁军,由皇帝直接控制。通过这些措施,地方的行政权、财政权和军权都收归中央,达到了中央集权的目的,但也导致官僚机构膨胀、军队数量激增,政府官俸和军费开支愈来愈大以及地方统治力量薄弱等后果。

经济的发展与城市的繁荣

北宋时期,社会经济有了较大发展。在农业、手工业和商业各方面,都取得了巨大的成就。

交子(北宋四川印刷的纸币)

农业方面,一些农作物的播种区域扩大了,江南和两广地区种植了从淮北传去的粟、麦、黍、豆等。从越南传入的占城稻,北宋时已在福建普遍种植,政府把它推广到江浙和淮河流域一带。茶树的栽培也有很大发展,福建和长江中下游的丘陵地,新辟了很多茶园。

手工业方面,北宋的丝织业技术水平仍以四川地区为最高,但江南的丝织业已逐渐胜过北方。丝织物的花样和品种比前代有所增加,染色技术也有了很大进步。制瓷业相当发达,各地重要的瓷窑有三十多处。定窑的白瓷、汝窑的青瓷等都享有盛名。景德镇出产的瓷器,质地细腻,色泽莹润,这里后来发展为著名的瓷都。矿冶业水平也很高,山西境内和东京一带的城乡居民,已经用煤作燃料。用煤冶铁的作坊很多,徐州东北的冶铁中心有三十多个冶坊,工匠约四千人。用煤冶铁,火力强,改进了铁的冶铸技术,提高了铁的质量,这对于改善农具所起的作用很大。

商业方面,随着农业和手工业的发展,尤其是经济作物

第四章 宋元明清时期的中国社会

张择端《清明上河图》（局部） 北宋

如茶叶、甘蔗等耕种面积的扩大，北宋的商业和城市繁荣起来。北宋时期，南北各地农村中，定期的集市——草市或墟市已较为普遍；城市中严格区分商业区和居民区的坊市制度也彻底被打破，工商业者面街而居，随地经营，形成了与近代城市大体相同的市容面貌。大凡米、谷、麦、豆、鸡、鱼、蔬、果、柴、炭、陶瓷用具、竹木杂器、丝、绵、布、帛、衣、鞋、猪、羊、马、牛、驴、骡等等，都在这里买卖。当时市场上流通大量金属货币，有铜钱、铁钱和金银。为了携带方便，北宋前期在四川地区出现了"交子"，这是世界上最早的纸币。纸币的产生，为商业发展提供了便利条件。

辽、西夏的建立及其与北宋的关系

与北宋并立的政权有北方少数民族建立的辽和西夏。北宋前期，这两个政权给北宋造成了严重威胁。

辽是中国北方少数民族——契丹族所建立的政权。契丹族原居于辽河上游一带，以游牧和渔猎为生。北魏时，他们同中原往来密切，用马匹、皮革同汉族交易。唐朝末年，契丹势力不断扩大。契丹人也从汉人处学会种田、纺织、冶铁、煮盐和建筑城郭、房屋，开始了农耕和定居生活。10世纪初，契丹族首领耶律阿保机，统一契丹各部。916年，阿保机称帝，建立契丹国，都

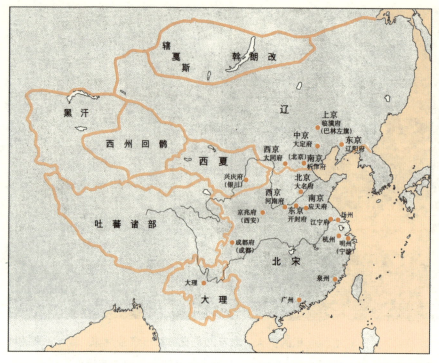

辽、北宋时期全图 (1111年)

城在上京（今内蒙古巴林左旗南）。947年，契丹改国号为"辽"。北宋建立以后，曾两次对辽用兵，但都被辽挫败。1004年秋，辽军大举进攻北宋，兵锋直抵黄河岸边的澶州（今河南濮阳县）城下，威胁宋的都城开封。第二年，宋辽达成和议：辽撤兵，北宋答应每年送给辽银十万两、绢二十万匹，双方约为兄弟之国。这就是所谓"澶渊之盟"。"澶渊之盟"后，宋辽之间维持了长久和平关系，双方开展了经济、文化的交流。

西夏是党项族建立的政权。党项是中国西部古老的少数民族羌族的一支，唐中期以来居住在宁夏、甘肃和陕西西北一带，过着游牧生活。唐末五代，党项势力强大起来。北宋初期，首领称夏国王。1038年，夏王元昊称大夏国皇帝，都城在兴庆（今宁夏银川），史称西夏。元昊称帝，夏宋之间连年战争，双方损失都很大。后来双方议和，北宋送给西夏"岁币"，重开边境贸易，西夏取消帝号，仍由宋册封为夏国王。

庆历新政与王安石变法

由于官僚机构的膨胀和军队的不断扩大，再加上连年用兵，北宋中期出现了一系列政治危机。首先,军费和官俸开支浩大,政府财政入不敷出;其次,官僚腐败,政府横征暴敛,土地又集中在豪强地主手中,政治矛盾和社会矛盾日益尖锐,农民起事经常爆发;辽和西夏仍然威胁着北宋的安全,北宋每年负担沉重的岁币。

为了克服政治危机,宋仁宗庆历三年(1043)开始,范仲淹、欧阳修等进行了以整顿吏治为中心的政治改革,史称"庆历新政"。但遭到守旧势力的阻挠,不能达成预期的成效。

1069年,宋神宗任用王安石进行变法,希望通过变法缓和社会发展过程中出现的深层矛盾,达到富国强兵的目的。变法的主要内容有青苗法、农田水利法、募役法、方田均税法、保甲法等等。

王安石的新法推行了十几年,取得了一定成效。如农田水利法实施后,各地兴修水利工程一万多处,大量农田得到灌溉。新法也使政府收入有所增加。但是,由于用人不当,变法过程中出现了一些危害百姓的现象。新法也触犯了大地主、大官僚的利益,遭到他们的强烈反对。宋神宗死后,1086年司马光出任宰相,新法几乎全部废除。但到宋神宗之子宋哲宗亲政之后,又重新推行青苗、免役等主要的新法。只是此时推行新法,已成意气用事的派系斗争,原来摧抑豪强兼并土地、发展农业生产等目标,都不在考虑之中。

北宋末年的政治腐败

12世纪初的25年,是宋徽宗统治的年代。宋徽宗是一位在书画艺术上颇有造诣的皇帝,在政治上却荒淫无道。他所用的权臣和宦官,也千方百计地搜刮民财,满足他的穷奢极欲,并且卖官鬻爵、胡作非为。由于奢侈浪费,财政入不敷出,一年的全部财赋收入只能供八九个月的支用。为了增加财政收入,政府大规模地没收无主田地,作为公田,实际上往往强占肥沃土地,迫使原业主成为公田的佃户,向政府交纳租课。官僚豪强地主也乘机大肆掠夺土地。于是,社会政治矛盾空前激化。北宋末年,南方的方腊与北方的宋江分别领导的人民起事,就是在这个背景下发生的。

女真的兴起和金灭辽

当北宋王朝受到农民起事威胁的同时,北方少数民族建立的政权再度成为宋朝的威胁。契丹建国之后，原来居住在黑龙江、松花江流域和长白山一带的黑水靺鞨，就受到契丹国（辽朝）的控制，契丹称他们为女真。辽不断向女真勒索猎鹰与其他土特产。11世纪，女真族的完颜部发展起来，逐渐统一女真各部，并武装反抗辽的控制，占领了辽的许多土地。1115年，女真族首领完颜阿骨打称帝，建立金朝。其后，金朝联合宋朝，南北夹攻辽朝。1125年，金军俘获辽的皇帝，辽朝灭亡。

靖康之变与南宋初年的抗金战争

金灭辽后，看到北宋统治腐朽，防备空虚，就在灭辽的当年冬天，挥师南下，大举进攻北宋。第二年春天，金军渡过黄河，进逼东京。宋徽宗惊慌失措，连忙把皇位传给儿子宋钦宗。1127年，金军攻陷东京，掳走宋徽宗、宋钦宗以及后妃、宗室、大臣等三千余人，北宋灭亡。宋钦宗的年号为靖康，历史上称此事为"靖康之变"。

北宋灭亡的同一年，宋钦宗的弟弟赵构在应天府（今河南商丘）做了皇帝，后来定都临安（今浙江杭州），史称"南宋"。赵构就是宋高宗。

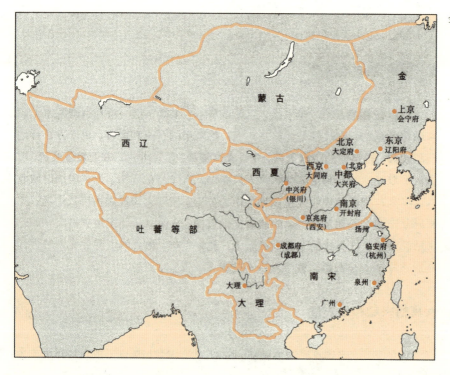

金、南宋时期全图（1208年）

当金军进入黄河流域时,人民纷纷拿起武器,反抗金军的屠杀。他们组成义军,沉重地打击金军。由于义军抗金,金军在中原长期不能站稳脚跟,南下也受到很大牵制。1129年,金军渡过长江,南宋的将领坚决抗击金军。韩世忠把金军阻截在黄天荡48天之久;岳飞收复了被金军占领的建康。1140年,金军又向南宋大举进攻,南宋求和。1142年,南宋与金达成和议。和议内容为:第一,南宋向金称臣;第二,双方以东起淮水,西至大散关一线划定疆界,此线以北为金统治区;第三,南宋向金送岁币银25万两、绢25万匹。由于当时宋高宗的年号为绍兴,史称这次事件为"绍兴和议"。其后,金与南宋进入对峙的状态。

南宋经济的发展与北方经济的恢复

南宋偏安江左,国土比北宋减少了将近一半,但是,经济最为发达的江、淮、湖、广等地区,都在南宋境内。随着北方人口南迁,南宋政府对经济的推动,南方的自然资源得到迅速开发,社会经济有了长足的发展。

农业方面,在南宋境内,水利灌溉事业本来很发达,南宋政府为了增加财政收入,又奖励地方官兴修水利灌溉工程。在南宋初期的五十年内,各地兴建或修复较大的水利工程,有湖南潭州的龟塘,可溉田万顷;兴元府的山河堰,溉田九千三百多顷;镇江府练湖七十二源,溉田在万顷以上。此外,绍兴府会稽、山阴、诸暨诸县的旧湖,都得到了修浚,灌溉事业得到了恢复和发展,水田增加,产量进一步提高。太湖流域的苏州、湖州等地,稻米产量很大,当时流传着"苏湖熟,天下足"的谚语。棉花的种植进一步推广,从广东、福建扩展到长江流域和淮河流域。种茶地区也比北宋增多。制糖原料的甘蔗,在福建、浙江、四川、广东的某些地区内已大量栽种。

手工业方面,棉纺织业逐步成为产棉区的主要农村副业。当时南方已有了一套擀、弹、纺、织的棉纺织工具。在浙江出土的一条南宋时的棉毯,细密厚软,已经达到相当高的工艺水平。造船业在技术上也有明显进步。南宋所造的船,装有指南针,并且有较强的抗风力。各国商人都愿乘坐南宋的海船。

商业方面,海外贸易有了很大的发展。主要海港有泉州、广州和明州(今浙江宁波)。在泉州附近至今存有港口、船坞遗迹,还有伊斯兰教寺院的遗址、阿拉伯人的墓碑石,以及其他记载中外往来的碑刻等。那时,中国对外贸易东达日本、朝鲜,西至非洲一些国家。

在南方经济发展的同时，金朝在北方也推行一些恢复农业生产的措施。金世宗时，利用黄河故道实行屯田，招募农民垦种。有的地区遇到荒歉，政府便减免租税。这类措施，使北方的经济得到恢复，并有所发展。

第二节　元朝

蒙古族的兴起与蒙古汗国的扩张

宋、金对峙状态大约维持半个世纪之后，蒙古族崛起于北方的蒙古高原。蒙古族是中国北方的一个古老民族，原先居住在也里古纳河东部，后来逐渐散布到蒙古高原的广大地区。12世纪时，蒙古族发展起来，和周边民族加强了联系。为了争夺财富，蒙古族各部落之间经常进行残酷的斗争。在各部落之间的战争中，斡难河流域一个部落逐渐强大起来。这个部落的杰出首领铁木真，领导一支强大军队，经过十多年的战争，打败四周各部落，统一了蒙古。1206年，蒙古贵族在斡难河源召开大会，推举铁木真为大汗，尊称"成吉思汗"，建立了蒙古政权。

蒙古政权建立以后，成吉思汗和他的子孙发动了大规模的扩张战争，并先后征服和攻灭了中国境内的许多政权。西夏、吐蕃、畏兀儿先后臣服或归附蒙古。1227年，蒙古军队灭了西夏。1234年，蒙古联合南宋灭金。

元朝的建立和南宋的灭亡

金亡之后，南宋政府希图收复黄河以南地区，于是从淮西调兵开入开封城内，并从开封分兵占据了洛阳。不料宋军刚进洛阳，蒙古兵即前来争夺，宋军溃败，从洛阳撤退。在开封的宋军，因粮饷不继和蒙古兵决黄河之水灌开封城，也全部撤退。从此以后，在四川、襄汉、蕲黄和江淮之间，蒙古军队对南宋展开了全面的军事进攻。1260年，忽必烈继承蒙古汗位。1271年，他正式定国号为"元"，次年定都大都（今北京市）。忽必烈就是元世祖。1276年，元军攻占南宋都城临安，俘虏南宋皇帝。

南宋军民在文天祥等人的领导下，继续进行抗元斗争。文天祥被俘后，坚贞不屈，留下了"人生自古谁无死，留取丹心照汗青"的千古名句。1279年，在元军的进逼下，宰相陆秀夫背着流亡的南宋小皇帝赵昺，在崖山跳海自尽，南宋灭亡。

元朝的疆域和国际关系

元朝的疆域比以往任何朝代都辽阔。元朝建立时，成吉思汗时期所奠定的横跨欧亚的蒙古国，除元以外，已逐渐分裂为钦察、察合台、伊儿等独立的汗国，但元朝的皇帝名义上仍是各汗国的大汗，彼此还保持一定的联系。

13世纪的元帝国是当时世界上最强大、最富庶的国家，它声威远及欧、亚、非三洲。西方各国的使节、商人、旅行家、传教士来中国的络绎于途。元世祖时，威尼斯人马可波罗曾经遍游中国各大城市，并在元朝做官。在他的游记中，对元朝的幅员广阔和工商业的繁盛做了生动、具体的描绘，激起欧洲人对中国文明的向往。由于中外交通的频繁，中国人发明的罗盘、火药、印刷术经阿拉伯传入西欧，阿拉伯人的天文学、医学、算学知识也陆续传来中国。

元朝版图（1330年）

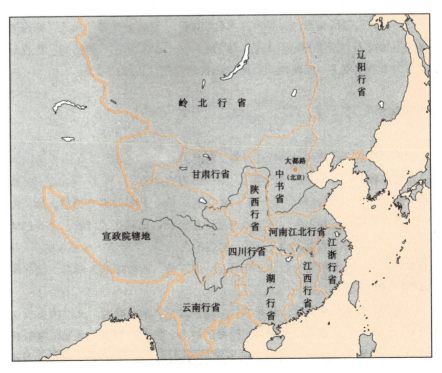

民族融合与民族压迫政策

元朝的统一,使各民族的融合得到进一步加强。许多汉族人民来到边疆地区,为那里的开发做出了贡献。边疆各族包括蒙古族,大批迁入中原和江南,同汉族杂居相处。原先进入黄河流域的契丹、女真等族,经过与汉族人民长期共同生活,已同汉族没有区别,均被称为"汉人"。唐朝以来,有不少信仰伊斯兰教的波斯人、阿拉伯人,在中国一些地区定居;元朝时,又有大批迁入中国。他们同汉、蒙、畏兀儿等族长期杂居相处,互通婚姻,逐渐融合,开始形成一个新的民族——回族。中国统一多民族国家的格局,在元朝时基本奠定。

作为蒙古族建立的政权,元朝极力巩固蒙古族的统治地位,对全国各民族采取了民族分化政策。元朝把全国各族人分成四等:第一等蒙古人,包括原来蒙古各部人;第二等色目人,包括西夏、回回、西域以至居留中国的一部分欧洲人;第三等汉人,包括契丹、女真和原来金统治下的汉人;第四等南人,指南宋统治下的汉人和西南各民族人民。他们的政治、法律地位高低不同。在政治制度和军事制度上,元朝也都贯彻着民族等级和民族压迫政策。

敦煌莫高窟六体文字石刻　元

行省制度和对西藏、台湾的管辖

元朝对全国的统治,实行"行省"制度。在中央设"中书省",作为全国最高行政机构。大都及其邻近地区,由中书省直接管辖,称为"腹里"。其他地区设"行中书省",简称"行省"或"省",由中央委派官吏管理。除"腹里"外,全国共分为十个行省,边远地区如云南,也建立了行省,尤其是统辖漠北诸地的岭北行省的设立,对于加强中央集权,巩固统一多民族国家,具有重要意义。行省制度对后世影响深远,以"省"来称呼地方最高一级行政区的做法沿用至今。

元朝在西藏委派官吏,驻扎军队,清查户口,征收赋税。又在中央设立宣政院,其主要职责之一就是管理西藏的政务。忽必烈尊奉西藏地区喇嘛教的领袖八思巴为"国师",喇嘛教成为元朝的国教。这些都表明,西藏成为元朝的正式行政区。元朝还设立澎湖巡检司，表明对包括今台湾在内的澎湖和琉球进行管辖。

元朝的社会经济

元朝时，社会经济又有了新的发展。棉花的种植范围进一步扩大，为棉纺织业的发展创造了条件。松江地区的棉纺织业尤为兴盛，那里出产的"乌泥泾被"名闻远近。当地农家妇女黄道婆，从黎族人民学到了先进的棉纺织技术，她把这些技术在家乡传播开来，并改进了棉纺织工具，为棉纺织业的发展做出贡献。

元大都人口众多，粮食供应主要依赖南方。为了解决运输困难，元世祖时，开凿了从山东东平到临清的会通河。后来，又开凿了从通州到大都的通惠河，与原有的运河连接起来，漕运粮船可以从杭州直通大都。元朝还创办了规模空前的海运。粮船由长江口的刘家港出发，经黄海、渤海到达直沽（今天津市），再转往大都。海道成为元朝重要的粮食运输线。

元朝一些较大的城市，商业非常繁荣。元大都不仅是元朝的政治中心，还

青花釉里红开光镂花盖罐　元

釉里红松竹梅纹玉壶春瓶　元末明初

青花鸳鸯莲纹盘　元

是闻名世界的商业大都市。从海道、运河、陆路，都有大量的商品进入大都。来自亚洲和东欧、非洲海岸的商队和使节，络绎不绝。泉州是元朝最大的对外贸易港口，经常停泊着数百艘海船，大量货物在那里汇集和起运。至今屹立在泉州附近的六胜塔，就是当年引导海船进出港口的灯塔。

红巾军起事和元朝的灭亡

从元朝初期开始，各族人民一直进行着反抗元朝统治和民族压迫的活动。在北方，蒙古族的统治比较巩固，汉人以秘密组织形式进行反元活动。在南方，反元的起事更是前仆后继。起事的主力最初聚集在福建，以后蔓延到各行省。起事的首领大都是南宋抗金将领张世杰的旧部，他们多以恢复南宋为号召。

元朝末年，政治腐败，经济崩溃，黄河决口，灾害连年，各地起事队伍风起云涌。1351年，刘福通领导的农民在颍州（今安徽阜阳）起事，起事军头裹红巾，称"红巾军"。各地农民积极响应，徐寿辉在蕲水（今湖北浠水县）、郭子兴在濠州（今安徽凤阳县）起事。刘福通起事军发展很快，他分路北伐攻下元朝上都（今内蒙古正蓝旗东），逼近大都。但由于缺乏统一指挥和力量分散而失败。佃农出身的朱元璋参加了郭子兴的"红巾军"，后来他领导了这支队伍。朱元璋的势力不断扩大，逐渐控制了长江中下游地区。1367年，朱元璋发布讨元文告，派兵北取中原。第二年，攻占大都，结束元朝九十多年的统治。

第三节 明朝

明朝的建立和君主专制的强化

1368年，朱元璋在应天（今江苏南京）称帝，建立明朝。朱元璋就是明太祖。明朝建立后，明太祖又用了近二十年时间，扫平各种割据势力，完成了统一。

明朝在政治上采取了一系列加强君主专制的措施。重要的措施和制度有：第一，废除中书省和丞相，加强君权。明太祖在削弱功臣的基础上，进一步废除丞相，由六部分理朝政，六部最高长官尚书，直接向皇帝负责。第二，设立厂卫特务机构，加强对官吏的监视和对人民的镇压。明太祖授权侍卫亲军锦衣卫，兼管侦察、逮捕和审讯事务。锦衣卫由皇帝直接指挥，不受司法部门管辖。后来，明朝又先后设立东厂等特务机构，以宦官统领，也由皇帝直接控制。第三，八股取士。明朝沿用科举制度选拔官员。明政府规定，科举

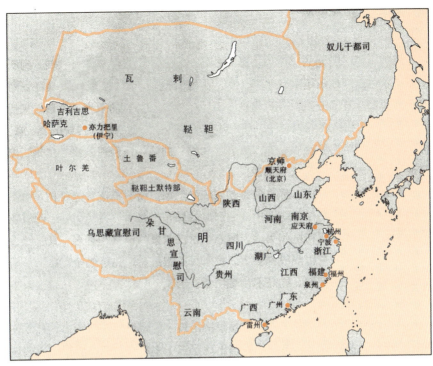

明朝版图（1582年）

考试只能在四书五经范围内命题；考生答卷，不能按自己的见解，只能按指定的注疏发挥；文体的格式为八股文。八股取士限制了人们思想的自由。第四，地方行政设三司分治。明太祖废除行中书省机构，在各地设立布政使司、按察使司和都指挥使司。布政使司掌民政，按察使司掌刑狱和监察，都指挥使司掌军政。这样，三司分立，不相统属，各自受朝廷直接指挥，加强了中央对地方的控制。

迁都北京和修筑长城

明朝建立以后，蒙古贵族退出长城以外，但还保存着相当实力。他们屡次派兵南下，骚扰明的边境。明成祖取得皇位以后，为了加强军事防御力量，决定迁都北京。1417年，明政府开始营建北京，经过三年多时间，工程完工。1421年，明政府迁都北京。

为了巩固北方边防，从明朝初年起，明政府先后用了将近二百年时间，修筑北边的长城。明长城东起鸭绿江，西到嘉峪关，蜿蜒六千公里，气势雄伟，成为世界上伟大的工程之一。

明中期经济的新发展

明朝在经过前期的"休养生息"之后,社会经济获得了新的发展。到明中期,农业生产超过了前代水平,水稻种植面积进一步扩大,江南地区大力发展双季稻,岭南一些地方还出现了三季稻;原产美洲的玉米、番薯、马铃薯、烟草等作物在明后期传入中国,并在一些地区广泛种植。传统的桑、麻、棉等经济作物的种植区域也进一步扩大,棉花的栽种已经遍及南北各地。棉花成为广大人民的主要衣料来源。

手工业各生产部门,都出现蓬勃兴旺的景象。由于棉花普遍种植,棉织业迅速发展。松江仍是棉织业中心,那里的棉布产量大,质地优良。丝织业仍很发达,尤以苏州和杭州为盛。制瓷业以江西景德镇最为著名,景德镇有瓷窑近千座,这些瓷窑规模都较大,技术分工很细,产品远销全国各地。冶铁业已采用焦炭作燃料,提高了冶炼质量。冶铁中心有河北遵化等地。采矿已应用了火药爆破。

随着农业和手工业的发展,商品经济出现了空前活跃的局面。大量农产品投入市场,品种达二百多种。全国出现了三十多座著名的大城市。这些城市或为手工业生产中心,或为商品销售中心,或为对外贸易港口。到明朝后期,商品生产的区域分工和行业分工进一步扩大,土地买卖也更加频繁,白银已成为普遍流通的货币。

蒙古的侵犯与修好

14世纪末,蒙古分裂为鞑靼和瓦剌等部。后来,瓦剌强大起来,打败鞑靼。1449年,瓦剌首领率大军南下,与明军在土木堡大战,明军溃败、英宗被俘。瓦剌军进逼北京,北京军民奋起抵抗,瓦剌军撤退。后来,瓦剌衰落,鞑靼强盛起来。鞑靼俺答汗与明朝和好,明政府在边境开设互市,双方交换各自所需的物品。俺答汗修建了呼和浩特城,该城很快发展为蒙古地区与内地贸易的商业城市。

戚继光抗倭

在东南沿海,明朝中期发生了倭寇之患。日本的武士、商人和海盗,勾结中国的走私商人和海盗,共同抢掠分赃,给东南沿海地区人民的生命和财产带来很大威胁和损失。沿海人民纷纷组织武装,抗击倭寇。明政府也调集军队,到沿海地区剿灭倭寇。戚继光和他领导的"戚家军",对驱逐倭寇做出了突出贡献。1561年,戚家军在浙江台州一带九战九胜,迅速荡平了浙江的倭寇。戚继光又率军进入福建、广东,与另一抗倭将领俞大猷相配合,连续给倭寇以沉重打击。与此同时,明朝政府采取了放宽海禁的政策。到1565年,东南沿海的倭寇基本肃清。

西方殖民者和传教士的东来

16世纪,欧洲的葡萄牙人、西班牙人先后来到东方。1511年,葡萄牙殖民者来到中国东南海面,进行侵略活动。1557年,葡萄牙人攫取了中国广东澳门的居住权。17世纪初,荷兰人来到东方。1603年,荷兰殖民者侵入中国澎湖地区,被福建军民击退。荷兰殖民者转而侵略台湾。1624年,荷兰人侵入台湾,以后在这里建立了赤嵌城。

与殖民者在中国东南沿海地区进行武装掠夺的同时,欧洲的传教士也来到中国从事宗教活动。1580年,一部分耶稣会士来到澳门,以后又陆续有传教士来到中国,其中有利玛窦(Matteo Ricci,1552—1610)、庞迪我(Diego de Pantoja,1571—1618)、龙华民(Niccolo Longobardi,1559—1654)、熊三拔(Sabbatino de Ursis,1575—1620)等人。利玛窦于1601年来到北京,并得到明神宗的允许在北京建立教堂。这些传教士在传播宗教的同时,也带来了西方的哲学和自然科学。

明朝中后期社会政治矛盾激化

在十五六世纪,明朝陷入了深重的社会政治矛盾之中。明朝皇族大量兼并土地,王公、勋戚、宦官所设置的庄田,超过以前任何朝代。他们在兼并土地的过程中,强夺农民的产业,烧毁房屋,铲平坟墓,砍伐树木,逼得很多人逃离家乡。对于所属佃户,强征暴敛,甚至任意进行人身迫害。官僚豪强也肆意兼并土地,许多农民沦为佃农。佃农租种地主的土地,地租相当重。

与此同时,政府的赋税也加重了。原来"永不起科"的土地,已全部征收赋税。明朝政府还把江南诸省的田赋大部分折征银两,叫做"金花银"。

在土地日益集中和赋役日益加重的过程中,出现了大量的"流民"。除了小部分流民进入城市或到海外谋生之外,大部分仍然沦为地主的雇工、佃户

和奴婢。还有一些进入山区，从事垦佃和开矿，过着自耕自食的生活。然而，明朝政府对此或开征，或禁山，甚至派兵镇压。于是，明中期在浙江、福建、江西三省交界的山区和河南、陕西、四川、湖广四省交界的郧阳山区，发生了较大规模的农民起事。

一条鞭法

社会政治矛盾的激化和农民起事，使明政府不得不在政治上做出一些适当的改革。在明世宗嘉靖初年，明政府先后实行了减轻租银、整顿赋役、抑制宦官、勘查皇庄和勋戚庄田等措施。但是，到嘉靖中期，统治集团内部的矛盾日益尖锐，政治日益腐败，官僚贪污成风，使这些改革化为泡影。北方抵御瓦剌和南方抗击倭寇的战争，又造成了庞大的军费支出。明政府陷入政治危机。

明神宗万历初年，内阁首辅张居正主持一系列的改革，其中最重要是在财政方面的改革。为了增加财政收入，进行了大规模的土地丈量，核实民户的土地数量，把原来的田赋、徭役和杂税合并起来，统一折成银两，摊在田亩上，按田亩多少征收。这就是所谓"一条鞭法"。"一条鞭法"先在几个省区试行，然后推行于全国。

满洲崛起与清朝的建立

明朝在万历中期又陷于严重的政治危机之中。土地兼并的浪潮再度兴起；政府财政因为支援朝鲜抗击日本人的侵略等军事活动再度陷入困境，大量的赋役摊派，使百姓喘不过气来；朝廷内党派纷争，水火不容。而更严重的是，东北地区满洲的兴起，给明朝带来了严重的威胁。

满洲（辛亥革命以后称满族）是由东北地区的女真族发展起来的。明朝前期，女真族的一支建州女真迁移到辽东长城外，他们用马匹、貂皮、人参、珍珠等货物，同汉族交换铁器、粮食、盐和丝织品。明朝后期，建州女真的杰出首领努尔哈赤，逐步统一女真各部。努尔哈赤建立了八旗制度：把女真人编为八旗，旗人出则为兵，入则为民，平时耕猎，战时出征。1616年，努尔哈赤即汗位，建立政权，定都赫图阿拉（今辽宁新宾西），国号金，史称"后金"。从1618年起，努尔哈赤带领后金军队不断进攻辽东的明军，夺取辽河以东的大片土地，把都城迁到沈阳。努尔哈赤死后，其子皇太极继承汗位，改女真族名为满洲。1636年，皇太极称皇帝，改国号为清。

清朝建立之后,在辽东继续与明朝作战,并且几次从长城突入关内,骚扰京畿和山西、山东等地,掳掠了大批人口、牲畜和财物。1642年,明朝在辽东的几个军事据点,先后被清军攻破,辽东处于全面崩溃的局面。

闯王起事和明朝灭亡

明朝末年,陕北地区连年灾荒,官府却照旧催逼赋税。农民忍无可忍,纷起造反。农民起事发展迅速,涌现出高迎祥等几十支农民军。高迎祥自称闯王,他死后,起事军拥戴李自成为闯王。起事军的主力分成两支,一支由李自成率领,另一支由张献忠率领。1640年,李自成率起事军进入河南。农民军针对土地高度集中、赋税十分沉重的状况,提出了"均田免粮"的口号,得到农民群众的热烈欢迎,也引起了极大的社会动荡。1641年,李自成率军攻占洛阳,处死了贪暴的福王朱常洵。1643年,李自成占领西安。第二年初,李自成建立农民政权,国号大顺。明朝处于严峻的内忧外患的困境之中。

大顺政权建立后,李自成农民军向北京进军,并于1644年攻入北京,明崇祯帝在煤山(今北京市景山)自缢,明朝的统治被推翻。

第四节 清朝

清朝入关统治全国

李自成攻占北京时,关外的清军大举南下。驻山海关的明朝将领吴三桂向清朝投降。李自成带兵东征,同吴三桂军队和清军在山海关展开激战。农民军战斗失利,李自成回师北京,接着被迫向陕西撤退。

清军入关以后,清朝随即迁都北京。清军继续追击农民军。1645年,李自成率农民军辗转到达湖北九宫山,遭地方武装袭击而死。另一支起事队伍在张献忠的率领下,长期在长江中游作战,后来占领成都,建立大西政权。清军攻入四川,张献忠被杀。李自成、张献忠死后,农民军余部继续同清军作战,坚持斗争将近二十年。

清朝初期,沿用明朝官制,在中央设立内阁和六部。后来雍正皇帝设立

军机处,选亲信组成,由皇帝直接指挥运作。军机处成为御前的机要秘书处,一应军国大事完全由皇帝裁决,使皇权进一步加强。清朝在地方基本上沿用了明朝的制度,但撤销了都指挥使司,而由总督、巡抚执掌军政。总督和巡抚还直接管辖布政使司和按察使司,加强中央对地方的控制。

为了从思想上加强控制,压制反清思想,清朝大兴文字狱,实行文化专制。《南山集》案就是清初一次较大的文字狱。特别是康、雍、乾三朝,文字狱盛行。康熙朝最大的文字狱是"明史"案和"南山集"案。浙江庄廷鑨购得明末朱国祯所撰明史稿本,增补后作为己作。其中有指斥清朝的词句,被人告发。庄廷鑨被剖棺戮尸,其弟廷钺被诛,牵连二百余人,其中七十多人被杀,其余流放。翰林院编修戴名世著《南山集》,书中叙述明末清初的抗清事实,触怒康熙帝。清政府杀掉戴名世,被株连的多达数百人。

清朝经济的恢复与发展

清军初期追剿农民军和扫除反清力量,使许多地区的生产遭到严重破坏。清朝统治者逐步调整统治政策,采取了奖励垦荒的措施,规定以督垦荒地的成绩,作为对地方官员奖惩的标准。1669年,康熙帝又宣布原明朝藩王的土地归现在耕种的人所有。雍正帝时,又实行"摊丁入亩",把丁税平均摊入田赋中,征收统一赋税,叫做"地丁银"。这样,中国古代长期实行的人头税被废除,封建国家对农民的人身控制松弛了。

从康熙帝统治的中期起,农业生产逐步恢复和发展起来。各地农民开垦了大量荒地。清初的一百多年里,耕地面积增加了百分之四十以上。清朝前期的手工业比明朝更为发达。丝织业:仅苏州一地就有织机一万多台,南京、广州等地的丝织业后来居上,超过了苏州。制瓷业:景德镇的生产规模比过去更大。矿冶业:云南的大铜矿有矿工数万人,广东的熔铁炉一天一炉出铁板最多达六千多斤。

多民族国家的巩固

清朝前期是中国统一的多民族国家的重要发展阶段。明末清初,蒙古族分为漠南、漠北、漠西三部。清朝入关以前,漠南蒙古已经归属清朝版图。后来,其他两部也臣服于清朝。

清朝初年,游牧于伊犁河流域的漠西蒙古的准噶尔部逐渐强盛。在噶尔丹的统治下，准噶尔的势力达到了天山南路。噶尔丹野心不断扩大，自称可汗。1690年，在沙俄支持下，噶尔丹以追击漠北蒙古为借口，悍然进军蒙古。康熙帝亲自带兵迎战。清军在乌兰布通打败了噶尔丹的军队。后来，噶尔丹又准备大举内犯。1696年，康熙帝再次亲征，清军大败噶尔丹于昭莫多。清朝控制了漠北蒙古，进而控制了天山南北。漠西蒙古的土尔扈特部，于明末清初西迁至伏尔加河下游游牧，受到沙俄的控制和压迫。1771年，他们在首领渥巴锡领导下，历尽艰辛，长途跋涉，终于回到祖国。乾隆帝对土尔扈特部给予了热情接待。

清朝前期，居住在新疆天山南路的主要是维吾尔族，信仰伊斯兰教，清朝称这一地区为回部。18世纪中期，维吾尔族大和卓和小和卓兄弟发动叛乱，乾隆帝派兵镇压。大小和卓兵败被杀，清政府重新统一新疆地区。

清朝还加强了对西藏的管辖。清朝初年，顺治帝接见了西藏喇嘛教首领五世达赖，并正式授予"达赖喇嘛"的封号。后来，康熙帝又赐予另一个喇嘛教首领五世班禅以"班禅额尔德尼"的封号。清政府规定，以后历世达赖和班禅都必须经过中央政府的册封。1727年，清朝设置驻藏大臣，代表中央政府与达赖和班禅共同管理西藏。中国统一的多民族国家得到了进一步巩固。

清朝的疆域

清朝前期，中国的疆域西跨葱岭，西北达巴尔喀什湖北岸，北接西伯利亚，东北至黑龙江以北的外兴安岭和库页岛，东临太平洋，东南到台湾及其附属岛屿钓鱼岛、赤尾屿等，南包南海诸岛，成为亚洲东部最大的国家。

清朝的疆土上，有汉族、满族、蒙古族、回族、藏族、维吾尔族、苗族、彝族、壮族、布依族、朝鲜族、瑶族、哈萨克族、黎族、高山族、景颇族、达斡尔族、珞巴族等五十多个民族。这些民族虽然文化发展程度不同，但都有着悠久的历史，都对中国文化的缔造做了贡献。

台湾的平定与统一

1661年，在东南沿海坚持抗清斗争的郑成功，带领战舰，从金门出发，横渡台湾海峡登陆。在当地人民支持下，打败了盘踞台湾38年的荷兰殖民者。第二年初，荷兰殖民者向郑成功投降。1683年，清军进入台湾，台湾纳入清朝的版图。第二年，清政府设置台湾府，隶属于福建省。台湾府的设置，加

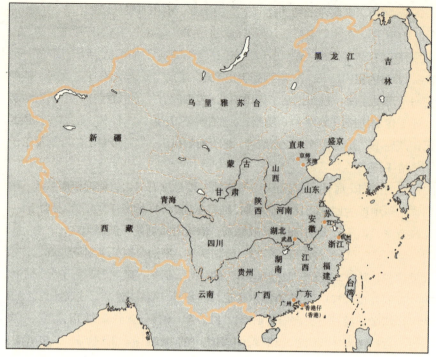

清朝版图（1820年）

强了台湾同中国大陆的联系，促进了台湾的开发，巩固了中国的海防。

沙俄侵略和《尼布楚条约》

在东北，中国领土受到了沙俄的侵略。沙皇俄国是一个欧洲国家，本来不同中国接壤。16世纪后期，沙俄越过乌拉尔山向东扩张。清军入关的时候，沙俄乘机强占了雅克萨和尼布楚等地。沙俄侵略者烧杀掳掠，无恶不作，清军和当地各族人民同侵略者进行了坚决斗争。1685年，康熙帝命令清军两次进攻侵占雅克萨的沙俄军队。俄军伤亡惨重，被迫同意通过谈判解决中俄东段的边界问题，1689年，中俄双方代表在尼布楚进行谈判。在中国政府作了让步的情况下，中俄双方正式签订了第一个边界条约——《尼布楚条约》。条约从法律上肯定了黑龙江和乌苏里江流域包括库页岛在内的广大地区都是中国领土。沙俄同意把侵入雅克萨的军队撤回本国，清朝同意把贝加尔湖以东尼布楚一带原属中国的地方让给俄国。

第五节 近代中国

19世纪上半期,英国率先完成了工业革命,成为头号资本主义强国。法、美等国的工业革命也相继发展起来。他们为夺取更多的产品销售市场和原料产地,加紧对外扩张。英国的炮舰和走私船,出没在中国东南海域,进行骚扰和侵略。

英国人的鸦片贸易和虎门销烟

从18世纪中期起,在中国对外贸易里,英国居首位。英国卖给中国的主要商品是呢绒、棉布、棉花等,中国卖给英国的主要商品是茶叶、生丝、药材等。中国处于出超地位。为了扭转对华贸易逆差,英国向中国走私鸦片,从中国掠走大量白银。据不完全统计,在鸦片战争前的40年里,英国运入中国的鸦片达40万箱,从中国掠走三四亿银元。

鸦片输入严重危害了清朝统治。林则徐等大臣纷纷上书,请求禁烟。道光帝任命林则徐为钦差大臣,赴广东查禁鸦片。林则徐到广州以后,开展了

清人吸食鸦片的情形

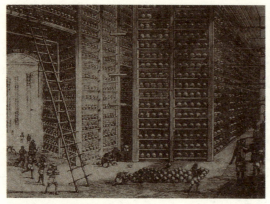
英国东印度公司的鸦片仓库

虎门销烟

轰轰烈烈的禁烟运动。1839年6月,林则徐下令将缴获英国和美国走私贩的鸦片一百一十多万公斤,在虎门海滩当众销毁。

鸦片战争和《南京条约》

中国禁烟的消息传到英国伦敦,英国政府很快决定对中国发动蓄谋已久的战争。1840年6月,英国军舰四十多艘驶进广东海面,封锁珠江口,发动了鸦片战争。在战争中,中国军民奋起抵抗,英勇战斗,涌现出众多的民族

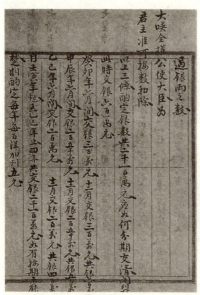
中英《南京条约》(部分)

第一次鸦片战争路线示意图

英雄。但是，清政府政见不一，组织抵抗很不力，使战事节节失利。1842年8月，英国军舰驶抵南京下关江面，列队架炮，扬言攻城。清政府屈服求和，与英国签订了丧权辱国的《南京条约》。

《南京条约》签订以后，英国、俄国、美国、法国等西方列强又迫使中国签订了一系列不平等条约，严重侵犯了中国的主权。从19世纪50年代到80年代初，沙皇俄国趁火打劫，侵吞了中国北方150万平方公里领土。

洪秀全与太平天国

鸦片战争以后，清政府为支付战争赔款，加紧搜括人民。贪官污吏、土豪劣绅也乘机勒索盘剥百姓。不堪忍受煎熬的农民，纷纷揭竿而起。1851年，洪秀全领导"太平军"在广西桂平县金田村起事，建号"太平天国"。1853年，"太平军"占领南京，把南京改名为天京，定为都城，正式建立起与清政府对峙的政权。1856年前后，"太平军"在军事上达到了鼎盛时期。1860年以后，清政府全力进攻"太平军"。1864年，清军攻陷天京，太平天国运动失败。太平天国坚持了14年，势力发展到18个省，沉重地打击了清朝的腐朽统治。

太平天国钱币

太平天国天王洪秀全颁布的"减税诏旨"

洋务运动

在鸦片战争中，英国侵略者的坚船利炮，使一些爱国志士从"天朝上国"的梦幻中惊醒过来。他们抛弃夜郎自大的陈腐观念，开始注目世界，探索新知，关心时局，寻求强国御侮之道。一股"向西方学习"的新思潮萌发了。林则徐和魏源是新思潮的倡导者，他们提出了"师夷长技以制夷"的思想。在他们的思想影响下，出现了一批介绍世界知识和西方枪炮、地雷、火药、炸弹、舰船等技术的书籍，还涌现出了一些制造新式兵器的专家。第二次鸦片战争以后，面对内外交困的政治局面，清政府内部拥有地方行政实权的总督和巡抚，如李鸿章、张之洞等人，再度主张"师夷长技以自强"，并开展了以军事工业为主要内容的洋务运动。为了解决军事工业资金、燃料、运输等方面的困难，洋务运动中也兴办了一批轮船、煤矿、铁厂、机器织布等民用工业。与此同时，在通商口岸城市，一些官僚、地主、商人也开始投资于机器化生产。中国的民族工业由此兴起。

1872年，清政府首次选派30名学童赴美留学，其中有詹天佑。

辛亥革命前列强势力范围示意图

第四章 宋元明清时期的中国社会

清光绪二十一年(1895)春天，来自十八省的数千名举人聚集北京，参加科举会试，当他们听说清政府即将签署屈辱的《中日讲和条约十一条》(即《马关条约》)时，义愤填膺。5月2日康有为联合在京的一千三百多名举人联名上书，提出"拒和迁都变法"的主张，这就是有名的"公车上书"。

甲午战争和《马关条约》

1894年，中日甲午战争爆发，中国在洋务运动中建立起来的北洋海军，不堪一击，全军覆没。1895年，清政府与日本签订了《马关条约》。《马关条约》是继《南京条约》以来最严重的卖国条约。中国承认日本控制朝鲜，便利了日本以朝鲜为跳板、大举向中国东北扩张侵略势力。台湾、澎湖列岛大片领土的割让，迫使台湾和中国割离了数十年，并且刺激了列强瓜分中国的野心。

甲午战争以后，清政府为了偿还对日赔款和支付"赎还"辽东半岛的费用，大借外债。西方列强争做中国的债主，并且大肆掠夺在中国建筑铁路、开采矿山和建立工厂的权利。他们还在中国强占租借地，划分"势力范围"，掀起了瓜分中国的狂潮。

康有为、梁启超与戊戌变法

康有为

梁启超

在中国遭受列强侵略、民族危机日益加深的形势下，康有为、梁启超等一批爱国志士开始宣传维新变法的道理。他们认为，只有维新变法才是救亡图存的唯一出路。1895年春，康有为领导的"公车上书"，使维新变法思潮迅速发展成为爱国救亡的政治运动。1898年6月，光绪帝决定变法，史称"戊戌变法"。6月11日到9月21日，新政共推行了103天，所以又称"百日维新"。9月21日，慈禧太后发动政变，宣布"临朝听政"，将光绪帝囚禁于中南海的瀛台。同时，下令逮捕康有为等维新人士。谭嗣同、杨锐、林旭、刘光第、杨深秀、康广仁六人，被杀于菜市口刑场，史称"戊戌六君子"。其他倾向变法和参与新政的官员陆续罢官、戍边和监禁的达四十多人。新政中除京师大学堂保留外，其余全部被废除。

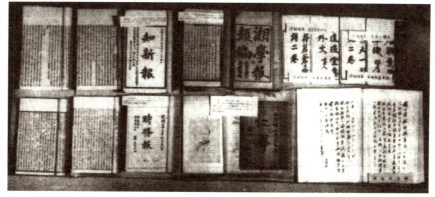

维新变法代表人物的著述及改良派报刊

义和团与八国联军

19世纪以来,在山东、直隶、河南一带,一直活跃着以传授拳棒、练习武术为掩护、进行反清活动的民间秘密结社组织——"义和拳"。甲午战争以后,日、英、德帝国主义势力深入山东,外国教会势力恣意横行。山东人民不堪帝国主义压迫,"义和拳"由反清转为反外国教会。1898年,山东冠县的"义和拳"攻打当地教堂,揭开了"义和团"运动的序幕。第二年,在山东平原县,"义和拳"民开展反教会斗争,取得平原大捷。此后,"义和拳"改称"义和团",声势大振。他们在"扶清灭洋"的旗帜下,把斗争矛头指向列强。清政府对"义和团"的策略也由"剿灭"改为"招抚",承认"义和团"合法,企图控制利用。1900年春,"义和团"进入北京,北京成为"义和团"运动的中心。

1900年夏,英、俄、德、法、美、日、意、奥八国组成侵略联军,以保护使馆为名从天津向北京进犯。帝国主义列强的公开挑衅,激起了中国人民的更大愤怒。"义和团"在清军的配合下,沿途狙击敌人。6月下旬,清政府被迫宣战。8月,八国联军攻陷北京。慈禧太后带领光绪帝逃往西安。侵略军在北京公开劫掠,屠杀无辜,奸淫妇女,无恶不作,犯下骇人听闻的罪行。慈禧太后在逃往西安途中,颁布剿匪上谕,命令清军镇压"义和团"。在中外反动势力的联合绞杀下,"义和团"运动失败。

孙中山与三民主义

与民间秘密结社和建立会党组织进行反清活动的同时,一些具有民主思想的知识分子也开始进行反清革命活动。1894年,孙中山在檀香山建立第一个革命团体——兴中会,决心推翻清朝政府,建立共和国。1904年,留日学生黄兴、宋教仁等在长沙建立华兴会。同年冬,一些留日学生在上海建立光复会。1905年,孙中山在日本东京,同黄兴、宋教仁等兴中会、华兴会、光复会的成员集会,决定成立统一的革命政党——中国同盟会。中国同盟会以孙中山提出的"驱除鞑虏,恢复中华,创立民国,平均地权"作为政治纲领,并决定创办《民报》为同盟会的机关刊物。孙中山在《民报》创刊号《发刊词》中,把同盟会的政治纲领阐发为"民族"、"民权"、"民生"三大主义,简称"三民主义"。

孙中山

孙中山在同盟会机关报《民报》发刊词中阐述"三民主义"思想

会党起义和保路运动

1906年12月，同盟会联络萍乡、浏阳、醴陵的会党，发动武装起义。此后，革命党人前仆后继，发动了一次又一次的武装起义。

与此同时，全国各地人民为从西方列强手中收回铁路修筑权和矿山开采权，与清政府和帝国主义列强展开了激烈斗争。尤其是湖北、湖南和广东三省人民发动了要求从美国人手中收回粤汉铁路权的运动，四川人民要求自己筹款修筑川汉铁路而兴起了保路运动。1911年9月，四川发生了清政府镇压保路运动的"成都血案"。四川人民发动了反清起事，在革命党人的领导下，荣县宣布独立，成立了革命政府。清朝统治已处于风雨飘摇之中。

辛亥革命和清朝的灭亡

1911年10月10日，湖北新军在革命党人的领导下，在武昌武装起义。经过一夜奋战，起义军占领武昌。12日，武汉三镇全部光复。这就是划时代的"辛亥革命"。

武昌起义成功以后，湖北军政府成立，并宣布废除宣统年号，改为黄帝纪元，以十八星旗为革命军军旗，建立中华民国。

武昌起义得到了全国各省的纷纷响应。到11月下旬，全国有14个省区脱离清政府而独立。清朝统治土崩瓦解。存在了两千多年的帝制终于宣告结

束，中国开始进入共和制度的时代。

推荐读物：

1. 周宝珠、陈振主编：《简明宋史》（北京：人民出版社，1985年）。
2. 邓广铭、漆侠著：《两宋政治经济问题》（上海：知识出版社，1988年）。
3. 傅海波、崔瑞德编，史卫民等译：《剑桥中国辽西夏金元史》（北京：中国社会科学出版社，1998年）。
4. 李桂芝著：《辽金简史》（福州：福建人民出版社，1996年）。
5. 韩儒林主编，陈得芝等著：《元朝史》（北京：人民出版社，1986年）。
6. 傅衣凌主编，杨国桢、陈支平著：《明史新编》（北京：人民出版社，1993年）。
7. 牟复礼、崔瑞德编，张书生等译：《剑桥中国明代史》（北京：中国社会科学出版社，1992年）。
8. 戴逸主编：《简明清史》（北京：人民出版社，1980—1984年）。
9. 费正清编，中国社会科学院历史研究所编译室译：《剑桥中国晚清史》（北京：中国社会科学出版社，1985年）。
10. Spence, Jonathan D. *The Search for Modern China*. New York: W.W. Norton, 1999.

图片补充资料：

1. 76页　　：敦煌莫高窟六体文字石刻，1348年为功德主速来蛮西宁王及其眷属所立，上面刻着梵、藏、汉、西夏、八思巴及回鹘六种文字。
2. 77页（左）：青花釉里红开光镂花盖罐，河北保定窖藏出土。

第二部分：中国文化导论

【第五章】上古艺术

在中国上古时期，先后出现了几种体现当时时代特点的、具有代表性的艺术形式，主要有：彩陶艺术，青铜艺术，玉雕艺术，漆器艺术。从历史上留存下来的和从地下发掘出来的大量的珍贵艺术品中，可以看出中国上古时期的工艺制作技术和审美意识的发展。

第一节 彩陶艺术

彩陶的制作与历史

在旧石器时代，人类还没有发明陶器，进入新石器时代以后才出现陶器。有了陶器，才开始有了和人们日常生活密切相关的盆、盘、碗、罐、瓶、壶等器皿，这类器皿在中国历史上沿用很久，一直延续到现在。

并不是所有的陶器都绘制了彩色的花纹，那些绘制了各种彩色花纹的陶器只是陶器中的一小部分。

虽然彩陶在陶器中所占的比例较小，但其分布的范围却很广。经考古发掘，在黄河流域、长江流域以及东北、西北地区和东南沿海一带均有彩陶出土，其中以黄河中上游出土最多，这里是彩陶最发达的地区。

各地出土的彩陶，无论在器形和花纹上，在不同的地区都显示出不同的艺术风格。

彩陶工艺在历史上延续的时间很长。目前见到的最早的彩陶，出土于黄河中上游的大地湾文化遗址，约公元前6000年，发展到仰韶文化（前5000—前3000）、马家窑文化（前3600—前2000）和龙山文化（前2400—前1900）时期，达到了高峰，此后在公元前2000年左右，中国历史进入青铜时代，彩陶逐渐衰落。

彩陶的制作工艺很精细，它是经过选料、成型、烧制等工序完成的。制陶所用的原料，并不是随便就地取材的普通黄土，而是经过精心选择的可塑性比较好的红土、沉积土和其他黏土。将选好的黏土和成泥，制成各种器形的陶坯，然后放入窑中烧成陶器，烧制的温度在800至950摄氏度，最高达1050摄氏度。

彩陶上的各种花纹，都是在陶坯制成以后、烧制以前绘在陶坯上的。经过烧制之后，花纹与陶器相应配合，更显得鲜艳美观。

早期的彩陶都是红陶黑彩。后期的彩陶有的先上陶衣，即在器物表面通体裹上一层彩色，一般是较浅的白色、黄色和红色。陶衣上还要施彩绘，并有双色的图案。颜料是采用天然矿物，用动物血或植物液汁调和。黑色颜料由一种含铁量很高的红土制成。白颜料是配入某种溶剂的瓷土。

彩陶的器形与纹饰

彩陶的器形有很多种，主要的器形是容器，如罐、碗、盆、钵、瓮、瓶、壶、盘等。各种纹饰就绘在陶器的外部和口沿上，也有的绘在陶器的内壁上，作为内彩。

有一些彩陶的器形很有特色，如小口尖底瓶。瓶的颈部绘有黑色波折纹，腹部两边有耳可以系绳，供汲水用。

在宝鸡北首岭出土一种船形壶，壶身横宽竖窄，两头尖，壶口两侧各有一耳可穿绳，壶身中间绘有一张黑色渔网，此壶的造型也别具风格。

彩陶的纹饰有很多种，其中包括图案纹、动植物纹以及人面形纹等。这些花纹都是用不同颜色绘成的，多数是用黑、红、白色，紫、灰等色则极为少见。

在各种纹饰中，以图案纹的种类最多，有三角纹、锯齿纹、宽带纹、波形纹、网状纹、方格纹、漩涡纹、弧形纹等。这些花纹并不完全是单独使用的，有不少陶器上的纹饰，是将几种图案组合在一起，构成一幅很好看的图案画，例如在甘肃临洮发现的一件彩陶壶，上面的纹饰是用方格纹、弧形纹、网状纹、波形纹等组合在一起，形成一组很美丽、大方的花纹。

彩陶钵　新石器马家窑文化

彩陶人面鱼纹盆　新石器仰韶文化　　　　　　　彩陶舞蹈纹盆　新石器马家窑文化

　　彩陶上的动物形纹饰，主要是蛙纹、鱼纹和鸟纹。在陕西西安半坡遗址出土的陶器上，绘有各种鱼形纹，所绘的鱼形，都已经图案化了。其他如临潼姜寨、华县泉护村出土的陶器上所绘的鸟纹、蛙纹等都画得很生动。

　　在彩陶艺术中，有一种很富有特色的纹饰，是用人面与鱼形组合成一幅生动的画面绘在彩陶盆上，画中的人面是圆形，头上有三角形冠饰，左右耳侧各画一鱼，口的左右侧也各画一鱼，面部上的额、眼、鼻、口都是图案化的。学者认为这可能是史前巫师的头像。旁边的渔网和游鱼，表达了大量网获鱼儿的企求。因而这种纹饰可能是原始巫术的记录。

　　彩陶上除了各种纹饰，也有简单的图像。如青海大通上孙家寨出土的属于马家窑文化的彩陶盆，内壁用黑彩绘出三组手牵手的舞蹈女性，每组五人，裸体、侧头，发辫下垂，身后拖一条尖尾，可能模拟兽尾或鸟尾。这是带有原始巫术意义的群舞。又如河南临汝阎村发现的一件仰韶文化时期的陶缸，外壁左侧绘有一只白鹳，它的长喙衔着一条大鱼，右侧绘着一件直立的圆弧刃石斧，斧柄上有缠扎的织物或细绳。这幅画被称为"鹳鱼石斧图"。这是目前发现的史前陶器上画幅最大的作品。有学者推测，这件陶缸可能是一个部落联盟中心部落酋长的葬具，图中石斧是权力的标志。画中的鹳是死者所属部落联盟的图腾，而鱼则是敌对部落联盟的图腾。

　　在龙山文化时期，由于制陶技艺的进步，能够制出质轻胎薄的精美陶器，因而人们对陶器造型和美感的追求也有变化，除在陶器内外施加彩绘外，更加注重陶器本身陶质和形体的美感，出现了蛋壳黑陶和精美的白陶。如山东胶县三里河出土的薄胎高柄黑陶杯，器壁厚度不及0.5毫米，重量不到50克。高柄上有镂孔图案，杯身顶部还饰有纤细简洁的弦纹，通体打磨得漆黑光亮。龙山时代陶器造型另一个发展，就是突破球体（半球体）、圆筒形造型

鹳鱼石斧彩陶缸　新石器仰韶文化　　　　黑陶蛋壳杯　新石器龙山文化

的局限，出现了下有三袋足的炊煮器：鬲、甗、鬶。其中造型最具美感的是陶鬶。大汶口文化（前4300—前2400）晚期和龙山文化时期的有腹小袋足鬶，有如一只伸头长鸣的雄鸡，极其美观。以白陶鬶为代表的白陶器皿制作精致，达到了史前制陶工艺的巅峰。

第二节　青铜艺术

青铜器的历史

　　人类最早使用的铜制品是用红铜制造的，后来才发展到使用青铜。红铜就是纯铜，青铜是红铜与锡或铅的合金。

　　目前发现的中国最早的青铜制品，是在甘肃东乡林家遗址出土的一把青铜刀，经测定，其年代在公元前3280—前2740年之间，这说明早在距今5000年左右，中国即出现了青铜器。比这个年代稍晚的青铜制品，也零星地出土一些，但数量很少，都是些小件器物。到了夏代，青铜器的数量大量增加。目前已出土的夏代青铜器有铜鼎、铜爵、铜钺、铜戈、铜镞、铜刀、铜鱼钩、铜凿、铜锛、铜铃等。这些青铜器，无论在数量和种类上，都比以前多，而且在制造技术上，也比以前有很大提高。这时不仅能制造小型钢刀，而且还能制造形状较大，技术比较复杂的铜鼎、铜爵等器物。此后进一步发展，到商、周时期，达到了中国青铜器发展的高峰。在历史上，将夏、商、周时期，称为青铜时代。到战国晚期，青铜器的制作逐渐走向衰落。

青铜器的种类和用途

商周青铜器的种类很多，大致可分为食器、酒器、水器、乐器、兵器、生产工具等。在每一类器物中，都有多种器形，如：

酒器：是饮酒和盛酒的用具，有爵、角、觚、斝、尊、觥、盉等。

食器：是蒸煮和盛食物的用具，有鼎、鬲、甗、簋、豆、簠、盨等。

水器：是盛水和洗涤用具，有匜、鉴、盘等。

乐器：有钟、铙、钲、铎等。

兵器：有戈、戟、矛、钺等。

生产工具：有铲、镬、锸、斧等。

青铜器中最主要的一部分食器、酒器是礼器，具有政治、宗教意义。相传在夏代初期铸成九鼎，作为国家政权和神权的象征，由夏、商、周三代相继传承。所以在春秋战国时所谓"问鼎"就意味着要夺取国君的权力。

铜爵　夏

青铜器的造型与纹饰

商周青铜器的造型与纹饰都带有庄重、华美而又神秘的独特风格。

商周青铜器中有许多大型重器，其中最大的一件是司母戊鼎。此鼎高133厘米，重875公斤。这是目前见到的分量最重的青铜器。鼎腹四周环以饕餮纹和夔龙纹。四角以牛首为饰。鼎耳外侧的纹饰为两只相向的虎，口中共衔一人头，鼎内铸有"司母戊"三字铭文。整个司母戊鼎以其无与伦比的巨大体量、庄严的造型和神秘的纹饰，充分体现了商代青铜器的时代特征。

商周青铜器有很多都有立体雕饰。主要是在器物表面的浮雕纹饰部位和器物的提梁、盖、耳、足、流等部位或器物支座部位，饰以高浮雕或圆雕的动物形象。这些雕饰伸出器面，而其余部分仍作平面形式处理。这类立体雕饰除了有装饰作用外，有的还有政治、宗教含义，有的有实用功能。雕饰常用题材有龙、凤、牛、羊、虎、兕、象、怪兽及人物。商周青铜器的这类立体雕饰，有许多造型奇巧，制作精湛。如安徽阜南月儿河出土的商代龙虎铜尊，腹部有三组浮雕虎噬人纹饰，虎一首双身，头部凸起为圆雕。在这三组图像的间隔处有觚棱，觚棱两边的夔龙纹组成一个饕餮面。尊的肩部有三条游龙，龙头对着觚棱。整个铜尊显得庄重而优美。又如南宁乡出土的商代四羊尊，腹部四角各饰一羊，羊足为浮雕，羊首为圆雕，有大卷角，突出于尊的肩部，装饰性很强。又如河南新郑出土的春秋时代的莲鹤方壶，壶身布满浅浮雕与线雕的龙、凤纹饰。壶颈部正、背面有小龙，体侧两耳上各攀附着生有花冠形角的反顾的龙形，腹部四角又各有小翼龙，所有这些龙形动物，都作迅速向上爬行之状，从而将欣赏者的目光引向盖端由双重莲瓣所托出之展翅欲翔的鹤。鹤的形象非常写实，清新俊逸。再如战国时期曾侯乙墓出土的铜尊，用失蜡法铸成。颈部装饰有四个反顾的龙形耳，腹与圈足上各有四条悬浮起来的蟠龙。在口沿部位以多层细密的蟠虺纹组成异常繁缛的立体镂空装饰，给人以极其华丽而又飘浮不定的感觉。

商周青铜器中有很大一部分是鸟兽形器。主要是酒器（尊）。种类很多，有象尊、犀尊、牛尊、羊尊、虎尊、麒麟尊、豕尊、貘尊、盉驹尊、鸟首兽身尊、鸳尊、枭尊、凫尊、雁尊、凤尊以及虎食人卣、人面盉、兕觥等。这些鸟兽形器的造型有的写实，有的夸张，通体都布满纹饰。如河南安阳出土的"妇好鸮尊"就属于造型夸张的一类。鸮头上有高冠，兽目圆睁，头后有盖，盖上立一小鸟和小龙。鸮身上布满兽面纹、蝉纹、蛇纹等十多种怪异动物纹饰。整个器具显得神秘而威严。

商代青铜器的最常见的纹饰为饕餮纹、夔龙纹、云雷纹和联珠纹。这些纹饰主要以线条构成。凸起的阳线和凹下的阴线相辅相成。饕餮纹的特征是一个夸大的动物头像，头上有角，口生利齿，眼睛很大，眼球凸起成半球形，中有圆凹，形成光点。饕餮纹带有凌厉的色彩。夔龙纹是侧面的龙形动物形象，头如兽，巨目獠牙，头上生角，身躯长，尾弯卷，有的无足，有的生有兽足或鳍形足。到商代后期和西周前期，又增加了许多新的纹饰，如人面纹、

第五章 上古艺术 | 103

司母戊鼎 商　　　　　　　　　　　　　　莲鹤方壶 春秋

曾侯乙尊 战国　　　　　　　　　　　　　　象尊 商

镶嵌宴乐攻战纹壶　战国

镶嵌宴乐攻战纹壶纹饰（摹本）

毛公鼎　西周

毛公鼎　铭文

秦公簋　春秋

秦公簋铭文

鹿纹、虎纹、象纹、蟠龙纹、蛇纹以及蝉、蚕、鱼、蛙等象形纹饰。西周中期以后,比较典型的纹饰为窃曲纹、波纹。窃曲纹(又称穷曲纹)的特征是两端上下相反的横置S形几何图形,拦腰部位有一个目纹。波纹,或称环带纹,主体是一条形如波浪、起伏不断的宽条纹,由波谷内填充的辅助花纹形成上下相反相成的整体结构,具有活泼流畅的装饰效果。春秋后期到战国时期最为流行的是由夔龙纹、窃曲纹变化而来的蟠螭纹、蟠虺纹,其特点是繁密、诡异。

春秋战国时期冶金工艺技术进步,使青铜器出现新的面貌。除失蜡法(前述曾侯乙墓出土的青铜尊的制作工艺)外,还有鎏金和错金银工艺的运用。如河北省平山三汲战国时期中山国王陵出土的猛虎噬鹿器座,就采用了错金银装饰技巧,使猛虎身上显出斑斓的色彩。又如湖北江陵望山1号楚墓出土的越王勾践剑,剑上鸟篆体铭文也用了错金装饰,显得异常华美。除错金银工艺之外,还有在青铜器上用黄铜镶嵌出装饰图像。如河南汲县山彪镇战国墓出土的镶有水陆攻战图像的青铜鉴。又如四川成都百花潭中学战国墓出土的青铜壶,壶腹有水陆攻战图像,壶的颈部、肩部还有射礼、宴乐和采桑图像。北京故宫博物院也藏有一件燕乐狩猎水陆攻战纹壶。壶上图像分三层。上层图像为习射和采桑。中层图像为宴乐和弋射。下层为激烈的水陆攻战场面,构图和百花潭中学出土铜壶的水陆攻战像极为相似。这些图像类似剪影,有极强的图案装饰的趣味。

在商周的青铜器中,有一部分铸有铭文。铭文也称金文、钟鼎文。铭文的字数有多有少,少者一二字,多者几百字,如著名的毛公鼎,铸有铭文497字,这是铭文字数最多的一件青铜器。铜器铭文,涉及的范围很广泛,内容很丰富,而且都是古人的真迹,具有很高的史料价值,是很宝贵的历史资料。

青铜人像

青铜人面具　商代晚期

1986年四川广汉三星堆两个古蜀国(年代相当于商代晚期)的祭祀坑出土了一批青铜人像、人头、人面像。青铜人像高172厘米,连座高262厘米。头戴高冠。眼睛很大,成棱状,中央突起一道棱线而不刻画眼球。眉很宽。两耳结构为勾云纹,有穿孔。口裂很长。脑后拖一长辫。上身着左衽长衫，下身着裙，裙上刻有精细的云雷纹和龙纹。两臂抬起，右臂在上，双手做成巨大的圆环形，拳眼相对。腕上各戴三只手镯。赤足，戴脚镯。立于方座上。座四角有相联的四个镂空的兽面纹。学者认为这一人像应是古蜀国的君侯或群巫之长的形象。人头像一共发现五十多个，近似真人头大小，其造型与青铜人像为同一模式。青铜人面具共十来件，大小不一。最大的一具眼球突起如筒形，长达16.5厘米。两耳支开如戟形，外廓突起成云纹凸线。鹰勾鼻梁高而弯，双唇紧闭并向两旁弯延。整个脸形极度夸张，显得神秘而怪诞。正中、颧、腮各有方孔。三星堆发现的这些青铜人像雕塑，为中国雕塑史和青铜艺术史增添了辉煌的一页。

青铜人像　商代晚期

第三节　玉雕艺术

中国的制玉工艺出现很早，在内蒙古敖汉旗兴隆洼遗址出土了距今8000年左右的两块玉玦和钻孔匕形器等。这是中国出土的时代最早的玉器。发展到距今四五千年前左右，中国制玉工艺已经达到相当高的水平。在浙江省余杭县反山良渚文化墓地中，出土了大量玉器，有玉璧、玉环、玉琮、玉钺、玉璜、玉镯、玉带钩、玉鸟、玉龟、玉蝉等，其中有一件大型玉琮，高8.8厘米，孔径4.9厘米，重6.5公斤，上面雕刻着人体与兽面的复合像，刻工十分精细。还有一件玉冠状饰，是采用透雕和阴线细刻相结合的手法，雕刻成各种花纹，雕琢精美，是已发现的良渚玉器中的精品。

到商、周和春秋战国时期，玉雕艺术得到了极大的发展。玉器在当时人们的审美观念中占有重要的地位。玉的温润的色泽，坚密的质地，彩色的纹理，以及叩击时发出的清越悠长的声音，都受到人们的赞美。《诗经》中有用玉来比喻"君子"的句子："言念君子，温其如玉。"更由于玉材珍稀和加工难度大，所以玉器一直被视为珍宝，一璧之贵可以价值连城。

青玉兽面纹方长筒形琮
新石器良渚文化

璧：圆形，中间有孔。琮：方形或长筒形，中贯圆孔。圭：长条形，上尖下平。璋：长条形，上端斜尖，为圭之一半。琥：虎形玉雕。璜：半圆形，似璧的一半。

玉龙　新石器红山文化

白玉龙凤云纹璧　战国

白玉双龙首璜　战国

礼器和装饰性玉器

玉器按照它的用途可分为两大类：礼玉和装饰性玉器。

礼玉主要用于祭祀天地日月诸神，以及朝觐、礼聘、结盟等礼仪性的活动以及贵族之间的交往活动。安阳殷墟墓葬出土了大量商代的礼玉。如妇好墓就出土礼玉十种172件，包括琮、圭、璧、璇玑、环、瑗、璜、玦。这说明商代礼玉的种类已经很完备。到了周代，礼玉更受重视，并且规范化、制度化、系统化，形成所谓"五瑞"、"六器"。"五瑞"是璧、圭、琮、璜、璋。"六器"是"苍璧"（礼天）、"黄琮"（礼地）、"青圭"（礼东方）、"赤璋"（礼南方）、"白琥"（礼西方）、"玄璜"（礼北方）。其中璧最受重视，成为地位、身份和财富的象征。东周时为了争夺一件玉璧，甚至引发两个国家之间的严重冲突。这就是蔺相如"完璧归赵"的故事所描绘的内容。

玉作为装饰品在商周时代也很流行,所谓"君子比德于玉"、"君子无故玉不去身"。当时贵族随身佩戴的玉器有:环、玦(圆形,可作耳饰)、笄(用以贯发、固冠)、钏、珠、坠饰等。还有一类装饰品是人和动物形象的小型圆雕或浮雕。妇好墓出土的玉雕装饰品,除人物形象外,有龙、虎、熊、象、马、牛、羊、狗、猴、兔、凤、鹤、鹰、鸱鸮、鹦鹉、鸽、鸬鹚、燕、鹅、怪鸟、鱼、蛙、蝉、螳螂等各种动物形象。这些玉雕饰品都可以悬挂佩戴。

妇好墓出土的玉器所用玉料基本上都是新疆玉,其中大部分为青玉、青白玉、黄玉、墨玉、糖玉,都属于软玉。春秋晚期以后,和阗玉材大量流入中原地区,同时铁的应用促进了琢玉工具的改进,能够琢治硬玉材料,并且大量应用镂空的技巧,因而装饰性玉器更加璀璨多姿。代表这一时期琢玉最高成就的是造型瑰丽、结构复杂的各式玉佩,以及带勾和剑上的玉制构件。战国时期的曾侯乙墓出土玉石装饰品有528件。其中最精美的是龙凤挂饰和四节龙凤玉佩。龙凤挂饰用五块玉料分雕成16节,再以销钉、活环套接,联为一体,可以卷折。其中有37条龙、7只凤、10条蛇的纹饰,都是透雕而成。四节龙凤玉佩也是由龙、凤、蛇的形象组成,用一块玉料雕出,以套环连接,可以卷折。曾侯乙墓的这些玉挂饰、玉佩作品说明战国时期玉雕艺术向着玲珑剔透的方向发展。

十六节玉挂饰 战国

玉雕人物

商代玉雕人物主要出自殷墟妇好墓,共13件。其中圆雕人像、人头共6件,其余为浮雕。有一件"腰插宽柄器玉人",高7厘米,踞坐,双手抚膝。有一件"短辫玉人",高8.5厘米,胸前刻兽面纹,四肢刻龙蛇纹,说明当时盛行文身习俗。妇好墓中还有一些带幻想色彩和神秘色彩的玉雕人物。如一件玉雕人头,一面是人头,另一面则是牛头。还有一件双面玉人像,全身裸体,并刻有花纹,一面是男身,一面是女身。

周代以后的玉雕人物已发现的有十多件。河北平山中山王国都城遗址墓葬出土一组小玉人雕像,是战国时期的重要作品。8件人像高度都不超过8厘米,穿窄袖长袍,五官、服饰都刻得非常精细。河南洛阳金村韩墓出土的"金

玉人 商

链舞女玉佩饰"是战国人物玉雕中最精美的作品。佩饰上有一对相连的舞女形象，体态优美，衣纹流畅，富有音乐感和装饰趣味。

玉雕动物

商周的玉雕中，数量最多、种类最丰富的是动物玉雕。上述妇好墓的动物玉雕有二十多种动物形象。这些动物玉雕都是小型的，为了适应装饰的需要，外形轮廓都比较简化。但是玉雕匠师善于选择最有表现力的体态和角度，因而能够把各种动物的特征很生动地刻画出来。如头大脚短的一对玉象，迅猛行进的九只玉虎，抱膝蹲坐的一只玉熊，侧身回首的一只玉凤，都显示出活泼的生命力，而且幽默可爱。

商周的玉雕动物有一些成功地采用了"俏色"工艺。所谓"俏色"工艺，就是利用玉材本身的色彩纹理，表现动物躯体不同部位的不同颜色。如山东济阳刘台子出土的鱼鹰玉佩饰，鹰喙衔一小鱼，鱼鹰是青黄色，小鱼却是黑色。山西洪洞永凝堡出土的玉鱼鹰，鱼鹰用青绿玉雕成，而喙部却是自然的红色。小屯村北屋址内发现的玉鳖，选用的玉料墨、灰二色相间，墨色部分安排在鳖的背甲部分，而灰白色部分则安排在鳖的头、颈和腹部，色泽天成，极具匠心。

第四节 漆器艺术

从战国到汉代的漆器

漆器是具有悠久历史的中国传统工艺品。中国漆器的历史，最早可追溯到距今六七千年前的新石器时代。经考古发掘，在浙江省余姚县河姆渡遗址发现一件木碗，外壁涂有一层朱红色涂料。这件木碗的年代，约公元前4500年至前4000年。经鉴定，这件木碗的涂料与汉代漆皮很相似。这是目前发现的时代最早的与漆器出现有关的器物。

从考古发掘的情况看，出土的夏、商、周时期的漆器数量不多，种类也比较少。出土的战国时期的漆器数量大大增加，说明中国的髹漆工艺在战国时期有了显著发展。

已出土的战国漆器,不仅数量多,而且种类也很丰富:日常用品有耳杯、豆、樽、盘、壶、勺、盂、鼎、奁、盒、匜、鉴等;乐器有鼓、瑟、琴、笙、排箫、竹笛等;兵器有盾、甲、弩、弓、剑鞘等;还有各种车马器和丧葬用具。这些漆器涉及人类生活的各个方面,说明当时的髹漆业相当发达,社会上已经广泛地使用漆器了。

汉代是古代漆器生产的繁荣期。在已经出土的大量西汉和东汉漆器里,以西汉前期数量最多。如湖南长沙马王堆三座轪侯家族墓共出土七百多件漆器。

漆器工艺的进步

战国漆器在制作技术上比以前有很多改进,首先是胎骨质料的多样化。战国以前,漆器的胎骨基本上是木质的,战国时期,出现了以竹、骨、角、皮革等为胎骨的漆器。此外还发展了夹纻胎漆器。所谓夹纻胎,是以麻布和漆灰为原料制成胎骨,然后髹漆。这种漆器轻便、精巧,是一种先进的工艺。

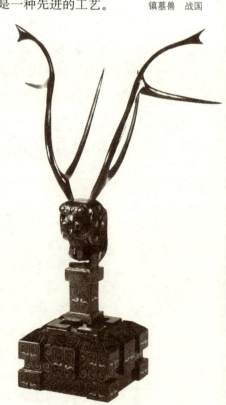

镇墓兽　战国

木胎漆器的制作工艺,也比以前精细得多,主要是将漆器制作与雕刻艺术结合起来,如在湖北江陵望山1号墓出土的彩绘木雕小屏,通高15厘米、长51.8厘米,有长方形外框,框内透雕各种动物,整座小屏共雕51只动物,其中有蟒、蛇、蛙、鹿、雀等,画面生动、形态逼真,堪称艺术杰作。

在木胎漆器中,还有一种卷木为胎的漆器。制作此种木胎,需要先制成很薄的木板,再将木板卷成圆筒形,还要做到将木板两头的接口粘得很精细,使髹漆后表面光滑平整,有的甚至很难看出接口之处。

汉代的漆器制作工艺有更大进步。从出土漆器的铭文可知,汉代漆器制作要经过八道工序,即:"素工"(制胎)、"髹工"(垸漆,糙漆等)、"上工"(镶嵌饰件)、"铜耳黄涂工"(镀金)、"画工"(描绘纹饰)、"泪工"(雕刻)、"清工"(清理打磨)、"造工"(最后验收)。可见分工之细和专业化程度之高。

漆器的装饰技术主要有:镶嵌(嵌入玉石、珠宝、竹片、瓷片)、螺钿(是镶嵌之一种,嵌入贝类之壳)、金

彩绘漆内棺绘画　战国

银平脱（也是镶嵌之一种，先将金银片用胶漆粘在素地上，空白处填漆，再全部髹漆数重，晾干后细磨使金银纹露出）、釦器（在口沿部镶嵌金、银、铜等金属）、堆漆（在漆面用漆、胶或其他物料堆叠出各种花纹）、戗金（器面髹漆干固后，用针刻刺出图纹，再以金屑撒于纹中，并使之平齐）。

漆器的装饰与图画

战国和汉代漆器的颜色主要是黑色和红色。在黑漆地或朱红地上，用朱红、赫红、金黄、土黄、银白、乳白、粉绿、暗绿、深绿、蓝紫等颜色构成各种纹饰。如湖北随县曾侯乙墓中出土的漆器有棺、衣箱、鸳鸯盒与皮甲。墓主人内棺的内壁髹朱漆，外壁髹黑漆，其上再髹红漆，然后于红漆上用黑、金色绘出异常繁密的龙、蛇、鸟、神、人等花纹。在棺的两侧壁绘有窗格，窗格两旁绘有10名亦人亦兽的手执武器的武士。出现于棺上的龙、蛇、鸟、鹿、凤、鱼等动物共有895个，都是人与鸟、兽特征综合的形象，有的手中操蛇，有的一人三首，其中有些形象可与《山海经》记述的图像相印证。同一墓中出土的鸳鸯盒的腹部画着两幅画："撞钟击磬图"、"击鼓舞蹈图"。另外，墓中一件衣箱盖的中间画着一个大斗字，象征北斗星，围绕斗字书写着二

彩绘鸳鸯漆盒　战国

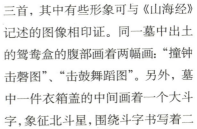

彩绘出行图夹纻胎漆奁　战国

十八宿名称，左右两边画着青龙、白虎图像。这幅画不仅是一幅重要的漆画，而且在天文学史上也有重要意义。又如在湖北荆门市包山2号战国楚墓中出土的彩绘漆奁和凤鸟形双联漆杯，都是很精致的彩绘漆器。其中彩绘漆奁是夹纻胎，内外两面髹漆，在外壁的漆地上不仅用红、黄、金三色彩绘各种花纹，还绘了一幅"聘礼行迎图"。画面上共有各种人物26人，车4辆，马10匹。穿插于人物之间有飞鸟、黄犬、豕等。有柳树迎风飘曳，有长空飞雁。漆奁的用色是内红外黑。"聘礼行迎图"是在黑色的漆地上，用橘红、海蓝、土黄、棕褐、云白等色彩绘制而成。凤鸟形双联漆杯的造型很精巧，全器是一只凤鸟负双杯的形状，前面是凤鸟的头颈，后面是凤鸟的尾部。双杯并列放在中间，杯的外壁中部画着相互蟠绕的双龙。凤鸟作展翅飞翔的形状，双翅雕刻在双杯的外壁上，鸟喙衔一珠，鸟头微昂似在飞翔。

凤鸟形双联漆杯　战国

推荐读物：

1. 王伯敏主编：《中国美术通史》第1卷（济南：山东教育出版社，1987年）。
2. 安金槐主编：《中国考古》（上海：上海古籍出版社，1992年）。
3. 中国社会科学院考古研究所编：《新中国的考古发现和研究》（北京：文物出版社，1984年）。
4. 刘敦愿著：《美术考古与古代文明》（台北：允晨文化事业股份有限公司，1994年）。
5. 张光直著：《中国考古学论文集》（台北：联经出版事业公司，1995年）。
6. 陕西省考古学会编：《陕西考古重大发现》（西安：陕西人民出版社，1986年）。
7. 马承源主编：《中国青铜器》（上海：上海古籍出版社，1988年）。
8. 国家文物局主编：《中国文物精华大全·陶瓷卷》（台北：台湾商务印书馆，1993年）。
9. 国家文物局主编：《中国文物精华大全·青铜卷》（台北：台湾商务印书馆，1994年）。
10. 国家文物局主编：《中国文物精华大全·金银玉石卷》（香港：商务印书馆，1994年）。
11. 湖北省博物馆编：《曾侯乙墓文物艺术》（武汉：湖北美术出版社，1992年）。
12. 郭继生主编：《美感与造型》（台北：联经出版事业公司，1982年）。

图片补充资料：

1. 98页　　　　　：彩陶钵，甘肃临夏水地陈家出土。
2. 99页　（左）：彩陶人面鱼纹盆，陕西西安半坡出土。
　　　　　（右）：彩陶舞蹈纹盆，青海大通县上孙家寨出土。
3. 100页（左）：鹳鱼石斧彩陶缸，河南临汝县（今汝州）阎村仰韶文化遗址出土。
　　　　　（右）：黑陶蛋壳杯，山东日照出土。
4. 101页　　　　：铜爵，河南偃师二里头出土。
5. 103页（上左）：司母戊鼎，河南安阳武官村殷墟出土。
　　　　　（上右）：莲鹤方壶，河南新郑李家楼出土。
　　　　　（下左）：曾侯乙尊，湖北随县擂鼓墩曾侯乙墓出土。
　　　　　（下右）：象尊，湖南醴陵狮形山出土。
6. 104页（上左）：镶嵌宴乐攻战纹壶，四川成都百花潭出土。
　　　　　（中左）：毛公鼎，陕西岐山县出土。
　　　　　（下左）：秦公簋，甘肃天水出土。
7. 105页　　　　：青铜人面具，四川广汉三星堆出土。
8. 106页（上）：青铜人像，四川广汉三星堆出土。
　　　　　（下）：青玉兽面纹方长筒形琮，江苏常州武进县寺墩墓葬出土。
9. 107页（上左）：玉龙，内蒙古翁牛特旗三星他拉出土。
10. 108页（上）：十六节玉挂饰，湖北随县擂鼓墩曾侯乙墓出土。
　　　　　（下）：玉人，河南安阳殷墟妇好墓出土。
11. 111页（上）：彩绘漆内棺绘画，湖北随县擂鼓墩曾侯乙墓出土。
　　　　　（中）：彩绘鸳鸯漆盒，湖北随县擂鼓墩曾侯乙墓出土。
　　　　　（下）：彩绘出行图夹纻胎漆奁，湖北荆门包山2号战国楚墓出土。
12. 112页　　　：凤鸟形双联漆杯，湖北荆门包山2号战国楚墓出土。

【第六章】 汉语和汉字

第一节 | 汉语

汉民族共同语的形成

语言随着社会的产生而产生，随着社会的发展而发展。汉语的历史和汉族的历史同样悠久。最古时期的汉语，词汇还不丰富，但是基本词汇已经出现；语法还不复杂，但是基本句式也已经形成。汉字产生以后，进入了有史时期。社会的发展加快了，汉语的发展也加快了。

早在春秋时期，汉语已经出现了共同语。《论语·述而》："子所雅言，《诗》、《书》、执礼，皆雅言也。""雅言"就是那时的共同语。汉代扬雄（前53—18）著的《方言》里的"通语"、"凡语"，指的是汉代的共同语。1153年金迁都燕京（今北京市）以来，北京话成为北方话的代表。明、清时期的共同语叫"官话"，有南北之分，分别以南京话、北京话为基础。民国时期的共同语叫"国语"，1924年确定以北京语音为标准音。现代汉民族共同语的标准语在中国内地及香港称为普通话，在台湾称为国语，在海外华人社区称为华语。名称虽然不同，而所指其实相同。它是以北京语音为标准音，以北方方言为基础方言，以典范的现代白话文著作为语法规范。

现代汉语有口语和书面语两种形式，口语是普通话，书面语是现代白话文。古代汉语的书面语是文言文。文言文原来是以古代口语为基础的，但是在发展过程中，逐渐和口语脱节。"五四"新文化运动的一个内容就是提倡以白话文取代文言文。现代白话文和口语基本一致，但是在词汇和语法上都比口语丰富。

汉语的特点

1. 语音的特点

第一，音节结构整齐。音节是从听觉上最容易分辨出来的语音单位。汉

> 今译：孔子有用雅言的时候，读《诗》、读《书》、行礼，都用雅言。

语音节由声母和韵母组成。例如:

音节	声母	韵母
ren(人)	r	en
min(民)	m	in
guo(国)	g	uo
jia(家)	j	ia

充当声母的都是辅音,如 r、m、g、j;充当韵母的有元音,如 i、u、o、a,也有辅音,如 n。

第二,每个音节都有声调,声调能区别意义。譬如在普通话中 mā(妈) má (麻) mǎ(马) mà(骂),这四个音节,它们的声母和韵母都相同,就是因为声调不同,表示的意义也不同。

2.词汇的特点

第一,词是由语素(morpheme)构成的,语素是最小的语音语义结合体。例如,"国家"这个词,有"国"和"家"两个语素,"图书馆"这个词,有"图"、"书"、"馆"三个语素。而"人"这个词,只有"人"一个语素。现代汉语中由两个语素组成的词最多。第二,汉语的合成词由词根和词根构成的占多数,例如:"食物、教材、白菜、热情、反思、畅谈、后悔、火热、十全、五彩、朋友、事物、讨论、研究、热烈、完整、正直、成败、深浅、甘苦"。由词根和词缀构成的占少数,例如:"桌子、椅子、石头、舌头、作家、画家"。其中的"桌、椅、石、舌、作、画"是词根,"子、头、家"是词缀。

3.语法的特点

汉语语法缺少英语、俄语那样的形态变化?词序和虚词具有重要作用。词序就是词在语句里的顺序,词序反映语法关系。"红花"是偏正关系,"红"从颜色上给"花"分类;"花红"是主谓关系,"红"是对"花"的状态的陈述。"人来了"的"人"是主语,这个"人"是谈话双方事先确知的人;"来人了"的"人"是宾语,这个"人"是谈话双方不确知的人。汉语的虚词非常重要,用或不用,用这一个还是那一个,直接影响语言的结构和语义的表达。"写字"是动宾结构,"写的字"是偏正结构。"我和你"的"和"表示联合关系,"我或你"的"或"表示选择关系。

汉语的发展

1. 语音的发展

汉语语音发展的总趋势是简化。第一，古代全浊声母在北京话中变成了同部位的清声母。第二，古代入声在现代北京话里已经消失，原入声字改读其他声调。例如"哭桌出瞎"改读阴平，"别白薄独敌合活极竭轴浊"改读阳平，"谷铁北百"改读上声，"莫溺力立六乐袜育玉岳"改读去声。

2. 词汇的发展

古代汉语以单音词为主，中古以后复音词大量增加，现代汉语复音词的数量超过了单音词。复音词里面又以双音词占多数。古代使用单音词的地方，现代很多要改用双音词。例如：哀—悲哀；迫—逼迫；鄙—鄙薄；宾—宾客；策—策划；测—测量；曾—曾经；柴—柴草；然—然而；但—但是；虽—虽然；反—反倒。

> "四声"之说始于南北朝时期的沈约、周颙等人，指的是中古汉语中的平、上、去、入四个声调。古典诗词韵文用字讲究声调和谐，又把四声分为平、仄两类，平、仄交替使用，形成一定的格律。平，指的是四声中的平声；仄，指的是四声中的上、去、入三声。现代汉语中普通话的平声分为"阴平"和"阳平"，入声则消失了，阴、阳、上、去，仍可称为"四声"。

汉语的方言

由于历史和地理的原因，现代汉语存在着方言的分歧。现代汉语方言分为以下几个大方言区：

（1）北方方言，也叫北方话。分布在长江以北广大地区，长江以南的镇江以上、九江以下的沿江地带，还有湖北、四川、云南、贵州等地。

（2）吴方言，也叫江浙话。分布在江苏的南部和浙江。

（3）赣方言，也叫江西话。分布在江西大部分和湖北的东南角。

（4）湘方言，也叫湖南话。分布在湖南（西北部是北方话）。

（5）客家方言，也叫客家话。散布在广东、广西、福建、江西、四川等地。

（6）闽方言，也叫福建话。分布在福建、台湾、海南和广东的潮汕一带。

（7）粤方言，也叫广东话。分布在广东的大部分和广西的一部分。

这些方言，在语音、词汇、语法上存在着或大或小的差别。

1. 方言的语音

方言的差别首先表现在语音上。例如，古代入声有 -p, -t, -k 尾。这在粤方言里还完整地保留着，如广州话的"立"有 -p 尾、"栗"有 -t 尾、"历"

有-k尾。吴方言的入声不再分为三个系统，一律变为喉塞音[ŋ]，上海话的"历"、"立"、"栗"都读[liŋ]。大多数北方方言入声完全消失。

2. 方言的词汇

汉语各方言的书面语词汇有较大的一致性，而日常用语差别较大。例如，普通话的"玉米"，东北叫"苞米"，山西叫"玉茭"，昆明叫"包谷"，苏州叫"俞麦"，广州叫"粟米"，厦门叫"麦穗"。古代的词语在各方言里的保存情况不一样。一般地说，北方方言保留较少，南方方言保留较多。"面"、"颈"、"行"、"人"、"饮"、"食"这些古代的词，粤方言一直在用；而在北方方言只作为构词成分，如"面容"、"颈椎"、"步行"、"进入"、"饮水"、"食品"，单说时一般要说"脸"、"脖子"、"走"、"进"、"喝"、"吃"。同样一个词，往往在某种方言中很活跃，而在另一方言中却很生僻。例如，"下"、"落"这两个词南北各方言都有，但在粤方言中"落"的使用频率比北方方言高得多。

粤方言	北方方言	粤方言	北方方言
落乡	下乡	落力	卖力
落雨	下雨	落面	丢脸
落课	下课	落形	消瘦变形
落本	下本钱	落船	上船
落手	下手	落订	给定钱

3. 方言的语法

汉语各方言和普通话在语法上也有一些差别，主要表现在词序和虚词上。粤方言在词序上和普通话主要的差别有三点：

第一，个别形容词作状语时，放在它修饰的动词的后面。"我先走"，广州话说"我行先"；"多买三斤肉"，广州话说"买多三斤肉"。

第二，双宾语结构，普通话里近宾语指人，远宾语指物，"给他十块钱"。广州话近宾语指物，远宾语指人，说"畀十个银钱渠"。

第三，比较句里，粤方言不用"比"，而用"过"。"猫比狗小"、广州话要说成"猫细过狗"。

第二节 汉字

汉字的起源

中国文字是世界上古老的文字之一。现存的中国最早的文字是甲骨文，距今约三千多年。但是甲骨文已经是比较进步的文字了，可以肯定，在它以前中国文字还有一段发展历史，然而其具体情况如何，甲骨文是经过怎样一个历程发展起来的?中国文字是怎样起源的?这些问题，都是研究中国古文化、古文字的学者长期探索的问题。

近年来，经考古发掘，发现了不少时代比较早的刻画符号，都是刻画在陶器口沿或腹部上。例如陕西临潼姜寨、西安半坡、青海乐都柳湾、山东莒县陵阳河等地的遗址中，都出现了刻画符号，现摘录一部分如下：

陕西临潼姜寨遗址（属仰韶文化）出土的刻画符号；

陕西西安半坡遗址（属仰韶文化）出土的刻画符号；

青海乐都柳湾遗址（属马家窑文化）出土的刻画符号；

山东莒县陵阳河遗址（属大汶口文化）出土的刻画符号。

日蚀甲骨文，比巴比伦更早的可靠日蚀记录

这些刻画符号所以引起人们注意，就在于其中存在一个问题，即它究竟是不是早期文字？这是涉及到中国文字起源的一个重要问题，学者对此有不同看法。

对于半坡遗址、姜寨遗址以及柳湾遗址出土的陶器符号，有学者认为是具有文字性质的符号，但很多学者表示怀疑。他们认为这些刻画只是记事符号，类似结绳记事。而文字和记事符号的性质是不同的。文字是记录语言用的，而记事符号则与语言不发生关系，它只是为了某种记事的需要，帮助个人记忆而使用的一些单个的标记。所以《易传·系辞传》早就很明确地把结绳记事和"书契"区分开来。

但是对于属于大汶口文化的陶器符号，很多学者认为是文字符号，如山东莒县陵阳河遗址出土的四个灰陶缸上有刻画符号，有两个分别像长柄的大斧和短柄的锛（或锄），古文字学者分别释作"戉"（即钺）字和"斤"字。另两个类似后来的会意字，或释作"旦"字和"昱"字，或释作"炅"字和"䀘"字。后来在莒县又陆续出土一些陶文资料，有的和"炅"或"䀘"字结构相同，还有四种过去未见的符号。一种像在方形土块上树立植物之形，应释为从"木"从"土"的"封"字。另几种符号还不知该释为何字。学者认为，在大汶口文化遗址发现的这九种符号，不同于仰韶文化陶器上那种记事符号，

记数甲骨文

祭祀狩猎涂朱甲骨文　商

宰卣铭文　商

天亡簋　西周

天亡簋铭文

它们笔画工整，结构有规则，已趋于固定化。而且它们和商周甲骨文、金文的字体也有相承递的痕迹。所以多数学者认为，它们应是中国早期使用的原始文字。这些文字资料，属于大汶口文化晚期。大汶口文化晚期的年代为公元前2800年至前2300年（或说前2500年至前2000年），照此计算，大汶口文化遗址发现的这批最早的文字距今约4500—4000年。当然也有学者认为大汶口文化的这些符号仍属于图画记事符号而不能算作文字符号。所以这还是一个有争议的问题，有待于进一步研究探讨。

汉字的发展

静簋铭文 西周

现在能看到的最早的成批的古代汉字是甲骨文。甲骨文是刻在龟甲兽骨上的文字，属于殷商时期的东西。出土有十万多片，有单字三千五百多个，现在能够认识的约占三分之一。甲骨文的象形程度比较高，图画意味比较重。例如，"象"字突出象的长鼻子，"马"字突出马颈上的鬃毛。有些字的写法不固定，一个"车"字在早期甲骨文里就有十多种写法。商代开始有青铜器铭文，叫金文。和甲骨文相比，商周金文形体演变的主要趋势是线条化和平直化。线条化指粗笔变细、团块变成线条。平直化指曲折象形的线条被拉平，不相连的线条连成一笔。经过这些变化，汉字的象形程度有了明显的降低。

公元前221年，秦统一六国后，实行"书同文"政策。以小篆为标准字，统一了六国的文字。小篆字形匀称圆润，笔画粗细相等，字体取内聚环抱之势。

秦时除了小篆外，还有一种俗体，就是隶书。隶书把小篆匀圆屈曲的线条改为平直方正笔画。隶书的结构呈扁方形，整个笔道呈微波起伏的样子，书法上叫做"波势"或"波磔"。由小篆到隶书，汉字的字形和结构发生了很大的变化，几乎完全失去了象形的意味。这种变化文字学上叫做隶变。隶书是汉代的正式书体，隶书的草率写法就成为草书，汉代的草书叫章草。发展到东晋，去掉了隶书的意味，成为今草。在隶书的基础上还产生了楷书。楷书的横画收笔用顿势，增加一些捺笔和硬钩。经过魏晋时代长达二百多年的应用，楷书发展成熟，最终成为占统治地位的字体，一直用到现在。介乎草书和楷书之间的是行书。它的笔画连绵似今草，但是比今草容易辨认，很有实用价值（关于书体的发展，可参看本书第二十三章《书法艺术》的论述）。

石鼓文拓片（部分）
战国

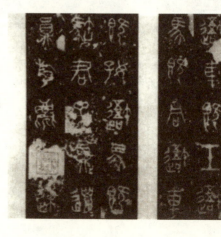

汉字字形演变举例

	鱼	鸟	羊
甲骨文			
金文			
小篆			
隶书			
楷书	魚	鳥	羊
草书			

包山楚简（部分） 战国

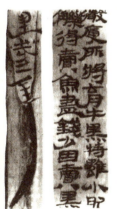

居延汉简（部分） 汉

汉字的性质和特点

汉字的基本单位是一个个的单字，这一个个的单字记录的是汉字的语素，所以汉字是语素文字。语素也叫词素，是最小的语音语义结合体，"人、大、美、丽、研、究、了、着、啊、吧"等都是语素。从多数情况看，一个汉字记录一个语素，汉字"美"记录语素"美"，汉字"吧"记录语素"吧"。汉字不但可以区分不同音的语素，如"美"和"吧"；还可以区分同音的语素，"义、异、意、益、议、易、役、译"都要写成不同的汉字。汉字有音又有义，字母只有音没有义，因此汉字也可以叫做表意文字。

在三千多年中，汉民族用汉字写出了大量的文献，对中华文化的发展和传播发挥了积极的作用。汉字有超方言的性质，操不同方言的汉人有时语言难于沟通，可以用汉字帮助进行交际。

英文的基本单位是字母，汉字的基本单位是单字。我们用英文的字母和汉字的单字作对比，可以看出汉字的特点：

1.汉字数量多。英文只有26个字母，而汉字的数量自古至今累积起来已经超过了6万。

2.汉字结构复杂。英文的字母结构简单。汉字结构繁复,"龘"字多到36画。

3.汉字是形音义的统一体。英文的字母只有形和音,不表义。汉字记录的是语素,语素的音和义构成了汉字的音和义,所以汉字具有音形义三个要素。

汉字的构成

分析汉字的结构,传统上用"六书"理论。"六书"的名称,最早见于《周礼·地官》:"保氏掌谏王恶,而养国子以道。乃教之六艺:一曰五礼,二曰六乐,三曰五射,四曰五驭,五曰六书,六曰九数。"这里的"六书",是周代用来教育贵族子弟的科目。但《周礼》并没有具体说明"六书"的内容。班固在《汉书·艺文志》中,根据刘歆的《七略》,把"六书"解释为"象形,象事,象意,象声,转注,假借"。郑众注《周礼·地官》,把"六书"解释为"象形,会意,转注,处事,假借,谐声"。到了许慎的《说文解字》,他对"六书"下了定义,并举了例子。这可以说是比较系统的汉字构成的理论。按照许慎的界定,六书就是象形、指事、会意、形声、转注、假借。后世学者认为,六书中只有前四书是造字的方法,后两书是用字的方法。

1.象形是描画事物外形的造字法,用这种方法造出来的字叫象形字。例如: (鸟),像鸟形。 (水),像流动的水形。

2.指事是在象形符号的基础上加上抽象符号来表示意义,用这种方法造

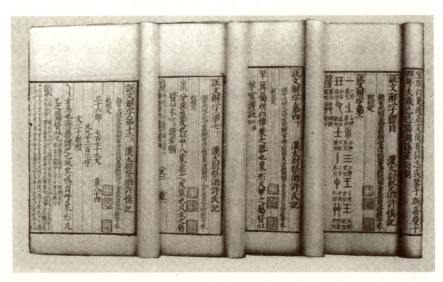

《说文解字》清嘉庆孙星衍平津馆丛书本

出来的字叫指事字。例如：🈚（母），在"女"🈚中加两点，指出哺乳妇女的特征。🈚（卒），在"衣"🈚上加一撇，指士卒穿的有标志的衣服。

3.会意是把几个表意符号组合在一起，表示新的意义，用这种方法造出来的字叫会意字。例如：🈚（益），像水在器皿中满溢的样子，后来写作"溢"。🈚（监），用眼睛向有水的器皿里看，照镜子，后来写作"鉴"。

4.形声是由表意的意符和表音的音符结合起来造成的字，用这种方法造出来的字叫形声字。例如：🈚（铃），从金令声，表示铃铛。🈚（江），从水工声，表示江河。

从现代的学术观点看，六书的理论并不十分完备，但是它在中国文字学上有很大的影响。

秦汉字书和许慎的《说文解字》

汉字出现后，由于它在社会生活中有着十分重要的地位，所以古人很早就开始对文字进行研究。在秦代，有李斯等人作的三部字书：《仓颉》、《爰历》、《博学》。这三部书都用小篆写成。汉代人把这三部合为一书，仍称《仓颉篇》，断60字为一章，共55章，3300个字。汉代人也编了一些字书，如司马相如的《凡将篇》，史游的《急就篇》，李长的《元尚篇》。这三部书所收的字，没有超出《仓颉篇》所收字的范围。到汉哀帝元寿年间，扬雄在《仓颉篇》所收字之外，又续编了一本《训纂》，共34章，2040个字。到东汉和帝永元年间，贾鲂又在《仓颉篇》、《训纂》所收字之外，续编了一本《滂喜》，共34章，2040个字。《仓颉篇》、《训纂》、《滂喜》三书共收7380个字，已包括了古代典籍中的绝大部分用字。后人把这三部书合并，以《仓颉篇》为上卷，《训纂》为中卷，《滂喜》为下卷，统称"三仓"。

这些字书，除《急就篇》之外，都已亡佚。今存《急就篇》共34章，2144个字。它是供儿童识字用的课本，所收都是常见字，按物类编排，如："稻黍秫稷粟麻秔，饼饵麦饭甘豆羹，葵韭葱薤蓼苏姜，芜荑盐豉醯酢酱"等等。

东汉和帝年间，许慎写成《说文解字》，这是世界上第一部形、音、义三结合的字典，具有划时代的意义。

许慎，字叔重，约生于汉明帝永平元年(58)，卒于汉桓帝建和二年(148)。他从汉和帝永元十二年（100）开始，历时二十多年，终于写成了这部不朽的文字学著作。他另著有《五经异义》、《淮南子注》二书（此二书已佚）。

《说文解字》共14篇。据许慎自己统计，收字9353个，另有1163个重文

（异体字），共10516个字。经后人增删，今天我们看到的本子和这个数字稍有出入。篆文字头多出73个，重文多112个。许慎对每个字的解释的顺序基本上是：列篆文—释字义—解字形—注字音。有时还有例证。

《说文解字》系统全面地保存了小篆和部分古籀的字形，并保存了大量的古音资料以及当时和前代的方言资料。

许慎在《说文解字·序》中对文字的产生和发展、文字的功用、汉字的构造等问题作了有条理的论述，达到了前所未有的水平。

汉字的"四定"

为了提高汉字的规范化程度，减轻汉字学习和使用的困难，现代汉字要做到四定，就是定量、定形、定音、定序。

1. 定量就是确定汉字的数量

确定汉字的数量，重点是确定常用字和通用字的数量。常用字是基础教育用字，是使用频度很高的字。1998年1月，国家语言文字工作委员会和国家教育委员会联合发布了《现代汉语常用字表》，收常用汉字3500字。分为两级：一级2500字，是最常用字；二级1000字，次最常用字。经过测查，覆盖率达到99.48%。通用字是出版印刷用字，是社会交际中的一般用字。1988年3月，国家语言文字工作委员会和新闻出版署联合发布了《现代汉语通用字表》，收通用字7000字。其中包括《现代汉语常用字表》里的3500个常用字。

2. 定形就是确定汉字的形体

本世纪50年代，中国政府对汉字的字形做过大规模的整理和简化，形成了现在的标准字形。

汉字的整理主要做了两件事。

第一，整理异体字。一个字在标准体以外的其他形体叫异体。例如，"徧"是"遍"的异体，"桮"、"盃"是"杯"的异体。1955年12月22日，文化部和中国文字改革委员会发布《第一批异体字整理表》，淘汰了1055个异体字。

第二，整理印刷铅字字形。60年代以前，印刷铅字的字形存在着分歧，同一个字有不同的形体。例如，"研"也作"硏"，"真"也作"眞"，"黄"也作"黃"。1965年1月30日，文化部和中国文字改革委员会发布了《印刷通用汉字字形表》，作为印刷用字的字形标准。这个字表收汉字6196字，规定了每个字的标准形体。

50年代，中国还进行了汉字简化。1965年1月28日，国务院通过了《汉字简化方案》，包括515个简化字和54个简化偏旁。1964年，根据扩大了的简化偏旁，编印了《简化字总表》，1986年重新发布。"总表"收入了中国政府正式推行的全部简化字，共2235字。根据国家的规定，除了翻印古书、书法艺术等场合外，一律使用规范的简化字、不再使用已经简化了的繁体字。

3. 定音就是确定汉字的读音

1932年民国政府教育部公布了《国音常用字汇》，确定了九千多汉字的读音规范，其中多数字的读音沿用到现在。可是也有一部分字的读音发生了变化。现在汉字的读音，要以《新华字典》和《现代汉语词典》的注音为依据。例如：

癌旧读 yán，现在读 ái

法旧读 fā, fá, fǎ, fà，现在读 fǎ

垃圾旧读 lèsè，现在读 lājī

有些字意义相同但是有不同的读法，这叫异读。1985年12月，国家语言文字工作委员会等部门发布了《普通话异读词审音表》，对这类字的读音作了规范，去掉了异读。例如：

隘统读 ài，不读 ǎi

凹统读 āo，不读 wā

4. 定序就是确定汉字的顺序

汉字需要排序，排序的方法主要有两种，就是部首法和音序法。部首法是传统的方法，在社会上很有影响。《康熙字典》设214部，是传统部首法的代表。80年代以来，对传统部首作了改进。《辞海》（修订本）设250部，《汉语大字典》和《汉语大词典》设200部。1983年，中国文字改革委员会公布的《汉字统一部首表（草案）》设201部。音序法，现在使用的是汉语拼音音序。近年来出版的许多工具书，如《新华字典》、《现代汉语词典》及《中国大百科全书》，都采用了音序法。

推荐读物：

1. 王力著：《汉语浅谈》，载《王力文集》第3卷（济南：山东教育出版社，1985年）。
2. 吕叔湘著：《语文常谈》（香港：三联书店，2001年）。
3. 周有光著：《中国语文纵横谈》（北京：人民教育出版社，1992年）。
4. 裘锡圭著：《文字学概要》（北京：商务印书馆，1988年）。
5. 李学勤著：《古文字学初阶》（北京：中华书局，1985年）。
6. 高明著：《中国古文字学通论》（北京：北京大学出版社，1996年）。
7. 袁家骅等著：《汉语方言概要》（北京：文字改革出版社，1989年）。
8. 祝敏申著：《〈说文解字〉与中国古文字学》（上海：复旦大学出版社，1998年）。

图片补充资料：

1. 121页（下中）：天亡簋，陕西岐山县出土。
2. 123页（上左）：包山楚简（部分），湖北荆门包山楚墓出土。
   （下）：居延汉简（部分），内蒙古额济纳河流域汉代烽燧遗址出土。

【第七章】《周易》

《周易》是中国古代最重要、被解释最多的典籍之一。它与《诗》、《书》、《礼》、《乐》及《春秋》一起,合称"六经",是西汉以来历代士人必读之书,对中国传统文化的形成和发展产生了深远的影响。

《周易》这个名称可以从广义和狭义两方面去了解。狭义的《周易》只指《易经》,而广义的《周易》除《易经》外,还包括解释它的《易传》。《易经》和《易传》出现于不同的时代,它们的性质也非常不同。不过在经学时代,人们对《易经》和《易传》不大区分,统称《周易》。本书是在广义上使用《周易》这一名称的。在叙述的过程中,则依照历史的次序,先介绍《易经》,再介绍《易传》。

第一节 《易经》

《易经》的名义与性质

《易经》原称《易》,本是周代的一部占筮之书,所以后人称为《周易》。"易"在古代则是占筮之书的通称。至于占筮之书为何称"易",后人的一种说法是,"易"属象形字,模仿的是蜥蜴,蜥蜴以善于变化闻名,正合于占筮神妙莫测之义。当然还有别的说法,例如说"易"一名而含三义(简易、变

《周易正义》 南宋绍兴十五年(1145)国子监本

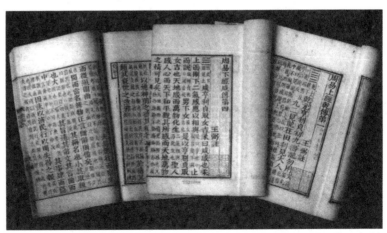

《周易》 清刊本

易、不易）或四义（前三种再加上交易），这些说法都可供参考。

《周易》这本书以卦作为构成单位。全书共包括六十四卦。大概从战国时起，人们把《周易》分作上下两篇，上篇由前三十卦构成，下篇包括余下的三十四卦。关于"卦"字之来历，古今有不同的解释。清代一位学者张惠言提出"书地识爻谓之卦"，是说占筮时每得到一爻，便书写于地上，以便记忆。所以"卦"字由两个"土"字和一个"卜"字构成。这个说法比较朴实，也符合《周易》占筮之书的性质，得到一些人的赞同。

八卦与六十四卦

如果有人要问，《周易》为什么有六十四卦，这就要从八卦讲起。一般认为，六十四卦是由八个基本卦两两相重产生的。

这八个基本卦即八卦，指的是乾、坤、震、艮、坎、离、兑、巽，它们是三画卦，其卦形或卦象依顺序分别是：

| 乾 | 坤 | 震 | 艮 | 坎 | 离 | 兑 | 巽 |
| 天 | 地 | 雷 | 山 | 水 | 火 | 泽 | 风 |

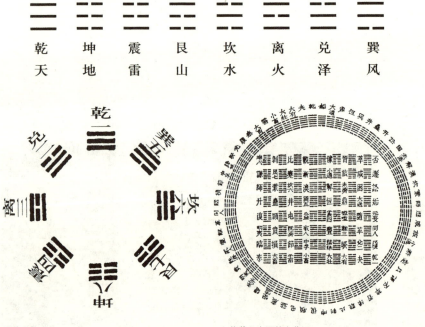

伏羲八卦方位　　　　　　伏羲六十四卦方位

为便于初学者掌握八卦的卦形，宋朝的学者朱熹编了一首《八卦取象歌》，歌中说：

乾三连，坤六断；
震仰盂，艮覆碗；
离中虚，坎中满；
兑上缺，巽下断。

按照这个方法记忆确实容易得多。八卦在《周礼》中被称作经卦，六十四卦称作别卦。经卦有时也称单卦或三画卦，别卦称重卦或六画卦。从八卦的卦象来看，其最基本的构成要素是━和━ ━，八卦分别由━和━ ━三重叠而成，其步骤如下：

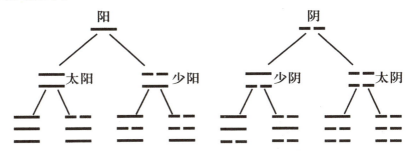

《易传》中的《系辞传》所说"易有太极，是生两仪，两仪生四象，四象生八卦"，本义就是对此过程的说明。八卦的两两相重，其结果就是六十四卦。

照古人的理解，八卦分别象征八种最主要的自然物。具体地说，乾为天，坤为地，震为雷，巽为风，坎为水，离为火，艮为山，兑为泽。这是八卦所取的物象。另外，每一卦还代表着不同的性质和意义，如乾为健，坤为顺，震为动，巽为入，坎为陷，离为丽，艮为止，兑为说（悦）。这是八卦的取义。取象与取义最初都是适应占筮的需要，后来则逐渐引申出丰富的哲理。

卦象、卦辞与卦名

六十四卦的每一卦都包含四项内容：卦象、卦名、卦辞和爻辞。另外，乾

	乾	坤	震	艮	坎	离	兑	巽
汉语拼音	qián	kūn	zhèn	gèn	kǎn	lí	duì	xùn
粤音字	虔	昆	振	亘	砍	厘	对	讯

八卦的读音

卦和坤卦中各多出一项用九和用六，这与它们的卦象（全部由阳爻和阴爻组成）以及占筮方法有关。我们且举几个例子来具体说明一卦的内容，如乾卦是这样的：

☰ 乾：元亨，利贞。

初九：潜龙勿用。

九二：见龙在田，利见大人。

九三：君子终日乾乾，夕惕若，厉无咎。

九四：或跃在渊，无咎。

九五：飞龙在天，利见大人。

上九：亢龙有悔。

用九：见群龙无首，吉。

其中，☰是该卦的卦象，它由两个三画的乾卦合成。后人为强调这一点，有时在☰后面写上"乾下乾上"四字。我们知道，每一卦都由两个三画卦组合而成，所以都可区分出下卦和上卦，下卦又称内卦，也叫贞；上卦又称外卦，也叫悔。就乾卦来说，我们可以做如下图示：

```
上卦
（外卦．悔）  ☰
下卦
（内卦．贞）  ☰
```

卦象不是文字，可是在古人看来，它比文字更根本，后面的文字都是从属于卦象的，是对它的说明。

☰后面的"乾"字是该卦的卦名。卦名的出现肯定比卦象晚，而且还比卦爻辞晚。《易经》中大部分卦的卦名都是从卦爻辞中抽取或概括出来的。如乾卦之得名，便是由于该卦九三爻辞中有"乾乾"一词，又如大畜卦之得名，是由于爻辞中描写了马、牛、豕等大的畜牲；大过卦之得名，是由于爻辞中述及一些不常见或过分的事情，如"枯杨生稊，老夫得其女妻"，"枯杨生华，老妇得其士夫"。当然，也有很少数卦的卦名与卦爻辞无关，应该另有来源。

"乾"后面的"元亨，利贞"，是该卦的卦辞。卦辞本称彖辞，唐朝以后才改称卦辞，其作用是从整体上说明该卦的基本特点。《易经》有六十四卦，便有六十四条卦辞。

爻辞与爻题

"元亨，利贞"以下，"用九"以上，是爻辞。乾卦由六画组成，这六画便称爻。爻辞是用来说明每一爻的性质和意义的,所以一卦六爻便有六条爻辞,而且各有不同。《易经》六十四卦共有三百八十四条爻辞。乾卦爻辞前面的初九、九二、九三、九四、九五、上九等又称爻题,其作用在于指出每一爻的位置和性质。每卦六爻便有六位,从下而上,分别叫做初爻、二爻、三爻、四爻、五爻和上爻。爻还有阴、阳的区别,━是阳,╍是阴。在《易经》中,━用奇数九表示,╍用偶数六表示,由于乾卦卦象全部都由━构成,所以其爻题中便都有数字九。从下而上,依次是初九到上九,我们可以具体描述如下:

如果是坤卦的话,因为其六爻全部由╍构成,所以其六爻爻题中便都有数字六。从下而上,依次是初六到上六,具体说便是:

乾卦和坤卦的卦象构成相对简单,所以其爻题也相对单纯。至于其他六十二卦,因其卦象既有阳爻,又有阴爻,所以它们的爻题就要复杂一些,如损卦各爻之爻题如下:

总之,爻题的根据便是该爻的性质(阴或阳)与位置(初、二、三、四、五、上)。

与其他卦相比,乾卦和坤卦分别多出了用九和用六一项。所谓用九、用六的意思是通为九、通为六。占筮时遇到六爻皆九或六爻皆六时,则以用九和用六之辞判断吉凶。

根据卦象和卦爻辞判断吉凶

用《易经》占筮,先是通过一定的方式求得卦象,然后根据卦象和卦爻辞作出判断。

求得卦象的方法,与数字有关。《易传》中有"极数以定象"的说法,意

指《易经》的爻象和卦象是由数字来确定的。其具体的内容和步骤,《系辞传》中曾有记载,称揲蓍成卦。大概的做法是用50根蓍草(一根不用,实际上只用49根),经过三次演算得到一爻之象,经过18次演算得到一卦之象,就是《系辞传》说的"十有八变而成卦"。实际演算过程很烦琐,这里就不作介绍了。

卦辞和爻辞是用来说明该卦或该爻吉凶的,所以其中往往包含很多表示吉凶之辞,如"吉"、"凶"、"悔"、"吝"、"利"、"不利"、"亨"、"无咎"等,间或没有这些词的,也用其他方式暗示吉凶。

《左传》中记载了一些当时人们根据卦象和卦爻辞判断吉凶的故事。如《左传·僖公十五年》记秦伯(秦穆公)讨伐晋国,让卜徒父占筮,求得蛊卦䷑。卜徒父对这个卦做了分析。他说,蛊卦的内卦为巽,巽为风,代表我方,外卦为艮,艮为山,代表敌方,现在已是秋天,风(我方)吹过山(敌方),会把山上的果实、财富都吹落归我所有,所以肯定能战胜敌人,敌人失去果实和财富,怎么会不失败呢?("岁云秋矣,我落其实,而取其材,所以克也。实落材亡,不败何待?")卜徒父还分析说,外卦(代表敌方)艮卦是震卦的倒体,震卦代表车,震卦倒过来意味着敌方晋侯的战车将颠覆毁坏,所以非常吉利(吉:"涉河,侯车败。")。几天之后,秦晋双方在韩原大战,晋侯的战车果然在泥泞中倾翻,晋侯被秦军捕获。从这个故事可以看出当时人们是如何通过对卦象的分析来判断吉凶的,同时也可以看出当时人们确实非常相信易卦的神验,所以流传了许多这一类故事。

六十四卦的排列顺序

需要说明的还有《易经》六十四卦的排列顺序。就通行本《易经》的卦序来说,唐代学者孔颖达曾指出其一个重要特点。他指出,从卦象上来看,六十四卦的排列是"两两相偶",就是说每两卦为一个对子,互相配合。它们配合的方法有两种,即"非覆即变"。"覆"也称综卦,是说两卦的卦象完全颠倒,如屯䷂与蒙䷃;"变"也称错卦,是说两卦六爻的性质完全相反,如乾䷀与坤䷁。有些对卦既可归入覆,也可归入变,如既济䷾与未济䷿,但只是少数。至于为什么如此排列,可能是出于记忆的方便,同时也体现出人们对宇宙万物的对立关系的认识。

历史上,《易经》的卦序不止一种,如马王堆汉墓帛书《易经》卦序就与通行本不同。通行本《易经》的卦序是始于乾,终于未济,帛书本则始于乾,终于益。有学者认为，帛书本是当时有人对通行本改编的结果，改编的目的是使卦序充分体现阴阳对立交错的观念。

《易经》的编辑

《易经》的全部内容并不是一下子形成的。古人曾认为，《易经》的形成有一个过程，先是伏羲氏作八卦，然后是周文王将八卦重为六十四卦，并系上卦爻辞，也有人说卦爻辞是周公作的。这种说法在肯定《易经》是逐渐形成这一点上，有其合理性。但其具体的说法，并不一定可靠。如近现代学者经过研究发现，卦爻辞中有文王及周公以后的事迹，由此可知它们并非全部由文王周公所作。但卦爻辞的形成也不会太晚，一般认为，它们是在西周时期由负责卜筮的卜史们编成的，所以其书归太卜执掌。

> 卜、筮是古代的官职，卜用龟骨，依卜兆的形状断吉凶，筮用蓍草，按操蓍得数排列卦爻，而断吉凶。"龟，象也。筮，数也。"（《左传·僖公十五年》）因为他们的职责相近，所以常常连称。太卜是卜官之长，负责龟卜、占筮等活动。据《周礼》一书记载，太卜掌三易之法，其中就包括《周易》。

《易经》的卦爻辞，从来源上讲，与占筮活动中的筮辞有关。但卦爻辞在分别被系入某一卦、爻的过程中，经过了编者的加工。所以有些卦爻辞显得很有系统，且具有内在的联系，如我们前举乾卦爻辞从下而上，分别是潜龙、在田之龙、跃渊之龙、飞龙、亢龙等，就非常整齐。

《易经》中包含的历史文化资料

《易经》作为占筮之书，在春秋时期主要应用于占筮。但是《易经》的卦爻辞中包含了十分丰富的历史文化资料，这些资料愈来愈引起人们的重视。

现代学者经过研究发现，《易经》中记载了一些在史书中失传的历史人物的活动，如大壮、旅等卦的爻辞中记载了商人祖先王亥的故事，既济和未济卦的爻辞记载了王亥后人殷王高宗伐鬼方的故事，泰卦和归妹卦记载了殷纣王的父亲帝乙把女儿嫁给周文王的故事等等。这些记载对于古史研究有重大的意义。

《易经》也反映了夏、商、周三代社会生活的面貌。如《易经》卦辞、爻辞记载了国家的统治者天子、大君、王，以及下属的公、侯、帅、武人等各种称号，也记载了大人、君子和小人、童仆等社会等级的区分。《易经》卦辞、爻辞中还大量记载了当时国家的祭祀活动和战争，有些战争时间很长，规模很大。《易经》卦辞、爻辞有关司法、刑狱的文字有二十多条，可以看出当时已有比较完备的刑法、监狱制度，犯人套木枷、上脚镣（噬嗑爻辞有"屦校灭趾"、"何校灭耳"的记载，就是说足枷磨坏了脚趾，脖上的枷锁磨坏了耳

朵），而且已经发明了各种残酷的肉刑，其中有"天"（黥额）、"劓"（割鼻子）、"刖"（砍足）等。

《易经》中还有反映上古时代社会经济生活如畜牧业（牛、马、羊、豕）、农业、手工业、商旅贸易等方面的大量资料。

《易经》卦辞、爻辞除了具有历史学的价值外，还有文学的价值。《易经》有一些爻辞，本身就是诗歌，"赋"、"比"、"兴"三体都有。如："得敌，或鼓或罢（按：疲），或泣或歌。"（中孚·六三）这是描写战胜敌人，有所俘获，有人高兴，有人悲伤的情景。这是直言其事的"赋"体。又如："枯杨生稊，老夫得其女妻。"（大过·九二）"枯杨生华，老妇得其士夫。"（大过·九五）这是用枯树发芽开花，比喻老年人寻得了年轻的配偶。这是以彼物喻此物的"比"体。再如："鸣鹤在阴，其子和之。我有好爵，吾与尔靡之。"（中孚·九二）这是说，两只白鹤在树荫里唱得多好听呀，让我们一起来快乐地干一杯吧。这是触景生情的"兴"体。这些爻辞，和《诗经》里的诗已经很难区分了。

《易经》以生命为中心的天人之学

《易经》从人类的生命活动出发，观察自然界的一切现象，从中找出生命的意义和来源，并且认为，自然界的各种现象都和人的生命现象有着内在的联系。这在原始八卦中看得最清楚。乾、坤、震、巽、坎、离、艮、兑八个卦，分别代表自然界的八种现象，这八种现象与人的生命有密切联系，是生命的来源和不可缺少的条件。在《易经》中没有一个卦是只讲物象而与人的生命无关的，也没有一个卦是只讲人的活动而与自然无关的。《易经》中任何一个卦，不管它指示的物象是什么，它的实际意义都是讲天人关系，这种关系是以生命现象和生命活动为中心的。这就是《易经》的天人之学。其中包含有生命哲学的胚胎。

在《易经》中还包含有其他一些哲理性的内容。如泰卦九三爻辞说："无平不陂，无往不复，艰贞无咎"，反映出人们对对立事物的转化的一种认识。乾卦爻辞从九五的"飞龙在天"到上九"亢龙有悔"，表现出物极必反之义。卦爻辞中也包含一些生活教训，如《易经》六十四卦中，只有谦卦从卦辞到六爻爻辞全部吉利，可以看出古人对谦德的推崇。这些内容使卦爻辞本身具备了相对独立的价值，为后人从哲理角度解释卦爻辞提供了某种可能。所以从春秋时起，便开始了从哲理角度解释《易经》的过程。但一直到《易传》，这一过程才算完成。

第二节 《易传》

《易传》的构成

《易传》本是注释和阐发《周易》的著作的通称。"传"相对于"经"而言，是对经义的说明和引申。不过，本书所说的《易传》，有其特定的含义。它共包括七种十篇，即《彖传》上下篇、《象传》上下篇、《文言传》、《系辞传》上下篇、《说卦传》、《序卦传》和《杂卦传》。每一种"传"从不同的角度解释《周易》，所以既有联系又有区别。自汉代起，这七种十篇被称为"十翼"。"翼"是辅助的意思，表示它们是帮助人们理解《易经》的。

关于《易传》形成的年代与作者，从《史记》的作者司马迁开始，都认为是春秋末年的孔子所作。北宋的欧阳修对孔子作《系辞传》的说法提出怀疑。后来，清代及近现代学者继续探讨这个问题，基本上否定了司马迁以来的传统说法，并提出了许多新的说法。但是1973年底长沙马王堆出土帛书《周易》，其中《要》篇记载了孔子晚年研究《易》的情况，说是"夫子老而好《易》，居则在席，行则在橐"，并记载了孔子和子贡的谈话。孔子认为《易》"有古之遗言焉，子非安其用，而乐其辞"。孔子还提到他和卜筮者不同，"我观其德义耳"，"吾与史巫同途而殊归"。孔子还说："后世之士疑丘者，或以《易》乎？"这些记载说明，孔子晚年不但是好读《易》，而且对《易》之道有所论述、撰作，由他的弟子笔录、整理，不断补充发展，成为《易传》的主要内容。所以孔子才有"后世之士疑丘者，或以《易》乎"这样的话。这是出土文献使我们对孔子和《易传》的关系得到的新的认识。当然，《易传》的主要思想虽然传自孔子，但经过后人的补充、发展，到《易传》最后形成，有一个很长的过程。学者们认为，《易传》这十篇最后形成的年代，并不一致，早一点的大约形成于战国中期，晚一点的则形成于战国末年甚至汉代初期。

《易传》诸篇中，《彖传》排在最前，其形成也较早。该传随经文分上下篇、解释《易经》六十四卦的卦象、卦名和卦辞，而不涉及爻辞。《彖传》之得名，可能是由于它主要解释卦辞，而卦辞又本称彖辞的缘故。关于其形成的年代，由于《荀子·大略》曾引用过它解释咸卦的文字，所以至少应在荀子以前，差不多是在战国中后期，孟子与荀子之间。

《象传》也随经文分成上下两篇。它解释的是六十四卦的卦象、卦义和爻辞。该传又可分《大象》与《小象》两个部分，前者解释卦象和卦义，后者解释爻象和爻辞。《象传》之得名，可能由于它讲卦义是以卦象和爻象为主，同时又主张取象说，以八卦为天地风雷水火山泽八种自然现象。一般认为，《象传》的形成，应在《彖传》之后。从义理上说，《象传》多受《彖传》之影响，如《彖传》解释坤卦说："坤厚载物，德合无疆"，《大象传》则说："地势，坤。君子以厚德载物"。《象传》基本上也是战国后期的作品。

与《彖传》、《象传》不同，《文言传》只解释乾坤两卦的卦爻辞。它之得名，或许是以文字记载前人的言论之故。从文字上看，《文言传》当是经师讲解乾坤两卦的记录，体现出时人对乾坤两卦极其重视。《文言传》对乾卦六爻的解释，共有大同小异的三段，可能分别出于不同弟子的记录。所以该传虽短，却不出于一人之手，而是后人编辑而成。从内容上来看，《文言传》当形成于战国后期，但在《彖》、《象》二传之后。

与前面三种传均逐字逐句解释经文不同，《系辞传》虽也有部分说明卦爻辞意义的文字，但并无系统，它基本上是通论《周易》和筮法之大义，所以又称《易大传》。"系辞"之名有两层含义：一指系于卦爻象下之辞，即卦爻辞；一指系于《周易》经文之后，即《系辞传》。《系辞传》之得名可能是因为它主要依据卦爻辞来通论《周易》大义。该传也分上下篇，在各传中最受重视。长沙马王堆汉墓帛书中有与今本《系辞》大同小异的内容，称帛书《系辞》。通过比较可以看出，今本《系辞》应该是在帛书《系辞》的基础上完成的。因此，该传也不是一人一时之作，其编订或许在汉初，但其主体内容应该出现于战国后期。

《说卦传》主要解释八卦的卦象与卦义。从内容上来看，显然与筮法有密切的关系，但它对于八卦的形成和性质的解释，包含很丰富的哲理。该传可能出于战国中期或后期。另外，《序卦传》是解释通行本《易经》六十四卦排列顺序的。"序"即"顺序"之义。《杂卦传》则不依卦序，广采卦名相反之义，以六十四卦为三十二个对立面，故名为"杂"。

有一点应说明，就是在战国秦汉之际，解释《周易》的文献有许多种，并不限于上面说的《易传》这七种十篇。在马王堆出土的资料中，解释《周易》的文献除《系辞》（与今本《系辞》不完全相同）外，还有《易之义》、《要》、《二三子问》等。安徽阜阳双古堆汉简中也有纯粹从占筮角度解释《周易》的文献。所以我们现在看到的《易传》，应该是经过汉代人选择、编辑、整理的结果。

《易传》的性质

作为解释《易经》的作品,《易传》与《易经》既有联系,又有区别。从总体上来说,《易经》产生于西周时期,《易传》则形成于诸子兴起的春秋战国时代。《易经》是占筮之书,《易传》则是哲理之书。但与一般的哲理书不同,《易传》是通过解释《易经》来阐发哲理的。譬如《易传》也讲占筮与筮法,但将其理论化了。它是通过对占筮的解释来表达对宇宙、社会及人生的看法。正因为如此,《易传》中的大部分文字都可以从占筮与哲学两方面去理解,所以它有两套语言:占筮语言和哲学语言。大部分时候,这两套语言是合在一起的,在占筮的形式下包含哲学的内容。这是《易传》语言上的一个很重要的特点。

这种语言特点表明《易传》的作者并不把《易经》仅仅看作是一部占筮之书,在他们看来,《易经》更主要的是一部讲"道"之书,如《系辞传》认为《易经》"冒天下之道","弥纶天地之道","冒"和"弥纶"都是包括之义,这是说《易经》中包括了天下的道理。这道理可以从多方面去了解,如《易传》根据《易经》每一卦都有六爻,认为每一卦都具有天、地、人三才之道,《系辞传》说:

> 易之为书也,广大悉备。有天道焉,有人道焉,有地道焉,兼三才而两之,故六。六者非它也,三才之道也。

《说卦传》也有类似的文字。这是讲一卦六爻象征三才,上、五爻为天,四、三爻为人,二、初爻为地。因此,《易经》每一卦中都包括天道、地道和人道。很显然,这是把作为占筮需要的六爻哲理化了。

一阴一阳之谓道

《易传》在解释《易经》的时候,大量吸收了儒家、道家和阴阳家的思想。如道家认为道虚无无形,《系辞传》也说:"形而上者谓之道,形而下者谓之器。"所谓"形而上"指形以前,即无形的意思。《易传》还接受了阴阳的观念,用它来解释爻象、卦象和事物的根本性质,并在《系辞传》中提出"一阴一阳之谓道"的命题。所谓"一阴一阳",是说"又阴又阳"或"有阴有阳"。只有阴或只有阳都不是道,阴阳结合和统一才是道。这一观念的得出,首先是对《易经》内容的概括与发挥。如《易经》的奇偶二数,阴阳二画,是一

阴一阳。八卦中的乾、坤；震、艮；坎、离；巽、兑，是一阴一阳。六十四卦两两相对，也是一阴一阳。《易传》进一步把这一命题看作是适用于自然界和人类社会的普遍原理。它用阴阳来说明自然现象和社会现象，如天阳地阴，日阳月阴，君阳臣阴，男阳女阴等。一阳一阴观念的提出，表现出《易传》认为对事物应从相对的方面去了解，仁智互见，避免"仁者见之谓之仁，智者见之谓之智"的片面立场。

根据"一阴一阳之谓道"的原理，《易传》还表达了它对运动变化的理解。《易传》把《易经》看作是一部讲变化之书。它认为，变化的依据就在于对立事物之间的互相推移。《系辞传》说："刚柔相推而生变化。"从筮法上说，刚柔分别指阴阳两爻，此两爻位置的推移即导致卦象的变化。如坤卦的初六变为初九，便成了复卦。不过，《易传》提出刚柔相推而生变化，是把此作为一个普遍的自然和社会法则。如：

> 日往则月来，月往则日来，日月相推而明生焉。
> 寒往则暑来，暑往则寒来，寒暑相推而岁成焉。

这是说日月相推导致晦明的变化，寒暑相推构成一年四季。《系辞传》还依据此法则提出"天地氤氲，万物化醇；男女媾精，万物化生"。从筮法上讲，天地男女指乾坤，万物指其余众卦，这是说乾坤两卦是其余六十二卦的根源和基础。从哲学上讲，是说天地交感则产生万物，属于宇宙论的内容。《易传》以变化为对立面之间的互相转化，是比较合理的说法。由此引出人道教训如"安而不忘危，存而不忘亡，治而不忘乱"，有劝诫意义。

《易传》根据"一阴一阳之谓道"的原理，提出人道的最基本内容是仁和义。《说卦传》说："立天之道，曰阴与阳；立地之道，曰柔与刚；立人之道，曰仁与义。"以仁义为人道的内容，很显然受到了孟子的影响。

《易传》也非常重视中正的观念。在一个重卦卦象中，第二爻和第五爻因为分别居于上卦与下卦的中位，所以称中爻。中爻的爻辞多吉利，《易传》据此认为，人们只要持守中正，便可以得到好的结果。守中是儒家从孔子开始就有的主张，它要求在处理问题时采取适当的立场，既不过分，也无不及。这种观念在后来的《中庸》中得到了系统的阐述。

生生之为易

《易传》发挥《易经》重视生命的思想，把"生"看作宇宙万物的存在方式,它认为宇宙万物不是静止的存在,而是处于不断创生的过程中。《系辞传》说:"生生之为易。"唐代孔颖达解释说,"生生,不绝之辞","易"的意思就是"万物恒生",即万物永远处于生生不绝的过程之中。所以《系辞传》又说:"天地氤氲,万物化醇;男女媾精,万物化生"、"天地之大德曰生"。孔颖达解释说,因为天地"常生万物",所以说"大德",若不常生,德就不大了。《易经》的这个思想,为宋明理学所继承和发挥。宋明理学家都把"生"看作宇宙万物的基本特征。周敦颐说:"二气交感,化生万物,万物生生,而变化无穷焉。"(《太极图说》)程颢说:"生生之谓易,是天之所以为道也。天只是以生为道。继此生理者,即是善也。"(《河南程氏遗书》卷2上)朱熹说:"某谓天地别无勾当,只是以生物为心,一元之气,运转流通,略无停间,只是生出许多万物而已。"(《朱子语类》卷1)按照《易传》和宋明理学的这种看法,宇宙间充满了一种刚健的、向上的生命力。宇宙如此,人生也是如此。看到宇宙充满生意,就会悟到人生有无上崇高的价值和无限丰富的意义。所以《大象传》说:"天行,健。君子以自强不息。"这是一种健康的、乐观的宇宙观和人生观。几千年来,这种宇宙观、人生观确实不断鼓舞着中华民族,走出生存危机,走向光明。

推天道以明人事

在《易传》看来,《易经》之所以会包含天下之道,是因为它自身便是圣人仰观天文,俯察地理,近取诸身,远取诸物的产物。《系辞传》所谓"《易》与天地准,故能弥纶天地之道",说的便是这层意思。《易传》由此要求人们应该效法天地,《文言传》一段很著名的话是这样的:

> 夫大人者,与天地合其德,与日月合其明,与四时合其序,与鬼神合其吉凶。先天而天弗违,后天而奉天时。

大人要与天地合德,其目的是要依据天地之道来处理人事,这就涉及到了《易传》的一个重要特点,即在论说时往往采取"推天道以明人事"的方式,以至于后人常说《周易》是一部推天道以明人事之书。我们可以举几个著名的例子来看,如前面提到的《大象传》对乾卦的解释以及对坤卦的解释:

> 天行,健。君子以自强不息。
> 地势,坤。君子以厚德载物。

其中"健"(即"乾")与"坤"都是卦名。它们前面讲天道,即"天行"与"地势",后面讲君子如何,便是人事。人事以天道为依据。又如《象传》解释谦卦说:

> 谦亨,天道下济而光明,地道卑而上行。天道亏盈而益谦,地道变盈而流谦,鬼神害盈而福谦,人道恶盈而好谦。

这也是循着由天道到地道而人道的顺序,说明谦德的重要。《易传》此种处理人事的方式,要求人们以天道为依据,刺激了人们对天道的兴趣,对后来中国哲学和自然科学的发展都产生了深刻的影响。

《周易》的影响

《周易》产生之后,对中国古代的政治、军事、文学、美学、艺术、建筑、科技等发生了重大的影响。历代研究《周易》的学者人数很多,著作也很多,正如《四库全书总目提要·易类小序》所说:"《易》道广大,无所不包,旁及天文、地理、乐律、兵法、韵学、算术,以逮方外之炉火,皆可援《易》以为说,而好异者又援以入《易》,故《易》说愈繁。"20世纪80年代以来,国内文化界又一次出现"《周易》热",从哲学、美学、文学、历史、宗教、医学、天文、数学、物理、民俗等不同角度对《周易》的研究,都取得积极的进展。

《周易》在国际上也有很大影响。明代末年,意大利传教士利玛窦首先翻译了乾、坤两卦。之后,法国传教士金尼阁把《周易》译成拉丁文,于1626年在杭州刊行。1687年,法国巴黎出版来华传教23年的比利时耶稣会士柏应理等人用拉丁文翻译的《大学》、《中庸》、《论语》,书中附有《周易》六十四卦及含义的说明。17世纪末至18世纪初,德国哲学家、数学家莱布尼兹根据法国传教士白晋寄给他的《易经》,发现了六十四卦的二进制奥秘。1697年,白晋在巴黎发表演讲,推崇《周易》是完美的哲学。之后,传教士雷孝思用拉丁文翻译《周易》三卷本,在他去世百年之后的1834年和1839年出版。《周易》最早的英译本由英国传教士麦格基在上海翻译出版。《周易》最早的法译本由法国军官霍道生翻译,发表于《基梅博物馆年刊》第二期(1885年)和第二十三期(1893年)。德文版《周易》1924年出版,由著名心理学家卡尔·荣格作序。《周易》的其他译本有俄文、西班牙文、意大利文、荷兰文、丹麦文、南斯拉夫文等语种。《周易》所包含的古老的东方智慧,在世界各国引起愈来愈多的学者研究的兴趣。

推荐读物:

1. 金景芳、吕绍纲著:《周易全解》(长春:吉林大学出版社,1989年)。
2. 黄寿祺、张善文译注:《周易译注》(上海:上海古籍出版社,1989年)。
3. 李学勤著:《周易经传溯源:从考古学、文献学看〈周易〉》(长春:长春出版社,1992年)。
4. 詹鄞鑫著:《八卦与占筮破解:探索一种数术文化》(郑州:中州古籍出版社,1991年)。
5. 刘大钧著:《周易概论》(济南:齐鲁书社,1988年)。
6. 胡道静、戚文等著:《周易十讲》(香港:中华书局,1998年)。
7. 朱伯昆著:《易学哲学史》(北京:北京大学出版社,1986年)。

【第八章】《诗经》

《诗经》是中国文学史中的第一部诗歌总集，代表着中国诗歌最古老的成就。作为一部伟大的经典和长久以来的儿童启蒙教科书，它对中华民族几千年的思想、文化，都产生了非常深远的影响。

第一节　《诗经》概述

《诗经》的时代和性质

　　《诗经》收录了自西周初年至春秋中叶（约前11世纪—前6世纪）约500年间的305篇作品，另有6篇有目无辞的作品（被称为"笙诗"）。这部诗集本来只称《诗》或《诗三百》，后来被尊奉为儒家经典之一，因此称为《诗经》。

　　周代是四言诗的时代，《诗经》中的作品一般是四言一句，两字一拍，每句两拍。

　　《诗经》中的作品原来全是乐歌，是配乐歌唱的，一部分还配合着舞蹈。所以《墨子·公孟》说：

　　　　儒者诵诗三百，弦诗三百，歌诗三百，舞诗三百。

　　《左传》当中也记载了许多歌唱、表演《诗经》作品的场面。后来乐谱失传，歌词被保留下来，所以，我们今天所读到的《诗经》，实际上是一部歌词集。

风、雅、颂

　　《诗经》分"风"、"雅"、"颂"三类。"风"有包括不同地域的十五国风，计160篇；"雅"分大、小雅，大雅有31篇，小雅有74篇；"颂"分周颂、鲁颂、商颂，计40篇。

　　关于"风"、"雅"、"颂"的解释，历来争议很多。现在学术界趋向于从音乐曲调的不同加以解释："风"，指的是地方歌谣，所谓"国风"，就是指当时诸侯国的地方乐曲。除一部分产生于现在的陕西南部和湖北北部外，大部分都是北方中原地区、黄河流域的乐歌。其中大多数为民歌。"雅"与地方乐

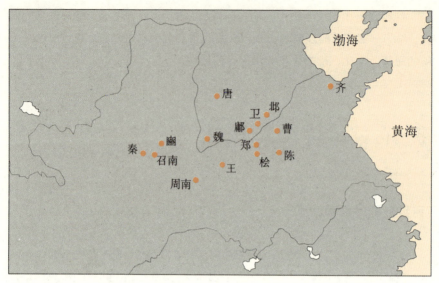

《诗经·国风》的十五国示意图

曲的"风"不同，指的是周天子建都的王城附近、周王朝直接统治地域的乐曲。其中较为传统的雅乐称"大雅"；受各地地方音乐影响的较新的雅歌，则称"小雅"。"颂"绝大部分是王廷宗庙祭祀祖先、祈祷神明的歌曲。古代宗庙祭祀是王廷的大典，通过颂歌和舞容来赞美王侯的功德，把他们的功业祭告于神明祖先。

《诗经》作为周代的一部乐歌集，其作品的产生年代大致可以确定。其中《周颂》被公认为是西周初期的古老乐歌；《大雅》次之，大部分产生于西周前半期；《小雅》又次之，大多是西周后期的作品，一部分迟至周都东迁；《国风》的大多数作品，以及《鲁颂》、《商颂》，一般认为产生于春秋前半期。

《诗经》的作者

《诗经》的作者绝大多数不可考，只有几篇在诗文里有确切的记载。根据作品的内容和形式，可以大致作如下判断：《国风》中的大部分民歌出自一般平民；"雅"诗多出于士大夫之手；至于祭神祭祖的"颂"，则可能是朝廷巫史乐官所作。总之，《诗经》不是一人一时一地的创作，而是约五百年间的创作总集。

《诗经》的编集

那么，这些无论在创作年代，或是在地域分布、作者身份上都相差极大的作品,何以又汇集在一起?关于《诗经》最初的编订,历来有"采诗"和"献诗"的说法。据说,上古有采诗的制度,国家派遣专门人员到民间采集诗歌,然后再上奏给帝王,使帝王了解各地的民情。所谓"献诗",则指公卿列士写诗献给天子,对天子歌功颂德,或对天子进行讽谏。学者推测,这些诗歌在会聚到朝廷之后,可能都经过整理和润色。

从《史记》开始,还有"孔子删诗"的说法,认为孔子从古代三千多篇诗中选了305篇,编成了现在的《诗经》。但后来多数学者都认为这种说法不可靠。学者认为孔子做的工作不是"删诗",而是"正乐",即对诗的乐调进行整理,使它们尽量恢复原来的样子。这就是孔子自己说的:"吾自卫返鲁,然后乐正,雅、颂各得其所。"(《论语·子罕》)

《诗经》在先秦的社会生活中的作用

在先秦,《诗经》在社会生活中的功用主要有两方面:一方面是在政治外交场合和社交场合用来表达自己的见解和愿望,另一方面是用作教育贵族子弟的教材。

《诗经》在春秋时代曾广泛用于政治外交事务、社会交往、典礼仪式等各种场合。外交使节或深谙礼文的人都经常"赋诗言志",即借用《诗经》作品中的句子来表达自己的见解和愿望。宾主双方点出现成的诗篇,叫乐工们演唱(也有自己诵唱的,但比较少见)。这种"赋诗"往往不管原作品原本的内容和意义,仅仅把赋诗者的观点和愿望寄托在诗中某几句之上,来作比喻或暗示,所以是一种"断章取义"。但这种"断章取义"在当时外交活动中却可以起一种重要而微妙的作用。如《左传》襄公二十六年记晋侯为了卫国一个叛臣的缘故,把卫侯囚押起来,齐侯和郑伯到晋国为卫侯说情。在宴会上晋侯先赋《假乐》(《大雅·假乐》),用其中"假乐君子,显显令德,宜民宜人,受禄于天"等话来表示对齐、郑两国国君的欢迎和赞颂。作为回答,齐国的国景子赋《蓼萧》(《小雅·蓼萧》),歌颂晋侯的恩泽,郑国的子展赋《缁衣》(《郑风·缁衣》),表示郑国不敢背晋。这是开头的客套。接下去进入正题。两位来访者表示晋君不宜为了卫国一个叛臣而扣押卫侯,晋侯就作了一番辩解,表示扣押卫侯还有别的理由。这时齐国的国景子就赋《辔之柔矣》(这是一篇逸诗),用驾驭马匹要用柔辔的比喻,劝晋侯对小国要宽大一些;郑国子展也赋《将仲子》(《郑风·将仲子》),其中有"人之多言,亦可畏也"的话,意思是你扣押卫侯尽管有你的理由,但人言可畏,在别人看来总是为了卫国一个叛臣的缘故。于

是晋侯就答应把卫侯释放。这个故事说明"赋诗"的作用。这在当时外交场合是一项重要的技能，掌握不好会吃苦头。如《左传》襄公十六年记载，有一次晋侯设宴招待诸侯，叫各国的大夫"赋诗"，其中齐国的高厚因"赋诗"不得体，使晋国的君臣大为恼怒，竟要联合与会的诸侯一同讨伐齐国。

到春秋后期，由于诗与乐开始分家以及新声逐渐代替古乐等等多种原因，"赋诗"的做法已不大流行，《诗经》在修身养性方面的作用就凸显出来。孔子和他开创的儒家学派就特别强调《诗经》在这方面的社会功用。孔子说："兴于《诗》，立于礼，成于乐。"（《论语·泰伯》）又对伯鱼说："女为《周南》、《召南》矣乎？人而不为《周南》、《召南》，其犹正墙面而立也与！"（《论语·阳货》）在孔子看来，一个人的修养，要从《诗》开始，要以乐来完成。一个人不学习《诗》，就无法在社会上行走。孔子又说："小子何莫学夫《诗》？《诗》，可以兴，可以观，可以群，可以怨，迩之事父，远之事君；多识于鸟兽草木之名。"（《论语·阳货》）孔子认为《诗》可以感发精神，可以使人了解社会政治风俗的盛衰得失，可以帮助人和人之间的交流和沟通，可以抒发人的内心情感。学习《诗》，可以有助于一个人更好地完成自己的社会责任（"事父"、"事君"）。另外，孔子认为，人们还可以从《诗经》中学到许多知识性的东西（"多识于鸟兽草木之名"）。

第二节　《诗经》中的历史叙事诗和怨刺诗

历史传说性质的诗歌

《诗经》中有一些历史叙事诗，反映了商、周早期历史中的一些重要事件。《商颂·玄鸟》叙述了商的始祖契诞生的传说，以及成汤立国为王的史实。还有散见于《大雅》中的一组作品——《生民》、《公刘》及《大雅·文王之什》中的《绵》、《皇矣》、《大明》等，分别记载了周部族发祥、创业过程中的重大事件，歌颂了他们沿着黄河流域开垦土地、建立家园的事迹。比如《生民》叙述了周始祖后稷神话般地诞生和发明农业、教民祭祀的传说。后稷的母亲踩了天帝的巨大脚印，便神奇地怀孕了，后来生下了一个婴儿——后稷。但是这孩子的出生太奇特了，令母亲十分困惑，她想丢弃他，但是这个婴儿生命力强大，而且有神秘力量的保护，无论是被弃置在小巷，还是树林之中、寒冰之上，都获得了救护：

> 诞寘之隘巷，牛羊腓字之；
>
> 诞寘之平林，会伐平林；
>
> 诞寘之寒冰，鸟覆翼之。
>
> 鸟乃去矣，后稷呱矣。
>
> 实覃实訏，厥声载路。

《大雅·生民》今译：把他抛弃在小巷里，牛羊保护、爱抚他。把他抛弃在树林里，刚巧有人来砍树。把他抛弃在寒冰上，鸟儿用翅膀遮蔽他。鸟儿后来飞走了，后稷呱呱地啼哭了；哭声又长又响亮，整条路上都听得见。

他刚会爬行，就会自己找食物，不久又会种庄稼，成为一个种植能手，培植的农作物非常茂盛。上帝又降赐给他各种优良品种，使得周氏族的农业生产兴旺发达。他率领周人安家于邰（今陕西武功县西），在那里奉祀上帝，上帝也特别保佑周族的生产和平安。

《毛诗注疏》 清乾隆四年（1739）校刊本

在《公刘》中，后稷的后代公刘率领周氏族离开了邰，去寻找更好的地方定居。拓荒者跋山涉水，终于找到了一个有水泉的高旷的地区，即渭水流域的豳（今陕西旬邑县西）。公刘率领大家于此开荒辟窑，建设家园。

《绵》叙述了公刘的后人、周文王的祖父古公亶父，为了躲避戎狄的侵扰，带领族众迁居于岐山之下的周原的史事，他们改变了原先居住窑洞的习惯，开始建筑房屋、寨堡和大门、神庙，初步建立了各种制度，并积极向外发展。

《皇矣》、《大明》这两首诗，分别讲述了周文王和周武王率领军队，打败敌国和殷商，建立周朝的功绩。

怨刺诗

《诗经》中，特别是《雅》中，有不少揭露和批判当时社会政治黑暗的诗歌。这些作品大多产生于西周中叶以后的衰乱时代。它们的作者往往是当时的贵族、朝廷的侍御之臣或其他中小官吏，生当衰世，对现实矛盾及种种时弊都有切身的感受，他们对掌权者的昏庸误国不满，对国家命运充满了忧虑，借着诗歌为媒介，对周王和一些大臣的恶政提出针砭，希望他们清醒过来，改善政治状况。

《小雅·十月之交》的作者由于西周末年发生的一场日食而写下了这首诗。在此之前不久，曾经相继发生过大地震、月食，古人认为，这些不寻常的现象是上天对政治失常所发出的警告。所以在诗的开头，作者就记下了日食的时间，并把天灾与政事联系起来，责备统治者不行善政，不用贤良。其中有这样一章诗：

烨烨震电，不宁不令。百川沸腾，山冢崒崩。
高岸为谷，深谷为陵。哀今之人，胡憯莫惩。

诗人描述了一连串怵目惊心的景象，他用自然界的巨大灾变来警告当政者，希望他们能用心执政，谨慎从事。

《小雅·正月》是一首婉转深沉、抒情性非常强的诗篇。作品也是从上天示警写起。西周、东周之际，诗人因看到天时失常和讹言流布而感到忧伤，诗中感叹自己的身世和遭遇，抒写诗人心中的悲愁哀伤，以"我心忧伤"统摄全篇。他慨叹今之人生在高天厚地之间，却得不到一个安身的处所，在险恶的政治环境中，不得不小心谨慎：

谓天盖高，不敢不局。谓地盖厚，不敢不蹐。
维号斯言，有伦有脊。哀今之人，胡为虺蜴？

诗人通过反复咏叹，使那种孤独、忧伤、委曲、失落的情绪渗透全诗，表现得十分强烈。这种深沉浓烈的情感虽是个人的，但与整体的政治环境密切相关，所以诗中虽然没有直接指斥社会政治的具体黑暗情形，也没有对时弊发表意见，却反映出了当时社会环境的压抑与诗人的怨愤。

在这些警戒劝谕色彩十分明显的诗中，作者忧时伤乱，直言不讳，具有强烈的现实批判精神。古代把这些作品称作"怨刺诗"。由于作者具有较高的文化素养，创作出许多篇幅较长的作品，在艺术上表现出较高的造诣，所以对后世文人的诗歌产生了很深的影响。

《国风》中也有一些讽刺时世的作品。与《雅》诗不同，这些出自下层社会的民歌，直率地反映了他们对统治者剥削人民、不劳而获的不满。如《魏风·伐檀》和《魏风·硕鼠》，就是其中非常有名的诗歌。

《小雅·十月之交》今译：耀眼的雷霆和闪电，说明了天下不安、政教不善。无数江河在沸腾，山峰碎裂崩塌。高高的崖岸变深谷，深深的峡谷变丘陵。可怜今天的人，为何不知自省？

《小雅·正月》今译：都说天多么高呀，可是不敢不弯下身子；都说地多么厚呀，可是不敢不小步行走。喊出这样的话来，确实是有道理的。可叹现在的人，为什么要像毒蛇蜥蜴那样害人！

第三节 《诗经》中描绘社会生活和爱情婚姻的诗歌

广阔的社会生活画面

在《诗经》中，许多诗篇对当时人们劳作、居家、战争、宴饮等多种多样的生活情景作了真实、生动的描绘，抒发了先民对于人生的真挚的感受，歌唱了他们的欢乐和悲哀。

例如《豳风·七月》，用朴素的语言，把一年四季的农家生活原原本本地唱出来，从冬到春，又从夏到秋，从田间操作、采桑、养蚕、纺织、缝衣、打猎、酿酒、营造、凿冰，一直到农夫衣、食、住等方面的悲苦生活，都作了精细的描绘。诗中还记载了当时的节令风俗。全诗有如一幅色彩绚烂的巨幅壁画，具有高度的文献价值。

《小雅·采薇》写一个长期征戍在外的士兵在还乡途中，追述军中的生活以及长期离家的悲苦。最后一段："昔我往矣，杨柳依依。今我来思，雨雪霏霏。行道迟迟，载渴载饥。我心伤悲，莫知我哀！"一直为后人所称赞和传诵。

《王风·黍离》是漂泊者的哀歌。他一腔愁苦，无可诉说，只好向着"苍天"呼喊：

> 彼黍离离，彼稷之苗。行迈靡靡，中心摇摇。
> 知我者，谓我心忧，不知我者，谓我何求。
> 悠悠苍天，此何人哉！
> 彼黍离离，彼稷之穗。行迈靡靡，中心如醉。
> 知我者，谓我心忧，不知我者，谓我何求。
> 悠悠苍天，此何人哉！
> 彼黍离离，彼稷之实。行迈靡靡，中心如噎。
> 知我者，谓我心忧，不知我者，谓我何求。
> 悠悠苍天，此何人哉！

《郑风·溱洧》描绘了春游踏青的美好风俗。据《太平御览》引《韩诗

《王风·黍离》今译：那黍子密密成行，那高粱长出了苗。在路上慢慢走着，心里忐忑不安。了解我的，会说我忧愁，不了解的，以为我找寻什么。茫茫苍天呀，是什么人弄成这样的呀！那黍子密密成行，那高粱扬花吐穗。在路上慢慢走着，心里像喝醉了酒。了解我的，会说我忧愁，不了解的，以为我找寻什么。茫茫苍天呀，是什么人弄成这样的呀！那黍子密密成行，那高粱结了籽粒。在路上慢慢走着，心里像透不过气。了解我的，会说我忧愁，不了解的，以为我找寻什么。茫茫苍天呀，是什么人弄成这样的呀！

内传》:"郑国之俗,三月上巳之日,于两水之上招魂续魄,拂除不祥。"这是一种民间风俗,这一天青年男女在溱水和洧水的岸边欢聚,互相赠送芍药花:

> 溱与洧,方涣涣兮。士与女,方秉蕑兮。女曰:"观乎?"士曰:"既且。""且往观乎!洧之外,洵讦且乐。"维士与女,伊其相谑,赠之以勺药。
>
> 溱与洧,浏其清矣。士与女,殷其盈矣。女曰:"观乎?"士曰:"既且。""且往观乎!洧之外,洵讦且乐。"维士与女,伊其将谑,赠之以勺药。

景色非常清丽,男女青年的对话又非常富有情味。这首诗把这一民俗的节日写得十分令人向往。后来王羲之的《兰亭集序》、杜甫的《丽人行》也都是写三月上巳节的节日情景和风光。

《诗经》的这些诗从各个方面呈现了周代先民的生活状貌,具有浓厚的生活气息、生活实感。因此,《诗经》不仅是后代诗歌创作的典范,也是后人认识远古生活的重要资料。

《豳风·七月》

七月流火,九月授衣。一之日觱发,二之日栗烈。无衣无褐,何以卒岁?三之日于耜,四之日举趾。同我妇子,馌彼南亩,田畯至喜。

七月流火,九月授衣。春日载阳,有鸣仓庚。女执懿筐,遵彼微行,爱求柔桑。春日迟迟,采蘩祁祁。女心伤悲,殆及公子同归。

七月流火,八月萑苇。蚕月条桑,取彼斧斨,以伐远扬。猗彼女桑。七月鸣鵙,八月载绩。载玄载黄,我朱孔阳,为公子裳。

四月秀葽,五月鸣蜩。八月其获,十月陨萚。一之日于貉,取彼狐狸,为公子裘。二之日其同,载缵武功。言私其豵,献豜于公。

五月斯螽动股,六月莎鸡振羽。七月在野,八月在宇,九月在户,十月蟋蟀入我床下。穹窒熏鼠,塞向墐户。嗟我妇子,曰为改岁,入此室处。

六月食郁及薁,七月亨葵及菽。八月剥枣,十月获稻,为此春酒,以介眉寿。七月食瓜,八月断壶,九月叔苴。采荼薪樗,食我农夫。

九月筑场圃,十月纳禾稼:黍、稷、重、穋、禾、麻、菽、麦。嗟我农夫,我稼既同,上入执宫功。昼尔于茅,宵尔索绹。亟其乘屋,其始播百谷。

二之日凿冰冲冲,三之日纳于凌阴。四之日其蚤,献羔祭韭。九月肃霜,十月涤场。朋酒斯飨,曰杀羔羊。跻彼公堂,称彼兕觥:"万寿无疆!"

《郑风·溱洧》今译: 溱水和洧水,涨得满满的。男男女女,都拿着兰草。女的说:"去看看吧?"男的说:"我去过了。""再去看看吧!洧水岸边,确实宽广又好玩。"男男女女,嘻嘻哈哈开玩笑,还互相赠送香芍药。溱水和洧水,清溜溜的。男男女女,挤得满满的。女的说:"去看看吧?"男的说:"我去过了。""再去看看吧!洧水岸边,确实宽广又好玩。"男男女女,嘻嘻哈哈开玩笑,还彼此赠送香芍药。

七月里火星向西移,九月分工制寒衣。十一月北风呼啸,十二月寒气凛冽。没有布衣和粗毛衣,怎样挨过这一年?正月里修耒耜,二月下田去。带着我的老婆孩子,送饭到南边的田里,田官来到田了很欢喜。

七月里火星向西移,九月里分工制寒衣。春天的日子暖洋洋,黄莺在歌唱。妇女拿着深深的竹筐,走在那边小路上,采摘那嫩桑。春天日子长悠悠,采白蒿的人儿一大群。姑娘们心里很悲伤,怕被公子哥儿强迫带回去。

七月里火星向西移,八月里割取芦苇。三月里修剪桑树,拿起那斧头,砍掉过长的枝干。拉下嫩枝好采桑。七月里来伯劳叫,八月要开始纺织了。布帛有黑又有黄,我染的红色最鲜艳,拿去给公子哥儿做表裳。

四月里远志开花,五月里知了叫。八月里收庄稼,十月里树叶飘。十一月去猎貉子,捉到狐狸剥下皮,给公子哥儿做皮衣。十二月大伙儿集合齐,继续打猎练武艺。猎得小兽归自己,猎得大兽要献给公爷。

五月里斯螽弹腿响,六月

以爱情、婚姻为题材的诗歌

《国风》中以爱情、婚姻为题材的诗歌特别受到了人们的喜爱。这些诗的内容丰富多彩：有写爱情中的追求和相思之情的；有写青年男女欢会和幽期密约的；有写恋爱中的波折的；有写婚姻不自由的痛苦和受到外来干涉时的强烈反抗情绪的；有写新婚时的快乐心情的；有写婚后融洽的家庭生活的；有写妇女被丈夫凌辱和抛弃的。如《邶风·静女》，写一个钟情的小伙子在城角与他的女友约会，可是活泼的女孩调皮地藏了起来，急得他团团转：

> 静女其姝，俟我于城隅。爱而不见，搔首踟蹰。
> 静女其娈，贻我彤管。彤管有炜，说怿女美。
> 自牧归荑，洵美且异。匪女之为美，美人之贻。

一根"彤管"、一棵嫩茅草，因为这是心爱的姑娘送的，所以小伙子看得格外珍贵。对平凡小物的喜爱，乃是源自对姑娘的一片深爱和挚情。

《秦风·蒹葭》则表现了对意中人可望而不可及的痛苦相思：

> 蒹葭苍苍，白露为霜。所谓伊人，在水一方。溯洄从之，道阻且长；溯游从之，宛在水中央。
> 蒹葭萋萋，白露未晞。所谓伊人，在水之湄。溯洄从之，道阻且跻；溯游从之，宛在水中坻。
> 蒹葭采采，白露未已。所谓伊人，在水之涘。溯洄从之，道阻且右；溯游从之，宛在水中沚。

在水乡清秋的早晨，诗人感觉到一片迷茫，他苦苦追求的"伊人"就在不远处，但又难以接近。苍茫的芦苇、清晨的霜露，作品每章开头不断重复的这种起兴以及对曲折的河流、水中的小洲等景物的描写，烘托出一种惆怅的气氛和凄婉的情调，与主人公内心的叹息和谐地融合在一起。

《卫风·氓》是一首带有叙事性质的较长的诗篇，叙述了一个女子在与一个主动追求她的男子相爱成婚之后，任劳任怨操持家务，但男子变了心，最后她竟遭到了遗弃。诗的前两章写那男子追求她及结婚的过程：

> 氓之蚩蚩，抱布贸丝。匪来贸丝，来即我谋。送子涉淇，至于顿丘。匪我愆期，子无良媒。将子无怒，秋以为期。
> 乘彼垝垣，以望复关。不见复关，泣涕涟涟。既见复关，载笑载言。尔

卜尔筮，体无咎言，以尔车来，以我贿迁。

两情相悦，占卜吉祥，秋天的时候，这位多情的女子便带着嫁妆，嫁给了那个想要娶她的看起来憨厚的男子。但是美好的开始并未保证他们爱情欢乐的永恒：

桑之未落，其叶沃若。于嗟鸠兮，无食桑葚！于嗟女兮，无与士耽！士之耽兮，犹可说也；女之耽兮，不可说也！

这是她发自内心深处的慨叹。面对婚后家庭生活的这一重大变故，她感情复杂，心中充满了痛悔。她谴责了他丈夫的负心，表示了决绝的态度。

《诗经》中反映爱情、婚姻生活的诗歌大都十分纯朴、热烈、率真、健康，既没有浮艳的色彩、绮靡的情调，也不故作矜持、正经，而是从字里行间，自然地流露出一种高尚、优美的感情，具有一种纯正的风韵。例如《诗经》的第一篇作品《周南·关雎》：

关关雎鸠，在河之洲。窈窕淑女，君子好逑。
参差荇菜，左右流之。窈窕淑女，寤寐求之。
求之不得，寤寐思服。悠哉悠哉，辗转反侧。
参差荇菜，左右采之。窈窕淑女，琴瑟友之。
参差荇菜，左右芼之。窈窕淑女，钟鼓乐之。

作品以河洲上雎鸠鸟的相互应和起兴，表现了一位青年男子对所爱恋的姑娘思念的痛苦和想象中他俩婚后生活的和谐与愉悦，真切动人。它写相思不只是一味的缠绵，写欢乐又没有轻薄的词意，所以孔子赞美说："《关雎》，乐而不淫，哀而不伤。"

第四节 《诗经》的艺术特色

《诗经》中的民歌，是民众从心底发出的声音，具有特别浓厚的乡土气息和生活情味，并且有着很高的艺术成就。

一边。逆流而上去寻访她，路儿崎岖又漫长。顺流而下去寻访她，瞧她像在水中央。
芦苇一片青苍，露珠还没有干。我想念的人儿，在河边水草地。逆流而上去寻访她，路儿崎岖又险阻。顺流而下去寻访她，瞧她像在小岛上。
芦苇一片苍黄，露水还未干透。我想念的人儿，就在河岸旁。逆流而上去寻访她，路儿崎岖又曲折。顺流而下去寻访她，瞧她像在沙洲上。

《卫风·氓》今译：那个人一脸笑嘻嘻，拿着布匹来换丝。他哪儿真是来买丝，是来找我谈婚事。我送你渡过淇水，一直送到了顿丘。并非我故意误住期，是你没有找到好媒人。请你不要再生气，就订下秋天作婚期吧。
爬上那堵破墙头，向复关望了又望。不见复关那人来，忍不住眼泪涟涟。见到复关那人来，说说笑笑没个完。你占卜，你算卦，卦辞没有不吉利的话。打发你的车子来，把我连人带物一起搬。

今译：桑树未落叶，叶子绿油油。唉，斑鸠呀，可不要贪吃桑葚！唉，姑娘们呀，可不要对男子过分迷恋！男人陷进情网里，还有办法可摆脱；女人陷进情网里，永远也摆脱不开！

《周南·关雎》今译：关关叫着的雎鸠，在那河中的沙洲。美丽善良的姑娘，是君子的好配偶。
参差不齐的荇菜，左一把右一把去捞取它。美丽善良的姑娘，醒着睡着都追

赋、比、兴

在艺术表现上，古人把《诗经》所运用的方法归纳为"赋"、"比"、"兴"，与前述的"风"、"雅"、"颂"合称"六义"，它们在民歌作品中有很好的体现。由于《诗经》长期以来的经典地位，"赋"、"比"、"兴"对后世文人的创作活动产生了深刻的影响。关于"赋"、"比"、"兴"的解释，历来争议很多，比较起来，宋人李仲蒙的解释最接近于"赋"、"比"、"兴"的美学本义。李仲蒙说："叙物以言情，谓之'赋'，情物尽者也；索物以托情，谓之'比'，情附物者也；触物以起情，谓之'兴'，物动情者也。"（据胡寅《斐然集》卷18《致李叔易书》）这一解释，着眼于诗歌中形象和情意互相引发、互相结合的不同关系。"叙物以言情"，指出"赋"是一种即物即心的直接抒写。"索物以托情"，指出"比"是一种心在物先的有意的喻托。"触物以起情"，指出"兴"是一种物在心先的自然的感发。"赋"、"比"、"兴"三者有共同的地方，就是都注重形象的表达，都注重形象对读者的感发的作用。"赋"是铺陈，如前面提到的《豳风·七月》，把一年的农事生活一一铺叙出来，同时也传达了歌者心中的悲苦之情。"比"是比喻，如《硕鼠》用老鼠来比喻统治阶级的可憎可鄙，《氓》用桑树由繁茂到凋落比喻夫妻间感情由盛而衰的变化。"兴"的基本含义是借助其他事物来作为诗歌的开头，其作用只是为了引起下文，因此它与下面的诗句可以没有直接的意义上的联系。不过，一些好的起兴往往与诗的内容相关联，对全诗起着比喻、联想、烘托和渲染气氛的作用，如《小雅·鸿雁》：

> 鸿雁于飞，肃肃其羽。之子于征，劬劳于野。
> 爰及矜人，哀此鳏寡！
> 鸿雁于飞，集于中泽。之子于垣，百堵皆作。
> 虽则劬劳，其究安宅？
> 鸿雁于飞，哀鸣嗷嗷。维此哲人，谓我劬劳；
> 维彼愚人，谓我宣骄。

这首诗用"鸿雁"起兴，写民众劳役之苦。这里鸿雁之劳与劳役之苦有意义上的联系。所以后人就用"哀鸿遍野"来形容老百姓流离失所的悲苦遭遇。

情景交融

《诗经》的诗歌里常常写到自然景物，男女主人公的活动场所往往就在郊

野、城隅、河边、山旁、林中、田间，而这些他们所熟悉的农村景物，在诗中不仅是他们的活动背景，又生动地映衬和烘托了他们的情感，从而造成了情景交融的艺术效果。《王风·君子于役》写一位妇女在黄昏时分，看见眼前牛羊等禽畜归来栖息的景象，触景生情，不禁思念起在外服役、不知归期的丈夫：

> 君子于役，不知其期。曷至哉？鸡栖于埘。日之夕矣，羊牛下来。君子于役，如之何勿思？
>
> 君子于役，不日不月。曷其有佸？鸡栖于桀。日之夕矣，羊牛下括。君子于役，苟无饥渴！

黄昏农村的日常生活景象，突现女主人公悲伤的心情，"鸡栖于埘，日之夕矣，羊牛下来"三句纯是写景，但却包蕴着极深的情感。黄昏是家家户户开始团聚的时候，连牛羊、家禽也都回舍安息，而一个思妇在这时就愈显得寂寞、孤独。

*《王风·君子于役》今译：*丈夫出外服役，不知期限多长。什么时候才回来呢？鸡儿进了窠，太阳落山了，牛羊从高处下来。丈夫去服役，叫我怎能不想他！
丈夫出外服役，已不知去了多久。什么时候才能聚首？鸡儿歇在木桩上，太阳落山了，高处牛羊都回来。丈夫去服役，但愿他不致挨饥渴！

音韵之美

《诗经》中的作品原来都是乐歌，所以非常注重节奏感和音乐性。《诗经》的一个特点就是许多作品都采用回环复沓的形式。如前面引过的《秦风·蒹葭》，三章词句基本相同，反复咏唱，只对应地变换少数几个字。这种结构，重叠中有变化，变化中又有重叠，使主题突出，把内心的情意表达得淋漓尽致，给人以深刻的印象，同时又便于记忆和传诵。又如《周南·芣苢》：

> 采采芣苢，薄言采之。采采芣苢，薄言有之。
> 采采芣苢，薄言掇之。采采芣苢，薄言捋之。
> 采采芣苢，薄言袺之。采采芣苢，薄言襭之！

这是一首妇女所唱的劳动歌曲，轻快活泼，节奏分明，全诗三章，只换了六个字。它就像一首回旋曲，语句非常简单，但从鲜明的节奏中传达出浓郁的诗意。清人方玉润说："读者试平心静气，涵泳此诗，恍听田家妇女，三三五五，于平原绣野、风和日丽中群歌互答，余音袅袅，若远若近，忽断忽续，不知其情之何以移而神之何以旷。"（《诗经原始》）

《诗经》语言上还有一个特点是大量使用叠字、叠句和双声、叠韵词。叠字大多用来状物拟声，如"关关"写鸟鸣、"杲杲"写日出、"夭夭"写桃枝，

*《周南·芣苢》今译：*采呀采呀采芣苢，把它采下来。采呀采呀采芣苢，把它摘下来。
采呀采呀采芣苢，把它捡起来。采呀采呀采芣苢，一把捋下来。
采呀采呀采芣苢，提着衣襟兜起来。采呀采呀采芣苢，掖着衣襟载起来！

《陈风·月出》今译：月儿一出明晃晃呀，美人儿长得真俊俏呀。慢慢走来，身材多窈窕呀，害得我心头突突跳呀。

月儿一出光灿灿呀，美人儿长得真漂亮呀。慢慢走来，身段多苗条呀，害得我心头痒骚骚呀。

月儿一出银光照呀，美人儿全身放光彩呀。慢慢走来，体态多娇娆呀，害得我心头似火烧呀。

"灼灼"写桃花，"洋洋"写河水，"发发"写鱼跃，"喈喈"写黄鸟，"喓喓"写草虫，"蚩蚩"写笑貌，"令令"写犬铃，"坎坎"写伐木，"依依"写杨柳，"霏霏"写下雪等等。双声词如"参差"、"倾筐"、"玄黄"、"踟蹰"等等，叠韵词如"窈窕"、"辗转"、"崔嵬"、"虺隤"等等，都是为了增加诗歌的音乐性。

清人李重华说："叠韵如两玉相扣，取其铿锵；双声如贯珠相联，取其婉转。"（《贞一斋诗话》）如《陈风·月出》：

月出皎兮，佼人僚兮。舒窈纠兮，劳心悄兮。

月出皓兮，佼人懰兮。舒忧受兮，劳心慅兮。

月出照兮，佼人燎兮。舒夭绍兮，劳心惨兮。

这是一首双声叠韵诗。形容月色的皎、皓、照，形容容貌的僚、懰、燎，形容体态的窈纠、忧受、夭绍，都是声母或韵母相同的字，而且三章一韵，使全诗富有音韵之美。

（本章中所引《诗经》原文取自孔颖达疏《毛诗正义》，上海古籍出版社1990年出版。今译取自周锡韨《诗经选》，三联书店（香港）有限公司1998年出版。）

推荐读物：

1. 毛亨传，郑玄笺，孔颖达正义：《毛诗正义》（台北：艺文印书馆印南昌府学刊十三经注疏本）。
2. 朱熹著：《诗集传》（台北：艺文印书馆影印日本静嘉文库藏宋本）。
3. 金开诚著：《诗经》（北京：中华书局，1963年）。
4. 周满江著：《诗经》（上海：上海古籍出版社，1980年）。
5. 人民文学出版社编辑部编：《诗经鉴赏集》（北京：人民文学出版社，1986年）。
6. 糜文开、裴普贤著：《诗经欣赏与研究》（改编版）（台北：三民书局，1987年）。
7. 程俊英、蒋见元著：《诗经注析》（北京：中华书局，1991年）。
8. 向熹编：《诗经词典》（修订本）（成都：四川人民出版社，1997年）。
9. 沈泽宜译注：《诗经新解》（上海：学林出版社，2000年）。
10. 周锡韨选注：《诗经选》（香港：三联书店，1998年）。

【第九章】 楚辞

战国后期,继《诗经》之后,在南方的楚国,产生了一种新的诗歌形式——楚辞。它的代表作家屈原,是中国历史上第一位伟大诗人。

第一节 | 楚文化与楚辞

什么是楚辞

"楚辞"一词最初见于西汉武帝时,《史记·酷吏列传》称:"(朱)买臣以'楚辞'与助俱幸,侍中,为太中大夫,用事。"这里的"楚辞"当是指以屈原为代表的楚人的作品。到了汉成帝的时候,刘向整理古籍,把屈原、宋玉的作品和汉代人仿写的作品汇编成集,定名为《楚辞》。所以,"楚辞"既是一种诗歌形式的名称,也是一部诗歌总集的名称。

"楚辞"在汉代又被称作"赋",这是因为汉赋是直接受"楚辞"的影响发展起来的文体,所以汉代在习惯上就把屈、宋之辞与枚乘、司马相如之赋等同起来。其实,楚辞是诗歌,汉赋是押韵的散文,它们在句法形式、结构组织和押韵规律上都是不同的。后来又有人以《离骚》代表《楚辞》而把楚辞称之为"骚",所谓"骚体"就是指楚辞体。

巫鬼祭祀之风对楚辞的影响

楚兴起于江汉流域,殷商时已与北方政权发生联系,楚人的先祖熊鬻曾"子事文王",熊绎被成王封于楚。春秋时,楚国迅速发展,成为可以和中原各国抗衡的力量。楚国地域广大,川泽山林遍布,物产十分富饶,地理环境非常优越。在长期相对独立的发展过程中,楚

《楚辞集注》南宋嘉定六年(1213)章贡郡斋刊本

国逐渐形成了自己鲜明的文化特色。楚国不但在政治军事上和周朝相抗衡，而且在文化上也与周朝保持距离。据《史记·楚世家》记载，楚国两代国君（熊渠，熊通）都对周人说"我蛮夷也"。这说明楚国国君十分强调自己与周朝在文化上的差异。

楚国境内有许多土著民族，他们身处深山大林，"信巫鬼，重淫祀"《后汉书·地理志》。王逸《楚辞章句》说："昔楚国南郢之邑，沅、湘之间，其俗信鬼而好祠。其祠，必作歌乐鼓舞以乐诸神。"土著民族的这种巫鬼信仰和歌舞祭仪为楚文化所吸收。这是楚文化区别于中原文化的重要特征。楚国国君对这种巫鬼祭祀之风起了推波助澜的作用。《新论·言体论》记载："楚灵王骄逸轻下，简贤务鬼，信巫祝之道，斋戒洁鲜，以祀上帝，礼群神，躬执羽绂，起舞坛前。"《汉书·郊祀志》记载："楚怀王隆祭祀，事鬼神，欲以获福助，却秦师。"

楚国这种浓郁的巫鬼祭祀之风，对楚辞的创作有极深的影响。屈原担任左徒的官职。据学者考证，左徒即莫敖，而莫敖在氏族社会可能是宗教酋长，兼识天文历史，有点类似祭司长的职务，是巫与史合一的人物。因此屈原对楚国的远古氏族文化和巫术文化必然十分熟悉。从屈原的作品来看，也和巫鬼祭祀有着深刻的联系，正如有学者指出："屈原采取楚地之声调，将民间祭歌加工、修润成《九歌》，又由《九歌》演变成《离骚》、《天问》等宏篇巨制。"（聂石樵《先秦两汉文学史稿》）下面我们介绍这些作品时将会作简要的说明。

楚歌、楚声对楚辞的影响

宋人黄伯思说："屈宋诸骚，皆书楚语，作楚声，纪楚地，名楚物，故可谓之《楚辞》。若些、只、羌、谇、蹇、纷、侘傺者，楚语也。顿挫悲壮，或韵或否者，楚声也。"《东观余论·翼骚序》

楚国的民歌对楚辞影响极深。这些楚国早期的民间文学在一些古籍中有所记载，如《孟子·离娄上》中的《孺子歌》和《说苑·善说》中的《越人歌》，都可以说是楚辞体的先导。《越人歌》写道：

今夕何夕兮搴舟中流。
今日何日兮得与王子同舟。
蒙羞被好兮不訾诟耻。
心几烦而不绝兮得知王子。

山有木兮木有枝，心悦君兮君不知。

南方民歌中这种每隔一句的末尾用一个语助词"兮"的写法，后来成了楚辞形式上的重要特征。

影响楚辞的还有楚国的地方音乐，即楚声。春秋时期楚国乐官钟仪被晋国俘虏，他所奏出的音乐被晋国人称为"南音"。战国时楚国地方音乐更为发达，其特有的歌曲如《涉江》、《采菱》、《劳商》、《薤露》、《阳春》、《白雪》等，均见于楚辞。《楚辞》的许多诗篇中都有"乱"辞或者"倡"和"少歌"，它们都是乐曲的组成部分，这也是楚声留下的痕迹。

楚国有它独特的方言，这些方言在楚辞中被大量地运用，如"扈"、"汨"、"凭"、"羌"、"侘傺"、"婵媛"等等。它们也同样构成了楚辞浓重的地方色彩。

第二节 | 屈原

屈原的生平

屈原（前340？—前278），名平，字原，出身于楚国贵族，与楚王同姓。他博闻强记，明于治乱，善于外交辞令。在楚怀王早年，他曾得到信任，担任"左徒"之职，对内同楚王商议国事，发布命令；对外接待宾客，应对诸侯。后来怀王听信谗言，疏远屈原，甚至一度把他流放到汉北。由于屈原被疏远，小人得势，楚国政治日趋腐败。秦惠王见有隙可乘，就派张仪到楚国挑拨楚齐关系。张仪假意许诺把秦之商於之地六百里割让给楚，使其与齐绝交。怀王贪得土地而与齐绝交后，却并没有得到土地，于是大怒而发兵攻秦，结果丧师失地。怀王只得重新起用屈原，让他使齐，恢复两国邦交。然而怀王终是昏君，屡受秦国欺骗而不悟，终于被骗往秦国而不得返回，三年后死于秦国。

顷襄王继位，以弟子兰为令尹。子兰谮毁屈原，屈原又被流放到江南。他在长期的流放生涯中无时无刻不在忧心国事，由此写下了许多不朽的诗篇。楚国在腐朽没落的统治集团手里江河日下，倾颓之势已不可挽回。屈原眼见国家沦亡、人民遭难，悲愤绝望达到了极点，终于自投汨罗江而死。

"乱"，本为乐章节奏之专用术语，指乐终之合奏，用于乐章文词，则是将全篇大义作一简要概括，同时稍变其句法、节奏，以增强结尾高潮的效果。

"少歌" 旧释为短歌、小歌或唱词中的一节。最早可能是舞蹈时唱的歌，后与舞蹈分离，可以独立歌咏。一般在一个曲调重复十次之后，用一个"少歌"作小结（"乱"是最后大总结）。

"倡"，同唱。是在前半曲用"少歌"作小结后，插入一个小小的过渡段落，以引起下半曲。这个小过渡段落叫"倡"。

屈原的作品

《汉书·艺文志》说屈原的作品有25篇，但没明列出具体篇名。王逸的《楚辞章句》标明是屈原作品的有《离骚》、《九歌》（11篇）、《天问》、《九章》（9篇）、《远游》、《卜居》、《渔父》，合于25篇之数。另有《招魂》一篇，司马迁认为是屈原所作，而王逸却说是宋玉之作。后人对此也争论纷纷。现今很多学者的看法是《卜居》、《渔父》两篇非屈原所作，而《招魂》则是屈原的作品。另外，对于《远游》是否屈原所作，也有两种相反的意见。

第三节 《离骚》

《离骚》是屈原的代表作，共373句，2490字，是中国古典文学中最长的抒情诗。

《离骚》篇名的含义就是"离忧"（司马迁《史记·屈原贾生列传》）、"遭忧"（班固《离骚赞序》）的意思，它很可能是诗人被怀王疏远或者被流放期间的作品。当时的楚国已经濒临危亡，而诗人自身又被放逐、救国无路。他抚今追昔，忧愁激愤，于是把自己坚持奋斗而难以实现理想的沉痛感情，熔成了这篇激动人心的诗歌。由于诗中抒写了诗人的身世、思想和遭遇，所以也可以把它当作诗人的自叙传来看。

前一部分是诗人对以往历史的回溯。他先是介绍了自己的世系、出生和德才兼备的素质，然后回顾了自己辅助楚王进行政治改革的斗争和受谗被疏的遭遇。诗人从早年起就努力自修、锻炼品质和才能，立志要为楚王担当起"道夫先路"的任务。但他争取改革、实行"美政"的努力却触犯了贵族集团的利益，招来了他们的围攻和迫害。最后不但他自己被放逐，连他苦心培植的人才也变质了。诗人痛恨贵族群小，斥责他们"竞进以贪婪"、"兴心而嫉妒"、"偭规矩而改错"、"背绳墨以追曲"。指出他们狗苟蝇营，把国家推向危亡的绝境：

惟夫党人之偷乐兮，路幽昧以险隘。

今译：想起了那些谗佞党人的苟且偷安，道路险恶、狭隘，一片黑暗。

他怨恨楚王不辨忠邪：

荃不察余之中情兮，反信谗而齌怒。

> 今译：呵荃呵！不审察我的全心全意，反听信谗言而大为生气。

他直言指责楚王反复无常：

初既与余成言兮，后悔遁而有他。
余既不难夫离别兮，伤灵修之数化。

> 今译：最初同我说定了的言语，后来悔呵！变呵！有了别样玩意！我本不难于同你别离，但我伤心你灵修呵屡屡地改变情意。

对人才的变质，他也深深地叹息：

虽萎绝其亦何伤兮，哀众芳之芜秽！

> 今译：虽把我自己弄病倒了，又有什么关系呢？我最哀痛的是这些众芳枯萎污秽！

尽管遭受了重重的打击和失望，他却不改初衷：

亦余心之所善兮，虽九死其犹未悔。

> 今译：这是我心中认为美善的事呵，便是九死我仍然一点也不懊悔。

他宁肯遭受迫害也决不屈服：

宁溘死以流亡兮，余不忍为此态也！

> 今译：我宁肯悠悠忽忽死了随水流去，我决不忍心学世俗这些样子。

《离骚》的后一部分是描写前途漫长而辽远，诗人要借落日的余晖上下四方寻觅求索：

路漫漫其修远兮，吾将上下而求索。

> 今译：道路是这样的漫长呵，我将上上下下去追求探索。

诗人既然已被排斥在现实的政治生活之外，那么他究竟该选择什么样的道路呢？是回车复路，退隐独善呢，还是听从女媭的劝告，随俗从流？诗人对自己的过去进行了反省，打消了消极逃避的念头。诗人又打算再度争取楚王的信任，然而都失败了。接着诗人又去找灵氛占卜，巫咸降神，请他们指示出路。灵氛劝他去国远游，另寻施展抱负的处所；巫咸则劝他暂留楚国，等待时机。屈原感到时不待人，便决心出走，而当他升腾远游之时，却又看到了故乡的大地：

陟升皇之赫戏兮，忽临睨夫旧乡。
仆夫悲余马怀兮，蜷局顾而不行。

> 今译：等到升起来的阳光，照得四处光亮，我忽然看见了故乡。我的仆人悲痛，马也在怀想，都拳脚拳手的，看着不肯前行。

对故国的怀恋终于战胜了其他一切感情，他最终还是留了下来，决心以生命殉自己的理想：

既莫足与为美政兮，吾将从彭咸之所居。

> 今译：既然无人能一同修美政治，我只好跟着古贤彭咸去到他住的地方。

《离骚》通过诗人一生不懈的斗争和以生命殉自己的理想的坚贞行动，表现了诗人追求崇高理想和为实现这个理想而努力探索的高尚品格；表现了他憎恶一切黑暗丑恶事物的战斗精神；表现了他与国家同休戚、共存亡的深挚的爱国感情。

《离骚》在艺术方面的成就也是十分突出的。首先，它大量地采用了浪漫主义的表现手法，成为中国文学浪漫主义的直接源头。《离骚》塑造了一个光辉的抒情主人公的形象：

朝饮木兰之坠露兮，夕餐秋菊之落英……
制芰荷以为衣兮，集芙蓉以为裳。

今译：我早晨喝木兰上欲坠的浓露，晚间我又吃秋菊初生的花朵……收拾芰荷做我的绿衣，采集芙蓉做我的朱裳。

不但有内美，而且有"修能"，为国家竭忠尽智，百折不回。而神游一段，更是浪漫主义手法的集中体现。那飞腾的想象，绮丽的境界，壮美的场面，绚烂的文采，都堪称典范。

《离骚》还大量地运用了比喻和象征的手法。《离骚》中有一个由众多香草组成的意象世界。这种香草的形象来源于巫术仪式。《离骚》中香草共有18种：江蓠、芷、兰、莽、椒、菌、桂、蕙、茝（同芷）、荃、留夷、揭车、杜衡、菊、薛荔、胡绳、芰、荷、芙蓉。《九歌》中出现的香草16种，其中11种与《离骚》中的香草相同。《九歌·东皇太一》曾描绘过祭祀歌舞的场面：女巫们一面准备好用蕙、兰、桂、椒制作的祭品，一面手执香草歌舞，目的是为了使神灵体会到快乐的气氛。《离骚》中的主人公的衣冠也用香草装饰。《离骚》还多处描写采集、互赠香草。这样一个香草的意象世界，对于熟悉巫术文化传统的人来说，不仅有着"善"和"美"的价值含义，而且暗示一个圣洁、神秘的超现实世界，使人为之激动和着迷。所以《离骚》的这种香草象征，和巫鬼祭祀文化有联系，与《诗经》的比兴手法在性质上是有区别的。

比喻和象征的手法：
例子1：
瑶席兮玉瑱，盍将把兮琼芳。蕙肴蒸兮兰藉，奠桂酒兮椒浆。
今译：（堂上的陈设啊！）瑞玉的瑱主放在瑶席的垫席上，将那些如美玉般的芬芳之物摆得满堂。斋供的蕙肴以芳兰为垫，斟在杯中的是桂花酒，放在尊中的是芳椒醴酱。

例子2：
扬枹兮拊鼓，疏缓节兮安歌，陈竽瑟兮浩倡。
今译：举起了鼓桴敲得鼓声响，堂下疏朗的鼓声缓缓地在响，堂上舞者的歌悠扬地在唱，竽瑟钟磬等也一齐大合奏，其声洋洋。

例子3：
灵偃蹇兮姣服，芳菲菲兮满堂。五音纷兮繁会，君欣欣兮乐康。
今译：灵巫啊，夭矫得很，穿得真漂亮。芳芬之气散满了整个厅堂，五音大作，复杂而调畅，东君高兴的样子啊，快乐而安康！

《离骚》虽是抒情诗，却夹有不少叙事和议论的成分，结构庞大而谨严，线索也十分清晰。屈原一面采用民歌的形式，一面又吸收了散文的笔法，把诗句加长，构成巨篇，既有利于包纳丰富的内容，又有力地表现了奔腾澎湃的感情。《离骚》的句式以六言、七言为主，间或有少至三言、多至十言的句子。通篇分上下句，上句句尾用"兮"字。在大多数句子开头都冠上一个单音词，虚字的运用也十分灵活。《离骚》隔句用韵，每四句一换韵，节奏和谐优美。诗中除了诗人的内心独白以外，还设为主客问答，又有大段的铺排描写，对后来的辞赋有很大影响。

第四节　《九歌》、《九章》、《天问》与《招魂》

《九歌》

《九歌》是屈原在民间祭神乐歌的基础上改写而成的一组抒情诗。传说《九歌》是夏启时的乐曲。屈原的作品沿用了这个名称。所以《九歌》也并不限于九篇，而是有十一篇。其中最后一篇《礼魂》是送神之曲，为各篇所通用，其余每篇各主祀一神。《东皇太一》写天神，《东君》写日神，《云中君》写云神，《湘君》与《湘夫人》写湘水配偶神，《大司命》写主寿命之神，《少司命》写主子嗣之神，《河伯》写河神，《山鬼》写山神，《国殇》写为国阵亡者之神。

《九歌》的基调是赞美神明，但其内容却颇多恋情的描写。无论是神与神或神与人之间的恋爱，都洋溢着人世间的生活气息。《湘君》、《湘夫人》、《山鬼》三篇就是十分优秀的恋歌。湘君、湘夫人是一对配偶神，山鬼是一位女山神。他们也都像凡人一样渴望着幸福的爱情，他们的感情也像凡人一样强烈而真挚。当满怀希望时，相思不尽，缠绵悱恻；而当爱人未来时，又忧愁失望，怨恨猜疑。在这些篇章里，屈原把神人格化，从而缩小了神与人的感情距离。《九歌》中的多数诗篇韵味隽永，语言精美，善于把周围景物、环境气氛、人物容貌动作的描绘和内心感情的抒写十分完美地统一起来。如《湘夫人》：

　　帝子降兮北渚，目眇眇兮愁予。
　　袅袅兮秋风，洞庭波兮木叶下。

今译：帝尧女公子降临到了北岸水边，一双眼睛呵，一瞬一瞬的愁思淹淹。这时呵，秋风吹个不停，洞庭的水儿起了浪，树上的叶子向地飞旋。

河伯出行画像砖拓本　汉

《山鬼》：

> 雷填填兮雨冥冥，猿啾啾兮又（按：又作"狖"）夜鸣。
> 风飒飒兮木萧萧，思公子兮徒离忧。

今译：雷声正填填地响，小雨正濛濛地飘，夜里的猨猱啾啾地嚎。寒风辣辣地吹，树叶萧萧地掉，思念公子呵，我白白地为你忧劳。

诗人用朴素自然的语言，把凄婉缠绵之情融入苍茫凄迷之景，形成了清丽优美的意象，感人至深。

《九歌》中有一首诗风格比较独特，那就是《国殇》。它是一首哀悼为国牺牲的将士的挽歌，激越雄浑，慷慨悲壮。全诗生动地描写了战斗的经过，热烈赞扬了楚国将士勇武不屈、视死如归的精神，令人感动奋发。

《九章》

《九章》是九篇作品的总名，当是西汉刘向编辑《楚辞》时所加。这九篇作品并非一时一地之作，学者认为，《惜诵》写得最早，是作者被谗见疏以后所作。《抽思》是怀王时作者流放汉北期间所作，故诗中有"有鸟自南兮，来集汉北"之句。其余七篇都是屈原在顷襄王时被流放江南所作。其中《哀郢》为顷襄王二十一年（前278）郢都被秦攻破后作，诗人久放的痛苦和对国家危亡的忧虑，在这首诗中得到异常深刻的反映。《涉江》中的地名和时令紧承《哀郢》而来，是诗人溯江北上，入于湖湘以后所作。《橘颂》中有"生南国兮"一语，可能也是诗人在江南途中所作。《怀沙》、《悲回风》二篇写作的具体时间尚不能确定，但作于流放期间则应该是没有疑问的。

《九章》都是政治抒情诗，思想内容和艺术风貌都与《离骚》有一致之处。除《橘颂》是以咏物的形式写照自己的高尚人格外，其余各篇都是结合流放中的境遇来写的，在字里行间，都深刻地表现了诗人强烈的爱国感情。如《抽思》中写道：

> 望孟夏之短夜兮，何晦明之若岁！
> 惟伤路之辽远兮，魂一夕而九逝。
> 曾不知路之曲直兮，南指月与列星。
> 愿径逝而未得兮，魂识路之营营。

今译：看看孟夏，本来是短夜呵！何以从夜到明好似年岁一样长。郢路虽然辽远呵，我的梦魂一夜却奔驰了九趟。但我连路曲直都不知道，我只得用月与列星来作我南向的指标。我愿意一直去，然而也不可能，我的灵魂失了路，只是乱跑一通。

诗人被流放汉北，却一刻也未中断对郢都的怀念。他夜不能寐，仰望星空，梦萦故都，思念是那样的深挚。郢都被敌人攻破后，诗人在《哀郢》中写道：

> 曼余目以流观兮，冀一反之何时！

> 鸟飞反故乡兮，狐死必首丘。
> 信非吾罪而弃逐兮，何日夜而忘之！

今译：放开我的眼睛四方看看呵，我希望一返故国究在何时？鸟还要回它的故乡呢，狐狸也必然靠着一个山丘才肯死。确确实实不是我的罪过而遭逐弃，日日夜夜，我何能忘记！

这里的郢都已成为楚国的象征，诗人对它的念念不忘，正表现出他对故国的深深的爱恋。

《涉江》具体描写了流放中的艰苦生活，同时也重申了诗人坚持高尚的节操、与黑暗势力斗争到底的立场；但在愤激的同时，又比《离骚》更多了一份对现实的绝望。这在诗人自沉前不久写的《怀沙》和《惜往日》两篇中同样表现了出来。

《九章》中幻想夸张的手法较少，而具体的写实和直接的抒情较多，所以它比《离骚》具有更强的现实性。强烈的政治激情和浓厚的抒情成分完美地结合，是《九章》的主要特色。

《天问》与《招魂》

在屈原的作品中，《天问》的篇幅仅次于《离骚》。通篇全用诘问语气，从头到尾一连提出了一百七十多个问题，包括了神话故事、历史传说、天地山川、天命人事、现实生活等等方面。诗人不但学识渊博，而且不满足于传统的说法，他有着大胆怀疑和批判的精神，崇尚理性，勇于探求真理。在《天问》的字里行间，又常常显示出屈原关心现实政治的热情和饱含忧思的愤懑。

关于《天问》的创作，王逸《楚辞章句》说："屈原放逐，忧心愁悴；彷徨山泽，经历陵陆；嗟号昊旻，仰天叹息。见楚有先王之庙及公卿祠堂，图画天地、山川、鬼灵、琦玮僪佹，及古贤圣怪物行事，周流罢倦，休息其下，仰见图画，因书其壁，何而问之，以泄愤懑，舒泻愁思。"当代一些学者认为，王逸说的鬼灵怪物等图像，是一种巫史文献，而屈原的职务使他具有丰富的巫史文献的知识，所以这些图像引发他强烈的兴趣，他用问句的形式（这也是巫史文献常用的形式），抒发他对天意的怀疑和对楚国命运的担忧，就是王逸说的"以泄愤懑，舒泻愁思"。

《天问》保存了许多上古神话、历史、哲学的资料，在文学上也有独特的贡献。它以四言为主，大致四句一节，每节一韵，自然协调，节奏错落有致。与屈原别的作品以抒情为主不同，《天问》以说理论事为主，这也是在楚辞体中别创一格的。

《招魂》也是一篇奇文。屈原放逐江南后，对于是否离开国家，心里充满矛盾和斗争，于是他采用民间招魂的形式，写了这一篇招魂词，"外陈四方之

恶，内崇楚国之美"（王逸《楚辞章句·招魂序》），表示自己不肯离开国家的坚定意志，寄托对故乡的热爱。《招魂》在艺术上极尽铺排夸张之能事，文藻绚丽，想象奇特，极富浪漫主义色彩，对后来汉赋的创作有直接影响。

第五节 宋玉和《九辩》

《史记·屈原列传》说："屈原既死之后，楚有宋玉、唐勒、景差之徒者，皆好辞而以赋见称。"但在这三人中，只有宋玉有作品流传。

宋玉是屈原之后的一位杰出作家，与屈原并称"屈宋"。他也是楚国人，出身寒微，曾事襄王为"小臣"，郁郁不得志。《汉书·艺文志》著录宋玉赋16篇。载于《楚辞章句》的《九辩》，是他的代表作。"九辩"与"九歌"一样，本是古乐曲的名称，宋玉借其名写成了一首优秀的长篇抒情诗。诗中主要是抒发自己落拓不遇的悲愁和不平，在一定程度上也揭露和批判了当时社会的黑暗。但是宋玉没有屈原那样喷薄激烈的感情，所以调子比较低沉。然而，他善于通过自然景物抒发自己浓厚的感情，造成一种情景交融的境界。最为著名的是《九辩》开头的"悲秋"一段：

> 悲哉秋之为气也！萧瑟兮草木摇落而变衰，憭栗兮若在远行，登山临水兮送将归。泬寥兮天高而气清，寂寥兮收潦而水清。憯凄增欷兮薄寒之中人。怆怳懭悢兮去故而就新；坎廪兮贫士失职而志不平，廓落兮羁旅而无友生，惆怅兮而私自怜。

诗人把远行的凄怆和贫士失职的不平与自然景物互相衬托，融情入景，引起了一代又一代知识分子的强烈共鸣。宋玉在开拓诗的空间意象、提高诗歌的表情达意的作用方面，是有着特殊的贡献的。

今译：悲伤啊这秋天的肃杀气氛，秋风萧瑟啊草木枯萎凋零。我心境凄凉啊好像身处他乡，登山临水啊我送友人踏上归程。晴空万里啊天高气爽，浊水退尽啊江面清澈平静。悽惨情景使人不断唉声叹息啊，深秋的微寒也时时将人侵袭。我失意惆怅啊离开故地迁往新居，坎坷困顿啊令我这去职的贫士愤愤不平。孤独空虚啊旅途中没有知音陪伴，满腔郁闷啊只能自怜自悯。

第六节 楚辞的影响

楚辞书写了中国文学史上光辉灿烂的一页。屈原对中国文学的发展产生了巨大的影响。屈原的爱国热情，他的高洁、愤激、哀婉的个性精神，他的悲剧性的品格，他的绚丽浪漫的艺术手法，他作品中体现的"香草美人"、人神恋爱的原型，以及发愤抒情的怨刺传统等等，都对后世的艺术家产生了极其深刻的影响。如司马迁对屈原的悲剧就有切身的体验。他说："屈平嫉王听之不聪也，谗谄之蔽明也，邪曲之害公也，方正之不容也，故忧愁幽思而作《离骚》。……信而见疑，忠而被谤，能无怨乎？屈平之作《离骚》，盖自怨生也。"（《史记·屈原贾生列传》）司马迁之后，无数文学家都写下咏颂屈原的诗篇。如江淹诗："汉臣泣长沙，楚客悲辰阳。古今虽不齐，兹理亦宜伤。"（《还故国》）杜甫诗："百丈牵江色，孤舟泛日斜。兴来犹杖屦，目断更云沙。山鬼迷春竹，湘娥倚暮花。湖南清绝地，万古一长嗟。"（《祠南夕望》）李贺用楚辞来倾泻他的满腔愤懑："砍取青光写楚辞，腻香春粉黑离离。无情有恨何人见？露压烟啼千万枝。"（《昌谷北园新笋四首之二》）张孝祥词："制荷衣，纫兰佩，把琼芳。湘妃起舞一笑，抚瑟奏清商。唤起《九歌》忠愤，拂拭三闾文字，还与日争光。莫遣儿辈觉，此乐渠无央。"（《水调歌头·泛湘江》）陆游诗："《离骚》未尽灵均恨，志士千秋泪满裳。"（《哀郢二首》）类似的诗还有许许多多。从所有这些诗都可以看出屈原人格力量和悲剧命运对后人产生了何等巨大的影响。

（本章所引《楚辞》原文取自王逸注《楚辞章句》，岳麓书社1989年出版。今译取自姜亮夫《屈原赋今译》，云南人民出版社1999年出版，钱杭《楚辞选》，香港中华书局1991年出版。）

推荐读物：

1. 王逸注，洪兴祖补注：《楚辞章句》（长沙：岳麓书社，1989年）。
2. 游国恩著：《楚辞概论》（上海：商务印书馆，1939年）。
3. 游国恩著：《楚辞论文集》（上海：上海文艺联合出版社，1955年）。
4. 林庚著：《诗人屈原及其作品研究》（上海：上海古籍出版社，1981年）。
5. 聂石樵著：《屈原论稿》（北京：人民文学出版社，1982年）。
6. 金开诚著：《屈原辞研究》（南京：江苏古籍出版社，1992年）。
7. 姜亮夫编著：《楚辞书目五种》（上海：上海古籍出版社，1993年）。
8. 崔富章编著：《楚辞书目五种续编》（上海：上海古籍出版社，1993年）。
9. 过常宝著：《楚辞与原始宗教》（北京：东方出版社，1997年）。
10. 于省吾著：《诗经楚辞新证》（修订本）（台北：木铎出版社，1982年）。
11. 姜亮夫著：《屈原赋今译》（昆明：云南人民出版社，1999年）。
12. 钱杭著：《楚辞选》（香港：中华书局，1991年）。

【第十章】先秦儒家

先秦是中国儒家的发生期。从代表人物孔子始算，一直到秦王朝建立，前后历经三百余年。先秦儒家对中国传统文化的特点、发展趋势以及中华民族整个价值观念、思维方式、民族性格等等都产生了极其深刻的影响。

第一节 先秦儒家的创立

"儒"字的含义

"巫"、"史"、"祝"、"卜"的含义

巫：旧时以舞降神替人祈祷为业的人，女称巫，男称觋。

史：古代文职官员，最初指王者身边担任星历、卜筮、记事的人员。

祝：祭祀时司祭礼的人，即男巫。后世称庙中司香火者为祝。

卜：卜人，周代掌管占卜的官。《周礼》春官太卜之属有卜人。《礼记·玉藻》："卜人定龟，史定墨，君定体。"

中国古代的"儒"字最初是指从巫、史、祝、卜等原始宗教的职业中分化出来的一批知识分子。汉代许慎的《说文解字》："儒，柔也，术士之称。"钱穆在《古史辨》中解释说："柔乃儒之通训，术士乃儒之别解。"这是说，"儒"这一名词基本上有两个含义：其一是"柔"，即柔和、温和；其二是"术士"，即有一定专业知识和技能的人士。只是那时的所谓专业，不过是古书所说"助人君顺阴阳以教化者也"，即帮助统治者因循天道去教化老百姓的人。因此，原始意义上的"儒"，是古代具有宗教性、政治性和教化职业的知识分子的通称。

随着中国古代理性及人文思想的觉醒，早期的"儒"，开始从原始礼仪巫术中分化出来，并向两方面发展：其中一部分，利用他们所掌握的原始礼仪和宗教方面的知识，成为国君诸侯的宰辅，退休或辞官后，又多为政府进行乡间子弟的培养和教育，一部分则利用他们所具有的"礼"的知识和经验，成为专门为贵族相礼的实践家。

因为"儒"具有从事道德教化的含义，所以《周礼·地官·大司徒》把"儒"与"师"联系起来。"师"、"儒"的任务，就是通过教化而使万民安定，使社会和谐。这种教化，主要是道德教育，同时也包括文化知识的传授。

孔子创立儒家的时代背景

儒家的产生不是偶然的，它与春秋时代的社会变革、新旧思想的交替以及鲁国的文化传统等诸多因素有十分密切的关系。

春秋末期，随着封建土地关系的发展和新型生产关系的出现，贵族制度开始瓦解。政权由天子而诸侯，由诸侯而大夫，由大夫而陪臣，步步下移，正如孔子所感叹的那样："天下有道，则礼乐征伐自天子出；天下无道，则礼乐征伐自诸侯出。自诸侯出，盖十世希不失矣；自大夫出，五世希不失矣；陪臣执国命，三世希不失矣。"（《论语·季氏》）这是说，天下太平的时候，制礼作乐以及出兵打仗等国家大事都由天子决定；天下混乱的时候，国家大事由诸侯决定。由诸侯决定，大概传到十代也就不能继续了；由大夫决定，只能传到五代也就差不多了。若是由大夫的家臣把持国家政权，那么只能传到三代也就不能再继续了。因此，政权的下移愈来愈快，国家也就愈来愈混乱，由十世、五世、三世的权力维持和权力转移的变化，反映了春秋时期贵族制度加速崩溃和不可逆转的历史趋势。

由于政权下移，也出现了"文化下移"的趋势。原在官府任职的知识分子或各种文化专家，因避祸或失业，纷纷流落民间，因此也就把文化从官府移到民间。出现了所谓"天子失官，学在四夷"或"礼失而求诸野"的局面。也就是说，原有的"学在官府"的旧传统被打破，代之以"学在民间"（即民间讲学），这是春秋时期社会大变革的产物。孔子顺应历史潮流，首开私人讲学之风，并且把西周以来为贵族办理冠、婚、丧、祭等礼仪的儒术转变为道德伦理和文化教育的儒学，从而创立了儒家学派。

可以说，孔子是当时由旧儒向新儒过渡的典型代表之一。由于他晚年集中精力从事教育、整理并删修殷周以来的古代典籍，并首开私人讲学之风，所以，成为儒家学派的创始人。《史记·孔子世家》载："孔子以诗书礼乐教弟子，盖三千焉，身通六艺者七十有二人。"《淮南子·要略篇》在论及儒家时也说："孔子修成康之道，述周公之训，以教七十子，使服其衣冠，便利其篇籍，故儒者之学生焉。"儒学开始于孔子，并由此形成一个以孔子为核心的学派，后世即称为"儒家"。

先秦儒家的分化

由孔子创立的儒家学派，在孔子死后发生分化。最早记录这种分化情况的是战国后期法家学派的代表人物韩非。据《韩非子·显学篇》说，孔子死后，儒家分化为八派。这八派的思想、观点有很大不同，甚至相反。但他们都说自己代表了孔子，是孔子的真传。实际上，正是因为孔子的思想有很多方面，因此孔子弟子对孔子的理解也就可能偏于一端，着重发展了孔子的某一方面思想，从而形成不同的派别。

按照韩非的说法，孔子死后，分化出来的八派是：子张之儒、子思之儒、颜氏之儒、孟氏之儒、漆雕氏之儒、仲良氏之儒、孙氏之儒、乐正氏之儒，这就是所谓的"儒分为八"。这八派的代表人物，主张不同的观点。他们互相批评、互相争论，其激烈程度不亚于儒家和当时其他各家之间的斗争。如："子张之儒"是比较激进的一派，这一派的主要观点是企图修正孔子的礼治思想，主张"专贤而容众"，即在更大程度上接纳贤才，包容群众，而扩大孔子"爱人"的范围，因此遭到其他各派的批评和反对。再如"孙氏之儒"的荀子，就曾批评"子思之儒"和"孟氏之儒"，说他们"材剧志大，闻见杂博"，甚至批评他们"其僻违而无类，幽隐而无说，闭约而无解。"（《荀子·非十二子》）在荀子看来，"子思之儒"和"孟氏之儒"自以为是，把自己装扮成很有才能、很有志向和知识广博的样子，然而他们所臆造的"五行"之说，却是既邪僻又不伦不类，同时十分隐晦而说不出理由，晦涩而不可理解。可见，批评是十分尖锐的。

但无论如何分化，儒家各派都有一个基本的共同点，这个共同点可以归纳为如下几项：（1）以孔子为宗师；（2）以六经为经典；（3）提倡仁义礼教；（4）以尧、舜和文王、武王、周公为道统正传。汉代大儒刘歆对儒家作了以下概括："儒家者流，盖出于司徒之官，助人君，顺阴阳，明教化者也。游文于六经之中，留意于仁义之际，祖述尧舜，宪章文武，宗师仲尼，以重其言，于道最为高。"（《汉书·艺文志》）可以说，在中国历史上，这是对儒家所做的比较全面、比较准确的概括。

先秦儒家分化为不同派别，以及各派之间的批评、交融和互补，促使儒学在深度和广度上不断得到发展。

儒家经典"六经"

"六经"也称"六艺"。对"六艺"，历史上有两种解释：一种是指先秦时期培养贵族子弟（亦称国子）的六种教育内容，即礼、乐、射、御、书、数。孔子开创私人讲学之风以后，就用这"六艺"培养弟子。再一种解释是指先秦儒家的主要经典，即：《诗》、《书》、《礼》、《乐》、《易》、《春秋》，也叫"六经"。

"六经"的提法始见于《庄子》一书。在《庄子·天运篇》中，庄子以寓言的形式，描述了孔子对老子所说的话："丘（按：孔子自称）治《诗》、《书》、《礼》、《乐》、《易》、《春秋》六经……。"实际上，把上述六部经典称为"经"，乃是汉代人的说法（《庄子》书中的提法，亦疑为庄子后学所加）。但从目前

保存下来的材料看,在先秦儒家主要代表人物的著作中,常常引用诗、书、春秋等这些先秦即已存在的文献内容,这说明确实可以把这些文献作为先秦儒家的主要经典。它们的具体内容,据《庄子》和《史记》等书的记载,分别是:"《诗》以道志,《书》以道事,《礼》以道行,《乐》以道和,《易》以道阴阳,《春秋》以道名分。"

以上六部重要文献,都是先秦旧典。经孔子删订,孔子弟子的发扬,汉人传注及后来历代学者的辗转相袭而流传至今。其中除《乐》亡于秦火(或认为儒家本来就没有《乐经》,"乐"即包括在《诗》、《礼》之中而不得其传外,其他五部经典成为儒家思想和中国古代传统文化的核心内容。虽然它们没有留下确切的作者,但它们却从总体上反映了我们的先民组织社会与治理社会的能力、认识与把握宇宙人生的智慧、早熟的道德理性、平和的人际关系以及浓厚的人文思想等等。这些都是我们的先民对中国文化所做出的伟大贡献。

除上所述"六经"(实质上是"五经")外,还有"四书"系统也成为后来儒家的重要经典。"四书"的提法有一个历史的过程:先是唐代韩愈、李翱对《大学》、《中庸》加以推崇,到了宋代的朱熹才把它们和《论语》、《孟子》一起合称"四书"。南宋以后,"四书"与"五经"成为科举取士的必读教科书,而且以朱熹《四书集注》作为权威读本,从此,"四书"、"五经"就成了儒家最基本的经典。

> **"四书"与"五经"**
>
> 四书:《大学》、《中庸》、《论语》、《孟子》的合称。宋代以《孟子》升经,又以《礼记》中的《大学》、《中庸》二篇,与《论语》、《孟子》配合。至淳熙年间(1174—1189),朱熹撰《四书章句集注》,"四书"之名始立。此后,长期成为科举取士的必读教科书。
>
> 五部儒家经典,始称于汉武帝时。即《诗》、《书》、《礼》、《易》、《春秋》。其中保存有中国古代丰富的历史资料。五经长期作为统治阶级的教科书,并且作为宣传宗法思想的理论根据。

第二节 孔子的生平与思想

孔子的生平

孔子(前551—前479),名丘,字仲尼。春秋末期思想家、政治家、教育家、儒家学派的创始者。鲁国陬邑(今山东曲阜东南)人。先世是宋国贵族,因避乱,逃至鲁国。孔子曾祖父防叔曾任鲁国防邑宰,祖父伯夏事迹无考。父亲名纥,又称叔梁纥,是一名武士,以武力著称。叔梁纥先娶施氏,无子,复与颜徵在结婚,生孔子。按《春秋穀梁传》所记"十月庚子孔子生",换算为公历当为公元前551年9月28日。

孔子早年丧父,家境衰落。他曾说过:"吾少也贱,故多能鄙事。"年轻

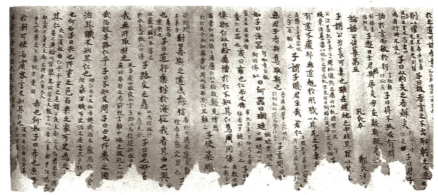

《论语》残页
唐写本郑玄注

吴道子《先师孔子行教像》唐

时曾做过"委吏"（管理仓库）与"乘田"（管放牧牛羊）。虽然生活贫苦，孔子十五岁便"志于学"。他善于学习别人的长处，曾说："三人行必有我师焉。择其善者而从之，其不善者而改之。"（《论语·述而》）他学无常师，相传曾问礼于老聃，学乐于苌弘，学琴于师襄。广收博取，好学不厌，乡人赞他"博学"。

孔子"三十而立"，并开始聚徒讲学，从事政治活动。年五十，鲁定公任孔子为中都宰（中都，鲁国都内城之地，今山东汶上县西。宰，主持行政的长官），"行之一年，四方则之"，遂由中都宰迁司空（主管土地，水利及工程建设等），再升为大司寇（主管刑狱及安全）行摄相事。后因齐人离间，遭冷遇而率十余名弟子离开鲁国，开始了长达14年之久的周游列国的颠沛流离生活，直到67岁才又返回鲁国。

孔子归鲁后，被鲁人尊为"国老"，但政治上终未见用。晚年致力于文化教育，整理《诗》、《书》等古代文献，并把鲁国史官所记《春秋》加以删修，成为中国第一部编年体的历史著作。鲁哀公十六年（前479），孔子卒，葬于鲁城北泗水之上。孔子的著作主要是经他弟子编辑而成的《论语》一书。

"仁"与"礼"

"仁"与"礼"是孔子思想的核心内容，也是孔子用以表达他的哲学思想和伦理思想的重要范畴。

"仁"源出《尚书·金縢》"予仁若考"，指人所具有的柔顺巧能的美好品德。在孔子的思想体系中，"仁"体现多方面的伦理道德价值，也是各种优秀品德的高度概括，但它的核心就是"爱人"。

《论语·颜渊》记载："樊迟问仁。子曰：'爱人。'"孔子又强调这种爱"必由亲始"。也就是说，爱人作为一种普遍的道德原则，必须由爱自己的父母开始。孔子不相信一个不爱自己父母的人能普遍的爱别人。《中庸》引孔子曰："仁者，人也，亲亲为大。"这里的"亲亲"，即指爱父母。由"亲亲"出发，实现"忠恕之道"，即"己欲立而立人，已欲达而达人"《雍也》，"己所不欲，勿施于人"《颜渊》。"立人"、"达人"，都是为他人着想，这是"忠"；自己不喜欢的事，不要强加于别人，这就是"恕"。此即推己及人，由亲及疏，由近及远，由家庭及社会，从而达到"泛爱众而亲仁"《学而》、"博施于民而能济众"《学而》的普遍的爱。

孔子还提出恭、宽、信、敏、惠五种使"天下为仁"的美德以及温、良、俭、让、义、直、敬、笃等德目，这些都是以仁为核心的伦理道德的具体内容。

"礼"也是孔子思想的核心内容之一。在孔子以前，礼只作为国家政治生活中维护君主统治的一种典章制度，因此它常常与"敬天"、"祭祖"等各种宗教仪式融合在一起，并不具有道德价值判断的含义。如《说文解字》对礼的解释是："礼，履也，所以事神致福也，从示从丰，丰亦声。"因此，礼最初指事神致福的宗教行为，它始终与祭神的器物和仪式联系在一起。孔子是中国历史上揭示礼的实质并且赋予礼以道德含义的第一位思想家。在孔子看来，礼是一种规范人们行为的礼仪制度，其最大的功能和作用，乃是调整人与人之间的关系，使之和谐有序，此即"礼之用，和为贵"。

孔子特别注意仁与礼的关系，认为只有用"礼"来规范约束自己的行为，才符合"仁"的要求，因此，"礼"必以"仁"为其内在本质，或者说符合"仁"的"礼"才有意义。他说："人而不仁，如礼何？"《八佾》又说："克己复礼为仁，一日克己复礼，天下归仁焉。为仁由己，而由人乎哉？"《颜渊》这是说，只有在"克己"基础上"复礼"，才叫"仁"，即"克己"（使自己符合"仁"的要求）的"复礼"才有意义。否则，所谓"礼"只能是一种外在的形式。"礼云礼云，玉帛云乎哉？"《阳货》孔子极力反对把"礼"变为一种单纯的形式，而主张树立遵守社会道德规范的自觉性，从而把外在的"礼"赋予"仁"的道德内涵，这是孔子对中国伦理思想的最大贡献。

天命和鬼神

天命论是先秦儒家的重要思想观念。从历史上看，天命观念起源很早。古人对自然的规律和自己的命运无法把握，因此将它归之于天或上帝的旨意和命令。殷代天命观念很流行。《尚书·汤誓》说："有夏多罪，天命殛之。"《诗经·商颂·玄鸟》说:"天命玄鸟,降而生商。"这些说法都承认"天命"存在。周代的统治者继承了殷人的天命观,认为周天子得天下,乃天命使然。如《尚书·康诰》上就有:"天乃大命文王"等一类的话。

与殷人天命观有所不同的是,周公提出了上帝或天可能改换人间代理人的观点。认为地上的君王只有实行德政,顺从民意,上天才会让他继续统治下去,从而保有天命。因此又提出"天命靡常"、"天命无亲,惟德是辅"等观点,强调了"德"与"民"的作用。这虽然具有一定的历史进步意义,但始终未能摆脱对天的人格神的信仰。

孔子继承了殷周以来的天命论思想,但又有所改变,即把殷周以来的"人格"之天,改造为"命运"之天。因此,有时他把天看作有意志的主宰,以为"死生有命,富贵在天","获罪于天,无所祷也"。但很多时候他又把"天"看作是自然的天,说:"天何言哉,四时行焉,百物生焉。"孔子也谈"命"。他把"命"理解为一种不可抗拒的异己的力量,说:"道之将行也与,命也;道之将废也与,命也。"这里的"命",显然是指一种人力无可奈何和不可抗拒的必然性。

虽然"天命"不可抗拒,但孔子在天命面前,并不主张无所作为。他强调"五十而知天命"(《为政》),"不知命,无以为君子"(《尧曰》),就是主张人们在懂得命运的前提下,一方面要心存畏惧,另一方面要勤勉做事,此即后来人们常说的"谋事在人,成事在天"或"尽人事,听天命"。

对于鬼神,孔子采取现实主义态度,对传统的鬼神观念给以新的改造。当他的弟子问鬼神和生死的问题时,他回答说:"未能事人,焉能事鬼"、"未知生,焉知死"(《先进》)。他不赞成殷周以来传统的神权论观点,主张"务民之义,敬鬼神而远之"(《雍也》),反对祈求福佑的迷信活动,开创了儒家的现实主义传统。

教育思想

孔子是中国历史上首开私人讲学之风和长期从事教育工作的教育家,被后人尊称为"孔夫子"、"至圣先师"。他一生从事教育活动,积累了丰富的教育经验,提出了许多教育的原理、原则,在中国历史上产生过重大影响。中华民族历来重视教育,这与孔子的影响是分不开的。

孔子的教育思想包含很多内容,但从整体上看,他是把德育(即道德教育)放在首位。"志于道,据于德,依于仁,游于艺"(《述而》)是孔子教育思想的总纲。他认为,教育的总目标在于树立远大理想,行"道"于天下;教育

的根本目的在于培养人的高尚的道德情操；教育的基础或出发点，在于提高人的仁爱意识或提高人的精神境界；教育的具体科目在"礼、乐、射、御、书、数"的"六艺"之中。孔子说："若圣与仁，则吾岂敢?抑为之不厌，诲人不倦，则可谓云尔已矣"(《述而》)。他把"仁"与"圣"并列，作为德行培养所能达到的最高境界。因此，他进行德育教育的主要内容便是"仁"、"礼"以及孝、悌、忠、恕、信、义等项目。

在智育方面，一是传授知识的教育，二是增进智慧的教育。二者都须在好学的基础上来完成。他说："好仁不好学，其蔽也愚；好知不好学，其蔽也荡；好信不好学，其蔽也贼；好直不好学，其蔽也绞；好勇不好学，其蔽也乱；好刚不好学，其蔽也狂。"(《阳货》)此即"六言"、"六蔽"，反映了孔子对智育的重视。孔子所说的"好学"，也包括践履和实行。《论语》一开头便说"学而时习之，不亦说乎?""时习"即指勤勉好学，也指"学者，将以行之"之意。

学不仅要行，还要与"思"结合起来。在孔子看来，"学而不思则罔，思而不学则殆"(《为政》)。只有一边学习，一边思考，才能促进知识与智慧的增长。因此，孔子特别注重启发式教学，这是思与学统一的具体表现。孔子说："不愤不启；不悱不发。举一隅不以三隅反，则不复也。"(《述而》)这句话包含的意思是，教学不仅在于使学生学到知识，而且要使学生养成积极思考的习惯，要锻炼学生的思维能力。

> 愤：心求通而未得之意。
> 悱：口欲言而未能之貌。

孔子认为审美和艺术在人们为达到"仁"的精神境界而进行的主观修养中能起一种特殊的作用。他说："知之者不如好之者，好之者不如乐之者。"(《雍也》)因此，他认为艺术在教育中占有很重要的地位。孔子是中国历史上第一位重视和提倡美育的思想家。

孔子的教育思想是中国教育史上的宝贵遗产，对今天仍有一定的参考价值。

孔子对中华文化的贡献及其历史地位

孔子对中华文化有巨大的贡献：

第一，整理和修订六经。在孔子以前，"六艺"或"六经"的内容虽然已经是贵族政治赖以存在的主导思想，但欠缺条理性和系统性，经过孔子的整理，使之更加系统和完整。由此，奠定了中国社会传统政治的理论基础和意识形态。

第二，孔子首开私人讲学之风，把古代文献和传统学术思想，从原来官方独揽转为向民间普及，从而为中国历史上士阶层的出现及教育的推广创造了重要的条件。

第三，孔子以"六艺"为宗，疏远鬼神，从始至终对社会现实、道德理想等充满了热忱和关切，从而奠定了儒家学派重视人文、关心现实的传统。

总之，孔子是春秋时期学问渊博的思想家、教育家，是一位伟大的智者。然而，在秦统一中国之前，孔子及儒家思想并未受到统治者的特别重视，孔子一生也是"栖栖惶惶"、"席不暇暖"，有时甚至遭到排斥和打击。但汉代以后，孔子及儒家思想的地位发生变化。汉武帝采用董仲舒"罢黜百家，独尊儒术"的思想文化政策，从此确立了孔子在中国历史上的至尊地位。由于统治者的提倡，在中国漫长的古代社会中，虽有一些学者对孔子持批评态度，但孔子的地位始终没有动摇。

孔子的思想对中国古代的哲学、文学、史学、教育、艺术、伦理、美学及政治制度、政治理论等等领域都产生了重大的影响。记载他言论行动的《论语》一书，早在公元3世纪便传到了国外。18世纪以来，又先后被译成十几种语言，在世界有广泛的影响。

第三节 孟子

孟子生平

孟子（前372？—前289？），战国时期思想家、政治家、教育家，先秦儒家学派的重要代表人物之一。名轲，字子舆。战国邹（今山东邹城东南）人。受业于子思门人。早年曾至稷下，并一度任齐宣王客卿。因主张不被采纳，就离开齐国到梁国。孟子以"仁义"说梁惠王，"梁惠王不果所言"，便又离开梁国。孟子中年历游齐、宋、滕、魏诸国，宣传他的思想和学说。当时，秦用商鞅，楚用吴起，齐用孙膑，天下方务于合纵连横，以攻伐为尚，而孟子乃述唐、虞三代之德，是以所言与时不合，"则见以为迂远而阔于事情"（《史记·孟荀列传》）。因此孟子晚年便和弟子万章、公孙丑等著书立说，授徒讲学。自称"乃所愿，则学孔子"，"序《诗》、《书》，述仲尼之意"，作《孟子》七篇。

《孟子》后来被列为《四书》和《十三经》之一，成为儒家的重要经典。

孟子一生推崇孔子，认为"自生民以来，未有盛于孔子也"（《孟子·公孙丑》）。他不遗余力地传播发挥孔子思想，被后世尊为"亚圣"，享配孔庙，儒家学说亦被称为"孔孟之道"。这说明孟子在儒学传统中占有重要地位，孟子的学说对后世也产生了重大影响。

孟子学说的特点是以"心"释"仁"，以"义"行"仁"，建立起比孔子更为系统的仁学思想体系，使儒学发展进入一个新的历史阶段。

《孟子》宋椠大字本

仁政学说

孟子发展和改造了孔子"礼治"和"德政"的理论，提出了"仁政"学说。这是他政治思想的中心。

孟子的仁政学说，表现在经济上，主张"分田制禄"，即耕者有自己的土地。通过"正经界"，实行"井田制"，即每平方里划分为九百亩，中间一百亩为公田，其余八百亩为私田，分给八家农民，每家种一百亩，八家共同耕种一百亩公田，公事毕，然后治私田。农民有了固定的土地，便可安心从事生产，"仰足以事父母，俯足以畜妻子，乐岁终身饱，凶年免于死亡"（《梁惠王上》）。

在政治上，孟子着眼于人心的向背。"如施仁政于民，省刑罚，薄税敛，深耕易耨；壮者以暇日修其孝悌忠信，入以事其父兄，出以事其长上，可使制梃以挞秦楚之坚甲利兵矣。"（《梁惠王上》）这是说，施仁政，便可得到人民的拥护，这样，就是制造木棒也可以战胜强国的坚甲利兵。孟子还把天时、地利同"人和"比较，将"人和"看成是统治者成败的决定因素。要争取民心归向，就必须在政治上采取开明措施，反对暴政，施行仁政。而仁政，就是"以德服人"。在他看来，"以力服人者，非心服也，力不赡也；以德服人者，中心悦而诚服也"（《公孙丑上》）。

孟子斥责历史上不施仁政的暴君为"独夫民贼"，总结出"得民心者得天下，失民心者失天下"的历史经验，充分认识到民心向背的重要性，并且提出"民为贵，社稷次之，君为轻"（《尽心下》）的"民贵君轻"思想，为儒家的"人本主义"奠定了基础。后来的儒家在政治思想方面注重民心向背得失，即导源于孟子的仁政学说。

性善论

先秦儒家对于人性善恶问题给予了极大的关注。

在人性问题上，孟子主张性善论。他认为，人性是善的，就像水往低处流一样，这是一个不争的事实。孟子认为，人生来都有最基本的共同的天赋本性，这就是"性善"或"不忍人之心"，或者说对别人的怜悯心、同情心。他举例说，人突然看到小孩要掉到井里去，都会有惊惧和同情的心理。这种同情心，并不是为了讨好这小孩子的父母，也不是要在乡亲朋友中获得好名声，也不是讨厌小孩子的哭叫声，而完全是从人天生的本性中发出来的，这就是"不忍人之心"。

"不忍人之心"也叫"恻隐之心"，与"羞恶之心"、"辞让之心"、"是非之心"，合称"四端"或"四德"，这就是孟子论述人性本善的根据。孟子认为，人与禽兽的差别很微小，仅仅在于人有这些"心"。如果没有这些"心"，就不能算作人。在他看来，如果为人而不善，那不是本性的问题，而是由于他舍弃了善的本性，没有很好地保持它，绝不能说他本来就没有这些"善"的本性。因此，人如果有了不善的思想和行为，就应闭门思过，检查自己是否放弃了那些天赋的"心"，努力把这些"心"找回来，以恢复人的本性。这就是孟子所说的"求其放心"，后世称为"复性"。如果反省自己，一切都合乎天赋的道德观念，那就是最大的快乐，这就是孟子所说的"反身而诚，乐莫大焉"。

孟子的性善论对传统思想影响很大，宋代以后通用的蒙学课本《三字经》第一句话就是"人之初，性本善"。性善论也成为后来儒家的正统观念。

天人合一

孟子认为，要发扬天赋的道德观念和人性本善的良知良能，关键在于发挥"心"的作用。因此提出"尽心、知性、知天"的"天人合一"论。

什么是"心"？孟子作了别开生面的解释："心之官则思。"心的官能或职能在于思维。它同耳目手足等感官不一样，"耳目之官不思"。耳目之官不但不能思，反而常常被外物蒙蔽，甚至把人引向邪路。因此，要认识事物，就要靠心的思维，"思则得之，不思则不得也"《告子上》。

既然"心"这么重要，因此对于人来说，就要充分发挥心的作用，此之谓"尽心"。就此，他把心说成是"大体"，耳目是"小体"，主张"先立乎其大者，则其小者不能夺也"（《告子上》）。在孟子看来，能充分发挥心的作用，便可了解自己的本性，了解自己的本性，也就了解了天命与天道，所以他说："尽其心者，知其性也；知其性，则知天矣。"（《尽心上》）这样，孟子就从认识论的角度论述了"天人合一"说。在孟子这里，心、性、天是完全统一的，因为人的善性是天赋的，认识了自己的善性便认识了天，并通过尽心、养性等一系列修养工夫，便可达到"上下与天地同流"的最高境界。

如何修养自己的心呢？孟子提出"吾善养吾浩然之气"的修养方法。他认为天地之间有一种浩然之气，"其为气也，至大至刚，以直养而无害，则塞于天地之间"（《公孙丑上》）。此气是天地间的正气，也是最高的道德节操。有了这种气，便可培养出"富贵不能淫，贫贱不能移，威武不能屈"的"大丈夫"精神。

孟子对"浩然之气"和"天人合一"境界的追求与执着，为中国历史上的仁人志士在树立崇高道德人格方面，提供了宝贵的思想文化资源。

第四节 荀子

荀子的生平

荀子（前313？—前238？）战国末期思想家、教育家、先秦儒家的重要代表人物之一。名况，时人相尊而号为"卿"，汉人避宣帝刘询讳，称孙卿子，赵国人。早年游学于齐。参与齐国稷下学宫的学术活动和政治咨询活动，深受学人敬仰，后因遭齐人谗言，于齐缗王末年（约前285）去楚国。齐襄王时返齐，曾三为稷下学宫祭酒（学宫主持人）。秦昭王四十四年（前266），应秦王之聘入秦。盛称秦国"百姓朴"、"百吏肃然"、"治之至也"（《荀子·强国》）。对秦国的民风、吏治及国家管理给予了很高的评价。此后曾返回赵国，在赵王面前，与楚国将

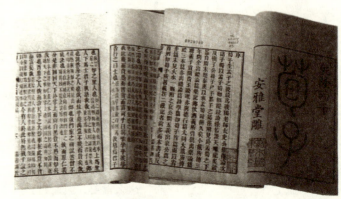

《荀子》 清乾隆丙午（1786）安雅堂雕本

领临武君辩论用兵之道,以为"用兵攻战之本在乎一民","善附民者,是乃善用兵者也"(《议兵》)。强调战争胜负的重要因素在于民心一致和民心归向,主张用"仁人之兵"。

不久,荀子离开赵国,又赴楚国。深得楚相春申君黄歇赏识,用为兰陵(今山东苍山县兰陵镇)令。春申君死后便废居兰陵,著书终其一生。现存《荀子》三十二篇,大旨以儒家思想为本,兼收道、墨、名、法诸家之长,是战国末期学术思想的总结者,在中国哲学史、思想史及儒学史上都占有重要地位。

"隆礼"与"重法"

如果说孟子大力发展了孔子"仁"的思想,那么,荀子则发展了孔子"礼"的思想,同时吸收了先秦法家重法的思想,提出礼法兼治、王霸并用的主张,为战国末期即将出现的统一的国家奠定理论基础。因此他讲的"礼",已不完全是孔子所讲的"礼",而是经过改造,有了新的内容的封建等级制度,它适应了当时中国历史发展的潮流和趋势。

在荀子看来,建立一套统一的制度和社会道德规范势在必行。因为"人无礼则不生,事无礼则不成,国家无礼则不宁"(《修身》)。"礼"作为等级制度和社会规范,对于人生、社会和国家是不可以缺少的。因为"礼"的职能作用就是分别贫富、贵贱、长幼、男女,同时也是君主用来衡量群臣的标准、尺度。如他说:"礼者,人主之所以为群臣寸尺寻丈检式也,人伦尽矣。"(《儒效》)

对于"法",荀子吸收了先秦法家思想,以"法"为治国之具,不可缺少。因此只有完善法制,才能与"隆礼"相配合,使国家和社会走上正常轨道,此即"隆礼至法则国有常"。所以,"法者,治之端也"。"隆礼尊贤而王,重法爱民而霸"(《强国》),把"礼"与"法"结合起来,国家才能富强。

在"礼"与"法"的关系上,荀子认为"礼"是"法"的根本原则和基础,法制必须建立在礼制的基础上,才能发挥作用,所以他说:"礼者,法之大分、类之纲纪也。"(《劝学》)"大分",即总纲。"类",指类推,类比。这是说,礼是确立法律的总纲,也是以法类推的各种条例的纲要。从这可以看出,荀子虽然重"法",但又不同于法家唯法是务,而是斟酌轻重,以儒家的"礼"来统领"法",表现了荀子的儒家立场。

荀子强调人类社会"群"与"分"的重要。他说:人的气力不如牛,走路不如马,但为什么人却能支配和使用牛马呢?这是因为人能"群"(即组成社会)。但为什么人能够组成社会呢?是因为人能够"分"(等级区分和职业区

分")。人所以能够实行"分",又是因为有一定的社会制度和道德规范("义")的保证和约束。

荀子继承了儒家的民本思想,提出了著名的"舟水之喻"。他说:"君者,舟也;庶人者,水也。水则载舟,水则覆舟。"(《王制》)统治者与人民的关系,犹如船与水的关系一样,水能载船,但一旦掀起巨浪,水也能把船打翻甚至吞没。

性恶论

在人性问题上,荀子反对孟子的性善论,主张性恶论。这是为他的"隆礼"、"重法"的社会政治思想作理论上的论证。

首先,荀子提出"凡性者,天之就也"(《性恶》),"不事而自然谓之性"(《正名》)。这是说,人的本性不是通过学习和人为得到的,而是自然生成的。又说:"生之所以然者谓之性。"(《正名》)这些说法,都是强调生来就如此的叫做性,大致指人的耳、目、口、鼻等感官的生理功能,或自然的本能。主要内容是指同人的生理需求联系在一起的自然的东西。如他说:"今人之性,饥而欲饱,寒而欲暖,劳而欲休,此人之情性也。"(《性恶》)在荀子看来,情欲是人性的本质,如果顺着这种自然本性而行动,不加约束和限制,社会就会产生争夺、残害、淫乱等行为,所以人性是恶的。

既然人性是恶的,那么如何解释善的道德行为呢?荀子说:"人之性恶明矣,其善者伪也。"(《性恶》)这里的"伪",即人为的意思。荀子认为,善的道德意识是后天人为修养的结果,这种后天人为的修养就叫"伪"。

荀子针对孟子的性善论,第一次运用"性"与"伪"的范畴来说明人的自然本性和社会道德的关系,反对把人的自然属性道德化,强调"性伪之分",认为人的自然本性是基于生理机能而产生的物质生活的欲求,而社会道德规范是对这种欲求的限制和调节,二者既是对立的,同时又是统一的,"无性,则伪之无所加;无伪,则性不能自美。……性伪合而天下治"(《礼论》)。意思是说,没有自然本性,就用不着社会道德的人为加工;没有人为加工,人性就不能由恶变善。圣人的作用就在于把"性"和"伪"很好地结合、统一起来。

荀子较全面地论述了"性"与"伪"的对立统一关系,并着重强调对人性的改造,提出了"化性而起伪"、"涂之人可以为禹"等观点,认为每个人都有改变本性,成为圣人的可能。

同时,也正是由于人性恶,"隆礼"、"重法"才显得必要。因此,荀子的性恶论也是他的社会政治思想的理论基础。

制天命而用之

在天人关系方面,荀子改造了孔子的"天命论"思想,对先秦以来的天人之辨作了总结。其中,他的最大贡献是提出"天人之分"、"天行有常"和"制天命而用之"的思想。他说:"天行有常,不为尧存,不为桀亡。"(《天论》)意思是说,天体运行有自己的常规,这种规律是客观存在的,它不依人的意志为转移。他反对把天看作是有意识的主宰,也反对天能干预人事的天命论的思想,主张"明于天人之分",即认为天与人各有自己的职分、特点,因此不能互相代替。天是自然的,没有意识,"天不为人之恶寒也辍冬,地不为人之恶辽远也辍广"(《天论》)。这是说,天不因为人厌恶寒冷而取消冬天;地不因为人厌恶辽远而取消广大。"天有常道,地有常数",而人却有思想、有目的、有意识。因此在天人关系上,荀子主张"制天命而用之",即主张在自然界面前,发挥人的主观能动性,掌握并运用自然规律为人类造福。荀子的这一思想,是中国历史上最早出现的"人定胜天"的思想。

此外,荀子还提出"虚一而静"的认识论,"青取之于蓝,而青于蓝"的教育思想,"法后王"的历史观及一系列逻辑思想。他作为先秦诸子哲学的集大成者,对后来的影响是多方面的。由于他广泛吸收先秦诸子百家思想,不囿于一曲之说和一偏之见,使他的思想体系具有综合性和系统性,同时也显示了儒家思想的开放性和包容性。

推荐读物:

1. 钱逊著:《先秦儒学》(沈阳:辽宁教育出版社,1992年)。
2. 韦政通著:《孔子》(台北:东大图书股份有限公司,1996年)。
3. 张岂之主编:《中国儒学思想史》(西安:陕西人民出版社,1990年)。
4. 蔡仁厚著:《孔孟荀哲学》(台北:学生书店,1984年)。
5. 杨伯峻译注:《论语译注》(北京:中华书局,1958年)。
6. 杨伯峻译注:《孟子译注》(北京:中华书局,1960年)。
7. 朱熹集注:《四书章句集注》(北京:中华书局,1983年)。

【第十一章】先秦道家

中国传统文化常常被概括为儒释道三家,其中的"道"指道家与道教而言。道家与道教不同,前者是一个哲学学派,后者是一种宗教。但若论它们的根源,我们都要到先秦道家中去寻找。在先秦的百家争鸣中,道家虽没有像儒家和墨家那样有众多的徒属,成为显学,但这个学派对宇宙、社会和人生有着独特的领悟和解释,因而在历史的发展中呈现出永恒的价值与生命力。

第一节　先秦道家概说

道家的构成

　　道家思想肇始于春秋末期的老子,但先秦时期并没有道家这一名称。用"道家"一词来概括由老子开创的这个学派,是从汉代初年开始的。当时,道家也被称作道德家。历史学家司马迁的父亲司马谈曾写了一篇论文,题目是《论六家要旨》,把先秦的学派概括为道德、儒、墨、名、法、阴阳六家,并阐述了这六个学派的主旨与得失。司马谈生活的时代,正是道家思想流行的时候,加之他又是一个道家的信徒,所以他对道家给以最高的评价。按照他的说法,道家兼有其他五家的长处,却避免了它们的短处,用它来治国治身,可以收到事半功倍的效果。

　　司马谈所说的道家,实际上主要指黄老学派,是道家的一个派别。先秦各家的内部,一般都可以区分出众多的派别,如《韩非子·显学》中就有"儒分为八,墨离为三"的说法。道家也是如此。在东汉班固所作的《汉书·艺文志》中,总共列有道家的著作37种,993篇。它们大部分作于先秦时期。如果对它们进行分类的话,也可以区分出老子学派、庄子学派、黄老学派、杨朱学派、列子学派等。当然这是后人的区分,并非在当时就明确分成这样一些学派。这些不同的学派偏重点有所不同,或偏重治国,或偏重治身,但既然同属于道家,就有其共同点。这些共同点也就是道家思想的一般特点。它们主要是:以"道"为本,自然无为,轻物重生。当然不同学派对这些共同点的理解和阐述又有很多差别。

以"道"为本

道家之所以得名,就在于它以"道"为其思想的核心。其他各家虽然也讲"道",但大都比较侧重人事,即侧重人道。道家的"道"则不同,它从"天道"演变而来,又与"天道"不同。"天道"一般指日月星辰等天体运行的轨道或法则,"道"则是天地万物的本原。这个思想经老子论述后,为道家各派所坚持,成为道家最核心的内容之一。当然在对"道"本身的理解上,道家各派之间也有一定的差异。在中国哲学史上,道家通过"道"的概念第一次探讨了万物的本原问题,开辟了中国形而上学的传统。这是它对中国哲学的一个重要贡献。

自然无为

"道"的提出主要是为了解决社会政治和人生的问题。因此在具体的论述过程中,道家各派都强调"无为"是"道"的一个主要性质。依照关注问题的不同,"无为"既可以是一种治国方法,也可以是一种生活态度。作为一种治国方法,"无为"主要是要求君主舍弃自己的意志和欲望,而听任百姓之自然。在此前提下,道家各派赋予了"无为"以丰富的内涵。作为一种生活态度,"无为"与庄子讲的"逍遥"意义相同,指的是一种自由自在的生命感受。

轻物重生

道家各派都视生命的价值重于外物,这里外物主要指功名利禄而言。从老子开始,强调身要重于"名"和"货",要求统治者重身、贵身。其后,各个学派都发展了轻物重生的思想,尤其是

T形帛画 汉

杨朱学派，倡导"拔一毛而利天下，不为也"，把道家重生轻物的态度推向极端。庄子学派的着重点则在于追求精神的自由。

就关心的问题而言，道家要处理的主要是治身与治国两个方面。道家各派虽然都追求这两个方面的贯通与统一，但也表现出向某一方面的偏重。大体说来，黄老学派更关心治国的方面，而杨朱、列子、庄子学派则倾向于治身或精神自由的方面。

第二节 老子

老子的生平

关于老子的生平和《老子》一书产生的时代，学术界有不同的看法。我们下面的介绍主要是依据《史记》的记载。

老子（前604？—前531？），是道家思想的奠基者。他真正的姓名是李耳，战国时人多称他为老聃。他的家本在苦县厉乡曲仁里（今河南省鹿邑县境内），后来到了周的都城洛阳做了王朝的史官。在这里，他曾经与孔子相遇，孔子向他请教过关于礼的知识，所以说起来还可以算是孔子的老师。老子做了很长时间的史官，由于对周王室的衰败感到失望，所以辞官隐居。据说他在西去出关之时，应关尹的请求，写下了五千言的《老子》，即后人所说的《道德经》。这部书原本分章并不固定，从汉代开始，学者才逐渐把章节排列固定下来，到后来，81章的分法最为流行，这就是我们今天看到的《老子》了。

老子的一生，基本上可分为史官和隐者两大段。史官因为负责天道、礼法、记录历史等的关系，所以拥有关于自然、社会和人生的广博知识。他也靠这种知识成为天子及贵族的顾问，所以与政治有比较密切的关系。隐士的经历则使老子可以摆脱职业的束缚，以一种较自由的心态去反思现实社会。这样，丰富的知识，自由的思考，再加上动荡的社会，共同造就出体现于《道德经》中的深刻的思想。

曾经有学者认为《老子》一书可能是战国晚期的作品。但近年湖北荆门战国中期的楚墓出土的竹简有《老子》，这可以证明《老子》一书出于战国晚期的说法是不能成立的。

帛书《老子》甲本(部分) 汉

"道"

"道"是老子思想中最重要的概念。老子的"道"有丰富的含义。首先,"道"先天地而存在,是万物的本原,天地万物都从"道"中产生。老子经常形象地把"道"比作天地万物的母亲,有时也称它为"玄牝"。其次,"道"是一个混成之物,它自身包括"无"和"有"两个方面,是"无"和"有"的统一体。再次,"道"是运动变化的,它运动的形式是"有无相生",即"有"和"无"的互相转化,老子有时也把这叫做"反","反"兼有"反对"与"返回"两种意义。最后,"道"具有无为、柔弱等主要性质,这些性质可以被人们所效法。

"无为"与"自然"

老子把"无为"看作是"道"的性质,也是最高的德行。什么是"无为"?《道德经》中并没有明确的界定,但从其中的一句话"辅万物之自然而不敢为"可以看出它的内涵。"辅万物之自然"是顺应万物本来的情形,"不敢为"则是要求克制个人的欲望，不要破坏万物的本来状态。这就是老子提出的"道法自然"的命题的含义。在中国古代，"自然"一词并不具有"自然界"的意思，"自然界"的概念通常用天地万物来表示。一般认为，老子中的"自然"指的是万物或百姓自己原来的状态。因此，"道法自然"的真正含义乃是"道"随顺万物之自然。在《道德经》的体系中，"无为"与"自然"是有密切关系的概念。这两个概念运用到政治生活中，"无为"就是对君主的要求，也就是要君主克制个人的欲望，不要对百姓进行过多的干涉，"自然"则指在君主"无为"之下百姓的自主状态。统治者"无为"，则百姓"自然"。

"柔弱"与"不争"

"无为"表现一种柔弱的态度。后人在评论老子思想的时候，常常会强调其崇尚柔弱这一点。当一般人都以刚强为美德的时候，老子发现了柔弱的价值。《道德经》称："弱者道之用"，把柔弱视为"道"的性质和作用。老子认为，"道"正因为其柔弱而能永恒长存。与刚强相比，柔弱乃是生命的象征。比如人活着的时候柔弱，死的时候便僵硬；草木生的时候柔软，死的时候则枯槁。又比如，舌头由于是柔的，故能长存；牙齿坚硬，则容易折断。同时，老子还通过水的例子证明柔弱胜过刚强。他说："天下莫柔弱于水，而攻坚强

《老子道经想尔注》残卷

者莫之能胜,以其无以易之。"人们可以看到,无论在日常生活中或是在战争中,水的攻击力量是别的东西不能代替的。

由贵柔的主张,老子引出居后不争的政治策略与生活态度。《道德经》中有"三宝"的提法,指的是"慈"、"俭"和"不敢为天下先"。不过,这"三宝"只是手段而不是目的。老子说:"慈,故能勇;俭,故能广;不敢为天下先,故能成器长。""勇"、"广"、"成器长"才是要达到的目的。老子的贵柔、不争并不意味着懦弱或者消极,他是以退为进,以柔为刚,以弱为强,表现出一种生活的智慧和进取的策略。《道德经》说:"圣人后其身而身先,外其身而身存。非以其无私耶,故能成其私。"这是说,圣人以居后的态度处世,反而可以处在前列;把自己的身家性命置之度外,反而保存了身家性命。这说明圣人用"无私"来成就了自己的"私"。

这是一种辩证的智慧,这种智慧是通过"无"而实现"有",通过表面的后退达到事实上的前进。老子看到世界上对立的事物(如有与无,先与后,福与祸,刚强与柔弱)是可以转化的。他把他的这种认识化为生活的智慧。这种智慧看起来与常识是相反的,如常识都认为有为、刚强是好的,老子却发现了它们的诸多弊端,转而强调无为、柔弱的价值。在他看来,无为、柔弱可以达到有为、刚强不能达到的结果。《道德经》把这概括为"柔弱胜刚强"。

过去有学者认为,老子哲学本质上是一种"君人南面之术",《道德经》是一部写给统治者看的书。也有学者认为《道德经》是一部兵书,是讲用兵之术。这些说法都有一定的道理,《道德经》的某些内容和统治术以及用兵术是有联系的,但从总体上说,《道德经》还是一部哲学著作,它所揭示的智慧是普遍的,并不局限于统治术或用兵术的范畴。所以,在后来的历史发展中,人们可以从许多不同的方面去解释老子的思想。这种不同的解释使道家学派呈现出多种多样的面貌。

第三节 杨朱与列子

老子之后,杨朱与列子是道家学派的重要代表。他们都生活在战国早期的中原一带。杨朱是魏国人,列子是郑国人。有人说杨朱是老子的学生,这未必可信。列子曾问学于关尹,很大程度上受到了关尹思想的影响。

杨朱贵己

杨朱的思想,以"轻物重生"、"全性保真,不以物累形"为其主要特征。"轻物",不以物累形,即轻视外在的功名利禄;"重生"、"全性保真",指重视个人的生命与本性。他最著名的命题是"拔一毛而利天下,不为也"。意思是说,即便是有利于天下的事情,如果损害自己身体上的一根毛发的话,也不去做。对于这个命题,杨朱是这么论证的:一毛虽然很微不足道,但积一毛可以成肌肤,积肌肤可以成骨节,人的身体和生命正是由无数的一毛构成的。因此,如果一个人为了外物可以舍弃一毛的话,他也可能会丢掉整个生命。

这种极端重视个人生命和个人利益的态度,又被称为"为我"或"贵己"。这种主张,和墨子的"兼爱"的主张是对立的。墨子提倡要像大禹治水那样,摩顶放踵以利天下。这是两种很不同的人生态度。

从道家传统来看,老子已经有轻物重生的观点,《道德经》通过"名与身孰亲,身与货孰多"的提问,说明身比名与货更重要。杨朱进一步宣传这种思想,强调"为我"、"贵己"、"全性保真,不以物累形"。这里除了重视个人的生命和利益之外,可能还包含了重视个人的独立自主性的思想。所以孟子骂他"无君",可能正说明杨朱的"贵己"包含有某种反对屈从外在权威的思想。

杨朱的思想在战国时期有很大的影响,以至于孟子说:"杨朱墨翟之言盈天下,天下之言,不归杨则归墨。"杨朱的后学主要有子华子、詹何、魏牟等,他们继承并发展了杨朱的思想,更加关注生命意义的问题。其中子华子从欲望是否得到适度的满足来判断生命的质量,认为全生是指"六欲皆得其宜"。他还认为,如果六欲都不能获得满足,就叫"迫生","迫生"则不若死。子华子的这种想法表明,杨朱学派所说的全生并不等同于追求生命的无限延续,而是在与外物的关系中重视生命的价值。

列子贵虚

列子与杨朱大致同时,名御(圄)寇。先秦时期的一些书都提到他曾随关尹学习。关尹相传是老子的弟子。关尹的思想,以"贵清"为基本特征,要求人心和外物接触时要保持清虚的状态。这对列子有一定的影响。流传到现在的列子著作有《列子》八篇,但关于此书的真伪,学者尚存争论。根据历来的看法，列子思想的核心是"贵虚"。虚即虚无，它一方面是道的特征，另一方面，也是对人心的要求。在心和道之间，列子非常强调气的作用。他认为，心与道的合一通过守气的途径来实现。另外，气也是道产生万物过程中的一个重要环节。这些思想对后来的庄子都有很大的影响。

列子同样关心社会政治问题。《战国策·韩策》记载韩国的史疾自称研治列子的思想，他认为列子的思想"贵正"，即强调"正名"，主张循名责实。这与黄老学派的刑名之学非常接近。事实上，在"贵虚"和"贵正"这两点上，列子与黄老学派之间有很多共同点。因此，从古到今都有人把列子归入黄老学派。

第四节 黄老学派

"黄老学派"是战国时期道家的主流。"黄"指黄帝，他是传说中中华民族的祖先；"老"就是老子。所谓"黄老学派"即是依托黄帝，主要发挥老子思想的一个学派。这个学派产生于战国前期，并在战国中后期得到了很大的发展。他们主要讨论社会政治问题，也兼及治身的方面。他们的主要文献有《黄帝四经》和《管子》等书。其中《黄帝四经》已经失传了很长的时间，到1973年在长沙马王堆3号汉墓出土的一批帛书中才被重新发现。

"虚无"与"因循"

黄老思想的核心内容可以用司马谈的"以虚无为本，以因循为用"这句话来概括。虚无之本是指"道"。与老子一样，"黄老学派"也把"道"视作万物的本原。不过它不像老子那样讲"道"是"有"与"无"的统一，而强调"道"是虚无无形的，《黄帝四经》称"道"为"太虚"、"虚无形"，《管子》说"虚无无形谓之道"。进一步，它以"气"来解释这个虚无的"道"，如《管子》中提出"精气"的概念，所谓"精气"是指一种精细之气，万物都依靠着它才能产生，它还是人的生命与智慧的来源。《管子》认为，这种"精气"也就是"道"。

黄老学派非常重视"因循"的观念。所谓"因循"，与老子思想中"自然"

的概念有关。从宇宙论上讲，是"道"因循万物之自然；从政治论上讲，是君主因循臣民之自然。黄老道家强调"道"之虚无性便与此有关，因为只有"道"是虚的，它才不与万物发生抵触，可以"遍流万物而不变"。同样，君主在治国时也应保持内心的虚静，这样才能充分发挥臣民的作用。《管子》把这概括为"静因之道"，"静"即指人心保持虚静，不藏有任何偏见，"因"即是因循事物的本性，发挥其特长。

君无为而臣有为

虚无与因循的观念在政治哲学中最明显的表现是"君无为而臣有为"的原则。这一原则要求君主不直接处理具体的政治事务，而把它们交由臣子去负责。之所以如此，一方面由于君主一个人的智慧不能解决所有问题，勉强去做必然会产生很多偏差；另一方面，君主过度的劳累也使生命处在紧张的状态中，不合于道家倡导的重生的态度。而对臣如何行事，"黄老学派"有一套刑名的学说来讨论。这套学说要求君主先依臣子的能力分配他合适的职务，然后再依据对职务职责的规定考察其实际的表现。表现好得到奖赏，反之则受到惩处。

在道家中，"黄老学派"的主要贡献在于提出一套可以在现实社会中操作的政治原则，并对法家发生了深远的影响。这一学派的思想在西汉初年曾被统治者采纳和接受。当时因为多年战乱，社会生产遭到了严重的破坏，"黎民得离战国之苦，君臣俱欲休息乎无为"（《史记·吕太后本纪》）。相继担任相国的萧何和曹参都实行"无为而治"，"天下俱称其美"（《史记·曹相国世家》）。

第五节 庄子

庄子的生平与著作

庄子是老子思想的继承者和发展者，后人常常把他与老子并列，合称老庄。庄子名周，宋国蒙（今河南商丘附近）人。他生活的年代（前369？—前286？）与孟子相近，比老子和孔子晚两百年左右。此时正值战国中期，是中国历史上一个非常混乱的时代。根据《史记》的记载，庄子曾做过漆园吏，这是一个管理漆树园的小官。但他的一生基本上是过着隐士的生活。庄子的生活非常清贫，身穿粗布且带补丁的衣服，有时还要向他人借粮充饥。他曾经有富贵的机会。据说，楚威王听说庄子贤能，便派了两个使者去聘他为相，但遭到了拒绝。庄子说，他宁可像猪一样在污泥中嬉戏取乐，也不愿做太庙中的牺牛，虽衣食无虞，却时刻有被宰杀的危险。这个故事很能反映庄子的思想和生活态度，他把生命视作生活中最重要的东西。

庄子厌倦人世的生活，这使得他亲近自然。他经常出没于山水之间。"庄子钓于濮水"、"庄子与惠子游于濠梁之上"、"庄周游于雕陵之樊"、"庄子行于山中"……从《庄子》的这些记载中，我们不难看出庄子的生活情趣。

庄子不仅是大思想家，而且是"最真实的诗人"，"他的思想本身便是一首绝妙的诗"(闻一多：《古典新义·庄子》)。在先秦思想家中，庄子的性格和情趣最富于美学的意味。

庄子的思想主要表现在《庄子》这部书中。《庄子》最早有52篇，十多万字。后来经过一些人的陆续删节，到晋代郭象那里确定为33篇，七万多字。这33篇被区分为内、外和杂三个部分，它们并不全是庄子所作。一般认为，内七篇的作者是庄子，外篇和杂篇则是他的后学所作。整部《庄子》可以看作是庄子学派的文献。

在《庄子》书中，庄子把他的哲学化为热烈的情感，化为一连串奇妙的想象、幻想、象征、意象。所以阅读《庄子》是一种审美享受，因为书中处处呈

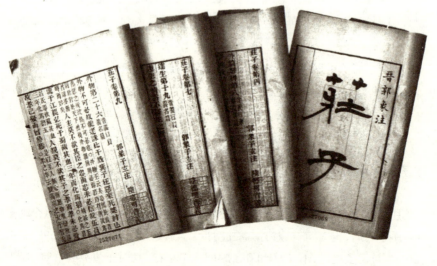

《庄子》　清光绪刊本

现出一种思想与文学、哲学与诗的奇妙的化合。"这境界,无论如何,在《庄子》以前,绝对找不到,以后,遇着的机会确实也不多。"(闻一多:《古典新义·庄子》)

眺望故乡

庄子思想的中心是要追求人的精神的自由。庄子认为,人类生存最大的困境是丧失精神的自由,除了社会的动乱以外,更重要的是人丧失了自己的本性,而被外物所统治。他称之为"殉"。人创造了财富和文明,反过来为财富和文明所统治,成为物的奴隶。《庄子》说:"天下尽殉也。"(《骈拇》)"殉",就是为了追求外在的"物"而牺牲自己自然的本性。《庄子》说:"自三代以下者,天下莫不以物易其性矣。小人则以身殉利,士则以身殉名,大夫则以身殉家,圣人则以身殉天下。故此数子者,事业不同,名声异号,其于伤性以身为殉,一也。"(《骈拇》)总之,是"伤性以身为殉"、"以物易其性",就是因为追逐外物而改变了、丧失了自己的本性,造成了人与自身的分离以及人与世界的分离。这是人类的困境。《庄子》书中充满了人生的困苦和烦恼的呼喊。在庄子看来,人生如羁旅,而羁旅中的生活却是那般龌龊、逼仄、孤凄、烦闷(闻一多:《古典新义·庄子》)。《至乐》篇说:"人之生也,与忧俱生。"《齐物论》篇说:"一受其成形,不亡以待尽。与物相刃相靡,其行尽如驰,而莫之能止,不亦悲乎!终身役役而不见其成功,苶然疲役而不知其所归,可不哀邪!人谓之不死,奚益!"

> 引文大意是:人生下来,忧愁就跟着产生了。
> 引文大意是:人一旦生下来,和外物摩擦,拼命地奔跑,身不由己,不是很可悲吗?终生劳劳碌碌,没有结果,疲惫困苦,没有一个归宿,不是很可哀吗?这样的人即便不死,又有什么意思呢?

庄子看到了人类的这种困境,他要寻求摆脱这种困境,使人返回自己的精神家园。所以闻一多说,"庄子的著述,与其说是哲学,毋宁说是客中思家的哀呼;他运用思想,与其说是寻求真理,毋宁说是眺望故乡,咀嚼旧梦"(《古典新义·庄子》)。庄子的哲学就是一种怀着乡愁的冲动(闻一多称为"神圣的客愁"),寻找家园的哲学。

游心于道

庄子认为,人要想摆脱这种困境,最根本的道路是要达到"无己",也就是超越自我。普通人"有己"。"有己",就有生死、寿夭、贫富、贵贱、得失、毁誉种种计较。只有"至人"、"神人"、"圣人"才能超越自我,"至人无己,神人无功,圣人无名"(《逍遥游》)。"无己"、"无功"、"无名",也就超越了主客二分,克服了人与世界的分离。

这种超越自我的境界，庄子称之为"体道"的境界，或者说"游心于道"的境界。这是一种"天地与我并生，万物与我为一"的"天人合一"的境界。

庄子认为，要达到这种超越自我的境界，要有一个修养的过程。第一步是"外天下"，即排除对世事的思虑；第二步是"外物"，即抛弃贫富得失等各种计较；第三步是"外生"，即把生死置之度外。一个人的修养达到了"外生"的阶段，就是"朝彻"，也就是能使自己的心境如初升太阳那样清明澄澈。"朝彻"也就达到了"游心于道"的境界，获得"至美至乐"。庄子认为这是一种高度自由的境界，他称之为"游"。"游"是"无为"，是"不知所求"、"不知所往"，没有实用功利目的，没有利害计较，不受束缚，十分自由。人处在这种境界中，"自生"、"自化"，各复其根——回到了自己的家园。

第六节　先秦道家的地位与影响

在先秦的百家争鸣中，道家凭借其深厚的史官文化背景及对现实社会人生的独特理解，发展出独具特色的知识体系，因而在先秦思想史上占有非常重要的地位。从战国后期开始，当一些思想家回顾前一时期的学术时，总会注意到许多的道家学者。前面提到，西汉初期的司马谈在先秦六家中对道家评价最高。东汉的班固生活在独尊儒术的气氛中，在《诸子略》中也把道家列为第二位（第一位是儒家）。

从内容方面来说，道家通过"道"的观念所进行的关于万物本原的探讨，开辟了中国哲学中形而上学的传统，并对其他各家及后来中国哲学的发展产生了重大影响。如儒家的孔子、孟子不谈天道，但从《易传》到《荀子》都有讨论天道的内容，其具体的表述明显与道家有关。后来，以董仲舒为代表的汉代儒家以及以周敦颐、朱熹等为代表的宋明儒家在构造其宇宙论或本体论体系时，都明显吸取了道家的思想资源。另外，道家（特别是"黄老学派"）的政治哲学对法家产生了重大的影响，"黄老学派"的"道生法"的命题，赋予"法"以形而上的依据，客观上为法家提供了理论基础。司马迁在论述法家的主要代表慎到、申不害及韩非时，都强调他们"学黄老道德之术"或者是"本于黄老"，充分意识到法家与道家之间在理论方面的前后承继关系。

经历汉武帝"罢黜百家，独尊儒术"的局面之后，道家思想在魏晋时期得到了复兴。魏晋玄学以《老子》、《庄子》和《周易》为主要经典，通过对它们的重新解释，围绕"本末有无"、"自然名教"等问题建立起被后人称为"新道家"的思想体系。在这一体系中，道家的政治哲学和人生哲学都得到了深化与发展。尤为重要的是，魏晋玄学基本上舍弃了此前一直流行的宇宙论模式，而代之以本体论的思考，使中国哲学在思维方式上实现了一个重要的转变。

在道家的影响之下，还产生了中国本土的宗教——道教。道教出现于东汉末年，从一开始，它就把《老子》作为表达教义的基本经典，并将道家的创始人老子加以神化，视作教主。到唐代，在道家思想的基础上，并吸取佛教教义，道教思想得到了重大的发展，产生了重玄学的理论体系。此外，在佛教刚刚传入中国的初期，人们往往通过道家思想来了解和解释佛教的理论，同时，佛教在以后的发展过程中，又不断地吸收道家思想，最明显的是禅宗，它在很多方面都受到庄子的启发。

道家对中国美学、中国文学、中国艺术的发展产生了巨大的影响。如中国美学中意象的理论、意境的理论、审美心胸的理论，以及一系列重要的概念、范畴和命题，都发源于老子和庄子的思想。例如，在老子关于"道"是宇宙万物的本体和生命的思想的影响下，中国古代艺术家都不太重视对孤立的、有限的"象"的描绘，而是力求把握和表现宇宙的本体和生命——"道"（气）。又如，在老子关于"道"是"无"和"有"，"虚"和"实"的统一的思想的影响下，"虚实结合"成了中国古典美学的一条重要原则，成了中国古典艺术的重要美学特点。在中国古代诗、画的意象结构中，虚空、空白有很重要的地位。没有虚空，中国诗歌、绘画的意境就不能产生。又如，老子提出了"妙"的概念。"妙"的特点是体现"道"的无规定性和无限性。"妙"出于自然，归于自然。"妙"通向整个宇宙的本体和生命。所以"妙"必然要超出有限的物象（所谓"象外之妙"），更不能用"名言"（概念）来把握（所谓"妙不可言"）。在老子的影响下，到了汉代，"妙"就成为常用的审美的评语，成为一个美学范畴。魏晋之后，这个"妙"字用得更为广泛，简直是众"妙"层出不穷。又如，老子提出"涤除玄鉴"的命题，强调为了实现对"道"的观照，观照者内心必须保持虚静。庄子把老子这个命题发展成为"心斋"、"坐忘"的命题。在老子、庄子思想影响下，在中国美学史上形成了关于审美心胸的理论，即认为审美观照要以虚静空明的心胸为前提。因此，不研究道家（包括魏晋玄学），就不可能把握中国古代审美意识的特点。

朱自清论"妙"

魏、晋以来，老庄之学大盛，特别是庄学；士大夫对于生活和艺术的欣赏与批评也在长足的发展。清谈家也就是雅人，要求的正是那"妙"。后来又加上佛教哲学，更强调了那"虚无"的风气。于是乎众妙层出不穷。在艺术方面，有所谓"妙篇"、"妙诗"、"妙句"、"妙楷"、"妙音"、"妙舞"、"妙味"，以及"笔妙"、"刀妙"等。在自然方面，有所谓"妙风"、"妙云"、"妙花"、"妙色"、"妙香"等，又有"庄严妙土"，指佛寺所在；至于孙绰《游天台山赋》里说到"运自然之妙有"，更将万有总归一"妙"。在人体方面，也有所谓"妙容"、"妙相"、"妙耳"、"妙趾"等；至于"妙舌"指会说话，"妙手空空儿"（唐裴铏《聂隐娘传》）和"文章本天成，妙手偶得之"（宋陆游诗）的"妙手"，都指手艺，虽然一个是武的，一个是文的。还有"妙年"、"妙士"、"妙客"、"妙人"、"妙选"，都指人，"妙兴"、"妙绪"、"妙语解颐"，也指人。"妙理"、"妙义"、"妙旨"、"妙用"，指哲学，"妙境"指哲学，又指自然与艺术；哲学得有"妙解"、"妙觉"、"妙悟"；自然与艺术得有"妙赏"，这种种又靠着"妙心"。（《朱自清古典文学论文集》上册，上海古籍出版社1981年版，131页）。

推荐读物：

1. 许抗生著：《老子与道家》（北京：新华出版社，1993年）。
2. 陈鼓应著：《老子注译及评介》（北京：中华书局，1984年）。
3. 刘笑敢著：《老子》（台北：东大图书股份有限公司，1997年）。
4. 袁保新著：《老子哲学之诠释与重建》（台北：文津出版社，1991年）。
5. 刘福增著：《老子哲学新论》（台北：东大图书股份有限公司，1999年）。
6. 叶朗著：《老子的美学》，载氏著：《中国美学史大纲》（上海：上海人民出版社，1985年）。
7. 闻一多著：《庄子》，载氏著：《古典新义》，《闻一多全集》第2册（北京：三联书店，1982年）。
8. 叶朗著：《〈庄子〉的诗意》，载氏著：《胸中之竹：走向现代之中国美学》（合肥：安徽教育出版社，1998年）。
9. 吴光明著：《庄子》（台北：东大图书股份有限公司，1988年）。
10. 黄锦鋐著：《庄子及其文学》（台北：东大图书股份有限公司，1977年）。
11. 吴光著：《黄老之学通谕》（杭州：浙江人民出版社，1985年）。

图片补充资料：

1. 188页：T形帛画，湖南长沙马王堆汉墓出土。此图分天上、人间、地下三部分，反映汉初人们对天上、人间、地下的宇宙构想。
2. 190页：帛书《老子》甲本（部分），湖南长沙马王堆1号汉墓出土。

【第十二章】 先秦法家

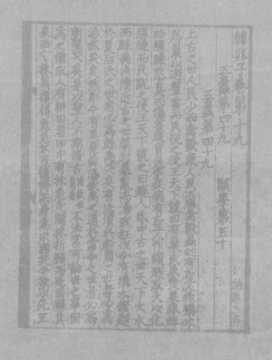

法家是先秦诸子百家中的一个重要学派。它萌芽于春秋时期，正式形成于战国前期，活跃于战国中、后期。之后，秦始皇用法家思想统一了全中国，法家成为了秦王朝的统治思想，赢得了独尊的地位，进入了全盛期。但随着秦王朝的迅速崩溃，法家也很快失去了它原有的地位，而被儒家所代替。法家造就了一个强大的秦王朝，同时它也促使了秦王朝的迅速灭亡。法家的成功与失败，两千多年来一直是引起人们兴趣的一个研究和讨论的课题。

第一节 先秦法家概说

顾名思义，法家是一个重法治的学派。法家的这一基本思想，早在古代，人们便已认识。西汉的历史学家司马谈就指出："法家不别亲疏，不殊贵贱，一断于法。"（司马谈：《论六家要旨》，载《史记》卷一百三十《太史公自序》）不讲私情，不阿显贵，一切依"法"办事，这确是法家的基本思想。但法家作为一个学派，有着自己一整套的治理国家的学说，并不仅限于重法治这一点。法家是适应春秋战国时期社会变革发展的需要而产生的,在它身上体现着强烈的时代精神。

法家学派除重法治以外，还有以下几个基本特征：

(1) 主张社会变革，反对因循守旧

法家学派倡导社会变革，认为"世事变而行道异"，反对维护旧秩序旧制度。大多数法家人物都实际领导了当时社会的"变革运动"，如著名的法家人物李悝、吴起、商鞅等都是历史上有名的社会改革家。

(2) 主张富国强兵，重视耕战

法家认为，国家的富强靠两方面：一是农耕，一是战争。发展农业生产，就能提供粮食布匹，使国家人民富裕起来。重视战争，有强大的军队（"强兵"），成为强国，就可以争霸天下。这就是法家富国强兵的思想。

(3) 主张严刑峻法，提倡赏罚分明

法家认为只有用严刑峻法，用轻罪重判的严厉手段，才能使百姓不敢犯法，社会才能得以安宁。同时主张有功劳必须奖赏，有罪行必须惩罚，赏罚必须分明。

(4) 主张中央君主集权，反对分封世袭制

法家反对旧有的分封世袭制。认为这种制度必然会导致地方分裂割据，

而主张建立由中央委派地方官吏的郡县制。法家主张建立强而有力的中央君主集权政治，提倡君主用法、术、势三结合的法治思想来驾驭、控制自己的臣民。

综上可见，法家的特点是特别重视法治，重视农业生产，主张富国强兵和加强君主集权。如果说儒家是一个偏重伦理道德教化的学派，道家是一个偏重探讨哲学问题的学派，那么法家则是一个偏重政治学说的学派，是一个倡导社会实际改革的学派。

第二节 法家学派形成、发展的三个时期

法家学派是随着春秋战国时期社会变革的演进而产生和发展的。法家大致经历了以下三个时期：

萌芽时期

第一个时期，是法家思想酝酿萌芽时期，大致在春秋时代。这一时期，随着社会的发展，一些先进的诸侯国逐步开始实行社会的变革。如在经济上实行"初税亩"的税制改革，在政治上实行公布刑法的法制改革等。与此相应，春秋时代出现了一批早期的社会改革家。如齐国的管仲、晋国的郭偃、郑国的子产和邓析等人。他们不同程度地提出了一些要求变革社会的新思想、新观念，如富国强兵、重视法治等。这些新思想新观念，后来发展成为法家学派的重要主张。这些改革家就是法家学派的先驱人物。

形成与勃兴时期

第二个时期，是法家的形成与勃兴时期。这一时期大致在战国的前期和中期。在这个时期，随着社会经济政治的发展，人们要求进一步打破旧制度，实行社会变革，各诸侯国先后进入了变法的高潮时期。法家就是在这一社会

大变革的浪潮中产生和勃兴起来的。各诸侯国中以魏国实行变法为最早，时间就在战国前期的魏文侯时代。魏文侯礼贤下士，广招天下学士，并亲自师事孔门弟子子夏等人，又任用李悝、吴起等早期法家人物实行变法。李悝兼采各诸侯国成文法典而作《法经》，实行法治，并重视农业生产，作"尽地力之教"等，实行政治、经济改革。李悝还著《李子》一书，阐发了他的富国强兵思想。李悝成为了战国时期第一位法家政治家和思想家，法家学派正式开始形成。法家在魏国最早产生，是与魏文侯推行变法分不开的。

在这之后，吴起奔楚，楚悼王重用吴起，实行变法。吴起在楚"明法审令"，推行法治。他也是法家早期一位重要代表人物。

战国中期最著名的法家人物，有商鞅、慎到、申不害等人。商鞅在秦国实行变法，从而奠定了秦国统一全中国的基础。慎到是赵国人，后来到齐国的稷下，著有《慎子》十二篇（今存残本）。慎到思想的特点是重"势"。申不害曾被韩昭侯任用为相，"内修政教，外应诸侯"，"国治兵强，无侵韩者"。著有《申子》二篇，已佚。申不害思想的特点是重"术"。

晋法家和齐法家

李悝、吴起、商鞅都曾经在魏国从政，又都成了法家的重要代表，可见魏国是当时法家的一个重要发源地。另一位法家人物申不害，其政治活动主要在韩国，还有后来的集法家大成者韩非是韩国公子，可见韩国也是法家重要活动中心之一。魏国、韩国原都属于晋国，所以学者一般称这些法家人物为晋法家。

齐国当时是东方的一个大国，齐威王重用即墨大夫，"田野辟，民人给"，"齐国以治"。威王又用法家邹忌为相，"谨修法律而督奸吏"，使"齐最强于诸侯"。齐威王、宣王之时，还招徕四方学士，开设学宫，思想十分活跃，其中法家思想在学宫中占有重要的地位。他们的法家思想，一方面是对春秋时期齐国的法家先驱者管仲思想的发挥，另一方面则是反映了当时齐国社会变革的要求。齐国的法家，后被学者称之为齐法家。

晋法家与齐法家是战国时期两个重要的法家系统，它们的思想基本上是相通的，但也有不同的地方。它们的不同主要有以下三点：第一，晋法家主张重农贱商，认为"事商贾，为技艺，皆以避农战"（《商君书·农战》）。商人挟持货财，周游各地，不易控制。反之"愚农不知，不好学问"（《商君书·垦令》）、"民愚则易治"（《商君书·定分》），农人依附于土地，流动性低，管理容易。

农民平时耕作,可使粮食不断;战时征集,可以保国开疆。齐法家则深受齐国重视工商传统的熏陶,以为"先王使士农工商四民交能易作"。因此,治理国家虽然重农但却不必抑商。第二,晋法家认为人的本性是"好利恶害",终生不变,因此治理国家应该"不务德而务法"(《韩非子·显学》),根本否认道德教化的意义。齐法家则继承管仲"礼义廉耻,国之四维"的观念,承认道德教化的作用,认为治理国家不能专任刑法。因为对人性的看法不同,所以晋法家迷信暴力,以为重刑在前,人莫敢犯。而齐法家则认为刑罚的威力是有限的。第三,晋法家以为治理国家应该明法令,而诸子之学无益于治道,故主张"以法为教"、"以吏为师"(《韩非子·五蠹》),"燔诗书而明法令"(《韩非子·和氏》)。但齐法家则无此主张。齐国是一个开放的国度,对于各种学说,都兼容并蓄,因此有稷下学宫,广集各种学说的人才。齐法家承袭这种精神,对各种学说思想抱开放的态度。

总结与终结时期

第三个时期,是法家学派思想系统化理论化的时期,是先秦法家思想的总结的时期,同时也是法家政治在全中国赢得胜利,随后又在全中国失败而告终的时期。这一时期,大致从战国末期到秦王朝灭亡。其主要代表人物有韩非、李斯等人。韩非是先秦法家思想的集大成者。李斯、秦始皇是实际推行法家思想的大政治家。在战国前、中期的变法高潮中,法家人物大都忙于从事实际的变法运动,如商鞅、吴起、李悝、申不害等人都是如此。他们首先都是实际政治家,他们的著作也主要偏重于讨论当时的政治改革。因此他们的法家思想缺乏系统化和理论化,尤其缺乏哲学理论基础。活动于战国末年的韩非,则是一位法家的大思想理论家,他把先秦法家思想加以总结使之系统化,从而把先秦的法家学说发展到了最高峰。但韩非仅是一位理论家,他本人并没有把他的思想付诸实现。而秦始皇、李斯则把法家政治推行于全中国。秦王朝的建立就是法家政治的最高产物,而秦王朝的灭亡,也等于宣告了法家政治实践的失败。

第三节 最著名的法家改革家——商鞅

商鞅、韩非是法家学派中的两个主要代表人物。他们的法家思想在中国文化思想史上有着深远的影响。

商鞅

在中国古代的历史上，最有声望、最有影响力的法家改革家，莫过于商鞅。商鞅变法奠定了秦国统一全中国的基础，因而名垂史册。

商鞅（前390？—前338），姓公孙，名鞅，秦孝公时封于商邑，故名商鞅，号为商君。商鞅为卫国庶出公子，故亦称为卫鞅。商鞅先事魏相公叔痤为中庶子（执掌公族事务的官吏）。公叔痤知道商鞅有才能而未得重用，有一次正遇公叔痤生病，魏惠王（前370继位）亲往问候，公叔痤趁此机会向魏惠王推荐商鞅，说："公孙鞅，年虽少，有奇才，愿王举国而听之"《史记·商君列传》。惠王默然无允诺。商鞅未被惠王纳用，待公叔痤去世后，"公孙鞅闻秦孝公下令国中求贤者，将修缪公之业，东复侵地，乃遂西入秦"《史记·商君列传》。其时当在秦孝公即位（前361）之后。

商鞅入秦后，通过孝公宠臣景监的关系求见孝公。秦孝公前后四次接见商鞅。第一次商鞅说孝公以帝道（五帝之道），"孝公时时睡，弗听"。第二次商鞅说孝公以王道（三王之道），亦不中孝公之意。第三次商鞅说孝公以霸道，孝公才欲用商鞅，并约他第四次相见。在第四次相见中，相谈"数日不厌"，两人情投意合，从此孝公重用商鞅实行变法。可见孝公不欲行帝王之道（即仁政德治的儒家之道），而信霸道，这正与商鞅的法家思想相合，所以孝公能够在秦国推行最为彻底的变法运动。商鞅在秦国前后实行了两次变法，废除了旧制度，实行了新制度，使得秦国很快强盛起来，成为战国时期第一等强国。但商鞅本人却遭到贵族保守派的诬陷，被处以车裂的极刑，为变革献出了自己的生命。

商鞅变法

商鞅是带着李悝的《法经》到秦国的。《法经》是他变法的重要依据。他在秦国的变法包括经济、政治、军事、行政组织等多方面的内容，涉及到社会的各个层面。概括地说，主要有以下几点：

（1）废除旧有井田制，实行土地私有制

变法中的一个重要措施是："为田开阡陌封疆，而赋税平"。就是废除旧有的井田制，建立新的土地私有制。阡陌封疆，是指原来井田上的疆界。井田制是一种土地国有制度（王有制），是由周王分封给诸侯、大夫的。开阡陌封疆，就是铲除井田上的这些疆界，破坏井田制。《汉书·食货志》说"秦孝公用商君，坏井田，开阡陌"，说的就是这个意思。根据《史记·六国年表》所载，秦国于公元前348年实行"初为赋"，这正处在商鞅变法时期。由此可见，"初为赋"是废除了井田制实行了土地私有制之后，一律按照土地的数量大小和质量好坏来征赋税。由于一律要求按照土地的数量大小和质量好坏来征收税，所以说"开阡陌封疆"而能做到"赋税平"。这是秦国的一次土地制度和税收制度的根本性变革。由于土地实行了私人所有，因而就可以允许进行土地的买卖转让。所以《汉书·食货志》说："（按：秦）用商鞅之法，改帝王之制，除井田，民得买卖，富者田连阡陌，贫者亡立锥之地。"土地私有和允许买卖的结果，必然会造成土地集中于少数富人（地主）之手，而大多数人则会失去土地成为穷人。这种两极分化以及因此而产生的经济、政治斗争，成为中国古代社会的一个基本特征，而这一社会的基本特征，则与商鞅变法有着密切的关系。

"阡陌，田间之道也。南北曰阡，东西曰陌。"（《汉书·食货志》）

（2）废除分封制，建立郡县制，加强中央集权

变法的另一重要内容是："集小（按：都）乡邑聚为县，置令、丞，凡三十一县。"这是重新调整行政区域，集小乡为县，建立郡县制，设县令、丞等行政官吏。这就废除了旧有官吏的分封世袭制，县令由中央委派，权力集中到了中央政府。这是加强中央集权的一个重要措施。

（3）"重本抑末"（重农业抑工商）

"本"指农业，"末"指工商业。"重本抑末"就是主张重视农业的发展，对工商业采取抑制的政策。这是鼓励发展农业生产的措施。

（4）奖励军功，禁止私斗

商鞅规定："有军功者，各以率受上爵；为私斗者，各以轻重，被刑大小。"这是一条奖励军功，禁止私斗的措施。为国立军功的人，各以其军功大小次

序受爵位。为私家打架斗殴的人，按其情节的轻重处以刑罚。这对于世官世禄的旧制度，是一个很大的打击。商鞅主张"富贵之门，必出于兵"，要有军功才能富贵。这样的措施能使得民乐于当兵，为国效力。同时也能使得军队的指挥官都能有实战的经验，因为他们都是以建立军功而起家的。

(5)"连坐法"

此法的内容是把民户以五家为"伍"，十家为"什"组织起来，一家有罪九家举发，若不检举，则十家同坐，不告奸者严刑重处（腰斩），告奸者与战场上斩敌一样受赏。这是商鞅的严刑峻法、"重其轻者"（轻罪重判）、"以刑去刑"的主张的体现。按照这种连坐法把全秦国的民众严格控制在法网之下，每一家每一人的行为都处在严密监视之中。这一连坐法对钳制民众来说确是强而有力的，后来有不少统治者都利用这一组织形式，以防止民众的反抗和不轨行为的产生。

总之，商鞅的法家思想可以概括为：重农，重战，重法。商鞅说："国待农战而安，主待农战而尊。"《商君书·农战》所以他提出了"一于农"（归一于农）、"一于战"（归一于战）的思想。他又主张治理国家要"一断于法"，要严刑峻法，赏罚分明。商鞅崇尚以刑法解决社会问题，因此他反对儒家的道德教化思想。他认为儒家的仁义道德教化既不能多增粮食，又不能增强兵力，违背了富国强兵的目标，认为它的作用只能是"削国"和"贫国"。商鞅完全否定了道德教化的社会作用，是一种狭隘的功利主义思想。这种只要暴力而不要道德教化的思想，也就为后来强大的秦王朝埋下了速亡的种子。

第四节　法家学说的集大成者——韩非

韩非的生平和著作

韩非（前280？—前233），战国末年韩国人，出身于贵族，为韩国的公子。韩非口吃，不善于言说，而好著书。他与李斯为同学，共同师事儒家大师荀子。当时韩非见韩国势弱，向韩王提出改革的建议，但不被采用。于是他转而从事理论的研究。他"观往者得失之变","作《孤愤》、《五蠹》、《内外储》、《说林》、《说难》十余万言"(《史记·老子韩非列传》),成为法家思想的集大成者。书成后传至秦国,秦王读后说:"嗟乎!寡人得见此人与之游,死不恨矣。"(《史记·老子韩非列传》)可见秦始皇非常赞赏韩非。当时秦国攻韩,韩王本来不用韩非,由于秦国进攻很急,韩王便委派韩非出使秦国。秦王见到韩非很为喜悦,但并未信用。李斯认为,韩非为韩国的公子,终为韩而不为秦,此人之常情。因此向秦王建议,既然不用韩非,不如诛之,以免后患。秦王以为然,"下令治非"。李斯便差人送韩非毒药,使自杀。韩非欲见秦王而不得,最后只得自尽于秦国狱中。

"法"、"术"、"势"三结合的法治学说

在韩非以前的法家学派中,有三种治理国家的学说,即以商鞅为代表的重法派、以申不害为代表的重术派和以慎到为代表的重势派。韩非主张把这三派主张结合起来。先说"术"。"术者,因任而授官,循名而责实,操杀生之柄,课群臣之能者也。此人主之所执也。"(《韩非子·定法篇》)这就是说,"术"是人君驾驭群臣的方法,它的内容是因人的才能授予官职,要求做官的言行一致,才能与官职相称。人君用这样的要求来考察官吏,不称职的废黜,称职的、有能力的得到奖励和提升,所以说人君能"操生杀之柄,课群臣之能者也"。这种重术的思想是申不害提出的,他并以这一思想帮助过韩昭侯治国("以术干韩昭侯"),并收到了实效。再说"势"。势是指"权重位尊"的权势威势。在先秦法家中慎到是重势的,他说:"飞龙乘云,腾蛇游雾,云罢雾霁,而龙蛇与蚓蚁同矣,则失其所乘也。贤人而诎于不肖者,则权轻位卑也;不肖而能服于贤者,则权重位尊也。尧为匹夫不能治三人,而桀为天子能乱天下,吾以此知势位之足恃,而贤智之不足慕也。"(《韩非子·难势》)可见法家所讲的"势"是指势位、权势而言,他们认为只有大权在握,有了权势才能做到"令行禁止"。至于"法",是公布于众的法令、法规、法律,是君、臣、民三者都应共同遵守的东西。用"法"来治理国家是法家学派的根本主张,而法令要靠权势来推行,所以法治不能没有权势。国家的法又要靠各级官吏来执

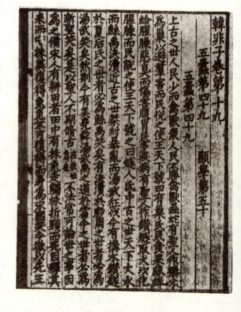

《韩非子》 吴甇影刻宋乾道黄三八郎本

行，因此选拔和考核官吏又显得十分重要。所以韩非认为，君主治理国家，"法"、"术"、"势"三者不可偏废，必须把三者结合起来。这就是韩非所提出的"法"、"术"、"势"三结合的法治学说。这一学说是对商鞅、申不害、慎到三派思想的综合，其实质是一种君主集权制的理论。韩非的这一理论对后来中国长期实行的中央集权的君主专制制度产生了巨大的影响。

狭隘的功利主义思想

韩非的思想深受他老师荀子的影响。荀子提出了"人性恶"的学说，把人的生理和心理的欲望当作人的原初本性，认为顺着本性去做，就会导致"恶"。韩非接受了荀子"人性恶"的思想，提出了人性自利说（或称人性自私说）。他认为，"好利恶害"出自人的本性，追求欲望则是人之常情。因此韩非把人与人之间的一切关系，都看成是一种利害关系，一种双方计较利益而进行的买卖关系，甚至把君臣之间的关系，乃至父母与子女间的亲亲关系，也说成是计较利益的买卖关系。这显然是一种十分狭隘的功利主义观点。既然人都是自利的，那么社会的秩序又怎样才能维持呢？国家又能采取什么样的办法来治理呢？对此韩非提出了"凡治天下，必因人情"的主张。所谓"因人情"，就是要顺人性的所好而赏，顺人性的所恶而罚。人性好利，统治者可用物质奖赏的办法鼓励他；人性恶罚，统治者就可以用重罚来使民畏惧。所以韩非说："赏莫如厚，使民利之；誉莫如美，使民荣之。诛莫如重，使民畏之；毁莫如恶，使民耻之。"（《韩非子·八经》）总之，治理社会应当采取因顺人性自利的做法，即用重赏重罚的法治来治理。由此可见，韩非所主张的狭隘的功利主义是为他的法治思想提供理论根据的。

任力不任德的思想

韩非站在功利主义和法治至上的立场，又进一步地发挥了商鞅的"任力不任德"的崇尚暴力的思想。虽说他的老师荀子不同于孔孟，但还是主张礼法双行，并把礼义教化放在首位。然而韩非却提出了"道德教化无用有害"的思想。韩非论证说："今有不才之子，父母怒之弗为改，乡人谯（按：又作诮）之弗为动，师长教之弗为变。……州部之吏，操官兵，推公法而求索奸人，然后恐惧，变其节，易其行矣。"（《韩非子·五蠹》）可见"父母之爱不足以教子，必待州部之严刑者"。由此他推出结论："严家无悍虏，而慈母有败子，吾以此

知威势之可以禁暴,而德厚之不足以止乱也。"(《韩非子·显学》)韩非认为道德教化不仅无用而且有害,认为讲仁义慈爱,就会使百姓对外不勇敢杀敌,对内不积极农耕,只能有害于农战,最后导致亡国灭身。因此韩非主张"以法为教"、"以吏为师",甚至主张"无书简之文"、"无先王之语",全盘否定一切道德与历史文化。这是一种极端的否定道德教化作用的非道德主义思想和反文化的思想。历史经验表明,对于治理国家来说,道德与法是相辅而行、互为补充的两大手段。而道德教化和法治的推行又要以整个社会的文化教养作为基础。韩非否定文化和道德的作用,只崇尚暴力,认为法治可以解决一切,这显然是一种片面的思想。

第五节 法家的历史作用

法家学派是一个曾经在中国历史上起到非常重要的作用的学派。它用强力的手段推行了自上而下的经济、政治、军事等一系列社会制度的改革,废除了旧有的井田制,建立了土地私有制,造就了一个强大的秦国,并在此基础上用暴力实现了全中国的统一,建立了秦王朝。这对整个中国经济、政治的发展起到了十分重要的推动作用,奠定了以后中国社会发展的基础。法家思想对后世社会,包括在政治、经济、思想文化诸多方面,都产生了深远的影响。虽然历代王朝多数都以儒家思想为统治思想,但它们也都吸收了法家思想,有时是儒法合流,有时是阳儒阴法。法治思想成为中国历代王朝统治思想的重要部分。刑德并用(即儒法并用)、王霸杂之,一向是历代统治者不可缺少的两手,犹如车有两轮、鸟有两翼一样。法家的改革精神,也为历代进步思想家、改革家所继承和吸收。所有这些都是法家的贡献。但是正如秦王朝的建立是法家政治的成功一样,秦王朝的灭亡也标志着法家政治的失败。法家的致命弱点是它只知道用严刑峻法来统治人民,而不懂得道德教化的作用和德政的威力,不懂得严刑峻法只能起到暂时的压服的作用,只有仁政德治才能使人心悦诚服,才是长治久安之策。法家从狭隘功利主义出发,推行文化专制主义,用极端的手段("焚书"、"坑儒")毁灭文化和文化遗产,否定人文教育,对整个中华民族的文化造成极大的破坏。这就决定了秦王朝的法家政治是短命的,它的失败是不可避免的。秦王朝法家政治的成功与失败,都在中国历史上产生了深远的影响。它成功的经验和失败的教训,值得我们记取。

推荐读物:

1. 许抗生著:《中国的法家》(北京:新华出版社,1992年)。
2. 王晓波著:《先秦法家思想史论》(台北:联经出版事业公司,1991年)。
3. 李存山著:《商鞅评传:为秦开帝业的改革家》(南宁:广西教育出版社,1997年)。
4. 郑良树著:《商鞅及其学派》(台北:学生书局,1987年)。
5. 郑良树著:《韩非之著述及思想》(台北:学生书局,1993年)。

【第十三章】《孙子兵法》

《孙子兵法》是中国历史上最早的一部经典性的军事学著作,是对春秋以前中国古代战争经验的最高的理论总结。它不仅提出了一系列带有普遍性的军事规律,而且蕴涵深邃的哲学思想,所以学者称之为古代东方兵学智慧的结晶。

第一节 《孙子兵法》的作者

孙武的生平

《孙子兵法》的作者是孙武,有时又称孙武子或孙子。姓孙名武,字长卿,春秋末期人。他的出生年代据推算在公元前550年至公元前540年之间。

孙武的祖籍是春秋时一个小国陈国,位置在现今的河南与安徽的交界处。他的七世先祖陈完本是该国国君陈厉公的儿子,由于宫廷发生内讧,陈完避祸,逃到齐国。其时齐国由桓公当政,桓公封陈完为工正,掌管齐国的手工业生产。这时的陈完改姓田,原因是陈与田音同意通。田完的四世孙无宇有二子,一为恒,二为书。田书立有战功,获赐姓孙,食采于乐安(今山东省惠民县)。从此,孙氏一家成为了军事世家。

关于孙武的故里主要有两种观点:一是山东省惠民县,一是山东省博兴县,无定论。本书从前说。

孙武的父亲叫孙凭,孙凭乃孙书之子。此时,由于齐国发生内乱,孙凭为避祸乱,率全家到了南方的吴国。这时的孙武钻研兵法已颇有成就。

孙武到吴国后,吴王阖闾(前?—前496)(又名阖庐)的谋臣伍子胥(前?—前484)发现了他,引为知己。伍子胥在吴王面前多次举荐孙武。吴王对孙武的兵学很是赏识。《史记·孙吴列传》说:"孙子武者,齐人也,以兵法见于吴王阖庐。阖庐曰:'子之十三篇,吾尽观之矣。'"按照这个记载,《孙子兵法》十三篇应是孙武自己的著作,并且在他见吴王之前已经成书。

《十一家注孙子》 宋刊本

现存的《孙子兵法》最早的刻本是南宋孝宗、光宗年间的《武经七书》本和南宋宁宗年间的《十一家注孙子》本。曾经有人怀疑《孙子兵法》是否孙武所著,甚至怀疑是否真有孙武其人。还有人因为史书记载孙膑著有兵法,而当时找不到《孙膑兵法》,就推断现存《孙子兵法》的作者就是孙膑。《孙子兵法》的作者究竟是谁成了学术界一个争论的问题。1972年在山东省临沂县银雀山1号西汉墓中出土了一批竹简,其中有《孙子兵法》,同时也有《孙膑兵法》。这说明孙武和孙膑各有兵书传世,长期争论的问题得到了解决。其实《史记》曾经说过,孙膑(与商鞅、孟轲同时)是孙武的后世孙,两人各有兵法传世。班固在《汉书·艺文志》中,把孙武的兵法叫《吴孙子》,把孙膑的兵法叫《齐孙子》(因为孙膑在齐国担任军师)。但曹操在注释《孙子兵法》(《吴孙子》)时,对《齐孙子》一字未提。在《隋书·经籍志》中,也不见《齐孙子》的著录。可见在东汉时《孙膑兵法》(《齐孙子》)就可能已经失传了。

柏举大战

由于伍子胥的举荐,吴王确认孙武是一位统兵作战的奇才,封孙武为上将军,并命他指挥伐楚。

楚国是春秋时期南方大国。据《左传》记载,楚庄王时,曾北上问鼎中原。当时北方的晋国采取联吴制楚的策略,使得吴楚两国长期对峙。公元前5世纪楚昭王即位后,楚国的实力下降,同时和唐、蔡等周边国家又不断发生战争,吴王阖闾利用这个时机,决定逼楚国决战。他打着"兴师救蔡"的旗号,与伍子胥等率水师溯淮河西上,北绕大别山,和唐、蔡两国军队会合。当吴、蔡、唐三国联军编制就绪后,孙武突然决定改变沿淮水进军的路线,在今河南潢川淮河的一个弯曲部舍舟登陆,迅即通过大别山与桐柏山之间的黄岘关、武胜关、平靖关三道关口,直插楚国纵深。

孙武先走水路,然后突然改为陆路,是为了麻痹对方,打他一个措手不及。果然,当联军主力集结在湖北麻城东北柏子山一带后,楚军被迫仓促应战。经过前哨战和柏举(今湖北麻城县境)决战,楚军大败而逃。吴军乘胜追击,11天行军700里,五战五捷,占领楚国都城郢。楚昭王弃城南逃,吴军声威大振。这就是柏举大战。这次战役中,吴军以3万人对楚军20万,出征千里之外,竟取得辉煌战绩,成为历史上"以少胜多"的著名战例。战国时期军事家尉缭子赞赏说:"有提九万之众,而天下莫能当者谁?曰桓公(按:齐桓公)也。有提七万之众,而天下莫敢

《孙子兵法》竹简(部分)西汉

当者谁?曰吴起也。有提三万之众,而天下莫敢当者谁?曰武子（按：孙武）也。"对孙武用兵推崇备至。

第二节 《孙子兵法》的军事思想

《孙子兵法》共13篇,约六千余字,从《始计篇》开始,到《用间篇》结束,对用兵中的各个侧面、各个环节,作了精深微妙的分析。它提出的一些重要的战略原则,直至今天仍然具有重大的意义。

知彼知己者,百战不殆

《孙子兵法·谋攻篇》说:"知彼知己者,百战不殆。"这是《孙子兵法》中一句脍炙人口的名言,它指明,战争指导者对敌我双方情况的了解和认识,是战争中取胜的先决条件。孙子认为,敌我双方的军事实力,敌我双方的有利因素和不利因素,作战的地形和气候条件等等,这些制约战争胜败的因素,战前必须有清楚的了解。他说:"知吾卒之可以击,而不知敌之不可击,胜之半也;知敌之可击,而不知吾卒之不可以击,胜之半也;知敌之可击,知吾卒之可以击,而不知地形之不可以战,胜之半也。故知兵者,动而不迷,举而不穷。故曰:知彼知己,胜乃不殆;知天知地,胜乃不穷。"（《孙子兵法·地形篇》）

在了解敌方的军事情报方面,孙子强调应采取多种多样的方法和手段,如"策之而知得失之计,作之而知动静之理,形之而知死生之地,角之而知有余不足之处。"（《孙子兵法·虚实篇》）在各种知敌、料敌的方法中,孙子还特别突出使用间谍的重要性。《孙子兵法》的最后一部分专门讨论了间谍的作用和使用方法。

除了"知"之外,孙子更强调"算"（计算、谋划）。他说:"夫未战而庙算胜者,得算多也;未战而庙算不胜者,得算少也。多算胜,少算不胜,而况于无算乎?"（《孙子兵法·始计篇》）

"算"可以看作"知"的提高和延伸。在孙子看来,全面地了解敌我双方情况,只是提供了战争中取胜的必要条件,尚不是充分条件。如要最终取胜,还须对了解来的实际情况,进行"察"（考察、研究）、"算",形成具体的战

《孙子兵法·地形篇》引文大意是:只知道从我方的情况看可以打,不知道从敌方的情况看不能打,胜利的可能只有一半;只知道从敌方的情况看可以打,不知道从我方的情况看不能打,胜利的可能只有一半;知道从敌方的情况看可以打,也知道从我方的情况看可以打,但不知道地理形势不适合打,胜利的可能也只有一半。所以,懂用兵的人,行动正确而果断,举措变化无穷。所以说,知己知彼,知天知地,才能保证取得完全的胜利。

《孙子兵法·虚实篇》引文大意是:通过策算,以求明了作战计谋的利弊得失;挑动敌人,以求了解战争活动规律;假装暴露自己所处的地形,以求了解敌处地形的优劣利弊;采试探性的攻击,来了解军事实力的强弱对比。

略、战术,然后在行动中力求创造各种条件,使敌人处于不利地位,从而战胜敌人。

孙子之所以强调"算",还在于他认识到用兵打仗是一种诡诈的行为。《孙子兵法·始计篇》说:"兵者,诡道也。故能而示之不能,用而示之不用,近而示之远,远而示之近。利而诱之,乱而取之,实而备之,强而避之,怒而挠之,卑而骄之,佚而劳之,亲而离之。攻其无备,出其不意,此兵家之胜,不可先传也。"又《兵势篇》说:"凡战者,以正合,以奇胜。故善出奇者,无穷如天地,不竭如江河。""奇正相生,如循环之无端,孰能穷之?"敌对双方的将领都在相互谋算和欺诈,以期获得出奇制胜的效果。因此,双方将领的智慧谋略是决定战争胜败的关键因素。

道、天、地、将、法

尽管智谋是决定战争胜败的关键因素,但战争毕竟主要是军事实力的对抗,所以孙子主张根据双方的军事实力来决定具体的战术:"故用兵之法,十则围之,五则攻之,倍则分之,敌则能战之,少则能逃之,不若则能避之。故小敌之坚,大敌之擒也。"(《孙子兵法·谋攻篇》)孙子反对以弱抗强的匹夫之勇。

孙子主张从多个方面也就是从整体上衡量一个国家的军事实力。如《军形篇》里说,判别一个国家的战争实力(包括潜力)时,应捉住"度"(土地面积的大小)、"量"(生产粮食的多少)、"数"(养活兵员的数目)、"称"(由上面三项而决定的双方战争力量的强弱)、"胜"(最后的胜或是败)五个环节。在《始计篇》中,孙子提出了著名的"五事",即"道"、"天"、"地"、"将"、"法"五种决定战争胜负的因素。首先是决策者必须使老百姓和他的意愿一致,"令民与上同意"("道"),其次是有利的气象条件("天"),其次是便于作战的地形地貌和有利的地理位置("地"),其次是有善于指挥作战的将领("将"),其次是有良好的军事纪律及充分的后勤供应("法"),假若这五方面都胜过对方,便可以兴兵作战,有取胜把握;假如其中一项或两项不合乎要求,又没有相应的补偿办法,便不应发兵,即使发兵也难以取胜。

先为不可胜

对战争的目的,孙子也有一个独特的看法,那就是"自保而全胜"(《孙子兵法·军形篇》),办法是首先使自己立于不败之地,然后寻找破敌之机。孙子

《孙子兵法·谋攻篇》引文大意是:用兵的原则是,如果有十倍的兵力就包围敌人,如果有五倍的兵力就进攻敌人,如果有两倍的兵力就分割战胜敌人,如果兵力相当就奋力抗击敌人,如果兵力少于敌人就要及时撤退,避免正面接触,弱小的军队假如固执对抗就会成为强大的敌人的俘虏。

《孙子兵法·军形篇》引文大意是:能够保全自己,又取得完全的胜利。

《孙子兵法·军形篇》引文
大意是：过去善于打仗的人，先要确保不会被敌人战胜，然后再等待出现战胜敌人的机会。不被敌人战胜的主动权掌握在自己手里，可能战胜敌人在于敌人有隙可乘，主动权掌握在敌人手里。所以，善于打仗的人，能够做到不被敌人战胜，而不能保证必定战胜敌人。

《孙子兵法·九变篇》引文
大意是：用兵的原则是，不要寄希望于敌人不来，而要依靠自己做好了充分准备；不要寄希望于敌人不进攻，而要依靠自己拥有不被敌人击破的条件。

《孙子兵法·火攻篇》引文
大意是：凡是打了胜仗，攻取了城池土地，而不能巩固胜利成果，则可以说是白耗费国力。所以，明智的国君要慎重考虑这个问题，贤良的将领要认真地处理这个问题。于我不利就不行动，不能获胜就不用兵，不是到了万分危急的时候就不要发动战争。国君不可以因一时的愤怒而发动战争，将帅不可以一时的不痛快而兴兵打仗。符合国家的利益就行动，不符合国家的利益就停止。愤怒可以转为欢喜，不痛快可以转为痛快，可国家灭亡了就不能再存在，人死了就不能再生。因此，对于战争，明智的国君应该慎重，贤良的将帅应该警惕，这是国家安定和保全军队的重要原则。

说："昔之善战者，先为不可胜，以待敌之可胜。不可胜在己，可胜在敌。故善战者，能为不可胜，不能使敌之可胜。"（《孙子兵法·军形篇》）孙子认为，使自己不被敌人战胜，决定的因素主要在自己方面，而要战胜敌人，必须等待敌人露出破绽。所以孙子强调战争的目的首先是"自保"，其次才是"为胜"。所以孙子又强调说："故用兵之法，无恃其不来，恃吾有以待也；无恃其不攻，恃吾有所不可攻也。"（《孙子兵法·九变篇》）

不战而屈人之兵

"不战而屈人之兵"是孙子的一个重要思想。如《谋攻篇》开篇说："凡用兵之法，全国为上，破国次之；全军为上，破军次之；全旅为上，破旅次之；全卒为上，破卒次之；全伍为上，破伍次之。是故百战百胜，非善之善者也；不战而屈人之兵，善之善者也。"所谓"不战而屈人之兵"，即用不流血的斗争方法，迫使敌方屈从我方的意志，既不损失我方的兵力物力，也不破坏敌方的兵力物力，从而最大限度地避免"用兵之害"。根据这种全胜的战略思想，武装冲突并不是战争的理想形式。因此《孙子兵法·谋攻篇》说："上兵伐谋，其次伐交，其次伐兵，其下攻城。"战争的理想形式是通过谋略和外交手段达到取胜的目的，兵戎相加，攻城拔寨，只是不得已而采取的办法。

和这种"不战而屈人之兵"的思想相联系，孙子又提出"慎战"的思想。孙子认为，战争需要大量的人力、物力和财力，同时每一场战争都必然会造成士兵和百姓的大量死亡，所以一国的君主和将领在决定用兵时必须慎之又慎。在《孙子兵法》一开头，他就强调"兵者，国之大事，死生之地，存亡之道"（《孙子兵法·始计篇》）。在《孙子兵法》将结尾时，他又不无感慨地说："夫战胜攻取，而不修其功者凶，命曰费留。故曰：明主虑之，良将修之。非利不动，非得不用，非危不战。主不可以怒而兴师，将不可以愠而致战。合于利而动，不合于利而止。怒可以复喜，愠可以复悦，亡国不可以复存，死者不可以复生。故明君慎之，良将警之，此安国全军之道也。"（《孙子兵法·火攻篇》）孙子由教人善战，进而主张"不战而屈人之兵"，最终教人慎战，充分表现了作为军事思想家的孙子的仁者胸怀。后来孙膑继承了孙武的这种思想，在《孙膑兵法》中一再强调"乐兵者亡"、"穷兵者亡"、"十战而十胜，将善而生过也"。孙膑这些话和孙武的话一样，表现了中国古代军事思想家的人道主义精神。孙武和孙膑所说的"怒可以复喜，愠可以复悦，亡国不可以复存，死者不可以复生",以及"十战而十胜,将善而生过者也"这些话,语重心长,在当今核战争的阴影下,尤其值得一切掌握核战争"按钮"的决策者记取。

第三节 《孙子兵法》的哲学思维

《孙子兵法》不单是一部军事著作,其中也蕴涵了丰富的哲学思想。中国古代思想家的朴素的整体性思维和辩证思维,在这部军事专著中得到了生动的体现。由于孙子对瞬息万变的战争规律进行了高度抽象的概括,因此提出的谋略思想,不仅可以适用于军事活动的领域,而且可以适用于政治、外交、商业等人类社会生活的其他各种领域。对于这样一种高度概括和高度哲理化的谋略思想,我们可以称之为谋略哲学。

朴素的整体性思维

《孙子兵法》体现了中国古代哲学重视整体思维的特点。上面说过,孙子在概括战争的要素时,提出了道、天、地、将、法五项内容,他称之为五事。这五种要素分别代表了战争这一事物整体的五个侧面。判断战斗力的强与弱,决定某一场战争可以打还是不可以打,打的后果会是什么,不能单独地看其中一项或两项是强还是弱,而要看所有要素的强弱及其组合状况。这表现了孙子分析问题的一种思维方式,可以叫做朴素的整体性思维。它告诉人们,在研究战争力量的强弱状况时,应把相关因素综合到一起进行分析和估算;在加强自己的防卫力量时,应侧重于整体构思,注重各个要素的增强以及相互协调,建筑一个合乎标准的稳定的统一体;在预测战争的未来时,应对由于力量对比的强与弱而形成各种可能性作科学论证,避开不好的前景,争取好的战争结局。

孙子的整体性思维除五事外,还表现在许多方面。例如,他在《军形篇》里指出,衡量一个国家的战争实力,应综合考虑"度"、"量"、"数"、"称"、"胜"五个环节;在《始计篇》里,他主张对将领应从智、信、仁、勇、严五个方面来考察;在《用间篇》里,他指出间谍中包括因间、内间、反间、死间和生间五种不同类型,他们作用不同,可以互相补充等等。

辩证思维

辩证思维也是《孙子兵法》的一个重要的思维特征。孙子提出了"兵形像水"的命题,强调用兵必须适应敌我双方等各种因素的变化。他说:"夫兵形像水,水之形,避高而趋下;兵之形,避实而击虚;水因地而制流,兵因敌而制胜。故兵无常胜,水无常形;能因敌变化而取胜,谓之神。故五行无常胜,四时无常位,日有短长,月有死生。"《孙子兵法·虚实篇》世界上一切事物每时每刻都处于变化之中,战争中各种情况的变化尤其快速和复杂。料敌之难,主要原因就在于此。孙子认为,"能因敌变化而取胜",那就可以称得上是用兵如神了。

孙子特别重视对立的因素之间的互相转化。他在《兵势篇》中说:"乱生于治,怯生于勇,弱生于强。""乱"和"治"、"怯"和"勇"、"弱"和"强"这些对立的因素,并不是僵死不变的,而是活生生的,可以互相转化的。在战争中,转败为胜,转胜为败,都是常见的事。所以孙子强调"智者之虑,必杂于利害",强调用兵者要从正反两个方面来考虑利害得失。正是从这个角度,孙子对用兵者提出了许多告诫,如"途有所不由,军有所不击,城有所不攻,地有所不争"《孙子兵法·九变篇》,"归师勿遏,围师必阙,穷寇勿迫"《孙子兵法·军争篇》。这些话都成了后代兵家经常引用的名言。

孙子这种强调变化的观点,特别是强调对立的因素互相转化的观点,就是哲学上所说的辩证思维。正是依据这种辩证思考,孙子对战争中经常出现的矛盾现象,如敌我、彼己、主客、动静、进退、攻守、迟速、虚实、奇正、利害、安危、险易、广狭、远近、众寡、劳逸、强弱、胜负等,都作了精当的分析,这成为《孙子兵法》里极具哲学智慧的内容。

孙子论攻与守、进与退

攻而必取者,攻其所不守也;守而必固者,守其所不攻也。故善攻者,敌不知其所守;善守者,敌不知其所攻。微乎微乎!至于无形;神乎神乎!至于无声,故能为敌之司命。进而不可御者,冲其虚也;退而不可追者,速而不可及也。故我欲战,敌虽高垒深沟,不得不与我战者,攻其所必救也;我不欲战,划地而守之,敌不得与我战者,乖其所之也。

《孙子兵法·虚实篇》

孙子论众与寡

吾所与战之地不可知,不可知,则敌所备者多,敌所备者多,则吾所与战者寡矣。故

《孙子兵法·用间篇》五种用间大意:因间、乡间,指利用敌国的普通人作间谍。内间,指利用敌国的官吏为间谍。反间,指收买、利用敌方派来的间谍,使其为我方所用。死间,指通过潜入敌方的我方间谍,向敌方传送假情报,使敌军受骗上当,这种情况一旦败露,我方间谍难免被处死,因此叫做死间。生间,指的是侦察之后能够活着回来的间谍。

《孙子兵法·虚实篇》引文大意是:进攻得手,是因为攻打敌人防守薄弱的部位;防守牢固,是因为在敌人难于进攻的地方设防。所以善于进攻的人,可以使敌人无法防守;善于防守的人,可以使敌人无法进攻。真是神奇微妙啊!简直听不到一点声音,看不到一点形迹,所以能够掌握敌人的命运。进攻而使敌人无法抵挡的,是因为冲击他的空虚的部位。撤退而使敌人无法追赶的,是因为撤退非常快速。我军想要决战,敌人尽管高垒深沟,却不得不同我军决战,是因为我进攻他必然要救援的地方。我军不想决战,虽然划地防守,敌人也无法来与我决战,是因为我设法把他引到别的方向去了。

备前则后寡，备后则前寡，备左则右寡，备右则左寡，无所不备，则无所不寡，寡者，备人者也；众者，使人备己者也。

《孙子兵法·虚实篇》

《孙子兵法·虚实篇》引文大意是：不让敌人知道我军从哪里进攻，这样敌人势必处处设防，处处设防则分散兵力，因而就形成我众而敌寡的态势。所以敌方设防于前则背后空虚，设防于后则前面空虚，设防于左则右方空虚，设防于右则左方空虚，处处设防则处处空虚。敌人之所以空虚就因为处处设防，而我之所以能以众击寡，就因为迫使敌人处处设防而分散了兵力。

谋略哲学

所谓谋略哲学，就是把克敌取胜的智谋和策略提升为具有普遍意义的方法和原则。由于战争是激烈的对抗行为，参战双方往往在限定的时间与地域，用尽全部人力物力，进行生死较量，这就需要全面规划和慎重考虑。从这个意义上说，战争也是敌我双方智谋的较量，是谋略哲学的最初发源地。《孙子兵法》作为一本杰出的军事哲学著作，其中包含的谋略哲学思想尤其为人称道。书中一些凝聚了深刻的谋略思想的名言粹语，如"兵者诡道"、"多算胜"、"上兵伐谋"、"攻其无备，出其不意"、"知彼知己者，百战不殆"、"兵无常势，水无常形"，以及"齐勇若一"、"吴越同舟"、"不战而屈人之兵"等等，已经家喻户晓，为古今中外无数人所传诵。

长期以来，《孙子兵法》的谋略哲学不仅应用于战争中，而且应用于政治斗争、外交斗争乃至体育竞技中，在当代，又特别应用于经济领域，特别是现代企业经营管理和商战中。

把《孙子兵法》的谋略哲学应用于现代企业经营管理和商战，始于日本的企业家。日本企业家大桥武夫1951年接管一家濒临破产的小石川工厂，后来使它成为一家世界闻名的东洋精密工业株式会社。他在《兵法孙子》、《用兵法经营》等书中指出，他的成功之道就在于运用了《孙子兵法》的"神算"、"料敌"、"任将"、"得人"、"发机"、"出奇"、"上下同欲者胜"、"不战而屈人之兵"等谋略。日本索尼电器公司承认，他们所以能在45年之内获得巨大发展，就在于他们运用了孙子的"以正合，以奇胜"的"奇正之术"，不断推出质优价廉的新产品。日本丰田、日产、本田汽车制造企业集团在与欧美同行的竞争中，运用孙子的"集中兵力"、"后发制人"、"致人而不致于人"、"因敌变化"、"出其不意"、"知彼知己"等战略、策略思想，取得竞争的胜利。

美国商界也十分重视孙子的谋略哲学。美国人汉德森依据《孙子兵法》撰写的《如何打赢争夺市场的斗争》，被誉为"商业领袖"的手册。

第四节　《孙子兵法》在国内外

《孙子兵法》问世后，先是在国内流传，后来传到国外，引起人们广泛的重视。到近两个世纪，人们尊《孙子兵法》为世界上寓意最深邃和最富有魅力的杰出著作之一，尊孙武为东方兵学鼻祖乃至兵圣。

《孙子兵法》在国内

《孙子兵法》成书后，先是在国内广为流传，据韩非子《五蠹》记载，战国时，"藏孙吴之书者家有之"。《战国策》、《尉缭子》、《吕氏春秋》、《荀子》、《淮南子》等书，对《孙子兵法》多有征引。三国时的诸葛亮，盛赞孙子的高超计谋，他说："曹操智计，殊绝于人，其用兵也，彷佛孙吴。"（《诸葛亮集》）这里的"孙"指孙子，"吴"指吴起。曹操本人为《孙子兵法》作注，并赞叹说："吾观兵书战策多矣，孙武所著深矣。"（《曹操集·孙子序》）唐代李世民在和他的名将李靖谈话时也赞叹说："观诸兵书，无出孙武。"他特别推崇孙子特有的观察问题的方法及权衡利弊的能力。明代武官兼学者茅元仪把《孙子兵法》看作是中国武经之纲，他说："前孙子者，孙子不遗；后孙子者，不能遗孙子。"（《武备志·兵诀评序》）对《孙子兵法》在兵学史上的地位作了一个简要的概括。

《孙子兵法》在国外

《孙子兵法》在国外也发生了很大的影响。自公元8世纪（中国唐代），此书被一位在中国的日本留学生吉备真备带回日本后，这部兵书便越出了国界。公元15世纪，《孙子兵法》传到李氏朝鲜。公元17世纪时，日本研究《孙子兵法》的著作多达一百七十余种，比较有名的有山鹿素行的《孙子谚义》，著名武将武田信玄的《风、林、火、山——孙子的旗帜》等。1905年日俄战争中，日本陆军将领乃木希典应用《孙子兵法》中"以逸待劳"、"以饱待饥"的策略，战胜俄军。取胜后，他自费出版《孙子谚义》，赠送友人。1772年，一位叫阿米奥的神甫把《孙子兵法》带回法国，在巴黎有了第一个法译本。1860年《孙子兵法》有了俄译本。紧接着，英、德、意、捷、越、希伯来、罗马尼亚等各国文字版本相继问世。第一个英译本1905年在东京出版。1910年出版了莱昂纳尔·贾尔斯的英译本,这是比较准确的译本。1963年出版了美国准将塞缪尔·B·格里菲思的英译本,在西方语言区域内是公认的最佳译本。

部分外文版《孙子兵法》

第二次世界大战后,各国著名的军事家与学者愈来愈推崇《孙子兵法》的谋略学的价值。俄国学者拉津教授说:孙子"在古代中国军事理论思想发展中所起的作用之大,相当于古代世界的亚里士多德在许多领域发展的知识。"(《孙子新探:中外学者论孙子》)英国功勋卓著的军事家蒙哥马利元帅也说:世界上所有的军事学院都应把《孙子兵法》列为必修课程(《孙子新探:中外学者论孙子》)。还有一位翻译《孙子兵法》的美国人詹姆斯·克拉维尔说:"如果我是最高统帅,或被选为总统或当上总理,我要以法律的形式确定下来:所有的军官,特别是所有的将军,每年都要参加两次《孙子十三篇》的考试,一次口试,一次笔试,及格分数为95分。考试不及格的将官立即自动罢免,并不准上诉,其他军衔的军官则自动降级。"与此同时,《孙子兵法》的新的译本和研究《孙子兵法》的著作也愈来愈多。有学者统计,在20世纪仅西方世界便出现了《孙子兵法》的七个英译本。又有人统计,到1992年12月底为止,全球出版的《孙子兵法》已有29种文字的版本,其中国内6种,国外23种,包括坦桑尼亚的斯瓦希利语和印度的泰米尔语等稀有语种。

《孙子兵法》在传播过程中还有一个特点也应看到:虽说它是一本兵书,但是它的影响已经远远超出军事领域,变成指导经济、政治、文化、外交、体育乃至人生的各个方面的不朽经典。

特别在经济领域,在现代企业的管理和现代商业的竞争中,《孙子兵法》也愈来愈受到人们的重视。日本学者村山孚说,日本企业的生存和发展有两个支柱,一个是美国的现代管理制度,一个是《孙子兵法》的战略和策略。日本著名企业家松下幸之助自称,他所以能够从1918年的100日元发展到拥有一百三十多家工厂、地跨五大洲的"松下王国",就靠了《孙子兵法》。他说:"中国古代先哲孙子,是天下第一神灵。我公司职员必须顶礼膜拜,对其兵法认真背诵,灵活应用,公司才能兴旺发达。"日本麦肯齐公司董事长大前研一写了《孙子对日本经营管理产生的影响》一文,指出日本企业所以能战胜欧美企业,原因就在于日本"采用中国兵法指导企业经营管理,比美国的企业经营管理更合理有效"。他在《战略家的头脑》一书中,大量引证《孙子兵法》

的内容,宣称《孙子兵法》是日本企业的"最高经营教科书"。美国通用汽车公司董事会主席罗杰·史密斯在1984年销售汽车830万辆,居世界首位。他说他成功的秘诀就是"从两千年前中国一位战略家写的《孙子兵法》一书中学到了许多东西",从而使他获得了一个"战略家的头脑"。美国的哈佛大学和哥伦比亚大学的商业管理学院都开设《孙子兵法》的课程,要求学生熟背《孙子兵法》。

全世界都在吸取孙子的智慧。正如美国著名的兰德公司学者波拉克所说:孙子的智慧和孔子的智慧一样具有永恒的价值,这种智慧属于全世界。

推荐读物:

1. 曹操等注,郭化若译:《十一家注孙子》(上海:中华书局,1962年)。
2. 银雀山汉墓整理小组编:《孙子兵法·孙膑兵法》(北京:文物出版社,1974年)。

本书依据1972年在山东临沂银雀山1号西汉墓葬中发掘出的《孙子》兵书竹简,作了整理和注释。分上下两编,上编为《孙子》十三篇,下编为《孙子》佚文。《孙子》佚文是《孙子兵法》流行本中所没有的文字。

3. 李零著:《孙子古本研究》(北京:北京大学出版社,1995年)。
4. 谢祥皓、李政教主编:《兵圣孙武》(北京:军事科学出版社,1992年)。
5. 龚留柱著:《孙子兵法与中国文化》(开封:河南大学出版社,1995年)。
6. 熊忠武著:《孙子的人生哲学:谋略人生》(台北:扬智文化事业股份有限公司,1996年)。
7. 李世俊、杨先举、覃家瑞著:《孙子兵法与企业管理》(南宁:广西人民出版社,1984年)。
8. 唐突生编著:《孙子兵法与市场谋略》(青岛:青岛出版社,1994年)。

以上两书对《孙子兵法》在现代企业管理和现代商场竞争中的应用作了初步的介绍,可供参考。

9. 张世和编著:《孙子兵法与竞争谋略:企业领导与管理艺术》(重庆:重庆大学出版社,1991年)。
10. 《孙子新探:中外学者论孙子》(北京:解放军出版社,1990年)。
11. 佐藤坚司著,高殿芳等译:《孙子研究在日本》(北京:军事科学出版社,1993年)。

图片补充资料:

1. 216页(下):《孙子兵法》竹简(部分),山东临沂县银雀山1号汉墓出土。

【第十四章】《史记》和《汉书》

第一节 司马迁与《史记》

司马迁的身世与《史记》的写作

《史记》，是西汉司马迁撰写的一部纪传体通史。司马迁，字子长，西汉夏阳（又名龙门，今陕西韩城南）人。他的生年，一种说法是公元前145年，一种说法是公元前135年。他的卒年，大约在公元前90年前后，此时是汉武帝的末期。

司马迁的父亲司马谈，在汉武帝初年任太史令，掌管天文、星历与占卜祭祀方面的事情，同时兼管国家的文献图书，记载朝廷大事。司马迁从小受到父亲的影响，接受了很好的家庭教育，10岁就能诵读古文。后来曾经向当时的儒学大师董仲舒和孔安国学习。20岁时，司马迁周游全国，他从关中出发，向南渡过长江，到达今天的湖南省，泛舟于沅水、湘江之上，考察汨罗江屈原自沉的地方；登九疑山，考察有关帝舜的遗迹。向东到达庐山，考察传说中夏禹疏导九江的情况。又继续东行，到达长江下游的江南地区，登会稽山，考察禹穴；上姑苏山，登姑苏台；游吴，考察战国春申君故城的遗址。又北渡长江，到达韩信的家乡淮阴县，然后，在淮、泗、济、漯四河流域考察水利情况。再北行，到今天山东省，在原齐、鲁二国的大都市与当地学者讨论学术问题，在邹县参加乡射的礼仪活动，在曲阜参观孔子庙堂车服礼器和儒生演习礼仪；在今天山东、江苏二省交界地区，到薛询采访孟尝君的旧闻轶事，到丰沛、彭城考察刘邦、项羽等人的历史遗迹。由此西行，过今天河南省，考察魏国都城大梁旧址，然后回到关中。通过周游全国以及后来做官后为执行公务出行各地，司马迁不仅开阔了眼界，丰富了知识，对许多重大历史事件的发生地都身历其境，获得了大量历史的和现实的资料，而且大大拓宽了胸襟，为他以后撰写《史记》做了重要准备。

司马迁刚开始在朝廷任职，只做了皇帝身边的一个侍从小官，曾受汉武帝之命到西南地区视察。公元前110年，他的父亲司马谈临死前流着泪向司马迁交代后事，希望司马迁能继承他的遗志，撰写一部宏大的史书。三年后，司马迁当上太史令，除了帮助汉王朝改定历法外，开始了《史记》的写作准备。公元前104年，新历完成，便开始动笔写作《史记》。公元前98年，司马迁因为"李陵事件"而下狱。李陵，是西汉名将李广的孙子，公元前99年秋天，他在与匈奴作战时因寡不敌众而投降匈奴。司马迁为李陵说了一些辩解的话，结果被汉武帝治罪，被处以残酷的腐刑。这时，撰写一部宏伟历史巨著的信念，是司马迁忍受屈辱、继续活下去的精神支柱。出狱后，司马迁做了中书令，全力倾注在《史记》的写作上，直到公元前93年前后基本完成。

《史记》的体例与内容

《史记》全书有本纪12篇，表10篇，书8篇，世家30篇，列传70篇，共130篇，五十多万字；记事从传说人物黄帝到司马迁生活的汉武帝时期，是一部纵贯古今、包罗万象、组织严密、内容丰富的纪传体通史。

《史记》这部书，一开始并不叫这个名字，司马迁称它为《太史公书》，此后的两汉学者又有称为《太史公》、《太史公记》、《太史记》的。到东汉末年，才称为《史记》，大概是《太史公记》、《太史记》的简称。

司马迁写作《史记》，吸收融会先秦史书的编纂方法，把全书分为本纪、表、书、世家、列传五个部分。本纪，写帝王，采用编年记事的形式，按照朝代和年代顺序记载从黄帝到汉武帝历代王朝的兴衰及一些重大的历史事件。表，分世表、年表、月表三种形式，将复杂的史事，用表格的形式，提纲挈领，排比列举，可以说是一种大事记。书，相当于各种专题史，记述社会政治、经济、礼乐、天文历法、水利等方面的制度与情况。世家，写诸侯，也采用编年记事形式，记载自周代以来封爵建国而传世的诸侯国情况。列传，是记载公卿将相和社会各阶层重要人物的人物传记，有少数篇章记载中国少数民族以及与中国有交往的国家的历史。上述五个部分中，本纪、

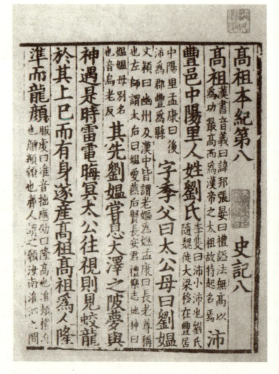

《史记集解》 南宋淮南路转运司刻本

世家、列传基本上都是以人物为中心来记载历史的人物传记,它们的篇幅占全书的百分之八十六,是全书的主要部分。《史记》这种以纪传(包括世家)为主,各个部分互相配合的史书体例,叫做纪传体。《史记》采用这种体例,充分揭示了从古到今无限生动、复杂、丰富的历史发展的面貌,极大地拓宽了人们的历史视野。

司马迁在史学和文学上的成就

先秦时期,史书以编年体为主,如《春秋》、《左传》,也出现了其他一些史书编纂方法,如《国语》、《战国策》,按照国别来记述各国的一些史实,又如《晏子春秋》,专门记载齐相晏婴一个人的言行。《史记》首创纪传体的史书体裁,以本纪、表、书、世家、列传五体配合,是吸收了先秦史书的编纂方法加以综合熔铸而创制出来的。《史记》是中国古代史学走上成熟发展道路的奠基之作。

《史记》是一部通史,从黄帝到汉武帝,上下三千年,其中汉代历史从汉高祖到汉武帝,仅百年左右,但内容却占了全书的二分之一。这种略古详今的通史剪裁方法,对后世有很大影响。

司马迁写作《史记》,利用了丰富的材料,大致说来,包括以下五个方面:一是图书文献,二是档案材料,三是他的父亲司马谈搜集、编次的材料,四是他游历考察各地搜集来的材料,五是他自己耳闻目睹及亲身经历的当代史事。司马迁对搜集来的材料,总是以审慎的态度对待,力求去伪存真,采用真实的材料,写出能够真实反映历史本来面目的信史。所以,他写的《史记》被人们赞誉为"实录"。

司马迁还具有严肃的批判精神,尤其是他对当代史所持的批判精神,对社会阴暗面的揭露,都不失中国古代良史的传统。例如,对汉高祖刘邦的流氓无赖、贪好酒色,吕后的残忍,武帝的迷信方术、生活奢靡以及酷吏横行、刑法残酷、权贵骄纵等,都大胆地做了如实的描述。

司马迁又是一位了不起的文学家,《史记》在文学上也取得了很多方面的成就。

《史记》记述人物,开头点明主人公的姓名籍贯,然后记其家世,继而描述其生平事迹及子孙或家族兴衰,篇末发表简短评论。这种布局结构,保证了所写人物的完整性,成为后世传记文学篇章结构的基本格局,创立了传记体文学体裁。

《史记》写人，不是采用流水账形式记述与主人公有关的所有事情，而是通过剪裁取舍，选写突出事例，表现人物的突出方面。例如项羽从兴兵反秦到乌江自刎，前后八年，身经七十余战。而《项羽本纪》只重点写了巨鹿之战、鸿门宴、垓下之战三个突出事件，着意表现项羽的盖世英姿、勇武雄威以及他的悲剧性结局。又如《魏其武安侯列传》通过窦婴、田蚡和灌夫三人之间的互相倾轧，把窦婴的阴沉，灌夫的横暴，田蚡的狠毒，写得入木三分。

司马迁非常善于通过细节描写刻画人物形象。如《廉颇蔺相如列传》对蔺相如的描写就非常出色。在秦国的朝廷上，相如为了完璧归赵，"持璧却立，倚柱，怒发上冲冠"，又"持其璧睨柱，欲以击柱"，且说"大王必欲急臣，臣头今与璧俱碎于柱矣"，表现了誓与国宝和氏璧共存亡的决心。在渑池，秦、赵两国国君相会，二国国君本应地位平等，秦王却要赵王为他鼓瑟。于是相如也要求秦王为赵王击缶。秦王不答应。"相如曰：'五步之内，相如请得以颈血溅大王矣！'左右欲刃相如，相如张目叱之，左右皆靡。于是秦王不怿，为一击缶。"这段描写，生动地表现了蔺相如临危不惧、不畏强暴、为维护国家尊严而勇于献身的精神。

司马迁还很注意描绘人物的心理活动。如《萧相国世家》写萧何释疑避祸的三件事就很典型。第一件事，楚汉相争时，萧何任汉丞相，镇守关中，为前线输送粮草，补充兵员。刘邦几次派人到关中慰劳萧何。有人说这是刘邦对萧何起了疑心。萧何便把宗族子弟派往前线参战，于是"汉王大悦"。第二件事，刘邦在外平息陈豨叛乱，听说韩信因谋反被杀，就派人到朝廷为萧何增加封地，建置卫队。有人说这是刘邦对萧何起了疑心，萧何便辞让封地，而且拿出个人的财资以供军需，"高帝乃大喜"。第三件事，刘邦在外平息黥布叛乱，几次派人到京城长安问萧何的情况。有人指出这是因为萧何入关中，得百姓心，刘邦害怕他控制了关中。萧何便大量置买土地，借贷剥削百姓，造成百姓对自己不满，"上乃大悦"。以上三件事，司马迁采用了同样的描写方法，先写刘邦的行动，然后破释刘邦这样做的心理活动，再写萧何采用使刘邦解除疑心的措施，最后写刘邦大喜、大悦。这三件事，如果作者只是记其事实，不破释刘邦的心理活动，后人读之，反会感到刘邦对功臣的信任与亲宠；作者将刘邦的心理活动挖掘出来以后，刘邦的多疑诡诈就了然如画了。

司马迁善于运用符合人物身份的语言刻画人物，充分表现出突出的人物个性。如写反秦斗争的三位领导人物陈涉、项羽、刘邦。陈涉揭竿而起进行反秦斗争时说："王侯将相宁有种乎！"项羽在会稽看到秦始皇时说："彼可取而代也！"刘邦在咸阳看到秦始皇时说，"嗟乎！大丈夫当如此也！"这三句话，可以说都是时代的宣言，同时又带有三个人不同的性格特征。又如纵横家是凭着三寸不烂之舌游说诸侯混饭吃的，张仪在楚国游说受辱后，问其妻："视吾舌尚在不？"妻说："舌在也。"他说："足矣。"商人吕不韦感到在赵国做质子的秦国子楚有利用价值，便说"此奇货可居"。这些都是性格化的语言。司马迁还常运用典型词语描述情节的演进与发展，如《高祖本纪》写刘邦攻入关中的情景：刘邦攻破武关后，"秦人喜"；刘邦进入关中，与父老约法三章，"秦人大喜"；刘邦不接受老百姓犒劳军队的物品，"秦人又益喜"。作者用"喜"、"大喜"、"益喜"表现了秦人对刘邦的拥护日渐加深。写项羽进入关中，"屠烧咸阳秦宫室，所过无不残破"后，"秦人大失望，然恐，不敢不服耳"。一个"大"字写出老百姓对项羽完全失去信任与希望，"恐"与"不敢"写出项羽仅凭威势胁迫老百姓屈从。仅仅几个关键词语，把人心向背极其清楚地反映了出来。

《史记》的历史观

司马迁说，他写《史记》的追求是"究天人之际，通古今之变，成一家之言"（《报任安书》）。又说：他研究历史的方法是"原始察终，见盛观衰"（《太史公自序》）。这说明司马迁在写《史记》时，怀有一种伟大的历史感。

正因为这样，所以司马迁在《史记》中所描写的社会生活非常广泛：不但写了政治生活，而且写了经济生活，包括农、工、商、货币、财政、水利等等；不但写了汉朝，而且写了邻近许多国家和民族；不但写了帝王将相，而且写了许多中下层的人物；不但写了大政治家、大思想家、大文学家，而且写了刺客、游侠、倡优和占卜者；不但写了成功的英雄，而且写了失败的英雄。《史记》中有《礼书》、《乐书》、《律书》、《历书》、《天官书》、《河渠书》、《平准书》、《货殖列传》、《匈奴列传》、《南越列传》、《东越列传》、《朝鲜列传》、《西南夷列传》、《大宛列传》，里面包含了极其丰富的内容。《史记》就像一架巨大的探照灯，照亮了社会历史的各个层面、各个角落。《史记》又是一座历史人物的画廊，管仲、晏婴、孔子、荀卿、屈原、贾谊、廉颇、蔺相如、鲁仲连、田单、王蠋、信陵君、侯嬴、荆轲、聂政、陈涉、项羽、李广、郭解、淳于髡等等这些身份不同、事业不同、性格不同、命运不同的历史人物，都在这座画廊中一一出现，而且一个个有声有色，充满生气。在这些人物身上，体现了司马迁的伟大历史观。

在天人关系上，司马迁在《天官书》中记载了天象与人事互相感应的许

多事例,说明他相信天人感应。但他又深受荀子"天人相分"思想的影响。在《伯夷列传》中,他对天命论提出质疑:

> 或曰:"天道无亲,常与善人。"若伯夷、叔齐,可谓善人者非邪?积仁絜行如此而饿死!且七十子之徒,仲尼独荐颜渊为好学,然回也屡空,糟糠不厌,而卒蚤夭。天之报施善人,其何如哉?盗跖日杀不辜,肝人之肉,暴戾恣睢,聚党数千人横行天下,竟以寿终。是遵何德哉?此其尤大彰明较著者也。若至近世,操行不轨,专犯忌讳,而终身逸乐,富厚累世不绝。或择地而蹈之,时然后出言,行不由径,非公正不发愤,而遇祸灾者,不可胜数也。余甚惑焉,傥所谓天道,是邪非邪?

与此相联系,司马迁强调人的活动在历史上的重要作用。项羽在临死前说:"此天之亡我,非战之罪也。"司马迁说:"岂不谬哉?"司马迁认为人的谋略、国家的政令和君主的用人是否得当都会影响国家的安危存亡。他一再说:"安危之机,岂不以谋哉?"(《孝景本纪》后论)、"甚矣,'安危在出令,存亡在所任',诚哉是言也!"(《楚元王世家》)、"欲兴圣统,唯在择任将相哉!唯在择任将相哉!"(《匈奴列传》后论)

在政治上,司马迁主张国家统一,反对分裂;主张任贤施仁,反对酷吏暴政。国家的统一,靠什么维系?中国上古时期,实行宗法统治,依靠宗法制度维系与巩固政权。司马迁借鉴历史经验,在撰写上古史时,经过对先秦学者所描述的上古传说历史进行清理,编织了一个以黄帝为始祖的庞大的宗族体系,尧、舜及夏、商、周、秦四代帝王都是这同一宗族的成员。华夏大地的所有人群同祖一源,都是黄帝的子孙。这成为维系国家统一的一条纽带,至今仍是加强中华民族凝聚力的一个蕴涵深邃而坚不可摧的传统文化观念。

《史记》对后世的影响

《史记》对后世的影响巨大而广泛,主要在史学和文学两个方面。在史学方面,《史记》创立了纪传体史书体裁。这种体裁以帝王为中心记载历史,可以容纳丰富的内容,反映社会生活的各个方面。所以,创始之后,为历代统治阶级所推崇,成为后世史家修撰官定"正史"的唯一模式,中国古代二十四部"正史"全部用纪传体撰写,《史记》则是"二十四史"之冠,是中国史学史上一部奠基性的伟大著作。司马迁写史的求实态度和批判精神,也都成为后世历史学家的楷模。在文学方面，《史记》创立了传记体文学体裁。这种体裁以人物为中心组织篇章结构，并运用多种表现手法和纯熟的语言记述故事情节，刻画人物形象，这些都成为后世文学家写作传记文学作品效法的榜样。后世的散文，小说，从唐宋古文到明清散文，从唐代传奇到明清小说，都深受《史记》的影响。《东周列国志》、《西汉通俗演义》一类小说和元、明的许多戏曲，都取材于《史记》。鲁迅在《汉文学史纲要》中称赞《史记》是"史家之绝唱，无韵之《离骚》"，对《史记》在史学和文学两个方面的成就作了高度的评价。

史记·项羽本纪（摘录）

沛公旦日从百余骑来见项王，至鸿门，谢曰："臣与将军戮力而攻秦，将军战河北，臣战河南，然不自意能先入关破秦，得复见将军于此。今者有小人之言，令将军与臣有郤。"项王曰："此沛公左司马曹无伤言之；不然，籍何以至此。"项王即日因留沛公与饮。项王、项伯东向坐，亚父南向坐。亚父者，范增也。沛公北向坐，张良西向侍。范增数目项王，举所佩玉玦以示之者三，项王默然不应。范增起，出召项庄，谓曰："君王为人不忍，若入前为寿，寿毕，请以剑舞，因击沛公于坐，杀之。不者，若属皆且为所虏。"庄则入为寿。寿毕，曰："君王与沛公饮，军中无以为乐，请以剑舞。"项王曰："诺。"项庄拔剑起舞，项伯亦拔剑起舞，常以身翼蔽沛公，庄不得击。于是张良至军门，见樊哙。樊哙曰："今日之事何如？"良曰："甚急。今者项庄拔剑舞，其意常在沛公也。"哙曰："此迫矣，臣请入，与之同命。"哙即带剑拥盾入军门。交戟之卫士欲止不内，樊哙侧其盾以撞，卫士仆地，哙遂入，披帷西向立，瞋目视项王，头发上指，目眦尽裂。项王按剑而跽曰："客何为者？"张良曰："沛公之参乘樊哙者也。"项王曰："壮士，赐之卮酒。"则与斗卮酒。哙拜谢，起，立而饮之。项王曰："赐之彘肩。"则与一生彘肩。樊哙覆其盾于地，加彘肩上，拔剑切而啖之。项王曰："壮士，能复饮乎？"樊哙曰："臣死且不避，卮酒安足辞！夫秦王有虎狼之心，杀人如不能举，刑人如恐不胜，天下皆叛之。怀王与诸将约曰'先破秦入咸阳者王之'。今沛公先破入咸阳，毫毛不敢有所近，封闭宫室，还军霸上，以待大王来。故遣将守关者，备他盗出入与非常也。劳苦而功高如此，未有封侯之赏，而听细说，欲诛有功之人。此亡秦之续耳，窃为大王不取也。"项王未有以应，曰："坐。"樊哙从良坐。坐须臾，沛公起如厕，因招樊哙出。

沛公已出，项王使都尉陈平召沛公。沛公曰："今者出，未辞也，为之奈何？"樊哙曰："大行不顾细谨，大礼不辞小让。如今人方为刀俎，我为鱼肉，何辞为！"于是遂去。乃令张良留谢。良问曰："大王来何操？"曰："我持白璧一双，欲献项王，玉斗一双，欲与亚父。会其怒，不敢献。公为我献之。"张良曰："谨诺。"当是时，项王军在鸿门下，沛公军在霸上，相去四十里。沛公则置车骑，脱身独骑，与樊哙、夏侯婴、靳强、纪信四人持剑盾步走，从郦山下，道芷阳间行。沛公谓张良曰："从此道至吾军，不过二十里耳。度我至军中，公乃入。"沛公已去，间至军中，张良入谢，曰："沛公不胜杯杓，不能辞。谨使臣良奉白璧一双，再拜献大王足下；玉斗一双，再拜奉大将军足下。"项王曰："沛公安

在?"良曰:"闻大王有意督过之,脱身独去,已至军矣。"项王则受璧,置之坐上。亚父受玉斗,置之地,拔剑撞而破之,曰:"唉!竖子不足与谋。夺项王天下者,必沛公也,吾属今为之虏矣。"沛公至军,立诛杀曹无伤。(《史记·项羽本纪》)

项王军壁垓下,兵少食尽,汉军及诸侯兵围之数重。夜闻汉军四面皆楚歌,项王乃大惊曰:"汉皆已得楚乎?是何楚人之多也!"项王则夜起,饮帐中。有美人名虞,常幸从;骏马名骓,常骑之。于是项王乃悲歌慷慨,自为诗曰:"力拔山兮气盖世,时不利兮骓不逝。骓不逝兮可奈何,虞兮虞兮奈若何!"歌数阕,美人和之。项王泣数行下,左右皆泣,莫能仰视。

于是项王乃上马骑,麾下壮士骑从者八百余人,直夜溃围南出,驰走。平明,汉军乃觉之,令骑将灌婴以五千骑追之。项王渡淮,骑能属者百余人耳。项王至阴陵,迷失道,问一田父,田父绐曰"左"。左,乃陷大泽中。以故汉追及之。项王乃复引兵而东,至东城,乃有二十八骑。汉骑追者数千人。项王自度不得脱。谓其骑曰:"吾起兵至今八岁矣,身七十余战,所当者破,所击者服,未尝败北,遂霸有天下。然今卒困于此,此天之亡我,非战之罪也。今日固决死,愿为诸君快战,必三胜之,为诸君溃围,斩将,刈旗,令诸君知天亡我,非战之罪也。"乃分其骑以为四队,四向。汉军围之数重。项王谓其骑曰:"吾为公取彼一将。"令四面骑驰下,期山东为三处。于是项王大呼驰下,汉军皆披靡,遂斩汉一将。是时,赤泉侯为骑将,追项王,项王瞋目而叱之,赤泉侯人马俱惊,辟易数里,与其骑会为三处。汉军不知项王所在,乃分军为三,复围之。项王乃驰,复斩汉一都尉,杀数十百人,复聚其骑,亡其两骑耳。乃谓其骑曰:"何如?"骑皆伏曰:"如大王言。"

于是项王乃欲东渡乌江。乌江亭长舣船待,谓项王曰:"江东虽小,地方千里,众数十万人,亦足王也。愿大王急渡。今独臣有船,汉军至,无以渡。"项羽笑曰:"天之亡我,我何渡为!且籍与江东子弟八千人渡江而西,今无一人还,纵江东父兄怜而王我,我何面目见之?纵彼不言,籍独不愧于心乎?"乃谓亭长曰:"吾知公长者。吾骑此马五岁,所当无敌,尝一日行千里,不忍杀之,以赐公。"乃令骑皆下马步行,持短兵接战。独籍所杀汉军数百人。项王身亦被十余创。顾见汉骑司马吕马童,曰:"若非吾故人乎?"马童面之,指王翳曰:"此项王也。"项王乃曰:"吾闻汉购我头千金,邑万户,吾为若德。"乃自刎而死。(《史记·项羽本纪》)

第二节 班固与《汉书》

班固的身世

《汉书》,是东汉班固撰写的一部纪传体西汉史。班固,字孟坚,东汉安陵县（今陕西咸阳东北）人。生于公元32年，死于公元92年，享年61岁。

班固出生在一个有外戚身份的官宦之家，父亲班彪是一位历史学家，通晓汉代历史，撰有《史记后传》数十篇。班固自幼受到良好的教育，9岁时就能诵读诗赋，写作文章。16岁时入洛阳太学学习，广泛阅读儒家经传和诸子百家的书籍。23岁，父亲去世，班固停学回到家乡。居丧期间，他立志要继承父亲的志向，完成父亲未完的事业，于是开始在家撰写《汉书》。不久，有人向朝廷告发班固在家私自撰写国史。汉明帝下诏将班固逮捕下狱，并收抄书稿。班固的弟弟班超向皇帝上书，为他申诉冤情，而且说明班固写作的本意只是继承父亲所记述的汉代史事。这时书稿也已送到朝廷，明帝看过书稿后，十分赞赏班固的文笔与史才，便召班固到校书部担任兰台令史，不久升任为郎，让他继续写作《汉书》。兰台是东汉宫中藏书的地方，郎负责校理宫廷藏书。这样的环境，为他写作《汉书》创造了良好的条件。在兰台，班固参加了撰写《世祖本纪》，又自己写了功臣、平林、新市、公孙述等列传、载记28篇，还写了《两都赋》赞美东都洛阳。汉章帝喜欢文章，班固因此受到特别的亲宠。《汉书》的写作，大约用了20年，到章帝建初七年（82）基本完稿。

班固在公元78年升任玄武司马，主掌守卫宫廷玄武门。公元89年曾在外戚窦宪幕府任职，随窦宪出征匈奴，大破北匈奴，进军到燕然山。公元92年窦宪以谋逆罪被迫自杀，班固受到牵连，先是被免官职，后又被捕入狱，当年死于洛阳狱中。

《汉书》成书的三个阶段

《汉书》的编撰，前后经过三个阶段。（一）班彪的《史记后传》。司马迁所写《史记》，记载西汉历史只到汉武帝太初年间，即公元前100年左右。从太初年间至王莽建立新朝，还有百年的历史没有记载。因此，后来曾有不少学者补续《史记》未写的西汉后期史事，其中班彪广泛搜集西汉后半期的史料，撰写《史记后传》数十篇。《汉书》就是班固在他父亲《后传》的基础上撰写的。至于《汉书》中哪些是班彪所写，今天已经难以尽数详考。（二）班固本人的著作。班固撰写《汉书》是为了弥补《史记》的两个缺陷。一是《史记》所记西汉的历史并非西汉全史，因此要补续，这是完成他父亲的遗愿。二是《史记》采用通史的体裁而将汉朝皇帝排在最后，班固认为这不能充分表现汉朝继承尧的正统地位。因此要用断代史形式重写汉朝历史，突出汉朝的正统地位。（三）班昭与马续的补作。班昭，是班固的妹妹，曹世叔的妻子，人称"曹大家";马续,是东汉著名学者马融的哥哥。《汉书》还没有全部完稿,班固就死在狱中了,于是班昭补写了"八表",马续补写了《天文志》,最后由班昭校阅定稿。至此,《汉书》才全书完成。

《汉书》全书记载了西汉一代的历史。武帝太初以前的史事,多采用《史记》,而且大都照抄原文,有时有所增删。武帝太初以后的史事,参照班彪的《后传》。班固没有完成的《八表》和《天文志》,由班昭和马续补足。南北朝时,南朝梁人刘昭在《后汉书注补志序》中说:"迁有承考之言,固深资父之力,太初以前班用马史,十志所引实多往制,升入校部出二十载,续志、昭表以助其间。成父述者,夫何易哉!"确实如此。

《汉书》的体例与内容

《汉书》沿袭《史记》体例,记载西汉一代的历史,是一部纪传体断代史。记事上起汉高祖元年(前206),下至王莽新朝地皇四年(23),共230年。全书分为"纪"、"表"、"志"、"传"四个部分,计有纪12篇,表8篇,志10篇,传70篇,共100篇,分为120卷。

《汉书》体例,虽沿袭《史记》,但有自己的特点。

首先,《史记》是纪传体通史,《汉书》首创纪传体断代史。

其次,对《史记》创立的纪传体的各种体例,《汉书》在沿袭中又有改革创新,从而在内容上也比《史记》充实详备。例如:

"纪"的部分,《史记》本纪12篇,有的五帝一纪,有的一有的一帝一纪。《汉书》确立了一帝一纪的体例模式。

"表"的部分,《汉书》比《史记》增立了《外戚恩泽侯表》、《百官公卿表》、《古今人表》。三表中最受后人称誉的是〈百官公卿表〉,此表记官制,分为"序"、"表"两部分。它的"序"成为后纪传体史书"职官志"的源头,它的"表"也为后世史书仿效而制作了"宰辅表"、"职官表"等。

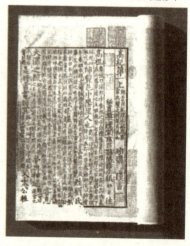

《汉书》 北宋刻递修本

"志"的部分,《史记》称"书",《汉书》改称"志"。《汉书》共10志,其中与《史记》共有的志目,内容大都比《史记》充实。另有《汉书》新增加的《刑法志》、《五行志》、《地理志》、《艺文志》四个志目。《刑法志》记载自上古到西汉末年的刑法变化,是一篇上古到西汉末年的刑法简史。《五行志》记载董仲舒、刘向、刘歆分别用阴阳五行对《春秋公羊传》、《穀梁传》、《左传》

的解说,以及他们和西汉其他学者分别用阴阳五行对西汉史事解说,用怪异的自然现象比附人事。《地理志》记载汉代郡国行政区划分的变化,以及各地户口、物产、风俗民情、经济发展等情况,对山脉的分布、河流的发源及流向、矿产资源等也都有记载,它成为后世编修全国总志的雏形。《艺文志》记载自先秦到西汉学术发展的源流情况,分类著录存世的图书典籍,是中国现存最早一综合图书分类目录,对了解和研究古代学术文化具有十分重要的价值。这种经过《汉书》调整过的书志,大致上确立了后世史志及典制专史的记事范围。

"传"的部分,与《史记》相比,《汉书》取消了"世家",将其内容并入"列传"。《史记》、《汉书》都记载西汉前期人物,《汉书》比《史记》增录了不少有价值的资料,凡是涉及政治、经济、军事、学术等方面的材料,班固都详加搜求,载入本人传中。例如在《贾谊传》增录《陈政事疏》等三疏、《晁错传》增录《言兵事疏》等四疏、《贾谊传》增录《至言》一篇、《枚乘传》增录《谏吴王书》两篇、《董仲舒传》增录《贤良对策》三篇等。这些当时人的奏疏、文章,有的关系到经国大计,有的关系到边疆防卫,有的关系到用人之道等,都是非常重要的史料,在《史记》中都未有录载。

《汉书》的历史观和文学特色

班固说,他写《汉书》是"综其行事,旁贯《五经》,上下洽通"。又说:"凡《汉书》,叙帝皇,列官司,建侯王。准天地,统阴阳,阐元极,步三光。分州域,物土疆,穷人理,该万方。纬《六经》,缀道纲,总百氏,赞篇章。涵雅故,通古今,正文字,惟学林。"这些话,说明了《汉书》的逻辑线索,就是以皇帝、百官、侯王及有关政治体制为顶层,以天地、阴阳变化为依据,以地域、经济、社会、人事为主体内容,以《六经》为纲统率百家学术以及典籍文章。这个逻辑线索反映班固对汉代历史有一个成体系的看法。这也就是班固的历史观。

汉武帝接受董仲舒的建议,罢黜百家,独尊儒术,正式确立儒家思想作为官方统治思想的地位。董仲舒是天人感应、君权神授、五德终始的主要倡导者。这时的儒学,已经不是孔、孟时的儒学,而成为儒学与方术的混合物。特别是到了两汉之际,谶纬盛行,阴阳五行思想成了儒学的重要内容。班固生活在东汉初年,这种儒学成为他的指导思想,他写的《汉书》就体现了天人感应、五德终始等观点。例如他在《高祖本纪》最后的"赞"语中,概述自尧到刘邦的世系延续,用来证明刘邦是古代圣贤帝王的后人;又借符瑞征兆说明

汉继尧后，以火德得天下。班固还在《汉书》的《五行志》、《刘向传》、《谷永杜邺传》等篇中记载了许多用天象灾异、阴阳五行来解释社会现象的材料。

班固对汉代历史的发展进程和社会生活中的许多问题，常常从实际出发给以批判的考察和分析，体现出史学家的严肃态度和求是精神。他在《汉书》中对秦、西汉、王莽新朝三个王朝兴亡的叙述就是一例。秦朝之兴，是积累一百多年的数世功业，到秦始皇时才灭掉六国，统一天下，建立了中央集权的统一王朝。秦朝建立以后，总结周朝灭亡的历史经验，认为是"起于处士横议，诸侯力争，四夷交侵，以弱见夺"，于是有针对性地采取严厉的防范措施，进行残暴统治。但是仅存在了十几年，就被强大的反秦风暴席卷而去。秦朝的败亡之势，使刘邦无需积累多世功业，仅凭在反秦斗争中发展起来的力量，便在短短的几年内灭秦朝，败项羽，夺取天下，建汉称帝。西汉后期，自元帝时就已显出衰微之势，成帝时外戚王氏操纵朝政的形势已经形成。到了平帝，王莽以元后作为靠山，借外戚把持朝政之势，乘西汉衰微之机，终于废汉自立，建"新"称帝。王莽称帝以后，由于社会矛盾没有解决，加之沉重的赋税，残酷的刑法，连年的天灾，又发动对边远各民族的不义战争，所以反莽斗争很快就在全国各地风起云涌，结果王莽被杀，新朝灭亡。这些叙述，通过大量的史实说明，秦、西汉、新三个王朝的兴与亡，都是历史发展的客观形势所造成。又如对汉武帝的记载，一方面充分肯定了汉武帝的雄才大略，文治武功。另一方面，对于汉武帝的奢侈作风、穷兵黩武、严刑峻法等，也进行了揭露和批判。班固考察社会情况，比较注意经济与民生问题。他认为，使国家经济发展、人民生活富裕，是治理国家的首要任务。基于这样的认识，他在论述某一时期的政治状况时，往往与这一时期的经济发展、民生状况相联系来评价其优劣得失。

从史传文学的角度看，《汉书》不如《史记》那样奇谲瑰丽，但有严密、精炼的优点。范晔称赞《汉书》"赡而不秽，详而有体"（《后汉书·班彪传》后论）。刘知几称赞《汉书》"言皆精炼，事甚赅密"、"辞惟温雅，理多惬当"（《史通》）。《汉书》的人物传记中也有许多出色的描写。如《李广苏建传》描写苏武出使匈奴，被匈奴单于残酷迫害：

> 乃幽武置大窖中，绝不饮食。天雨雪，武卧啮雪与旃毛并咽之。数日不死，匈奴以为神。乃徙武北海上无人处，使牧羝，羝乳乃得归。别其官属常惠等，各置他所。武既至海上，廪食不至，掘野鼠去草实而食之。杖汉节牧羊，卧起操持，节旄尽落。

把苏武的事迹写得十分感人，苏武的事迹也因此在后代广为流传。班固也擅讽刺。如《陈万年传》写陈万年因为善于谄媚而飞黄腾达，晚年教训儿子，一直说到半夜。他儿子（陈咸）竟睡着了，他大怒，要打儿子。他儿子叩头说："我都明白了，不就是教我一个'谄'字吗？"（原文："具晓所言，大要教咸谄也。"）陈万年听了就不再说话了。这段描写，可以说是白描入骨。

《汉书》对后世的影响

《汉书》在中国古代史学与文学的发展史上都占有重要地位。在史学上，班固首创纪传体断代史，并将《史记》的本纪、表、书、世家、列传五种体例改革调整为纪、表、志、传四体，成为纪传体例史书体的基本格局。班固用儒家思想作为衡量是非的标准，坚持宣扬帝王受命于天的正统史观，同时又能如实地记载历史事实。这样的史体、史法，为后世史家所仿效，对中国古代历史编纂学产生了深远的影响。在文学上，《汉书》是继《史记》之后又一部历史传记文学的典型作品，而且它的文句简洁温雅，对唐宋古文运动及后世散文的创作与发展，也有很大影响。

推荐读物：

1. 张大可著：《史记研究》（兰州：甘肃人民出版社，1985年）。
2. 吴汝煜著：《史记论稿》（南京：江苏人民出版社，1986年）。
3. 韩兆琦等著：《史记通论》（北京：北京师范大学出版社，1990年）。
4. 张新科、俞樟华：《史记研究史略》（西安：三秦出版社，1990年）。
5. 张高评主编：《史记研究粹编》卷1、2（台北：台湾复文图书出版社，1992年）。
6. 陈桐生著：《中国史官文化与史记》（汕头：汕头大学出版社，1993年）。
7. 鲁实先著：《史记会注考证驳议》（长沙：岳麓书社，1986年）。
8. 杨燕起、陈可青、赖长扬编：《历代名家评史记》（北京：北京师范大学出版社，1986年）。
9. 安作璋著：《班固与汉书》（济南：山东人民出版社，1979年）。
10. 李威熊著：《汉书导读》（台北：文史哲出版社，1977年）。
11. 徐朔方著：《史汉论稿》（南京：江苏古籍出版社，1984年）。
12. 朴宰雨著：《史记汉书比较研究》（北京：中国文学出版社，1994年）。
13. 朱东润著：《史记考索（外二种）：汉书考索，后汉书考索》（上海：华东师范大学，1996年）。

【第十五章】 汉代科技

两汉时期，社会经济进一步发展，科学技术繁荣昌盛，传统的农、医、天、算（农学、医学、天文学、算学）四大学科都形成了初步的体系，并且有许多杰出的发明创造，显示汉代的科学技术在当时世界上处于领先地位。20世纪70年代以来陆续出土的大量的汉代简帛文献，对于我们了解汉代科技的辉煌成就又提供了许多新的材料。

第一节 农学及农业技术

汉王朝初年奉行"重农抑商"政策，推广铁制农具和牛耕，大力兴修水利，使农业生产发展到一个新的水平。当时人们在选种、辨土、施肥、作物管理等方面的技术都比先秦有很大的提高。这在西汉中期的"代田法"、后期的"区田法"以及东汉后期《四民月令》这部农书中得到了集中的体现。

代田法

"代田法"是汉武帝末年赵过推行的一种适应西北旱作地区保墒防旱的耕作技术。《汉书·食货志（上）》载：汉武帝"以赵过为搜粟都尉。过能为代田，一亩三甽，岁代处，故曰代田，古法也。……而播种于甽中。苗生叶以上，稍耨陇草，因隤其土以附苗根。……比盛暑，陇尽而根深，能风与旱，故拟拟而盛也。"即把地深耕平整后，纵分为甽（同畎，沟）、陇（垄），沟、垄各宽一尺（约当今0.694寸），沟深一尺。一亩定制为宽一步（6尺）长百步的地刚好治三条沟、三行垄。把作物播种在沟里，随着苗的长高，每次中耕锄草，即把垄土培壅禾苗根部，至盛暑季节，垄与沟相平。与一般的种法相比，农作物的根更深入土里，既能保持肥力与较多的水分，保墒防旱，又能抗风防歪倒。第二年，沟、垄互换其位，轮番耕作，以调节方式恢复地力。"代田法"比平常耕作法即"漫田"亩增产一斛（石）以上，多的可增至二斛，可说是"用力少而得谷多"。

赵过对"代田法"实行逐步推广的做法。他利用自己的军官身份，首先令士卒在离宫空间地试种，取得效果后再在三辅地区推广，让当地"令长、三老、力田及里父老善田者受田器，学耕种养苗状"（《汉书·食货志（上）》）。后

来，更进一步推广到河东、弘农、西北边郡及居延等地。代田法对西北风旱地区农作物产量的提高发挥了积极的作用。

在推行"代田法"的同时，赵过还推广了耦犁与耧犁技术。耦犁用"二牛三人"，即二牛牵引，一人牵牛，一人掌犁辕，一人扶犁。这种犁耩的犁铧宽大，又带犁壁，深耕、翻土和培垄可一次完成，正好与"代田法"的沟、垄耕做法相契合。据《淮南子·主术训》记载，"二牛三人"在一个耕作季节可耕地五顷（每顷约合今69亩），比"一人蹠耒而耕，不过十亩"（《淮南子·主术训》）大大提高了劳动生产率。在"代田法"的推广过程中，有些农民因缺牛而不能及时耕作，赵过就采纳前平都令光的建议，令农民以换工或雇工的方式相结合，用人工挽犁。这样，人多的一天可耕30亩，人少的也可耕13亩，不仅解决了耕牛问题，提高了生产率，也在更多的土地上推广了先进的代田耕作法。

耧犁或称耧车，实际是一种当时人发明的畜力播种机。《齐民要术》卷一引东汉末崔寔《政论》说："其法三犁共一牛，一人将之下种，挽耧皆取备焉。日种一顷，至今三辅犹赖其利。"所谓"三犁"即是耧车的三个铁制的耧足。一牛拽引，一人扶耧播种，开沟、下种、覆土同时完成，日种一顷，播种质量和效率都很高。

区田法

"区田法"又叫"区种法"，见于汉成帝时议郎泛胜之总结西北地区抗旱高产栽培技术的《泛胜之书》。《泛胜之书》是中国历史上第一部完整的农学著作。泛胜之认为："凡耕之本，在于趣时，和土，务粪泽，早锄、获。"书中详细介绍了禾、黍、麦、大豆、小豆、荏（苏子）、胡麻、粟、瓜、瓠、芋、薤等作物从选种、播种、中耕、收获到储藏各个细节的科学方法。各种作物的栽种法虽有所不同，但泛胜之提倡轮作复种和间作套种，以充分利用地力和光照通风作用，提高单位面积产量。

"区田法"有两种田间做法，一是平原地区的开沟点播，二是山丘斜坡地区的坑穴点播。沟点或坑穴点被称为"区"或"科"。"区"的深浅、大小，底肥的多寡，作物的株距、行距，不同作物有不同的严格要求。如粟、麦等的小区要施美粪一升，瓜、瓠的小区要用一石粪。另外，要特别重视中耕锄草和及时灌溉等田间管理。

"区田法"还要求播种前的溲种，即用肥料和防虫药物处理种子，以增加种子的发育生长能力。这是很有科学价值的。

和"代田法"一样，"区田法"有利于发挥地力和肥力，防旱抗风，亩产可达二三十斛乃至百斛。不过因为它的技术要求高，投入劳动量又太大，所以很难普遍推广。

《四民月令》

《四民月令》是东汉后期崔寔依照古代《月令》体裁写作的大地主田庄按月安排农事活动的农书。作者是有名的政论家，"农本"思想较浓。他出身于冀州安平（今属河北）世家大族，对大地主田庄的情况较为熟悉。书中记述了东汉洛阳一带的农业生产的情况以及田庄管理的经验，所以《隋书·经籍志》把它列入农家著作。

"四民"指士、农、工、商。按照时令节气，田庄主要安排各种谷物、蔬菜、果木、药材和其他经济作物的种植收获，如正月菑田粪畴，九月治场圃、涂囷仓，十月储藏五谷，十二月合耦田器、养耕牛等。此外，还有修治水利、住宅、养蚕、纺织、织染、食品加工、酿造、制药等手工副业生产。可见，当时的大地主田庄是以农为主、手工副业为辅的自产自足的自然经济实体。

《四民月令》还最早记述了水稻移栽和果木压条繁殖的技术。

除前面提到的农业机械技术外，在农田水利技术方面，东汉末年还发明了翻车与渴乌。翻车即龙骨水车，"设机车以引水"。渴乌为曲筒，以气引水。这些先进的汲水工具，有利农田灌溉，并泽惠后世。

第二节 天文历法

在先秦天文历法的基础上，汉代在宇宙理论、天象观测、历法编制及有关仪器创制等方面都取得了很大的成就，形成了较完备的体系。

天文学

两汉时期，关于宇宙结构，有三种学说，即宣夜说、盖天说、浑天说。这三种学说的渊源都可以追溯到春秋战国时代。宣夜说以为宇宙由"气"构成，它无边际、无形体、无质色可言，天悬浮在空虚的"气"中，日月星辰也靠"气"运动不息。其代表人物是与张衡同时代的天文学家郗萌。该学说未能阐述天体运动规律，故影响不及其他两说。盖天说以《周髀算经》为代表，认为"天象盖笠，地法覆盘"，天和地均为拱形，天上地下之间距离八万里。日月星辰随天盖运动，而不会转入地下。太阳运行的轨道四季不同，带来了四季的变化。该说与天象有较大差异，不为史官所采用，故东汉以后逐渐衰落。浑天说源于战国时期，经过汉代天文学家落下闳、耿寿昌、张衡等人的推崇与发挥，成为中国古代最有影响力的学派。张衡的《浑天仪注》是这一学说的代表作。该说认为天和地都是圆形的，天外地内，天动地静，天裹着地，就像蛋壳包裹着蛋黄一样。天以南北极为轴，每天由东向西旋转一周，并能转入地下。北极高出地面36°。日月星辰附着于天球，太阳运行的黄道与天球的赤道成24°角。浑天说虽在科学上有很大缺陷，但对中国古代测量天文学的发展与观象仪器的改进起了推动作用。

　　西汉杰出的史学家、文学家司马迁，也是了不起的天文学家。他在参与制定太初历的过程中，曾通过浑仪、圭表等仪器观测日月五星及二十八宿的位置，并对行星、彗星、流星、黄道光，以及交食、交食周期等天象，都作了记录。《史记·天官书》收录恒星558颗，比先秦时的记录多了350颗。司马迁还在原有的北斗、四象、二十八宿星宫体系的基础上，确立了五宫二十八宿的更完备的体系。新的星宿体系为天象的观测提供了便利，大部分为后

云气占图（帛书《天文气象杂占》局部）　汉

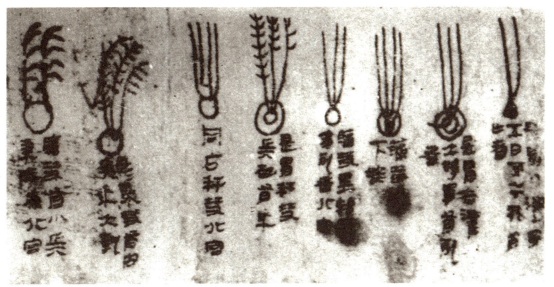

彗星图（帛书《天文气象杂占》局部）汉

世所沿用，这是司马迁对古代天文学的发展做出的重大贡献。

长沙马王堆汉墓出土的帛书《五星占》中，记载了水、金、火、木、土五行星的运行，是中国较早的天文记录。《汉书·五行志（下）》载成帝河平元年（前28）"三月乙未，日出黄，有黑气大如钱，居日中央。"这一关于太阳黑子的记录，比欧洲公元807年关于太阳黑子的初次记录早了近一千年。

东汉安帝、顺帝时的太史令张衡（78—139），字平子，南阳西鄂（今河南南召县南）人。他是著名的文学家、思想家，也是杰出的科学家。他撰有专门讨论天文学的《灵宪》一书，阐释宇宙的起源与演化，日月星辰的运动等诸多问题。他认为"宇之表无极，宙之端无穷"，其演进有三个阶段：一是虚无的"溟涬"阶段，二是混沌不分的"庞鸿"阶段，三是元气分离为阴阳二气，最后形成天地万物的"天元"阶段。这一学说虽然受到阴阳五行说与道家学说的影响，却是基于新的观测实践上的关于宇宙无限论的新阐发。书中提到太阳和月亮的角直径时说："悬象著明，莫大乎日月，其径当周天七百三十六分之一。"周天360°的1/736为29′24″。现在我们知道，太阳的角直径平均为31′59″26，月亮的角直径平均为31′05″2。可见，张衡当时的测量误差并不算大。张衡还说："月光生于日之所照，魄生于日之所蔽。当日则光盈，就日则光尽也。"这就科学地解释了朔、望月相的变化。他还首次正确说明月食乃因月球进入地影而形成；行星运行的快慢与其距离太阳的远近相联，其由顺行经过留回而转为逆行，又会出现失次现象。他观测到的星数比西汉时多

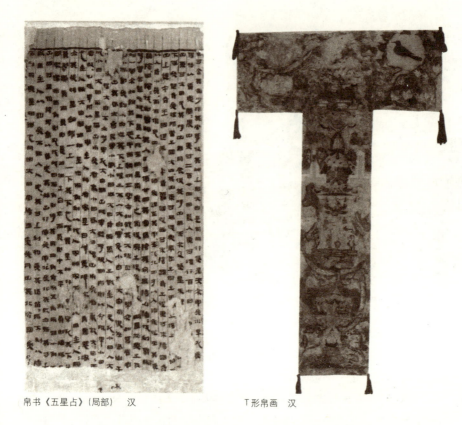

帛书《五星占》(局部) 汉　　　　　T形帛画 汉

得多，统计出中原地区观测到的星数是2500颗。

二级漏壶与地动仪

　　张衡又是天文仪器和其他机械制造的发明家。他发明的二级漏壶为新的更准确的计时器。即在原有漏壶的基础上，再加上一层漏壶，使下层漏壶的水位基本保持不变，达到漏水流速的均匀，从而准确计时。他还在西汉天文学家落下闳、耿寿昌等人创造的浑天仪和新的漏壶的基础上，创制了一种新的浑天仪，或称水运浑象。以漏壶滴水为动力，推动浑天仪内部的齿轮装置，使其每天匀速转动一周，其星宿出没与上面的天文观象台所见的星象完全相符合。汉顺帝阳嘉元年（132），张衡还创制了世界上最早的地震仪器——候风地动仪。仪器用精铜铸造，形似酒樽，圆径八尺，内装机关，八个方面各安一龙头，龙口衔一铜丸。哪一方向发生地震，同方向的铜丸就会由龙口掉入下面的蟾蜍之口，及时发出警报。另外，还复制和发明指南车、记里鼓车

候风地动仪复原模型

和能飞行数里的木鸟等多种机械。张衡的发明创造可谓出神入化，故与其同时代的崔瑗为张衡撰写的碑文中称赞他"数术穷天地，制作侔造化"（《后汉书·张衡列传》引崔瑗《河间相张平子碑》）。

历学

天文学的发展与进步，为历法的修订提供了条件。汉初沿用秦代用的古六历之一的《颛顼历》。《颛顼历》是一种古四分历，出现于春秋后期。它的一回归年长度为365又1/4日，一朔望月长度为29又499/940日，以十月为岁首。十九年七闰，闰月置于九月之后，称为后九月。长沙马王堆汉墓出土的帛书《五星占》，山东临沂银雀山出土的元光元年（前134）历谱，用的都是《颛顼历》。而这一历法施行已久，据其推算的朔望日期与真实情况有较大差异，出现了"朔晦月见，弦望满亏"（《汉书·律历志（上）》）的现象。因此，汉武帝诏命太史令司马迁、星官射姓、历官邓平与民间历算家唐都、落下闳等人编造新历。编制工作经过选造仪器，进行实测、计算，最后审核定稿。于太初元年（前104）颁行，称为《太初历》。《太初历》定元封七年十一月甲子朔旦冬至夜半为历元，其误差比先秦时期的测定要小得多。它虽仍以十九年七闰为闰周，但将闰月具体置于不含中气的月份，较好地解决了回归年与朔望

月的关系,二十四节气与月序的对应也更加科学。这便于农事的安排。《太初历》还制定了135个月的日食周期,即"朔望之会"。从此,历家可以校正朔望,预知日食。

西汉末年,刘歆为了替王莽代汉制造舆论,用五德终始说将《太初历》改造成《三统历》。它用的仍是《太初历》的数据,只是《三统历》被收入《汉书·律历志》而得以存留下来,《太初历》反倒失传了。

《太初历》的回归年与朔望月长度本不够精确,行用一百多年后出现重大误差。汉章帝元和二年(85),颁行了编欣、李梵等人编制的新《四分历》。该历将合朔时刻提前了3/4日,改冬至点在牵牛初度为斗21又1/4度,记载了新观测的二十四节气时的太阳位置、昼夜漏刻和圭表影长等数据,纠正了《太初历》历法后天的误差。但它没有引入当时业已算出的准确数据,所以行用到数十年后又出现了天象先于历书的问题。因此,东汉末年的天文学家刘洪,依据二十多年的观测数据和计算研究,于汉献帝建安十一年(206)编制成《乾象历》。《乾象历》定出了回归年长度为365.2468日,近点月的长度为27.5534日的准确值,并发现白道和黄道约成6度的交角,刊载了推定日蚀、月蚀的算法等等。《乾象历》优于以往所有历法,标志中国古代历法的成熟。可惜它没有被当时的朝廷所采用。

第三节　算学

《算数书》与《周髀算经》

《汉书·艺文志》记载的数学著作,有西汉末年的《许商算术》26卷、《杜忠算术》16卷,但都已失传了。1984年初,考古工作者在湖北江陵张家山的西汉初年墓葬中,发现了近二百支竹简、总字数七千余字的《算数书》。墓主曾任汉初下级文官,下葬时间约在吕后二年(前186)或稍晚。因此,有学者认为,《算数书》的成书年代少说也比成书于东汉初的《九章算术》早二百多年。

《算数书》有六十多个标题,可分为两类:一是计算方法,名为乘、增乘、相乘、约分、合分、增减分、分乘、合乘、经分等;二是应用题,名为方田、里田、税田、息钱、少广、贾盐、负炭、金价、铜耗、出金、石衡、程禾等。其乘法都是较简单的整数乘法，分数算法也比《九章算术》中的题简单容易。但从应用题中的"少广"与《九章算术》中"少广章"同名，且算法基本一致来看，《算数书》应是《九章算术》的知识来源之一。

除《算数书》外，在居延汉简、敦煌汉简中也有不少整数、分数的加减乘除运算的简文，反映了汉代数学知识的普及程度。

约成书于西汉中期的《周髀算经》，是一部主张盖天说的天文典籍，其中广泛运用了数学知识，包括分数运算、数列、不定分析、几何中的比例、勾股定理等等，因而也是一部重要的数学著作。

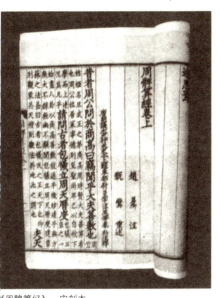

《周髀算经》　宋刻本

《九章算术》

集先秦以来数学成就之大成的著名数学著作是《九章算术》。该书出于众人之手，迭经修改补充，约在东汉和帝时编成定本。这部书由社会生产和生活中的246个应用数学题及其解法答案组成。全书分为九章：（一）"方田"。主要讲田地的平面形求面积法，以及分数四则算法。（二）"粟米"。主要讲各种谷物相互交易的比例计算方法。（三）"衰分"。主要讲按等级分配物资或税收的比例配分问题。（四）"少广"。主要讲开平方、开立方的计算法。（五）"商功"。主要讲各种工程（城、垣、沟、堑、渠、仓、窑、窖等）的体积的计算，以及工程所需土方、人力的计算。（六）"均输"。主要讲汉代均输法条件下，各地各类物资的运输与如何平均负担的计算法。（七）"盈不足"。主要用假设法计算交易中的盈亏题，以及运用这一方法计算其他类型的完整解法。（八）"方程"。主要讲联立一次方程组普遍解法和正负数。（九）"勾股"。主要讲勾股定理的应用和测量方面"高、深、广、远"问题的计算。《九章算术》体例完整，包括了我们现在初等数学中的算术、代数以及几何大部分的内容，形成了颇具特色的体系。这一数学体系的一个特点是十分重视实际问题的计算，在解决实际问题及计算技术方面具有很高的水平。这一数学体系的另一个特点是数量关系与空间形式相结合。后来魏晋时期杰出数学家刘徽为《九章算术》作注，在刘徽注中，可以见到几何问题往往化为代数问题，而代数问题则往往用几何来解释。这些都显出《九章算术》的光辉。在《九章算术》中关于分数的概念和分数的运算、比例问题的计算、负数概念的引入和正负数的加减运算法则等等，都比印度早八百年左右，比欧洲国家则早千余年。关于联立一次方程组的解法，印度最早的记载见于12世纪，欧洲则迟至16世纪才见记载。在《九章算术》中，不仅有整数、分数以及正、负数的各种运算法则，而且描述了一些特殊无理数（开方不尽的数），可以说已具备了整个实数系统的雏形。在魏晋刘徽的《九章算术》注中对于开不尽数及圆周率，用十进分数逼近其确值，使得实数系统在中国基本上得到建立。在欧洲，直到19世纪实数系统才得到建立。

《九章算术》在隋唐时传入朝鲜和日本，并被定为教科书。书中的内容经过印度和中世纪伊斯兰国家传入欧洲后，对欧洲数学的发展也有重要的影响。

刘徽注《九章算经》　宋刻本

从《算数书》和《九章算术》可以看到，汉代数学与农业、税收、水利工程、土木工程、商业、贸易、天文历法等等有着密切关系。农业生产、社会生活、天文历法的实际需要，推动了数学的进步。《周髀算经》则显示了汉代数学与天文历法的紧密联系。据刘徽说，汉代的两位历算家张苍和耿寿昌都先后参与了《九章算术》的修改补充的工作。此外，其他一些天文学家，如落下闳、刘歆、张衡、刘洪、蔡邕等，也都精通数学。

第四节　医学

两汉时期，医学科学的大发展主要体现在两个方面：一是确立了中国医学的完整体系；二是官府医官、民间医师和方士兼通医道者数量很多，并且涌现出一批医术高超的名医。

《黄帝内经》

《汉书·艺文志》著录先秦迄于西汉的医学著作有七家216卷之多。但除

《黄帝内经》外，其他的都失传了。《黄帝内经》（简称《内经》）是中国现存最早的一部比较完整的医学理论著作。《史记》及其以前的典籍均未提到这部书，所以《内经》的最后成书当是西汉后期的事。该书包括《素问》与《灵枢》（或称《针经》）两部分，每部分各以81篇问答的形式组成。首先，《内经》提出"人与天地相应"的思想，认为人与自然界是一个整体。人只有顺应四时阴阳五行的变化，才能认识病因、病理，做到辨症施治和用药，达到治病救人的目的。《素问·四气调神论》说："阴阳四时者，万物之终始也，死生之本也，逆之则灾害生，从之则苛疾不起。"《脏气法时论》又说："五行者，金木水火土也，更贵更贱，以知死生。"所谓"贵贱"，即五行的盛衰。五行与人体的五脏、五腑、五官等相联系，构成相袭、相侮、相生、相克的运动规律。这就为人体构造、生理、病因、疗治、用药等提出了理论依据。其次，《内经》阐述了脏腑生理与病理的脏象说。《素问·五脏别论》曰："五脏者，藏精气而不泻也，故满而不能实。六腑者，转化物而不藏，故实而不能满也。"五脏中的心主神明、血脉，肝主血的储藏，脾统摄血液、运化食物营养之精以达于全身，肺主气并合于皮毛，肾主骨髓。六腑中的胆、胃、大肠、小肠、三焦、膀胱都属于消化食物、传化糟粕的器官。而胆又与肝相表里，为"中清之府"。这些认识是建立在解剖学基础之上的。《灵枢·经水》曰："若夫八尺之士，皮肉在此，外可度量切循而得之，其死可解剖而视之。"还进而对精、气、血、津的重要作用作了精辟的论述。第三，《内经》论述了十二经络的循行路线，所属脏腑及其与疾病的关系，还论述了"奇经八脉"联系脏腑、调节气血的作用。第四，《内经》对诊断疾病的望诊、闻诊、问诊、切诊等方法详加论述，讲了精、色、气、脉等的正常现象与病态的区别，为后世中医诊断学奠定了基础。它还将各种病因总结为"六淫"、"七情"与饮食劳损等几个方面，认为施治有正反之法，药有主次之分，方有缓急、奇偶之

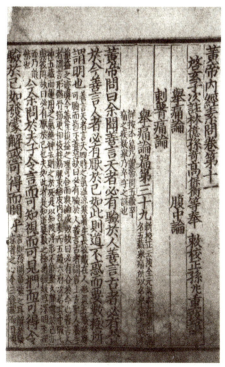

《黄帝内经素问》　金平阳刻印本

别。第五,其针法主张依据阴阳四时的不同,采取不同腧穴的医理。这对后世针灸医学具有指导意义。第六,《内经》提出"不治已病治未病"的主动防病的医疗思想,并强调得病后要及早治疗,"上工救其萌芽","下工救其已成"。第七,《内经》还提出了人体解剖的概念,指出:"若夫八尺之士,皮肉在此,外可度量切循而得之,其死可解剖而视之。其脏之坚脆,腑之大小,谷之多少,脉之长短,血之清浊……皆有大数。"书中还记录了人体解剖方面的很多数据资料。总之,《内经》已初步建立了中医学的理论体系,几千年来一直指导着中医的临床实践。历代医家都非常重视对《内经》的研习,注意吸取其理论养分。它还被译成日、英、德、法等多种文字,成为国外学者学习中医的必读参考书。

《难经》

汉代的另一部重要的医学著作是《难经》。该书约成书于西汉后期,旧称秦越人(扁鹊)撰,显系伪托。书中以问难的方式讨论了81个疑难问题,用来阐发《黄帝内经》的本旨,故全称为《黄帝八十一难经》。《难经》论述具体病症较少,而着重阐发基本理论问题。第一,发展了寸口脉法。寸口,又称"气口"、"脉口",是指掌后高骨内侧手太阴肺经搏动的地方(也就是现在临床医生切脉的部位)。在《内经》中,对寸口脉法并没有给予足够的重视。而《难经》对独取寸口的诊脉法特别重视,从而有效地简化了切脉诊断的方法。《难经》首先论述为什么寸口脉可以单独反映五脏六腑的生理病理状况,接着把寸口脉划分为"寸"、"尺"二部,强调"尺脉"的重要性,最后还讨论了用不同指力持脉以候察脏腑的问题。第二,在《内经》基础上,进一步重视人体解剖。书中对心、肝、脾、肺、肾、胆、胃、小肠、大肠、膀胱、舌、咽、喉、肛门等器官的大小、形状、重量、位置和容量等,都有详细的记述。其中提到肾有两枚、肝有两叶、胆在肝短叶内、心中有"七孔三毛"(这是对心房、心室的出入口和瓣膜腱索的一种描述)、肝得水而沉、肺得水而浮等,都与实际情况相符或基本相符。书中把消化管道的七道关隘,称为"七冲门",即唇为飞门,齿为户门,会厌为吸门,胃上口为贲门,胃下口为幽门,大小肠相接处为阑门,消化道下极为魄门(又称肛门),并记载了它们之间的距离,从而构成了对消化管道解剖特征的完整认识。第三,提出"奇经八脉"和"右肾命门"说,发展了经络脏腑理论。人体经脉除手足三阴三阳十二正经之外,还有冲脉、任脉、督脉、带脉、阴跷脉、阳跷脉、阴维脉、阳维脉。对于这八脉,《内经》未作系统论述。而《难经》则明确把这八脉称为"奇经八脉",并系统论述了这八脉的名称、循行路线、生理功能和病理变化。从此中医经络学说中就有了完整的经络系统。《内经》的脏腑学说以五脏为中心,五脏又以心脏为主宰。而《难经》则提出"肾间动气"是生命活动的根本,并提出左肾为肾,右肾为"命门"的观点,强调肾脏在人体中的重要地位,为明代李中梓的"肾为先天本论"奠定了基础。《难经》的所有这些内容,都发展了中医学理论,对后世产生了深远影响。

《神农本草经》

由于长期的医疗实践的积累,名医辈出,加上汉代对外文化交流的发展,东南亚、中亚、西亚一些国家的药材不断输入,因而人们的药物知识也就不断地丰富。据《汉书·郊祀志》记载,公元前31年,已有"本草侍诏"的官职。《汉书·游侠传》记载楼护能"诵医经、本草、方术数十万言"。《汉书·平帝纪》还有诏奉天下知方术、本草等专门人才的记载。这些都说明西汉时,不仅官府有研究药物的专门机构,在民间也有很多研究药物的人才。东汉时出现的《神农本草经》,是药物知识的集大成之作,也是中国现存第一部完整的药物学著作。该书著录药物365种,包括植物药252种,动物药67种,矿物药46种。其中载有西域的红花、胡麻、大蒜,边远地区的犀角、麝香等。书中对药物的产地、采集时间、品质优劣、加工方法、主治病症等,都作了概括说明。书中提到主治疾病的名称达一百七十余种,包括内科、外科、妇科、儿科以及眼、喉、耳、齿等方面的疾病。书中所载药效绝大部分是正确的,如水银治疗疥疮,麻黄治喘,常山治疟,黄连止痢,大黄泻下,莨菪治癫,甘草解毒,海藻治瘿瘤(甲状腺肥大)等等,都为长期临床实践和现代科学研究所证实。

《神农本草经》在其序录中,还概述了当时的药物学的基本理论,如关于医方中主药与辅助药之间的"君、臣、佐、使"的理论,关于"药有酸、咸、甘、苦、辛五味,又有寒、热、温、凉四气"的"四气五味"说,以及根据药物的不同性能,采用不同的剂型等等,对后世影响也很大。

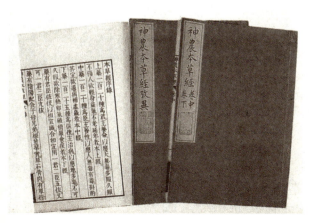

《神农本草经》辑佚本

淳于意"诊籍"

淳于意(前205—?)是西汉初年著名的医学家。他是临淄(今山东淄博东)人,曾任齐国太仓长,人称太仓公。他年少时留意方术,拜同郡人阳庆为师,学"黄帝、扁鹊之脉书,五色诊病,知人生死,决嫌疑,定可治,及药论书,甚精"《史记·扁鹊仓公列传》。后又从公孙光学医,治病多有奇验,成为一代名医。《史记》载有仓公"诊籍"25例,包括内、外、妇、儿、口腔等科,记载了患者姓名、性别、职业、里居、病因、症状、诊断、方药等内容,为后世病历的源头,对后世医家重视医案颇有启迪。值得注意的是"诊籍"不仅记载了治疗成功的案例,而且也记载了疗效不佳甚至死亡的案例。汉文帝曾问淳于意:"诊病决生死,能全无失乎?"淳于意回答:"时时失之,臣意不能全也。"《史记·扁鹊仓公列传》这种实事求是的科学态度是十分可贵的。

张仲景的《伤寒杂病论》

东汉末年,著名医学家张仲景写成《伤寒杂病论》一书,奠定了中医治疗学的基础。

张仲景(150?—219)名机,南阳人,曾一度任长沙太守,故人称"张长沙"。汉献帝建安年间,战争频繁,疫病流行,病死者不计其数。据《伤寒杂病论·序》载,张仲景家族二百余人病死了三分之二,其中死于伤寒的又占百分之七十。因此,少时随同郡名医张伯祖学过医的张仲景,深入研究《内经》、《难经》等医籍中的医学理论,广泛收集民间方剂,结合自己的实践心得,撰著了《伤寒杂病论》一书。该书后在战乱中散失,由西晋名医王叔和重新搜集、整理,才保存下来。但流传不广。到了宋代,经过"校正医书局"林亿等人校订,才有今传本《伤寒论》和《金匮要略》行世。前者专门论述伤寒一类急性传染病,后者论述内科、外科、妇科等常见杂病。

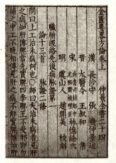

《伤寒论》 明万历年间虞山赵开美校刻本

《伤寒论》继承《内经》经络学说,提出了对外感热病以六经(三阳三阴)分症而论治的办法,施治时各病症各有主方,用药可随症加减变化。它还论述以四诊(望、闻、问、切)诊断病症,从阴、阳、表、里、寒、热、虚、实八方面(后世称"八纲")辨症论治,相应地总结出汗、吐、下、和、温、清、补、消等治疗法则。《金匮要略》包括四十余种杂病,收有262方。其辨症诊治的原则与《伤寒论》一致,体现了异病同治和同病异治的法则。两书都是

《金匮要略》 明万历年间虞山赵开美校刻本

后世中医研习的经典,张仲景也被后世尊称为"医圣"。

华佗的外科手术和麻醉术

东汉末年大约和张仲景同时还有一位著名医学家华佗。在他身上体现了当时外科手术和麻醉术所达到的极高的水平。

华佗(?—208)又名敷,字元化,沛国谯(今安徽亳县)人。《后汉书·方术列传》说他精于方药,方剂不过药数种,抓药时"心识分铢,不假称量",可见经验丰富。他曾为广陵太守陈登诊脉,用针灸治疗曹操的"风眩"病,手到病除。实施手术前,他先让病人服"麻沸散",使之麻醉,然后剖开腹或背,割去疾秽,缝合刀口,敷上药物,四、五天后刀口便可愈合,一个月后就能痊愈。这种高超的麻醉术和外科手术,在当时是世界上最先进的。同时,这也反映当时的解剖术、止血术、诊断术达到了极高的水平。

华佗还重视体育锻炼,用以预防疾病。他提倡一种"五禽戏",即仿照虎、鹿、熊、猿、鸟的活动姿态,以体操锻炼身体。他的弟子吴普照这个方法锻炼,年九十余,还"耳目聪明,齿牙完坚"。

华佗的弟子中,如广陵吴普、彭城樊阿都继承他的疗法,精于针灸,医学造诣也很高。

出土的医药学文献

1973年底,长沙马王堆3号汉墓出土了大批帛书和竹木简牍。其中与医药学有关的帛书共11种,经马王堆汉墓帛书整理小组整理后,分别定名为:《足臂十一脉灸经》、《阴阳十一脉灸经》甲本、《阴阳十一脉灸经》乙本、《脉法》、《阴阳脉死候》、《五十二病方》、《却谷食气》、《导引图》、《养生方》、《杂疗方》、《胎产书》。竹木简中有四种医书,经帛书整理小组整理后,分别定名为《十问》(竹简)、《合阴阳》(竹简)、《杂禁方》(木简)、《天下至道谈》(竹简)。这些医药学文献,由帛书整理小组简略注释,编成《马王堆汉墓帛书》(肆),由文物出版社于1985年3月出版。

马王堆3号汉墓的下葬时间是汉文帝前元十二年(前168),根据这些文献的书写字体考察,其抄写年代约在西汉初年或秦汉之际。

《足臂十一脉灸经》和《阴阳十一脉灸经》,论述了人体十一条经脉的循行走向、所主疾病和灸法,是现知最早专论经脉的文献,可看作是《灵枢·

经脉》祖本。《脉法》和《阴阳脉死候》是现知最早的脉学、诊断学文献,可惜残缺严重,难见全貌。

《五十二病方》内容最为丰富。它记载了52类疾病,其中外科病占百分之七十以上。它记述了16种外伤病症的治疗方法,还对外伤性破伤风、麻风病("冥")的病因和症状作了具体的描述。最令人惊叹的是书中对肛门痔瘘的治疗方法。它把痔分为五类,并提出了内服、外敷药物、药汁熏蒸和不同形式的手术切除等治疗方法。其中手术治疗的技术十分高明,达到了19世纪欧洲的水平。

《胎产书》是现知最早的妇产科文献,包括求子、养胎、产后处理等内容。其中提出逐月养胎法,强调孕妇要充分注意饮食起居,选择有利于胎儿生长发育的食物,讲究生活环境,避免或节制性生活等,都很有价值。

《却谷食气》是西汉早期的行气导引专论。同时帛书中还有一幅44个人的全身图像,是行气导引的图谱,帛书整理小组定名为《导引图》。《养生方》、《杂疗方》、《十问》、《合阴阳》、《天下至道谈》等文献,主要内容是房中术。房中术属于性保健医学,是古人研究保健、长寿的重要课题,其中包含了一些有价值的内容。

帛书《足臂十一脉灸经》(局部)　汉

帛书《五十二病方》(局部)　汉

《武威汉代医简》　汉

1983年底至1984年初，在湖北江陵张家山西汉前期墓葬中，出土了一部专论行气导引的《引书》，详细解说了导引动作及各种疾病的导引方法。这部《引书》和马王堆出土的《导引图》正好可以互相印证。

1972年11月，在甘肃武威县一座东汉初期的墓葬中出土92枚记载医方的简牍，经整理定名为《武威汉代医简》。其中《治病百方》保存了三十多个方剂。对病名、病症、病机、方药效用等记述，比起《五十二病方》来都有很大的进步。

第五节　造纸术

商周以来，先民曾先后用龟甲、铜器、竹木与缣帛作为书写绘画材料。战国至汉代，主要用后两种材料，即简帛并用。简牍笨重，缣帛珍贵，不能适应文化发展和普及的需要。经过人们的长期实验探索，约在西汉初期发明了纸。20世纪30年代以来，考古工作者先后在新疆罗布淖尔、西安东郊灞桥、居延肩水金关、陕西扶风、敦煌马圈湾、甘肃天水放马滩等地发现属于西汉时期的古纸片，质地都是麻，纤维粗糙，大多为黄色，说明纸的发明与人们处理纺织麻的技术有关联。人们将麻絮摊压成薄片，晾干后即成较粗糙的纸。据《汉书·孝成赵皇后传》记载，西汉后期，宫廷中已使用一种薄而小的纸，被称为"赫蹄"。

20世纪以来，考古工作者先后在新疆、甘肃、敦煌、武威、内蒙等地发现了东汉时期的带字纸，其质量较西汉有显著提高。且有关文献记载也增多了。对此，东汉和帝时宦官蔡伦做出了重大贡献。蔡伦总结前人经验，改进造纸方法，除以树皮、麻头、破布、旧渔网等废旧麻类为材料外，同时采用树皮为原料，从而开拓了新的造纸原料的领域。在工艺上，也比从前完备、精细，除将原料淘洗、碎切、泡沤之外，还开始用石灰进行碱液烹煮，使植物纤维分散更细，从而大大提高了生产效率和纸张质量。这种植物纤维造纸术得到大规模推广，产量增多，人们称这种纸为"蔡侯纸"。

蔡伦造纸术经过二百多年的发展完善，到东晋末年造纸成本更加低廉，纸张更为平滑合用，完全代替了简帛，成为通用的书画材料。

中国的造纸术约在公元三四世纪传入朝鲜与日本，后又传到中亚、北非

和欧洲,极大地促进了世界文化的发展。

汉代的科学技术,除上述各项外,还有炼丹术中的化学的成果,马王堆帛画地图所显示的地理学的成果,以及冶炼技术、织造技术、髹漆技术、建筑技术等等方面的成果,在这里就不一一介绍了。

推荐读物:

1.《中华文明史》编纂委员会著:《中华文明史》第3卷(石家庄:河北教育出版社,1992年)。

2.杜石然等编著:《中国科学技术史稿》(北京:科学出版社,1982年)。

3.唐启宇编著:《中国农史稿》(北京:农业出版社,1985年)。

4.《中国天文学史》整理研究小组编著:《中国天文学史》(北京:科学出版社,1981年)。

5.陈遵妫著:《中国天文学史》(上海:上海人民出版社,1980—1989年)。

6.中外数学简史编写组著:《中国数学简史》(济南:山东教育出版社,1986年)。

7.钱宝琮主编:《中国数学史》(北京:科学出版社,1964年)。

8.廖育群、傅芳、郑金生著:《中国科学技术史·医学卷》(北京:科学出版社,1998年)。

9.潘吉星著:《中国造纸技术史稿》(北京:文物出版社,1979年)。

10.钱存训著:《中国古代书史》(又名《书于竹帛》)(香港:中文大学出版社,1975年)。

11.Hsu, Cho-yun. *Han Agriculture: The Formation of Early Chinese Agrarian Economy, 206 B.C.-A.D. 220.* Edited by Jack L. Dull. (Seattle: University of Washington Press, 1980).

图片补充资料:

1.244页　　　:云气占图,湖南长沙马王堆3号汉墓出土。

2.245页　　　:彗星图,湖南长沙马王堆3号汉墓出土。

3.246页(左):帛书《五星占》(局部),湖南长沙马王堆汉墓出土。

　　　　(右):T形帛画,湖南长沙马王堆3号汉墓出土。此图分天上、人间、地下三部分,反映汉初人们对天上、人间、地下的宇宙构想。

4.253页　　　:《神农本草经》辑佚本,日本福山医员森立夫辑,嘉永甲寅刻温知药室藏梓。

5.256页(上):帛书《足臂十一脉灸经》(局部),湖南长沙马王堆汉墓出土。

(下左)：帛书《五十二病方》（局部），湖南长沙马王堆汉墓出土。

(下右)：《武威汉代医简》，甘肃武威县出土。

【第十六章】 魏晋玄学

魏晋玄学是魏晋时代一股崇尚老庄道家的哲学思潮，是魏晋时代精神的表现。虽说魏晋时期官方哲学仍然尊重儒学，但它已失去了汉代儒学独尊时的权威性，在社会上玄学成了主流思潮，尤其在士人（知识分子）思想中道家哲学占了主导的地位。自魏正始年间（240—249）玄学正式形成，玄学赢得了空前未有的发展，成了强大的时代思潮。

第一节　魏晋玄学概说

什么是玄学

魏晋时期的老庄学，为什么称之为"玄学"呢？玄学之"玄"字，来自《老子》一书。《老子》第一章说："玄之又玄，众妙之门。"这里的"玄"是用来形容宇宙本原的"道"的。"玄"表示深远、深奥的意思。老子哲学就是要探究宇宙的深远、深奥的本原"道"的学问的，所以魏晋时人们就把当时发挥老庄道家的学说，称之为"玄学"。当时人们不仅研读《老子》、《庄子》，而且还用老庄思想来注释《周易》，因此《周易》也成为了玄学研讨的内容之一。人们并把《老子》、《庄子》、《周易》三部著作并称之为"三玄"，因此玄学也就成了"三玄"之学。在当代学术界，有一些人认为玄学谈的哲学很"玄"，很抽象，纯粹是一种脱离实际的清谈。其实不然。虽说它探讨的是宇宙本原和本体这种纯哲学的问题，似乎是与社会现实人生无关的，但实际上它是要用宇宙本体论哲学来解决当时的社会人生问题。玄学是因应当时实际需要产生的。

魏晋玄学所讨论的问题很多，思想也十分复杂，但归根究柢，它是要解决道家的宇宙论哲学与儒家的名教之治（名分等级之教，即礼教）的关系问题，也就是所谓自然（道家尚自然）与名教（儒家重礼教）的关系问题。简单来说，也就是要解决儒道两家的关系问题。玄学就是试图要把儒家的名教之治建立在道家崇尚自然的哲学的基础之上，以此把儒道两家的思想融合为一。这就是魏晋玄学的思想实质。从这里可以看出，魏晋玄学并不是脱离实际的空谈，它是要解决社会政治、人生问题的。

玄学产生的原因

玄学的产生，从思想方面的原因来看，它是汉代儒家的日益衰颓和道家崇尚自然的思想日益兴起的产物。汉代占统治地位的官方哲学，是一种神学化了的儒学思想。这种儒学到了东汉后期，思想逐渐僵化和形式主义化，成为了人们手中争权夺利、沽名钓誉的工具，逐渐失去了维系社会秩序的作用。因此需要有一种新的学说来替代，这种新学说就是魏晋时期产生的玄学。玄学就是想用道家思想来弥补儒家的弊端，以克服汉代儒家的僵化、浮华、虚伪的毛病。从社会方面来看，玄学的出现，则是整个社会经济政治形势发展的产物。魏晋时期是一个社会处于分裂战乱的时代，豪强割据称雄，统治阶级内部互相杀伐，人民生活不得安宁，士人则处于朝不保夕的境地，而汉代的儒家名教已维系不了社会生活，士大夫纷纷起来重新探索新的"治国安邦"之策和寻找自己的"安身立命"之地。这样他们就从主张清静无为、素朴无华的《老子》中找来了治国之策，从主张齐物逍遥的《庄子》中找到了自己的安身之地。这就是先秦两汉以来的道家思想为什么能在魏晋兴起的社会根源。

玄学发展的三大阶段

玄学统治了魏晋整整一个时代（220—420）。在这长达二百年之间，玄学也有一个产生、演变的过程。由于玄学家所处的时期和社会环境的不同，加上每个人个性经历的差异，所以他们虽然都是围绕着自然（道家）与名教（儒家）的关系而展开自己的思想，但对这一根本问题的看法并不完全相同，这样玄学就呈现出了三个发展阶段（即正始玄学、竹林玄学、西晋玄学）和不同的思想特点。下面我们就分别对正始玄学（以何晏、王弼为代表）、竹林玄学（以嵇康、阮籍为代表）和西晋玄学（以郭象为代表）这三个不同的玄学发展阶段的思想作一简要的介绍。

第二节 何晏、王弼的正始玄学

何晏、王弼是魏晋时期玄学的首领人物。统治魏晋时期哲学论坛的玄学思潮，就是由何晏、王弼开创的。何、王玄学是玄学思潮中的主流思想，因此人们也常把何、王玄学当作魏晋玄学的主要代表。

何晏与王弼

何晏，字平叔，南阳（今河南南阳）人。生于东汉献帝初平元年（190），被司马氏杀害于魏正始十年（249）。何晏是东汉大将军何进的孙子，其父早亡，母尹氏后被曹操娶为夫人，何晏也就成为了曹操的养子。何晏少有奇才，"好老庄言"，喜读《易》、《老》，后娶魏金乡公主为妻，在社会上名声很大。正始年间，曹爽秉政，重用何晏与司马氏集团作斗争，何晏成为曹魏集团中的一位重要人物。何晏著有《道德论》，与王弼一起共同开创了玄学哲学。

王弼，字辅嗣，山阳高平（今山东金乡县）人。生于魏黄初七年（226），卒于魏正始十年（249），只活了24岁。王弼少年即享高名，是正始年间一位著名的玄学理论家。晋人何劭为他作传说："弼幼而察慧，年十余，好老氏，通辩能言。"《三国志·魏书·钟会传》裴注引 何晏对王弼大加赞美："仲尼（即孔子）称后生可畏，若斯人者，可与言天人之际乎！"《三国志·魏书·钟会传》裴注引 确实，王弼虽然年轻，但他的思想却大大地超过了何晏的水平。正始年间曹爽、何晏执政，曾给了王弼一个不大的官职。王弼通达超拔，才识卓越，善谈玄理，然事功却"非所长"《三国志·魏书·钟会传》裴注引。他的志向不在当官，而在研探玄理。他在短暂的一生中写出了许多在历史上具有重要影响的著作，如《老子注》、《周易注》、《老子微旨例略》、《周易略例》、《论语释疑》等。这些著作奠定了魏晋一代玄学的理论基础。

本无末有

何晏、王弼正始玄学最根本的思想，就是"以无为本，以有为末"的学说。

什么叫"以无为本，以有为末"呢？在这里我们首先要弄清楚的是什么叫"有"，什么叫"无"这一问题。"有"指各种各样的有形有象的具体存在物，所以我们称"万物"叫做"万有"。在何晏、王弼那里，"有"不仅指物质现象，同时也包括社会上存在的各种制度、名教、礼俗等等。有形有象的万有是怎样产生出来的呢？这是老子讨论的问题。老子认为，有形有象的"有"最

终是由无形无象的"无"中产生的,这是讲生成问题。何晏、王弼的玄学所讨论的问题是:有形有象的万有是依据什么而能在世界上存在的呢?杂多的现象为什么能多而不乱呢?万有的现象背后的本质又是什么呢?用我们现在的哲学用语来说,就是讨论具有多样性的世界的统一性问题。

何晏、王弼认为,各种各样的具体存在物("有")不能成为世界统一性的基础,这是因为各种具体物都有着自己的独特的规定性,如"温也则不能凉矣,宫也则不能商矣",犹如黑不能是白,白不能是黑一样,各有自己的特定的性质。如果把某种特定的事物当作万有存在的基础,就不可能说明世界的多样性。所以"有"不能成为世界统一性的基础。王弼说:"为阴则不能为阳,为柔则不能为刚,唯不阴不阳,然后为阴阳之宗,不柔不刚,然后为刚柔之主。故无方无体,非阳非阴,始得谓之'道'。"(杨士勋:《春秋穀梁传注疏》引王弼语)阴不能为阳,柔不能为刚,阴阳刚柔都是具有具体规定性的东西,说明不了多样性世界的统一性,只有非阴非阳、非柔非刚、无方无所、无任何具体规定性的东西才能成为万有世界统一性的基础。这个东西可称之为"道",也可称之为"无"("道者,无之称也"),即无任何具体规定性的"无"。只有这个"无",才能"无不通也,无不由也",是万有世界存在的根据,世界统一性的基础。

何晏、王弼的这套哲学理论,概括起来说就是"以无为本,以有为末"的哲学。这就是说,万有存在的根据是"无"("道"),"无"是本,万有是末,是建立在"无"这个本的根基上的,所以只有有了"无"("本")才能有"有"("末")的存在。这就叫做"以无为本,以有为末",或称之为"崇本举末"。何晏、王弼的这种"本无末有"的理论,也可用"体用"这一范畴来表示,即"以无为体,以有为用"。"用"是不能离开"体"的,有体才能有用。所以何、王的这一思想,我们一般都把它称为宇宙本体论,而不再是宇宙生成论。又因为何晏、王弼主张以无为根本,崇尚宇宙的本体"无",所以何、王玄学又称之为玄学贵无论。

何晏、王弼在这里对万有存在的根据、世界统一性的基础的考察,从思维水平来说,超过了老子的宇宙生成论。老子提出的"天下万物生于有,有生于无"的思想,是属于宇宙生成论哲学,或称之为宇宙演化论。何晏、王弼的玄学则不再停留在宇宙生成论的探讨上,而进入了探究宇宙万有的本体、万有现象存在的根据的问题,即宇宙本体论的问题。由宇宙生成论进到宇宙本体论的讨论,标志着中国古代哲学的理论思维水平有了一个新的提高。从这一意义上说,玄学哲学的产生,在中国哲学史上具有划时代的意义。

名教本于自然

何晏、王弼之所以要讲"本无末有"的宇宙本体论哲学，其目的是为了要解决名教与自然的关系这个现实的理论问题。宇宙的本体为无，这是讲自然的本性或本质，而名教则属于万有的范畴，是属于"末有"的现象，因此名教应当是本之于自然的，以自然为自己存在的根据。如果名教脱离自然，那只能是虚假的浮华的无根的草木，是要枯萎的。那么自然的本性即"无"是什么呢？"无"既然是无任何规定性的东西，所以它只能是无为的、无名的、无欲的……一句话即是原初最素朴的东西（"朴"）。因此只有建立在这一原初最质朴的无为、无名、无欲基础之上的名教才是最真实的名教。反之，为名为利，争名逐利的名教，自然是虚伪的浮华的名教。为此王弼说："载之以大道，镇之以无名，则物无所尚，志无所营，各任其贞，事用其诚，则仁德厚焉，行义正焉，礼敬清焉。"（王弼：《老子注》38章）这就是说，只有建立在宇宙本体"无"的基础上的名教之治（仁德、行义、礼敬），才是没有一点虚假的最真诚的名教之治。这就叫做："守母以存其子，崇本以举其末，则形名俱有而邪不生。"（王弼：《老子注》38章）由此可见，何晏、王弼的"以无为本，以有为末"的贵无派玄学，其目的就是为了融合儒、道思想，试图把儒家的名教建立在道家的崇尚自然的哲学基础上，以克服汉代以来所造成的名教的虚伪与浮华的毛病。

得意忘言

王弼玄学还讨论了一个十分有意义的方法论问题。既然宇宙的本体是一个没有任何规定性的"无"，那么这一无形无象、超言绝象的"无"，人们又是怎样才能把握它、认识它的呢？王弼认为，"无"既是无名，也就不能靠寻常的感觉和理性的思维来认识，只能意会（体悟）而不可言传。如何意会呢？王弼提出了"得意忘象"、"得象忘言"说，即得意在忘象忘言的思想。王弼通过注释《周易》讨论了"言"、"象"、"意"三者的关系。他认为一切"象"（《易》"象"）皆是"意"（即"道"或"无"）的外在表现，而一切"言"都是用来说明"象"的，因此把握"言"，是为了把握"象"，把握"象"，是为了把握"意"。在这里"言"和"象"都只是得"意"的工具而已，因此得到了"意"就应抛弃"言"、"象"这些工具，犹如"蹄者所以在兔，得兔而忘蹄；筌者所以在鱼，得鱼而忘筌也"（《周易略例·明象》）。如同得到鱼、兔即可忘掉蹄、筌一样，把握了"意"就可抛弃"言"与"象"，如果停留在"言"和"象"上就得不到"意"。

这是因为"言"和"象"都是"有"（有限、有规定性），而"道"则是"无"（无限、无规定性），所以只有超出有限的"言"与"象"，才能真正地得到无限的宇宙的真谛。这就是王弼的得意在忘象忘言的思想。这一思想在中国哲学史的方法论上具有重要的意义。同时，它对中国古代美学和艺术的发展，也产生了重大的影响。它在《易传》提出的"立象以尽意"的基础上，进一步探讨了"意"和"象"的关系，从而推动了中国美学的"意象"理论的形成。它对于后人把握审美观照的特点，也提供了重要的启发。一方面，它启发人们认识到，审美观照往往表现为对于有限的象的超越，往往要突破有限的象，伸向无限的宇宙、历史、人生。另一方面，它启发人们认识到，审美观照往往表现为对于概念（名言）的超越，就是陶渊明说的"此中有真意，欲辨已忘言"。这两方面的启发，在美学史上都有重要的意义。

蹄：捕兔的工具
筌：捕鱼的工具

第三节 嵇康、阮籍的竹林玄学

竹林七贤与林下之风

竹林玄学即指以嵇康、阮籍为代表的"竹林七贤"的老庄学。所谓"竹林七贤"，即指阮籍、嵇康、山涛、刘伶、阮咸、向秀、王戎七人，他们"常集于竹林之下，肆意酣畅，故世谓竹林七贤"。这批经常在竹林之下聚会的名士，有着特殊的气质、性情、情调、才华。他们的这种精神气质，又表现为他们的特殊的言谈举止、声音笑貌。当时人们就把他们这些精神和行为称之为"林下之风"。具体地说，就是超拔脱俗的精神，放达不羁的行为，直抒己见的情怀，越名（名教）任心的性格。如果说何晏、王弼的玄学可称之为重思辨的玄学的话，那么阮籍、嵇康为代表的竹林玄学则可称之为直抒情怀的玄学。何晏、王弼主要是哲学家，而嵇康、阮籍则主要是诗人、音乐家。他们之间的区别是显而易见的。

嵇、阮的竹林风度是怎样形成的呢？这要从当时的时代谈起。阮籍、嵇康主要活动的年代，在魏正始之后，也就是在司马氏集团实际上操纵了曹魏政权之后。魏正始年间，统治阶级中的两大政治集团的斗争进入了白热化时期。这一斗争的结果是司马氏集团翦灭了曹魏集团而赢得了胜利，从而开始了实

《竹林七贤与荣启期》画像砖　南朝

际上由司马氏集团操纵曹魏政权的时期。阮籍、嵇康等人原是曹魏集团中的一些正直之士，他们反对司马氏集团利用虚伪的儒家名教来杀戮异己、篡夺曹魏政权的活动。阮籍、嵇康的蔑视礼法、"非薄周、孔"，不与世俗合污和"越名任心"的精神风貌是和他们与司马氏集团的斗争联系在一起的。

阮籍与嵇康

阮籍（210—263），字嗣宗。曾任步兵校尉，世称"阮步兵"。他博览群籍，尤好《老子》、《庄子》，任性不羁，傲然独往，不满意司马氏集团，蔑视儒家礼教，以酣饮为常，与嵇康为友。

嵇康（223—262），字叔夜。有奇才，擅作文，与曹魏宗室通婚，官至中散大夫，世称"嵇中散"。他学不师授，博览群籍，喜好《老子》、《庄子》，称"老子、庄周，吾之师也"。他轻蔑儒家礼法，"非汤武而薄周孔"，反对司马氏集团借名教以行篡权杀伐之实，最后以言论放荡、非毁儒家经典的罪名为司马氏所杀害。临刑前，有"太学生三千人请以为师"；临刑时，神气不变，"索琴弹之"，死得十分悲壮。死时仅四十岁，"海内之士，莫不

痛之"（《晋书·嵇康列传》）。

对儒家礼义说教的抨击

据史书记载说，阮籍本有"济世志"，时值魏晋之际，天下多变故（即指司马氏集团篡权杀伐活动），名士"少有全者"，由此阮籍虽当了官而不参与政事，轻视儒家礼教，尤好读《老子》、《庄子》。嵇康则根本不当官，轻时傲世，不事王侯。他的朋友山涛劝他出来做官，他则写了《与山巨源（山涛）绝交书》，提出了他不能当官的"七不堪"与"二不可"的理由，表明他不满司马氏所宣扬的虚伪礼义的说教。由此可见，阮籍、嵇康之所以喜学《老子》、《庄子》，是由于厌恶司马氏虚伪的儒家说教。他们直接继承和发挥了《老子》、《庄子》对儒家虚伪礼义说教的批评。阮籍说："君立而虐兴，臣设而贼生，坐制礼法，束缚下民，欺愚诳拙，藏智自神，强者睽跳而凌暴，弱者憔悴而事人，假廉以成贪，内险恶而外仁……君子之礼法，诚天下残贼、乱危、死亡之术耳。"（《阮籍集·大人先生传》）嵇康则"以六经（儒家经典）为芜秽，以仁义为臭腐"，认为不学儒家经典，"未必为长夜，六经未必为太阳也"（《嵇康集·难自然好学论》）。这种对束缚人心、摧残人身的虚伪的礼法仁义说教的揭露和批评，确是淋漓尽致，十分痛快的。

越名教而任自然

在自然与名教的关系上，嵇康则大胆地提出了"越名教而任自然"的主张。这里的"自然"不是王弼讲的宇宙本体"无"，而主要讲的是人的自然的心态、自然的本性。以此他又提出了"越名任心"的思想，即要超脱名教的束缚，使人心得到自由的思想。嵇康认为，做人就要做一个正直的人，要做到"公而无私"，不要隐瞒自己的思想（私意），要"值心而言"，心中想什么就应当说什么。他厌恶弄虚作假，厌恶言行不一，特别反对用虚伪的名教来钳制人心。嵇康的"越名任心"的思想，具有强烈的反儒的倾向，反映了当时正直的知识分子要求精神自由的思想。但他们对待名教的态度，内心是十分矛盾的。从根本上说，他们并不是要抛弃维护社会秩序的礼教制度。他们主张实行没有虚伪性的朴实的礼仪，他们认为只有这种的礼义才能具有"移风易俗"的教化作用。然而当时的社会又不可能实现这种朴实的礼仪，从而使得嵇、阮思想常处于十分矛盾和痛苦之中。

嵇康阐述他不能当官的"七不堪"与"二不可"的理由如下：
"卧喜晚起，而当关呼之不置，一不堪也；抱琴行吟，弋钓草野，而吏卒守之，不得妄动，二不堪也；危坐一时，痹不得摇，性复多虱，把搔不已，而当里以章服，揖拜上官，三不堪也；素不便书，又不喜作书，而人间多事，堆案盈几，不相酬答，则犯教伤义，欲自勉强，则不能之，四不堪也；不喜吊丧，而人道以此为重，己为未见恕者所怨，至欲见中伤者，虽瞿然自责，然性不可化，欲降心顺俗，则诡故不情，亦终不能获无咎无誉，如此五不堪也；不喜俗人，而当与之共事，或宾客盈坐，鸣声聒耳。嚣尘臭处，千变百伎，在人前，六不堪也；心不耐烦，而官事鞅掌，机务缠其心，世故繁其虑，七不堪也。又每非汤、武而薄周、孔，在人间不止此事，会显世教所不容，此甚不可一也；刚肠疾恶，轻肆直言，遇事便发，此甚不可二也。"（《嵇康集·与山巨源绝交书》）

第四节 西晋的郭象玄学

郭象（253—312），字子玄，西晋名士。少即有才气，好《老子》、《庄子》，善于论辩，"如悬河泻水"，"时人咸以为王弼之亚"。早年闲居乡里，后出来做官，曾显赫一时。郭象的主要著作为《庄子注》，此注是在前人向秀《庄子注》的基础上加以发挥而成的。

儒道合一说

郭象的玄学主张儒道合一，即主张名教与自然合二而一。这一思想很明显是针对嵇康的"越名教而任自然"的思想而提出来的。在郭象看来"越名教而任自然"的思想，把名教与自然对立起来，必然会导致否定名教，有失去礼教大防的危险。实际上这种思想已经在当时社会上引发了一股放荡越礼的时风。当时人们把这种时风谓之"放达"。这种"放达"显然是一种破坏礼教的行为。郭象的主张，就是针对这种风气提出来的。

嵇康的"越名教而任自然"，讲的是只有超越名教超脱世俗才能达到任应自然，即获得人的精神的自由，具体地说，只有摆脱名教的束缚，不与世俗合污，远离尘俗，才能达到精神的自由（"逍遥"）。郭象则认为，在名教中即可获得精神自由（"逍遥"），精神自由与名教是不可分离的，是合二而一的。为此郭象提出了"足性逍遥"说。什么叫"足性逍遥"呢？"足性"即自足其性，就是满足自己性分的要求。"足性逍遥"就是说只要满足自己性分的要求即可以获得精神的自由。例如，大鹏高飞九万里，小雀飞跃在榆树枋树之间，大小高低虽然有差，但各自都能满足自己性分的要求（各自性分不一，大鹏之性在高飞，小雀之性在近处跳跃），得到"逍遥"（自由）则是一样的。可见"足性逍遥"说认为，"逍遥"就在"足性"之中，"逍遥"并不要远离尘俗，远离名教。即便按照名教的要求去做官，也一样可以得到精神的自由。这就是所谓"游外宏内"、"内圣外王"统一说。依照郭象看来，"游外"（逍遥）与"宏内"（从事名教世务）、"内圣"（达到了精神自由的圣人境界）与"外王"（日夜从事名教世务的帝王）两者是完全统一的。这是因为圣人的本性就是从事名教世务，当帝王的性。因此只有认真地从事名教世务，就是满足了自己本性的要求，就可得到精神的自由，成为内心具有最高精神境界的圣人。

所以郭象说：圣人虽坐在庙堂（指朝廷）之上，然而他的心无异于处在山林之中，虽然他日理万机而其心则"淡然自若"。这就叫做"游外以宏内"、"内圣即外王"。所有这一套"足性即逍遥"、"名教即自然"的"儒道合一"说，对于扭转不尊礼法的放达时风，是有一定的理论与实践意义的。

自生独化说

在宇宙本体论上，郭象则以何晏、王弼贵无论思想的反对派面目出现，高唱起"崇有"的理论。首先，郭象反对老子的"有生于无"的思想，认为无形无象的"无"就是什么都没有，就是等于"零"。既然"无"是什么都不存在，那么这样的"无"怎么能是产生出有形有象的"有"的存在呢？同时郭象又反对有"造物主"的存在，认为一个造物主是不可能造出这样众多的事物（"万有"）的。那么"万有"又是怎样产生的呢？对此郭象提出了"有"的"自生独化"说，认为"有"皆是自生的，"有"与"有"之间都是独立存在，独自变化的，并不要凭借任何条件，所以说它的产生是"自生独化"的。郭象的这一哲学上的"自生独化"说，显然又是为他的"足性逍遥"说作论证的，既然每一个事物（"有"）都是自生独化的，并不受外部条件的制约，那么每一个事物的存在也就是只能为它自己的本性（或称性分）所决定，所以只要"自足其性"（满足自己本分的要求），就可以成为逍遥自在（绝对自由）的人。由此可见，郭象的哲学理论确是为他的人生学说作论证的。郭象在强调万有"自生独化"的时候，否定了事物之间的普遍联系，这是他在理论上的一个很大的缺陷。

第五节　魏晋玄学在中国哲学史上的地位

魏晋玄学是中国哲学史乃至整个中国思想文化史上的一个重要的发展阶段。它上承先秦两汉的道家哲学思想，并把儒家的政治伦理思想与道家哲学思想有机地结合在一起，形成了一种不同于先秦两汉道家思想的新道家学说，从而大大推进了中国哲学与文化思想的发展。同时魏晋玄学又对后来的东晋南北朝隋唐的佛教和道教哲学思想，乃至宋明理学都产生了巨大的影响。如果说先秦两汉的哲学是侧重宇宙生成论的话，那么，自魏晋玄学开始，中国的哲学转为侧重宇宙本体论，就这点来说，魏晋玄学的产生在中国哲学思想史上具有划时代的意义。魏晋玄学又是一种主张人的精神自由的哲学，它反对用僵化的虚伪的礼法教条来束缚人性，提出了著名的"越名任心"和"越名教而任自然"的思想。这一思想对后来，尤其是对明清以来追求人性的自由解放的人们，产生了很大的启迪作用。总之，魏晋玄学是中国文化思想史的一个重要阶段，如果不研究清楚魏晋玄学，那么也就很难弄清楚中国哲学、中国宗教乃至整个中国思想文化的发展。

推荐读物：

1. 汤用彤著：《魏晋玄学论稿》（北京：人民出版社，1957年）。
2. 许抗生等著：《魏晋玄学史》（西安：陕西师范大学出版社，1989年）。
3. 王葆玹著：《正始玄学》（济南：齐鲁书社，1987年）。
4. 汤一介著：《郭象与魏晋玄学》（武汉：湖北人民出版社，1983年）。
5. 孔繁著：《魏晋玄学和文学》（北京：中国社会科学出版社，1987年）。
6. 楼宇烈校释：《王弼集校释》（北京：中华书局，1980年）。
7. 戴明扬校注：《嵇康集校注》（北京：人民文学出版社，1962年）。
8. 李志钧等校：《阮籍集》（上海：上海古籍出版社，1978年）。
9. 郭象：《庄子注》（《四部要备》本）。
10. 徐震堮笺释：《世说新语校笺》（北京：中华书局，1984年）。

图片补充资料：

1. 267页：《竹林七贤与荣启期》画像砖，江苏南京西善桥南朝墓室出土。

【第十七章】 道教的产生和发展

道教是中国本土宗教。它是以追求长生不死的信仰为核心的宗教。道教是在先秦时期的神仙信仰基础上综合了不同地方的信仰和养生方术，并利用道家思想，于东汉末年形成的。此后，它又吸收了佛教和儒家的某些成分，经过南北朝时期和宋元时期两次大的发展演变，成为一个有着丰富内容的庞大的宗教体系。

第一节　道教的渊源

　　道教的渊源，可以分成两个方面，一方面是思想方面，主要是古代的神仙信仰和"气"的学说，另方面是行为和活动方面，主要是古代的巫术以及相关的符咒、斋醮、拜仪和各种杂术。

神仙信仰

　　神仙信仰起源于何时已难考证确实。今人看到的记载主要是汉人所撰史籍。在先秦，这样的神话有两个。一个是昆仑神话。它说在西方的昆仑山上有神人居住，他们食玉石的精英而不死。另一个是蓬莱神话。它说在渤海中有三神山，山上有仙人和不死之药。蓬莱神话是昆仑神话引发的。这两大神话系统在战国中后期又被人们结合起来，形成一个新的统一的神话世界。先秦的一些著作中留下了当时神仙信仰的资料。如《楚辞》中的《远游》一篇反映了人们对成仙的渴望："闻赤松之清尘兮，愿承风乎遗则。贵真人之休德兮，羡往世之登仙。"《庄子》书的《逍遥游》、《齐物论》、《刻意》等篇章中对神仙的风采、神异及生活方式作了描述。社会上陆续出现了许多鼓吹成仙方药的"方士"。自齐威王至汉武帝，很多帝王派人去寻找长生不老的仙方或到海上寻找三神山。

"气"的学说

　　产生于先秦时期的"气"的学说，对神仙思想的发展起了重要的作用。以《管子》书中《内业》、《心术》等篇章为代表的气学是道家的一支。最初的精气说所讲的"气"是精神性的东西，"形"、"气"的观念是后来才有的。道家

用"气"说明世间一切有生命活动的存在。"凡人之生也，天出其精，地出其形，合此以为人。"《管子》精气是散布于天地之间的，它也叫"道"。人的精神和智慧就源于这种"天地精神"。人要生存就要从天地间得到"气"。得"气"的方法是精神的静思和寡欲。"虚其欲，神将入舍。扫除不洁，神乃留处"，"敬除其舍，精将自来。精想思之，宁念治之"。"神"也是"气"。"精"、"神"两个概念在这里的内涵大体相同，都是一种"气"。

古人认为精气可以赋予物体以生命活力和某些神异的功能。子产把"精"称为"物精"。气学与阴阳五行说融合以后，物精就有了许多具体的名目，如阴精、阳精、五行之精、五方之精。人的心肝脾肺肾与五行五方相应，也禀受了五行之精。一些灵兽也禀受了相应的精，如虎受火精，麒麟受木精。一些神也禀受了某种精。物精成为中国思想史上影响深远的观念。古人相信任何东西通过修炼禀受精气，就能成精成怪成神。"精"也是人与天地万物相感通、相交流的媒介。这种感通叫"精通"。由于事物间可以借精气而发生感通，所以成精成神的人或物就能有神异的变化。

"神"这个概念在古代有三种含义：变化、精神（神明）、神灵。它们都和作为"神"的本质的"气"有关系。由于气学的影响，中国古人把以前自然崇拜中的那些神也作了新的解释，它们都变成了禀受某种精神之气的神。天地之间的精气进入人体，停在某个部位也就成为某种器官的神。

在先秦、秦汉的典籍中可以找到许多材料说明气学很早就与神仙信仰结合了。《庄子》的《在宥》篇说："至道之精，窈窈冥冥。至道之极，昏昏默默。无视无听，抱神以静，形将自正。必静必清，无劳汝形，无摇汝精，乃可以长生。"《吕氏春秋》的《先己》篇说："精气日新，邪气尽去，及其天年，此之谓真人。"《淮南子》中的材料就更多了。从马王堆汉墓出土的文物（如《行气玉佩铭》、《导引图》）以及其他史料的记载也可以看到调理气息以养生延寿的方法在当时已有很多了。

巫术以及各种杂术

古代的巫术以及与此相联的符咒、斋醮、拜仪等等也是道教的一个来源。研究道教史的著名学者许地山（1893—1941）说："巫觋道与方术预备了道教底实行方面，老庄哲学预备了道教底思想根据。到三张（张陵、张衡、张鲁）和二葛（葛玄、葛洪）出世，道教便建立成为具体底宗教。"《道教史》

古代巫术盛行。巫的职能包括降神、解梦、预言、祈雨、医病、星占，主要是事鬼神，目的在于纳福祛祸，消灾去难。禁厌符咒和医术是消除灾难的一种方法，所以也成为巫的事业。《史记·封禅书》说越国巫道多用禁咒攘鬼。《后汉书·解奴辜传》说："河南有麹圣卿，善为丹书符劾，厌杀鬼神而使命之。初，章帝时有寿光侯者，能劾百鬼众魅。"除符书外，还有用水驱除邪气恶疾，用镜照妖，用桃枝或画虎形治鬼，用傩舞驱鬼逐疫等等。巫的各种杂术后来都汇综入道教之中，成为道教的"实行方面"。

由于道教以追求长生不死为目的，所以和古代巫术相联系的古代的医药学和养生学的一些内容，如导引术、房中术以及以金石入药，也为道教所吸收。

第二节 道教的形成

《周易参同契》和《太平经》两部道书的出现以及五斗米道和太平道教团的产生是道教形成的标志。

《周易参同契》

《周易参同契》是关于炼丹术的最早的理论著作。它是对以前还丹金液技术的总结。"参同契"是指将易学、黄老、炉火三者综合为一。该书作者魏伯阳是汉代黄老学派中的炼丹家，其事迹已不可考。他在书中对炼丹器具的制备、药物的种类和剂量、炉火的调节、药物的反应过程及炼成后服食的方法和效果都作了详细的论述。该书对中国早期的炼丹术作了理论解释。书中提出的炼丹术的概念、原理和方法一直为后人奉为准则。

《周易参同契》是用汉代的易学来说明炼丹过程，是易学和炼金术结合的产物。《周易参同契》认为在《周易》的六十四卦中，乾坤坎离四个基本卦是丹药形成的根据。乾坤为炉鼎，上釜为乾，下釜为坤，取天上地下之象。坎离为药物。坎为铅，离为汞。坎为水，离为火。火指药物蒸馏，水指药物熔为液体。乾卦、离卦为阳，坤卦、坎卦为阴。汞为阳，铅为阴；火为阳，水为阴。鼎炉的设计、药物的变化是依阴阳变易的法则进行的。所以说"牝牡四卦，以为橐籥，复冒阴阳之道"。在炼丹过程中也要依据自然界阴阳势力的消长掌握火候，此即所谓"经纬奉日使"。《周易参同契》十分强调坎离二卦

的作用，明确说到"易谓坎离"。所以如此，是要说明炼丹过程取决于药物和水火二气的变化。铅为阴，取其过火而熔为白液；汞为阳，取其过火而升华。水为阴，火为阳，混而为一，炼为丹药。此即"易谓坎离"。

《周易参同契》还用汉代易学的纳甲说来说明炼丹的过程。汉代易学的纳甲说把周易的卦和天干地支以及音律匹配在一起。《周易参同契》把这个系统再和月亮的盈亏相匹配，用来说明炼丹火候必须随每个月月亮的盈虚而调节。火候有两种，文火和武火。减炭为文火，加炭为武火。在一个月内，前半月用文火，后半月用武火。在一年内，冬至后用文火，夏至后用武火。《周易参同契》的纳甲说有三种，都可用来说明一个月的炼丹运火程序，因此被称为月体纳甲说。第一种是六十卦纳甲说。将一个月分为六十个昼夜，配以六十卦，以此说明每日早晚的用火。第二种是八卦纳甲说。它以月亮的盈亏说明一个月当中的用火。第三种是十二消息卦说。十二消息卦是用十二个卦（复、临、泰、大壮、夬、乾、姤、遁、否、观、剥、坤）表示阴阳二气的消长。前六卦表示一年的前六个月或者一天的前六个时辰，是阳气上升的阶段，叫做"息卦"；后六卦表示一年的后六个月或者一天的后六个时辰，是阴气上升的阶段，叫做"消卦"。《周易参同契》用这十二个卦与天干、十二音律相匹配，说明一月或一年的用火过程。在阳气上升的时候，炼丹要用文火；阴气上升的时候用武火。

《太平经》

《太平经》是最早的道经之一。有关它的历史可以上溯至西汉。《汉书》中记载西汉成帝时曾有齐人甘忠可作《天官历包元太平经》，其书已佚。今本《太平经》产生于东汉安帝、顺帝时，出自于吉等人。据说原书为170卷，现存于《正统道藏》中的是57卷的残本。当代学者王明编有《太平经合校》。

《太平经》的内容主要有两方面：天地人三者合一而达到太平，精气神三者合一而成为神仙。"三一为宗"是《太平经》论述社会政治和修道成仙的准则。"三一"即是三者合一。"三"是指阴、阳、中和。它又具体表现为天地人、君臣民、精气神等。阴、阳、中和三气相合是最理想的状态，叫做"太和"，此时就会出现太平气。太平气是政治升平的条件，也是个人修身的条件。《太平经》用气的学说解释社会政治。它认为，人类如果依照三气合一的原则去调理人际关系和社会政治，就能达到"万物滋生，人民调和，王治太平"的理想社会。

《太平经》又用气的学说解释人的生命活动和长生的方法。《太平经钞》癸部说:"三气共一,为神根也。一为精,一为神,一为气。此三者,共一位也。本天地人之气。神者受于天,精者受于地,气者受于中和,相与共为一道。故神者乘气而行,精者居其中也。三者相助为治,故人欲寿者,乃当爱气尊神重精也。"在《太平经》中,精气神的性质与人的行为、人的身体有密切关系。"精神"有善恶、吉凶,人身中的"精神"亦然。"精神"的性质决定人的行为的善恶。人的行为性质也可以使相应性质的"精神"进入身体。"精神"可以出入人身,具有人格神的特征。在这些人格神的"精神"中,最重要的是司过神和五脏神。司过神是监察人的过失的神。五脏神也有司过功能。五脏神是四时五行之气进入人身形成的,它们有明显的人格特征。《太平经》描述了它们的服饰、颜色和所持兵器。五脏神的特征还在于它们分别与人体内的五个器官(心肝脾肺肾)相联系。《太平经》论述精神之气与人身体的关系有以下几个要点:精神出游、神随人意、诸神司过。以这些论述为依据,《太平经》提出了求长生的道术。这些道术有一个基本思想,即形神相合。这也是道教的基本教义之一。这些道术可以概括为守神、致神、还神三种。守神有两方面的含义,一是存守身中已有的"精神"使它不失去或游离身外,二是防止凶神恶气的侵入。致神是招致身外之"精神"来居人身中。还神是使一时游离身外的"精神"返回人体,与身形相合,以达到消除疾病和长生久视的目的。这三种道术的作用不同,但它们的方法是相同的,就是"思"。在思神时要把这些神像画出来,要在静室中进行,还要配神符,吞丹书。

《太平经》书中提出的"承负"的说法也是道教史上的重要观念。书中提出一个问题,为什么一个人行善反得恶果,行恶反得善果呢?《太平经》作者的解释是"承负"在起作用。"承负"是要说明一个人的遭遇会受他上辈人行为的影响,他本人的行为又会给下一辈人留下影响。"承者为前,负者为后。承者乃谓先人本承天心而行,小小失之,不自知。用日积久,相聚为多,令后生人反无辜蒙受其过谪,连传被其灾。故前为承,后为负也。负者,乃先人负于后生者也。"(《太平经·解师策书诀》)"承负"说是要告诫人们为下一辈人行善,使后人免受"承负"之厄,而本人若能行善得道也能免去"承负"之厄。"承负"观念和佛教的因果报应说的不同在于:"承负"的承担者是后世人,佛教报应的承担者是本人的来生。

太平道

我们现在知道的最早的道教组织是东汉末年的太平道和五斗米道。无论在官方文书还是在道教典籍中，我们还没有发现在此以前存在过有明确组织系统的道团。

太平道就是兴起于山东的黄巾军。它的首领是张角（？—184）兄弟。据《后汉书》记载，"巨鹿张角自称'大贤良师'，奉事黄老道。畜养弟子，跪拜首过，符水咒说以疗病，病者颇愈，百姓信向之。"由此可见，太平道信奉的是黄老道。它的主要宗教活动就是符水治病，口号是"苍天已死，黄天当立"。这是用五德终始说为自己的起事寻找根据，大约和汉代对"中黄太一"神的崇拜有关。太平道可能利用并改造了《太平经》。《后汉书》说到"张角颇有其书"。《太平经》中也有关于太一神的崇拜。

"中黄太一"综合了五行信仰和太一神的信仰。依照五行说，黄色居中，所以称为"中黄"。太一神是天神，也在中央位置。

五斗米道

与山东的太平道大致同时，在汉中地区有五斗米道的活动。按照传统的说法，五斗米道是张陵（张道陵）（34—156）创建的。张陵于公元141年时在四川鹄鸣山学道，写出道书传播，受道者出五斗米，故被世人称为五斗米道，后又称天师道。张陵死后，子张衡、孙张鲁先后相继担任天师。

但学术界也有人认为五斗米道是一个名叫张修（？—191）的人创建的，张鲁杀了张修，取代了他的教权。《三国志·张鲁传》和《汉书·刘焉传》对张修和张鲁的五斗米道活动都有记载。史书中说：五斗米道遵奉《老子》书，修道人家有静室，生病时在室内思过，请祭酒（教区领袖）为病人上章谢罪。章表写成三份，一份埋在山上，给天官；一份埋入地下，给地官；一份沉入水中，给水官。五斗米道信奉三官，天官赐福，地官赦罪，水官解厄。这种章表叫做"三官手书"。犯有过错的人还被责令修路。

五斗米是修道人上缴的信物。五斗米道尊奉太上老君，尊张道陵为天师，他的后继人也称天师。天师道名称由此而来。他们自称所奉宗教为"正一盟威之道"，传自太上老君。天师道的宗教立场和儒家的传统是针锋相对的，它反对血食牺牲的祭祀，并对官方的祭祀给人民带来的经济负担进行批判，认为这种祭祀"求人饩祠，扰乱人民，宰杀三牲，费用万计，倾财竭产，不蒙其佑，反受其患。"（《陆先生道门科略》）所以它立下"清约"："神不饮食，师不受钱"。在民间，百姓可以在五腊日祭祀祖先，在春秋社日祭社灶，此外的祭祀活动均被禁止。道教的神都是气化所成，所以不享受血食牺牲。中国某些乡村至今在祭祀天地神时仍然用素食，祭祀祖先用肉食，说明民间长久以来存在着两种截然不同的祭祀系统。天师道在宗教方面的限制是很严格的。它反

天师是道教对个别创道、弘道者的特定称谓。张道陵被尊称张天师，他的第四代孙张盛由汉中迁居江西龙虎山，形成中国独有的以道教相传承的天师世家，至今已64代。

对崇拜道教以外的一切神灵,甚至反对占卦,反对堪舆风水术。

天师道的宗教组织和宗教活动

天师道团是典型的政教合一组织。它的教区称为"治",最初建有二十四治,后来又有扩大。各治的宗教领袖叫做"祭酒",负责管理道民。各教区的祭酒有等级差别。最高的是阳平治、鹿堂治、鹤鸣治。治所是道民宗教活动和其他社会活动的中心。所有道民都要编入户籍,称为"宅录"。道民家中生死婚嫁都要注册或削籍。这个宅录不仅有行政意义,也有宗教意义。在每年的三会日(最初是正月七日、七月七日、十月五日),道民都要到本治所聚会。那一天,神也降临这里,校对宅录。如果户口不实,道民就得不到神(道气)的保护,也不能成仙。

道民修道也有阶次。积累一定的功德以后就可以受道箓,从十将军箓到百五十将军箓,阶次不同,要靠积累功德才能升迁。受箓的高低标志着道士能支配的神兵的多少。受百五十将军箓后再向上升迁就是散气道士,可以担任传道等宗教事务。再向上升迁便是各级祭酒。天师道的各治之间也有等级,要依次升迁。道徒修道要拜师。师徒都应在本治区内活动。道徒家中要建静(靖)室。室内不立神像,只有香灯、香炉、香案、书刀四物。

天师道的宗教活动除了上述的三会日外,还有道徒自办的厨会。厨会的目的可以是庆贺子女满月,可以是请愿、谢过,可以是拜师、谢师等等,更多的便是上章谢罪、请神杀鬼。道民有病要吞符水,反省过错,还要请道士上章杀鬼。上章是道教的常见活动。现存《赤松子章历》是天师道各种章表的范本。道教的师傅都人手一册,以备常用。《女青鬼律》则记载了各种作祟的鬼怪。天师道还有男女合气之术,那是一种带有宗教含义的房中术,是一种宗教实践。保存在《正统道藏》中的《上清黄书过度仪》和《洞真黄书》讲述了施行的仪式,文字对今人已十分晦涩难解了。

天师道是一种颇具民间性的宗教组织。从它的戒律中也可以看出,这些律条的宗教性内容并不多,大多数都与百姓的生产、生活密切相关。它包含了许多素朴的伦理规范。天师道的某些节日以后成了中国各地的传统的节日,如元宵节即由道教的上元节发展而来。

张鲁去世以后,天师道组织涣散,道规松弛,但这并没有影响它的传播。与天师道同时,汉魏之际在中国其他地区也有一些方士小集团的活动,如李家道、帛家道、于君道等等。他们以某些道书的传承或以炼丹服食为主要的

道术传播道教信仰。在南方，道教信仰传入了士族阶级，在两晋南北朝时期出现了一些信奉天师道的世家，如琅邪王氏、丹阳许氏、丹阳葛氏等。

第三节 从南北朝到隋唐时期的道教

道教信仰在士族中的传播使道教的发展有了新的契机。道教逐渐放弃与官方对立的立场，并被改造为官方宗教。在这个过程中，葛洪起了重要的作用。

葛洪和《抱朴子》

葛洪（284—364）是历史上第一个对道教的教义体系作出理论总结的思想家。他出身官宦世家，拥护儒家的纲常名教。但是，他本人自年轻时即怀有道教信仰。他的从祖葛玄是著名的神仙家，从左慈修道。葛玄传郑隐，郑隐传葛洪。葛洪的岳父鲍靓也是个神仙方士。葛洪的著作很多，在中国化学史和医学史上有着重要的地位。他最著名的著作是《抱朴子》内外篇，内篇主要就是讨论道教的思想和道术。

由《抱朴子》可以看出，当时的社会上尤其是知识分子中怀疑道教神仙长生学说的大有人在。葛洪在著作中用了大量篇幅从不同角度论证神仙确实可信，并说明修道求仙与儒家的纲常名教并没有矛盾。葛洪力图向人们说明"神仙可以学致"，反对"神仙有种"说，以便使社会上更多的人相信并接受道教。

葛洪把历史上的神仙思想和道术概括为两个方面："内修形神，使延命愈疾"；"外禳邪恶，使祸害不干"。"内修形神"主要是服食还丹金液和宝精行气。他说："欲求神仙，唯当得其至要。至要者在于宝精行气，服一大药便足。"（《抱朴子·释滞》）宝精指房中术，是流传已久的养生方术。到了葛洪的时代，房中术已发展出许多分支。它的道理在于"得其节宣之和，可以不损"。葛洪认为，性生活对于人是必要的，没有它，人就会发生"壅阏之病"，不能长寿；但是"任情肆意，又损年命"。这个总结一直是世人对房中术的传统见解。房中术要和行气相辅而行。葛洪总结了历史上调理气息以养生的各种方法。他很

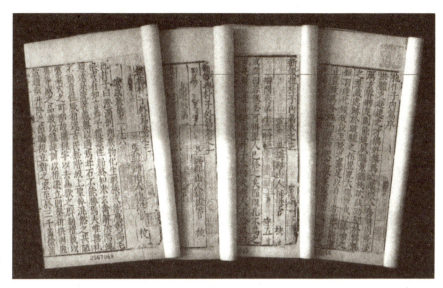

《抱朴子》 明嘉靖四十四年（1565）刊本

推重胎息之法。胎息是指不用鼻口呼吸，像胎儿在母腹中一样。修习此法要循序渐进，开始以鼻吸气，以口微吐，吸多吐少。呼吸之声要逐渐轻微到自己不能耳闻，呼吸间隔也渐渐延长，最后达到胎息状态。吸多吐少是要从天地间摄取更多的气，这正是沿袭了传统精气说的思想。吸气要在每天的前六个时辰进行，这时是自然界的生气之时。这是沿袭了汉代的气学。

葛洪是著名的炼丹家。《抱朴子》中收集了许多炼丹药方。他把服食还丹金液看作是最上乘的方法，认为草药只能延长寿命，不能成仙。他说："金丹之为物，烧之愈久，变化愈妙。黄金入火，百炼不消，埋之，毕天不朽。服此二物，炼人身体，故能令人不老不死。此盖假求外物以自坚固，有如脂之养火而不可灭。铜青涂脚，入水不腐，此是借铜之劲以捍肉也。金丹入身中，沾洽荣卫，非但铜青之外傅矣。"（《抱朴子·金丹》）

外禳之术有很多种，如守一、符箓、厌劾、变化等等。它的目的是防治来自外界的侵害。守一是存思神中之神。符箓是为了抵御鬼气的侵害。厌劾是指击退鬼怪和杀鬼的各种方术。变化是指修道之后具有的各种神通。

道教经典的产生和传播

东晋南北朝时期是道教全面发育的时期。道教的发展一方面是由于官方的扶持，另一方面是佛教的刺激。士族的崇信使道教逐渐成为官方的宗教。从刘宋以后，道教在一千多年间一直受到官方的尊崇。这促进了道教在全国的传播和发展。道教在这一时期产生了大量的经典，建立了完整的宗教体系。

汉魏以来，一些道士陆续写作道书。葛洪在《抱朴子》中记录了郑隐收藏的道书共257种，1179卷。自东晋开始又兴起了大规模的造经运动。新出现的道经主要有三组：三皇经系，灵宝经系，上清经系。

三皇经是以《三皇文》和《五岳真形图》为主的道经系列。这两篇经典在东晋造经运动之前就在社会上流传了。它与三皇（天皇、地皇、人皇）传说有关，所以分为三部分，各有功用。如建屋宅和坟墓时，要写《地皇文》；逢他人入葬，要写《人皇文》。它的作用是召唤天神司命来护身，以避免邪恶、瘟疫和殃祸。《五岳真形图》也有同样功用。

《抱朴子》已屡次提及《灵宝五符经》。自葛洪的族孙葛巢甫开始，大批的灵宝经问世。葛巢甫所著《灵宝赤书五篇真文》是灵宝经的代表作。从现存的《灵宝五符序》看，早期的灵宝经与秦汉时的五方崇拜有关。它以五方、五帝、五色、五脏等一系列五五对应的事物叙述了世界构成的模式。又制作"五方灵宝符命"用以消灾避祸，并度过末劫成为仙人。后期灵宝经中比较重要的有《灵宝无量度人上品妙经》，其中"仙道贵生，无量度人"的思想在道教史上有重要影响。后期灵宝经深受大乘佛学的影响，吸收了许多佛教观念。灵宝经也很重视斋醮仪式。

除了魏晋之际问世的《黄庭经》，大部分上清经典是东晋中叶以后出现的。这个系统的经典的产生与许氏、葛氏家族有关。上清经典的内容包罗宏富。它很重视诵经念咒，存思守一，对历史上存思身中诸神的道术作了很大发展。《大洞真经》三十九章和被视为上清经典的《黄庭经》是这方面的代表。《黄庭经》又分为《黄庭内景玉经》、《黄庭中景玉经》、《黄庭外景玉经》。后人讨论《黄庭经》的思想多是就《黄庭内经》而言。《黄庭内经》继承了古代医学的养生学说，并给以道教的解释，注重五脏六腑，固精炼气，以求成仙。它认为人的身体是集万神于一身的。它把前人说的五脏神扩充为"八景二十四真"，将人体分为上中下三部分（三元宫），每部分各有八景神镇守。人若能存思三部八景二十四真，就能通灵达神，洞观自然，养精补气，炼髓凝真，身中光明，乘云飞仙。《大洞真经》三十九章是上清派最重视的经典。它也是讲述存思道术的。上清经典的

清代气功著作《性命圭旨》中的飞升图

出现使存思道术成为最主要的修炼方式,并为以后内丹的产生作了准备。

这三组经典很快流传开并被称为三洞经典。三洞经典促进了道教教义体系的形成。经典的产生和流传是南北朝至隋唐时代道教发展的主要内容。

寇谦之

在南北朝时期也涌现了一些对道教发展有重要推动作用的思想家,最著名的有寇谦之、陆修静、陶弘景。

寇谦之(365—448)是北魏初期的道教改革家。他整顿了北方的天师道,使它变成了北朝的官方道教。

寇谦之站在维护官方统治的立场,对张角和托名真人李弘下凡的农民起事作了批判。他废除了二十四治的旧有建制和自收钱税的经济制度,摧垮了天师道政教合一的组织结构。北方天师道的男女合气之术在实施中也产生了许多弊病。寇谦之进行了整肃,净化道风。在道教实践方面他强调"专以礼度为首,而加之以服食闭炼",同时也保留了传统的房中术。现存《正统道藏》中的《老君音诵诫经》是寇谦之著作的一部分,反映了他的改革内容。他还重申了许多传统的教规教仪,有些具体规定可能是他增加的。寇谦之的著作是研究南北朝天师道制度的重要史料。

寇谦之的道教改革主张得到了北魏政权的赏识。北魏鲜卑统治者接受了寇谦之的道教并借助它完成了统一北方的大业。北魏的每一个皇帝即位时,都要亲自到道坛接受道箓,成为道徒。天师道成了国教。

陆修静

陆修静(406—477)是南朝受到官方礼遇的著名道士。他对道教的重要贡献是多方面的,尤其是在经典和仪式方面。在道教史上,陆修静是第一个对道教经典进行系统整理并对后世产生深远影响的人。公元437年,他整理出《灵宝经目》。公元471年,他奉敕撰写了《三洞经书目录》,著录道书共1228卷。他使用的道经分类标准影响了后人,逐渐形成了"三洞四辅十二类"的分类法。这种分类法是将道经分成三洞四辅七大部类,其中三洞部分又各分十二类。这些部类的名称、所收经典以及各部类之间的关系是:洞真部收上清系经典,洞玄部收灵宝系经典,洞神部收三皇系经典。太玄部辅洞真,收老子《道德经》及各种注释;太平部辅洞玄,收《太平经》;太清部辅洞神,

收金丹服食之书；正一部总辅三洞，所收为六朝天师道经典。十二类：第一本文，指灵宝天书真文；第二神符；第三玉诀，为解释本文之书；第四灵图，为"玄圣所述神化灵变之像"；第五谱录，记载神真名讳、神宫位第；第六戒律；第七威仪，为六种灵宝斋醮仪式；第八方法，为"玄圣所述神药灵芝、茅金水玉之法"；第九众术；第十记传；第十一玄章，为赞颂众圣之辞；第十二表奏。这样一种道经分类方法成了道教教义的一部分。按照这种分类标准构成的道经体系，修道人修道次序和品级阶次也有了相应的规定和解释。各道派可以修相应的经典，所修经典决定了修道者的道果。修道者必须循序渐进，不能躐等。三洞经典明显高于其他经典，反映了三洞经典及其道派在当时居统治地位。

陆修静整理的道教斋醮体系以灵宝派为主体，辅之以上清、洞神及天师道旧有的斋法。这个体系称为"九等十二法"，一共有12种，其中9种灵宝斋当时在道教中占有重要地位。其名目和要旨如下：

第一洞真上清之斋，以无为为宗，有二法：其一绝群离偶，眠神静气，遗形忘体，合于道无。其二心斋，疏瀹其心，澡雪精神。

第二灵宝之斋，以有为为宗，有九法：其一金箓斋，调和阴阳，消灾伏异，为帝王国主请福延祚。其二黄箓斋，为人拔度九祖罪根。其三明真斋，学士自拔亿万曾祖九幽之魂。其四三元斋，学士自谢涉学犯戒之罪。其五八节斋，学士忏谢已身宿世今生之罪。其六自然斋，普济之法，内以修身，外以救过，为百姓祈福消灾。其七洞神三皇之斋，以精简为上。其八太一之斋，以恭肃为首。其九指教之斋，以清素为贵。

第三涂炭之斋，以苦节为功。上解亿曾万祖、宗亲门族及己身家门无殃数罪，拯拔忧苦，济人危厄。

陆修静写下了许多关于斋醮仪式的著作，对斋醮的宗教含义、斋醮中的戒律等方面作了论述。

陆修静还对南方天师道的混乱状况提出了批评，明确了天师道的宗教立场，教规教仪。这些在天师道活动中是否产生了实际的影响尚无史料可供详考。

陶弘景

陶弘景（456—536）是陆修静的再传弟子。他博学多才，精通三教，36岁即归隐山中炼丹。梁武帝每有大事常派人去山中请教，人称山中宰相。据

三清神位

说他在山中兼礼佛道，设佛道二堂，分别隔日礼拜。他的著述很多，涉及儒道、天文、历算、地理、医药、兵学、方术多方面。道教著作主要有《真诰》、《登真隐诀》、《真灵位业图》等多种，是南朝道教的集大成者。《真诰》一书记述了上清派早期教义及历史，为道门内外看重。《登真隐诀》总结了上清派的存思道术，还保留了一些天师道制度方面的史料。

陶弘景在历史上第一次整理了道教的神仙谱系。他在《真灵位业图》中把道教诸神从天上至地下排列为七个等级。第一级是玉清境诸神，共29名。第二级上清境诸神，共104名。第三级为上清太极金阙诸神，共84名。第四级为太清境诸神，共174名。第五级为诸天曹仙官，共36名。第六级为诸地仙，共173名。第七级为阴曹地府诸鬼官，共88名。在这些神仙中除了道教崇拜的神灵外，也有道教历史上的人物如上清派大师，还有许多传说中的帝王以及历史人物如孔子、庄子。阴曹地府的鬼官是由六天鬼神演化来的，多为儒家的祭祀对象，本是道教批判的。陶弘景把他们列入神仙体系，说明他们已成为道教神灵系统的组成部分，担负了道教考校世人功过的职能。在这个系统中，道教的最高神由汉末以来的太上老君变成了元始天尊。

陶弘景在茅山修道几十年，使茅山成为上清派的中心，形成了茅山宗。茅山宗也一度成为上清派的代称。茅山宗在组织形式上以出家居道观修炼为主。陶弘景及其弟子在茅山建立了许多道观。从南北朝到宋代，茅山先后涌现了众多的高道及道教思想家，对道教的发展做出了重要的贡献。

南北道教的融合以及佛道的关系

整个六朝时代，道教在中国南方得到了很大的发展，三洞经典也陆续向北传播，中介便是北方的楼观道。楼观道是魏晋时代在关中出现的小道团，以《西升经》和《化胡经》为主要经典。楼观道士陈宝炽、韦节、王延等人先后在嵩山、华山接受了三洞经箓，促进了南北道教的融合。王延受到北周政权的礼遇，并在北周政权支持下着手整理三洞经书，编成《三洞珠囊》。北周的崇道政策推动北方道士对道教的经教体系作出了全面的总结。这项工作的结晶就是道教的第一部大类书《无上秘要》。

南北朝道教的发展一直与佛道之间的相互斗争及影响交织在一起。在北方，关于老子化胡的争论成为佛道之争的焦点，并曾经导致朝廷两次大的废道运动。在南方，佛道之争表现为夷夏之争和生死形神问题的争论。在佛道之争过程中，佛教的宗教观念和佛学理论极大地影响了道教经典的写作。从南北朝末期到盛唐时代，道教出现了一大批主要用佛学的概念和论证方式阐述道教教义的著作。许多道教学者都具有较高的佛学造诣。隋代入唐道士刘进喜的《太玄真一本际经》曾被唐玄宗敕令各处道观诵读。唐代出现的一些集成性道书中，都包含有佛教的名词术语，说明佛教的某些观念和理论已经成为道教思想体系的有机组成部分。

唐代的重玄学

道教在隋唐时代的发展主要表现为思想理论方面的总结。隋唐朝廷的崇道政策促进了道教理论的发展。唐朝政府极力抬高道家经典，主持编纂了《一切道经音义》和历史上第一部道藏《三洞琼纲》。唐玄宗时代设立了崇玄学，又将《老子》、《庄子》、《列子》、《文子》列为考试内容，称为道举。唐玄宗还亲自注释《道德经》。唐代还有一大批道士对道家的经典著作进行注解和发挥，促进了道教教义的哲理化。在阐述老庄学说过程中形成的"重玄"之学成为融会佛道的代表。隋唐的大多数道教思想家都属于重玄派，他们的杰出代表有刘进喜、成玄英、王玄览、司马承祯、吴筠等人。但是，这些工作都是上承南北朝的发展而做的总结集成工作。这一总结在唐末五代的杜光庭那里达到了高峰，道教前期的发展至此结束。唐代道教主要是总结前人的成果，而在道教的实际活动方面并未生发新的契机。道教的发展是在唐末五代孕育了内丹道派并在宋元之际涌现出许多新道派后才进入新的阶段的。

关于**老子化胡**的争论：东汉末年和魏晋时期，道教徒创造"老子化胡说"，说老子到天竺教化胡人，老子是佛的老师。西晋中叶后，佛教徒出来反驳，说佛是老子的老师。由此引发一场争论。

关于**生死形神**的争论：佛教认为人的痛苦在于"有生"，所以主张"不生"，神与形分离，超脱轮回，精神永归寂灭。道教主张"不死"，主张"肉体成仙"，所以人的精神和肉体要永远结合在一起才能"长生不死"。这两种观点不同，所以引发争论。

重玄学：唐初成玄英、李荣则通过注《老子》和《庄子》而建立了"重玄学"。"重玄学"主张"理"是天地万物的本体，"性"是人从"理"那里得到的内在本质。人通过"心"的作用，自我修养，"穷理尽性"，就可以达到一种超越自我和世俗的精神境界（"重玄之乡"）。这一学说吸取了南北朝时期佛教学者的思想成果。

第四节 宋元时期的道教

内丹道派的兴起

宋元时期道教的一大发展是内丹道派的兴起。内丹是对早期存思道术的改造。有少数学者认为内丹道术在《周易参同契》时代就有了,但是大部分学者认为内丹是在隋朝苏玄朗以后才有的。唐朝的某些道士如司马承祯(647?—735)的思想中已经有了后来内丹修炼的某些成分。所谓内丹是把人的身体作为炉鼎,把精气作为药物,用神火烧炼,在丹田处结成圣胎(丹)。内丹修炼通常分为四个阶段:筑基、炼精化气、炼气化神、炼神还虚。由于内丹的早期著作都是用外丹语言表述的,所以称为内丹。宋代张伯端(984—1082)的《悟真篇》是历史上最重要的内丹经典。内丹在宋代吸收了佛教的明心见性说,主张性命双修。全真道出现后,内丹分为南北二宗。张伯端一系的南宗主张先命后性,北方全真道则主张先性后命。内丹在初期主要为道士个人修炼,没有成形的道团组织,后来分别与南北方的新旧道派组织结合。内丹是后期道教修道成仙的主要道术。直至清朝末年仍然不断有重要的内丹著作问世。

宋元时期出现的新的道派和道教文献

道教在宋元时期有了很大发展,在南北方都出现了新的道派。在南方,龙虎山、阁皂山、茅山,一直是正一、灵宝、上清三个符箓道派的本山,又分别生出了小的支派。神霄派、青微派、净明派是新产生的三个影响较大的符箓道派。宋元时期南方的符箓道教主要表现为以雷法作为宣教济世的道术,并且吸收了内丹。"内炼成丹,外用成法"是它们的共同特征。净明派则是以融合儒教为特征的道派,宣扬儒家的忠孝。

北方出现的新道派有真大道教、太一教和全真教。全真教创建人王重阳和七位弟子在北方的传教取得了巨大成功。北京的白云观在几百年间一直是北方道教的中心。元世祖统一中国以后,全真教向南方传播,和南方内丹道派结合,成为全国最有影响力的道派。早期全真教以民间结社为主要的组织形式,在山东等地创立了许多倡导三教合一的社团。在宣教方面,以内丹功夫和儒家伦理为主要内容。在个人修炼方面较多地吸收了佛教教义,主张无性后命的内丹学，甚至以佛教的顿悟取代内丹命功。

自刘宋至元代初期，道教一直受到官方的支持。北宋朝廷的崇道政策极大地推动了道教的发展。宋元时期有许多文人学士和道门有密切的往来。他们也参与了道教文献的整理特别是仪式的整理，出现了卷帙浩繁的斋醮科仪全书《灵宝领教济度金书》等。官方和士大夫的目录学著作也日益容纳了更多的道书。道门中的士人也日益增多，促进了儒道佛三教的合流。宋元时代涌现了许多著名的道教学者，留下了大量著作，发展了道教的教义教理。历代的道藏是在政府主持下由道门内的大批学者编修的。现存的道藏是在明代正统年间编修的，万历年间又加以补充。自明代中期以后，中央政府不再实行崇道政策。到了清代，道教在官方政治体系中的地位日益下降。但是，道门内的活动仍然正常发展。北京白云观在清代末年仍然为四百余名道士举办了授戒坛场。明清两代的道教在民间继续分流衍派，然而主要是延续了元代以后正一、全真两大宗派的格局。

泉州老君岩　宋

道教与民间文化

道教本从民间产生，也一直在民间有着深厚的基础。道教在民间的传播和发展主要靠科仪。这些仪式目前在内地一些地区以及台湾、香港还保存完好，主要是祈祥禳灾和超度亡魂。道教仪式和民间百姓生活有着紧密的联系，成为中国民间文化的重要内容。道教仪式综合了戏剧、绘画、音乐、文学、舞蹈、建筑等多方面的艺术，保存了中国人民文化创造的成果。道教文化更多地表现为民俗。中国民间的节日、饮食、婚丧、田作、市贾乃至生老病死等各方面的活动都融入了道教的因素。大约从唐代开始，中国民间的各种术数大量进入道教。这些成分虽然并不多见于上层道团编纂的道藏，但是民间道士多擅长这些仪式、术数以为职业。可以说，道教把中国民间文化中的各种成分几乎都吸收到自己的活动中，它也因此有了强大的生命力。道教的民间性也使各地的神明崇拜和仪式表现出地方色彩，沿海地区的妈祖信仰就是一个典型的例子。道教是中国的本土宗教。它对许多少数民族的文化中都有影响，也随着中国文化的传播和华人的迁徙传到世界各地。越南、朝鲜、日本的文化都不同程度地受到道教的影响。道教是世界上有着广大信众的宗教。

道教与医学

道教对中国的医学、药学和养生学等方面做出了许多贡献。如道教的养生术，作为却病延年的手段，在道书中论述颇多，涉及导引、行气、服食、按摩等方面。又如唐代道士孙思邈撰《千金要方》30卷，包括医方、针灸、食疗、养生等方面的内容，被誉为中国最早的一部临床实用的百科全书。

推荐读物：

1. 李养正著：《道教概说》（北京：中华书局，1989年）。
2. 卿希泰主编：《中国道教史》第1至第4卷（成都：四川人民出版社，1988—1995年）。
3. 任继愈主编：《中国道教史》（上海：上海人民出版社，1990年）。
4. 福井康顺等监修，朱越利等译：《道教》（上海：上海古籍出版社，1990—1992年）。
5. 汤一介著：《魏晋南北朝时期的道教》（西安：陕西师范大学出版社，1988年）。
6. 卿希泰主编：《道教与中国传统文化》（福州：福建人民出版社，1990年）。
7. 小林正美著，李庆译：《六朝道教史研究》（成都：四川人民出版社，2001年）。

图片补充资料：

1. 285页：三清神位，在道教斋醮礼仪中，多设有三清神位。以元始天尊为中位，灵宝天尊居左，道德天尊居右。图中左起：道德天尊、元始天尊、灵宝天尊。
2. 288页：老君岩，福建泉州清源山。

【第十八章】 中国佛教与禅宗

佛教最初产生于公元前6世纪印度的恒河流域,后来逐渐发展成一种世界性的宗教。在与不同地区和民族的文化的交流过程中,印度佛教不断地发生变化,形成了许多富于地方文化特色的思想体系、宗派组织和信仰形态。这一方面改变了印度佛教原来的面貌,丰富了它的内容,另一方面,佛教也因为和各个民族文化的融合,逐渐渗透到当地社会生活的各个方面,发生着深入而持久的影响,从而成为这些不同地区和民族文化传统的有机组成部分。佛教在中国的发展就是这样一个典型。所以在这个意义上,佛教也是中国文化的重要内容。

第一节 佛教在中国的早期传播

佛教的初传

一般认为,佛教最初是由中亚传入中国的,其确切年代现在已经很难稽考了。史料中有以下两个记载,可供参考:(1)公元前2年,即汉哀帝元寿元年的时候,一个名叫伊存的大月氏国使者把佛经口授给博士弟子景卢(《三国

南禅寺大佛殿 唐建中三年(782)建

志·魏书》裴注引《魏略·西戎传》)。(2)东汉明帝夜里梦到一个金人飞过殿庭,后来就根据太史傅毅的解释派中郎将蔡愔、秦景、博士王遵等18人到西域去访求佛道。他们在大月氏国遇到迦叶摩腾和竺法兰两僧,并得到佛像和经卷,用白马驮回洛阳,在洛阳建立白马寺,翻译了《四十二章经》,时为明帝永平十年(67)。这就是有名的汉明帝感梦求法和白马寺的传说(牟融《理惑论》)。根据这些记载,现在一般都把佛教传入中国的时间定在两汉之际。

佛教传入时正值中国盛行黄老之学和神仙方术,社会上一般人或者认为佛教是一种崇尚清虚无为的理论,或者把佛陀当作拥有禳灾招福灵力的大神来信奉,而西域僧人则被看成某种类似巫祝一样的角色。所以,佛教最初在宫廷中也连带着得到一些帝王的信奉,例如有名的汉桓帝和楚王英就是把佛陀与黄老一起奉祀的(《后汉书》卷七、卷四十二)。这一时期,在南方还出现了较大规模的建寺和造像活动。

佛典的翻译与西行取经

中国佛教有一个十分突出的特点,就是非常重视把佛教经典从梵文翻译成汉文。印度佛教之所以能在中国扎下根来,以至于在中国出现全新的佛教传统,这是一个重要的条件。

中国早期佛典汉译事业主要由一些从西域地区来华的僧人主持。他们大多博闻强识、义解渊深,有着很高的佛学造诣,如东汉时的安世高、支谶(147—?),两晋时的竺法护、鸠摩罗什(343—413,一说305—409),南北朝时的菩提流支和真谛(499—569)等都是名动一时的高僧。在内地僧侣和信士的帮助下,西域的翻译家或依据携带来的原本,或凭借惊人的记忆力,克服重重困难,经过几百年不懈的努力,陆续把印度佛教中一些主要的大小乘经典、论书和戒律比较全面地介绍到中国,为中国佛教的发展打下了坚实的基础。

《摩诃般若波罗蜜经》(部分) 西晋

几乎与此同时,还出现了中国僧人因为不满于当时经典的翻译状况而去西域取经的现象。这方面的先驱人物是曹魏时代的朱士行,他曾经不远万里前往新疆于阗地区寻找大品《般若经》的原本。这逐渐形成了中国佛教翻译史上的一个传统。后来著名的西行

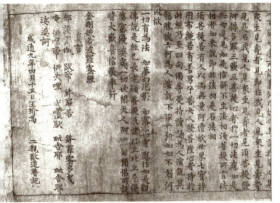

《金刚般若波罗蜜经》卷首图　唐咸通九年（868）

求法僧有东晋时的法显（340？—422？）、唐朝的义净（635—713）等人。而他们当中最杰出的代表，就是唐朝的玄奘。

玄奘（602？—664），俗姓陈，河南洛州缑氏县（今河南偃师南境）人。因为家境困难，他少时就住在寺庙中学习佛经。13岁出家后，更是勤学苦思，学业进步很快。但是在多年的讲经和研究过程中，玄奘逐渐觉得各家之间的说法很不一致，很难会通，所以就下决心去印度求法。当时去印度的路途十分艰险。《高僧传》中有这样一段记载："发自长安，西渡流沙，上无飞鸟，下

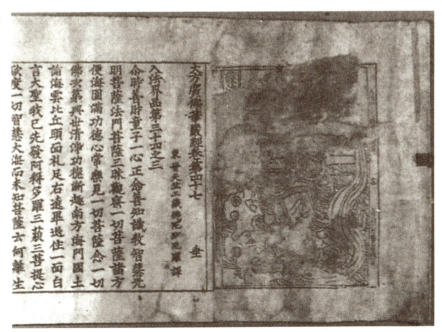

《契丹藏》收《大方广佛华严经》印本残卷

玄奘取经行程略图

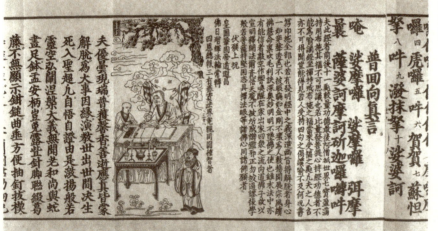

朱墨双色套印《金刚经注》
元至正元年（1341）中兴路
资福寺刻印

无走兽，四顾茫茫，莫测所之，唯视日以准东西，望人骨以标行路耳。屡有热风恶鬼，遇之必死。"在历经千辛万苦到达印度后，玄奘除了巡礼佛教圣迹外，又四处求学，潜心研究各种大小乘经典和论书，以求融会贯通。玄奘在那烂陀寺时被推为通三藏的"十德"之一，很受国王和佛教界的尊敬。戒日王曾经在曲女城为他召开大法会。玄奘的学识得到一致推崇，还获得了"大乘天"和"解脱天"的尊称，享有很高的声誉。

戒日王 (590—647)，公元7世纪时统一北印度，迁都曲女城，建立戒日帝国，崇信佛教。

玄奘学成回国以后，拒绝了唐太宗要他还俗从政的请求，集中精力翻译从印度带回的大量经典。他邀请全国各地的二十余位名僧协助，由朝廷供给所需，在长安弘福寺建立了大规模的组织完备的译场（658年后迁往玉华宫），共译出《大般若经》、《成唯识论》等经论75部1335卷。由于国家的大力支持和玄奘本人对于印度佛学精深的造诣,他主持的佛经翻译水平非常高,不仅系统全面地反映了当时印度佛学的全貌,文字也异常精审通达,同时还纠正了许多旧译中的错误,被后世称为"新译"。玄奘因此与鸠摩罗什、真谛、不空一起并称为中国佛教史上的四大翻译家。

僧团的组织与社会政治、经济

最初,中国佛教主要是围绕着由西域来华的僧侣发展起来的。汉人出家,开始于后汉时的严佛调,而第一个依戒律出家的则是朱士行。到了魏晋南北朝时期,随着戒律的传译,中国才逐渐建立起较为正规的僧团组织。在这个过程中,做出最大贡献的是道安(312—385)和慧远(334—416)。尤其是道安,他除了从事校订和注释佛典、编纂经籍目录等佛教的基础事业之外,还在"天灾旱蝗,寇贼纵横"的乱世之中辛勤地培育出数千名弟子,制定详细的修行仪轨,把他们组织成一个戒律严明的僧团(《高僧传》卷5)。他因此受到前秦苻坚的信任和人们的尊敬,从而大大地提高了佛教在社会上的地位。他的弟子慧远在南方的庐山组织白莲社,也产生了很大影响。

按照印度佛教戒律,僧尼个人不许蓄积"三衣一钵"等生活和修行必需品以外的私有财产,但是作为整体,寺院僧团却可以合法地拥有金银和土地等。佛教传入中国后,早期的僧尼们似乎还能维持游行乞食的沙门行。到两晋南北朝以后,随着佛教的发展和僧团规模的扩大,僧尼的生活方式发生了很大的变化,"或垦殖田圃与农夫齐流,或商旅博易与众人竞利"(释道恒《释驳论》,《弘明集》卷6),寺院经济也逐渐发展起来。有些僧团得到国家政权的支持,从皇帝、贵族和地主那里得到了大量捐赠的土地。北朝还出现了"僧祇户"和"佛图户"这类役使农户为寺院服务的形式(见《魏书·释老志》)。寺院中积累的财富除了供应僧尼生活及法事外,也经常被用来展开社会慈善事业和经营邸店、店铺、典当等营利活动。由于出家人在相当长的时间内享有免除徭役和赋税的特权,寺院经济得到快速发展,这一方面为佛教的成长提供了有利的条件,另一方面也对封建国家的经济产生了巨大的冲击,并使滥度私度的现象日益增多。

这一时期,中国佛教与社会政治发生了非常密切的关系。无论是在少数民族统治下的北方还是维持汉族政权的南方,佛教的兴衰都与统治者的好恶紧紧地联系在一起。例如以神异著称的佛图澄(232—348),因为赢得了后赵石勒、石虎的崇奉而使华北佛教得以保全和发展;而道安和鸠摩罗什之所

每年向寺院交纳谷60斛为"僧祇户"。"佛图户"为一部分犯重罪的民众和官奴,专供寺院扫洒,并兼营田输粟。

以能取得巨大的成就,也是与苻坚和姚兴有着密切的关系。在南朝信奉佛教帝王中最有名的是梁武帝,他不仅自己是一个虔诚的佛教徒,曾经几次舍身入佛寺为僧,而且还主动参与佛教内部事务,中国佛教禁断肉食的规定就是由他主持制定的。道安曾经把这一经验总结为"不依国主则法事难立",也就是说,在战乱年代要谋求佛教的生存和发展,必须依靠帝王的支持。而这样做当然要付出代价,就是佛教在一定程度上要服从于统治阶级的利益,否则会受到统治集团的压制和打击。

南北朝时,随着经典的大量翻译和出家僧侣人数的激增,佛教作为一种外来宗教,它与中国传统礼乐文化相矛盾的一面也日益显露出来。就在这种背景下,北方出现了北魏太武帝和北周武帝两次大规模的灭佛运动,南方出现了企图将僧侣隶属于王权之下的"沙门应敬礼王者"的议论。当时庐山慧

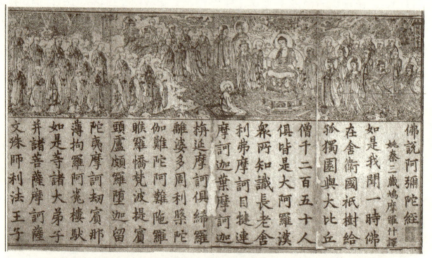

《佛说阿弥陀经》 明永乐间(1403—1424)刊本

辽刻《妙法莲华经》(部分)

> **僧官制度**。是指政府从僧侣中选拔任命一批官吏来管理僧团的日常事务。南北朝的僧官大体上有北朝的沙门统和南朝的僧正两个系统，具体地还可以分为中央和地方两级。其主要职责包括编制僧尼户籍，主持重要的法事活动，依僧律管理僧尼的日常生活等。唐宋以后，中央僧官机构逐渐被削弱并且纳入到官僚体制之中，而地方和基层的僧务也完全处于世俗政权的监督之中。

远曾经写了许多文章，系统地回答了儒家对佛教僧侣出家违背伦理纲常、不劳而获、浪费国家资财等方面的指责，阐明了他理想中出家僧侣与王权礼教之间的关系，认为佛教一方面可以发挥社会教化的作用，为王权服务；另一方面，僧侣在行仪上应该保持相对独立性，才符合出家人的身份。

尽管慧远试图从理论上为佛教争取相对独立的社会地位，但总的来说，政府还是通过僧官制度的设立逐渐加强了对佛教僧团的管理和控制。到唐朝时又逐步把对僧侣的管理纳入官僚体制之中，使佛教在一定程度上表现出为政府服务的性质。

第二节 隋唐时期佛教宗派的繁荣

佛教本身在印度曾有过非常复杂的演变和发展，但是对中国佛教产生决定性影响的却主要是大乘佛教。中国人在接受印度佛教思想时虽然也经历了一个认识上逐渐深入的过程，两种文化之间的矛盾有时甚至还表现为政治上的激烈冲突，但从整体上看，仍然是以调和、融合为主。所以，佛教在中国的传播与发展并不仅仅是一种简单移植，它实际上也是一个再创造的过程。这一点充分地表现在中国佛教宗派的发展过程中。

早期的学派

中国最早兴起的佛学派别，是在魏晋时期随着玄学成长起来的般若学派。佛教界的思想家通过把中国传统哲学（尤其是老庄哲学）的概念与佛经中的概念相比较的方法（即所谓"格义"）来理解印度佛教的思想，逐渐产生了六七种主要思潮，史称般若学的六家七宗。姚秦时，大翻译家鸠摩罗什来到中国，他以严谨的作风和优美的文笔翻译了许多重要的经典，并在他周围聚集起以僧肇为代表的一大批杰出的学僧，他们把中国佛教对印度佛学尤其是大乘中观派思想的理解提高到一个新的阶段。在后来的南北朝时期，中国佛教界又在昙无谶（385—433）、佛驮跋陀罗（359—429）、菩提流支和真谛等人译经的基础上，逐渐形成和展开了涅槃宗、毗昙宗、成实宗、地论宗、摄论宗等一系列理论学派。它们虽然大多数仍停留在对经典进行具体疏解的阶

段上,但却为隋唐佛教宗派的全面繁荣准备了必要的条件。

隋唐时期,由于社会经济的高度发达,佛教也得到了空前的发展。最为重要的是,在政府的大力扶持下,中国佛教界以强大的寺院经济为基础,逐渐形成了三论、天台、法相、华严、律、禅、净土等几个大的宗派,从而使中国佛教达到了鼎盛阶段。它们与印度佛教相比有许多不同的地方,尤其是天台宗、华严宗、净土宗和禅宗最具特色,可以说是中国化的佛教在理论和实践两个方面的代表。

中观派:约公元1、2世纪时由龙树、提婆根据《般若经》思想创立,后来为佛护、清辨所发展,与瑜伽行派并称为印度大乘佛教的两大派别。主要论籍有《中论》、《十二门论》、《大智度论》、《百论》、《般若灯论释》、《大乘掌珍论》等。

天台宗

天台宗的先驱可以追溯到南北朝时期的慧文(约6世纪)和慧思(515—577),而实际创始人则是智𫖮。智𫖮(538—597),俗姓陈,18岁出家,开始时跟随慧思学习,后来独立讲经著述,在陈隋两代朝廷的支持下逐渐以浙江天台山为中心创立了中国第一个佛教宗派——天台宗。由于天台宗把《法华经》当作本宗的信奉对象和主要的理论依据,所以人们也把它称作法华宗。

天台宗在教义上主张所谓的"诸法实相论"。它是说一切事物和现象都是本来自然存在,圆满自足的。各种现象之间虽然千差万别,但从根本上讲,它们本身就是其真实本性的表相,所以一切现象都是实相,如果离开了实相就没有什么现象可言。这可以从"圆融三谛"和"一念三千"两个角度加以说明。具体地说,一切事物和现象都是由各种条件聚合而形成的,其间并没有永恒不变的实体,所以是"空";但是当各种条件具备的时候,这些事物和现象却又形象宛然、历历在目,所以是"假"。"空"和"假"都是事物的本性如此,自然而然,不是造作出来的,我们既要看到"空"的一面,又要看到"假"的一面,不能固执地偏执于一端,要离开两边,非空非假,就是"中道"。"空"、"假"、"中道"是互相联系,融合在一起的,这就叫做"圆融三谛"。"一念三千"中的一念,是指我们心念活动最短暂的时刻。天台宗认为在一念之中就包含了宇宙万象,从轮回中的六道到菩萨、佛陀境界,从各种生命现象到山河大地,无不圆满具足。天台宗还由此进一步主张"性具善恶"的理论,认为既然一切众生一念之中无所不包,那么一切善或者恶、杂染或者清净都可以说是人天然具有的本性。

天台宗到宋代分为山家、山外两派,后来山家一派延续下来,对后世影响很大。9世纪初,日本僧人最澄入唐求法,回国后以比睿山为基地弘传天台宗,13世纪日莲又据此创立了日莲宗,成为日本佛教的主要宗派。11世纪末,义天到宋朝求学，把天台宗传到了朝鲜。

华严宗

"如来藏自性清净心"：佛教认为，包括人在内的所有生命都具有清净的、离开种种染污的心性。从根本上讲，它与佛陀在本性上是完全相同的，因而是成佛的依据，只不过被各种烦恼所掩盖，没有显现出来罢了，在这个意义上，众生的心性称为"如来藏"。

华严宗以阐扬《华严经》而得名，其学术传承一般追溯到杜顺（557—640）和智俨（602—668）。因为它的实际创始者法藏被武则天赐号"贤首大师"，所以也称为贤首宗。法藏（643—712）的祖先原来是西域康居国（约在今巴尔喀什湖和咸海之间）人，他本人生于长安，出家后即精心研究《华严经》，写了很多注释《华严经》的著作。

华严宗的主要教义是"法界缘起"理论。"法"指事物，"界"指分界和类别。总合一切事物称为"法界"。同时，"界"也有原因、体性的意思。一般说来，华严宗通常用"法界"指称万物的本原、本体，具体讲，就是"如来藏自性清净心"。华严宗认为宇宙间的万事万物都是从"如来藏自性清净心"生起的。在这个过程中，作为本体和原因的"如来藏自性清净心"并不孤立在万物之外，而是普遍深入地贯彻在一切事物之中，构成它们共同的本质。在它的作用下，万事万物互相依赖，互为因果。一关系到一切，一切也就含摄在一之中。一切可以说就是一，一也可以说就是一切。你中有我，我中有你，圆融无碍，就像一张大网，它们结成一个统一的整体，处于重重无尽的联系之中。因此法界缘起又称为"无尽缘起"。另外，华严宗还用理事、体用、本末、性相、一多等范畴来说明世界的本原本体与具体事相之间这种相即相入的统一关系。

《大方广佛华严经》 蒙古宪宗八年（1258）京兆府刻印

华严宗主张真理（本体）普遍地内在于具体的万事万物之中，万事万物也因此而完美巧妙地互相联系、互相渗透在一起。这对于以后中国佛教思想乃至整个中国哲学的发展都产生了巨大的影响。

净土宗

净土宗是以往生极乐净土为目的的宗派。中国流行的净土信仰主要是弥勒净土和弥陀净土两种。弥勒净土信仰以东晋时的道安为最早，在南北朝时期曾经十分流行，后来逐渐衰微，于是弥陀净土逐渐成为中国净土信仰的主流。在弥陀净土早期信奉者中，最著名的是庐山

慧远,他取往生西方净土的人都从莲花中所化生的意思,命名其组织为白莲社,因而净土宗又被称为莲宗。

印度佛教中宣传净土思想的经论很早就传入中国,被净土宗奉为典要的有所谓的"三经一论",即《阿弥陀经》、《无量寿经》、《观无量寿经》和《往生论》。在净土宗理论中,众生往生西方净土的根据就是《无量寿经》中法藏比丘所发的各种誓愿,尤其是其中第十八种:"设我得佛,十方众生,至心信乐,欲生我国,乃至十念,若不生者,不取正觉。"(意思是说,在我成佛之后,只要各种生命之类真心信仰,愿意到极乐世界来,并且专心念诵,那么他就可以如愿以偿。如果做不到这一点,我法藏比丘就誓不成佛。)但念佛只是往生的外在条件,修行者还必须以真心诚信作为内因,再加上念佛的具体修行,内外相应,把信、愿、行三者结合起来,才能最终往生极乐世界。

本来,净土类经典中念佛的方法有很多种。在中国早期的净土修行者中,从庐山慧远以后多采取"观察"的办法,也就是专心思想、观察、忆念阿弥陀佛形象和极乐世界的美好庄严。但是从昙鸾(476—?)开始,中间经过道绰(562—645),尤其是到真正把净土思想组织起来的善导(613—681)时,却逐渐把称名念佛,也就是我们经常可以见到"口念佛号"突出地强调出来,认为对于生活在这个世界的凡夫大众来说,只有一心一意地称念阿弥陀佛的名号才是往生极乐世界最正当和最简捷的方法。与之相比,其他诸如读诵、观察、礼拜、赞叹供养等等都不过是"杂行",只能起到辅助性的作用。

因为这种理论与其他佛教宗派强调依靠自己的力量获得解脱大不相同,依靠他力救赎的色彩十分明显,加之方法上非常简单易行,对于信仰者又没有什么特殊要求,所以在社会上很快就流行起来,并且一直保持着持续发展的势头,直到近现代仍然在民间有着不小的影响。

第三节 禅宗

禅宗是中国佛教诸宗派中形成较晚的一个。禅,本来是梵文音译"禅那"的简称,意译为静虑,也就是宁静安详地沉思的意思。从印度佛教的静虑修行到中国的禅宗,其间经历了一个复杂的发展过程。

早期禅师

早在佛教初传时,安世高和支谶就把小大乘禅法介绍到中国。至东晋十六国,随着禅类典籍的翻译,禅学才逐渐从一般的佛教义学中独立出来,社会上也出现了不少专门修禅的僧侣,他们或独自静修,或聚众传习,其中有的得到官方的支持而成为官禅,大多数则混迹于民间,在下层群众中发挥着他们的影响。在南北朝时期,由于战乱的加剧,社会上又出现了大量流民,其中不少就是以游僧的面目出现的,他们构成了禅宗先驱者的社会基础。中国禅宗的早期领袖就活动在这一时期。传说中禅宗的初祖菩提达摩(?—535)是在梁普通年间从南印度到达广州的。第二年,他在金陵(今江苏南京)与梁武帝会面,但是问答之间并不投契。于是他渡江来到洛阳,在嵩山少林寺面壁修行,被时人称为"壁观婆罗门"。后来就流传着"折苇渡江"和达摩面壁的故事。他的弟子中著名的有慧可(487—593),慧可再传僧璨(?—606)。因为他们都奉持《楞伽经》,所以又被称作"楞伽师"。

从僧璨开始,禅僧的活动逐渐向南方转移。僧璨的弟子道信(580—651)先到舒州(安徽潜山)皖公山,再到江西庐山,最后定居在蕲州黄梅(湖北黄梅县)双峰山。他聚众讲习,在社会上产生了很大影响。据记载,他强调坐禅,劝人"努力勤坐,坐为根本",同时又鼓励劳动,提倡坐作并行。他的弟子弘忍(602—675)进一步发挥这一思想,把日常劳动引入禅学当中,认

戴进《达摩六代祖师像卷》(局部)明

为行住坐卧都可以当作修行的方式，不一定非要在寺院中坐禅不可。他们这一派被称作"东山法门"，成为后来禅宗的实际创始者。

> 据敦煌本《坛经》的记载，惠能偈语中"本来无一物"一句的原文是"佛性常清寂"，大概在流传中有人把它改成了"本来无一物"。

神秀与惠能

弘忍门下人才济济，其中最著名的，是神秀和惠能两人，正是他们的活动，为禅宗的进一步发展开创了全新的局面。

神秀（605—706），俗姓李，开封尉氏（今河南尉氏县）人，少年时即出家，精通《老》、《庄》、《易》以及各种佛教经论。年近五十才到弘忍处学习，曾做过其门下的上座。弘忍去世后，他到荆州阳山度门寺讲学，一时"四海缁徒，向风而靡"（《宋高僧传》卷8），吸引了大量的求学者。后来他的影响受到皇室的注意，久视元年（700）武则天派人把他迎请入京，被推为"两京法主"，因为还受到睿宗和中宗的礼遇，所以又号称"三帝国师"。在他的弟子普寂和义福的努力下，神秀派系不断发展壮大，势力遍及京畿一带。

惠能（一作慧能，638—713），俗姓卢，传说他本来是一个不识字的樵夫，因为偶然间听到别人读诵《金刚经》至"应无所住而生其心"一句时有所领悟，于是前往冯墓山拜见弘忍。开始时被派做杂务。有一次弘忍要他的弟子各作一首偈语表明自己的见解。神秀所作的偈是："身是菩提树，心如明镜台，时时勤拂拭，莫使惹尘埃！"惠能听说后，也作了一首偈语请人写在墙上："菩提本无树，明镜亦非台，本来无一物，何处惹尘埃？"弘忍认为惠能的体悟较神秀的为深，故秘密传授"法衣"给惠能。惠能回到南方，隐居15年之后，应邀在韶州大梵寺讲说禅法，并传授"无相戒"。门人法海辑录其言行成为《六祖坛经》。

广东南华山南华寺惠能肉身像

南北之争

在禅宗早期的发展过程中，曾经出现过许多不同的派系和集团，并不止于上述菩提达摩以下至惠能的传承，它们散布于各地，其间既有交流也有竞争，加之唐朝政府扶持、羁縻、利用的政策，更诱发了禅宗内部不同派别之间的斗争。

正当神秀一系在北方获得极大成功的时候,惠能的弟子神会(668—760)出来大力鼓吹南方惠能的禅法。神会在滑台(今河南滑县)大云寺设立无遮大会与人辩论南北两宗是非,试图确立南宗的正统地位。他提出北方禅宗从传承上说是旁支,从修行的法门上讲是渐修,只有惠能继承了祖师的传统,以奉持《金刚经》和顿悟法门为宗旨,并且得到了传宗的信物——"法衣",所以,惠能才是真正的禅宗六祖。

刚开始时,神会所发动的运动影响不大,他自己也受到很多迫害。后来适值"安史之乱",一方面北方寺院破坏严重,使北宗遭到不小的打击,另一方面神会在协助政府设坛度僧以增加财政收入的活动中表现突出,他的努力才慢慢收到成效,南宗逐渐取代北宗赢得了正统的地位。

这场南北之争对禅宗的发展有很大的影响。如果说早期禅宗发展到神秀、惠能时已经在政治上得到官方承认,在理论上逐渐走向成熟的话,那么南宗的胜利则在禅宗内部从思想上和传承上确立了惠能一系的主导地位。中唐以后的禅宗虽然仍是派系林立,但它们大都把自己归附于惠能的法系中,其中主要有青原行思和南岳怀让两支。

青原行思(?—740),吉州庐陵(今江西吉安县)人,生平不详。他门下著名的有石头希迁(700—790)和再传弟子丹霞天然(739—824)。南岳怀让(677—744),金州安康(今陕西汉阴县)人,少年时出家,后来到曹溪受教于惠能,终生默默无闻。到他的弟子马祖道一(709—788)时才逐渐发展起来,势力遍及江西,形成洪州禅。道一的弟子中有著名的百丈怀海。

百丈清规

怀海(720—814),原籍福州长乐(今福建长乐),师事道一,后来移居到新吴(江西奉新县)大雄山,号百丈禅师。他因为制作《禅门规式》而在中国禅宗史上占有重要的位置。

在早期的禅宗中,除少数禅师离寺别居,拥有较为固定的禅窟居所外,大多数禅宗僧侣的生活都处于不稳定状态,而且流动性很大,根本谈不上什么严格的戒律。怀海根据这种情况,创建独立的禅居,使禅僧能够有一个相对稳定的生活和修行的处所,在此基础上他还制定了一套严格的制度和规范。首先,怀海继承和发扬了道信、弘忍以来坐作并行、农禅并举的传统,在禅居中实行"普请法",即寺僧不分职务和地位的高低,一律参加集体劳动,提倡"一日不作,一日不食"。其次,在寺院内部规定详细的生活制度,并设立各种专门职位以保证各种制度得到认真的贯彻执行。第三，改革寺院建制，在禅居中不设佛殿，而只开辟供僧众修行的"法堂"，表现出禅宗反对偶像崇拜，把外在信仰转变为内在修持的独特风格。这一规式几经修订后在禅林中得到广泛的推广，成为中国禅宗的基本制度。

五家七宗

以唐武宗会昌（841—846）年间大规模排佛和毁佛运动为开端，曾经盛极一时的唐代佛教相继受到南方农民起事和北方军阀混战的沉重打击。在以官寺庄园经济为基础的经院式诸大宗派一蹶不振的时候，禅宗却因为流民人数大增和独特的山居农禅经济形式而获得了长足的发展，到唐末五代时期，禅宗逐渐形成了五个各具特色的内部派别。

在百丈怀海门下的有灵佑及其弟子慧寂建立的沩仰宗；黄檗希运和弟子义玄建立的临济宗。出于青原一系的有良价及其弟子本寂建立的曹洞宗；雪峰义存和弟子文偃建立的云门宗；以及义存三传弟子文益建立的法眼宗。在这五家当中，沩仰、云门、法眼的历史并不长，宋以后皆失传，只有曹洞和临济流传地区最广，延续时间也最长，其中临济宗传至石霜楚圆时，他的一个弟子慧南建立了黄龙宗，另一个弟子方会建立了杨岐宗。这二宗与上述五家合称"五家七宗"。

> 在中国佛教史上曾经多次出现以国家政治力量打击和破坏佛教的事件，佛教徒一般称之为"法难"。历史上较大的灭佛事件有四次，即：北魏太武帝灭佛、北周武帝灭佛、唐武宗灭佛和后周世宗灭佛，史称"三武一宗"。

禅的思想

在禅宗的发展史中，虽然某些经典曾经得到大力提倡，如早期的《楞伽经》、《金刚经》，后来的《圆觉经》、《楞严经》等，甚至还出现过一部中国人自己撰述的经典——《坛经》，但是禅师们对于经典的解释却是十分随意的。禅宗思想的基础和核心可以从南北朝传出的《大乘起信论》和惠能的《坛经》这两部书中得到基本的了解。

《大乘起信论》把我们这个世界及其解脱的最后根据统统归结为"心"，"心"是一切生命都平等地具有的。"心"可以从两方面来考察。第一叫做"心真如门"，它的性质是不生不灭、绝对不动和恒久常存的。第二叫做"心生灭门"，它的性质是生灭无常的妄动。《起信论》认为，从根本上讲，心的本质是清净的，没有烦恼染污的，也就是不动的静和"觉"。但是一旦我们心念发动，就会转变成"不觉"，进入生死轮回的境地。既然心的性质本来就是清净和宁静的，那么只要去除各种杂染，制止动心起念，心就会由动再转为静，回复本来具有的圆满的智慧，也就是觉悟。

在《坛经》中，惠能提出了"般若行"，突出强调通过顿悟的方法直接进入佛陀境界的观念。他说："菩提般若之知，世人本自有之，即缘心迷，不能自悟，须求大善知识，示道见性。""愚人、智人佛性本亦无差别，只缘迷悟，迷即为愚，悟即成智。""自性心地，以智慧观照，内外明彻，识自本心。若识本心，即是解脱。"这就是说每个人的本性本来是清净无染，具有般若智慧，只是一直被妄念的浮云所掩盖着，处于"迷"的状态罢了。一旦妄念被消灭净尽，就可以顿时明见自己心的本性，般若智慧显发出来，"一悟即至佛地"。

惠能主张"无念为宗，无相为体，无住为本"。"无念"在《坛经》中被解说为"无念者，于念而不念"，"于一切境上不染名为无念"。也就是说，当我们面对这个纷繁复杂的世俗世界时，不要被它所制约和左右，应该努力消灭善恶是非、爱憎苦乐等主观分别，达到一种无执着、无差别的境界。"无相为体"是反对执着于名相（语言、概念）。"无住为本"是说人的本性是以心念念不住的流动为根本特征的，从实践上讲，修行者应该"念念时中于一切法上无住……于一切法上念念不住，即无缚也"。就是说，修禅的人应该在任何时候，不论行住坐卧，都不能对任何事物产生执着，不为外物所动，自然契合心的本来状态而发生智慧，从而达到解脱。

在这种"识心见性，自成佛道"的立场上，《坛经》还对当时流行的各种偶像崇拜和净土信仰进行了一些批评，提出"迷人念佛生彼，悟者自净其心"。认为净土并不在于东方或者西方，关键是人自心的清净与不清净。只要心清净了，就是净土现前。而且"若欲修行，在家亦得，不由在寺"。不一定非要出家为僧，在家里也可以完成"自净其意"的修行。

总的说来，禅宗发展的历史千头万绪，但其基本思想却始终没有超出《大乘起信论》和《坛经》的范围。

禅宗的特点及其影响

兴起于唐、五代时期的禅宗，与天台、华严、法相等经院化的宗派相比，有着许多十分突出的特点。

禅宗强调个体的内心觉悟，强调个体精神的独立、自由，所以它具有一种反偶像、反教条、反权威的性质。例如，有人问："如何是佛？"有的禅师回答："华阳洞的石乌龟。"有的禅师回答："干屎橛。"又如大珠慧海说："经

论是纸墨文字,俱是空谈。"神赞见人在读经,又见一只蜂子正在窗户纸上爬,寻觅飞出的路,便感叹说:"世界如此广阔,不肯出,钻他故纸,驴年去。"临济义玄更激烈,他不但呵佛骂祖,而且提出杀佛的主张:"逢佛杀佛,逢罗汉杀罗汉。"(《景德传灯录》卷15)丹霞天然在慧林寺遇大寒天气,就取寺中木佛烧火取暖(《五灯会元》卷5)。这些禅师的言行都是要推翻外在的权威、偶像、教条,强调个体内心的觉悟。如惠能所说:"万法尽在自心,何不从中顿见真如。"

禅宗又强调个体的直接体验,所以它要破除语言和逻辑的障碍。禅宗的十六字要诀就是"不立文字,教外别传,直指本心,见性成佛"。在禅宗那里,个人的当下直接的体验就是一切,所谓"如人饮水,冷暖自知"。《坛经》说:"移西方于刹那间,目前便见。"临济义玄说:"有人解者,不离目前。"个人当下的体验是特殊的、流动的,而语言和逻辑是普遍的、僵死的。所以在禅宗语录中有许多否定语言和逻辑的言论。例如说:"口是祸门。""见则当下便见,拟思便差。""思量拟议隔千山。"这些话都是要人们超越语言和逻辑的障碍,而回到自己当下直接的体验。在禅宗看来,正是语言和逻辑遮蔽了一个生动活泼、万紫千红的世界。

禅宗主张在普通的日常生活中,吃饭、走路、担水、砍柴,都可以悟道。世上的一草一木,一切生机活泼的东西,都体现禅意。所以禅宗强调"平常心是道"。"平常心"就是"无念"。"无念"是不执着于念,也就是不为外物所累,保持人的清净心。一个人一旦开悟,他就会明白最自然、最平常的生活,就是最正常的生活,就是佛性的显现。有人问大珠慧海禅师:"和尚修道,还用功否?"回答说:"用功。"问:"如何用功?"答:"饥来吃饭,困来即眠。"那么这和平常人有什么不同呢?回答说:"不同。"问:"有何不同?"回答说:"他吃饭时不肯吃饭,百种须索;睡时不肯睡,千般计较。所以不同。"(《景德传灯录》卷6)因此一个人悟道之后,还是照样吃饭睡觉,但是毫不执着沾滞。这叫"任运自然"。禅宗这种思想,在古代知识分子中演化成了一种人生哲学,一种生活态度和生活情趣。他们摆脱了向外寻觅的焦灼和惶惑,而是在对禅境的当下体验中,静观花开花落、大化流行,得到一种平静、恬淡的愉悦。王维诗:"行到水穷处,坐看云起时。"苏东坡说:"但胸中廓然无一物,即天壤之内,山川草木虫鱼之类,皆是供吾家乐事也。"又说:"此心安处是吾乡。"这就是禅宗的人生哲学和人生态度。

禅宗认为,一个人一旦从普通的、日常的、富有生命的现象中,特别是在大自然的景象中,领悟和体验到那永恒的空寂的本体,就会得到一种喜悦。这种禅悟的境界,形成一种特殊的氛围:幽深清远,空灵澄澈。这是一种特殊的审美境界和审美趣味。《五灯会元》记载了天柱崇慧禅师和门徒的对话。门徒问："如何是天柱境？"禅师回答："万古长空，一朝风月。""万古长空"，象征着天地的悠悠和万化的静寂，这是本体的静，本体的空。"一朝风月"，则显出宇宙的生机，大化的流行，这是现实世界的动。禅宗就是要人们从宇宙的生机去体悟那本体的静和空。所以禅宗并不主张抛弃现世生活，并不否定宇宙的生机。因为只有通过"一朝风月"，才能体悟到"万古长空"。反过来，体悟到"万古长空"，才能真正珍惜和享受"一朝风月"的美。这就是禅宗的超越，不离此岸，又超越此岸。这种超越，形成了一种诗意，形成了一种审美境界和审美趣味，就是禅境和禅趣。王维的许多诗，以及中晚唐一些诗人的诗，就体现了这种禅境和禅趣。

禅宗是印度佛教传入中国后和中国文化结合的产物。它包含有中国古人的哲学的智慧和艺术的创造，体现了中国文化的精神。同时，禅宗又对中国文人和中国文化产生了很深的影响。不了解禅宗，就不能充分了解中国传统文化（哲学、文学、艺术）。

推荐读物：

1. 汤用彤著：《汉魏两晋南北朝佛教史》（北京：中华书局，1983年）。
2. 汤用彤著：《隋唐佛教史稿》（北京：中华书局，1982年）。
3. 吕澂著：《中国佛学源流略讲》（北京：中华书局，1979年）。
4. 杜继文、魏道儒著：《中国禅宗通史》（南京：江苏古籍出版社，1993年）。
5. 葛兆光著：《中国禅思想史：从6世纪到9世纪》（北京：北京大学出版社，1995年）。
6. 杨曾文著：《敦煌新本六祖坛经》（上海：上海古籍出版社，1993年）。

图片补充资料：

1. 291页 ：南禅寺大佛殿，山西五台县李家庄西侧。
   292页 ：《摩诃般若波罗蜜经》，甘肃敦煌藏经洞出土。
2. 293页 ：《金刚般若波罗蜜经》卷首图，甘肃敦煌藏经洞出土。
3. 296页（下）：辽刻《妙法莲华经》（部分），山西应县木塔佛像腹中出土。

【第十九章】 丝绸之路

古代中国文明，形成并发展于一个相对封闭的地理环境中。中国四周的高山、大漠、高原和海洋，阻碍着古代中国与世界其他地区的交流。但是，古代中国文明突破了地理环境的阻碍。古代中国除了与朝鲜半岛、日本列岛等东亚地区有着紧密的联系之外，与中亚、南亚、西亚、非洲、欧洲各地也有政治、经济、文化等方面的交流。古代中国高度发达的物质文明和文化创造，曾深深地影响外部世界的文明进程，而中国文化在她漫长的发展历史中，也曾深刻地接受了外部特别是中亚和南亚文明的影响。

克服自然条件的限制，使中外交流特别是中国与中亚、南亚的交流得以实现并持续千年的奇迹，就是富于浪漫气息和神秘色彩的丝绸之路。

第一节 从丝绸看中国古代文明

文字是人类社会走向文明的重要标志之一。根据这个尺规，剑桥大学丹尼尔（G. Daniel）教授在1968年提出，全世界最古老的、独立起源的文明发祥地有六个，也即所谓"六大文明"。其中，旧大陆有四个：美索不达米亚、埃及、印度、中国；新大陆有两个：墨西哥和秘鲁。

现代考古学证实，中国文明和世界其他五大文明一样，有自己独立的文化体系和起源。不仅如此，中国文明还对旧大陆其他古代文明的发展产生过巨大影响，最能说明这个问题的就是中国发明的丝绸以及它的传播。

欧洲文明起源较晚，最早出现在克里特岛和以迈锡尼为中心的希腊半岛南部地区（约前1900—前1500），两地都在爱琴海，故称爱琴海文明。生活在这里的古希腊人和希腊文化的继承者古罗马人都以亚麻和羊毛为纺织纤维。一般认为，希腊和罗马的纺织文化来自近东。地中海沿岸自古以来就有发达的古代交通，爱琴海文明的创造者不难从一海之隔的近东吸取文化营养。

羊毛最先在美索不达米亚作为纺织材料使用，始见于伊拉克施米尔的古巴比伦遗址。亚麻纤维的使用起源于埃及，如埃及萨克拉遗址发现过亚麻。印度的纺织文化自成体系，主要以棉花为纺织原料，包括草棉和木棉两类，棉纤维的使用在印度河古文化遗址摩亨始达罗（Mohenjodaro）已经有大量发现。美洲玛雅人使用羊毛和棉花作为纺织纤维，但是种类和旧大陆的不同，有自己独立的起源。世界最古老的六大文明之中，只有中国使用丝纤维。

早在中国新石器时代中期,黄河和长江流域的古代居民就开始饲养家蚕并缫丝织绢。有人研究仰韶文化半坡时期陶器时发现,陶器底部列印的花纹像是丝绸的印迹。如果真是这样,丝绸的起源就要追溯到公元前5000—前3000年。蚕丝不易保存,最早的实物出自浙江省钱山漾公元前3000年的良渚文化遗址。这个遗址发现了丝带、丝线和一块丝质的绢片。据切片分析,所用丝纤维截面积为40平方微米,丝素截面积呈三角形,全部出于家蚕。此外,黄河流域的仰韶文化遗址,山西夏县西阴村和河南荥阳的青台村的仰韶文化遗址,也发现过家蚕和丝绸的遗迹。

商代(约前1600—前1046)中国丝织物已达到相当高的水平。由于丝绸制作工艺复杂,即便在纺织业发达的黄河和长江流域,长期以来也只是王公贵族享用的奢侈品。一般百姓只穿葛布或麻布,故下层百姓又叫"布衣"。

商代社会青铜礼器被视为至尊之物,商代贵族随葬的青铜礼器有时用丝绸包裹,出土时往往留有丝绸痕迹。1937年,瑞典女学者西尔凡发现瑞典远东博物馆所藏商代青铜器和青铜钺的铜绣上都粘有丝织物痕迹。她分析和研究后确认,这是一种平纹地经线显菱形花纹的单色丝绸,一个菱形花纹的纬纱回圈为30根。西尔凡将这种丝绸的编织法命名为"商式组织"。这种丝绸就是中国古籍说的"绮"。中国学者在故宫博物院收藏的商代铜戈和商代玉刀上也发现了丝织物痕迹。据他们分析,故宫博物院收藏的某些丝绸的编织组织,要比远东博物馆发现的菱格纹图案复杂得多,每个回纹由35根经线和28根纬线织成,平纹地菱形花;菱形周边线条较粗,自然构成一组几何纹图案;图案对称协调,层次分明。除菱纹外,故宫藏商代玉刀上还发现云雷纹图案的丝绸。商代丝绸种类繁多,除绢和绮之外,还有刺绣。这些都表明,中国的纺织技术发展到商代已经有相当高的水平。

战国时代中国丝绸品种中又增添了织锦。20世纪80年代初,湖北江陵马山战国墓中发现了精美的织锦和刺绣。锦和绣都是名贵丝织物。所以中国成语用"锦绣山河"来形容山河之美。20世纪40年代,南西伯利亚阿尔泰山区的巴泽雷克墓地发现了战国时期的凤纹刺绣;而欧洲的哈尔斯塔特文化(约前6世纪)凯尔特人墓葬中也曾发现中国丝绸。这些发现说明,早在张骞通西域之前,中国丝绸已开始走向世界。

汉代丝绸完全继承了战国时代的传统。1972年,长沙马王堆两座汉墓中出土了大批西汉初年的丝绸,除了绢、绮、锦、绣之外,还有高级的圈绒锦印花敷彩纱和提花的罗纱(罗绮)。就在这个时期,中国丝绸开始大批量输入西方。20世纪初叶以来,西方探险队在塔里木盆地古代遗址发现许多汉代丝绸，而在罗马帝国东方行省的帕尔米拉和罗马内地意大利也发现了汉绮。

总之，中国的丝绸从发明到走向世界有着十分清楚的历史，而长期以来中国又是世界上唯一从事丝织手工业的国家，所以中国对人类物质文明的这项重大贡献已为世界所公认。

第二节 丝绸之路的开通与演变

什么是"丝绸之路"

丝绸之路，是指古代和中世纪，从黄河和长江流域，经印度、中亚、西亚连接北非和欧洲，以丝绸贸易为媒介的经济文化交流之路。这条路以中国长安或洛阳为起点，途经新疆塔里木盆地、伊朗高原、地中海东岸，最后到达罗马帝国首都罗马城或东罗马首都君士坦丁堡。这条路经过塔克拉玛干沙漠、中亚库姆沙漠和中东的叙利亚沙漠，所以又称"沙漠之路"。此外，丝绸之路还有许多重要的分支路线，如交趾道、草原之路、唐蕃古道等。

这个名称，是19世纪德国地理学家李希霍芬（Von Richthofen）在他的《中国》一书中提出来的。他注意到中国汉朝时期，在中国与河中地区（指中亚的阿姆河与锡尔河之间的地带，即今乌兹别克斯坦东南费尔干纳盆地为中心的地区）以及中国与南亚地区之间，以丝绸贸易为媒介和主要动力，形成了一条交通路线。他把这条路线称为丝绸之路。1910年，德国史学家赫尔曼（A.Herrmann）在《中国和叙利亚之间的丝绸古道》一书中指出，"我们应把（按：丝绸之路）名称的含义进而延伸到通往遥远西方的叙利亚的道路上"。

当然，今天人们对丝绸之路的认识比较19世纪的认识要丰富得多。今天，人们都知道，丝绸之路不仅仅是古代丝绸贸易的商路，而且还是东西方之间政治、经济、文化交流的重要桥梁。

"张骞凿空"与丝绸之路的开通

过去一般认为，丝绸之路的开通是从汉武帝时期张骞出使西域开始的。

这说明丝绸之路的开通最早是出于政治原因。

所谓西域，就是指今新疆以及更西的中亚地区，即相对中国东部农业区本土而言的西方地区。事实上，早在汉代以前，中亚地区与中国华北、关中地区之间，一直存在着商业贸易关系。在新疆、中亚地区的汉代以前的墓葬和遗址中，发现了中原地区的丝织品和漆器；在中原、关中地区的商周墓葬、遗址中，发现了用新疆和阗玉加工而成的玉器。可是，在张骞出使西域前，中西之间的交流主要由中国北方草原的游牧民族担任中介。商业联系和物资交流是间接的，规模也不大。

西汉初年（前2世纪），北方草原的匈奴骑兵经常抢劫汉帝国边境，杀掠百姓，甚至几次攻入内地，给汉朝造成严重威胁。由于经济和军事实力不足，汉初几位皇帝都对匈奴的入侵无能为力，不得不向匈奴供奉数以万计的金银、漆器和名贵丝绸来苟且偷安，甚至把公主送给匈奴单于，以求"和亲"。到汉武帝时，国家经过六七十年的休养生息，生产发展，有了较强的国力，汉武帝决定用武力彻底解决北方边患，于是动员全国的人力物力，发动了旷日持久的对匈奴的战争。

战争开始后，汉朝军队在距离汉王朝腹心地带较近的地区，如今晋北、陕北、鄂尔多斯、河套和阴山地区开始出击，并取得了局部胜利。但汉朝马上发现，要彻底击垮匈奴，还必须切断匈奴在西部地区的物资补给，拆除匈奴与羌族等其他西北游牧民族的联系。为此，汉朝期望在遥远的西方即西域寻找同盟者，"断匈奴右臂"，以实现东西夹击匈奴的战略态势。张骞出使西域，就是要完成这项任务。

张骞（前164？—前114），汉中郡成固（今陕西城固县）人。汉武帝建元二年（前139），朝廷招募出使西域的人，张骞以郎官身份应募。这是中国政府第一次向中亚地区派遣官方使者。张骞的具体目标是，找到被匈奴从河西走廊驱赶西走的大月氏，劝说其回到河西故地，与汉朝共同打击匈奴。他率领一百多名随从，经临洮渡过黄河西进。但是这时黄河以西全是匈奴的势力范围，张骞一行很快落入敌手，被拘禁长达11年之久。这11年中，张骞从没忘记自己的使命，终于找到机会逃出来，继续西行，先后到达大宛（今乌兹别克斯坦的费尔干纳盆地）、康居（今锡尔河南岸，即魏晋文献所说的"粟特"）和大月氏（今阿姆河上游）。他未能说服大月氏，只好带着对中亚地区的丰富知识向东返回。归途中再次被匈奴俘虏，一年多后乘匈奴内乱逃出，于汉武帝元朔三年（前126）回到长安。这时距他出发西使已经有13年了，去时一百多人，回来时只剩下他和甘父二人。

虽然没能完成联合大月氏的使命,但张骞从西域归来,还是给长安的汉朝廷带来了巨大的惊喜。他向武帝详细汇报了西行见闻,描述了万里之外的西域,在大沙漠、大戈壁和冰山雪峰的另一面,有着富庶的国家和城市,有着美丽广阔的大草原,有着前所未闻的珍宝和动植物。

这些崭新的地理知识,对汉武帝及其大臣来说,真是大开眼界,充满诱惑力。这时的华夏民族,正处在蓬蓬勃勃的上升期,对周围世界满怀好奇。在张骞带回来的这些西域知识的指引下,汉武帝决定开拓西域,把汉王朝的政治统治和文化影响向西推进。公元前121年,河西走廊完全被汉军控制。随后,匈奴势力在漠南地区遭到汉军重创。清除了匈奴的阻梗,汉朝与西域已经可以隔着流沙彼此张望了。

就是在这样的背景下,张骞第二次出使西域。他这一次主要是为了联络乌孙,进一步削弱匈奴在草原地带的影响,并开通西域及其以西的道路。公元前119年,张骞率领一个庞大的使团,人员三百,马六百匹,牛羊万头,以及价值巨万的币帛礼物出发。到达乌孙以后,张骞又向大宛、康居、大月氏、大夏、安息(今伊朗)、于阗、身毒(今印度)等地派出副使。张骞的使团在西域受到热烈的欢迎,汉朝的政治和文化面貌在西域各国得到前所未有的宣传,汉朝繁荣发达的经济和珍奇的物产,对西域各国产生了巨大的吸引力。

张骞归国时,各国纷纷派遣使者随至长安,他们带来各国的友好信息,也带来了西域各地的物产。他们随后又把汉朝的友好愿望带回西域。更重要的是,他们也带回去后来成为丝绸之路主要商品的精美的中国丝绸。通过西域各国的官私贸易机构,这些中国丝绸又被贩运到更远的西亚和欧洲。

对中国丝绸的强烈渴求,推动了从汉朝长安经中亚地区到西亚和欧洲的漫长商路的开通,沿途许多国家和民族都卷入丝绸贸易。丝绸之路由此进入了繁荣期。

1908年,在汉代敦煌郡郊谷县悬泉置遗址发掘出一批汉简。这批汉简表明,当时经常来往于长安而且和汉廷关系密切的西域三十六国有婼羌、楼兰、且末、小宛、精绝、扜弥、渠勒、于阗、莎车、疏勒、尉头、温宿、姑墨、龟兹、乌垒、渠犁、尉犁、焉耆、危须、狐胡、车师、卑陆、乌孙、皮山、蒲犁、大宛、大月氏、罽宾、康居、骊靬等。和西汉交往的最遥远的王国是骊靬,也即埃及亚历山大城(Alexandria),公元前30年后沦为罗马东方行省。所以《魏略·西戎传》说"大秦国一号犁靬"。

张骞从中亚引进优良的马饲料苜蓿和优良马种——大宛马,这对加强中国骑兵的作战能力起到了革命性作用。汉武帝因得到大宛马而激动无比,曾题诗《西极天马歌》一首：

  天马来兮从西极，经万里兮归有德。
  承灵威兮降外国，涉流沙兮四夷服。

  到东汉时期，中原骑兵已经拥有中亚良马繁殖出的大批后代，东汉名将窦宪在燕然山（今蒙古杭爱山）、伊吾卢（今新疆哈密）和金微山（今新疆阿尔泰山）三战北匈奴，迫使匈奴人远徙西方。这里应有张骞引进优良马种，改良中原战马之功。所以汉代文学家都竭力讴歌大宛马，汉代艺术家也精心塑造大宛马的形象。

  张骞前后两次出使西域，历时15年，行程数万里，遭逢苦厄，备尝艰辛。他体现了他那个时代中国人坚毅果敢、昂扬勇决的精神风貌。他在西域宣传中国，又把对西域的切实了解报告给汉朝中央，是历史上第一个在中国与中亚各国间正式架起相互了解与合作桥梁的人。司马迁在《史记》中称张骞开通西域是"凿空"，后人也高度评价张骞在丝绸之路历史上的伟大功绩。

丝绸之路和汉长城

  张骞通西域之后，中国人才了解到帕米尔以西居然还有一个如此广大的西方世界，于是作为东西方民间贸易之路早已存在的古代通道受到汉武帝的高度重视，决意把它变成汉帝国与西方官方贸易往来之路。公元前117年，汉武帝动用60万士卒，在中国西部筑长城（《汉书·食货志》），用以抵御匈奴人对丝绸之路的侵扰。汉长城向西一直建到敦煌，著名的玉门关和阳关都设在敦煌。1906—1908年，英国考古学家斯坦因（M．A．Stein）第二次到中国西部考察，他先在塔克拉玛干沙漠腹地发掘沙漠古城，随后到楼兰、敦煌等地考察。在敦煌西北疏勒河流域考察时，发现汉长城遗址，从中发掘出705枚汉简。1913—1915年，斯坦因重访敦煌汉长城，再次发掘出84枚汉简，并在酒泉汉代边塞发现汉简105枚。汉长城就这样被重新发现了。

  公元前102年冬，李广利（？—前88）远征中亚大宛国，得汗血马而归。此后，西域诸国与汉朝的往来与日俱增，汉武帝派重兵对丝绸之路加强防护。正如《汉书·西域传》所说，"自敦煌西至盐泽，往往起亭"。所谓"亭"又称"烽燧"，指长城烽火台，盐泽则指新疆罗布泊。这条烽燧线后来向西延伸，一直修筑到西域三十六国的姑墨——今新疆阿克苏附近。

  广为人知的嘉峪关至山海关长城是明代长城，不过六百多年的历史。中国历史上规模最大的长城是汉长城,向东越过辽东半岛,直抵朝鲜的清川江,其西部烽燧线可达新疆阿克苏,距今已有二千多年的历史。

丝绸之路上的战争与和平

从汉武帝开始,中国的正史中就有了与西域的关系这个篇章。汉武帝时期,中国把郡县制度推广到河西走廊,又与西域大多数绿洲城邦建立了宗主关系,设立西域都护府,开创了后代各朝政府与西域关系的传统范式。

从张骞第一次出使西域开始,丝绸之路就承担了东亚与中亚、西亚等地进行政治交流的使命。这种政治交流发展到后来,加强了中原王朝与西域各国的政治联系,为建立新型的西域政治秩序打下了基础。这些交流有时是和平进行的,有时则要诉诸干戈。

西汉末年,中国内乱,与西域的往来陷于断绝。东汉王朝建立后,随着国力的恢复和在对匈奴的战争中取得优势,重新关注西域的经营。东汉明帝时期,班超(32—102)率36名随从出使西域南道诸国,即今新疆南部塔里木盆地一带。他们首先抵达鄯善国,受到热情款待,但是匈奴使者的同时到来,导致鄯善王对班超态度突然冷淡,汉朝使团陷入极端危险之中。班超当机立断,对随从说:"不入虎穴,焉得虎子?"率众突袭并消灭了匈奴使团,迫使鄯善完全倒向东汉。班超一行随即西进,利用各个绿洲国家的内部矛盾和对匈奴压榨的不满,并凭借自身的悍勇和气魄,将南道诸国重新纳入中央政权的统治体制下。后来班超和他的儿子班勇长期镇守西域,多次以寡敌众,击破匈奴与亲匈奴势力的进攻,为丝绸之路的畅通与巩固做出了重大贡献。

魏晋南北朝时期,塔里木盆地东部与吐鲁番盆地,也都推行了中原王朝的郡县体制。唐代更在整个西域强化中央控制,进一步明确了中央政府与西域地区在政治上的主属关系。这种关系经过历代王朝和西域各族人民的共同努力,终于积淀、凝固,成为西域(主要是帕米尔以东、今新疆境内)历史的一个政治传统。

从西汉到清朝,中央政府对西域经常使用武力征伐的办法,来打击那些谋求地区霸权,或企图排挤中央控制的势力。前面说过,汉武帝时期贰师将军李广利曾率军远征大宛,唐朝大军也曾经在塔拉斯河谷与阿拉伯帝国的军队激战,清代乾隆年间更对准噶尔蒙古大规模用兵,使新疆正式纳入中国版图。但是,中央政府与西域的政治交流,更多的时候是和平进行的。和平与秩序是中原王朝发展与西域的关系的政治目标。在这样的政治环境下,丝绸之路才可能繁荣、畅通。

丝绸之路的盛衰更替

从两汉到明代，1500年间，丝绸之路一直承担着内地与西域、中国与欧亚一些国家间紧密联系的任务。但由于各个历史时期政治条件的变化，丝绸之路亦时通时绝。

概括地说，两汉时期，丝绸之路把当时世界上的四个文明大国——中国、贵霜、安息和罗马联结起来，并使这四个国家以其经济和文化的最高水平互相吸引。这是丝绸之路的畅通期。

3—6世纪，即中国的魏晋南北朝时期，中国虽然处于政治上的分裂状态，但文化与经济仍然有着很大的发展。丝绸之路更加充分地体现了它作为贸易与文化交流国际通道的作用。中国的蚕丝技术就是在这一时期传入西方的。

唐代是丝绸之路繁荣畅通的顶峰。长安成为当时世界上最繁华的国际都会。

但是唐代后期，西北地区被吐蕃与回鹘交替控制，随后东北少数民族的崛起导致了宋、辽、金、夏的长期对峙，使丝绸之路出现了壅梗局面，时间长达400年之久。这期间丝路贸易又回到了通过中间站进行间接贸易的时代。

随着蒙古的崛起和横跨欧亚的蒙元帝国的建立，丝绸之路再次进入繁荣期。

明代的西北边防内缩至河西走廊西部，但与西域的交往还算密切，与中亚、西亚的帖木儿帝国也有着贸易关系。但是由于中国社会的经济中心已经南移，同时西方世界已经进入产业革命的前夕，西方航海业高度发展，因而丝绸之路已经不再承担它曾经承担的重要使命。从中西交通史的意义看，这时的丝绸之路已经不再闪耀昔日的光芒。这是丝绸之路兴衰史的大概情形。

丝绸之路的交通体系

丝绸之路是联结中国、中亚、西亚和欧洲的陆路交通路线，但具体的交通线路，并非一条东西方向的笔直大路，而是由若干条东西相联、南北交错的道路交织而成的交通网络（参地图：丝绸之路图）。

以中国内地为起点，丝绸之路经过陇西高原、河西走廊和西域，跨越中亚的重重高山峡谷，进入伊朗高原，再向西来到小亚细亚和阿拉伯地区，渡

龟兹古镇遗址

提英木古城遗址

过地中海到达欧洲。作为联结如此广大地区的纽带,丝绸之路存在着几条主要干线,由于这些干线都联结着一些重要的城市,交通干线也就具有很大的稳定性。至于在它们之间的次级交通线路,则伴随政治形势、地理环境的演化而有着复杂的变迁。

按通常的分法,丝绸之路可以分为东、中、西三段。中国传统本土地带的路线为东段,西域的路线为中段,而西域之外向西、向南的路线为西段。

汉唐时代的丝绸之路,从长安出发,经陇西高原上的渭河河谷、河西走廊到阳关、玉门关,这是历千年而不变的东段。西域境内,从玉门关、阳关以西到帕米尔高原和巴尔喀什湖以东、以南地区的路线,则是不断变化和发

库车苏巴什故城

展的中段。其干线由于天山山脉的阻隔而分南北两途,南道与北道又往往存在几条交叉、并行的路线,因时势的变化而交替作为主干道。经帕米尔高原向西到欧洲,向南到印度,通称西段,其干线的变化也很复杂。

此外,在横贯欧亚的大草原上,还存在着一条主要由游牧民族维持的草原丝绸之路。这条无法用确切地理位置标识的路线,在南方丝绸之路不够畅通的时代,往往担当东西贸易的主角

丝绸之路各段路的选择、形成,往往与各个地理单元内的山川形势、聚落城镇的分布有关。以东段为例,首先要选择从何处翻越陇山(今六盘山),其次要考虑从哪里渡过黄河。在河西走廊和西域则要依傍绿洲城邦。这些因素决定了道路的形成和选定,而丝绸之路自身的发展,又大大影响所经地区的人文发育和环境变迁。在丝绸之路沿途,有许多著名的山口和渡口,也形成了许多著名的城镇和关隘。

火焰山

在中国境内,自东而西的丝路名城数不胜数,长安(今陕西西安)、天水、枹罕(今甘肃临夏)、金城(今甘肃兰州)、武威、张掖、酒泉、敦煌、

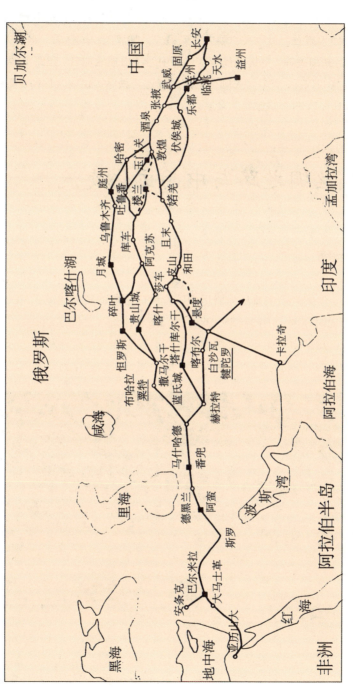

丝绸之路图

楼兰（今新疆罗布泊沿岸）、于阗（今新疆和田）、高昌（今新疆吐鲁番）、焉耆、龟兹（今新疆库车县）、疏勒（今新疆喀什）等等都是令人神往的胜地，而沿途古代名关如大震关、瓦亭关、萧关、安夷关、临津关、风林关、嘉峪关、阳关、玉门关、铁门关等，更是唐代边塞诗篇中经常出现的地名。丝路沿线的城镇是丝路行旅的依托，众多名关则为丝路的畅通与秩序提供安全保障。直到今天，大多数还是丝绸之路旅游的名胜。

第三节 丝绸之路与中西文化交流

丝绸之路与丝绸

顾名思义，丝绸之路主要是为贩运中国丝绸而形成的贸易通道。在汉代以后很长的历史时期内，中国丝绸一直是丝路贸易中的主要商品。

张骞第一次出访中亚大夏（今阿富汗）时，见到当地没有漆和丝，所以第二次出访中亚时，他特地带上了数以万计的中国特产丝绸作为馈赠西域诸

楼兰故地

"延年益寿，大宜子孙"三色彩锦　东汉

人首马身纹缂毛　汉

绢画人物（局部）　唐

王的礼品。《史记·大宛列传》记录了这段历史，这是文献记载中运往西方的第一批丝绸。张骞是从长安，经楼兰到大夏的，所以丝绸之路上的楼兰道被视为"丝绸之路第一道"。地处东西交通孔道的楼兰因此很快发展成中国丝绸出口西方的重要商品集散地之一。斯坦因在楼兰LA古城发现的一件魏晋木简记载："入三百一十九匹；今为住人买彩四千三百二十六匹。"由此可见在楼兰转运的丝绸数额之大。汉代丝绸的另一个集散地是帕尔米拉（Palmyra）。这是地中海东岸和幼发拉底河之间一个沙漠绿洲国家，位于叙利亚中部城市霍姆斯北约一百三十公里。公元前1世纪后半叶开始出现城市文明。特殊的地理位置使帕尔米拉很快发展成联系波斯湾和东方各国及地中海和西方各国的贸易中心，其繁荣持续300年之久。帕尔米拉一直是罗马和波斯激烈争夺的城市。273年罗马人再次发动对东方的战争，帕尔米拉遭严重破坏，走向衰亡。现存遗迹有王宫、凯旋门、全长1600米的柱廊、贝勒神庙等石块砌筑的建筑遗址。有些石块采自埃及阿斯旺。20世纪30年代，法国考古队在帕尔米拉发现大批汉代丝绸，20世纪90年代德国考古队继续发现许多织有汉字的汉代丝绸。张骞通西域不久，中国的丝绸就传入了欧洲。中国丝绸备受罗马人赏识，很快风靡整个罗马帝国，当时该帝国的首都罗马城出现了专门出售中国丝绸的多斯克斯市（Vicus Tuscus）。从欧洲古代人物造型艺术可知，古希腊和古罗马人特别追求人体之美。但是欧洲人当时以亚麻和羊毛为纺织纤维，在纺织技术不甚发达的古代，这两种纺织原料织不出轻便合体、能够表现人体美的服装。所以中国丝绸服装令罗马人赞叹不已。希腊罗马诗人创作了大量关于丝绸的颂歌。维吉尔的《田园诗》、贺拉斯的《颂歌》、普罗佩赛的《哀歌》以及奥维德的《恋情》，随处可见对丝绸的赞美之词。罗马作家培利埃该提斯说："中国人制造的名贵彩色丝绸，就像田野里盛开的美丽的花朵，它的纤细简直可以和蜘蛛织的网相媲美。"由于罗马人对东方丝绸的需求量迅速增长，造成罗马帝国财政严重出超。古罗马作家老普林尼（23—79）在《自然史》中惊呼："我国每年至少有一亿赛斯塔钱（按：约合十万盎司黄金）被印度、中国和阿拉伯半岛夺走。"因此罗马人梦寐以求的是如何获取中国的养蚕缫丝技术。但是贸易商对丝绸技术严格保密，以至于罗马人不相信丝是由动物吐出的，他们以为丝生长在树上，被取下来浸水后而成。直到中国的十六国北朝时期，蚕丝技术才传入于阗，不久传入波斯和东罗马。关于中国蚕丝技术西传，有无数奇妙美丽的故事。到12、13世纪，蚕丝技术才传入西欧。

在一千多年的丝绸西运过程中，对丝绸的直接需求又刺激了东西贸易之路的发展，使从事居间贸易的波斯商人以及诸多中亚、西亚国家获取了巨额利润。阿拉伯、波斯的宫殿给世界以充斥着金银珠宝的神秘形象，与丝绸之路上的丝绸贸易有着密不可分的关系。

丝绸之路上的商人和佛教徒

历史上跋涉于丝绸之路的，主要是那些为追求贸易利润而甘冒风霜、万里奔波的商人。他们组成大大小小的驼马商队，翻越高山深谷，穿过戈壁大漠，把东西方的物产往来贩运。他们的努力构成了丝绸之路的基本内容和主要人文景观。

历史上在丝路贸易中做出过重要的贡献的民族和国家很多，著名的波斯商人、阿拉伯商人人尽皆知，而曾经起过非常主导、非常积极作用的，则首推中亚地区的粟特民族。粟特民族是中古时期丝绸之路上最主要的商业民族，由于他们随贸易渗透到欧亚大陆的各个角落，其社区聚落、语言文字、宗教信仰和风俗习惯，在整个丝绸之路乃至整个欧亚大陆上，都留下了深深的烙印。举例而言，粟特字母后来被回鹘民族吸取，成为古回鹘文的拼写基本构件。而后来古回鹘文的拼写方式又被蒙古文继承，再后来的满文又借用了蒙古文的拼写方法。可以说，我们今天所见的北方民族的文字，其祖先来自粟特民族。

商人遇盗图 唐

除了商人,行走在丝绸之路上的还有佛教徒和旅游家。其中最有名的是十六国时期万里东来、首次将大量佛经译成汉语的鸠摩罗什,西行求法的南北朝时期的法显,唐代的玄奘(即唐三藏),以及元代东来探胜的意大利人马可波罗。

中国的礼物

除了丝绸,在丝绸之路上运往中亚及其以西地区的中国物产,还有漆器、铁器、药材等等。中国的许多植物品种也通过丝绸之路传入西方。除了养蚕所必需的桑树,还有方竹、梨、桦树、蜀葵、玫瑰、茶树,以及各种药材如肉桂、生姜、黄连、大黄、土茯苓等。

但丝绸之路对西方人最大的意义,是中国文化和科技的许多精华通过丝绸之路被介绍到西方,包括天文、医学、音乐、建筑等各个领域的知识,其中最重要、最著名的,则是古代中国四大发明中的三项:造纸、印刷和火药。它们的传播,深深地影响了世界文明的发展进程。

至迟在东汉时,用纸作为书写工具的技术已经传入西域。唐代中期,在著名的塔拉斯河战役后,被俘的唐军士兵将造纸术传入阿拉伯。此后这项发明逐渐西传,到12世纪、13世纪,西班牙、法国、意大利、德国先后有了造纸作坊。

中国的雕版印刷术从内地先传入河西、西域，至迟在五代十国时期已西传到阿拉伯各地。到了元代，有许多欧洲旅行家通过丝绸之路来到中国，看到中国人用雕版和活字印刷图书、纸币等，认识到了这项技术的意义，就把它带回欧洲。14世纪时，欧洲使用了雕版印刷术。

火药作为一种化学发明，在宋代就已经用于战争。蒙古人在三次西征中，把火药技术带到了中亚和西亚地区。13世纪后期，欧洲人迅速从阿拉伯人的书籍中获得了火药知识，后来在同伊斯兰教国家的战争中学到了制造和使用火药、火器的方法。

西方人在接受了中国的上述技术发明后，迅速加以改进并超越了他们的老师。在15世纪后的历史中，西方的文化传播和军事征服在很大程度上凭借了这些技术。可以说，四大发明改变了世界历史的进程，而四大发明通过丝绸之路的传播则是其得以发挥世界性影响的前提。丝绸之路对于中国古代文明的成果传入西方，起到了极其重要的作用。

西方的赠予

在中国与西方通过丝绸之路的交流中，双方都是受益者。丝绸之路第一次提供给中国以认识其他世界、其他文明的窗口，通过丝绸之路，西方世界的物质文明和精神文明传入中国，极大地丰富并改变了古代中国的物质生活和精神生活。这当中最值得注意的是新的植物品种和宗教、艺术的传入。

自从张骞通西域后，大量新奇的植物品种开始从中亚和西亚络绎不绝地输入中国。葡萄、苜蓿、石榴、红兰花、酒杯藤、胡麻（芝麻）、胡桃（核

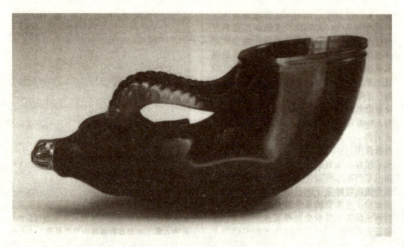

镶金牛首玛瑙杯　唐

波斯银币

阿拉伯金币

罗马金币

桃)、胡豆、胡瓜、胡荽（芫荽）、胡蒜（大蒜）、胡葱（大葱）、橄榄，这些在今天似乎天经地义地被认为中国传统作物的品种，其实都是通过丝绸之路从西方传入中国的。这些植物新品种的输入，对于中国农产品、畜牧业、工艺制造以及医药等各方面，都起了极大影响，其中大多数后来成为中国人生活的必需品。

除了植物，许多珍奇的动物品种也输入中国，如中亚名马（大宛汗血马，即汉武帝派贰师将军李广利远征大宛的战利品）、骆驼、狮子、犀牛、孔雀、鸵鸟等。一些珍奇物产如玻璃、琉璃、珊瑚、海西布、水银、琥珀、玛瑙、金刚、玳瑁、苏合、香料等的输入，使中国原有的金银玉贝类珍宝相形见绌。另外，玻璃、琉璃对中国瓷器业的促进，毛皮和毛织品对中国毛织业的影响，也有不容忽视的作用。

如果说古代中国给予西方的重礼是物质领域的技术发明，那么古代西方送给中国的头号礼物，则是精神领域中的中亚、南亚、西亚乃至欧洲的文化财富，其中最重要的是各种宗教，特别是佛教。

佛教诞生于南亚，先传入中亚，西汉末年经西域传入中国内地。在佛教东传的过程中，西域的僧侣扮演了主角，以鸠摩罗什为代表的印度、西域僧人纷至沓来，经过艰苦的努力，将携带的大量佛经译为中文。佛教在充满战乱的南北朝时期迅速在中国各地传播，到隋唐时期，佛教对中国社会的风俗习惯、价值观念、哲学、文学、绘画、雕塑、建筑等等都产生了深刻的影响，成为中国文化的重要组成部分。

西方宗教也通过丝绸之路来到了中国。祆教（古波斯教）于十六国时期传入，在唐代曾经有很大影响。景教（基督教聂斯托利派）于唐初传入，曾经在中国各地建立许多寺院，摩尼教也在唐代传入，流行的时间更长，后来不但作为北宋末年方腊起事和元末农民战争的组织基础，而且对中国民间宗教、民间结社的影响也一直延续到20世纪。伊斯兰教在10世纪前后传入中国塔里木地区，对宋元以后的西北社会影响极深，从根本上改变了古代西域的社会、文化面貌。

除了宗教,通过丝绸之路传入的外来文化,还有杂技百戏和音乐舞蹈等等。中亚各地各民族的乐曲、乐器和歌舞,传入中国内地后,对传统中国音乐的改造之功极大。古代著名的龟兹乐、苏莫遮等,即由西域传入。古代许多著名的音乐家出身中亚或为中亚人后裔。波斯的乐器如箜篌、琵琶等,很早就加入了中国传统乐器的行列。

近几十年来愈来愈多的考古发现,为我们展现了当年丝绸之路的盛况。1997年墨山国贵族宝藏的发现就是一例。墨山国属于汉代西域三十六国之一,位于新疆尉犁县孔雀河与库鲁克塔格山之间,东与楼兰国接壤。1997年,考古工作者在孔雀河北岸营盘古城附近发现一处贵族墓地,随葬品中既有汉晋织锦、汉代铁镜,也有中亚艺术风格的皮革面具、黄金冠饰,甚至发现希腊罗马艺术风格的金缕罽、叙利亚玻璃器以及黄铜戒指、手镯等波斯输石艺术品,可谓尽收天下宝物。墨山国贵族墓长2.5米,宽约1米,深1.5米;儿童墓相对狭小。墓室内放置长方形木棺,规格较高的木棺通体饰有彩绘图案。尽管这些古墓的规模不大,出土文物却相当惊人。如第15号墓,墓主人头枕中原锦缎制成的"鸡鸣枕",身着希腊罗马艺术风格的罽袍,头戴黄金装饰的面具,同时随葬了大批十分罕见的织金缕和织金罽。在纺织品上织金线,是罗马人对世界纺织艺术的一大贡献。《后汉书·西域传》记载,大秦国"刺金缕绣,织成金缕罽、杂色绫"。大秦是汉代文献对罗马帝国的称谓。罗马艺人制作的金缕罽以前只见于文献,即便在罗马本土,也从未发现过实物,而墨山

犍陀罗罽术风格的蜡染棉布　东汉

高昌古城城郊景教教堂壁画残部

墨山国贵族　相当于汉代

带翼天使残存壁画

贵族墓随葬的贴金扇,却使人们看到古罗马纺织艺术的风采。墨山贵族9号墓内发现一件完整的玻璃杯,显著特点是外壁饰有椭圆纹。斯坦因在楼兰LK城发现过类似的玻璃残片,被鉴定为罗马帝国东方行省——叙利亚玻璃器。墨山贵族墓地出土铜器中有三件为铜锌合金的黄铜制品。我们知道,中国古代金属工艺以铸造青铜器为传统,黄铜制品则属于古代西亚,尤其是古波斯传统工艺,古称鍮石,墨山国地处东西交通孔道,丝绸之路的国际贸易使墨山国王公贵族富甲一方,不仅享用中原织锦制成的鸡鸣枕,而且头戴中亚艺术风格的面具,身披罗马纺织品制成的扇袍,佩戴波斯传来的鍮石艺术品,使用叙利亚输入的玻璃器,由此可见汉代丝绸之路国际贸易之盛况。

中国之所以能在汉代鼎盛时期开通茫茫西域,是由于当时中国国力强盛、文明高度发达。丝绸之路之所以能历千年而交流不断,是由于中国文化有开放的胸怀,乐于吸取世界文明的成果。从这一意义上讲,丝绸之路的开通与持续繁荣,又是中国文明的强大生命力、创造力和持久魅力的象征。

丝绸之路是古代东西之间的贸易之路,是古代中国文明作用于世界历史的重要杠杆,也是古老的中国走向世界、接受世界其他地区文明营养的主要通道。中国文化性格的塑成,与丝绸之路息息相关。

推荐读物:

1. 林梅村著:《西域文明:考古、民族、语言和宗教新论》(北京:东方出版社,1995年)。
2. 〔日〕长泽和俊著,钟美珠译:《丝绸之路史研究》(天津:天津古籍出版社,1990年)。
3. 王炳华著:《丝绸之路考古研究》(乌鲁木齐:新疆人民出版社,1993年)。
4. 雪犁主编:《中国丝绸之路辞典》(乌鲁木齐:新疆人民出版社,1994年)。
5. 向达著:《唐代长安与西域文明》(北京:生活·读书·新知三联书店,1979年)。
6. 季羡林著:《中印文化关系史论文集》(北京:生活·读书·新知三联书店,1982年)。
7. 张广达著:《西域史地丛稿初编》(上海:上海古籍出版社,1995年)。
8. 姜伯勤著:《敦煌吐鲁番文书与丝绸之路》(北京:文物出版社,1994年)。
9. 林悟殊著:《摩尼教及其东渐》(北京:中华书局,1987年)。
10. 周菁葆主编:《丝绸之路岩画艺术》(乌鲁木齐:新疆人民出版社,1993年)。
11. 新疆维吾尔自治区博物馆出土文物展览工作组:《丝绸之路:汉唐织物》(北京:文物出版社,1972年)。

图片补充资料:

1. 317页 (上):龟兹古镇遗址,玄奘西行取经时曾拜谒过这里的古寺存。

   (下):提英木古城遗址,又名安得悦古城遗址,位于安迪尔河下游东岸的沙漠深处,距新疆民丰县约180公里,为丝绸之路上的一个重镇。

2. 318页 (上):库车苏巴什故城,是唐代龟兹的都城,为丝绸之路北道重镇。现仅存约二百米一段城墙。

   (下):火焰山,位于丝绸之路重镇吐鲁番。

3. 320页　　　:楼兰故地,楼兰是汉代西域的一个小王国,为丝绸之路上的重镇之一。

4. 321页 (上左):"延年益寿,大宜子孙"三色彩锦,新疆民丰县尼雅遗址出土。

| | （下左）：绢画人物（局部），新疆吐鲁番阿斯塔那唐墓出土。
| | （上）：人首马身纹缂毛，新疆和田地区洛浦县赛依瓦克汉代墓群1号墓出土。
5.323页　　：商人遇盗图，为《观音经普门品》变相图的一部分。图中持矛着汉服者是强盗，戴胡人帽者为商人，反映了唐代与西域通商路上的艰难险阻。
6.324页　　：镶金牛首玛瑙杯，陕西西安窖藏出土。
7.325页　　：波斯银币、阿拉伯金币、罗马金币，陕西西安附近出土。
8.326页（左）：犍陀罗艺术风格的蜡染棉布，新疆尼雅河流域东汉墓出土。
9.327页（左）：墨山国贵族，新疆尉犁县孔雀河北岸营盘古城附近贵族墓地出土。贵族身穿希腊罗马艺术风格的纺织物。
　　　　（右）：带翼天使残存壁画，新疆若羌县米兰第3号寺院遗址出土。

【第二十章】 唐诗

唐代三百年间，涌现出大批优秀诗人和杰出的诗作。诗歌的思想性与艺术性的完美结合，达到了很高的地步，再加上题材、意象和风格的多样性，以及广泛的群众基础，使唐代成为中国诗歌的全盛时期。清代所编《全唐诗》，收录二千三百多位诗人，共四万八千九百多首诗。这些诗歌的作者，有帝王、贵族、官僚、文士，也有和尚、道士、尼姑、歌妓。在唐朝，诗歌已成为最普遍的文学形式。

《全唐诗》　清代武英殿刻本

唐诗的兴盛，可能有多方面的原因。唐以诗取士，以及唐代帝王对诗歌的爱好、提倡和奖励，都大大有助于促使文人重视作诗和加强诗歌技巧的训练，并且有助于在全社会普及。由于唐代采取科举制度，一部分出身中下层的文士能通过科举做官，参与政治、文化活动。他们对社会生活有比较深切的体验，加上律诗的格律和体制在唐代已经成熟，这都是他们能创作出大量优秀诗歌的重要条件。唐诗兴盛还有更广阔的社会经济、政治的背景。唐代前期，社会安定，经济繁荣，国力强盛，相继出现"贞观之治"和"开元盛世"，对外贸易和对外文化交流非常活跃，唐代帝王(特别是唐太宗)在艺术、宗教等文化领域采取十分宽容、开放的政策，这一切也都是唐代诗歌能够出现百花齐放的繁荣局面的重要原因。

唐代三百年间的诗歌，有一个发展变化的过程，人们习惯上把它划分为初、盛、中、晚四个阶段。

第一节　近体诗的格律

中国古代诗歌，从格律上看，可分为古体诗和近体诗。古体诗又称古诗或古风，近体诗又称今体诗。唐代在诗歌形式上有一个很大的发展，就是以律诗为代表的近体诗的成熟。

近体诗分为三种：律诗、排律、绝句。五言律诗和七言律诗每首都限定八句，五律共四十字，七律共五十六字。律诗的第一、二两句叫做"首联"，

第三、四两句叫做"颔联",第五、六两句叫做"颈联",第七、八两句叫做"尾联"。每联的上句叫做"出句",下句叫做"对句"。超过八句的律诗,称为长律或排律。排律一般是五言。绝句比律诗的句数及字数少一半。五言绝句只有四句二十字,七言绝句只有四句二十八字。

律诗的成熟

在南北朝时期,由于当时讲求对偶和声律的风气很盛,所以许多诗人就开始探求五言律诗、七言律诗这种新的形式。律诗一方面要讲究韵律,同时还要讲求对仗(对偶)。在一首诗的八句当中,中间二联必须对仗工整。当时已有很多诗人写了这种律诗,而且在对仗的工稳和平仄方面愈来愈讲究。可以说律诗已接近成熟。

到了唐初,上官仪(618?—664)把律诗对仗的方法加以归纳,提出"六对"、"八对"的"当对律"。这对于进一步推动律诗的创立起了积极作用。

所谓六对是:

　　一、正名对　天地日月
　　二、同类对　花叶草芽
　　三、连珠对　萧萧赫赫
　　四、双声对　黄槐绿柳
　　五、叠韵对　彷徨放旷
　　六、双拟对　春树秋池

八对是:

　　一、的名对　送酒东南去,迎琴西北来。
　　二、异类对　风织池间树,虫穿草上文。
　　三、双声对　秋露香佳菊,春风馥丽兰。
　　四、叠韵对　放荡千般意,迁延一介心。
　　五、连绵对　残河若带,初月如眉。
　　六、双拟对　议月眉欺月,论花颊胜花。
　　七、回文对　情新因得,意得逐情新。
　　八、隔句对　相思复相忆,夜夜泪沾衣;空叹复空泣,朝朝君未归。

(《诗人玉屑》卷7引《诗苑类格》)

接着沈佺期(656?—714)、宋之问(656?—712)、杜审言(645?—708?)等人在前人的基础上,精心琢磨,写作了大量谨严精密的律诗。他们根据六朝以来诗人在形式格律方面的创作经验，把逐渐成熟的格律形式肯定下来，使律诗的形式得以定型。到这个时期，律诗就完全成熟了。从此之后，律诗就成了唐诗的主要形式。

律诗的押韵和平仄

律诗的押韵、平仄和对仗都有严格的规定。

律诗押平声韵，第一、三、五、七句不入韵，第二、四、六、八句入韵，不过第一句也可以入韵。

相传沈约、周颙等人最早发现汉语共有四个声调，即平声、上声、去声、入声，同时又把上、去、入三声归为"仄"声。律诗对平仄有严格的规定。五律的平仄共有四种格式：

1. 仄起式（首句第二字为仄）

   　仄仄平平仄，平平仄仄平。
   　平平平仄仄，仄仄仄平平。
   　仄仄平平仄，平平仄仄平。
   　平平平仄仄，仄仄仄平平。

   （字外加"□"表示可平可仄；字下加"△"表示押韵字。）

2. 也是仄起式。就是把第一种格式的首句改为仄仄仄平平，其余不变。

3. 平起式（首句第二字为平）

   　平平平仄仄，仄仄仄平平。
   　仄仄平平仄，平平仄仄平。
   　平平平仄仄，仄仄仄平平。
   　仄仄平平仄，平平仄仄平。

4. 也是平起式。就把第三种格式首句改为平平仄仄平，其余不变。

七律的平仄也共有四种格式：

1. 仄起式（首句第二字为仄）

   　仄仄平平仄仄平，平平仄仄仄平平。
   　平平仄仄平平仄，仄仄平平仄仄平。
   　仄仄平平平仄仄，平平仄仄仄平平。
   　平平仄仄平平仄，仄仄平平仄仄平。

2. 也是仄起式。就把第一种格式首句改为仄仄平平平仄仄，其余不变。

3. 平起式（首句第二字为平）

　　平平仄仄仄平平，仄仄平平仄仄平。
　　仄仄平平平仄仄，平平仄仄仄平平。
　　平平仄仄平平仄，仄仄平平仄仄平。
　　仄仄平平平仄仄，平平仄仄仄平平。

4. 也是平起式。就把第三种格式首句改为平平仄仄平平仄，其余不变。

　　律诗的平仄有"粘"、"对"的规则。出句如系仄头，对句必须是平头。这叫做"对"，不合叫做"失对"。上一联的对句如系平头，下一联的出句必须也是平头；上一联的对句如系仄头，下一联的出句必须也是仄头。这叫做"粘"，不合叫做"失粘"。律诗还要避免孤平。在五言"平平仄仄平"这个句型中，第一字必须用平声，如果用了仄声，就是犯了孤平。在七言"仄仄平平仄仄平"这个句型中，第三字如果用了仄声，也叫犯孤平。孤平是律诗的大忌。

律诗的对仗

　　律诗的对仗是以词的分类为基础的。同类的词相为对仗。如名词对名词，动词对动词。其中，数目自成一类（孤、半等字也算数目），颜色自成一类，方位（东西南北）自成一类。不及物动词常跟形容词相对。连绵字只能跟连绵字相对。专名只能与专名相对，如人名对人名，地名对地名。对仗一般用在颔联和颈联，即第三、四句和第五、六句。首联的对仗可用可不用。尾联一般不用对仗。

排律和绝句

　　排律也同律诗一样要求对仗。只有尾联不用对仗，首联可用可不用，其余各联一律用对仗。

　　绝句分为律绝和古绝。律绝是律诗兴起之后才有的。律绝和律诗一样，限于用平声韵脚，并且依照律句的平仄，讲究"粘"、"对"。律绝也要避免孤平。绝句原则上可以不用对仗。如果用对仗，往往用在首联。当然，尾联用对仗或全篇用对仗的绝句也不少见。古绝不同于律绝，它不受律诗格律的束缚。它用仄韵，或者不用律句的平仄。古绝是古体诗的一种。

　　（以上关于近体诗格律的介绍根据王力《汉语诗律学》和《诗词格律》二书。）

第二节　初唐诗歌

初唐诗风及其转变

从高祖武德元年（618）到玄宗开元（713—741）初年，为初唐。初唐前五十年间的诗人，大多是由陈、隋入唐的政治家或文学侍从之臣，作品多奉和应制之作，内容主要是宴饮、游赏、咏物、艳情之类，梁陈浮艳绮靡的诗风依然笼罩诗坛。王绩（590？—644）却是个例外，他的作品如《野望》：

东皋薄暮望，徙倚欲何依？
树树皆秋色，山山唯落晖。
牧人驱犊返，猎马带禽归。
相顾无相识，长歌怀采薇。

朴实无华，自然真切，开始显露新的气息。

初唐四杰

唐初诗风，到"初唐四杰"开始改变。所谓"初唐四杰"是指王勃（649—676）、杨炯（650—?）、卢照邻（634—686，一说635—689）、骆宾王（?—684）四人。虽然他们的社会地位都比较低，但才华横溢，在唐诗的开创时期，努力摆脱南朝浮靡诗风的影响，积极开拓诗歌的题材领域，对诗的格律形式也有新的探索。卢、骆的七言歌行，是在宫体诗的基础上创变出新的情调，使得宫体诗由宫廷走到了市井，所以他们是宫体诗的改造者。五言律诗发展到王、杨才基本定型，并在他们手中从台阁移到了塞外大漠，所以他们是五言律诗的奠基人。"四杰"的诗歌创作不仅开阔了视野、扩大了诗歌题材，而且展现了具有时代气息的昂扬的感情基调。卢照邻的《长安古意》，骆宾王的《帝京篇》，王勃的《滕王阁诗》、《杜少府之任蜀州》，杨炯的《从军行》、《骢马》等，都是典型的代表。如王勃的《杜少府之任蜀州》：

城阙辅三秦，风烟望五津。
与君离别意，同是宦游人。

海内存知己,天涯若比邻。
无为在歧路,儿女共沾巾。

一洗传统送别诗的哀怨悲伤的情调,乐观开朗而又豪爽壮阔,体现出时代的昂扬精神。又如杨炯的《从军行》:

烽火照西京,心中自不平。
牙璋辞凤阙,铁骑绕龙城。
雪暗凋旗画,风多杂鼓声。
宁为百夫长,胜作一书生。

壮怀激烈而又昂扬奋发,表现出刚健豪壮的情怀,读来令人精神振奋。可见那种昂扬向上、积极进取的时代精神,已经开始反映到诗歌中来了。明代王世贞评论说:卢、骆、王、杨,"骨气翩翩",意象境界比之六朝已"超然胜之"(《艺苑卮言》)。可以说,"初唐四杰"代表了初唐诗歌革新与发展的方向。

刘希夷和张若虚

刘希夷(651—680?)和张若虚(660?—720?)也是这一时期值得注意的诗人,他们上承卢、骆,发展了七言歌行。刘希夷的《代悲白头翁》,用华美而自然流畅的语言悲叹韶光易逝,具有感人的艺术魅力,其中"年年岁岁花相似,岁岁年年人不同"成为传诵的名句。张若虚的《春江花月夜》,是一首被誉为"以孤篇压倒全唐"的千古绝唱:

春江潮水连海平,海上明月共潮生。滟滟随波千万里,何处春江无月明!江流宛转绕芳甸,月照花林皆似霰。空里流霜不觉飞,汀上白沙看不见。江天一色无纤尘,皎皎空中孤月轮。江畔何人初见月,江月何年初照人?人生代代无穷已,江月年年只相似。不知江月待何人?但见长江送流水。白云一片去悠悠,青枫浦上不胜愁。谁家今夜扁舟子,何处相思明月楼?可怜楼上月徘徊,应照离人妆镜台。玉户帘中卷不去,捣衣砧上拂还来。此时相望不相闻,愿逐月华流照君。鸿雁长飞光不度,鱼龙潜跃水成文。昨夜闲潭梦落花,可怜春半不还家。江水流春去欲尽,江潭落月复西斜。斜月沉沉藏海雾,碣石潇湘无限路。不知乘月几人归,落月摇情满江树。

诗人以春江花月夜作为游子思妇离愁的背景，以良辰美景衬托离愁之苦；又以永恒的江月来反衬人生的短暂，从而更加深了凄凉感伤的色彩。全诗语言流畅，音韵圆转，细腻委婉，摇曳生姿，诗中蕴涵着哲理意味的人生感和历史感，使人读了无限惆怅。

陈子昂

继"四杰"和沈、宋之后，在诗歌理论和创作实践上都表现出鲜明的革新倾向的诗人是陈子昂（字伯玉，661—702）。他在《与东方左史虬修竹篇序》中一方面反对"彩丽竞繁，而兴寄都绝"的齐梁之诗；另一方面以"风雅"的精神和"汉魏风骨"的传统相号召，要求健康的内容与生动有力的语言形式相统一。他的诗歌创作，乃是其复古革新主张的具体实践。如他的代表作《感遇》诗38首，大都是有感于政事而发，其中心内容是抒发个人建功立业的理想抱负和理想不能实现的慷慨不平。在精神传统上与阮籍的《咏怀》诗一脉相承。他的《登幽州台歌》也是一首脍炙人口的佳作：

> 前不见古人，后不见来者。
> 念天地之悠悠，独怆然而涕下。

语言奔放，境界苍凉，气势遒劲，包含了一种深刻的人生感受，也预示着盛唐诗歌的到来。

第三节　盛唐诗歌

盛唐精神

从玄宗开元元年（713）到代宗大历元年（766），为盛唐。开明的政治、繁荣的经济、强大的国力，促成了文化的全面繁荣，同时也使得诗歌创作进入了一个黄金时期。时代的氛围不仅开拓了诗人的视野，陶冶了他们积极向上、乐观豪爽的性情，而且也滋长了冲破传统、追求解放的精神。这一代诗人怀着远大的理想和抱负，以蓬勃热烈的感情、激昂慷慨的声音去讴歌那个时代种种

激动人心的生活。那种追求进步的政治理想、为国家建功立业的英雄气概，以及傲视王侯、反抗权贵的精神，乃是盛唐时代精神的集中体现，也是盛唐诗歌的主流。"海日生残夜，江春入旧年"(王湾《次北固山下》)、"欲穷千里目，更上一层楼"(王之涣《登鹳雀楼》)之积极乐观，"大鹏一日同风起，抟摇直上九万里"(李白《上李邕》)、"会当凌绝顶，一览众山小"(杜甫《望岳》)之昂扬奋发；"回看射雕处，千里暮云平"(王维《观猎》)、"功名只向马上取，真是英雄一丈夫"(岑参《送李副使赴碛西官军》)之雄心万丈；"常怀感激心，愿效纵横谟"(高适《塞上》)、"黄沙百战穿金甲，不破楼兰终不还"(王昌龄《从军行》七首其四)、"孰知不向边庭苦，纵死犹闻侠骨香"(王维《少年行》四首其二)之壮怀激烈，无不强烈地震撼着读者的心扉，充分体现出盛唐诗人豪宕不羁、雄心勃发的昂扬精神，这就是典型的盛唐时代的精神。

王湾、贺知章

王湾（活跃于712—752）、贺知章（659—744）等人，都是初盛唐之际的重要诗人。他们的诗歌，往往在清澹简约的风格中透露出豪宕的情怀，洋溢着一种洒脱自然之美。王湾的《次北固山下》：

> 客路青山外，行舟绿水前。
> 潮平两岸阔，风正一帆悬。
> 海日生残夜，江春入旧年。
> 乡书何处达，归雁洛阳边。

诗歌虽写行旅中的乡情，却没有凄凉感伤的情调。阔大的气象之中，透露出新春的气息，也昭示着光明的未来。贺知章的《咏柳》也是一首春的赞歌：

> 碧玉妆成一树高，万条垂下绿丝绦。
> 不知细叶谁裁出，二月春风似剪刀。

浓郁的春的气息，带着盎然的生机，也带着盛唐时代的精神，给人以向上的鼓舞和光明的展望。又如《回乡偶书》二首之一：

> 少小离乡老大回，乡音难改鬓毛衰。
> 儿童相见不相识，笑问客从何处来。

在浅显的语言和平和的口吻中，已含着无限的人生感受。所以后来每提到唐诗，人们往往就会想到这首诗。

孟浩然、王维

孟浩然（689—740）、王维（字摩诘，701—761）是盛唐山水田园诗人的杰出代表。孟浩然的诗歌以描写山水隐逸为主，其主要特点是在清淡自然的景色中，有一种含蓄的韵味。如他的《春晓》、《宿建德江》、《宿桐庐江寄广陵旧游》、《晚泊浔阳望庐山》、《夜归鹿门歌》、《夏日南亭怀辛大》、《留别王维》等名作，都是如此。他的《过故人庄》写农家生活：

> 故人具鸡黍，邀我至田家。
> 绿树村边合，青山郭外斜。
> 开筵面场圃，把酒话桑麻。
> 待到重阳日，还来就菊花。

平淡的语言蕴涵着浓郁的情韵，诗歌的意象宁静优美而又纯朴自然。又如《夏日南亭怀辛大》："山光忽西落，池月渐东上。散发乘夕凉，开轩卧闲敞。荷风送香气，竹露滴清响。欲取鸣琴弹，恨无知音赏。感此怀故人，中宵劳梦想。"更有一种平淡自然之美。孟浩然也擅于描绘壮丽雄伟的景色，如《望洞庭湖赠张丞相》的前四句："八月湖水平，涵虚混太清。气蒸云梦泽，波撼岳阳城。"汪洋浩瀚、澎湃动荡之中，充满一种内在的活力。孟浩然还有一些小诗，风格明朗，语言清澈，表现一种闲远的心态和淡淡的愁绪，历来为人所喜爱。如下面两首：

> 移舟泊烟渚，日暮客愁新。
> 野旷天低树，江清月近人。（《宿建德江》）

> 春眠不觉晓，处处闻啼鸟。
> 夜来风雨声，花落知多少。（《春晓》）

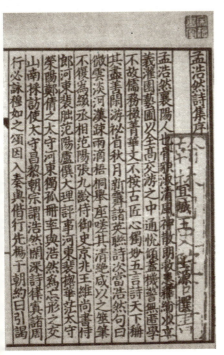
《孟浩然集》南宋初刻本

王维是一位有着多方面艺术才能的诗人。他精通音乐，擅长绘画，诗歌亦臻妙境。他的诗歌题材相当广阔，而主要成就体现在边塞诗和山水田园诗方面。其边塞诗如《少年行》四首、《出塞作》、《陇西行》、《燕支行》等，均充满激奋昂扬的英雄气概；《陇头吟》、《老将行》等，则在豪壮的诗情之中，又带有深沉的忧思和慷慨不平之气；其《使至塞上》对边塞景物的描绘很有特色，尤其是

"大漠孤烟直,长河落日圆"两句,被人广为传诵,曹雪芹在《红楼梦》中,曾借香菱的口,对这两句诗作了精彩的分析。王维也有许多优美的小诗,很有韵味,如:

红豆生南国,春来发几枝。
愿君多采撷,此物最相思! 　　　　　　　　　《相思》

渭城朝雨浥轻尘,客舍青青柳色新。
劝君更尽一杯酒,西出阳关无故人。 　　　　《送元二使安西》

王维的山水田园诗,构图精美,清新幽雅,具有宁静恬适之美。如《山居秋暝》:

空山新雨后,天气晚来秋。
明月松间照,清泉石上流。
竹喧归浣女,莲动下渔舟。
随意春芳歇,王孙自可留。

于诗情画意之中寄托着诗人高洁的情怀和对理想境界的追求。"诗中有画",是王维这类诗的共同特点。

唐代很多诗人受禅宗的影响,在诗中表现了一种特殊的审美趣味和审美境界,就是人们通常说的禅趣和禅境。王维是最突出的代表。他的很多诗都呈现出一个色彩明丽而又幽深清远的意象世界,同时又传达出诗人对于禅宗所说的永恒的空寂的体验。如下面这三首非常有名的诗:

空山不见人,但闻人语响。
返景入深林,复照青苔上。 　　　　　　　　　《鹿柴》

木末芙蓉花,山中发红萼。
涧户寂无人,纷纷开且落。 　　　　　　　　　《辛夷坞》

人闲桂花落,夜静春山空。
月出惊山鸟,时鸣春涧中。 　　　　　　　　　《鸟鸣涧》

第一首写空山密林之中傍晚时分的瞬间感受。"空山不见人",这是空。这时传来了人声。有人声而不见人,似有还无,更显出"空"。只有落日残晖,把微弱的光线洒落在青色的苔藓之上。就是这种景色也是暂时的,它将消失在

香菱笑道:"据我看来,诗的好处,有口里说不出来的意思,想去却是逼真的;有似乎无理的,想去竟是有理有情的。"黛玉笑道:"这话有了些意思。但不知你从何处见得?"香菱笑道:"我看他'塞上'一首那一联云:'大漠孤烟直,长河落日圆。'想来烟如何直,日自然是圆的;这'直'字似无理,'圆'字似太俗。合上书一想,倒像是见了这景的,若说再找两个字换这两个,竟再找不出两个字来。再还有:'日落江湖白,潮来天地青。'这'白'、'青'两字也似无理,想来必得这两字才形容得尽,念在嘴里倒像有几千斤重的一个橄榄。还有:'渡头余落日,墟里上孤烟。'这'余'字和'上'字,难为他怎么想来。我们那年上京来,那日下晚便湾住船,岸上又没有人,只有几棵树,远远的几家人家作晚饭,那个烟竟是碧青,连云直上。谁知我昨日晚上读了这两句,倒像我又到了那个地方去了。"(见《红楼梦》第四十八回)

永恒的空寂之中。诗人由"色"悟到了"空",由"有"悟到了"无"。第二首也是一个无人的境界。在空寂的山中,只有猩红色的木兰花在自开自落。木兰花是"色",是"有",而整个世界是"空",是"无"。第三首是一个夜静山空的境界。桂花飘落,着地无声,整个世界显得那么空,那么静,月亮出来,竟使山中的鸟儿受惊,发出鸣叫声。鸟的叫声,更显得这广大的夜空有一种无边的空寂。王维的这些诗,可以说是"禅趣"和"禅境"的最有代表性的作品。王维还特别喜欢表现介乎"色空有无之际"的景象,留下了许多佳句,如"白云回望合,青霭入看无"(《终南山》)、"山路元无雨,空翠湿人衣"(《阙题二首其一》)、"江流天地外,山色有无中"(《汉江临泛》)等,这些诗句都写出了一个若有若无、隐约迷离的意象世界。

常建(活跃于727—753)也写了许多山水田园诗。他有的诗也很有禅味。如《题破山寺后禅院》:

> 清晨入古寺,初日照高林。
> 竹径通幽处,禅房花木深。
> 山光悦鸟性,潭影空人心。
> 万籁此都寂,但余钟磬音。

《画王维诗意图》

这是一个幽深清远、空灵澄澈的境界。在初日映照之下,古寺、曲径、花木、山光、山鸟、深潭以及时时传来的钟磬声,一切是那样的清净、明媚,生机盎然,同时又是那样的空灵、静谧,最后心与境都归于空寂。

常建的边塞诗也很受称赞。他的边塞诗主要描绘战争带来的苦难。如《塞上曲》:"百战苦不归,刀头怨明月。塞云随阵落,寒日傍城没。城下有寡妻,哀哀哭枯骨。"他的很多诗句可以说都是凄凉的哭声和怨气凝结成的,如"战余落日黄,军败鼓声死"、"今与山鬼邻,残兵哭辽水"(《吊王将军墓》)、"黄河直北千余里,冤气苍茫成黑云"(《塞下曲》四首之三)等等,都给人很深刻的印象。

崔颢、王之涣、王昌龄、王翰

崔颢(704?—754)、王之涣(688—742)、王昌龄(698?—757)、王翰(活跃于710—744)等人的诗歌,具有清刚俊爽之美,其浓烈的情思之中所蕴涵的骨气,乃是盛唐时代昂扬精神的体现。崔颢最著名的诗作是《黄鹤楼》,被宋代诗论家严羽称为唐代七律压卷之作：

> 昔人已乘黄鹤去，此地空余黄鹤楼。
> 黄鹤一去不复返，白云千载空悠悠。
> 晴川历历汉阳树，芳草萋萋鹦鹉洲。
> 日暮乡关何处是，烟波江上使人愁。

将眼前浩淼凄清之景同怀古思乡的情绪相融合，显得自然高妙而神韵超然。

王之涣虽仅存六首绝句，但都是热情洋溢的佳作，他的《登鹳雀楼》："白日依山尽，黄河入海流。欲穷千里目，更上一层楼。"寥寥20字，写出落日山河的壮阔的景色和登高望远的博大胸襟，诗境高远，令人振奋。他的《凉州词》二首其一，也是脍炙人口的名篇：

> 黄河远上白云间，一片孤城万仞山。
> 羌笛何须怨杨柳，春风不度玉门关。

王昌龄的诗以七绝最佳，当时有"诗家天子"之称。他的边塞诗如《从军行》七首、《塞下曲》四首等，都是著名的篇章，其中所表现的爱国豪情和勇敢乐观的精神，都是典型的盛唐之音。他的诗中亦常常描写战士的不幸与乡愁。如《出塞》二首之一：

> 秦时明月汉时关，万里长征人未还。
> 但使龙城飞将在，不教胡马度阴山。

又如《从军行》中的三首：

> 琵琶起舞换新声，总是关山旧别情。
> 撩乱边愁听不尽，高高秋月照长城。
>
> 青海长云暗雪山，孤城遥望玉门关。
> 黄沙百战穿金甲，不破楼兰终不还。
>
> 大漠风尘日色昏，红旗半卷出辕门。
> 前军夜战洮河北，已报生擒吐谷浑。

境界阔大，色彩浓烈，充溢着慷慨悲壮之气。王

安正文《黄鹤楼图》　明

昌龄表现闺怨、宫怨的诗和送别诗亦绝佳，前者以《闺怨》、《长信秋词》五首其三为代表，后者以《送魏二》、《芙蓉楼送辛渐》为代表。

王翰的边塞诗《凉州词》二首之一是一首名作：

> 葡萄美酒夜光杯，欲饮琵琶马上催。
> 醉卧沙场君莫笑，古来征战几人回。

慷慨悲壮，也是典型盛唐之音。

高适、岑参

高适（703？—765）和岑参（715—769）的诗歌，更是雄浑壮美的典型。尤其是他们的边塞诗，堪称盛唐诗歌的代表作。高适曾三次出塞，对边塞生活有真切的体验。他的边塞诗在雄豪中透露出悲壮的情思，给人以博大厚重之感。他的《燕歌行》就是这类诗的代表，同时也是盛唐边塞诗中最优秀的篇章之一。这首诗对当时东北边塞征战生活作了全景式的描绘，诗中音调也时而高亢激越，时而幽怨缠绵。全诗如下：

> 开元二十六年，客有从御史大夫张公出塞而还者，作《燕歌行》以示适，感征戍之事，因而和焉。
>
> 汉家烟尘在东北，汉将辞家破残贼。
> 男儿本自重横行，天子非常赐颜色。
> 摐金伐鼓下榆关，旌旆逶迤碣石间。
> 校尉羽书飞瀚海，单于猎火照狼山。
> 山川萧条极边土，胡骑凭陵杂风雨。
> 战士军前半死生，美人帐下犹歌舞。
> 大漠穷秋塞草腓，孤城落日斗兵稀。
> 身当恩遇恒轻敌，力尽关山未解围。
> 铁衣远戍辛勤久，玉箸应啼别离后。
> 少妇城南欲断肠，征人蓟北空回首。
> 边庭飘飖那可度，绝域苍茫更何有？
> 杀气三时作阵云，寒声一夜传刁斗。
> 相看白刃血纷纷，死节从来岂顾勋！
> 君不见沙场征战苦，至今犹忆李将军。

岑参也两度出塞。他的边塞诗以浓重的诗笔描绘塞外所特有的奇异的风光和风俗,以及将士英勇报国、不畏艰苦的精神。如《走马川行奉送出师西征》:

> 君不见走马川行雪海边,平沙莽莽黄入天。轮台九月风夜吼,一川碎石大如斗,随风满地石乱走。匈奴草黄马正肥,金山西见烟尘飞,汉家大将西出师。将军金甲夜不脱,半夜军行戈相拨,风头如刀面如割。马毛带雪汗气蒸,五花连钱旋作冰,幕中草檄砚水凝。虏骑闻之应胆慑,料知短兵不敢接,车师西门伫献捷。

这首诗中"平沙莽莽黄入天"、"一川碎石大如斗,随风满地石乱走"、"风头如刀面如割"、"马毛带雪汗气蒸"等句子,都极生动地描绘了塞外奇特的寒冷和艰苦。全诗句句用韵,三句一转,形成一种有如"铁骑突出刀枪鸣"(白居易描绘琵琶演奏句)那样的急促、响脆的节奏和音响。这是一首有声有色的塞外交响诗。岑参类似的作品还有《白云歌送武判官归京》、《轮台歌奉送封大夫出师西征》等。

李白与杜甫

李白(字太白,701—762)与杜甫(字子美,712—770)是唐代诗人最为杰出的代表。李白生活的时代主要是唐玄宗开元、天宝的四十多年,即所谓盛唐时期,他的诗兼有豪壮雄浑与清新飘逸二者之美。他那奔放的热情、浪漫的理想、执着的追求、坦荡的胸怀、不羁的性格,以及豪侠式的行为,都典型地反映了盛唐式的时代风貌,构成他所特有的飘逸豪放的风格。最能表现李白天才的,是他的长篇歌行。这些诗感情色彩十分强烈,犹如奔腾的江河,一泻千里,瑰奇美丽,纵横变幻,句子长短参差,但是十分自然,音韵迅速变换,但是十分调和,真有大珠小珠满盘迸落之美。他著名的《蜀道难》、《梦游天姥吟留别》、《将进酒》、《梁甫吟》等等,都写得气势豪壮,跌宕起伏,震撼人心。李白的诗歌具有丰富奇特的想象力。大胆的比喻,生动的夸张,更增强了诗歌的感染力。"蜀道之难难于上青天"、"黄河

李白墓前的享堂(太白祠)

之水天上来"、"燕山雪花大如席"的写景状物,"狂风吹我心,西挂咸阳树"、"我寄愁心与明月,随君直到夜郎西"的写志抒情,都令人难忘。李白的乐府诗和五、七言绝句,都有一种"清水出芙蓉,天然去雕饰"之美。如:

床前明月光,疑是地上霜。
举头望明月,低头思故乡。

(《静夜思》)

玉阶生白露,夜久侵罗袜。
却下水晶帘,玲珑望秋月。

(《玉阶怨》)

众鸟高飞尽,孤云独去闲。
相看两不厌,只有敬亭山。

(《独坐敬亭山》)

铲却君山好,平铺湘水流。
巴陵无限酒,醉杀洞庭秋。

(《陪侍郎叔游洞庭醉后》三首其三)

朝辞白帝彩云间,千里江陵一日还。
两岸猿声啼不住,轻舟已过万重山。

(《早发白帝城》)

故人西辞黄鹤楼,烟花三月下扬州。
孤帆远影碧空尽,唯见长江天际流。

(《黄鹤楼送孟浩然之广陵》三首其三)

这些诗都写得清爽、纯净,韵味无穷。历来评论家都认为,李白的许多绝句,达到了绝句的最高境界。

蜀道难 李白

噫吁嚱,危乎高哉! 蜀道之难难于上青天。蚕丛及鱼凫,开国何茫然。尔来四万八千岁,不与秦塞通人烟。西当太白有鸟道,可以横绝峨眉巅。地崩山摧壮士死,然后天梯石栈相钩连。上有六龙回日之高标,下有冲波逆折之回川。黄鹤之飞尚不得过,猿猱欲度愁攀援。青泥何盘盘,百步九折萦岩峦。扪参历井仰胁息,以手抚膺坐长叹。问君西游何时还,畏途巉岩不可攀。但见悲鸟号古木,雄飞雌从绕林间。又闻子规啼夜月,愁空山。蜀道之难难于上青天,使人听此凋朱颜。连峰去天不盈尺,枯松倒挂倚绝壁。飞湍瀑流争喧豗,砯崖转石万壑雷。其险也如此,嗟尔远道之人胡为乎来哉?剑阁峥嵘而崔嵬,一夫当关,万夫莫开。所守或匪亲,化为狼与豺。朝避猛虎,夕避长蛇,磨牙吮血,杀人如麻。锦城虽云乐,不如早还家。蜀道之难难于上青天,侧身西望长咨嗟。

梦游天姥吟留别　　李白

海客谈瀛洲,烟涛微茫信难求。越人语天姥,云霓明灭或可睹。天姥连天向天横,势拔五岳掩赤城。天台四万八千丈,对此欲倒东南倾。我欲因之梦吴越,一夜飞度镜湖月。湖月照我影,送我至剡溪。谢公宿处今尚在,渌水荡漾清猿啼。脚著谢公屐,身登青云梯。半壁见海日,空中闻天鸡。千岩万转路不定,迷花倚石忽已暝。熊咆龙吟殷岩泉,栗深林兮惊层巅。云青青兮欲雨,水澹澹兮生烟。列缺霹雳,丘峦崩摧。洞天石扉,訇然中开。青冥浩荡不见底,日月照耀金银台。霓为衣兮风为马,云之君兮纷纷而来下。虎鼓瑟兮鸾回车,仙之人兮列如麻。忽魂悸以魄动,怳惊起而长嗟。惟觉时之枕席,失向来之烟霞。世间行乐亦如此,古来万事东流水。别君去兮何时还?且放白鹿青崖间,须行即骑访名山。安能摧眉折腰事权贵,使我不得开心颜!

与李白齐名的杜甫,正处唐王朝由盛转衰的急剧变化的时代。杜甫经历过开元、天宝盛世,也经历了"安史之乱"的全部过程。他的一生同他所处的那个时代,特别是"安史之乱"以后20年间那"万方多难"的时代息息相关。感时忧国的诗,在杜甫的作品中占有很大的数量。杜甫的诗具有丰富的社会内容、鲜明的时代色彩和强烈的政治倾向,同时充满着热爱国家、热爱人民和不惜自我牺牲的崇高精神。如《北征》、《自京赴奉先县咏怀五百字》、

《杜工部草堂诗笺》　南宋刻本

《杜工部集》　清卢坤辑评清刊六色套印本

杜甫故居

《羌村》、《春望》、《白帝》、《兵车行》、《丽人行》,以及《三吏》、《三别》等等,无不记录着时代的脉搏和诗人心灵的颤动。尤其是《北征》,杜甫写他至德二年(757)八月由凤翔回鄜州探望家人的旅行,诗中有对旅途艰辛的叙述,有对家庭生活的描绘,有对当时时局的评论,有对诗人自己心理活动的刻画,叙事、议论、抒情三者相互交融,气魄宏伟,沉郁顿挫。宋代叶梦得把它比作《史记》,认为它"穷极笔力",是"古今绝唱"。

  杜甫对于诗歌的艺术性也非常重视,从炼字、炼句、炼意到对仗格律,他都要做到"毫发无遗恨"。所以杜诗中历来为人们传诵的名句非常多,如"吴楚东南坼,乾坤日夜浮"、"星垂平野阔,月涌大江流"、"感时花溅泪,恨别鸟惊心"、"露从今夜白,月是故乡明"、"四更山吐月,残夜水明楼"、"细雨鱼儿出,微风燕子斜"、"锦江春色来天地,玉垒浮云变古今"、"江间波浪兼天涌,塞上风云接地阴"、"五更鼓角声悲壮,三峡星河影动摇"、"出师未捷身先死,长使英雄泪满襟"等等。杜甫的七言律诗尤其达到炉火纯青的境界。如《登高》:

  风急天高猿啸哀,渚清沙白鸟飞回。
  无边落木萧萧下,不尽长江滚滚来。
  万里悲秋常作客,百年多病独登台。
  艰难苦恨繁霜鬓,潦倒新停浊酒杯。

  不仅句法、格律严整,而且情思浓缩,具有动荡开合的磅礴气势。《秋兴》八首、《闻官军收河南河北》等,也是他七律的名篇。杜甫的诗是内容与形式、思想性与艺术性的高度统一。也正是在这样高度统一的基础上,才形成了杜甫诗歌所特有的沉郁顿挫的艺术风格。

兵车行　杜甫

车辚辚,马萧萧,行人弓箭各在腰。
耶娘妻子走相送,尘埃不见咸阳桥。
牵衣顿足拦道哭,哭声直上干云霄。
道旁过者问行人,行人但云点行频。
或从十五北防河,便至四十西营田。
去时里正与裹头,归来头白还戍边。
边亭流血成海水,武皇开边意未已。
君不闻,汉家山东二百州,千村万落生荆杞。
纵有健妇把锄犁,禾生陇亩无东西。
况复秦兵耐苦战,被驱不异犬与鸡。
长者虽有问,役夫敢申恨?
且如今年冬,未休关西卒。
县官急索租,租税从何出?
信知生男恶,反是生女好;
生女犹得嫁比邻,生男埋没随百草。
君不见,青海头,古来白骨无人收。
新鬼烦冤旧鬼哭,天阴雨湿声啾啾。

北征　杜甫

皇帝二载秋,闰八月初吉。杜子将北征,苍茫问家室。维时遭艰虞,朝野少暇日。顾惭恩私被,诏许归蓬荜。拜辞诣阙下,怵惕久未出。虽乏谏诤姿,恐君有遗失。君诚中兴主,经纬固密勿。东胡反未已,臣甫愤所切。挥涕恋行在,道途犹恍惚。乾坤含疮痍,忧虞何时毕?靡靡逾阡陌,人烟眇萧瑟。所遇多被伤,呻吟更流血。回首凤翔县,旌旗晚明灭。前登寒山重,屡得饮马窟。邠郊入地底,泾水中荡潏。猛虎立我前,苍崖吼时裂。菊垂今秋花,石戴古车辙。青云动高兴,幽事亦可悦。山果多琐细,罗生杂橡栗。或红如丹砂,或黑如点漆。雨露之所濡,甘苦齐结实。缅思桃源内,益叹身世拙。坡陀望鄜畤,岩谷互出没。我行已水滨,我仆犹木末。鸱鸟鸣黄桑,野鼠拱乱穴。夜深经战场,寒月照白骨。潼关百万师,往者散何卒!遂令半秦民,残害为异物。况我堕胡尘,及归尽华发。经年至茅屋,妻子衣百结。恸哭松声回,悲泉共幽咽。平生所娇儿,颜色白胜雪。见耶背面啼,垢腻脚不袜。床前两小女,补绽才过膝。海图坼波涛,旧绣移曲折。天吴及紫凤,颠倒在裋褐。老夫情怀恶,呕泄卧数日。那无囊中帛,救汝寒凛栗?粉黛亦解苞,衾裯稍罗列。瘦妻面复光,痴女头自栉。学母无不为,晓妆随手抹。移时施朱铅,狼藉画眉阔。生还对童稚,似欲忘饥渴。问事竞挽须,谁能即嗔喝?翻思在贼愁,甘受杂乱聒。新归且慰意,生理焉能说!至尊尚蒙尘,几日休练卒。仰观天色改,坐觉祆氛豁。阴风西北来,惨澹随回鹘。其王愿助顺,其俗善驰突。送兵五千人,驱马一万匹。此辈少为贵,四方服勇决。所用皆鹰腾,破敌过箭疾。圣心颇虚伫,时议气欲夺。伊洛指掌收,西京不足拔。官军请深入,蓄锐何俱发。此举开青徐,旋瞻略恒碣。昊天积霜露,正气有肃杀。祸转亡胡岁,势成擒胡月。胡命其能久?皇纲未宜绝。忆昨狼狈初,事与古先别。奸臣竟菹醢,同恶随荡析。不闻夏殷衰,中自诛褒妲。周汉获再兴,宣光果明哲。桓桓陈将军,仗钺奋忠烈。微尔人尽非,于今国犹活。凄凉大同殿,寂寞白兽闼。都人望翠华,佳气向金阙。园陵固有神,扫洒数不缺。煌煌太宗业,树立甚宏达。

第四节 中唐诗歌

中唐诗歌的时代特点

从代宗大历元年(766)到文宗开成元年(836),大约70年间,为中唐。中唐诗人数量最多,且流派众多,风格各异,又极富创新精神,因而被后人称为"中唐之再盛"。随着安史之乱的爆发,唐代的社会政治发生了显著的变化。安史之乱后的社会虽得到相对的稳定,但藩镇割据、宦官擅权、朋党之争,以及日益尖锐的阶级矛盾,使社会陷入严重的无法摆脱的危机之中。因此盛唐人那种浪漫豪爽的气质已成为过去,那博大恢宏的胸襟已不复存在,那积极的、浪潮般的政治热情也已渐渐退却。严峻冷酷的现实使中唐诗人陷入苦闷与彷徨之中,同时也迫使他们不得不冷静地观察与思考。因而中唐时期的诗歌,基本上就是以苦闷、彷徨、哀愁为主调。他们由对社会政治的关心,转变为描写身边琐事、抒发内心的苦闷;他们由对大自然风光的赞美,转变为在其中寄托孤独、苦闷、空虚的情绪,以寻求自我的安慰。

大历十才子

以钱起(710?—782?)、卢纶(748—798?)、韩翃(活跃于754—780)

等人为代表的大历十才子,都有一些反映战乱生活和战后荒凉景象的诗歌,但这类诗歌并不反映他们创作的主要倾向。他们的大量作品,除了互相酬唱或呈赠达官贵人外,主要的便是写日常琐事,抒写个人生活的种种感受,或写羁旅愁思,或写寂寞清冷的情怀,表现出伤时哀世的苦闷情绪。十才子都具有一定的艺术修养,擅长律诗,追求声律和对仗的工整,崇尚齐梁的绮丽诗风,因而在技巧上趋向于雕琢纤细;加之他们在情调上突出萧索寂寞的情思和清雅闲适的境界,因而使得他们的诗歌形成一种细腻淡远、工整精炼的艺术特征。十才子之中,卢纶的边塞诗成就较为突出,他的《和张仆射塞下曲》六首最为著名,如:

> 林暗草惊风,将军夜引弓。
> 平明寻白羽,没在石棱中。　　　　　　　　(其二)
>
> 月黑雁飞高,单于夜遁逃。
> 欲将轻骑逐,大雪满弓刀。　　　　　　　　(其三)

一种英雄气概充溢于字里行间,实不减于盛唐。韩翃的《寒食》:"春城无处不飞花,寒食东风御柳斜。日暮汉宫传蜡烛,轻烟散入五侯家。"写得清丽含蓄而又韵味十足。不过他们的诗,大多数显得琐碎而缺乏艺术创造力,往往是有佳句而无佳篇。如钱起《省试湘灵鼓瑟》一诗,全篇平平,但末联"曲终人不见,江上数峰青"一联,缥缈不尽,却是千古传诵的名句。

刘长卿、韦应物、柳宗元、刘禹锡

以刘长卿(726?—787?)为代表的一群大历江南诗人,由对大自然的描绘而转向对内心苦闷与彷徨的抒发,从而表现出清婉柔秀的艺术特征。刘长卿的诗,语言精炼雅静,形象鲜明,往往通过山水景物的描绘而构成一个个闲淡清冷的意境,以寄托其萧瑟、寂寞、感伤的情调。如:

> 苍苍竹林寺,杳杳钟声晚。
> 荷笠带夕阳,青山独归远。　　　　　　　　(《送灵澈上人》)
>
> 日暮苍山远,天寒白屋贫。
> 柴门闻犬吠,风雪夜归人。　　　　　　　　(《逢雪宿芙蓉山主人》)

韦应物(737—792?)、柳宗元(字子厚,773—819)是中唐时期清淡诗风的杰出代表。他们继承盛唐王维、孟浩然的诗风,又有新的发展。王、孟诗淡泊秀朗;韦、柳诗高雅清远。王、孟诗中那种恬淡悠然的意绪,往往被诗人巧妙地化入优美的意境中,与自然景物浑然一体;而韦、柳无论是直抒胸臆还是借景抒情,诗人的意绪都被置于突出的地位,因而那些恬淡冲和与寂寞幽独的意绪,往往烘托出诗人古雅高洁的自我形象。韦应物诗如《寄全椒山中道士》、《淮上即事寄广陵亲故》、《闲居寄诸弟》、《秋夜寄丘二十二员外》等,高雅闲淡,自然而富于情趣。他的七绝《滁州西涧》尤为传神:

独怜幽草涧边生,上有黄鹂深树鸣。
春潮带雨晚来急,野渡无人舟自横。

简洁明净的画面,恬淡悠然的诗思,正反映出诗人寂寞冷落的心境。

柳宗元的诗,大部分是贬官永州、柳州时所写。内容多抒发自己悲愤抑郁和离乡去国的情思,如著名的《登柳州城楼寄漳、汀、封、连四州》、《与浩初上人同看山寄京华亲故》等诗,浓烈的情思之中,寄托着孤独、苦闷、忧伤以及思乡的愁绪。他的山水诗,细致简洁而清秀自然,在恬然自适的背后,蕴涵着无限的寂寞之情,也烘托出诗人孤高的性格。如《南涧中题》、《渔翁》、《夏初雨后寻愚溪》、《秋晓行南谷经荒村》等诗,都具有这种特征。《江雪》一诗更为突出:

千山鸟飞绝,万径人踪灭。
孤舟蓑笠翁,独钓寒江雪。

在茫茫大雪中突出写一位寒江独钓的老翁,隐然见出诗人逸怀超世、清峻高洁的人格风貌,同时也流露出被贬荒远的幽愤意绪。

刘禹锡(字梦得,772—842)有许多著名的怀古诗,如《金陵五题》、《金陵怀古》、《台城怀古》、《蜀先主庙》、《观八阵图》、《西塞山怀古》等,自然流畅,表现出深沉隽永的哲理意味。如《西塞山怀古》:

王濬楼船下益州,金陵王气黯然收。
千寻铁锁沉江底,一片降幡出石头。
人世几回伤往事,山形依旧枕江流。
今逢四海为家日,故垒萧萧芦荻秋。

诗人的感叹之中,深寓着历史的教训。刘禹锡的感慨身世之诗,如《元和十年自朗州召至京戏赠看花诸君子》、《再游玄都观》、《始闻秋风》、《秋词》二

首等,显示出一种豪爽的乐观向上的风格。特别是他的《酬乐天扬州初逢席上见赠》一诗,充分显示出他的刚健豪宕的情怀:

> 巴山楚水凄凉地,二十三年弃置身。
> 怀旧空吟闻笛赋,到乡翻似烂柯人。
> 沉舟侧畔千帆过,病树前头万木春。
> 今日听君歌一曲,暂凭杯酒长精神。

刘禹锡爱好楚水巴山一带的民歌。他的《竹枝词》就是带有民歌风格的小诗。如:

> 山桃红花满上头,蜀江春水拍山流。
> 花红易衰似郎意,水流无限似侬愁。　　(《竹枝词》九首其二)

> 杨柳青青江水平,闻郎江上唱歌声。
> 东边日出西边雨,道是无晴却有晴。　　(《竹枝词》二首其一)

这些诗借助比兴手法或谐音双关语,表达真挚的情感,有着民歌清新爽朗的情调和响亮和谐的节奏,在当时得到广泛的传播。

白居易

以白居易(字乐天,772—846)、元稹(字徵之,779—831)为代表的元白诗派,关心民众疾苦,敢于面对现实,大胆揭露社会政治的弊端。李绅、白居易、元稹的新乐府,以及张籍、王建等人的古乐府,强调诗歌"美刺"的内容,希望通过诗歌而达到"补察时政"、"泄导人情"的政治效果。其中以白居易的作品最为突出,如他的《卖炭翁》:

> 卖炭翁,伐薪烧炭南山中。满面尘灰烟火色,两鬓苍苍十指黑。卖炭得钱何所营?身上衣裳口中食。可怜身上衣正单,心忧炭贱愿天寒。夜来城外一尺雪,晓驾炭车辗冰辙。牛困人饥日已高,市南门外泥中歇。翩翩两骑来是谁?黄衣使者白衫儿。手把文书口称敕,回车叱牛牵向北。一车炭,千余斤,官使驱将惜不得。半匹红纱一丈绫,系向牛头充炭直。

诗前序云:"苦宫市也。"所谓"宫市",是指中唐以后,皇宫中所需日用品,由太监直接到民间市集上采办,实际上是变相的掠夺。一个"苦"字,既表现了当时人民的无奈和不满,也表现了作者对这一弊政的谴责,态度十分鲜明。他的《上阳白发人》、《新丰折臂翁》、《观刈麦》、《秦中吟》等等,都从不同的方面深刻地表现了下层民众的苦难。白居易的这些讽喻诗引起很大社会反响。白居易在《与元九书》中说:"闻《秦中吟》,则权豪贵近者相目而变色矣。闻《乐游园》寄足下诗,则执政柄者扼腕矣。闻《宿紫阁村》诗,则握军要者切齿矣。"白居易还有两首著名长诗《长恨歌》和《琵琶行》,叙事和抒情融为一体,是千古杰作。白居易的诗在当时就广为流传。白居易自己说:"自长安抵江西,三四千里,凡乡校、佛寺、逆旅、行舟之中,往往有题仆诗者;士庶、僧徒、孀妇、处女之口每每有咏仆诗者。"(《与元九书》)唐宣宗(李忱)在怀念白居易的诗中也说:"童子解吟《长恨》曲,胡儿能唱《琵琶》篇。"白居易是一位深受普通老百姓喜爱的诗人。

长恨歌 白居易

汉皇重色思倾国,御宇多年求不得。杨家有女初长成,养在深闺人未识。天生丽质难自弃,一朝选在君王侧。回眸一笑百媚生,六宫粉黛无颜色。春寒赐浴华清池,温泉水滑洗凝脂。侍儿扶起娇无力,始是新承恩泽时。云鬓花颜金步摇,芙蓉帐暖度春宵。春宵苦短日高起,从此君王不早朝。承欢侍宴无闲暇,春从春游夜专夜。后宫佳丽三千人,三千宠爱在一身。金屋妆成娇侍夜,玉楼宴罢醉和春。姊妹弟兄皆列土,可怜光彩生门户。遂令天下父母心,不重生男重生女。骊宫高处入青云,仙乐风飘处处闻。缓歌慢舞凝丝竹,尽日君王看不足。渔阳鼙鼓动地来,惊破霓裳羽衣曲。九重城阙烟尘生,千乘万骑西南行。翠华摇摇行复止,西出都门百余里。六军不发无奈何,宛转蛾眉马前死。花钿委地无人收,翠翘金雀玉搔头。君王掩面救不得,回看血泪相和流。黄埃散漫风萧索,云栈萦纡登剑阁。峨眉山下少人行,旌旗无光日色薄。蜀江水碧蜀山青,圣主朝朝暮暮情。行宫见月伤心色,夜雨闻铃肠断声。天旋地转回龙驭,到此踌躇不能去。马嵬坡下泥土中,不见玉颜空死处。君臣相顾尽沾衣,东望都门信马归。归来池苑皆依旧,太液芙蓉未央柳。芙蓉如面柳如眉,对此如何不泪垂?春风桃李花开日,秋雨梧桐叶落时。西宫南苑多秋草,宫叶满阶红不扫。梨园弟子白发新,椒房阿监青娥老。夕殿萤飞思悄然,孤灯挑尽未成眠。迟迟钟鼓初长夜,耿耿星河欲曙天。鸳鸯瓦冷霜华重,翡翠衾寒谁与共?悠悠生死别经年,魂魄不曾来入梦。临邛道士鸿都客,能以精诚致魂魄。为感君王展转思,遂教方士殷勤觅。排空驭气奔如电,升天入地求之遍。上穷碧落下黄泉,两处茫茫皆不见。忽闻海上有仙山,山在虚无缥缈间。楼阁玲珑五云起,其中绰约多仙子。中有一人字太真,雪肤花貌参差是。金阙西厢叩玉扃,转教小玉报双成。闻道汉家天子使,九华帐里梦魂惊。揽衣推枕起裴回,珠箔银屏迤逦开。云髻半偏新睡觉,花冠不整下堂来。风吹仙袂飘飘举,犹似霓裳羽衣舞。玉容寂寞泪阑干,梨花一枝春带雨。含情凝睇谢君王,一别音容两渺茫。昭阳殿里恩爱绝,蓬莱宫中日月长。

回头下望人寰处,不见长安见尘雾。唯将旧物表深情,钿合金钗寄将去。钗留一股合一扇,钗擘黄金合分钿。但教心似金钿坚,天上人间会相见。临别殷勤重寄词,词中有誓两心知。七月七日长生殿,夜半无人私语时。在天愿作比翼鸟,在地愿为连理枝。天长地久有时尽,此恨绵绵无绝期。

琵琶行并序　白居易

　　元和十年,予左迁九江郡司马。明年秋,送客湓浦口。闻船中夜弹琵琶者。听其音,铮铮然,有京都声;问其人,本长安倡女,尝学琵琶于穆、曹二善才,年长色衰,委身为贾人妇。遂命酒,使快弹数曲。曲罢悯默。自叙少小时欢乐事,今漂沦憔悴,转徙于江湖间。予出官二年,恬然自安,感斯人言,是夕始觉有迁谪意。因为长句,歌以赠之,凡六百一十二言,命曰《琵琶行》。

　　浔阳江头夜送客,枫叶荻花秋瑟瑟。主人下马客在船,举酒欲饮无管弦。醉不成欢惨将别,别时茫茫江浸月。忽闻水上琵琶声,主人忘归客不发。寻声暗问弹者谁,琵琶声停欲语迟。移船相近邀相见,添酒回灯重开宴。千呼万唤始出来,犹抱琵琶半遮面。转轴拨弦三两声,未成曲调先有情。弦弦掩抑声声思,似诉平生不得志。低眉信手续续弹,说尽心中无限事。轻拢慢捻抹复挑,初为霓裳后六幺。大弦嘈嘈如急雨,小弦切切如私语。嘈嘈切切错杂弹,大珠小珠落玉盘。间关莺语花底滑,幽咽泉流冰下难。冰泉冷涩弦凝绝,凝绝不通声渐歇。别有幽愁暗恨生,此时无声胜有声。银瓶乍破水浆迸,铁骑突出刀枪鸣。曲终收拨当心画,四弦一声如裂帛。东船西舫悄无言,唯见江心秋月白。沉吟放拨插弦中,整顿衣裳起敛容。自言本是京城女,家在虾蟆陵下住。十三学得琵琶成,名属教坊第一部。曲罢曾教善才伏,妆成每被秋娘妒。五陵年少争缠头,一曲红绡不知数。钿头云篦击节碎,血色罗裙翻酒污。今年欢笑复明年,秋月春风等闲度。弟走从军阿姨死,暮去朝来颜色故。门前冷落车马稀,老大嫁作商人妇。商人重利轻别离,前月浮梁买茶去。去来江口守空船,绕船月明江水寒。夜深忽梦少年事,梦啼妆泪红阑干。我闻琵琶已叹息,又闻此语重唧唧。同是天涯沦落人,相逢何必曾相识!我从去年辞帝京,谪居卧病浔阳城。浔阳地僻无音乐,终岁不闻丝竹声。住近湓江地低湿,黄芦苦竹绕宅生。其间旦暮闻何物,杜鹃啼血猿哀鸣。春江花朝秋月夜,往往取酒还独倾。岂无山歌与村笛,呕哑嘲哳难为听。今夜闻君琵琶语,如听仙乐耳暂明。莫辞更坐弹一曲,为君翻作琵琶行。感我此言良久立,却坐促弦弦转急。凄凄不似向前声,满座重闻皆掩泣。座中泣下谁最多,江州司马青衫湿。

韩愈、孟郊

　　韩孟诗派的代表是韩愈(字退之,768—825)、孟郊(字东野,751—814),此外还包括张籍、李贺、贾岛、卢仝、马异、刘叉等人。他们主张"陈言务去",对诗歌的语言、意象进行大胆的革新。他们以"不平则鸣"为号召,抒写自己的贫病苦寒与忧愁苦闷,并由此而创造出奇险巉刻的艺术风格。韩愈诗歌风格的主要特点是奇险狠重,具体说来包括:一、用奇字,造拗句,押险韵,避熟就生,因难见巧;二、善于捕捉和表现变态百出的形象,气势雄伟,想象丰富;三、故意打破诗歌传统的句式句法,而以文为诗。如《八月十五夜赠张功曹》、《左迁至蓝关示侄孙湘》、《山石》以及《石鼓歌》、《南山诗》等都不同程度地体现了这些特点。韩愈的诗一味求新,以至有的诗句佶屈聱牙,损害了诗歌的形象和韵律。

孟郊的诗主要描写个人的贫病苦寒,如《秋夕贫居述怀》、《秋怀》十五首、《长安羁旅行》等等,都是比较著名的作品。孟郊还有些诗或揭露社会的黑暗,或描写人民的疾苦,或反映世态的炎凉,如《寒地百姓吟》、《织妇词》等作品,表现出诗人愤世嫉俗的态度。他的诗能于古拙中见凝炼,奇险中见平易。他的《游子吟》是历代传诵的名篇:

慈母手中线,游子身上衣。
临行密密缝,意恐迟迟归。
谁言寸草心,报得三春晖。

贾岛(字浪仙,779—843)与孟郊一样以苦吟而著名,他的律诗常有佳句,如"秋风吹渭水,落叶满长安"等。他曾作《送无可上人》一诗,其颈联:"独行潭底影,数息树边身",他自注说:"二句三年得,一吟双泪流。知音如不赏,归卧故山丘。"还有他那有名的"推敲"的事,也显示他在锻炼字句上下的工夫。后人用"郊寒岛瘦"来形容他们二人的独特风格。

> 相传贾岛某日于驴上吟得"鸟宿池边树,僧敲月下门"(《题李凝幽居》)之句。原本拟用"推"字,后又改"敲"字,反复思忖而不能作出决定,于是在驴上作推之手势,又作敲之手势。不知不觉间竟冲撞了京兆尹韩愈,他才惊醒过来。韩愈询问其缘故,贾岛具实回答。韩愈立马良久思之,对他说:"作'敲'字好。"

山石 韩愈

山石荦确行径微,黄昏到寺蝙蝠飞。升堂坐阶新雨足,芭蕉叶大栀子肥。僧言古壁佛画好,以火来照所见稀。铺床拂席置羹饭,疏粝亦足饱我饥。夜深静卧百虫绝,清月出岭光入扉。天明独去无道路,出入高下穷烟霏。山红涧碧纷烂漫,时见松枥皆十围。当流赤足踏涧石,水声激激风吹衣。人生如此自可乐,岂必局束为人鞿!嗟哉吾党二三子,安得至老不更归!

李贺

李贺(字长吉,790—816)诗歌的中心内容是诉说怀才不遇的苦闷与悲愤,带有幽冷与凄婉的独特风格。如《秋来》、《致酒行》等名篇,都是他的苦

闷心灵的展露。李贺在现实社会中感到苦闷彷徨，于是常常凭借丰富的想象和幻想，描写神仙世界的美好生活，如《梦天》、《天上谣》等作品，都表现出他对理想生活的追求和对现实社会的厌弃之情。此外，李贺在描写人民疾苦和宫怨、闺怨等方面内容的诗歌，也有不少优秀的作品。李贺的诗歌，往往超越于现实生活和客观物象之外，以离奇的幻想和想象捕捉那些异乎寻常的意象，从而编织成一幅幅出人意表的画面。李贺诗中常有很奇特的句子，有的浓艳，有的清丽，有的怪诞，有的凄婉，如"黑云压城城欲摧"、"雄鸡一声天下白"、"天若有情天亦老"、"秋坟鬼唱鲍家诗"、"踏天磨刀割紫云"、"小白长红越女腮"、"弹琴看文君，春风吹鬓影"等，都是很有名的诗句。李贺诗歌的构思也不拘常法，意象之间跳跃很大，常常超越时间和空间。如《李凭箜篌引》：

> 吴丝蜀桐张高秋，空山凝云颓不流。
> 江娥啼竹素女愁，李凭中国弹箜篌。
> 昆山玉碎凤凰叫，芙蓉泣露香兰笑。
> 十二门前融冷光，二十三丝动紫皇。
> 女娲炼石补天处，石破天惊逗秋雨。
> 梦入神山教神妪，老鱼跳波瘦蛟舞。
> 吴质不眠倚桂树，露脚斜飞湿寒兔。

李贺只活了二十七岁，但留下了大量瑰丽奇特的优秀诗篇。杜牧赞扬李贺的诗："云烟绵联，不足为其态也；水之迢迢，不足为其情也；春之盎盎，不足为其和也；秋之明洁，不足为其格也；风樯阵马，不足为其勇也；瓦棺篆鼎，不足为其古也；时花美女，不足为其色也；荒国陊殿，梗莽丘陇，不足为其怨恨悲愁也；鲸吸鳌掷，牛鬼蛇神，不足为其虚荒诞幻也。"（《李长吉歌诗叙》）李贺的诗为唐诗增添了一个非常独特的类型。

第五节 晚唐诗歌

晚唐诗歌的基调

从文宗开成元年（836）到昭宣帝天祐四年（907），大约七十年间，为晚唐。晚唐时期由于中央政权的软弱，政治的黑暗，内忧外患日益加深，使得李唐王朝日薄西山，气息奄奄。面对这样的现实，一些忧国忧民的诗人曾幻想着盛唐那样的时代再度出现，然而残酷现实使他们不能有所作为，只造成了一种绝望的悲哀。"夕阳无限好，只是近黄昏"(李商隐《登乐游原》)，感伤而无可奈何的情绪成了这一时期诗歌的基调。晚唐诗人大体上可以分为前后两个时期：前期以许浑、杜牧、李商隐等人为代表，后期以皮日休、陆龟蒙、杜荀鹤、聂夷中、罗隐、郑谷、司空图、温庭筠、韦庄、韩偓等人为代表。

晚唐诗人的感伤情绪，一方面表现为对现实与历史的深沉思索，另一方面表现于个人情怀的抒发。因而怀古咏史诗和咏怀诗在这个时期得以长足的发展。在艺术上也更趋深沉含蓄、细腻幽微。

许浑、杜牧

许浑（字用晦，791？—858？）的怀古咏史诗继承了刘禹锡的风格，往往于沉思感慨之中杂以豪宕流丽。如他的《金陵怀古》、《姑苏怀古》、《汴河亭》、《凌歊台送韦秀才》、《骊山》诸作，无不带有世事沧桑、盛衰迭代的深沉感慨，同时还富有强烈的现实感。一种寂寞衰败的时代感和对朝政昏庸的深深叹息，体现了诗人对历史的思索和对现实的关注。许浑这方面的优秀之作，往往还能于回顾历史、总结教训的同时，给读者留下颇为深刻的哲理意味。如《咸阳城东楼》：

  一上高城万里愁，蒹葭杨柳似汀洲。
  溪云初起日沉阁，山雨欲来风满楼。
  鸟下绿芜秦苑夕，蝉鸣黄叶汉宫秋。
  行人莫问当年事，故国东来渭水流。

全诗纵览历史，思考现实，体悟哲理，寓意十分深刻。

这种怀古咏史诗到了杜牧（字牧之，803—853）手中，又发展到另一个新的高度，在艺术上也更臻于完美之境。杜牧性格豪俊，情思劲健，他写过不少俊爽清丽、情韵悠扬的诗篇，如《清明》、《山行》、《赠别》二首等，久已是脍炙人口的名篇。然而真正代表杜牧杰出的诗歌艺术成就的，还是他的怀古咏史诗。他的《泊秦淮》：

> 烟笼寒水月笼沙，夜泊秦淮近酒家。
> 商女不知亡国恨，隔江犹唱《后庭花》。

历史感和现实感在流丽自然而又感慨苍茫的叹息中融为一体，令人沉思无限。他的《江南春》、《过华清宫三绝句》、《登乐游原》、《赤壁》、《题乌江亭》等名作，也都如此。而他的《题宣州开元寺水阁，阁下宛溪，夹溪居人》也是一首非常精彩的怀古之作：

> 六朝文物草连空，天澹云闲今古同。
> 鸟去鸟来山色里，人歌人哭水声中。
> 深秋帘幕千家雨，落日楼台一笛风。
> 惆怅无因见范蠡，参差烟树五湖东。

纵贯古今的情思，具体生动的形象，开合跌宕的气势，既富有深沉的情感抒发，也富有深刻的人生哲理。情、景、理、事的高度融合，豪宕俊爽而又含思不尽，这是杜牧怀古咏史诗的一个创造。

李商隐

李商隐（字义山，811—859）是晚唐最杰出的诗人，是唐诗发展历程中的最后一个高峰。李商隐的诗歌题材广泛，内容深刻。其政治诗如《有感》、《重有感》、《行次西郊一百韵》、《隋宫》、《瑶池》、《随师东》诸作，或直陈时事，或借古讽今，笔锋犀利地揭示了统治者的残暴、荒淫和无能。又如《贾生》一诗：

> 宣室求贤访逐臣，贾生才调更无伦。
> 可怜夜半虚前席，不问苍生问鬼神。

借汉代贾谊之事慨叹贤才不为朝廷重用，既表达了诗人不幸的命运，也寓有对执政者的不满情绪。李商隐的《无题》诗，有些是借香草美人寄托怀才不遇之慨，或求人汲引；但更多的还是写缠绵悱恻的爱情和相思的痛苦："春蚕到死丝方尽，蜡炬成灰泪始干"、"身无彩凤双飞翼，心有灵犀一点通"、"刘郎已恨蓬山远，更隔蓬山一万重"、"春心莫共花争发，一寸相思一寸灰"。深情绵邈，隐晦曲折，充满朦胧、细腻、幽约之美。李商隐寄寓身世之感的抒情诗，在他的诗集中占了相当大的比重。这类诗歌的特点是深沉蕴藉，迷惘感伤。如《初食笋呈座中》：

> 嫩箨香苞初出林，於陵论价重如金。
> 皇都陆海应无数，忍剪凌云一寸心？

诗中以初出林的嫩笋为象征，表现了一个具有凌云壮志的青年，对于不公正的社会的愤慨，以及对自己前途的深忧。其《锦瑟》更是这方面的代表作：

> 锦瑟无端五十弦，一弦一柱思华年。
> 庄生晓梦迷蝴蝶，望帝春心托杜鹃。
> 沧海月明珠有泪，蓝田日暖玉生烟。
> 此情可待成追忆，只是当时已惘然。

追忆往事，百感交集，连篇叠现的意象，错综纠结的情思，交织成一首带有浓重色彩的怅望、迷惘和感伤的诗歌。

李商隐诗歌的艺术特征，首先表现在他善于运用神话传说和历史典故，通过想象、联想和象征，构成丰富多彩的艺术形象；其次是对于情景有细致入微的刻画，并且能于纤细中见深厚，精巧中见浑成；再者是善于活用典故，以丰富的形象，深化诗歌的主题。但因喜用生僻典故，使读者对他的有些诗歌有晦涩难懂之感。

晚唐后期诗人

晚唐后期的皮日休、聂夷中、杜荀鹤，以及陆龟蒙、罗隐、曹邺等人，对现实有所不满，因而他们的一部分诗歌，或揭发政治的弊端，或描写民生的疾苦，或反映动荡不安的社会面貌，继承了中唐元白等人的新乐府精神。但就其反映的深度和广度而言，已远不及杜甫、白居易等人了。

晚唐另一批诗人如温庭筠、韦庄、韩偓、郑谷等人，则着重表现出艳丽与清丽之美。温庭筠（字飞卿，813？—870？）的诗，多描写贵夫人与王公权贵的游宴享乐，色彩浓艳，词藻华丽，因而带有缠绵温香、细腻明艳的风格。他的一些吊古感怀、羁旅惆怅和描写自然景物方面的作品，清丽可爱。如《商山早行》：

> 晨起动征铎，客行悲故乡。
> 鸡声茅店月，人迹板桥霜。
> 槲叶落山路，枳花明驿墙。
> 因思杜陵梦，凫雁满回塘。

景致清新，感受细腻，其中"鸡声茅店月，人迹板桥霜"一联，道尽羁旅穷愁，意象具足，为千古传诵的名句。

（本章所引用的唐诗原文，均取自陈伯海主编《唐诗汇评》，浙江教育出版社1995年出版。）

唐诗分期及其代表作家简表

名称	年　份	代　表　作　家
初唐	高祖武德元年（618）—玄宗开元元年（713）	虞世南　李百药　上官仪　王　绩　王　勃 杨　炯　卢照邻　骆宾王　刘希夷　张若虚 沈佺期　宋之问　陈子昂
盛唐	玄宗开元元年（713）—代宗大历元年（766）	王　湾　贺知章　张　旭　张　说　张九龄 孟浩然　王　维　储光羲　崔辅国　常　建 丘　为　裴　迪　崔　颢　李　颀　王昌龄 祖　咏　崔　曙　高　适　岑　参　李　白 杜　甫
中唐	代宗大历元年（766）—文宗开成元年（836）	钱　起　韩　翃　司空曙　李　益　刘长卿 李嘉祐　皎　然　顾　况　韦应物　柳宗元 刘禹锡　白居易　元　稹　韩　愈　孟　郊 张　籍　李　贺　贾　岛　卢　仝
晚唐	文宗开成元年（836）—昭宣帝天祐四年（907）	许　浑　杜　牧　李商隐　皮日休　陆龟蒙 杜荀鹤　聂夷中　罗　隐　郑　谷　司空图 温庭筠　韦　庄　韩　偓

以上初、盛、中、晚的分期，主要根据明代徐师曾《文体明辨序说》："尝试论之，梁陈至隋是为律祖，至唐而有四等：由高祖武帝武德初至玄宗开元初为初唐，由开元至代宗大历初为盛唐，由大历至宪宗元和末为中唐，自文宗开成初至五季为晚唐。"

推荐读物：

1. 詹锳著：《唐诗》（上海：上海古籍出版社，1979年）。
2. 许总著：《唐诗史》（南京：江苏教育出版社，1994年）。
3. 罗宗强著：《隋唐五代文学思想史》（上海：上海古籍出版社，1986年）。
4. 闻一多著：《唐诗杂论》（据《闻一多全集》本刊行）（北京：古籍出版社，1956年）。

5. 许总著：《唐诗体派论》（台北：文津出版社，1994年）。

6. 王力著：《诗词格律》（北京：中华书局，1977年）。

7. （清）彭定求等编：《全唐诗》（北京：中华书局，1960年）。

共25册，总900卷，共收诗作四万八千九百余首，作者二千二百余人。间有误收、漏收及重出之情况。

8. （宋）计有功著：《唐诗纪事》（上海：上海古籍出版社1987年）。

载录1150位唐诗人的诗篇及有关生平、本事和评论等方面的资料。

9. （元）辛文房著：《唐才子传》（北京：中华书局，1991年）。

叙写398位唐代诗人的传略和评论资料。由傅璇琮主编的《唐才子传校笺》对该书有较详尽的考论。

10. （明）胡震亨著：《唐音癸签》（上海：上海古籍出版社，1981年）。

11. 陈伯海主编：《唐诗汇评》（杭州：浙江教育出版社，1995年）。

收录唐诗人498位，诗作5127首，汇集历代有关唐诗人、诗作的评论。书末附有历代唐诗论评辑要等资料。

12. 萧涤非等著：《唐诗鉴赏辞典》（上海：上海辞书出版社，1983年）。

选收唐代诗人196位，诗作1105首，由专家撰写赏析文章疑难词句亦加注释，书末并附录有唐诗的一般常识。

13. 范之麟、吴庚舜主编：《全唐诗典故辞典》（武汉：湖北辞书出版社，1989年）。

图片补充资料：

1. 331页：《全唐诗》，扬州诗局本，共120册。

2. 344页：李白墓前的享堂（太白祠），位于安徽当涂县。

3. 347页：杜甫故居，位于河南巩县。

【第二十一章】 古代音乐和舞蹈

中国古代音乐、舞蹈有着悠久的历史。1986—1987年在河南省舞阳县贾湖发现了远古乐器——骨笛，共有18支，均为七音孔、八音孔，其中保存较完整的还能吹出一些曲调，根据考古测定这些古笛距今已有8000年（上下误差为150年），这是迄今为止中国音乐文化可追溯的最早年代。青海省大通县上孙寨出土的舞蹈纹彩陶盆，是可估定年代最古老的原始舞蹈图像，属于新石器时代的文物。这两项考古发掘，都可以表明中国传统音乐、舞蹈艺术历史年代之久远。

第一节 古代乐器

先秦乐器

据史料记载，早在西周时期所使用的乐器就已多达近七十余种，按制作材料的不同可分为：金、石、木、革、土、丝、竹、匏八类，这就是中国最早的乐器分类法，又称为"八音"。其中金类乐器有：编钟、镈、镛、钲、铙、铎；石类乐器有：磬、编磬、鸣球；木类乐器有：柷、敔；革类乐器有：鼖、雷鼓、建鼓、鼛、拊；土类乐器有：埙、缶；丝类乐器有：琴、瑟、筑；竹类乐器有：箫、篪、七星、笛、管、竽篪；匏类乐器有：笙、竽、巢、和等等。

到春秋战国时期，乐器的种类更加繁多，制作工艺也更为精美，器乐的演奏形式得到了较大的发展，不仅有一件乐器的独奏或少量乐器的合奏，还出现了规模较大的乐队组合，其中以编钟和鼓为主要乐器的"钟鼓之乐"就是常见的一种组合。在少量乐器组合的乐队类型中，以"房中乐"的琴、瑟组合最具代表性。

1978年，湖北随县西北约两公里处的擂鼓墩曾侯乙墓中出土了124件乐器，包括编钟、编磬、十弦琴、五弦琴、瑟、笙、篪、排箫、建鼓、小鼓，这是中国古代音乐史上最有价值的一次考古发现，使我们对中国古代的音乐文明有了更具体的认识。

首先，曾侯乙墓中出土的编钟共有64件，是迄今为止我们所见的最为庞大的一套编钟，分为三层悬挂在曲尺形钟架上。上层19件纽钟，中下层甬钟

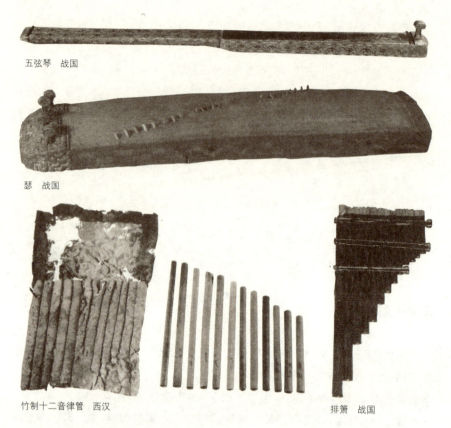

五弦琴 战国

瑟 战国

竹制十二音律管 西汉

排箫 战国

45件，中下层的立柱为六个英武的青铜武士。出土时编钟位于墓室的西面和南面。整套编钟的重量约为2500公斤，最小的钟通高20.4厘米，重2.4公斤；最大的钟通高153.4厘米，重203.4公斤。该套编钟的音域宽达五个八度，中心音域的十二律齐备，可以在三个八度内组成完整的半音音阶，其重要意义为能够在旋宫转调的情况下演奏七声音阶的乐曲，表明当时的音乐已具有完整的体系和复杂的组合方式。另外该套编钟的钟体镌刻有错金铭文共2828字，用来表明各钟的发音属于何种律的何种音阶。经测试，每件编钟的正面和侧面均可奏出约为三度关系的两个音，由此看来古人已能掌握椭圆形物体的发声原理。这套编钟制作极其精美，令人惊叹。它展示了中国古代高度发达的青铜器冶炼工艺，同时又展示了中国古代灿烂的音乐文明。

在曾侯乙墓的中室（即墓主人的殿厅），除编钟、编磬外还有不同形制的鼓与笙等乐器。在中室的东墙下放置的是饮酒器具，位置恰好与编钟、编磬等乐器相对，可以想象这是墓主人生前与宾客共享饮宴之处。在曾侯乙墓的东室（即墓主人的寝宫），放置的是琴、瑟类的弹拨乐器，这类乐器多是用于

曾侯乙编钟　战国

内室，属于宫廷"房中乐"的范畴。从中室和东室不同的乐器组合可以看出，春秋战国时期乐队的组合方式已是多种多样，所使用的乐器更是琳琅满目、各具特色。

汉唐乐器

汉代以及四百年后的唐代是中国古代乐器发展史上的两个重要时期。随着中原与四方不同民族交往的增多，其他民族的乐器也大量流入中原，为音乐文化的交融创造了条件，也为中原汉族提供了新的音乐表现手段。在这些新的乐器中比较有代表性的有：

筚篥——起源于古代波斯，后在西域的龟兹（今新疆库车县）流传。东晋时期大将吕光征服了龟兹，带回了龟兹乐伎和乐器，这其中就包括筚篥。筚篥一词为龟兹语源的音译，它是西域各民族通用的乐器。筚篥传入中原后又被称为管，到隋唐时在社会上广泛流行。后来又流传到日本，成为日本雅乐演奏中的主要乐器。

琵琶——汉魏以来西域乐人沿"丝绸之路"从龟兹、疏勒、于阗等地汇于中原，带来了从印度传入的乐器——曲项琵琶，在北朝时期开始盛行，并在公元6世纪前后传入长江以南的区域，到隋、唐时期已成为各类音乐活动中所使用的主要乐器，为盛唐歌舞艺术的发展起了巨大的推动作用，从敦煌壁画和云岗石刻中，我们可以看到它在当时乐队中所占的重要地位。

琵琶一词在中国古代音乐史中出于秦、汉时期，泛指弹拨乐器，例如"秦汉琵琶"和"阮咸琵琶"。这两种乐器一是在鼗（一种有柄的小摇鼓，用于小贩叫卖或儿童玩具）上加弦制成了圆形、皮面、长柄的弹拨乐器；另一种是

曾侯乙编磬　战国

《观无量寿经变》（舞乐部分）（局部）　中唐

在筝、筑、卧箜篌的基础上制成了一种圆形、木面、长柄、四弦、十二柱，演奏方式为竖持的弹拨乐器。前者即是现在的秦琴，后者即是现在的阮。西域曲项琵琶传入中原以后，人们根据它的演奏形式也把它归入了琵琶类乐器，这就形成了一词多指的现象，直到唐代以后琵琶一词才由泛指逐渐演变为专门所指，人们只把半梨形音箱的西域曲项琵琶称为琵琶，而其他同类弹拨乐器也逐渐有了自己的专用名称，如三弦、秦琴、阮、月琴等。

唐代琵琶的盛行，我们从唐诗中可以得到很深的印象。唐诗中有许多作品描绘了琵琶的渊源、形制、演奏技巧和乐曲。最著名的作品是白居易的《琵琶行》："大弦嘈嘈如急雨，小弦切切如私语。嘈嘈切切错杂弹，大珠小珠落玉盘"、"转轴拨弦三两声，未成曲调先有情"、"银瓶乍破水浆迸，铁骑突出刀枪鸣"……。唐代还涌现了众多的琵琶演奏家，仅唐诗及其他史料中所提及的就有十余人，如段善本、康昆仑、裴洛儿等。

宋代以后，随着戏曲和说唱艺术的诞生，在乐器使用和乐器组合方面也发生了一些改变。一部分古老的乐器只用于祭祀音乐和宫廷雅乐演奏，如编钟、编磬、筑、篪；另一部分乐器经过不断改进，大大增强了自身的艺术表现力，如琵琶、阮、箜篌、竹笛；此外还有一部分新出现的乐器，如奚琴（即现在"二胡"的前身），它们在音乐演奏中占据了重要地位，使中国音乐体系中的乐器结构产生了深刻变化。

第二节　古代乐舞

原始社会的舞蹈

中国古代文献中有许多关于舞蹈起源的传说，例如《吕氏春秋·仲夏记·古乐》中就记载了这样几种传说：一是古代帝王颛顼命乐工"鳝"作乐舞《承云》；二是古代帝王喾命乐工"倕"作乐，凤鸟锦雉也随之翩翩起舞，人类从此便有了舞蹈；三是古代帝王尧命乐工"质"作乐，于是"质"便模仿自然界音响与动物的鸣叫，使百兽也闻乐起舞。

漫长的史前社会使舞蹈从最初的肢体模仿逐渐发展为图腾舞蹈、巫术舞蹈、祭祀舞蹈。到史前社会后期时舞蹈已更为成熟，并与音乐一起组成了"乐舞"这一中国古代最为重要的艺术表现形式。《吕氏春秋·古乐篇》中有这样的记述："昔葛天氏之乐，三人操牛尾，投足以歌八阕。"其大意为：有一个叫"葛天氏"的远古氏族，他们的乐舞表演形式为三人手持牛尾，边舞蹈边歌唱，歌唱部分共有八段，即"载民"、"玄鸟"、"逐草木"、"奋五谷"、"敬天常"、"达帝功"、"依帝德"、"总禽兽之极"。这个乐舞反映出先民进入农业定居阶段后的愿望与意识，描绘了一幅远古时代人们的生活景象。1973年，在青海省大通县孙家寨的考古发掘中出土了一件舞蹈纹彩陶盆，属于新石器时期马家窑文化。在陶盆内壁上部绘有十五位舞蹈者，他们服饰相同、动作一致，五人一组，一共三组，牵手而舞。有学者推测，这可能是带有巫术意义的乐舞，舞蹈者所扮演的是与他们息息相关的动物形象，也就是我们所说的图腾形象。这一出土文物为我们展示了古代乐舞的一个侧面。之后，1991年甘肃武威的一处新石器遗址中也有类似的发现。1995年青海省的另一处墓葬又出土了一件舞蹈纹彩陶盆，形制与前者相似，只是舞蹈者的人数增多，舞姿更为多样。这些考古发现都可以与《吕氏春秋》的记载互相印证。

　　史前社会的舞蹈都与巫术有密切的联系。许慎《说文解字》对"巫"字的解释是一个人两袖挥动作舞，以此来沟通人与神的联系。从这里可窥见巫术与舞蹈有着原初的联系。直到今天，一些地区的民间舞蹈，如东北地区的萨满舞蹈、汉族的傩舞、纳西族的东巴等等，还和巫术有着不同程度的联系，其中又以纳西族的东巴舞更具有典型意义。这种舞蹈不仅历史久远而且表演技巧成熟。特别引人关注的是在东巴经中有一种采用古老的象形文字标记的舞谱，这种舞谱接近于图画，因此对舞蹈的描述更为直观、形象，它对东巴舞的保存与流传也做出了重要的贡献。东巴舞的表演方式和内容多种多样，既有崇敬神明的"神舞"，又有降妖伏魔的"战斗舞"，既有威武刚健的"器械舞"，又有表现各种鸟兽的"拟兽舞"。这是研究中国舞蹈史的珍贵资料。

汉代舞蹈

　　从西周开始，中国古代乐舞出现了两种类型。一种是宫廷典礼用的雅乐舞蹈。雅乐舞蹈主要用于祭祀、宴飨、射礼、"王师大献"（征战胜利后的庆功盛典）和"行军田役"（军队的演习典礼）。这种雅乐舞蹈到春秋晚期趋向衰落。另一种就是观赏性的伎乐舞蹈。

　　伎乐舞蹈中"伎"的含义，按照东汉许慎在《说文解字》中的解释，原来是泛指"妇女"，后来才成为专指以歌舞为业的女子的代名词。伎乐舞蹈来

宴乐狩猎水陆攻战纹铜壶　战国

《舞乐百戏》画像砖拓本　东汉

源于巫术表演和远古社会的乐舞表演。自殷商后期开始出现专事乐舞的舞蹈者后，才使得舞蹈摆脱了原始状态进入到追求完整与精美的发展历程。从舞蹈艺术的角度看，由于表演伎乐舞蹈者多是专门的乐舞艺人，因此在中国古代舞蹈艺术发展史中，伎乐舞蹈起着积极的推动作用，代表了中国古代舞蹈艺术的最高水平，并在很长的一个时期内居于中国古代舞蹈的主流地位。我们从一些出土文物中可以看到这一时期伎乐舞蹈的一斑，如战国宴乐渔猎纹铜壶上的击磬女乐、战国铜壶盖上的女乐图。

汉代是伎乐舞蹈的辉煌时期。

首先，汉代使舞蹈从"礼"和"神"的制约下解脱了出来，成为一种融入世俗生活的艺术形式。这一时期出现了多种新的伎乐舞蹈形式，如相和大曲、角抵百戏，此外还出现了许多著名的乐舞伎人和具有代表性的作品，如被汉成帝宠幸、由女伎成为皇后的赵飞燕，她所倚仗的就是她那窈窕绰约、美艳轻盈的舞姿。史料中对她的描述是："身轻若燕，能作掌上舞"。这使人联想到河南郑州出土的汉画像石中描绘的一位舞伎，她舞起双袖，一脚立于地面，另一脚轻轻抬起，似一只欲凌空飞翔的燕子，姿态优美、栩栩如生。另一位汉代著名女舞蹈家是汉武帝时的李夫人，其兄长是中国古代大音乐家李延年。同赵飞燕一样，这位李夫人也是出身贫寒，因"妙丽善舞"而登上了后妃的宝座。

其次，由于汉代开辟了"丝绸之路"，因而西域的音乐舞蹈源源流入中原各地。据记载：汉灵帝时期人们"好胡服、胡帐、胡床、胡座、胡箜篌、胡舞"。这些胡乐、胡舞与人们过去崇尚的楚歌楚舞以及前朝的"雅乐"迥然相异，具有雄健刚毅、热烈奔放的风格。这种艺术风格深深地影响了汉族舞蹈的发展。

第三，汉代舞蹈艺术的另一个显著特点是演出规模庞大，表演技艺精湛。在中原与西域的交往过程中，西域的杂技、幻术（魔术）也随歌舞一起传入中原，逐渐形成了"百戏"这样一种新的表演形式，并且进一步影响到歌舞艺术，使汉代乐舞融武术、杂技、舞蹈于一体，吸收了诸如倒立、腾跳、翻滚等新技巧。我们从汉代最具代表性的《盘鼓舞》中可以清楚地看到这一点。

宴乐渔猎纹铜壶（局部）线描图 战国

舞蹈者按照音乐节奏抑扬顿挫的变化，一面是上部身体舞动舒长的水袖，甚至要做出"折腰于盘间"的动作，一面是双腿辗转、腾挪于数个盘鼓之上并用双脚踩踏出各种节奏，这对舞蹈者的柔软性、灵活性、控制力、节奏感及腰、袖、足各个部位都提出了很高的要求，被称为是舞蹈与杂技的有机结合，成为中国古代舞蹈艺术发展过程中的一座里程碑。汉代舞蹈的另一个特点就是出现了许多精彩的道具舞蹈，如：《巾舞》、《袖舞》，要求舞蹈者手执长巾或身着长袖服饰，运用手腕和手臂的动作技巧挥舞出变化多姿的巾花和袖花，"裙如飞鸾，袖如回雪"。人们可以在今日古典舞的水袖技巧和红绸舞技巧表演中看出这一悠久的传统。

汉代至隋、唐之间的魏晋南北朝时期的舞蹈艺术在注重形式美的同时表现出洒脱的精神，清新秀丽、婉约动人成为此时舞蹈艺术的新的风格。最为体现这一风格的舞蹈作品便是《白纻舞》，舞蹈者身着长袖服饰，轻盈如履云端，双袖似道道彩霞，给人以飘然若仙之感。

唐代舞蹈

盛唐时期是中国古代文化艺术发展的黄金时代，而主要由乐舞伎人表演的宴乐歌舞则代表了这一时期舞蹈艺术的最高水平。《新唐书·礼乐志》记载盛唐时宫廷乐舞机构太常寺和鼓吹署的乐工多达数万人，这其中大多数人是以表演宴乐歌舞为主。宫廷宴乐的表演内容分为：以外来歌舞为主的九部乐、十部乐；坐部伎、立部伎；宫廷中原有的歌舞大曲。这其中坐部伎是在堂上表演，因此规模较小，立部伎是在堂下表演，规模较大。歌舞大曲是一种集器乐、舞蹈、歌曲于一体的大型表演形式，所表演的曲目众多，仅流传于后世的就有六十余个，如《剑器》、《甘州》、《凉州》、《绿腰》、《柘枝》、《薄媚》、

《春莺啭》、《雨霖铃》、《霓裳羽衣舞》等,其中《霓裳羽衣舞》最为有名。唐代诗人白居易在《霓裳羽衣歌》中对这一舞蹈有过细腻生动的描绘,使我们犹如亲眼看到了那高雅脱俗、风姿神韵兼备的舞蹈者:"飘然转旋回雪轻,嫣然纵送游龙惊。小垂手后柳无力,斜曳裾时云欲生。烟蛾敛略不胜态,风袖低昂如有情。上元点鬟招萼绿,王母挥袂别飞琼。繁音急节十二遍,跳珠撼玉何铿铮。翔鸾舞了却收翅,唳鹤曲终长引声。"在众多唐代咏舞诗中还有一名篇广为人知,这就是杜甫的《观公孙大娘弟子舞剑器行》:"昔有佳人公孙氏,一舞剑气动四方。观者如山色沮丧,天地为之久低昂。……来如雷霆收震怒,罢如江海凝清光。"从这些诗歌中我们可以对当时的舞蹈艺术所达到的神化的境界有一些了解。

唐朝社会中除流行伎乐舞蹈外,还有健舞、软舞。健舞是指动作刚健有力、节奏紧凑快速的舞蹈,代表作品有《胡旋》、《胡腾》、《剑器》、《柘枝》。软舞则是指优美柔婉、节奏舒缓的舞蹈,代表作品有《兰陵王》、《乌夜啼》、《绿腰》。总之,唐代的伎乐舞蹈以其丰富的表现力和高超的舞蹈技巧,在当时社会中造成了极为广泛的影响,并在诗歌、绘画和各类雕刻中留下了大量的史料。

《七佛药师经变》(舞乐部分) 唐

《陶舞俑》 唐

箜篌伎乐飞天 西魏

宋代舞蹈

宋代在宫廷乐舞方面并没有全盘继承唐代的传统,而是在保留一些著名表演性舞蹈的基础上,进行了部分创新,形成了一种独特的舞蹈表演形式——"队舞"。队舞的表演人数众多,每人有明确的角色分工,如担任主要角色的"花心",类似主持人的"竹竿子",此外还有担任舞蹈部分的"歌舞队"和伴奏的"后行"。从总体上看,队舞的表演有着比较固定的程式,它是集歌唱、舞蹈、朗诵、对话等艺术手法于一体,各种手法穿插表演,从而形成一种表现内容丰富、表演手法多变的综合性艺术形式。

宋代舞蹈的一个特征就是已不再仅仅是单纯抒情性的舞蹈形式,而是增添了许多的叙事成分,如《剑器舞》中就融入了汉代鸿门宴的故事情节。这是中国古代舞蹈从抒情舞蹈向叙事舞蹈的转变。但中国古代舞蹈的这一变化并没有像西方国家那样走上舞剧的发展之路,而是转向了戏曲的方向,成为戏曲表演艺术中的一个主要手段。

第三节 宫廷音乐

宫廷音乐,是指历代在宫廷各种仪式上演奏的音乐。

散乐图 辽

宫廷音乐的规模

大约自公元前21世纪起，中原土地便出现了专门用于宫廷祭祀、朝贺等仪式的音乐演奏。《尚书》、《易经》、《墨子》中对这样的音乐演奏都有过记载。

宫廷音乐的规模是很大的，在《周礼·春官·大司乐》中记载：周代宫廷有专职管理音乐事务的机构——大司乐，其下属有乐师、大胥、大师、小师、瞽矇、典同、磬师、笙师、镈师、舞人、徒役等职位，总人数多达1463人，这里包括了音乐行政管理、音乐教育、音乐表演三大类别，规模之庞大，组织之细密，令人惊叹。汉代是宫廷音乐发展的又一高峰期，这时的音乐管理机构为"乐府"，它设立于公元前112年，设立时由李延年领导，共有乐工大约890人，主要是收集民间音乐、创作和填写歌词、改编乐曲，进行演奏、演唱。中国古代宫廷音乐的规模以隋、唐两代最为宏大，所设立的专门音乐机构有：大乐署、鼓吹署、教坊、梨园。大乐署管理雅乐、燕乐，鼓吹署管理各类仪式音乐，教坊和梨园则是教习俗曲与法曲。这些音乐机构内厩有着严格的训练、考绩制度，有严格的等级区别和相应的社会地位与待遇。据《新唐书·礼乐志》记载："唐之盛时，凡乐人、音声人；太常杂户子弟，隶太常及鼓吹署，皆番上，总号音声人，至数万人。"

宋、元、明、清各代的宫廷音乐规模基本与前朝设置相似，只是远没有隋、唐时期那样的人数众多。但机构划分却更加细致。如清代除设有管理机构和各种演奏团体外，还建立了音乐整理、研究、创作的机构。清乾隆六年

《八十七神仙图》（局部）
乐舞临摹图

至十年（1741—1745）由庄亲王总理律吕正义馆，将坛庙、朝会演奏的音乐作品编辑成《律吕正义后编》，这一部内容较完备的宫廷音乐书籍，是研究清代宫廷音乐的重要资料。

宫廷音乐的类别

按用途、性质的不同，宫廷音乐可分为典礼和娱乐两大类别，典礼性音乐有祭祀乐、朝会乐、卤簿乐；娱乐性音乐有宴飨乐、巡幸乐、吹打乐。

周代的宫廷雅乐中包括：六代之乐、房中乐、诗乐。六代之乐是指《云门》、《大咸》、《大韶》、《大夏》、《大濩》、《大武》，都是各类仪式上所用的典礼音乐。六代之乐综合了诗、歌、舞、乐多种艺术形式，舞蹈动作缓慢，歌唱声调平和，气氛庄严、肃穆、和谐、安详，表演内容中有的是祭祀天地山川，有的是夸耀君王统治的开明隆盛。房中乐是宫廷内室演唱的歌曲，内容多是从民间收集来的诗篇，只用琴、瑟伴奏，由后妃演唱，以娱乐君王并使其了解民情。诗乐是由宫廷乐工到各地收集的民间歌谣，经加工修饰后成为典礼配乐的诗篇。

隋唐两代都将影响较大的外来音乐归入宫廷音乐之中。隋朝设立了九部乐，它们分别是：葱岭以西的"康国乐"、"安国乐"，丝绸之路北道的"疏勒乐"、"龟兹乐"，其他还有"西凉乐"、"清商乐"、"高昌乐"、"天竺乐"以及最后的"礼毕"（《隋书·音乐志》）。唐代在此基础上加用"燕乐"及"高昌乐"（"礼毕"被取消），从而形成了十部乐。从中可以看出外来音乐在宫廷音乐中已占据了很大的比重。在宫廷演出中发挥主要作用的是"清商乐"、"西凉乐"、"龟兹乐"，它们分别代表着三种不同的音乐风格，"清商乐"是汉族传统的宫廷乐舞，它在宫廷音乐的演奏过程中居于主导地位；"西凉乐"是西域音乐与中原音乐相结合的产物，"龟兹乐"是西域音乐的代表。

宋代宫廷音乐主要有雅乐、鼓吹乐、宴享乐三种类别。宋代的宫廷雅乐用于祭祀、朝会、乡饮酒、鹿鸣宴以及皇室的各类庆典仪式。这种音乐演奏在音高、音阶、音域、宫调、使用的乐器、表演形式等方面都有明确的规定，绝对不能违反。宋代宫廷鼓吹乐既可作为军乐，又可作为朝会的一部分。宋代的宫廷宴飨乐包括杂剧、歌唱、舞蹈、器乐、百戏。

明、清两代的宫廷音乐与历代基本相同，都用于郊庙、朝贺、宴飨和巡幸这样一些宫廷重要的活动。相比之下清朝对宫廷音乐更为重视。

第四节 古琴音乐

中国古代有一种主要在贵族和文人士大夫中间流传的音乐,就是古琴音乐。弹奏古琴成为古代文人的基本修养之一,成为他们抒情言志的重要方式和途径。

古琴的形制和演奏方式

古琴,又称为琴、七弦琴,其翔实的起源已无从考证,但各种传说又都与神农、伏羲、尧、舜有关,在《尚书》、《诗经》等古籍中对此多有提及。最初时古琴的造型并不一致,弦的数目也不等。从文献上看,周代的古琴大多为五弦,到汉代时增加为七弦,三国时期古琴七弦、十三徽的形制已基本形成,一直沿用至今。在这近两千年的流传过程中,主要的变化表现在形体大、小方面,唐代之前琴体较大,宋代时的琴体在唐代基础上缩小了一些,明、清以来所使用的琴体为最小。

古琴的形制为:琴长约1.3米,宽约20厘米,厚约5—8厘米;采用一整块梧桐木或杉木,一面刨成弧形后制成面板,另用一块质地较硬的木料制成底板,最后是将面板和底板用胶粘合在一起并涂以厚漆。古琴的各部分都有名称。如琴底板的两处共鸣孔一为"龙池"、一为"凤沼"。琴体轮廓分别有额、肩、腰之分,琴弦的支撑部位称作"岳山"。琴弦的末端称作"韵沼"。古琴造型美观,款式多样,最为常见的有:伏羲式、仲尼式、连珠式、落霞式、月型式,这些款式主要是以琴体的腰、项部向里弯曲的不同来区分。古琴琴体髹漆,使用年代悠久者面漆就会出现断纹,这种断纹从形状上又可分为梅花断、牛毛断、蛇蝮断、冰裂断、龟纹断、龟纹等,这是由于在长期演奏过程中的震动以及琴体木质、底漆、气候等方面的原因,一般来说年代愈久断纹也愈明显,音质、音色也愈纯正,当然琴也就愈加名贵。

古琴的演奏方式为右手弹、挑发音,左手按弦。右手的主要演奏技巧有劈、托、抹、挑、勾、剔、打、摘;左手的主要演奏技巧有吟、绰、猱、注、逗、撞、进、退。双手配合可演奏出千变万化的优美乐曲。

琴歌

历代文人雅士多有擅长琴歌者,即独自一人边歌唱、边用琴伴奏。这一音乐艺术形式的历史可上溯到先秦时期。在当时，琴与瑟是同样重要的弦类乐器。《论语·阳货》中曰："子之武城，闻弦歌之声。"《尚书·益稷》中记载："搏拊琴瑟以咏。"《琴史·声歌》中也说："歌则必弦之，弦则必歌之。"这些都说明了古代文人是以琴、瑟为其歌唱伴奏。历代文人有的根据民间音乐来创作琴歌，有的则是将自己对生活的感受转变为琴歌。后面这类琴歌作品较多，如以唐代诗人王维的《送元二使安西》为词所谱唱的《阳关三叠》；宋代姜夔的《古怨》；清代王元伯为岳飞《满江红》所谱写的《精忠词》等等。

琴谱

　　古琴的记谱方法可分为汉魏时期的文字谱和唐、宋以来的减字谱这样两个阶段。文字谱就是用文字来记述古琴演奏的指法与按弦的位置。现存南朝梁（502—557）时丘明所传的《碣石调·幽兰》便是用文字谱记录的琴曲，其中关于古琴的定弦法、演奏时按弦的顺序、徽的位置、左右手的指法以及基本的节奏都是以文字来概括说明。由文字谱向减字谱的转变是在唐代完成的。唐朝人曹柔在原文字谱的基础上将其简化、缩写，用若干减字符号来标示音名、左右手指法和速度，如泛音符号为（仓）、左手指法的大指为（大）、食指为（亻）、中指为（中）、无名指为（夕）等。

　　据现有史料记载，自南北朝到清朝末年的近一千五百年间，古琴曲谱集多达一百五十余种，所保存的琴曲共二千八百余首，除了小调和重复者外也还有六百五十余首，这无疑是中国传统音乐的一座宝藏。

第五节　宗教音乐

佛教音乐

　　佛教音乐在中国主要有两大类别：一是汉传佛教音乐；二是藏传佛教音乐。
　　汉传佛教音乐广泛存在于中原汉族居民区，从内容及形式上可归纳为两部分：一部分为法事音乐或庙堂音乐；另一部分为民间佛乐或民间佛曲。

法事音乐运用在各类佛教法事活动中，如修行法事、纪念法事、普济法事。修行法事是寺庙里最基本的日常佛事活动。纪念法事是为纪念佛和菩萨的诞生、涅槃、出家、成道的节日所举行的法事。普济法事是专为逝者举行的法事，以祈求死者的灵魂安宁，这类法事活动包括焰口、水陆、盂兰盆会等。

以上各类法事活动都伴有相应的声乐和器乐音乐。声乐部分称为唱诵音乐，其中包括赞、偈、礼拜曲和其他乐曲；器乐部分所用乐器方面有地区差异。中国北方的佛教庙宇中多用吹打乐器，如管、笛、笙、云锣、手鼓、铛子、铪子、铙；南方则在此基础上还添加了一些管弦乐器，如箫、琵琶、三弦、二胡。在演奏的曲目方面，各地寺院所演奏的曲牌名称、曲调多与当地民间传统乐曲有关联，其中有同名同曲、同曲异名等情况。

藏传佛教音乐包括诵经音乐、寺院器乐和羌姆乐舞音乐三部分。诵经音乐是僧侣诵念经文的吟唱和诵念经文时段落之间的间奏及伴奏音乐。这类音乐的旋律具有宣叙性特点，近似语言声调，音域较窄，节奏均匀。集体诵念经文时多是由领诵者引导，并由鼓吹乐队演奏前奏及间奏音乐。鼓吹乐队乐器主要由同钦（大铜号）、冈令（小铜号）、加林（类似唢呐）、法螺、长柄双面皮鼓、大钹、法铃组成。羌姆乐舞是藏传佛教的寺院每年重要的宗教节日里由僧侣表演的宗教仪式，以驱除邪恶，渲染宗教礼仪的庄重气氛。在表演中常常加入了一些带有佛法教义的故事情节。表演者头带各种鸟兽鬼怪、护法神祇的面具，身着色彩艳丽的服饰，穿插表演佛经故事片段。表演时由寺院鼓吹乐队伴奏，乐队中的长柄鼓与大钹常处于主导地位。

道教音乐

道教的各种法事活动之中都有道教音乐。道教的法事活动大致也可分为三个类别：修道法事、纪念法事、斋醮法事，在不同的法事活动中音乐出现的方式也是不同的。

修道法事是道教日常功课中最为基本的一项。音乐的重要性在朝暮课诵（又称早晚坛或早晚课）中得到充分的体现。

纪念法事是纪念玉皇、真武神的诞辰、飞升和庆祝上元节节日所举行的法事活动。根据法事活动内容的不同所选用的经文及演唱、演奏曲目也有所区别，如正月初九是玉皇大帝的诞辰之日，道徒们所要持诵的是《王皇本行集经》，演唱《小启请》、《大启请》、《三宝赞》、《鸿雁赞》等曲目；三月三日、七月十五、十月十五分别为上元节、中元节、下元节，都要持诵《三元妙经》，

演唱《五召请》、《阳小赞》、《返魂香》、《咽喉咒》等曲目。

斋醮法事主要是为逝者举行的法事活动，用以超度亡魂使其免受地狱之苦，同时也为善终的老人祈福颂德。这类法事经常是以放"赈济"、放"施食"（又称"焰口"）、上"祖师表"的形式出现。这里出现的音乐以念、唱、奏相互穿插为基本特征。

道教音乐同样分为声乐（韵腔）和器乐（曲牌）两大类别。声乐是道教音乐的主体，是在各类法事活动中讽经、念咒、诵诰、咏唱发展而成的歌腔，俗称"韵子"，按其类别可分为：讽经腔、念咒腔、诵诰腔、韵腔。道教音乐中的器乐可分为耍曲、正曲、法器牌子三大类别：耍曲一般用于法事科范仪式的正式程序之前，为开坛行法做准备，演奏时间的长短不固定，演奏曲目多与当地的民间器乐曲相近。正曲主要用于法事科范仪式的正式程序中，曲目多为道教所专用，如《木本经》、《白鹤翅》，以配合法师施行法术的各种仪式。法器牌子又分为铙镲与铛镲两类。前者用于法事科范仪式程序的转换、连接，同时还作为韵腔、器乐曲牌的引子、间奏、尾声，以配合器乐曲牌的演奏。后者常作为韵腔、器乐曲牌的伴奏。

在道教音乐中所用的乐器又称为法器，主要包括：大铙、小铙、大镲、小镲、铛子、手铃、大木鱼、小木鱼、大鼓、小鼓、大铁磬、小铁磬、小铜磬、笙、管、笛、箫、琵琶、二胡，其中大多为打击乐器。

道教音乐按其活动范围和表演风格可分为"在家"和"出家"两类。前者多出现在乡村集镇的各类民间斋醮仪式中，音乐风格清新活泼、欢快明朗，具有浓郁的世俗气息。后者多出现在道观中日常修行法事和祀典活动中，音乐风格庄重沉静、典雅悠缓，具有浓厚的宗教音乐气息。

云南丽江的纳西古乐为道教礼仪音乐，其中《紫微八卦舞曲》，相传为唐玄宗李隆基于开元二十九年（741）所作，是当时一部著名的法曲。今天我们所能听到的纳西古乐，几乎全部来自未经改动的古诗词曲谱，采用古老的工尺谱，但流传的主要方式还是以口传心授为主。

推荐读物：

1. 中国艺术研究院音乐研究所编：《民族音乐概论》（北京：人民音乐出版社，1983年）。

2. 靳学东著：《中国音乐导览》（北京：人民音乐出版社，2001年）。

3. 杨荫浏著：《中国古代音乐史稿》（北京：人民音乐出版社，1981年）。

4．东方音乐学会编：《中国民族音乐大系》（歌舞音乐卷、民族器乐卷）（上海：上海音乐出版社，1991、1989年）。

5．刘承华著：《中国音乐的神韵》（福州：福建人民出版社，1998年）。

6．袁静芳编著：《民族器乐》（北京：人民音乐出版社，1987年）。

7．许健著：《琴史初编》（北京：人民音乐出版社，1982年）。

8．田青主编：《中国宗教音乐》（北京：宗教文化出版社，1997年）。

9．纪兰慰、邱久荣主编：《中国少数民族舞蹈史》（北京：中央民族大学出版社，1998年）。

10．中国艺术研究院音乐研究所编：《中国乐器图鉴》（济南：山东教育出版社，1992年）。

图片补充资料：

1．364页（上）：五弦琴，通长115厘米，高4厘米，湖北随县擂古墩曾侯乙墓出土。

（中）：瑟，通长167厘米，高14厘米，湖北随县擂古墩曾侯乙墓出土。

（下左）：竹制十二音律管，湖南长沙马王堆汉墓出土。

（下右）：排箫，长22.5厘米，宽11.7厘米，湖北随县擂古墩曾侯乙墓出土。

2．365页　　　：曾侯乙编钟，湖北随县擂鼓墩曾侯乙墓出土。

3．366页（上）：曾侯乙编磬，通高109厘米，宽215厘米，湖北随县擂古墩曾侯乙墓出土。

（下）：《观无量寿经变》（舞乐部分）（局部），敦煌莫高窟112窟南壁东侧壁画。图中的乐队只有6人，左面3人在演奏鼗鼓、横笛、拍板，右面3人在演奏箜篌、阮咸、琵琶。中间的舞伎，束高髻，反握琵琶弹奏，姿态优美。

4．369页（左）：宴乐狩猎水陆攻战纹铜壶，河南汲县山彪镇出土。

（右）：《舞乐百戏》画像砖拓本，原件在四川大邑出土。

5．370页　　　：宴乐渔猎纹铜壶（局部）线描图，原件在四川成都百花潭出土。

6．371页（上）：《七佛药师经变》（舞乐部分），敦煌莫高窟220窟北壁。图中舞乐由32人组成，舞者4人，乐队28人分为两组。队演奏的乐器有竖笛、铙、排箫、箜篌、答腊鼓、鼗鼓、竽、箎、阮、法螺等等。

（下右）：箜篌伎乐飞天，敦煌莫高窟285窟南壁。

7．372页　　　：散乐图，河北宣化下八里辽代1号张世卿墓壁画。

【第二十二章】 雕塑艺术

中国是一个具有悠久的雕塑艺术历史和丰富的雕塑艺术遗产的国家。早在新石器时代，中国便有了丰富灿烂的陶塑艺术。商周时期的青铜器，也体现了高超的雕塑技艺。秦汉以后，中国雕塑艺术得到了极大的发展，至今仍保存着大量的雕塑艺术精品。

中国雕塑艺术在发展过程中，不断吸收、融汇印度佛教造像等外来的艺术技法，形成了自己的民族特色。

青铜雕塑和玉石雕塑我们在本书第五章《上古艺术》中已作了介绍。下面着重介绍陵墓雕塑、石窟雕塑和佛寺道观雕塑。石窟雕塑和寺观雕塑都属于宗教雕塑。陵墓雕塑主要包括陵墓前的大型纪念性石雕、墓室中的装饰性雕塑（如画像石、画像砖）以及墓葬中的陶俑、木俑等。除了这几类雕塑之外，还有建筑装饰雕塑、实用工艺雕塑以及其他小型玩赏性雕塑等等，我们就不作介绍了。

第一节 | 陵墓雕塑

秦始皇兵马俑

1974年，陕西临潼县发现了震惊中外的"秦始皇兵马俑"，即秦始皇陵墓随葬大型陶兵马武士俑群。这一发现改变了过去认为"秦代没有什么雕塑"的看法。现已探明，秦陵俑坑共三处，其中1号俑坑最大，长230米，宽62米，坑中排满约6000件的步兵、弩兵、骑兵和战车。前锋三列，后卫一列，两侧各二列，都是弩兵俑和武士俑，中间九条通道，各为四行纵队组合，步兵俑与战车相间，构成了一个庞大严整的长方形阵势。2号俑坑在1号俑坑东端北侧，面积约为1号坑一半，包括四个单元：一为弩兵，二为车阵，三为战车、步兵、骑兵，四全为骑兵。3号俑坑面积最小，位于1号俑坑西端北侧，从其布置看可能是军队的指挥部。兵马俑的整体布局，充分显示出当年秦军"奋击百万，战车千乘"的气象。

秦陵兵马俑规模宏大，无数直立的兵马静悄悄地排列着。表面看来，这种重复、单调的整体结构难免给人枯燥乏味的感觉，但正是这种整齐有序的重复，使整个兵阵蕴涵着一股排山倒海的气势，从而给人一种崇高感。

秦陵兵马俑不仅数量多、规模大，单个的兵马也塑得高大粗壮、孔武有力。俑人、陶马均像真人真马一样大小，俑人高约1.85米，陶马高约1.6米，全部绘彩（由于掩埋过久，色彩多已脱落）。这样大的彩绘陶塑，在中外雕塑史恐怕是绝无仅有的了。

尽管为了整体结构的需要，多数兵马俑均塑为直立体，但它们的形象并不完全雷同。兵马俑的俑人可分为将军俑、军吏俑和武士俑。武士俑又可分为步兵、骑兵和车兵三种。所有这些俑人的雕塑，都非常写实，没有夸张变形。但正因为写实，每一个俑人的年岁、身份、阅历、性情等方面的差异都有细致的表现。特别是他们的面部表情，包括头型、发髻、眼、眉、鼻、唇、耳、胡须等各有特色，生动地体现了军士各自不同的性格特征。

袍俑头像　秦

秦陵的大陶马有两种，第一俑坑出土的全是战阵行列中拖战车的车马，第二俑坑出土了配有鞍鞯的骑马。这两种战马的姿态非常相近，造型结实矫健，体现出竖耳嘶鸣的神态。每件陶马都雕刻得非常写实，不仅体积如同真马一样大小，而且神态也同真马一样生动，好像是从真马躯体上模制下来的一样。

据初步考察，制作兵马俑采用了模子和手塑相结合的方法。这需要集中大量匠人进行手塑加工，才能塑造出如此类型多样和性格各异的兵马形象。

20世纪80年代初，在秦陵发现了大型铜铸车马，这证明了秦代具有精湛的雕刻技艺和高超的工艺水平。铜车马的比例约为真实车马的三分之一，人与马的神态同陶塑俑马相似，但雕刻得更为精细，加上马的辔饰多镶嵌金银珠玉，马车上绘有精致的彩色贴花图案，使整个车马显得富丽堂皇。

霍去病墓前石雕群

现存的西汉时代的雕刻作品，以霍去病墓前石雕群最负盛名。

霍去病墓坐落在陕西省兴平县汉武帝茂陵范围内。石雕群现存有较完整的作品十多件，多为马、牛、虎、猪等动物雕刻，这些作品都是为了纪念霍去病这位抗击匈奴的伟大将领。据历史记载，霍去病自幼善骑射，从汉武帝元朔六年（前123）至元狩四年（前119）五年内六次率军抗击匈奴侵扰，特别是元狩二年在河西战役中取得了关键性的胜利，暂时解除了匈奴对汉王朝的军事威胁，深受汉武帝的器重。元狩六年，年仅24岁的霍去病病逝。汉武帝为表彰霍去病的战功，下令将霍去病陪葬茂陵（汉武帝陵所在地），并为他起坟象征祁连山，以为纪念。由于祁连山一带原是匈奴的放牧地，牛羊肥美，为了增强霍墓"祁连山"的真实性，特在墓地周围放置了许多动物雕刻。

霍去病墓前有一件石刻立马，历来被认为是体现整个石雕群主题的作品。劲健的骏马昂首屹立，沉静中有一股凛然不可侵犯的气势。踩在马脚下的军士，手执弓箭，拼命挣扎。这件作品非常具体地表现了霍去病征服匈奴的功绩，是一件纪念碑式的作品，因此有人把它命名为"马踏匈奴"。

霍去病墓前石雕的最大特点是浑然天成。这些石雕多就石材原样，稍事刻画，却能生动地显现出动物的神貌。如《石刻卧象》，在一块天然花岗石上，稍加刻画，小象憨厚稚气的形态便栩栩如生。《石刻野猪》则特意选取一块棱角分明的石头，以表现野猪刚硬的鬃毛、坚硬的皮质以及与此相应的凶猛粗犷的品性。还有一件《石刻卧牛》，雕刻得非常传神，仿佛能从中感受到浓厚的大草原气氛。

汉代画像石和画像砖

汉代陵墓雕塑中有一种很特别的类型，就是画像石和画像砖。它们用作地下墓室建筑的装饰，但制作材料不同，表现手法也不同。前者是雕刻，后者是模印。画像石以河南南阳一带出土的最有名。南阳画像石以东汉中期最多，常常描写人与野兽或野兽与野兽之间的搏斗，着力表现人和动物的形体、姿态的运动的美，手法粗犷有力，体现出汉代艺术雄健、开阔、飞动的时代风貌。

画像砖有作为墓室预制构件的大型空心砖（出土于河南、陕西境内）和用作贴砌墓室壁面的方砖（出土于四川成都一带）。空心砖上的花纹、图像，是在湿泥坯阶段用铜印模逐个捺印上去的，所以多是同一的构图反复成排出现，或是两个不同形象的印模，接连捺印，成为一个构图。内容有楼阁、双阙、鼓乐、舞蹈、车马、骑射、击剑、猎虎、仙鹤、凤鸟等等。同一构图反复出现，形成长长的车马出行行列，或是一系列的鼓乐场面，生动活泼，富有节奏感和装饰效果。四川成都一带出土的东汉时期的画像砖，多数是浮雕，如《舞乐百戏》画像砖用浮雕和绘画两种手段刻画了多种多样的音乐、舞蹈和杂技表演，有弄瓶、弄丸、鼗鼓、长袖舞等，整个画面欢腾热闹。四川出土的汉画像砖中，有大量描绘生产劳动的画面，如煮盐、酿酒、种植、采桑、收割、渔猎、采莲等等，都有很高的审美价值。

《舞乐百戏》画像砖　汉

《弋射收获》画像砖拓本　东汉

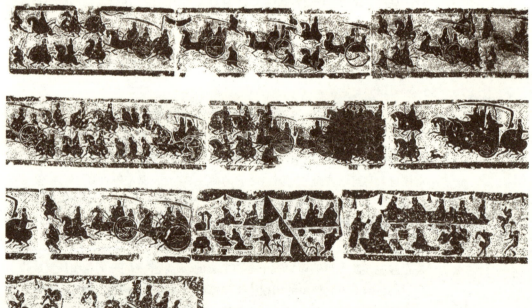
《出行宴乐》画像砖拓本　东汉

四川出土的《说唱俑》和甘肃出土的《铜奔马》

汉代的陶俑在各地出土很多。其中四川出土的东汉陶俑造型最为生动可爱。作者善于抓住每个人的动作姿态和面部表情最有趣的瞬间加以表现,成都天回山1957年出土的《击鼓说唱俑》和四川郫县1963年出土的《说唱俑》就是最杰出的代表。《击鼓说唱俑》光膊赤足,左臂环抱一鼓,右手握棰前举,右腿抬起,脸部表情极其丰富,生动地刻画了说唱者手舞足蹈、憨厚诙谐的神态。这是汉代雕塑在人物表情方面塑造得最完美的作品。

1969年在甘肃武威雷台一座东汉晚期墓中出土了大量铜俑和铜奔马。其中一匹铜奔马是中国古代雕塑史上的稀世之宝。这匹铜马造型奇特,它四足腾空,其中一足踩在一只飞鸟身上,加上昂首嘶鸣、扬尾奋蹄的形象,给人一种天马行空的感觉。特别是被踏在脚下的那只飞鸟回首惊顾的神态,更衬托出奔马风驰电掣的速度。《铜奔马》不仅反映出东汉匠师在雕刻技巧上有极高的造诣,而且体现了他们丰富奇特的想象力。

南朝的陵墓石雕

魏晋南北朝时期的陵墓石雕和墓室雕塑非常发达。现存的南朝帝王陵墓石雕,是继霍去病墓前石雕之后陵墓雕刻艺术的又一杰作。

左:《击鼓说唱俑》 东汉
右:《说唱俑》 东汉

灰陶加彩《乐舞杂技俑》
西汉

《铜奔马》 东汉

  南朝帝王贵族的墓地，坐落在南京市和丹阳县城附近。其中南京市附近计有陵墓18处，丹阳县城附近12处。

  南朝帝王贵族墓前石兽，是以狮子、老虎等猛兽形象为基础，加以夸张、变形而雕刻出来的"瑞兽"，帝王墓前的多为"麒麟"，贵族墓前的多为"辟邪"。在帝王贵族墓前安置这些"瑞兽",目的是为了驱邪避恶,保护墓地。

现存较完整的、有代表性的作品有齐武帝萧赜景安陵石兽、齐景帝萧道生修安陵石兽、梁武平忠侯萧景墓前石兽、梁临川靖惠王萧宏墓前石兽、梁安成康王萧秀墓前石兽、梁南康简王萧绩墓前石兽、梁武帝萧衍修陵石兽等。如现存的齐景帝萧道生修安陵《麒麟》,以狮子为基本形象,头上有双角,前身有两翼,身体修长,胸部隆起,全身作S状扭动,怒目圆睁,张口吐舌,威武雄强。

唐陵石雕

齐景帝萧道生修安陵《麒麟》
南朝齐

陵墓雕刻艺术在唐代发展到了历史的高峰。

唐代一共建有18座帝陵,此外还有唐高祖李渊父亲李昺的兴宁陵和祖父李虎的永康陵,以及武则天母亲杨氏的顺陵。这些陵墓连绵坐落在渭北、关中一带,每座陵墓前都陈列有极为丰富的石雕,号称"三百里露天雕塑博物馆"。

唐代帝陵规模很大:坟山前面有灵亭、献殿、东西二阁,周围筑有方城,方城四角有角楼,四面有青龙(东)、白虎(西)、朱雀(南)、玄武(北)四门,各门有门楼、双阙和石狮一对,北门(玄武)除石狮外,还有石马三对。南门(朱雀)外有长达四五里至七八里长的神道(御道)。神道两侧,依次向南有记功碑、石人、石马、石鸵鸟、石翼马、石华表、双阙。由此向南约二三里才是陵园的大门,大门左右侧有名为"下宫"的豪华壮丽的建筑群。

昭陵六骏

昭陵是唐太宗的陵墓,也是唐代帝王以山为陵的首创,在此之前的帝王陵墓多以人工筑成坟丘。在遗留下来的昭陵雕刻中,以"六骏"最为著名。

"昭陵六骏"指的是在唐太宗李世民的开国战争中立下赫赫战功的六匹战马:飒露紫、拳毛䯄、特勒骠、白蹄乌、什伐赤、青骓。为了纪念这六匹骏马,李世民命著名宫廷画家阎立本绘图,选名工巧匠把它们雕刻成比真马略小的浮雕，浮雕的右上方刻有李世民作的赞词，由著名书法家欧阳询书写。李世民死后，这六块浮雕作为陪侍列于昭陵北门内的东西两庑。

"昭陵六骏"采用了写实的雕刻手法，将战马壮实匀称的身姿和雄强刚毅的气质刻画得栩栩如生，是初唐时期石雕艺术的代表作。如"飒露紫"，选取战马中箭，随将丘行恭为之拔剑的一瞬间。雕刻家将战马因疼痛和紧张而后退的神态刻画得真实而生动。

遗憾的是，"昭陵六骏"遭到外国文物走私分子的盗窃和破坏。六骏中神态最为优异的飒露紫、拳毛䯄已被盗至国外，现存美国费城宾夕法尼亚博物馆。剩下的四骏在盗运途中被群众截获，现存陕西省博物馆。为了便于盗运，盗窃分子故意将"六骏"打碎为数块，使"六骏"的形象遭到很大的破坏，造成了无法弥补的损失。

顺陵石狮

顺陵是武则天母亲杨氏的坟墓。位于咸阳市东北的毕塬。

顺陵东、西、北三门各有坐狮一对。西门的这对坐狮，高约3米，是历代坐狮石雕中体积最大的。雕刻的匠师用夸张的手法，把狮子的前肢和足爪刻画得特别粗大坚实，把狮子胸脯的筋肉刻画得特别粗壮突出。狮子张着血盆大口，观者好像能听到它发出的隆隆吼声。整个雕塑庄严、稳重，威风凛凛，力量四溢。

石狮　唐

顺陵南门有走狮一对，一雄一雌，都是昂首挺胸，肌肉突出，极目远视，咧嘴长吼。雕刻的匠师通过对头部、胸部和四肢的极度夸张的刻画，显示出狮子体内包含有无限的能量。

顺陵的坐狮和走狮，是中国古代石狮造像中的"神品"，是中国古代陵墓雕塑艺术中的一组经典作品。

雕塑艺术一般有两个要求，首先要给物质的材料（石头、青铜）灌注生命，使它成为有生气的、活的东西。但这还不够，还要使它表现一种精神，这种精神应该渗透在全身的形状里，也就是说，雕塑要用它形象的整体来表现内在的精神。顺陵的石狮，非常完美地体现了雕塑艺术的这两个要求。顺陵的坐狮和走狮的审美价值，就在于它们显示了一种博大恢宏、顶天立地的气概。雕刻家把这几块巨石变成了有生命的东西。它们不是死的石头，而是活的狮子。它们给观众印象最深的不是体积巨大，而是它们显示出的博大恢宏的精神气质。它们雄浑、阔大，没有丝毫的局促和琐碎。它们庄重、沉稳，没有丝毫的匆忙和焦躁。我们在唐代前期的其他艺术作品（如颜真卿的楷书）中，同样可以看到这种博大恢宏的审美意象。这样的审美意象，不仅是大唐帝国国势强盛的反映，而且更是中华民族的自信心和伟大生命力的反映。

乾陵石雕

乾陵是唐高宗李治和武则天的合葬墓，是唐陵中的代表性陵墓。陵墓的地面建筑仿照唐长安城的格局，整体布局开阔、宏大，莽莽苍苍，显示出大唐帝国前期的雄浑的气象。

乾陵方城四门均有蹲狮一对。朱雀门外有《述圣记碑》和《无字碑》，神道两侧排列着两行石雕（蹲狮一对，61个身着胡服的番臣雕像，文武侍臣十对，龙马和鸵鸟各一对，石马五对，华表一对），构成一个巨大的石雕群。

乾陵的石雕，单个来看，都可以说是气韵生动，达到了很高的境界。但是乾陵石雕的审美价值主要还不在于这些单个石雕的精美神妙，而在于整个石雕群所呈现的意象世界。

乾陵的石雕群和整个乾陵的山势融为一体，有一种天人合一的苍茫感。它展现了大唐帝国向整个世界开放的博大的气势和广阔的胸怀。尤其在日出、日落时分，游人在这里会感受到一种浓厚的历史氛围，感受到一个沉郁、苍凉的意象世界。"大漠风尘日色昏"、"鸣筝乱动天山月"的悲壮画面，"葡萄美酒夜光杯"、"纵死犹闻侠骨香"的英雄气概，都会一齐涌上游人的心头，使人们感受到一种深刻的人生感和历史感，引发无限遐想。

唐三彩

唐代的陶器和陶俑上，常施有黄、绿、蓝等鲜艳的釉色，通常把有这种釉彩的陶塑称作"唐三彩"。

现存"唐三彩"的杰出代表，当推1959年西安西郊中堡村唐墓出土的一件《骆驼载乐俑》。高大的骆驼引颈翘首，张口嘶鸣。驼背上垫了一块彩花圆

《骆驼载乐俑》 唐

三彩女俑 唐

毡,圆毡上置一驼架,驼架上覆盖一块长方形的花格毡子。毡子上置乐舞俑7人,中间为一且歌且舞的女舞俑,周围是盘腿而坐的6个男乐俑,他们演奏着不同的乐器,有笙、箫、琵琶、竖琴、拍板、排箫等,整个场面非常热烈。这件作品不仅结构合理,比例协调,而且人物和骆驼的情态也非常生动,加上明快艳丽的色彩,整件作品具有极强的艺术感染力。

出土"唐三彩"中有许多唐代仕女的雕塑。她们神态安详,脸带微笑,抬头前视,露出乐观、自信的样子,充分显示出大唐帝国的时代风貌。

第二节 石窟雕塑

随着佛教的传入,佛教造像在中国逐渐兴盛起来。佛教造像的一大部分是石窟造像。其中以云冈石窟、龙门石窟、敦煌莫高窟、麦积山石窟、大足石窟等最为有名。

云冈石窟

据考证，佛教雕像从东汉晚期到西晋时期陆续传入中国，但这个时期的雕像现在很少发现。北方十六国时期，佛教造像得到了蓬勃的发展，现在仍保存许多这个时期的作品。此时的佛教造像，很明显地受到古印度的"犍陀罗样式"的影响。犍陀罗国位于古印度北部，由于一度受到马其顿亚力山大王的统治，其佛教雕像明显受到希腊末期雕像的影响。雕塑史上，把这种古希腊雕像与犍陀罗国的艺术样式相混合而成的雕塑形式称之为"犍陀罗样式"。犍陀罗样式的雕塑的显著特征是薄衣贴体，衣褶稠密。

云冈石窟雕像群是这个时期中国北方佛教雕像的代表。

云冈石窟坐落在山西省大同市西郊。石窟群东西延伸约一公里，现已编号的大小石窟有五十多个，还有大量没有编号的小窟小龛，总计千数以上。在这数以千计的石窟中，有大小造像约五万多尊。

云冈石窟的开凿时间可分为早、中、晚三个时期。编号16—20的五窟（也称昙曜五窟），为早期作品，约制作于5世纪中期。这些早期的石窟，多为"马蹄形"的庐幕式穹隆顶大洞，洞的后部正中央雕出一尊高大的佛像，两尊小佛分立左右两壁。这大小悬殊的三佛被称为"三世佛"，即现在的释迦牟尼佛、过去的定光佛和未来的弥勒佛。由于以现在的释迦牟尼佛为主体，所以他的形象特别高大突出。除了三佛之外，洞内石壁上还雕有许多小佛和佛教故事人物造像。

云冈石窟第6窟后室　北魏

从云冈石窟的早期佛像上，可以看到明显的"犍陀罗样式"的影响。比如佛像披挂着印度式的偏袒右肩的袈裟，衣褶紧密贴体。但人物面相已经开始中国化了。云冈石窟的早期佛像脸形椭圆、宽额、高鼻、长眉、丰颐，加上高大的形象、庄严而慈祥的表情，充分表现了中国北方游牧民族刚毅大度、雄健豪迈的精神气质。

云冈石窟中期开凿时间是北魏文成帝死后至孝文帝太和十八年（494）迁都洛阳期间。这是云冈造像的盛期。晚期开凿时间为迁都洛阳之后，大部分是一些小窟。

在中期造像中，最引人注目的是第20窟木尊佛像。因洞窟前壁崩塌，使它暴露在外，成了露天大佛。大佛的硕大躯体，安详的神态，明澈的目光，开阔的胸怀，使它具有一种强大的精神感染力量。

龙门石窟

佛教雕像传入中国后，很快同中国传统的雕塑艺术结合起来，形成了富有中国民族风格的佛教雕像。紧贴着的衣饰渐渐变得宽松了，佛像人物也愈来愈中国化了。这种雕塑风格的演变，在云冈、敦煌、麦积山、炳灵寺、龙门等地的石窟塑像中，表现得非常明显。尤其是龙门石窟，非常典型地体现了北魏后期佛教雕像的风格。

龙门石窟坐落在河南洛阳城南约15公里伊水两岸的龙门山和东山，因伊水在两山夹峙间流过，又称"伊阙"。

龙门石窟比云冈石窟规模更大，石窟和造像的数量远远超过云冈石窟。据统计有大小窟龛两千多个，大小雕像十万余尊，此外还有大量文字题记和碑刻。龙门石窟的历史也远较云冈石窟复杂，从北魏孝文帝迁都洛阳（494）开始，直到唐代为止，历代都有制作。就现存的窟龛数量上来看，大约百分之三十属于北朝的作品。

由于龙门山石属石灰岩，质地坚硬细腻，便于精雕细刻，加上经过北朝前期的雕刻实践，匠师积累了丰富的雕刻经验，雕刻技艺有了大的进步，因此龙门石窟的雕像较云冈石窟更为精致。特别是由于受到南朝艺术的影响，

奉先寺正壁与南壁造像
唐

佛像风格有了明显的变化,即由云冈的粗犷雄浑,转向秀骨清像。

所谓秀骨清像的雕塑风格,指的是瘦长的身材,窄削的肩膀,清俊的面容,宽松的衣饰,这种风格的雕像真实地再现了魏晋名士潇洒飘逸的风度。

龙门的唐代洞窟中最有名的是奉先寺,由唐高宗李治和皇后武则天下令营造,于上元二年(675)落成。奉先寺巨型雕像,在龙门石窟中规模最大,俗称"九间房"。在南北宽36米深40米的山崖上,雕出九尊佛像。中间主像为大卢舍那坐佛,左右为迦叶、阿难,再外为文殊、普贤。左壁(北)为毗沙门天王和金刚力士;右壁(南)为增长天王和金刚力士。卢舍那佛是释迦牟尼的报身像,意为"净满"。大佛连台座背光高达17.14米,作结跏趺坐式。特别是头部雕刻得非常精彩。旋涡形发髻,眉清目秀,两眼微向前方俯视,脸型略呈扁圆,脸颊饱满,嘴角微翘,善良、明净,既有少女的纯洁,又有母性的慈祥,既温柔妩媚,又雍容典雅,既庄严雄伟,又睿智慈祥。

《翻译名义集》:"以诸恶都净故云净,众德悉备故云满。"

唐代佛教雕像,既表现生命,又表现永恒,表现在涤荡人间种种烦恼后,所达到的澄然寂然、恬静庄严、圆融自在的境界。

麦积山石窟

麦积山石窟位于甘肃天水城东南约40公里处的群山之中,因当地山峰形如麦垛,故此得名。麦积山石窟的开凿年代,始于东晋十六国的后秦,约为384—417年之间。大部分石窟开凿于北朝时期。由于这里的岩石松软,不宜雕刻,匠人只能在开凿的石窟中进行泥塑彩绘。敦煌莫高窟和新疆一带的石窟雕像也多数属于这种情况。这种泥彩塑像,加上作为塑像背景的彩绘壁画,使整个石窟呈现出绚丽璀璨的艺术效果。

胁侍菩萨　北魏

第44窟主佛塑像,可以看作整个麦积山石窟北朝时期的泥塑佛像的代表作。这件作品的造型极为精美。佛结跏趺坐,发髻高耸,发纹如盛开的花朵,面型丰圆,眉目清秀。身着褒衣式袈裟,衣裙下摆作了厚重的处理,同佛像上身的简括处理形成鲜明的对照。

敦煌莫高窟

敦煌地处甘肃省西部，邻接新疆维吾尔自治区。莫高窟位于敦煌县城东南25公里处，是一处沙漠中的绿洲。在漫无边际的沙海中突然浮现出绿树浓荫、流水潺潺的山岗和溪流，本身就如同仙境一般。石窟开凿在三危山与鸣沙山夹峙的河谷断崖西麓，现尚存有壁画和雕塑作品的共492窟，计有壁画四万五千多平方米，彩塑像二千一百余尊。

据唐人《重修莫高窟佛龛碑》记载，早在十六国时期的前秦苻坚建元二年（366），僧乐僔便在这里开龛塑像。经历隋唐以至元代，均有建制。真实地反映了近10个世纪里中国造型艺术的发展。其中以唐代的作品数量最多，质量最高。

跟南北朝时期佛像的"瘦骨清像"不同，唐代佛像大多表现为"丰肌腻体"的审美形象。如第79窟属于盛唐时期的两个胁侍菩萨，一坐一立，都是袒胸裸足，形体丰满圆润，神态雍容华贵，是"曲眉丰颐"的唐代美人的典型形象。这件作品除了在衣着上仍然可以看到来自印度佛像的一些影响外，整个人物形象都彻底中原化了，已成为中国佛教造像中的一件优美的艺术作品。

"漏未尽"是佛教名词，原意为漏泄，烦恼的异名，即烦恼未尽的意思。

唐代的泥彩佛像，特别注重人物性格的刻画。如迦叶、阿难的塑像就是典型的例子。

阿难是释迦"十大弟子"之一，聪慧过人，长于记忆，被称"多闻第一"。阿难身为皇室成员，具有年轻娇嫩的气质；他作为释迦的侍者，没有多少自己的主见，腼腆羞涩，尚没有摆脱人间的情欲，被迦叶斥为"漏未尽"。第45窟的阿难像，把上述性格特征刻画得细致入微。它身躯侧欹，两手随意抄在腹前，意态憨厚，笑容可掬，仿佛一个活脱脱阿难再现。

与阿难相对的是迦叶。迦叶是释迦"十大弟子"中的大弟子，他严格遵守"十二头陀行"（戒律规定的苦行），被称为"头陀第一"。作为首席弟子，迦叶深受释迦器重，但他刚愎自用，往往自以为是。第40窟的迦叶像，突出了端严挺直的身姿、紧锁的眉头、清癯的面容、嶙峋的胸骨和略带嘲讽的嘴角，俨然一副令人生畏的苦行僧形象。

菩萨 唐

大足石窟

佛教石窟摩崖造像在宋代仍很兴盛，以四川大足县的北山佛湾和宝顶山大佛湾最为有名。

北山佛湾有造像的窟龛共262个，其中113号"水月观音龛"、125号"数珠观音龛"、136号"转轮藏窟"都是审美价值极高的作品。

第125号龛的观音菩萨上身半裸，胸束长裙，右手捏拨念珠，左手轻握右腕，颜面经风化略显模糊，但仍依稀可见笑意。这是一个富有智慧和美感的观音造像。

第136号转轮藏窟中有释迦牟尼佛像、文殊菩萨像、普贤菩萨像、手持宝印的观音像、手持宝珠的菩萨像、手持法器的六臂观音像、手拨念珠的观音像，以及迦叶、阿难、力士等等。其中文殊菩萨像、普贤菩萨像、手拨念珠观音像，把崇高庄严和温柔婀娜融合在一起，可以说是尽善尽美，显示出雕刻家的雕刻技巧达到了神化的境界。

宝顶山大佛湾是中国古代最大的一处密宗造像群。它是在长二百八十余

寒冰地狱（地狱变相局部） 南宋

二牧者拥坐攀肩谈笑（牧牛图局部） 南宋

米、高约十五米的山谷崖壁上，按照统一的计划，历时70年之久完成的。大佛湾的雕塑，是为了向参观者宣传密宗的法力以及因果报应、修练方法等等，但从艺术表现来说，也有许多很杰出的作品。如第15号摩崖"父母恩重经变相"，描绘母亲把婴儿小便，母亲为婴儿洗濯脏衣尿布等情景，都十分生动感人。第20号摩崖的"地狱变相"，描绘在现世生活中醉酒、杀生等行为，以及在地狱中受刀山、镬汤、寒冰、剑树等刑罚，其中有许多其实是现实生活的真实写照，给人以一种真实感。第30号摩崖"牧牛图"，用牧牛来比喻一个人修行和觉悟逐步提升的过程。从未牧（牛心性蠢犟不听驱使）、初调（牧者举鞭，勉从牵引）、受制（牧者挥鞭使其顺服）、回首（受牵随行）、驯服，到无碍相合（两位牧者并坐谈笑，右边一牛静立，左边一牛伏石饮水）、任运（牧者牵索指点，牛顺势如教）、相忘（牛就石蹭痒，牧者抵掌歌唱，物我两忘）、独照（牧者吹笛自娱，牛抬头舐食垂叶，自然适性）、双泯（牧者袒胸仰卧，牛伏地憩息，知空自在），一共十个阶段。作者就岩石高低起伏的自然状态，略加雕凿，因势成像，用一种类似大写意的笔法，取得浑然天成的艺术效果。

第三节 佛寺道观雕塑

佛教雕塑除了石窟摩崖造像外，在寺庙中也有很多佛、菩萨、罗汉的雕塑，有许多是艺术珍品。

唐代修建了大量寺庙，寺庙造像也非常发达，虽然大多已经毁坏或流失，但从目前留存下来的少数作品中，仍可以看到唐代寺庙造像的一般情况。山西五台山佛光寺的东大殿，是现存的唐代木结构建筑。在佛坛上有唐代塑像35尊。其中各尊菩萨像带有明显的唐代风格。还有两座写实等身塑像，一座为唐大中十一年（857）主持重修佛光寺的愿诚和尚的塑像，一座是建殿女施主宁公遇的塑像，显示了唐代雕塑家高度的写实技艺。五台山的南禅寺建于唐建中三年（782），殿中有7尊佛像，是唐代的艺术珍品。

1959年，西安火车站出土了一件盛唐时代的菩萨立像，虽然头部、右臂、左前臂以及双膝以下皆残损，但仍能看出婀娜娉婷的姿态。立像作S形，衣饰轻柔顺畅，肌肤光洁圆润，充分显示了女性特有的体态美。

菩萨立像（残）唐

宋代寺庙造像也很多。如正定隆兴寺大悲阁的铜铸泥塑观音像高22米，营造时分七段浇铸而成，十分壮观，是当时生产力水平、金属冶铸工艺和雕塑技艺的集中表现。又如峨眉山万年寺的普贤菩萨铜像，高7.4米，两目微闭，神志安详，包含有很丰富的精神内涵。宋代寺庙雕塑的一个特点是罗汉雕塑风行。据记载，宋代有十多处寺庙有罗汉雕塑。其中如南华寺的五百罗汉木雕像、保圣寺的十八罗汉像、灵岩寺的泥塑罗汉像最为有名。宋代以后罗汉造像依然风行，其中以明代双林寺十八罗汉像和清代筇竹寺五百罗汉像最有特色。

中国历代道教雕塑也有非常出色的作品。例如山西太原晋祠圣母殿的雕塑和水母楼的雕塑都在艺术上达到很高的成就。

南华寺五百罗汉木雕像

广东曲江南华寺是禅宗（南宗）的发祥地，禅宗六祖惠能曾为该寺主持。现在保存有唐代惠能的夹苎漆像和北宋的五百罗汉木雕像。五百罗汉木雕像现存360躯，都是用整段木头雕成，所以整体造型为圆柱状，躯体服饰的处理都比较紧贴，没有大的起伏。刀法粗放而准确，生动地表现了每尊罗汉的精神面貌。

保圣寺十八罗汉像

江苏吴县甪直镇保圣寺的十八罗汉像，相传为唐代杨惠之所作，实际上是宋代作品。现在保存九躯。其中，一尊被称为"降龙罗汉"，一尊被称为"达摩"，作闭目深思状，还有一尊被称为"讲经罗汉"，已有残缺，这几尊罗汉的造像在表现内在精神力量方面都相当成功。

保圣寺罗汉像采用了和壁塑山水相结合的雕塑形式，目的是为罗汉造像营造一个清旷幽深的山林氛围。据记载，这种"壁塑"的形式是唐代雕塑家杨惠之创造的。宋代画家郭熙对它作了进一步发展，在宋代以后广为流行。

灵岩寺泥塑罗汉

灵岩寺位于山东长清县境内。现存40尊罗汉中，有27尊可以肯定是北宋的作品。这27尊罗汉，比真人稍大，多数是光头，穿白底黑面翘头鞋，或禅定，或默想，或讲经，或辩论，神情姿态各各不同。如一尊冥想罗汉，眉

罗汉坐像　北宋

波阇提婆尊者　清

侍女立像（局部） 北宋

头微皱，额头有几根若隐若现的血管，右手三指似在轻轻拈动，非常生动地传达出他苦苦思索的内心活动。又如一尊年轻的罗汉，目光凝注，正在穿针引线，也是非常传神的作品。

双林寺十八罗汉

山西平遥县双林寺建于北齐武平二年（571），明代多次重修。现存彩塑2056尊，大都是明代作品。其中罗汉殿的十八罗汉，每一个表情都很生动，显示出他们崇高、善良的精神品格。从艺术手法看，造型洗练，衣纹流畅，近似唐代"曹衣出水"的式样。这一组罗汉雕塑，历来受到观众赏叹。

筇竹寺五百罗汉

云南昆明筇竹寺的五百罗汉塑像创作于清光绪九年至十六年（1883—1890）间。作者是四川居士黎广修和他的五个徒弟。他创作五百罗汉前，先画草图，再照草图塑制。由于他生活阅历十分丰富，所以他塑的五百罗汉千姿百态，而且非常贴近市井人物。这是五百罗汉世俗化的杰作。

晋祠圣母殿和水母楼塑像

山西太原晋祠建于北宋天圣元年（1023），崇宁元年（1102）重修。殿内中央神龛内置主像圣母邑姜（齐太公姜尚之女），龛外两侧分列42个侍候圣母起居的女侍，其中5个女扮男装的宦官，4个女官，33个为宫廷侍女。这些宫廷侍女手持各种日常用品，负责饮食、梳洗、洒扫等杂务。雕塑家用非常写实的手法，刻画了她们不同的年龄、身材、姿态、神情，特别着重通过面部表情刻画她们复杂微妙的内心世界。其中有几位侍女像，从正面看，似乎略带笑容，从侧面看，则是一脸愁苦，或者显得心事重重。这一组侍女塑像，是宋代雕塑家给我们留下的具有永恒魅力的天才作品。

晋祠水母楼塑像是明代的作品。水母楼正中神龛设水母塑像，两旁有六尊侍女塑像。侍女像的身躯呈扁平状，清秀轻盈，衣裙飘动，似欲向前迈步。从背面看，很像从水上跃出的鲤鱼，造型非常优美。所以当地群众称这几尊侍女塑像为"美人鱼"。也许是作者有意把这些水神的背影塑成鱼形，以加重神话的色彩，从艺术上看，这是很妙的构思。

推荐读物：

1. 王子云著：《中国雕塑艺术史》（北京：人民美术出版社，1988年）。
2. 陈少丰著：《中国雕塑史》（广东：岭南美术出版社，1993年）。
3. 吴树人著：《中国雕塑艺术概要》（台北：五洲出版社，1976年版）。
4. Paludan, Ann. The Chinese Spirit Road: The Classical Tradition of Stone Tomb Statuary (New Haven: Yale University, 1991).
5. 中国美术全集编委会编：《中国美术全集·雕塑编》（2—8、10、11卷）（北京：人民美术出版社、文物出版社，上海：上海人民美术出版社，1985—1988年）。
6. 天水麦积山石窟艺术研究所编：《中国石窟·麦积山石窟》（东京：平凡社，1987年）。
7. 甘肃省文物工作队、炳灵寺文物保管所编：《中国石窟·炳灵寺石窟》（东京：平凡社，1986年）。
8. 龙门文物保管所、北京大学考古系编：《中国石窟·龙门石窟》（东京：平凡社，1987—1988年）。
9. 云冈石窟文物保管所编：《中国石窟·云冈石窟》（东京：平凡社，1989—1990年）。

图片补充资料：

1. 382页　　　　　：袍俑头像，陕西临潼县秦始皇陵墓1号兵马俑坑出土。
2. 384页　（左上）：《舞乐百戏》画像砖，四川成都羊子山墓出土。
　　　　　（右上）：《弋射收获》画像砖拓本，原件在四川大邑出土。
　　　　　（下）　：《出行宴乐》画像砖拓本，原件在四川成都出土。
3. 385页　（左）　：《击鼓说唱俑》，四川成都天回山出土。
　　　　　（右）　：《说唱俑》，四川郫县宋家林东汉砖室墓出土。
4. 386页　（上）　：灰陶加彩《乐舞杂技俑》，山东济南无影山出土。
　　　　　（下）　：《铜奔马》，甘肃武威雷台汉墓出土。
5. 387页　　　　　：齐景帝萧道生修安陵《麒麟》，现在江苏丹阳县胡桥乡仙塘。
6. 388页　　　　　：石狮，陕西咸阳陈家村武则天之母杨氏顺陵南门神道侧。
7. 390页　（左）　：《骆驼载乐俑》，西安西郊中堡村唐墓出土。
　　　　　（中）　：三彩女俑，陕西省博物馆藏。
　　　　　（右）　：三彩女俑，中国历史博物馆藏。
8. 392页　　　　　：奉先寺正壁与南壁造像，河南龙门石窟。
9. 393页　　　　　：胁侍菩萨，麦积山第127号窟左壁龛右侧。
10. 394页　　　　　：菩萨，甘肃敦煌莫高窟第45窟西龛内北侧。
11. 395页　　　　　：寒冰地狱（地狱变相局部），四川大足县宝顶山大佛湾第20号摩崖。

12. 396 页　　　：二牧者拥坐攀肩谈笑（牧牛图局部），四川大足县宝顶山大佛湾第 30 号摩崖。
13. 397 页　　　：菩萨立像（残）：陕西西安火车站出土。
14. 398 页（左）：罗汉坐像：山东长清县灵岩寺千佛殿藏。
　　　　（右）：波阇提婆尊者：云南昆明市郊筇竹寺梵音阁藏。
15. 399 页　　　：侍女立像（局部）：山西太原晋祠圣母殿藏。

【第二十三章】 书法艺术

书法是中华民族最具特色的艺术形式，是中国文化的重要组成部分。近四千年来，产生了无数杰出的书法艺术家和珍贵的书法艺术作品。

第一节 汉字书法是一种独特的艺术形式

书法的艺术性

所谓"书法"，按其字面意义，可以理解为文字书写的方法或法则、规律。但是，作为中国传统文化之一的书法，是一种独特的艺术形式，其内涵并不等于一般意义上的书写法则。一般意义的文字书写，关注的重心是实用，因而要求把字写正确，写清楚，写整齐，以便认读。而作为艺术门类之一的汉字书法，其关注的重心是审美，要求把字写得美，写出神采，要求在精熟的书写技巧的基础上，融入创作者的审美情趣、个性气质乃至其全部心灵。所以清代学者刘熙载在《艺概·书概》中说："书也者，心学也。"又说："书，如也，如其学，如其才，如其志，总之曰如其人而已。"

书法成为艺术的两个前提条件

汉字书法之所以能够成为这样一种独特的艺术，这和汉字的形体特点和书写工具有很大的关系。

书法艺术是以汉字为载体的，而汉字的点线组合非常繁复多变，可以神奇地组合成无数不同的形体，这在世界各民族的文字中是极为罕见的。而且汉字发端于古老的象形文字，后来虽几经变迁，但至今还或多或少、或明或暗留存着一定成分的象形性、象征性、表意性，而不像许多民族的文字那样已经演变成单纯的表音符号。这就为汉字书法得以进入艺术殿堂奠定了基础。因为凡艺术都必须创造审美意象，即创造一个有意蕴的完整的感性世界，而汉字的形体特点正是为书法家创造审美意象提供了一个前提条件。

汉字的书写工具是笔、墨、砚、纸等"文房四宝"。其中用兽毛制成的柔

软的毛笔，伸缩性强，吸墨多，且能写出墨的浓淡干枯等不同效果。这种工具的使用，就将汉字本来已相当繁复多变的线条组合书写得更加丰富多姿，妙趣横生，诚如汉末书法家蔡邕所说："惟笔软则奇怪生焉。"这是书法成为艺术的另一个前提条件。

书法创作的三个基本因素

书法创作有三个基本因素，即用笔（包括用墨）、结字、章法（包括题款和用印），这是书法创作中三个相互关联的环节。

首先是用笔，也称"笔法"。书法是线条组合的艺术，线条是构建书法意象世界的基本材料，因而首先要考究线条本身的质量。这是书法不同于一般性的写字，能够令人产生美感的关键。历来书家都非常强调这一点，要求将每一点画都写得有重量、有力度，形成立体性的质感，并且要写出一种动势，形成节奏感、韵律感，例如点像"高峰坠石"，横如"千里阵云"，竖若"万岁枯藤"等等（晋·卫铄语）。为了写出这种有质量的点画线条，用笔时就需要有一套执笔和运笔方法，主要如：坚持以"中锋"行笔，即执笔时须尽可能使笔管垂直于纸上，"令笔芯常在点画中行"（汉·蔡邕语），这样才能墨聚于中，留在纸上的线条就似乎有了厚度。又如行笔时要恰到好处地掌握笔的或提或按的微妙变化，写出的点画才能富有弹性，产生节奏感，便于表现作者的情致，正如现代书法家沈尹默所说："提按得宜，性情乃见，所成点画自有意致。"再如行笔时要力求稳健缓慢，甚至滞涩，笔行纸上似有一种无形的阻力，"如有物拒之，竭力与之争"（清·刘熙载语），这样就能产生有力度的美感。还有笔中蘸墨多少，墨水或浓或淡，也会使线条产生不同的审美效果。

其次是结字，也称"间架"，是指每个字笔画之间的搭配组合关系。由于各种书体不同，字的间架结构也不可一概而论，但共同的审美规则是每写一点一画，都要左顾右盼，照应全字，如主次关系，向背关系，揖让、呼应关系等等，依此原则来确定该笔画之长短、粗细、俯仰、伸缩等特点，还有所构成字形之大小、宽窄、高低、斜正、虚实等等。在这方面传统书论中有许多论述，诸如历代书家提出的"三十六法"、"八十四法"、"九十二法"，苦心所在都是为了使字的结体协调匀称，既不空旷松弛，也不拥挤碰撞；既不木讷平板，又不诡异怪诞。

再次是章法，也称"布局"、"布白"。这也是讲究线条组合之美的，是单个字结体的扩大化，即将许多字组合成篇章，最后完成一幅艺术作品（近代以来也有少数字或者一个字成幅者）。这需要"意在笔先"（晋·王羲之语），进行艺术构思，包括字与字之间的大小、轻重、干枯、浓淡等微妙变化的经营，包括行与行之间疏密、奇正、错落等整体格局的布置，其中特别要安排好全幅作品的黑白关系，即有墨迹处与无墨迹处的关系，要写出"字外之奇"（南朝·梁武帝萧衍语），令"字画疏处可以走马，密处不使透风，常计白以当黑，奇趣乃出"（清·邓石如语）。此外，章法中也包括正文外的作者题款和印章的使用，要选好恰当的位置和字体，务使其与正文和谐统一，相得益彰，以显示出满篇气韵流动、浑然一体的审美效果。

如果说，书法创作在用笔方面的成败主要是取决于作者的临池（刻苦练笔）功力，那么，在线条的组合即每个字的结体特别是通篇的布白上，则更多地显示着一位书家的艺术才能和个性气质，是他的审美能力、审美观念的综合体现。而在这种才能和观念背后，又体现着书家的生活阅历、学识修养的深浅厚薄，即通常所说的"字外工夫"。

中国汉字书法艺术渊源甚早，但它真正意义上的确立，到走向成熟、臻于妙境，则大致可确定为从秦汉至隋唐这一历史时期。从书法艺术的形体种类上说，主要可划分为篆、隶、楷、行、草等五大类别。下面，我们就按照历史的顺序，简略地介绍中国书法发展的历史，以及最有代表性的书家和作品。

第二节 先秦书法

关于<u>中国书法艺术萌蘖的上限</u>，学术界历来有各种说法，主要有：1.与原始文字同步说；2.殷商甲骨文说；3.秦代小篆说；4.汉魏正书（即楷书）说。比较起来，以第二种观点较合理。因为三、四两种意见时间显然太迟，其持论过严过苛；第一种看法虽不无一定道理（按理说先民在造字之初，同时就可能有了一些朦胧的、不自觉的审美意识），但实物难稽。而第二种意见中所说的殷商甲骨文字，近百年来出土了大量实物，形迹斑斑可考。

甲骨文

甲骨文是殷商时代刻在龟甲兽骨上的文字，也叫契文、卜辞、龟甲文字、殷墟文字等。商周时期，占卜等巫术活动十分盛行。特别是商代人，无论事情大小，都要卜问，以求先祖、神灵来释疑难、定吉凶。巫觋把占卜的内容刻记在龟甲兽骨上，于是就有了甲骨文字。甲骨文字从结字、章法、用笔三方面，奠定了汉字书法的基础。从结字的角度来看，甲骨文字是由简练的点画结成的方块文字，它一方面脱离了原始图画文字阶段，另一方面又不同于拼音文字水平展开的线性形态。这种有上下、左右、内外对称平衡关系的方块结构，是几千年来汉字的基本结构。从章法的角度来看，甲骨文字确立了自上而下的章法结构。在自上而下，或左行或右行的结构中，又注意错落变化，给人一种既整齐又活泼的美感。从用笔的角度来看，尽管用刀刻画的甲骨文字的笔画线条不像后来书法那样丰富多彩，但已经有了粗、细、方、圆等变化。

金文与石刻书法

商周时期，除了甲骨文之外还有金文。金文指的是铸刻在钟、鼎等青铜器上的铭文，因此也称"钟鼎文"。特别是到了周代，金文进入了发展的黄金时代。后世出土的金文，以周代的居绝大多数。由于金文是铸刻在钟、鼎等青铜礼器上，要符合礼器制作的整体要求，因此金文较甲骨文字更加工整、端庄、凝重、精美。由于金文在结字、章法上更加规范，制字时又精于雕琢、修饰，因而大大提高了它的欣赏价值。其代表性的作品有《大盂鼎铭文》、《散氏盘铭文》、《毛公鼎铭文》、《虢季子白盘铭文》等。

刻辞卜骨　商

先秦时期也有石刻书法作品，即举世闻名的《石鼓文》。《石鼓文》是刻在十块鼓形石上，共二千余字，内容为四言诗。它的时代较上述金文为晚（一般认为在战国初年），虽然一般都将其归入"大篆"体系，但其线条、结体都和后来秦国的小篆风格比较接近。

《史墙盘铭文》拓本　　　　　　《泰山刻石》拓本　秦

第三节 秦汉书法

小篆

秦王朝建立以后，在秦国原有书体的基础上加以改造创新，形成了小篆书体。据说此项工作主要是由宰相李斯（？—前208）完成的。秦小篆作品流传下来的不多，主要是秦始皇巡幸各地时所立刻石，现在能见到的原石拓本有《泰山刻石》《琅玡台刻石》，经后人摹刻的有《峄山刻石》和《会稽刻石》等。同大篆相比，小篆具有字体修长、线条匀称等特征。不论笔画多寡，小篆均书写为长方形，竖画向下伸展，构成上密下疏的视觉形象。不论点画长短，小篆笔画均粗细划一，婉转圆通；加之小篆章法结构纵横成行，工整有序，从而给人一种纯净简约的美感。小篆书法为历代书法家所喜爱。唐代李阳冰，穷毕生精力于篆书，使篆书艺术得到了极大的发展。特别是到了清代，由于邓石如、伊秉绶、何绍基等人的努力，篆书艺术达到了前所未有的高峰，出现了一大批精于篆书的艺术家。篆书的这种滞后发展的现象，在书法史上是很独特的。

隶变

从甲骨文到金文、小篆，汉字书法艺术得到了极大的发展，但汉字形式还没有完全摆脱它的象形阶段，汉字的笔画和形体还不够固定。到了汉代，汉字形式发生了极大的变化，在秦代和西汉早期处于隶属地位的隶书开始取代篆书，成了汉字的主要形式。文字学家把这种隶书定型化的过程叫做"隶变"。隶书跟篆书等古文字的最大的区别在于它的笔画更加简洁，结构更加固定。以后产生的草书、行书、楷书，均源于隶书。

从西汉开始，隶书体逐渐趋向成熟，至东汉而臻于鼎盛阶段。它的典型特征是：用笔仍以中锋为主，但与篆书比较，笔的提按、缓急等节奏明显，线条粗细参差变化，且变圆转环抱形状为顿挫方折；字形结构变篆书之纵长为扁方，上下收敛而左右开张，其形如"八"字之两分，故又有"八分"、"分书"等别称。特别是多数字形中往往都夸张地铺写一笔，形成醒目的波磔，即所谓"蚕头燕尾"；在篇章布白上则字距宽而行距窄，从而形成了即古朴含蓄、又意气飞扬的审美风貌。

拓本（搨本）

拓本是金石器物上文字图形的复制品，也称搨本。制作方法是先以湿的宣纸紧覆在金石器物的铭刻上，铺毡捶击，然后用绵包蘸墨，打拓为墨本。墨色深黑有光的称"乌金拓"，墨色淡而匀净的称"蝉翼（一作蝉衣）拓"，用朱色打拓的称"朱拓"。因金石木刻随着时间而逐渐损蚀，故早期的或原刻已佚的拓本往往十分名贵，北宋黄庭坚更有"孔庙虞书贞观刻，千两黄金那购得"之语。拓本的制作起于何时已不可考。传世可信最早的拓本是唐太宗时期的《温泉铭》，出于敦煌石室。

隶书之"隶"，是隶役，即下层小官吏之意，因这种书体开始流行于隶役中间而得名。

简帛书法

关于汉字的隶变过程,在近年来出土的简牍帛书中,得到了明显的反映。"简",指的是削成狭长形状的竹片,用来书写文字。在竹料匮乏的时候,也用木料来取代。狭长的木片,称之为"牍"或"札"。通常也将竹简和木牍合起来,统称为"简"。把一根根简牍编串起来,称之为"册"。"帛",是丝织品的总称,也可以用来书写文字。在纸张发明之前,简、帛是两种主要的书写材料。所谓简帛文字,指的是秦汉时期,书写在简或帛上的文字。

在近来出土的简册帛书中,以1975年出土于湖北云梦睡虎地的秦简和1973年出土于湖南长沙马王堆的汉帛最为有名。

简帛文字在书法史上的意义,主要有两个方面:一方面,它记录了早期的书法真迹。另一方面,它生动地体现了汉字隶变的过程。

无论甲骨文、金文、小篆,还是后面将要提及的汉碑,它们都不是严格意义上的书法真迹。这些书法现象一般至少都经过书写和契刻两道工序。无论多么高明的契刻,总是很难达到完全体现书写真迹的效果。而汉字书法又

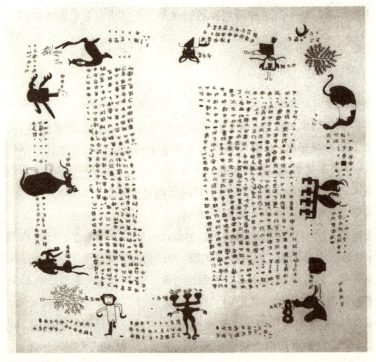

楚帛书(摹本) 战国

信阳楚简(部分) 战国

《袁安碑》 东汉

是最重视书写真迹的艺术形式，在这种意义上，记录书法真迹的简帛文字，无疑具有更高的艺术鉴赏价值。

过去研究书法史的，有不少人认为隶书是汉代的产物。秦简的出土，不仅证明这种判断是错误的，而且生动地体现了汉字是怎样由篆书向隶书演变的。从多数简牍文字、也包括帛书的字形结体上看，还保留着许多篆书的特征，总体上呈纵向长势。但有些字的结构又时或突破篆书之规范，向左右飞扬，少数字体已经趋向方形甚至扁方形。在用笔上多数字已出现明显的提按变化，线条中时呈波挑或掠笔，已经初步呈现隶书之情态，但还保留着基本的篆书笔法即中锋圆笔居多。隶书者，篆书之捷也。从大量的简帛书法作品看，它们正是篆书的初步速写，是出篆入隶过渡时期的产物，在中国书法史上具有重要的意义。

汉碑

汉代碑刻盛行，传世和新出土的作品甚多。这些汉碑除了上述汉隶书共同的特点之外，都有各自独特的风格，举几个例子如下：

（一）《乙瑛碑》，刻于东汉桓帝元嘉三年（153），此碑整体看起来，阵容整肃，堂堂正正，具有庙堂的庄严肃穆气氛。从具体每个字的用笔看，执笔忽提忽按，线条忽肥忽瘦，多内敛，不放纵；字形方中带扁，而以方为主，个个犹如尊贵长者，使人肃然起敬。

（二）《曹全碑》，刻于东汉灵帝中平二年（185），这篇作品的艺术特点，可以用"秀润"二字来概括，"秀"是指其具有一种婉约、灵动之气，有如少女翩翩起舞；"润"指其用墨丰润，笔致温雅。这只要与《乙瑛碑》庄严端正一比较就能看得出来。

（三）《礼器碑》刻于东汉桓帝永寿二年（156），此碑突出的审美特征是线条瘦硬清挺，结体洗练精严，因而显得神情疏朗、骨骼劲拔，酷类精神矍铄的隐逸高士。

汉代其他隶书名碑还有《石门颂》、《张景碑》、《孔宙碑》、《华山碑》、《史晨碑》、《张迁碑》、《朝侯小子残碑》等等，都各有自己的特色。

章草

除了隶书之外，汉代对书法艺术的另一大贡献是创造了章草。草书产生于秦汉之际，是人们为了简便、快捷地书写而形成的一种书体。在汉代，流行一种由草书和隶书相融而成的比较雅致的草体，即章草。章草比今草要有规矩法度，点画、偏旁、结构的简约和联结都有约定俗成的法式。章草波挑鲜明，字形扁方，笔呈横势，多有"燕尾"即波磔笔，字字分开独立，每字之中点画简约而又盘桓联属，笔势往来，气贯全字，从中可以看到隶书的明显影响。

章草在东汉时期风靡一时。最有名的章草书法家有杜度（生卒年不详）、崔瑗（78—130）、张芝（?—192）、皇象（三国吴书法家，生卒年不详）等，其中张芝成就最大。而相传为皇象所作的《急就章》，是章草的最佳范本，后世学习章草的人，几乎全由临摹《急就章》开始。

汉代书法气势宏大，同汉赋等一起构成了汉代艺术的基本风格。一般认为，这与汉代宏大的帝国气象有关。同时汉代的书法比前代的书法更加讲究布局和用笔。同龟甲兽骨、青铜礼器和竹简相比，石碑和纸张，拓宽了书法艺术的空间，使书法家能够在一个较宽大的空间里进行构思，从而提高了书法艺术的整体感。特别是东汉时期发明的纸张，为汉字书法提供了最理想的载体，促成了书法艺术走向质的飞跃。一方面，纸张质轻价廉，使用方便，使得一般的士大夫都可以从事书法实践，而且可以反复训练、琢磨，从而使书法实践在广度和深度上都得到了前所未有的拓展。另一方面，书法艺术主要体现在笔墨变化上，而纸张比任何书写载体都更能体现笔墨意趣，这使得中国书法产生了一个从注重形体结构向注重笔墨趣味的关键性转化。

第四节　魏晋书法

随着汉帝国的崩溃，中国历史进入了魏晋时期，中国书法艺术也出现了一个新的局面。汉隶和章草开始衰落，代之而起的是楷书和行书。随着楷书和行书的诞生，中国书法史上出现了两位大师，即书法史上合称为"钟王"的钟繇(151—230)和王羲之（321—379，一说303—361）。

钟繇

钟繇是中国书法由秦汉向魏晋过渡的关键人物。在魏晋之前，占主导地位

钟繇《贺捷表》(郁冈斋帖本) 魏

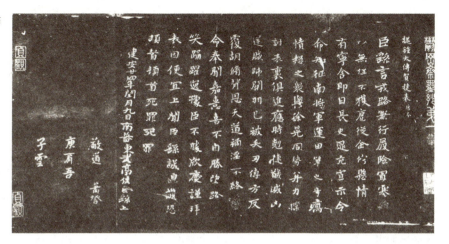

的是篆书和隶书,草书处于附属地位,楷书和行书还处于隐而未发的状态。魏晋之后,楷书、行书、草书一跃而为主体,隶书退居次要地位,篆书则渐渐被人们遗忘了。钟繇顺应了这一时代潮流,在当时多数书法家仍然醉心于篆隶的时候,他以天才的眼光选择了楷书和行书,成为开一代风气之先的书法大师。

　　钟繇的行书创作,还处在摸索阶段,常常依附于章草和楷书,以草行和楷行的面貌出现。不过正是因为有了这种开创性的工作,才有后来王羲之父子成熟的行书作品。流传下来的钟繇的行书作品有《白骑遂内帖》、《常羸帖》、《雪寒帖》、《长风帖》等。

　　钟繇的最高成就是楷书,被后人称为楷书的鼻祖。楷书,又称正书、真书。正、真,意思是指书体整齐方正,有别于纵长形的小篆和横扁形的隶书。在隶书向楷书的演变过程中,钟繇起了十分关键的作用。他首先从字体上将隶书的扁平型改为方正型;从章法上改变隶书行近字远的布白;从笔法上取缔隶书长横的蚕头燕尾。正是由于有了这些重大的改革,一种崭新的书体才脱颖而出。这种书体就是后来逐渐发展完善的楷书。钟繇留下来的楷书作品有《宣示表》、《力命表》、《贺捷表》、《荐季直表》、《调元表》、《墓田丙舍帖》、《还示帖》等。这些法帖虽是后人摹刻而成,但历代书家大都相信它们去真迹不远。钟繇的书法一改汉碑的凝重端庄,变为秀丽飘逸。这种秀丽飘逸的风格后来发展成为魏晋书法的主导风格。

王羲之、王献之

　　王氏家族是东晋声名显赫的大家族,又是中国书法史上出书法家最多、

书法造诣最深的家族。其中王羲之、王献之（344—386）父子二人是中国书法史上两颗耀眼的明星。

王羲之最初从当时著名的女书法家卫铄（一般称"卫夫人"，272—349）学习书法。卫铄师承钟繇的笔法，得钟繇楷法真髓。通过卫铄，王羲之不仅继承了钟繇的艺术传统，同时也继承了钟繇的创新精神。钟繇虽然首先改隶为楷，但其楷书仍然有明显的波挑，还带着隶书的尾巴。王羲之在继承钟繇楷法的同时，敢于改变钟繇的笔法。钟书波挑之处，王书往往敛而不发，从而彻底割掉了隶书的尾巴，使楷书艺术进入了一个新的阶段。《乐毅论》、《黄庭经》、《曹娥碑》等是王羲之楷书的代表作。《乐毅论》被后世称为"天下正书第一"。不过王羲之的最高成就还是在行书上。据史料记载，行书最早是由东汉末年的书法家刘德升所创，但今天已见不到刘字了。魏晋之后染指者日多，至王羲之、王献之父子"并造其极"，从而将行书艺术发展到一个新阶段。

王羲之的行书作品以被誉为"天下第一行书"的《兰亭序》最为著名。《兰亭序》最完美地体现了行书自由率真的特点，为历代学习行书的范本。相传《兰亭序》真迹同李世民一起葬于昭陵。我们今天看见的《兰亭序》为冯承素、虞世南、褚遂良等人的摹本。其中以冯承素的摹本（因有唐中宗年号"神龙"小印，故又称"神龙本"）最佳。《兰亭序》在行笔上多用中锋，时或也夹以侧锋取势，线条既稳重扎实，又灵活飘逸。结体上每个字都写得清新俊逸、婀娜动人，笔画过渡处或笔断意连，或游丝牵映，都有一种眉目顾盼之妙；大凡字有重复者，构体皆殊，如全篇二十多个"之"字，面貌俱不相同。章法上，字与字之间大小疏密，参差错落；行与行之间时紧时宽，气脉贯通。整体审美风格是冲淡平和、潇洒飘逸，典型地反映了魏晋文人那种神超形越、倜傥风流的人生态度和审美情怀。

王羲之最负盛名的行书作品还有《丧乱帖》、《快雪时晴帖》等。其中《快

王羲之《兰亭序》（神龙本）
东晋

王献之《中秋帖》 东晋

雪时晴帖》被清乾隆皇帝列为"三希"之首。所谓"三希",指的是三件稀世珍宝。乾隆认为,王羲之的《快雪时晴帖》、王献之的《中秋帖》和王珣的《伯远帖》为历代书法艺术中的最珍贵的作品。虽然王珣的书法在王氏家族中并不处于最前列,但他的《伯远帖》仍然达到了极高的艺术造诣,被后世列为稀世珍宝。王氏家族书法人才之多,书法造诣之高,由此可见一斑。

王氏家族中另一位大书法家是王献之,书法史上将王羲之与王献之父子并称为"二王"。王献之从小跟父亲学习书法,因聪颖过人,得到王羲之的厚爱和特别指点。王羲之的楷书作品《乐毅论》和书论《笔势论》都是专门为王献之学习书法所作。王献之在全面继承父亲的技法、风格的基础上,又形成了自己的风格。他创造性地提出并实践了"破体"。所谓"破体",指的是打破楷书、草书的界限,但又不同于正统的行书,或者偏于楷书,或者偏于草书。偏于楷书的为行楷,偏于草书的为行草。由于打破了楷书、草书及正统行书等固定书体的界限,书者可以根据自己的爱好和特长,自由创作,从而使书者从一定的书体的束缚中解放出来,极大地方便了书者的艺术创作。王献之的传世行书有《鸭头丸帖》、《中秋帖》、《地黄汤帖》等,都是行草书,可能并非真迹而系后人所临摹。唐代书法理论家张怀瓘在《书议》中称赞王献之的书法说:"情驰神纵,超逸优游,临事制宜,从意适便。有若风行雨散,润色开花,笔法体势之中,最为风流者也!"

魏碑

以王氏家族为代表的行书主要流行于中国南方,而在北方则流行"魏碑体"楷书。东晋之后的南北朝时代,北方先后建立了北魏、东魏、北齐、西魏、北周等五个王朝。这一时期保存下来的书法作品,主要是一大批碑刻楷书,形成了非常独特的风格,以北魏最多,最有代表性,后世遂把这种书体称为"魏碑体",或简称"碑体"。

魏晋南北朝时代南北流行书体的这种差异,主要是由书写材料和书写内容的不同所造成的。南帖书写在茧纸上,茧纸宜于表现笔墨的流动,加上南

《元显俊墓志》（局部）　北魏　　　　　《元羽墓志》　北魏

帖多为书信，内容比较自由，因此适合用行书书写。北碑书刻在石碑上，石碑质地生硬，不宜表现笔墨的流动，加上北碑的内容多为褒扬先世的墓志和佛教经典，内容比较庄敬肃穆，因此适合用楷书书写。标准魏碑多用方笔，结体横扁，内圆外方，给人一种粗犷豪放之感。北碑的这种风格与北方气候、地貌和民众的阳刚之气有密切的关系。魏晋南北朝时期南帖北碑这两种书法，南书温雅，北书雄健，南书以韵胜，北书以骨胜，两种迥然不同的风格相映成趣。艺术风格与自然环境、民众气质之间的密切关系，在这一时期南北书法的不同风格中得到了鲜明的表现。

流传下来的魏碑作品较多，如号称"龙门二十品"之首的《始平公造像记》，线条粗壮雄伟，块然方正，同时又能寓变化于整齐之中，藏奇崛于方平之内，康有为在《广艺舟双楫》中誉之为"方笔之极则"。其他碑体楷书精品尚有《孙秋生造像》、《张猛龙碑》、《郑文公碑》、《张黑女碑》等等，点画峻利，撇捺重顿，都显示一种雄健的阳刚之美。

第五节　唐代书法

经过魏晋时期的繁荣，到了唐代，中国书法达到了它的鼎盛期。唐代是中国古代经济文化得到极大发展的时期。由于社会安定，经济发展，书法艺术有了进一步发展的物质基础和文化环境。隋唐时代实行科举取士制度，又设置了书学博士，广大知识分子无不精习书法，在无形中普及了书法，统一了书体。唐代帝王如唐太宗、武则天、唐高宗、唐睿宗、唐肃宗等都喜好书法，这也是导致唐代书法繁荣的一个重要原因。

初唐楷书

唐代书法的最大特点是追求法度。因为只有有了统一的法度才便于评价书艺的高低。最能体现法度的书体当属楷书。所以楷书在唐代得到了极大的发展，达到了登峰造极的地步。楷书的盛行与科举取士也有关系，因为草书、行书常常写得自由洒脱，不便识认，清楚明白的楷书自然成了科举考试通用的书体。

楷书经钟繇首创，二王发展，魏碑拓新，到了统一的唐代，便面临着综合创新的局面，特别是要将魏晋时期风格截然不同的南北两种楷体统一起来。这种统一工作在被誉为初唐四大家的欧阳询（557—641）、虞世南（558—638）、褚遂良（596—658）、薛稷（649—713）那里得以完成。初唐四大家统一南北书风，并不是把两种风格截然不同的书法机械地相加起来，而是做到了有机的统一，这种统一的结果是创造了一种崭新的楷体，真正做到横平竖直，一点一画均有规矩法则。所以许多人认为，真正的楷书直到唐代才最终成熟。

欧阳询《九成宫碑》（局部） 唐

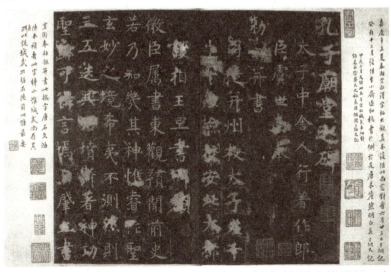

虞世南《孔子庙堂碑》（局部） 唐

褚遂良《倪宽传赞》 唐

欧、虞、褚、薛都以楷书名家，但四人的风格不尽相同，欧体谨严，虞书圆润，褚书轻灵，薛书劲媚。

盛唐楷书

到了颜真卿（709—785）那里，初唐四家的风格又得到了一次大的综合，从而形成了标志楷书艺术最高峰的颜体。颜真卿楷书师从褚遂良、张旭。张旭楷书近虞体，用笔平稳，体势饱满。颜真卿在全面吸收前贤优点的同时，又将自己刚正大度的人格融入书法作品之中，开创了一种崭新的书风。

颜楷用笔藏头护尾，线条骨肉丰腴，结字端庄雄丽，篇章朴茂充实，把楷书之美推向了极致。其总体风格是森严大度，雄浑刚健、堂堂正正、气势磅礴，能够激发人庄严敬肃、昂扬奋进的审美情趣。从中可以明显地感觉到大唐帝国博大恢弘的气象。颜楷代表作有《多宝塔碑》、《东方朔画赞碑》、《大字麻姑仙坛记》、《颜惟贞家庙碑》等。

颜真卿之后，中晚唐大书法家柳公权（778—865）的楷书形成了另一种风格。柳公权与颜真卿齐名，俗称"颜筋柳骨"，说明柳公权的楷书以骨力取胜。

柳公权的楷书工整规范，深得帝王喜爱，在社会上影响也很大。当时王公大臣、达官显贵都以得到柳字为贵，以致争相购买。由于柳体得到了社会的普遍接受，成了后来汉字发展的基础，现代汉字的形体结构基本上脱胎于柳体。柳楷代表作有《金刚经》、《玄秘塔碑》、《神策军碑》等。

颜真卿《多宝塔碑》 唐　　　　柳公权《玄秘塔碑》 唐

唐代狂草

　　唐代书法的另一大成就是草书,其中以张旭(生卒年不详)和怀素(725—785)的狂草最为著名。在唐代以前,草书已经发展出章草和今草。唐代的草书直接继承二王的今草,如孙过庭、贺知章等人的草书还是以行草为主,没有脱离二王的藩篱。而张旭、怀素则把今草推向一个新的高度,发展出令人叹为观止的狂草(也称大草)。

　　行草(也称小草)和狂草的区别在于:小草字字独立,或者上下没有太多的勾连;狂草则上下多用勾连,几个字甚至一行字都可以连绵而下,一气呵成,字与字之间大小比例相差悬殊,一字往往占据数字位置甚至独霸一行,对比非常强烈,而且运笔放纵,点画恣肆,有如龙飞凤舞。狂草的出现,极大地增强了书法的抒情表现力,使草书艺术进入了一个新的境界。这是张旭、怀素对中国书法艺术的极大贡献。有人甚至说,中国书法艺术在张旭、怀素的狂草中达到了它的最高境界。

　　张旭为人潇洒不羁,才华出众,嗜酒成性。《新唐书》说他"每大醉,呼叫狂走,乃下笔,或以头濡墨而书。既醒自视,以为神,不可复得也"。因此当时人也称他为"张颠"。历代书论家对任何一位书法家都有褒有贬,唯独对

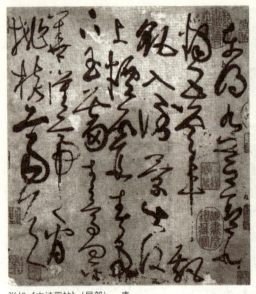
张旭《古诗四帖》（局部）　唐

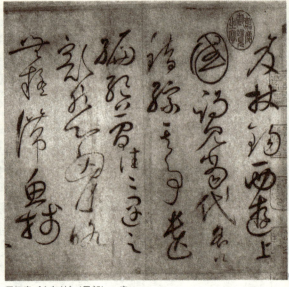
释怀素《自叙帖》（局部）　唐

张旭只有赞颂没有微词。由此可见，张旭的狂草已经达到了完美的境界。唐玄宗时期，张旭的字、李白的诗、裴旻的剑被誉为"三绝"。张旭又被称为"草圣"。张旭的书法波澜壮阔，变化多端，表现出书者博大的胸襟和奇绝的想象，同时他的用笔结字又秩序井然，有规可寻，真正做到了"从心所欲而不逾矩"，这正是张旭草书的最大魅力之所在。张旭传世的作品有《肚痛帖》、《古诗四帖》、《千字文断碑》等。

张旭之后，出现了另一位狂草大家，就是怀素。怀素也嗜酒。他的书法比张旭更加狂放不羁，用笔瘦硬，字字飞动，所以有"颠张狂素"之称。怀素留下来的书法作品较多，代表作有《论书帖》、《自叙帖》、《苦笋帖》、《千字文》等。

唐代的篆书和行书

除了楷书、草书之外，唐代的篆书、行书也达到了很高的程度。其中李阳冰的篆书在书法史上起了承上启下的作用。行书则以唐太宗、颜真卿、杨凝式为代表。唐太宗李世民主要学习王羲之的书法，虽然没有大的突破，但起了巨大的传播和推广的作用。事实上正是因为李世民的推崇，王羲之的书法的审美价值才为世人所充分认识。颜真卿是一代大家，除了楷书之外，行书、草书也有极高的造诣，其行书作品《祭侄季明文稿》被誉为"天下第二

今草： "今"即当下的意思，这是唐人的说法，指摆脱了隶书意味的新草书。从现存的王羲之的作品看，今草主要是吸收和改造了楷书的线条和结构，已脱却了章草夸张的波磔特征，字形也纵横多变，大小参差，往往一笔而成，即使不连者，亦皆笔势相属，血脉贯通。少数字与字之间已经此呼彼应，上下连接了。梁武帝萧衍《古今书人优劣评》说："王羲之书，字势雄逸，如龙跳天门，虎卧凤阁。"唐太宗李世民《王羲之传论》说："观其点曳之工，裁成之妙，烟霏露结，状若断还连；凤翥龙蟠，势如斜而反直。"从这些话可以看出王羲之草书（今草）的特点和成就。

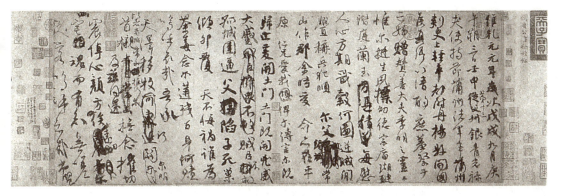

颜真卿《祭侄季明文稿》
唐

行书"。唐末至五代的杨凝式（875—954），是另一位书法奇才，他的书法一反唐人追求法度、崇尚美雅，转而创作出一批反美求丑、反巧求拙、反雅求俗的行书作品，开了宋代书法风格的先河。

第六节 宋元书法

中国书法在唐代达到鼎盛。唐代以后，历代书法家不断努力，力求开辟新的天地。

文人书法

唐代书法在书法规范内的发展已达到极致，后代书法似乎很难有新的发展。但一种艺术规则一旦完全成熟之后，随之而来的就会是它的解体。清代学者刘熙载在《艺概·书概》中曾说："学书者，始由不工求工，继由工求不工。不工者，工之极也。"这里说的是学习书法的情况，如果用它来概括中国书法的历史发展，也是非常恰当的。宋代书法，不再在"工"上同唐代书法争胜，而是在"工"之外，另辟一片新的天地。这片新天地就是所谓的"学识"，或者说"书卷气"。所谓"书卷气"，指的是文人士大夫的特殊气质。这种气质包括文人的审美心态、审美趣味和审美情感。宋代以前，书法还没有成为知识分子的专利品，除了文人学士之外，还有大量的工匠、民间艺人从事书法实践。这时的书法，同工艺、技艺的界限还不是特别明晰。到了宋代

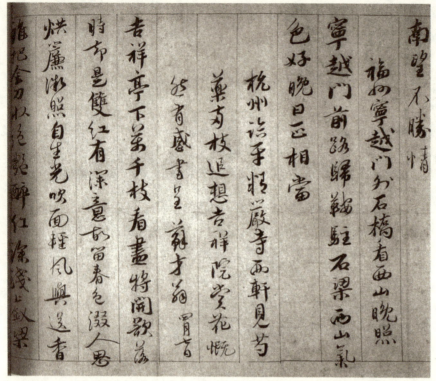

蔡襄《自书诗》（局部） 宋

以后，由于印刷技术的发明与发展，书法逐渐从民间工艺中脱离出来，成为文人士大夫抒情达意的艺术形式，从而出现了所谓的"文人书法"。

宋代的文人书法，一改唐代书法追求完美地体现规则和法度的审美风尚，转而追求表现书法家本人的情感和意趣。这样，最能体现书法法度的唐代楷书，就不能适应新的审美要求了。

文人书法家多选用行草书体，因为不拘成法的行草，较之其他书体，能更好地满足书法家抒情写意的要求。由于书法家的情意各有不同，因此，文人书法往往体现出强烈的艺术个性。

苏黄米蔡

北宋最负盛名的书法家是人们常说的苏黄米蔡，即：苏轼（1037—1101）、黄庭坚（1045—1105）、米芾（1051—1107）、蔡襄（1012—1067）。书法史上把他们四人合称为"宋四家"，主要是因为他们的书法作品，集中地体现了由唐代追求法度向宋代追求意趣的书法风格的转变，鲜明地体现了文人书法的特征。

蔡襄精擅多种书体，尤其是他的行草书，活泼自然，不拘成法，开宋代书风先河。苏轼说他"天资既高，积学深至，心手相应，遂为本朝第一"。蔡襄留存下来的作品很多，其中《山居帖》、《思咏帖》、《陶生帖》、《离都帖》等最为有名。

苏轼是一位典型的文人书法家，书法只是他寄情寓意的工具。因此，苏轼的书法大多率意而为，不计工拙。他的书法常以浓墨大笔为主，横笔舒展，竖画收缩，从而造成一种鲜明的肥腴、扁平的特点。苏轼书法的这种特点，与汉唐以来的瘦硬书风大相径庭，充分体现了他鲜明的个性特征和独创精神。在苏轼的书法作品中，《黄州寒食诗》、《洞庭春色赋》、《中山松醪赋》、《答谢敏师论文帖》等最负盛名。

黄庭坚是一位与苏轼齐名的书法大家。黄庭坚书法（特别是行书）的显著特点是笔画由中间向四周辐射，被后来的书法史论家总结为"辐射体"。他晚年创作的《松风阁诗》，最典型地体现了这种"辐射"特点。除了行书之外，黄庭坚的狂草也有极高的造诣。他在学习张旭、怀素的同时，又锐意创新，用笔在中锋使转的同时，强调提按、向背、起倒，从而使线条更加丰富和凝重。《诸上座帖》是黄庭坚革新狂草的代表作。

米芾是宋代另一位具有鲜明个性特征的书法大家。《宋史》说他"冠服效唐人，风神萧散，音吐清畅，所至人聚视之"，是一位癫狂不羁的书画天才。癫狂不羁的性格，使他的书法超然脱俗，独树一帜。米芾的书法以侧笔为主，多用提按、顿挫，笔触变化多端，活泼自然。米芾书法代表作有《苕溪诗》、《蜀素帖》、《宗正帖》等。

瘦金体

在中国书法史上，有一种特殊的书体，即"瘦金体"。创始这种书体的书法家，是一位特殊的人物，即北宋的一位皇帝宋徽宗。宋徽宗赵佶（1082—

苏轼《祭黄几道文》（局部）宋

1135)在书法史上的贡献,可以分为两个方面。一方面是设立书画院,集中书画家和鉴赏名家,从事书画创作和研究工作。另一方面是亲自从事书法实践,创造了独具特色的"瘦金体"。

瘦金体,以瘦硬锋利、转折分明的笔法著称。据史籍记载,赵佶在学习黄庭坚、薛稷、褚遂良等人书法的基础上,加以融会变通,和自己的独创,最终形成了一种别具一格的书体。代表作有《瘦金书千字文》、《夏日诗帖》等。

赵孟頫

赵孟頫(1252—1322),是一位同苏轼一样的"全才",不仅精通文学,熟谙音律,擅长书画、篆刻,而且对佛道也有深入的研究。他还率先在画上题

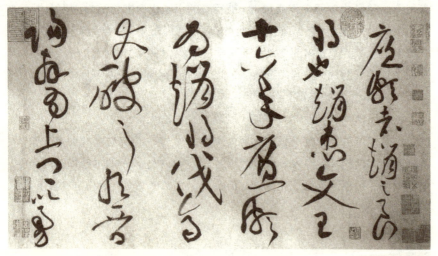

黄庭坚《廉颇蔺相如传》(局部) 宋

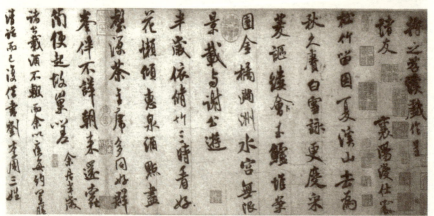

米芾《苕溪诗》(局部) 宋

诗，被后人誉为"诗、书、画"三绝。

宋代尚意的文人书风，容易形成忽略形式和法度，进而导致书艺草率和荒疏的弊病。这种弊病在南宋已经有了明显的表现。为了纠正宋代书法的片面性，赵孟頫极力提倡"复古"，强调学习晋唐书法的气象和法度。他自己的书法就是在长时间研习"二王"、"颜柳"等书法大师的基础上，综合各家的优点而自成一体。

赵孟頫的行草书，宗法"二王"，行笔婉转、纯熟，变化之余，又法度谨严。代表作有《题王献之〈保母碑〉》、《归去来兮辞并序》、《玄都坛歌》、《种松帖》、《与山巨源绝交书》等等。

赵孟頫还创造了独具特色的"赵体"楷书。"赵体"楷书同唐代的"欧体"、"颜体"、"柳体"一起，被书法史家并称为四种最重要的楷体，成为后人学习、临摹的主要书体。"赵体"楷书结构略取横势，撇捺舒展，婀娜中含刚劲，纯熟中见秀媚。其代表作有《胆巴碑》、《妙严寺碑》、《玄妙观重修三门记》、《故总管张公墓志铭》等。

第七节　明清书法

尽管赵孟頫极力提倡"复古"，强调学习晋唐书法的法度与气象，但中国书法并没有因此回复到对技巧精雕细刻的盛唐时代。文人书法虽然要时常警惕流于荒疏、草率，但抒情写意，张扬个性，仍然是它的基本特征。

吴门书派

明代的经济文化有了极大的发展，出现了一些繁荣的都市。这些都市往往是文人集中的地方。当时的三吴地区（今江苏吴县一带），就是这样一个经济文化繁荣、文人雅士云集的地方。这些文人雅士，个个擅长书法，涌现出一大批杰出的书法家，构成了中国书法史上的一大奇观。当时有"天下书法归吴中"的说法。沈周、唐寅、祝允明、文徵明、王宠、陈道复、陆师道、周天球、王稚登等都是当时有名的书法家，其中以祝允明、文徵明、王宠最负盛名。

祝允明（1460—1526）既反对墨守成规，扼杀个性，又反对片面地强调

祝允明《燕喜亭等四记》（局部）　明

个性，无视法度，主张把唐书中的法度和宋书中意趣结合起来。祝允明擅长各种书体，其中以草书最为著名。他的草书，结体略取横势，中锋、偏锋兼用；一方面点画峻利，刚健豪放，另一方面又结构宽松，布白疏大，把草书刚劲的特点和文人闲逸的心态巧妙地结合在一起。他的草书代表作有《前赤壁赋》、《牡丹赋》、《杜甫诗》、《草书诗》等。

文徵明（1470—1559）是吴门书派的另一位代表人物。文徵明精擅各种书体，犹以小楷见长。文徵明小楷取法魏晋时期的书法大家钟繇与王羲之，兼采唐代楷书名家欧阳询的笔法，形成了一种法度森严而内涵韵致的风格。他的小楷结体端正平稳，笔法秀雅挺健。其中横画往往以纤细如针的尖锋起笔，以回锋圆转收束，给人一种既锋利又圆润的美感。代表作有《离骚经》、《顾春潜传》等。

王宠（1494—1533）是祝允明和文徵明之后，吴门书派的又一位大师，以草书、小楷见长。王宠的书法在刻苦摹习前人的基础上，又有自己的创新。他的草书师法孙过庭，但又大胆地参以章草的笔法和韵致，给人一种古拙的美感。他的小楷也很有个性。与文徵明的小楷精于点画安排，起承转合交代得一丝不苟不同，王宠的小楷结字疏宕萧散，笔画之间形断意连，形成了一种含蓄停匀的独特风格。

董其昌

董其昌（1555—1636）是明代书坛领袖。他以古人为师，以自然为法，加之通晓书史，悟通禅理，从而在书法上形成了一种雍容典丽、萧散古淡、空灵真率的风格，成为了一位划时代的书法大师。

董其昌在楷书、行草和狂草等书体上都有极高的造诣。他的楷书在师法晋唐诸大家的基础上，融入自己的创新，在用笔、结字和章法等方面，都有自己独具匠心的地方。他的楷书用笔圆润劲利，结字稍稍侧倾，在章法上打破传统纵横井然有序，创造性地变化为有纵无横，从而使他的楷书不再刻板，而自然灵动。

董其昌在行草和狂草上的造诣更高，更为后来书法家所推崇。其特点是：用笔圆润飘逸、提按转折自然分明、结字内紧外张、布局疏朗（特别是行距尤其宽绰），形成了一种自然生变而不失平正的"中和"风格。

明末清初的浪漫书法

受李贽、汤显祖等人的浪漫美学思想的影响，明朝末年出现了一批中国书法史上最具浪漫色彩的书法家，如徐渭、张瑞图、黄道周、倪元璐、王铎、傅山、朱耷等。他们以饱满的热情，冲破传统书法规则的局限，创作出了一批奇特、怪诞的书法作品。

徐渭（1521—1593）是这种浪漫书风的开山祖师。坎坷的人生，造就了他狂放不羁、愤世嫉俗的性格。他的书法同他的性格一样，强烈地表现出对贵族文人雍容华美的书风的蔑视。徐渭擅长草书、行书。他的草书，线条极度扭曲，点画零落不羁，字形不拘大小，笔画不拘粗细，用墨时湿时干，布局忽疏忽密，任凭郁积胸中的情感自由喷薄。徐渭的草书同张旭、怀素的癫狂不同：张旭、怀素的癫狂中仍然法度森严，而徐渭的草书则是一种怪和疯，疯怪中，只有白热化的激情、痛楚和怒火的挥洒。徐渭草书代表作有《词》、《青天歌》、《咏墨词》、《幕府秋风入夜清》等等。

王铎（1592—1652）是明末清初浪漫书风中的中坚。出于对赵孟頫、董其昌等人的秀丽书风的不满，王铎针锋相对地提出了"怪"、"狠"、"斩钉截铁"的审美标准，创作了一大批极具个性色彩的书法精品。虽然王铎主张创新，但他并不忽视对传统书法大家的学习与继承。据说他坚持隔天临帖，隔天创造，几十年如一日，从而练就了一杆变化莫测的神笔，被誉为"神笔王铎"。他的草书常常写得怪诞奇拙、气势磅礴。

傅山（1607—1684）与王铎一样，极力反对赵孟頫、董其昌的媚俗之气，针锋相对地提出"宁拙毋巧，宁丑毋媚，宁支离毋轻滑，宁直率毋安排"的美学主张。他的书法无论从理论上还是实践上，都将这种浪漫书风推向了极致。

帖学与碑学

清代书坛的特点是帖学与碑学的交互起伏。碑学，指的是宗尚碑刻的书派；帖学，指的是宗尚法帖的书派。早在魏晋南北朝的时候，就有了碑和帖的区分。那时中国南方盛行"二王"秀丽的书帖，北方则盛行苍劲的魏碑。因此，书法史上也常常把碑学称作北派，把帖学称为南派。碑学与帖学之争，实际上是中国书法的两种不同风格之间的竞争。自宋代以来，书坛盛行帖学，到了明代的董其昌和清代的张照、王文治、刘墉等人那里，帖学已经发展到了极致。

在晚明盛行怪诞、浪漫书风的时候，董其昌没有加入浪漫的潮流，而是坚持正宗帖学的书法风格。他把赵孟頫的圆熟改变为清秀娴雅，空灵平淡，从而使正宗帖学派书法呈现出一

傅山《七言律诗》（局部）
清

种崭新的气象。

刘墉（1719—1804）是清代帖学的集大成者。刘墉学习赵孟頫、董其昌等正宗帖学大师的笔法，把赵孟頫的圆熟和董其昌的清秀完美地结合起来。刘墉的行书，初看起来圆软无力，其实内含骨力和神韵，给人耳目一新的感觉。

刘墉之后，帖学开始盛极而衰。清代嘉庆、道光年间，文人学士掀起了学习汉碑、魏碑的热潮。一时间，沉寂数百年久的碑学风靡书坛，出现了一大批杰出的碑学大师，如金农、郑燮、邓石如、伊秉绶、何绍基、赵之谦、吴昌硕等。郑燮（1693—1765）在精习汉碑的基础上，把真、草、篆、隶熔为一炉，创造了独具特色的"六分半书"。碑派成就最高的要数乾嘉时期的邓石如（1743—1805），他把隶书的笔法融入篆书，从而大大丰富了篆书的用笔，使篆书的线条圆涩厚重，给人一种雄浑苍老的美感，把小篆艺术推上了最高的境界。

推荐读物：

1. 朱仁夫著：《中国古代书法史》（北京：北京大学出版社，1992年）。
2. ［日］中田勇次郎著，卢永璘译：《中国书法理论史》（天津：天津古籍出版社，1987年）。
3. 刘炳森主编：《中国书法艺术》（北京：中国人民大学出版社，1994年）。
4. 上海书画出版社、华东师范大学古籍整理研究室选编：《历代书法论文选》（上海：上海书画出版社，1979年）。
5. 崔尔平选编：《历代书法论文选续编》（上海：上海书画出版社，1993年）。
6. （清）王原祁等纂辑：《佩文斋书画谱》（北京：中国书店，1984年）。
7. 刘正成主编：《中国书法鉴赏大辞典》（北京：大地出版社，1989年）。

图片补充资料：

1. 406页（上）：刻辞卜骨，河南安阳小屯南地出土。
   （下左）：《史墙盘铭文》拓本，原件在陕西扶风县庄白村西周青铜器窖藏出土。
2. 408页（左）：楚帛书（摹本），原件在湖南长沙子弹库楚墓出土。
   （右）：信阳楚简，河南信阳长台关1号楚墓出土。

【第二十四章】 学校与科举

第一节 | 学校

作为传授文化知识的学校,传说在夏朝就已经萌生了。商朝甲骨文中则有"教"、"学"的记载。西周的学校已分为国学和乡学,都是政府为贵族子弟设立的官学。春秋时期,开始出现了私学,孔子就是儒家私学的创立者。到汉代,无论官学还是私学,都得到了空前的发展,并逐渐建立了一套中央和地方的学校制度,为后代学校的发展奠定了初步的基础。

中央官学

汉代以来,中央官学主要有太学、国子学、四门学、宗学、武学及律、书、算、画、医等专设学校。

(1) **太学** 汉武帝建元五年(前136),置五经博士,元朔五年(前124),置博士弟子50员,从此有了太学。隋代设国子监,作为管理全国学校的专门机构,下设太学等五学。唐代太学为国子监下属的六学(国子学、太学、四门学、律学、书学、算学)之一,生徒为五品以上官员的子弟,设博士3人,助教3人,太学生500人。宋初设国子监,招收少数七品以上官员的子弟入学。仁宗时,始设太学,招收八品以下文武官员的子弟及庶人俊秀者入学。神宗时,扩建太学,推行三舍法,上舍、内舍、外舍三舍生员共为1000人,后增为2400人。徽宗时,三舍生员共3800人,达于极盛。太学生一般由官府供给饮食,以儒家经典为主要教材,通过公试、私试及年终考定,择优升舍升等。其上舍生可根据公试成绩与年终校定,或免解试,或免省试,或直接释褐授官。

明代以国子监为最高学府,简称"国学",俗称太学。由各省府、州、县学选拔优秀生员贡送入监就学,称为国子监生。清沿明制。明清国子监内设"率性"、"修道"、"诚心"、"正义"、"崇志"、"广业"六堂,为讲学之所。学

所谓三舍法,就是太学生员按差等分隶于外舍、内舍、上舍。生员依学业程度,岁时考试艺能,依次升舍。初入学为外舍生,外舍升内舍,内舍升上舍。

官有国子祭酒、司业、监丞、博士、助教、学正、学录、典簿、典籍、掌馔等。主要学习"四书"、"五经"，以应科举考试。清光绪三十一年（1905）设学部，国子监遂废。

（2）**国子学** 西晋武帝时，开始在太学之外设立国子学，以教授五品以上官员的子弟。唐代国子学为国子监下属中央六学之首，其生徒为三品以上高级官员的子弟，定额300名。宋初以国子监为最高学府，招收七品以上官员子弟为学生。端拱二年（989），改为国子学，不久复旧。明清时并入国子监，亦称"国学"，不另设国子学。

（3）**四门学** 北魏太和二十年（496），始立四门博士，并于京师四门置学。唐代四门学，为国子监下属六学之一，设博士、助教等，生徒为七品以上文武官员的子弟及庶人之俊异者，贡举落第者也可入学。宋仁宗庆历三年（1043），也曾设四门学，凡八品以下文武官及庶人的子弟皆可入学。不久废除。

（4）**宗学** 宗学是古代教育皇族子弟的学校。汉平帝时，始设宗师教授宗室子弟。北魏则设皇宗学。宋代在诸王宫皆设小学。徽宗时，改置大、小二学，设宗学博士、学正、学录等，立三舍法。明嘉靖二十四年（1545），始于诸王府置宗学，诵习《皇明祖训》、《孝顺事实》、"四书"、"五经"、"通鉴"、《性理大全》等。清承明制，八旗各设宗学，教习满、汉文字及骑射。

（5）**武学** 北宋庆历三年（1043）始置武学，不久废除。熙宁五年（1072）重新设立，设教授等学官，学生定额100名，讲习诸家兵法、步骑射等。崇宁三年（1104），仿太学行三舍法。明代京卫、诸卫亦设置武学，选拔现任武职年25岁以上、文官及武职子弟年10岁以上者入学肄业。讲习《论语》、《孟子》、《武经七书》、《百将传》等，演习弓马、武艺。武学生优秀者可直接荐送兵部，经过考试授官，其余可参加科举考试，或通过捐纳入国子监。清亦设武学，略同明制。

（6）**书学** 西晋武帝时，始立书博士，置弟子员，教习书法。唐代书学为国子监下属六学之一，生徒为八品以下文武官员及庶人之子。宋代于崇宁三年（1104）设书学，学习篆、隶、草三体及《说文》、《字说》、《尔雅》、《博雅》、《方言》五书，兼通《论语》、《孟子》大义；生员定额500人，实行三舍法。

（7）**算学** 隋开皇初始于国子寺设算学，唐代为国子监下属六学之一，生徒为八品以下文武官员的子弟及庶人善算术者。宋代于崇宁三年（1104）设置算学，定额210人，主要讲习《九章算术》、《周髀算经》等"算学十经"，兼习《易经》或《尚书》，行三舍法。元、明无算学。清康熙五十二年（1713）始设算学馆，学生60人。

(8) **律学** 三国魏明帝时，始置律学博士，招收律学弟子员。唐代律学为国子监下属六学之一，招收八品以下文武官员及庶人之子50人为生徒。宋初于国子监中置律学博士，以教授律令。熙宁六年（1073），始置律学。凡命官、举人皆可入学，各处一齐，学习律令、断案。

(9) **医学** 南朝宋元嘉二十年（443）始置医学，不久废除。隋代于太医署下设医学博士，教授生徒。唐承隋制，分医、针、按摩、咒禁四科，各有博士、助教，学生均有定额。宋初设太医局，分科招收学生，隶太常寺。徽宗崇宁二年（1103），始建医学，改隶国子监，设博士、学正、学录，分方脉、针、疡等科，讲授《素问》、《难经》、《脉经》、《巢氏病源》、《千金翼方》、《伤寒论》等，并依太学三舍法考选升补。

(10) **画学** 宋徽宗崇宁三年（1104）始置，主要学习绘画佛道、人物、山水、鸟兽、屋木、花竹，兼习儒家经书及《说文》、《尔雅》、《方言》、《释名》等字书；学生无定额，分为士流、杂流两类，别斋而居；实行三舍考选升补之法。

地方官学

汉武帝时，始令天下郡国皆立学校官。北魏郡国普遍立学。隋唐时期，州、县亦皆设学。宋乾兴元年（1022），始于兖州立学；庆历四年（1044），大兴学校，诏诸路府、州、军、监各令立学，学生200人以上者许立县学。神宗时，重教育，兴学校，自京师至州县皆有学，各路置教授为学官。徽宗时，又掀起了第三次兴学高潮，普遍实行三舍法，州县学更为兴盛，全国诸路在校学生曾达167622人。

明洪武二年（1639），在建立太学之后，即诏府州县皆立学。明初，民间俊秀及官员子弟，年及15岁以上，已读《论语》、《孟子》等"四书"者，皆可入学。后来规定，须经过由知县、知府、提学分别主持的县试、府试、院试即童子试，考试合格，方能入学。州县学生员分廪膳、增广、附学生员三等，可以免除本人及家中二人的差役，廪生每月还享受相当数量的廪食。州县学主要学习"四书"、"五经"，平时由教官实行月课季考，每年由提学官主持对在校生员实行"岁考"，根据岁考的成绩，决定黜陟。清承明制，州县学有更大发展。

书院

　　书院是中国古代的一种教育机构,具有培养人才、研究学术、传播文化等多种功能。书院之名始于盛唐,初为官方修书、藏书、校书之所。晚唐出现的私立书院,开始具有隐居读书、聚徒讲学的功能。唐末至五代,连年战乱,官学废毁,学者多择名山胜地,创立书院或精舍,作为学术研究和聚徒讲授的场所,出现了以讲学为主、并作为教育机构的书院。宋初,官学甚少,学者纷纷创办书院,著名者有白鹿洞、应天府(睢阳)、岳麓、嵩阳四大书院。仁宗后,州县官学盛行,书院趋于低潮。南宋时,书院复兴。孝宗后,各地官员竞相创建书院,几乎遍布全国。宋代书院多为民办学馆,掌教者称山长、洞主。书院设有学规,聘请学者讲学,学生分斋习读,以自学为主,书院供给宿舍、几案和廪膳,采用积分制考核成绩。宋代的一些书院往往是著名学者的讲学之地,但大多数书院则是准备科举应试的场所。

　　元代各路、府、州均设有书院,由朝廷委派山长,变为官办书院。明初官学兴盛,书院衰落。正德(1506—1521)之后,书院渐兴;嘉靖年间(1522—1566),所建尤多。王阳明和阳明学派对书院的发展起了很大的推动作用,并主导了明代中叶的书院教育思潮。据统计,明代书院有一千二百多所,其中最有名的书院是稽山书院、白鹿洞书院、岳麓书院和东林书院。稽山书院为王阳明创办,白鹿洞书院和岳麓书院的重新兴盛也与王阳明和阳明学派有关。东林书院是明代后期东林学派创办的书院。顾宪成、顾允成、高攀龙等东林党人在学院讲学,评议朝政得失,在当时影响很大。东林学院成了当时一个重要的政治活动场所。因为书院在明代中后期具有反对朱学正宗和宦官专权的作用,所以明朝当权派曾四次下令禁毁书院〔嘉靖十六年(1537)、嘉靖十七年(1538)、万历七年(1579)、天启五年(1625)〕。清初,为了防止士人群众结党,以讲学为名干预朝政,不许各地创立书院。康熙时,始纷纷创建。雍正

白鹿洞书院

十一年（1733），下令赐银在各省设立书院，此后各府、州、县也竞相建立，作为准备科举应试的场所。乾隆元年，清高宗弘历颁诏，称赞"书院之制，所以导引人才，广学校所不及"（《清实录》）。清末行"新政"，光绪二十七年（1901），诏改书院为学堂。

私学

私学是古代民间私人兴办的学校，始于春秋时期。汉代私学盛行，属于启蒙性质者有学馆，属于经学传授者有精舍，此外又有世传家学。隋唐之后，私学更加名目繁多，有家塾、私塾、村塾、社学、经馆、精舍、蒙学、义学、冬学等。

（1）**蒙学** 亦称"小学"，是古代对少年儿童进行启蒙教育的私学。包括私塾、家塾、村塾、冬学、义学等。汉代蒙学多称为"学馆"，教师称为"书师"，以识字为主，以《苍颉篇》、《急就篇》、《孝经》、《论语》为教材。唐宋之后，主要进行读书、识字、作文等方面的教学，为进入官学、书院及应科举考试做准备。教材有《三字经》、《百家姓》、《千字文》、《千家诗》及"四书"、"五经"等。其中《三字经》、《百家姓》这两部宋代编撰的蒙学教材，在后世流传极广，并为后世蒙学读本的编撰提供了范本。明清时，蒙学又称为"蒙馆"。

（2）**私塾** 古代私人兴办的一种小学。有塾师在自己家中设学授徒的学馆，有地主、商人聘师教授子弟的家塾，也有村民集资设立的村塾。一般规模不大，少则几人，多则十几人、几十人，多属于以识字教育为主的蒙学。

（3）**义学** 亦称"义塾"，是古代官员或乡绅以公款或捐资兴办的，免费教育本族或乡里子弟的一种私学。如宋代范仲淹曾于苏州天平山兴办范氏义学，以免费教育范氏子弟。清代地方官府所建免费招收贫寒子弟的学校亦称为义学。如康熙四十一年（1702），准京师于崇文门外设立义学，并颁赐御书"广育群才"匾额，所需费用，由府县按月供给。

（4）**社学** 社学是建于乡社的学校。据说，宋代已有社学，而由政府明令建立社学，则始于元世祖至元七年（1270）。元代规定，每50家为一社，每社立学校一所，选通晓经书者为学师，令社中子弟在农闲时入学。初以《孝经》为读本，次及《大学》、《论语》、《孟子》等。世祖以后，随着社制的破坏，社学往往有名无实。明洪武八年（1375），朱元璋诏各府、州、县官于乡社皆建社学，延师儒，以教育民间子弟，主要讲授《三字经》、《百家姓》、《千

字文》及"四书"、"五经"等。清初规定,各直省的府、州、县每乡置社学一所,选择品学优异者为教师,免除差役,供给廪食,凡本乡及邻近子弟12岁者皆可入学。

第二节 科举

科举是一种朝廷开设科目,士人可以自由报考,主要以考试成绩决定取舍的选拔官员的制度。科举制度创始于隋,确立于唐,完备于宋,而延续至元、明、清,前后经历了1300年之久。它在中国历史上起过重大的作用,有过广泛的影响。科举制度按种类划分,主要有贡举、制举、武举、童子举等。其中贡举是定期举行的,因此被称作"常科",取士数量最多,延续时间最长,社会影响也最大。

贡举

(1) **贡举科目** 在中国科举制度史上,贡举科目前后有很大变化。隋代贡举科目大概有秀才、进士、后士、明经四科。唐承隋制,又有很大发展。除隋代四科之外,又增加明法、明书、明算三科;明经科中又分为五经、三经、二经、学究一经、三礼、三传、三史、开元礼等。后士、秀才科不久被废,明法、明书、明算科均为录用专门人才而设,因此唐代贡举科目主要是进士、明经两科。北宋前期,承唐及五代之制,主要有进士、明经、诸科。宋代的诸科大致相当于唐代的明经,其中也分为九经、五经、三礼、三传、三史、学究、明法、通礼等。宋神宗熙宁四年(1071),王安石进行贡举改革,废明经诸科,专以进士一科取士。元、明、清承之,只以进士一科取士。

(2) **应举资格** 贡举考试对应举人既不问家庭出身,也无须他人推荐。每当开科之年,一般士人只要品行端正、身份清白、身体健康、不为父母服丧者,都可以参加科举考试。这就是古人所说的"取士不问家世",即士人可以自由报考。这就大大地扩大了选拔人才的范围,扩大了王朝统治的基础。

(3) **分级考试** 隋唐五代,贡举考试分解试、省试两级。宋太祖时创立殿试制度,开始成为解试、省试、殿试三级考试。元、明、清时期改称为乡试、会试、殿试。

唐宋时期，称取得解送京师参加省试资格的考试为"解试"。隋唐五代，一般每年举行一次；北宋中期以后，改为每三年一开科场。一般在各州府举行。元、明、清时期改为乡试。在顺天、应天府及各省省城的贡院举行。唐宋时的考场与现代教室式的考场大致相同，而明清时的考场，则是单间号舍。每个应举人一间号舍，答卷、吃饭、睡觉都在这间号舍内。解试、乡试一般都在秋天八月举行，按地区分配有一定的录取名额。解试合格称为"得解举人"，乡试合格称为"举人"，第一名都称为"解元"。

唐宋时期，对解试合格举人的复试在中央政府的尚书省举行，因而称为"省试"。唐代省试合格，即赐予进士及第。宋代创立殿试制度之后，省试成为取得殿试资格的考试。元、明、清时改称为会试。省试、会试都是由礼部主持，在春天的一、二月份举行，一般也有大致的录取名额。省试第一名称"省元"；会试第一名称"会元"。

殿试由皇帝亲自主持，是对省试或会试合格举人的复试，是三级考试中最高的一级考试。一般都在皇宫中的大殿上举行，例如宋代的殿试就在崇政殿举行，清代殿试在保和殿举行。宋、元、明时期的殿试，一般在三月份举行。清朝乾隆年间改为四月二十一日举行，遂成为定制。

北宋中期之后，参加殿试者一般都赐及第，不再黜落，只是根据殿试成绩重新排列名次而已。宋代殿试，一般分为五甲。第一、二甲赐进士及第，第

北京贡院

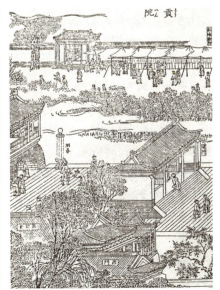

南京贡院号舍内部

南京贡院号舍

三、四甲赐进士出身，第五甲赐同进士出身。明、清殿试，分为三甲，第一甲三名，第一名称状元，第二名称榜眼，第三名称探花，皆赐进士及第；第二甲若干名，赐进士出身；第三甲若干名，赐同进士出身。张挂黄榜公布，俗称为"金榜题名"。

（4）**考场规则** 既然科举主要根据考试成绩决定是否录取以及名次的先后，这就要求科举考试必须公开、公正、公平。为了防止徇私舞弊，历代都规定了各种考试规则，主要有以下几种：

第一，锁院以防请托。从宋太宗时起，创立了锁院制度，规定考试官自受命之日起，到放榜之日止，一直锁宿于贡院。这样，就隔绝了考试官与其他臣僚的联系，使请托难以得逞。

第二，别试以避亲嫌。从唐玄宗时开始，即创立了对考试官子弟、亲戚，另设考场、单独考试的"别头试"制度。但时行时废，到宋代才成为定制。明、清时，又进一步规定，主要考试官的子孙及亲戚，不许参加当科的考试。

第三，按榜就坐，不得移易。从宋代开始，考试前排定坐次，张榜公布；考试时按榜就坐，不得移动、调换。

第四，禁止挟书、传义、代笔。为了防止应举人作弊，从宋代开始，专门设立了监门官、巡铺官，入场时进行搜查，入场后巡回监察，一旦发现应举人将书籍带入考场，或传递文字、请人代笔，立即严加处罚。如明太祖洪武七年（1374）奏准：如有挟书者，照例于举场前枷号一月，满日问罪，革为民。

（5）**评卷规定** 在试卷评定方面，宋代之后，也逐渐形成了一套比较严密的制度。

第一，废除唐代实行的朝廷大臣的"公荐"和应举人向知贡举官投纳"公卷"的制度，使科举试卷成为评定成绩、决定弃取的唯一根据，这就是南宋诗人陆游所说的"一切以程文为去留"。

第二,实行封弥、誊录制度。封弥,又称糊名,是将试卷上举人的姓名、年龄、三代、籍贯等密封,代之以字号,以防考试官在评定试卷时徇私舞弊。不过,封弥之后,考试官还可以通过辨认笔迹得知试卷出自何人之手。为了堵塞这一漏洞,宋真宗时又创立了誊录制度。即先把举人的试卷封弥、编号,再交书吏誊录,对读无误,再交考试官评阅。封弥、誊录制度在防止阅卷作弊中起了关键作用。

第三,分等考第,多级评定。比如宋代省试,应举人的试卷先经点检官批定分数,然后由参详官审查所定等级是否恰当,最后上交知贡举官,决定去取高下。即实行点检官、参详官、知贡举官三级评定制度,以便使试卷评定做到公平、公正。

总之,上述种种考试方法,在一定程度上体现了公开考试、平等竞争、择优录用的原则,对于选拔人才及笼络士人都有一定作用。

(6) **考试内容** 隋唐以来,解试(乡试)与省试(会试)考试内容大致相同。唐初,进士科仅试时务策,高宗时加试杂文、帖经。到中宗神龙元年(705),形成"先帖经,然后试杂文及策"的三场考试制度。所谓"杂文",在中宗以前为箴、铭、论、表之类,到玄宗天宝年间,才开始专用诗赋。

宋初,承唐及五代之制,试诗、赋、论各一首,策五道,帖《论语》十帖,对《春秋》或《礼记》墨义十条。主要以诗赋取士。神宗熙宁四年(1071),王安石改革贡举,进士科罢诗赋、帖经、墨义,改为试四场:初本经大义五道,次《论语》、《孟子》大义各三道,次论一首,次时务策三道。南宋时,分经义进士与诗赋进士。诗赋进士,第一场诗赋各一首,第二场论一首,第三场策三道;经义进士,第一场本经大义三道,《论语》、《孟子》大义各一道,第二、第三场,与诗赋进士同。

明代乡试、会试分三场:第一场,试"四书"义三道,"五经"义四道;第二场,试论一首,判五条,诏、诰、表内科一道;第三场,试经史策五道。主要以"四书"义取士。

清承明制,又屡有变更,至乾隆五十二年(1787)成为定制:第一场,试"四书"文三篇,五言八韵诗一首;第二场,试"五经"文五篇;第三场,

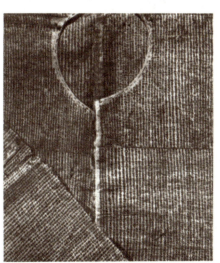

抄满经文的内衣,宋代科举考试作弊的实物

试经史、时务策五道。至光绪二十七年（1901），又改为：第一场，试中国政治史事论五篇；第二场，试各国政治艺学策五道；第三场，试"四书"义二篇，"五经"义一篇。但是，仅仅实行了三年，科举制度就被废除了。

至于殿试内容，北宋前期是赋、诗、论三题。神宗熙宁三年（1070），改为试时务策一道。元、明、清一直沿袭未改。

（7）**赐第授官** 唐朝诗人孟郊在《登科后》一诗中写道："春风得意马蹄疾，一日看尽长安花。"可见进士及

清代殿试卷封面

第是一件十分荣耀的事情。这主要表现在，第一是唱名赐第。唱名赐第均在皇宫大殿举行，其仪式非常隆重。第二是设宴庆贺。唐代称"曲江宴"，宋代称为"闻喜宴"，又称作"琼林宴"。元、明、清时称为"恩荣宴"。第三是编登科录。第四是刻碑题名。现存最早的是立于北京孔庙中的三座元代进士题名碑。另外，明代的77座进士题名碑，清代112科进士的题名碑，也都矗立于北京孔庙内。第五是授官任职。唐代进士及第之后，只是取得了做官的资格，必须再通过吏部考试合格，才能入仕做官。从宋太宗时起，进士及第就可以马上做官，第一甲一般授予通判或知县，其他授判、司、簿、尉等州县幕职。明、清时，状元授翰林院修撰；榜眼、探花授翰林院编修。第二、第三甲优秀者选为翰林院庶吉士，最低的也授予知县，比宋代所授的官职更高。

武举

武举是以选拔军事人才为目的的科举考试制度。唐武则天长安二年（702）始置。应武举者，于每年十月由州府举选送至京师，十一月于尚书省兵部进行考试。武举考试的内容有长垛、骑射、步射、马枪、翘关（举重）、言语、材貌等。兵部考试合格者依其身份不同而有不同的待遇，或送吏部参加铨选，或授予散官。德宗时，曾一度停废；宪宗元和三年（808），又复置。

宋承唐制，天圣七年（1029）置武举。皇祐元年（1049）罢；治平元年（1064）再置。三班使臣、诸色选人不曾犯赃及私罪情轻者，许于兵部投状应

仇英《观榜图》(局部) 明

试；无官者由朝廷命官保荐，也可应试。考试分比试、解试、省试、殿试四级，一般为先试弓马，再试策及《孙》、《吴》等兵书的墨义（熙宁后改为大义）。殿试合格后，分别赐"武举及第"、"武举出身"。其授官，北宋时期，武艺与策皆优者，授右班殿直；其余以次授三班奉职、三班借职、三班差使等。南宋时，武举之法渐与进士科相仿。其殿试第一人赐武举及第、授保义郎，余并赐武举出身、授承节郎、承信郎等。

元朝废武举。明天顺八年（1464）复置武举，令武臣子弟于各直省应试。

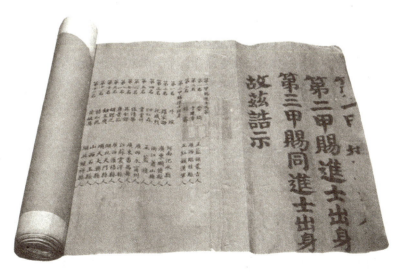

张贴于皇宫门外的大金榜

成化十四年（1478）规定，武举乡、会试例，均仿文举。弘治六年（1493）规定，武举六年一行；十七年（1504），改三年一试。正德十四年（1519）《武举乡试条格》规定：武举乡试，应举者于九月内各卫所送都司，各府、州、县送布政司，均由巡按御史会同三司官主持考试，两京由兵部选官考试。共试三场，初场试马上箭，第二场试步下箭，第三场试兵法或时务策一道。分别于十月九、十二、十五日举行，取中者称为武举人，俱送兵部，于次年四月参加武会试。嘉靖元年（1522）《武举会试条格》规定：第一场试骑射，第二场试步射，第三场试策二道、论一道。以翰林院官二员为考试官，给事中及部属官四员为同考试官。取中名额，临期取自上裁。崇祯四年（1631），始行武举殿试，赐武进士及第、出身等，悉如文举之例。清沿明制，乡、会、殿试均同文举之例。其举人、进士、状元等名目亦与文举同，仅加"武"字以示区别。其授官，初武状元授参将，武榜眼授游击，武探花授都司。二甲均授守备；三甲均授署守备。雍正时规定，武状元授一等侍卫，榜眼、探花授二等侍卫；二甲选十名授三等侍卫；三甲选十六名授蓝翎侍卫；其余武进士以营卫守备在兵部注册选用。乾隆时，又令派大臣对在兵部注册的武进士再行考试，分等授职，一、二等授营守备，三等授卫守备。光绪二十七年（1901）废武举。

制举、童子举

制举又称制科、大科、特科，是由皇帝下诏而临时设置的科举考试科目。目的在于选拔各类特殊人才。唐代制举甚盛，其科目甚多，据记载有上百个，其中较重要者为"贤良方正能直言极谏科"、"才识兼茂明于体用科"等。

宋代制举科目大为减少，最多时为九科，但事实上只有"贤良方正能直言极谏"、"茂材异等"、"才识兼茂明于体用"三科。神宗熙宁七年（1074）废，哲宗元祐二年（1087）复置"贤良方正能直言极谏科"，绍圣六年（1094）又罢。南宋高宗绍兴元年（1131）复置，但直至南宋末，中第者仅一人而已。宋代士人未仕、已仕者均可应诏参加制举考试。直至南宋末，考试一般分为阁试、殿试两级。阁试论六首，按成绩分为五等，入前四等方可参加殿试。殿试策一道，合格者分为五等，上二等不授人，第三等即为上等。制举登科，未仕者即依贡举进士例授予官职，有官者则依等第升迁。两宋制举共殿试22次，入等者不过40人，但也选拔了不少著名的人才。另外，宋代为了选拔起草诏诰人才还特设了词科，包括"宏词科"、"词学兼茂科"、"博学宏词科"及"词学科"。

元、明不设制科。清代曾设"博学鸿词科"、"孝廉方正"、"经济特科"等，但并未成为制度，亦不重要。

童子举亦称"童子科"，是科举考试中特为少年应试者所设的考试科目。唐始置，凡10岁以下能通一经及《孝经》、《论语》者均可应试，每卷试诵经文十道，全通者授官，通七以上者予出身。广德二年（764）罢，大历三年（768）复置。宋沿置，规定15岁以下能通经及作诗赋者均可应试。咸淳二年（1266）废。

科举制度的历史作用与弊病

科举制度在中国历史上起过重大的积极作用，具有进步意义。

第一，综观中国古代的历史，主要实行过三种选官制度，即世官制、察举制和科举制。科举制既不问家世，也不需要别人的推荐，主要根据应举人的考试成绩决定取舍，体现了公开考试、平等竞争、择优录用的原则，显然是中国古代最进步，也是最重要的选拔官员的制度。这主要表现在以下两个方面：其一，科举制的实行，在制度上使国家政权向社会各阶层开放，打破了世家大族垄断仕途的状况，促进了社会阶层的上下流动，使相当多的士人"朝为田舍郎，暮登天子堂"。其二，科举出身的官员，一般具有比较多的文化知识，同恩荫补官、进纳买官等出身的官员相比，在素质上显然要好得多。

事实上，通过科举也的确选拔出了一批经世致用的杰出人才，这在唐、宋时期表现得尤为突出。例如北宋名臣王禹偁、寇准、范仲淹、包拯、韩琦、欧阳修、王安石、苏轼、苏辙、苏颂、沈括、章惇、宗泽、李纲，都是进士出身。其中王禹偁、范仲淹、欧阳修等出身寒微，完全是通过科举踏上仕途的。

第二，科举促进了文化教育事业的发展。科举考试极大地激发了人们勤奋读书的热情，所谓"天子重英豪，文章教尔曹，万般皆下品，唯有读书高"，因而读书人数急剧上升，对经、史、子、集各类书籍的需求量大为增加，造纸业、印刷术也大大发展。中央官学、州县学、书院及各种乡村私塾空前发展。教育的发展有力地推动了社会文化水平的提高。

第三，中国的科举制度，体现了公开考试、平等竞争、择优录用的原则，对于西方近代文官制度的建立，起过启发和借鉴作用；在中国当代，也仍然具有现实意义。如在我们现行的考试制度中，还保留着试卷密封制度，按号入座制度，禁止怀挟、传义、代笔制度，主要以考试成绩决定去取高下制度等。

我们在高度评价科举的进步作用的同时,也应该充分看到,它也有很多弊病,这一点在清代后期表现得尤为突出。首先是考试内容的陈腐和考试方式的僵化,不能适应形势发展的需要。唐及北宋前期,考试的一项重要内容是诗赋,讲究格律、对偶,不利于造就和选拔经世致用的人才。王安石变法时废除了诗赋,但清代却又恢复了考试五言八韵诗一首。

唐和北宋前期,考试的另一项重要内容是帖经、墨义。主要是考试背诵经书,内容和方法都极为简单。王安石变法时,废帖经、墨义,改试大义,规定不必死记硬背经书,可以陈述自己的见解。这显然是考试形式的一大进步。但是,到明代中期以后,又由大义演变为八股文,使科举考试形式出现了大倒退。

八股文要求必须按照"五经"、"四书"及官方指定的注疏,"代圣贤立言",不准应举人发挥自己的见解;并且有极严格的格式:每篇必须由破题、承题、起讲、起股、出题、中股、后股、束股、落下等十个部分组成,起股、中股、后股、束股这四个部分中还必须各有两股相对的文字。甚至对每个段落开头的虚字也有规定,使经术的考试成了充满清规戒律的文字游戏。所以,八股文从明朝末年起就遭到有识之士的批评和反对。顾炎武就曾尖锐地指出:"八股之害等于焚书,而败坏人才,有甚于咸阳之郊所坑者,但四百六十余人也。"

考试论、策本来有利于造就和选拔治国安民人才。但是到了清代,殿试不再誊录,评定殿试策的优劣不是看内容,而只是看书法是否符合要求,使金殿对策简直成了书法比赛。

到清朝后期,西方国家的科学技术突飞猛进,中国则大大落后于时代的潮流和世界的发展,而科举考试仍局限于"四书"、"五经"及八股文,把科学技术看作"奇技淫巧"而不屑一顾,其考试内容陈腐,形式僵化,误国害民,是显而易见的。

其次,历代王朝开科取士的目的之一,就是笼络士人,使天下英雄尽入彀中,尤其是以八股文取士,更是禁锢思想自由,消磨聪明才智。清代每三年才录取进士二百多人,却以"读书做官"为诱饵,使数以十万计的士人,皓首穷经,老死不止,不知残害了多少人才。对此,清代小说《儒林外史》有很生动的描绘。

科举制度在唐宋时期起了积极的作用,但到清朝后期,科举的各种弊病愈来愈突出,愈来愈不能适应社会发展的需要。又由于清朝政府的腐败无能,没有能够对科举及时进行改革,所以没有像西方那样,由科举走向近代的国家公务员制度,而只能于1905年简单地宣布废除科举。

第二十五章 "四大发明"在宋代的发展

推荐读物:

1. 毛礼锐、沈灌群主编:《中国教育通史》(济南:山东教育出版社,1985年)。
2. 陈东原著:《中国教育史》(台北:台湾商务印书馆,1970年)。
3. 李新达著:《中国科举制度史》(台北:文津出版社,1995年)。
4. 张希清著:《中国科举考试制度》(北京:新华出版社,1993年)。
5. 郭齐家著:《中国古代学校》(台北:商务印书馆,1994年)。
6. 李国钧等主编:《中国书院史》(长沙:湖南教育出版社,1994年)。
7. 陈谷嘉、邓洪波主编:《中国书院制度研究》(杭州:浙江教育出版社,1997年)。
8. 吴宗国著:《唐代科举制度研究》(沈阳:辽宁大学出版社,1992年)。
9. 李弘祺著,刘 荒等译:《宋代官学教育与科举》(台北:联经出版事业公司,1994年)。
10. 赵子富著:《明代学校与科举制度研究》(北京:北京燕山出版社,1995年)。
11. 王德昭著:《清代科举制度研究》(香港:中文大学出版社,1982年)。

图片补充资料:

1. 432页:白鹿洞书院,位于江西庐山五老峰下。南宋时朱熹、陆九渊、王守仁都曾在此讲学,使这所书院成为理学传播的中心。

【第二十五章】"四大发明"在宋代的发展

中国古代有举世闻名的"四大发明",它们是造纸术、印刷术、火药和指南针。造纸术发明于汉代,雕版印刷和火药是唐朝人发明的,指南针和活字印刷术是在宋代发明的。经过宋代的发展,"四大发明"已经基本成形。"四大发明"是中国古代科技成就的杰出代表,在世界科技史上占有十分重要的地位,是中国人民对世界文明的巨大贡献。

第一节 造纸术在宋代的发展

造纸技术的进一步成熟

中国汉代发明了造纸术,蔡伦对此有重大贡献(参看本书第十五章《汉代科技》)。到了唐代,造纸业有很大发展,官府设置了许多造纸作坊。麻纸仍是主要用纸,产量相当可观。唐玄宗时,每月发给集贤书院四川产的麻纸数量就达五千番之多。藤纸是名贵的纸张,质地优良,成为官员文书的主要用纸。中晚唐时,竹子在南方开始成为造纸的原料。竹子纤维硬而易断,技术处理比较困难。所以竹纸的出现,说明唐代造纸技术有很大进步。唐代造纸中加矾、加胶、涂粉、涂蜡、洒金、染色等加工技术也有提高。纸的品种繁多,出现了全国闻名的"玉版宣"、十色笺、五色金花绫纸、薛涛深红小彩笺等,还出现了各种以花鸟禽兽为图案的模底纸(即水纹纸)。

造纸的技术到了宋代便更加成熟。宋代纸的主要产地有:浙江的会稽和剡溪、安徽的徽州和池州、江西的抚州、四川的成都和广东的广州。这时人们在大量生产普通用于书籍印刷和日常书写用纸的同时,还生产了各特种纸,如巨幅纸和绘画用纸,满足了人们的不同需求。宋代人还把在造纸实践中的经验不断加以总结,写出了有关造纸的专门著作。其中最重要的是苏易简的《文房四宝》中的《纸谱》,《纸谱》共分四个部分,对麻纸、藤纸、树皮纸、竹纸、草纸等的加工和用途作了较为详尽的说明,这本书是宋代人对中国造纸技术进行了较为完整的总结,具有很高的学术价值。

除了树皮纸外,宋代人主要使用的纸有竹纸和草纸。竹纸是唐朝人发明的,到宋代被普遍使用,江苏和浙江是宋代竹纸的主要产地。但在北宋前期,竹纸在质量上尚存在着不少的问题。苏易简《文房四宝·纸谱》中有这样的

竹纸制作工序图　明

记载："江浙间多以嫩竹为纸，盖随手翻裂，不复粘也。"但在随后的时间里，竹纸的质量迅速得到大幅度的提高。今天我们看到的宋代人留下的书法作品，其中有不少作品都是书写在竹纸上的，可看出纸的质量非常好。从原料上分析，竹子纤维含量丰富，因而竹纸的品质要优于先前的麻纸、藤皮纸。宋代竹纸渐渐取代了麻纸和藤皮纸，成为人们大量使用的纸制品。而在西方，竹纸最早出现在19世纪，比中国晚了千年左右。

除了竹纸外，宋代人还发明了草纸的制作方法。苏易简《文房四宝·纸谱》中有这样一段关于草纸的记载："浙人以麦茎、稻杆纸为之者脆薄焉，以麦槁、油藤纸为之者尤佳。"这是迄今我们发现的有关草纸制作的最早记载，而西方也是到了19世纪的时候才出现了草纸。

抄纸技术的大大提高

宋代单张纸的尺寸变得愈来愈大，这时候已经出现了长达三至五丈的纸，这种纸的出现说明宋代抄纸的技术有了很大的提高。屠隆的《纸笔墨砚笺》上说，宋代"有匹纸，长三至五丈，陶谷家藏数幅，长如匹练，名鄱阳白"。从苏易简《文房四宝·纸谱》的记载来看，这种大尺寸的纸主要产于安徽南部，是在一种长船式的水槽中进行抄纸作业的，这在当时是非常先进的技术。

宋代抄纸技术提高的另一标志是造纸添加剂的推广，这种添加剂也就是明代人所说的"纸药"。"纸药"其实是一种植物黏液，在抄纸时加入纸浆，起到悬浮剂的作用，加入这种添加剂的纸薄而均匀，具有较高的品质。南宋周密《癸辛杂识》中就有这样一段关于"纸药"的记载："凡撂纸，必用黄蜀葵梗叶，新捣方可以撂，无则沾粘，不可以揭。如无黄葵，则用杨桃藤、槿叶、野葡萄皆可。但取其不粘也。"

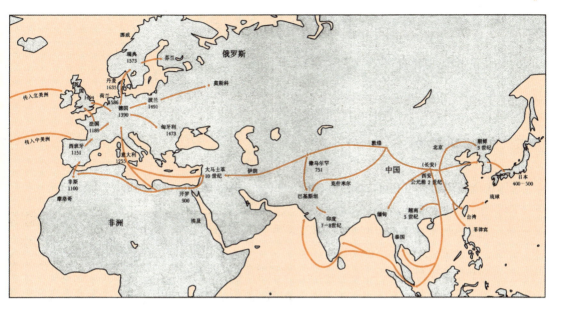

造纸术西传图

中国的造纸技术首先传到周边国家。公元3世纪时，越南已掌握了造纸技术。3至4世纪时，造纸技术传到了朝鲜。7世纪初，日本人通过朝鲜也掌握了造纸技术，并自行造纸。造纸技术传入阿拉伯要到8世纪。唐天宝十年（751），唐将高仙芝率大军3万西征，与阿拉伯军队战于怛罗斯，唐军大败，很多唐军士兵成了俘虏。俘虏中有造纸工匠。他们被送到撒马尔罕，在那儿成立了阿拉伯第一家纸坊。从此，阿拉伯市场上有了本地生产的纸。794年左右，巴格达出现了阿拉伯世界的第二家纸坊。从这时起，纸张代替羊皮成为主要书写材料。之后，叙利亚的大马士革和班毕都以产纸闻名。986年阿拉伯人征服摩洛哥。并于1100年在摩洛哥首府非斯城建成新的纸厂，非斯城成为了造纸中心。造纸技术又从非斯传入欧洲。12世纪初，西班牙的萨蒂瓦出现了欧洲第一家纸坊。当地盛产亚麻，这是造纸的好原料。13世纪，意大利法布里亚诺有了第一家意大利造纸厂。造纸技术又从意大利传入德国。1390年纽伦堡出现了纸坊。到15世纪后期，欧洲大部分地区都在使用纸张了。

第二节 雕版印刷的发展和活字印刷术的发明

唐五代的雕板印刷术

中国的雕板印刷术的发明,是在6世纪初的隋唐之际。雕板印刷术就是把文字刻在一整块木板上,再在这块整板上加墨印刷。当时主要用于刻印佛像、佛经、诗集、音韵书以及历法、医药等科技书籍。据明代学者邵经邦所记,中国最早的刻本书是唐太宗贞观十年(636)左右刻印的长孙皇后的《女则》。7世纪中叶,"玄奘以回锋纸印普贤像,施于四方,每岁五驮无余"(冯贽《云仙散录》引《僧园逸录》)。1974年在西安柴油机厂出土陀罗尼经咒,据研究是初唐即7世纪初叶印刷出来的。这是迄今所见世界上最早的印刷品。现存世界上第一部标有年代的木板印刷品是咸通九年(868)王玠出资刻印的《金刚般若波罗蜜

梵文《陀罗尼经》 唐

《金刚般若波罗蜜经》 唐

经》，可看出刻印技术已很成熟。唐末成都印刷的书籍中，也有《金刚般若波罗蜜经》、《陀罗尼经》等佛教经典。据长庆四年（825）元稹的记述，当时江浙一带不少人把他和白居易的诗"模勒"（即刊刻），"卖于市肆之中"。9世纪中叶日本来华名僧宗睿于咸通六年（865）回国时，带有印刷的书籍《唐韵》一部5卷和《玉篇》一部30卷，说明当时已印刷多卷本的书籍。五代后唐明宗长兴二年（931），冯道等人倡议刻印儒家经典。从长兴三年起，历经后唐、后晋、后汉、后周四朝，到后周广顺三年（953），前后22年，刻成儒家经典130册，并印刷出售。五代时还刻印了大量的佛经。

宋代雕版印刷业的繁荣

宋代的雕版印刷业的生产规模和生产数量取得了惊人的进展。其中，官刻、坊刻、私刻成为三大主干力量。官刻即政府刻印业。宋代中央政府的刻印机构主要是国子监。景德二年（1005）五月，宋真宗到国子监视察，当问及当时雕刻书板数量时，邢昺回答："国初不及四千，今十余万。经、传、正义皆具。"就是说，从宋代建国到景德二年的40年间，国子监雕刻的书版增长了25倍。国子监雕印的除大量经书、史书外，还有许多医书。坊刻是书坊刻书。最有名的是临安亲坊陈起父子书籍铺和建安余氏刻书世家最为有名。私刻是私人出资校刻的书。私刻书校订精细，如廖莹中刻印的《昌黎先生集》和《河东先生集》，历来被誉为神品。宋代（以及辽、金）刻印的书中有的规模很大，主要是佛藏和道藏。如宋太祖开宝四年（971）于成都开始版印全部《大藏经》，共1076部，5018卷。历时12年雕印完工，雕版共13万块。南宋于1132年有王永从在湖州刊刻佛藏5400卷，一年之内即告完工，可见刻工之众多和技术之熟练。据记载，当时雕刻大部头书籍，往往集中刻工120至160人。辽代雕印了全本《大藏经》，并先后赠送了五部给高丽。辽藏又称契丹藏，是根据宋藏翻刻的。当时用糯米胶调墨印刷，这是一种新创。金代有崔法珍印藏经进于朝廷。金代也刻印道藏，先后刻了六、七副。宋代的刻书业遍布全国，但以四川的成都和眉山地区、北宋首都开封地区、浙江杭州地区和福建的建阳、麻沙地区最发达，形成了四大刻书中心，并出现了蜀刻、浙刻、闽刻等不同的刻书风格。总之，宋代雕版刻印力量极强，刻印数量极多，校刻水平极精。许多刻本校勘精当，刀法纯熟，字体遒劲方正，行款疏朗，版式舒展，纸墨精致，因而备受后人珍视。

铜版印刷术的发明

当今学术界有一些学者认为,中国铜版印刷技术发明于五代。但到目前为止,我们还不能举出令人信服的史料来说明这一论点。但是铜版印刷术在宋代已得到广泛应用,则是确实无疑的。

宋代用铜版印刷的制品很多,如南宋的纸币"会子"。上海博物馆就收藏有宋代用来印制会子的铜版,其外观呈长方形,上半部的右边是会子的票面额"大壹贯文省",左边是料号,中间是赏格文:"敕伪造会子犯人处斩,赏钱一千贯……",中部印有"行在会子库"五个大字,下部饰有花纹图案。在中国历史博物馆的藏品中,我们发现了宋代用铜版印制的商品广告"济南刘家工夫针铺",它的上半部中间刻有玉兔捣药图,图案两侧分别写有"认门前白兔儿为记",下半部还写有"收买上等钢条"等内容。据有关专家称,此广告作品的印制年代在北宋。这一切都表明,宋人已经使用铜版印刷技术。

套色印刷的发明

从目前的史料看,纸制品的套色印刷技术也发明于宋代。元人费著的《蜀剑谱》上有这样的记载:"大观元年五月,改交子务为钱引务,版铸印凡六:曰敕字、曰大料例、曰年限、曰背印,皆以墨;曰青面,以蓝;曰红团,以朱。六印皆饰以花纹。红团、背印则以故事。"这说明宋代四川地区普遍使用

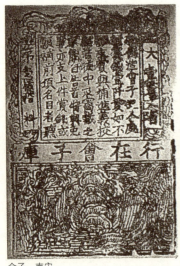

会子 南宋

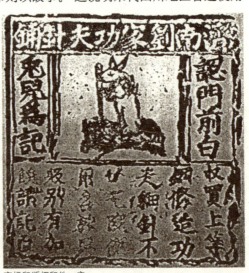

商标印版拓印件 宋

的纸币"交子",是用黑蓝红三色套印而成的。1974年,在山西省应县木塔中发现了辽代统和年间(983—1012)彩色雕版印制的《炽盛光九曜图》等印刷物,是世界上迄今所发现的最早的套色印刷实物。

毕昇的活字印刷术

北宋庆历年间(1041—1048),有一个叫毕昇的平民发明了活字印刷术。北宋学者沈括在《梦溪笔谈》中对毕昇的发明有着详细的记述:用胶泥刻字,每字一印,用火烧煅,使其陶化而变得坚硬;每一字都做几个印,常用的如"之"、"也"等这样的字,要做上二十多个印,用作排版时出现重复字时使用;活字的厚薄像铜钱的边,不用的时候用纸贴上,每韵为一贴,置于木格中贮存。排版时,先预备好一块铁板,铁板上铺上用松香、蜡和纸灰混合而成的黏着剂,铁板四周用铁范框住,然后从贮字的木格中将所需用的字取出,把铁范排满,然后用火把铁板加热,使黏着剂熔化,再用一块木板在字的表面按一下,使活字的表面平齐,并与铁板粘牢,接下来便可以刷墨进行印刷了。如果遇到事先没有准备的字,就随时刻字,烧硬补上,非常快捷。为提高效率,通常准备两块铁板,在第一板排好进行印刷时,第二板便开始排字了。当第一板印制完毕后,第二板的字也已经排好了。用第二板印刷时,印刷工人便把第一板的字取下重新编排,如此"更互用之,瞬息可就"。印刷完毕取字时的方法是,把铁板重新拿到火上加热,待黏着剂熔化后,便可轻松把活字从铁板上拿下。因为活字是用泥制成的,所以不会被黏着剂沾染,这样的活字可以被重复使用,非常方便,特别是印制数量较多时,"极为神速"。毕昇

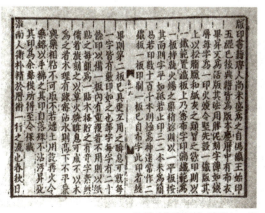

沈括《梦溪笔谈》(部分)　宋　　　　　　　　王祯《农书》(部分)　元

木活字制作工序图 清

活字印刷术的发明在印刷史上具有里程碑的意义。

在毕昇之后,活字印刷术不断发展。元代的王祯创制了木活字,他请工匠刻制木活字三万多个,于1298年印刷六万多字的《旌德县志》,不到一个月,便印成100本。这是有记录的第一部木活字印本。王祯还创造了转轮排字架,将活字按韵分放在转盘上,每韵每字编好号码,登录成册。排版时一人从册子上报号码,另一人在排字架旁转轮取字,从而使排字效率大为提高。1319年,有马称德在浙江奉化制木活字十万个,印成《大学衍义》等书。1773年,清政府刻成二十五万三千余枚枣木木活字,先后印行《武英殿聚珍版丛书》138种,共二千三百多卷。除木活字、泥活字外,元、明两朝还有不少人用锡、铜、铅等金属材料制成活字。

中国印刷术从唐代即开始外传。

北宋泥活字版

先传至日本、朝鲜。接着传入东亚和南亚各国，并西传至波斯（伊朗）。波斯用中国的印刷术印造纸币。经过波斯，中国印刷术又传至埃及和欧洲。14世纪末，欧洲出现木版雕印的纸牌、圣像、经典以及拉丁文文法课本。德国谷腾堡在1456年用活字印刷《圣经》。此后20年，印刷术传遍了西欧、中欧和南欧各国。印刷术的西传，对于欧洲文艺复兴和宗教改革运动都起了重要的作用。

第三节 宋代的火药和火器

宋代火药技术的进一步发展

北宋曾公亮等人编著的《武经总要》中分别对毒性火药、燃烧性火药和爆炸性火药的配方有详细记载，这也是我们迄今所看到的关于火药配制的最早文字记载。其中毒性火药称"毒药烟球法"，硝、硫、炭三者的比例为6:3:1，另外还加入了草乌头、狼毒、巴豆、沥青、砒霜等具有很强毒性和生烟的药物。这种"毒药烟球法"的主要作用是向敌阵释放有毒烟雾，使敌兵中毒而伤亡。燃烧性火药称"蒺藜火球法"，硝、硫、炭三者的比例为61.54:30.77:7.6，另外加入沥青、干漆、桐油、蜡等易燃物，主要用来烧伤敌兵和敌方马匹。爆炸性火药称"火炮火药法"，硝、硫二者的比例为74:26，同时加入干漆、黄蜡、清油、桐油、松蜡、浓油等易燃物，由于不含炭，所以并不具有很强的爆炸性。这三种火药的硝、硫、炭的比例已经比较接近现代黑色火药的标准（硝、硫、炭比例为74:10:16），可见当时中国的火药制造技术已达到了相当高的水准。

　　火药的发明和炼丹术有关系。硫磺、硝石和炭是制造火药的三种基本成分。在古代方士的炼丹过程中，人们逐渐认识到了硫磺、硝石的化学性质。如《神农本草经》上就说"硫磺能化金银铜铁，奇物"。在炼丹过程中，方士认识到硫磺具有很强的燃烧性，"难以擒制"。硝石在古代又被称为消石，方士也很早认识到了它的易燃性，且能和多种药品发生作用。中国是最早发现和使用硝石的国家，所以，阿拉伯人和埃及人称硝石为"中国雪"，波斯人称硝石为"中国盐"。木炭则更是方士炼丹时常常使用的物质。

　　火药在魏晋南北朝时期发明。到了唐朝末期，火药被用于军事领域。从此以后，由于战争的需要，火药制造技术快速发展，对军事技术产生了重大影响。北宋政府在首都开封（今属河南）设立了专门生产军用物资的"广备攻城作"，共分11个单位，其中有一作便叫"火药作"。北宋时期生产的火器主要有弓火药箭、弩火药炮、火蒺藜等，这些火器都是用弓弩等发射的，火药的含炭量、含硝量较低，没有引信，仅仅是一种燃烧性兵器，而非爆炸性兵器，不具备大的杀伤力。南宋时，又出现了喷气式火箭和管形火器，且火药中增加了硝和炭的含量，同时使用了引信，具备了较强的爆炸性，因而具有较强的杀伤力。

宋代火器的生产和使用

　　宋代主要生产和使用的火器有弓火药箭、弩火药箭、抛发火炮、喷气式火箭、管形火器。

弓火药箭和弩火药箭是利用弓和弩发射的火器装置。《武经总要》上说："火箭，施火药于箭首，弓弩通用之。其传药轻重，以弓力为准。"曾公亮所记载的这种火箭就是弓火药箭和弩火药箭。《宋史》的《兵志》也有多处对这种火器的记载，如开宝三年（970），"兵部令史冯继升等进火箭法，命试验，且赐衣物束帛"；咸平三年（1000），"神卫水军队长唐福献所制火箭、火球、火蒺藜……"。

抛发火炮是利用抛石机发射的，这种火器最早出现在唐末。宋人路振《九国志》的《郑璠传》记载，904年，杨行密攻打豫章（今江西南昌）时，其手下郑璠命所部"发机飞火，烧龙沙门，率壮士突火先登入城，焦灼被体"。这是关于抛发火炮的最早记载。抛发火炮在宋代得到广泛使用，成了战场上最为常见的火器之一。如《宋会要辑稿》有载，建炎三年（1129）监察御史林之平建议，福建、广东沿海的船只"用望斗、箭隔、铁撞、硬弹、石炮、火炮、火箭及兵器等，兼防火家事之类"。包恢在《敝帚稿略》中也说道："今欲少效火攻，则所在军中自有火炮之法。左统领自有见成可用之炮。"到了南宋，抛发火炮的技术又有了进一步的改进，铁质火药包和引信被广泛使用，增强了抛发火炮的爆炸性。

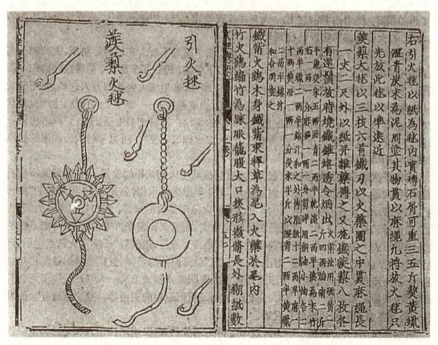

《武经总要》中关于火药配方的记载　北宋

第二十五章 "四大发明"在宋代的发展 | 455

《武经总要》中的蒺藜火　　《武备志》中的毒药烟球示　　《武备志》中的突火枪示
球示意图　北宋　　　　　　意图　明　　　　　　　　　　意图　南宋

喷气式火器发明于12世纪，是把含硝量较高的火药装入纸筒中，它的工作原理和今天的运载火箭是一样的。它的制作方法是在纸筒中间留半个插引信的空腔，插入引信，同时用泥把纸筒的上部封住，最后把纸筒绑在箭杆上。使用时将引信点燃，火药着火后产生的高温气流从纸筒下方高速喷出，从而使纸筒连同箭杆飞起，射向敌阵，这种火器已不再需要借助弓弩等的机械力，而是利用空气对高温火焰流、气流的反作用力来发射，是火器制作的又一个里程碑。

管形火器是现代枪炮的鼻祖，《宋史·兵志十一》有载，开庆元年（1259），寿春府（今安徽寿县）"造突火枪，以巨竹为筒，内安子窠。如烧放焰绝，然后子窠发出，如炮声远闻百五十余步"。这种突火枪是目前我们所知道的世界上最早的管形火器，由于枪筒是用竹子制造的，所以极不耐用。但随后不久，中国就出现了用金属制造的管形火器，如1970年在黑龙江阿城县出土的铜制火铳，就是1288年以前制造的管形火器，这在当时是非常先进的武器。

13世纪初，中国发明的火药经过印度传入阿拉伯国家。元兵西征时又把火箭、毒火罐、火炮、震天雷等火药武器传入阿拉伯。欧洲人在和阿拉伯人的战争中学会了制造火药和火药武器。到14世纪中，西欧国家有了关于火药、火器的记载。

第四节 指南针的发明和使用

指南针的发明

中国是世界上最早发现磁铁指极性的国家。战国时期，中国就发明了磁性指向仪器"司南"。《韩非子·有度》里就有"司南"的记载。"司南"是指南针的始祖，用天然磁石制成，样子像勺，圆底，置于平滑的、刻有方位的"地盘"上，它的勺柄指向南方。汉代王充《论衡·是应》说："司南之勺，投之于地，其柢指南。"但"司南"的磁性较弱，与地盘接触处转动摩擦力较大，所以"司南"在长时间内未能得到广泛使用。

到宋代，人们发现了人工磁化的方法，从而发明了指南针。最早的记载见于相墓书《茔原总录》（成书于1040年），大意是说，要想确定东西南北四个方向，就必须用丙午指向的针，然后"于其正处，中而格之"，针的指向就是正南的方向。从书中的记述来看，当时已把磁针与罗经盘配套，作为确定方位的仪器，并且发现了正南偏东7.5度的地球磁偏角，而欧洲人是在四百多年后，即1492年，才由哥伦布在航海探险中发现了磁偏角。

北宋曾公亮等人所编的《武经总要》中记载了利用强大的地球磁场的作

水浮法指南针（模型）

汉制司南

第二十五章 "四大发明"在宋代的发展 | 457

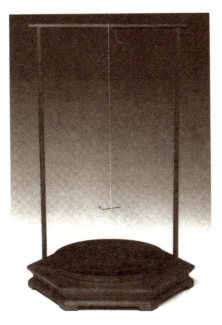

缕悬法指南针（模型）

用进行磁化的"指南鱼"，即把薄铁片做成鱼形，用火烧红后，把鱼的尾部蘸入水中，使鱼尾指向正北，且略微下倾，取出来时鱼形薄片已被磁化，将它浮于水面，便是可以用来指向的"指南鱼"了。

另一种人工磁化的方法，见于沈括的《梦溪笔谈》："方家以磁石磨针锋，则能指南，然常微偏东，不全南也。水浮多荡摇。指爪及碗唇上皆可为之，运转尤速，但坚滑易坠，不若缕悬为最善。其法取新纩中独茧缕、以芥子许蜡，缀于针腰，无风处悬之，则针常指南。其中有磨而指北者。予家指南、北者皆有之。""方家"，即现在所谓的风水先生。他们用"磁石磨针锋"的方法对钢针进行人工磁化。这是简便又有效的方法。书中还介绍了四种置挂磁针的方法，一是浮于水面，二是放在指甲上，三是置于碗沿上，四是用线丝悬挂。沈括比较推重的是第四种方法。

指南针的应用

指南针起初只是"方家"用来看风水的一种工具，根据朱彧《萍洲可谈》和徐兢《宣和奉使高丽图经》的记载，至晚在北宋后期，指南针已成为航海工具。《萍洲可谈》卷2中记载了1099至1102年间的航海活动，"舟师识地理，夜则观星，昼则观日，阴晦观指南针"。《宣和奉使高丽图经》卷34《半洋焦》中说："洋中不可往，维观星斗前迈。若晦冥，则用指南浮针，以揆南北。"南宋时，人们普遍使用"针盘"导航，"夜则观星，昼则观日"的天文导航方法渐渐被淘汰。这时人们在船上设置了专门放置指南针的"针房"，并由专业人员火长负责看管，其他人员不允许进入，这种情形在南宋吴自牧《梦粱录》有记载："风雨晦冥时，惟凭针盘而行，乃火长掌之，毫厘不敢差误，盖一舟人命所系也。"明朝人巩珍在其《西洋番国志》的自序中也说到，"选取驾船民梢中有经惯下海者称为火长，用作船师，乃以针经图式付与领执，专一料理，事大责重，岂容息忽"。

指南针在航海领域的广泛应用使人们获得了全天候航行的能力，开创了人类航海活动的新纪元，对于海上交通的发展，中外经济文化的交流，起到了极大的促进作用。也正是因为宋元时期航海技术的快速进步，到了明代初期，才有了中国人在航海史上的辉煌壮举——郑和七下西洋。

大约12世纪和13世纪之间，指南针（水浮磁针）传到阿拉伯，然后辗转传入欧洲，对于欧洲航海业的发展以及新大陆的发现都起了重要的作用。

推荐读物：

1. 冯绍霆著：《四大发明》（上海：上海古籍出版社，1995年）。
2. 自然科学史研究所主编：《中国古代科技成就》（北京：中国青年出版社，1978年）。
3. 卡特（卡达）著，吴泽炎译：《中国印刷术的发明及其西传》（上海：商务印书馆，1957年）。
4. 卢嘉锡主编，潘吉星著：《中国科学技术史·造纸与印刷卷》（北京：科学出版社，1998年）。
5. 卢嘉锡主编，赵匡华、周嘉华著：《中国科学技术史·化学卷》（北京：科学出版社，1998年）。
6. 卢嘉锡主编，王兆春著：《中国科学技术史·军事技术卷》（北京：科学出版社，1998年）。
7. 何丙郁、何冠彪著：《中国科技史概论》（香港：中华书局，1983年）。
8. 李国豪主编：《中国科技史探索·中华文史论丛增刊》（上海：上海古籍出版社，1986年）。
9. 李约瑟原著，陈立夫主译：《中国之科学与文明》（台北：台湾商务印书馆，1981—1995年）。

图片补充资料：

1. 446页　　：竹纸制作工序图，在《天工开物》里介绍了竹纸制作的五个工序——"斩竹漂塘"、"煮楻足火"、"荡料入帘"、"覆帘压纸"及"透水焙干"。
2. 448页（上）：梵文《陀罗尼经》，四川成都唐墓出土。纸薄而坚牢，可能为麻、楮、青檀树皮等制成。

　　　（下）：《金刚般若波罗蜜经》，敦煌藏经洞出土。此为雕版印刷品，卷轴装，刻印精良，印品完整，上有"咸通九年四月十五日王玠为二亲敬造普施"字样。是雕版印刷术成熟之作。

3. 451 页（左）：沈括《梦溪笔谈》，是最早一本记载毕昇泥活字印刷技术的书籍。

　　　　　（右）：王祯《农书》，此书有《造活字印书法》一篇，记载了他的木活字工艺。

4. 452 页（上）：木活字制作工序图，《武英殿聚珍版程式》透过"成造木子图"、"刻字图"、"字柜图"、"槽板图"、"夹条顶木中心木总图"、"类盘图"、"套格图"及"摆书图"八幅插图，介绍了各个制作木活字的工序。

5. 456 页（右）：水浮法指南针（模型），是北宋四种指南针之一。其结构是将几段灯草横穿在带磁性的钢针上，放在盛水的瓷碗中，灯草连同磁针浮于水面，磁针即指示南北。这种指南针实用性强，最先应用于航海导航。模型是王振铎据《梦溪笔谈》、《本草衍义》的记载设计复原的。

6. 457 页　　　　：缕悬法指南针（模型），是北宋四种指南针之一。其结构是以独根蚕丝用蜡黏接磁针中部，悬挂于木架上，架下放置方位盘。磁针垂于方位盘中心上方，静止时，因地磁作用，其两端分指南北。模型是王振铎据《梦溪笔谈》设计复原的。

【第二十六章】中国陶瓷与海上交通贸易

中国历史上最著名的外销产品,一种是丝绸,一种是瓷器。丝绸和瓷器成了中国文明的代表和象征。丝绸的向外输出主要是通过陆上"丝绸之路",而瓷器的向外输出主要是通过海上的贸易通道。我们在本章中先简要介绍中国瓷器生产的历史,然后介绍中国海上交通贸易发展的概况。

第一节　唐代陶瓷

中国陶瓷业的发展可粗略划分为三个阶段:陶器阶段、原始瓷器(釉陶)阶段和瓷器阶段。从隋唐开始第三个阶段,这主要表现在:中国瓷器在隋唐时始用高温烧成,从而使瓷器的质地坚固;瓷器到隋唐时代在社会上进一步被普遍使用;制瓷业到唐代才有"窑"的专称。

灿烂缤纷的唐三彩

唐高宗时期(650—683)开始有唐三彩。唐三彩是用白色黏土作胎,以含有铜、铁、钴等元素的矿物作为釉的着色剂,并以铅为助熔剂,入窑在约800℃的低温中烧成。烧成后铜绿、铁褐、钴蓝等发色鲜艳,再加上铅釉的流淌特点,故作品常予人一种淋漓尽致之感。当然,所谓三彩只是多彩的泛称,其中包括了仅施罩两种彩釉或三种以上色釉的作品。唐三彩主要流行于长安、洛阳地区。作品可分为两大类,一类是人物、马、骆驼等专门用来陪葬的仅具象征意义的器,另一类是杯、盘、罐等器皿类,后者虽亦多出土于墓葬但也屡次发现于居住遗迹,故不排除其有实际使用的可能性。

唐代贵族的趣味在出土唐三彩中得到生动的反映。如所见三彩马多配置有华丽的鞍具或幛泥,有的还将马鬣剪成三花,正是"围人贵介多雍容,三花剪鬣自官样"的具体写照。唐马

三彩马　唐

剪鏤的风尚是受到萨珊波斯王朝的影响，但唐三彩的彩釉技法则又给予波斯等地陶器重要的启示，如所谓波斯三彩或日本奈良时期的奈良三彩陶器，就是受到唐三彩的诱发而诞生的。

邢窑白瓷和越窑青瓷

陆羽《茶经》曾从饮茶的角度来评比越州（浙江）、鼎州（陕西）、婺州（浙江）、岳州（湖南）、寿州（安徽）、洪州（江西）和邢州（河北）等地瓷窑作品的优缺点。它们均是以高温烧造而成的瓷器，但中晚唐的瓷器以河北邢窑白瓷和浙江越窑青瓷的品质最精，也最常为当时人们所称颂。陆羽《茶经》说："邢瓷类银，越瓷类玉"，"邢瓷类雪，越瓷类冰"。邢窑洁净的白釉和越窑似玉般的青釉虽各异其趣，但均可衬托茶色之美，而两窑作品器形和装饰颇多模仿金银器，也符合市场的消费取向。从《新唐书·地理志》等文献得知，邢窑、越窑或河南府等地瓷窑也曾担负进贡朝廷的任务。关于这点，我们还可经由唐大明宫出土的白瓷以及陕西扶风法门寺地宫的青瓷得到进一步的确认。特别是法门寺地宫文物主要是咸通十五年（874）由帝王后妃舍入寺的供奉物，所见越窑青釉有如千峰翠色。依据地宫伴出的一方记录供奉物品内容的"衣物账"可知，这类高档的青瓷就是文献屡次提及的"秘色瓷器"。"秘色瓷器"声名远播，就连日本平安朝《吏部史记》等文献中亦可见到。

长沙窑的釉下彩绘瓷

晚唐窑业当中，湖南长沙窑的釉下彩绘作品呈现了一种与白瓷、青瓷等单色

白瓷执壶　唐

釉里彩绘龙纹执壶　唐

釉瓷截然不同的趣味。釉下彩绘技法是以铜、铁等原料于器胎绘饰图纹、书写诗文甚或广告词句，施釉入窑以高温烧成。一个值得留意的现象是，长沙窑制品除了于扬州有较多发现之外，国内其他地区并不多见，但于东北亚、东南亚和中东等地遗址则常可见到，说明这种釉下彩绘的瓷器是主要用来外销的瓷器。另外，扬州地区屡次出土的以钴为彩绘原料的所谓唐青花，也是近年学界注目的焦点之一。初步化验结果显示，其产地有可能是在河南巩县窑，该窑也是唐三彩器皿类的重要生产地之一。

第二节 ｜ 宋金陶瓷

宋代陶瓷窑场林立，遍布于中国各地。除了沿海地区许多专门生产外销瓷的杂窑之外，受到市场欢迎的著名瓷窑作品，经常被其他瓷窑所仿效，从而形成了几个烧制类似产品的瓷窑系。它们包括了北方的定窑系、耀州窑系、钧窑系、磁州窑系，南方的景德镇窑系、龙泉窑系和建窑系。上述瓷窑当中，定窑主要烧造象牙般的白瓷，和景德镇白中泛蓝的青白瓷各尽其妙；耀州窑、钧窑和龙泉窑是以青釉取胜；建窑独树一帜的黑釉也备受称颂，特别是变化诡谲的油滴和兔毫茶盏，更是当时饮茶、斗茶的最佳道具。相对于上述瓷窑以及为朝廷垄断的官窑青瓷等作品，基本上都是属于单色釉瓷，窑场广布于河南、河北、山西、陕西诸省的磁州窑，则擅长以各种技法营造出对比鲜明的彩饰，是宋金时期最具特色的北方民间瓷窑。

磁州窑的装饰艺术

磁州窑的装饰母题有较强的民间色彩，如以釉下铁绘装饰在瓷枕枕面的婴戏图、马戏图或诗句，颇富民间生活意趣。部分瓷枕有"张家造"等作坊铭记，也说明了磁州窑生产形态已有专业的分工。

磁州窑的装饰技法在宋瓷中别具一格，其特点是将化妆土予以灵活的应用。化妆土是一种泥浆，如果在器胚胎涂抹一层白化妆土，就可掩饰原本粗糙且呈色深的胎体，是便捷而廉价的改变胎体呈色的有效方式。常见的白地黑彩瓷即是在化妆土上饰铁绘，施罩透明釉入窑烧制而成的。剔花作品则是

耀州窑刻花梅瓶　北宋

剔去纹饰以外的地子，使纹饰呈现浮雕效果，由于地子化妆土已经剔除，故露出的深色胎就和浮雕纹饰形成鲜明的对比。还有一种黑剔花，是在白化妆土上再施抹黑彩，轻剔纹饰之外的部位，留下白色化妆土地子，经施罩透明釉烧成，就能产生绝佳的黑白辉映，有银器鎏金般的视觉效果。

官窑青瓷的意趣

钧窑天青釉罐　元

　　由朝廷所垄断的官窑青瓷，釉色温润如玉，静雅深邃，是中国陶瓷史上的杰出典范。宋代官窑分北宋官窑和南宋官窑，前者窑址尚未发现，但有学者推测传世的汝窑即北宋官窑；后者是宋室南迁后于浙江设立的瓷窑，其中包括修内司官窑和郊坛官窑二处。除了极少数的作品之外，官窑青瓷均无任何纹样装饰，着重表现青釉素雅之美。部分作品胎色较深，施釉烧成后器足露胎处成黑褐色，同时器口沿施釉较薄，隐隐可见泛紫的胎色，故"紫口铁足"也成了官窑青瓷的特征之一。但也有不少官窑作品是采用裹釉支钉烧的技法烧成，即将整体施釉的作品架设在钉状窑具之上，烧成后，除了器底的支钉痕露胎，其余部位则满釉。著名的传世汝窑青瓷也采用同样的装烧技法，其支钉痕细小如芝麻，为后人所珍爱。

官窑贯耳瓶　宋

　　以精纯的青釉施罩于造型端正简朴的器身，尽可能不显露无釉的器胎，是宋代官窑所追求的理想境界。一度进贡宫廷的定窑白瓷也是遵从同样的理念。由于定窑碗盘多以覆烧烧成，故口沿留下一圈无釉的涩胎，但若在口沿装镶当时蔚为风尚的金属边扣，整体外观仍属满釉。此外，定窑白瓷、耀州窑青瓷和景德镇青白瓷等作品，虽常见到刻画花或印花装饰，但纹饰和色釉取得协调，釉色甚至可经由纹饰的烘托而更显精纯静雅。这种釉色美可说是宋代高档瓷窑的共同追求。

第三节　元明清三代的陶瓷

艳丽的元代青花瓷器

　　元代陶瓷当中，以青花瓷器最负盛名。青花瓷是在器胎以钴料绘饰纹样，施透明釉后入窑以高温一次烧成,烧成后钴彩即呈鲜艳的蓝色。其主要产地是在江西景德镇,集中流行于元代后期。英国大卫德基金会收藏的一对带至正十一年(1351)纪年的长颈瓶,就是其中的代表作。元代景德镇为何选择以钴蓝作为主要的彩绘原料?学界有种种推测,但迄今未有定论。可确定的是,青花瓷的出现和大量生产,明示了一种和宋代单色釉瓷截然不同的审美趣味。艳丽的青花纹饰,成了人们注目的焦点,精纯的白胎和透明釉似乎退居成衬托青花的次要角色。元代青花瓷也曾和浙江龙泉青瓷等沿海地区瓷窑作品一同用来外销,其中又以伊朗和土耳其传世的大量青花瓷器最为著名。

明代官窑及其分期

明代初期已于景德镇设置专门烧造宫廷用瓷的御窑厂,即由官方委派中官督造的所谓官窑。从《大明会典》等文献记载,结合传世遗物,不难得知朝廷对于官窑瓷器的造型、纹饰乃至于原料成本等细节均有所规定,而于宣德时期渐成定制的在作品上书写年款一事,也成了官窑瓷器必要的格式之一。通过这些带有年款的作品,使得学界已能大致掌握明代官窑的样式变迁,从而可将之区分为:永乐、宣德期(1403—1435);成化、弘治、正德期(1465—1521);嘉靖、隆庆、万历期(1522—1620)等几个风格期别。

青花瓷仍是明代官窑的主力产品,但以铜为着色剂的釉里红,以及各种单色釉瓷、釉上彩瓷也是官窑的生产对象。成化时期的斗彩更是备受珍重,它是先以青花描绘纹饰边廓,施釉入窑以高温烧成后,再于青花轮廓内填釉上彩饰二度入窑以低温烧成,这种描边填彩的构思和铜胎掐丝珐琅有异曲同工之妙。作为明代官窑重要考古发现的景德镇珠山遗迹,也出土了大量成化斗彩等瓷器,珠山遗迹所见明代历朝官窑制品数量庞大,可弥补文献记载和传世作品的不足。另外,依据崇祯年间《贻休堂记》碑文的内容可知,明代官

青花飞鸟朝凤纹罐　明

釉里红缠枝菊纹大碗　明洪武

青花红彩龙纹碗　明宣德

《景德镇陶录》中的景德镇窑制瓷图　清

窑可能罢废于万历三十六年（1608）。不过，景德镇民窑的瓷器外销事业则呈活跃的景象。

集大成的清代陶瓷

清代同样是在景德镇设立御窑厂，只是清代以金钱雇用工匠的方式和明代派征夫役的做法有所不同。清代官窑种类繁多，乾隆初年著名督陶官唐英（1682—1755?）撰《陶成记事碑》，当中所列举的釉彩已有57种之多，可说是集中国陶瓷之大成。匠工技艺精湛，特别是乾隆官窑既仿烧历代名窑瓷器，又以陶瓷来仿制青铜、漆器、竹木等文物，确是独具匠心。

清代官窑以康熙、雍正、乾隆三代作品最为可观，官窑釉上彩绘引进西洋画中的透视和明暗的表现手法，有宫廷画家参与绘制，故所画人物山水花卉翎毛，无不精细入神。绘饰母题取材广泛，包括不少西洋人物故事图。另

第二十六章　中国陶瓷与海上交通贸易 | 467

青釉瓜棱罐　清雍正　　　粉彩描金瓷尊　清　　　郎窑宝石红观音尊　　青花六方瓶
　　　　　　　　　　　　　　　　　　　　　　　清康熙　　　　　　清乾隆

　　一方面，景德镇民窑也接受定制，并经由荷兰东印度公司等将瓷器大量输往欧洲各国。器形种类也很丰富，包括各式西餐具或人物饰像；纹饰则以西方家族纹章或表现耶稣诞生、受刑、复活等画面的所谓耶稣会瓷最具特色。乾隆以后官、民窑作品多延续前朝遗制，墨守成规，已呈衰微的景象。

第四节　秦汉时期的海上交通贸易

入海求仙与秦朝的海上交通

　　战国末年，中国方士为寻找"不死之药"大事炼丹求仙。所谓"求仙"就是派方士入海求仙人不死之药。《史记·封禅书》说："自威、宣、燕昭使人入海求蓬莱、方丈、瀛洲。此三神山者，其传在渤海中，去人不远；患且至，则船风引而去。盖尝有至者，诸仙人及不死之药皆在焉。"这类记载表明，战国时期的方士最先造船入海。入海求仙活动到秦朝愈演愈烈，秦始皇派方士徐福入海求仙。公元前219年和公元前210年，徐福两次率船队出海。第二次他带童男童女3000人，终于到达了日本。传说徐福把中国的五谷种子、农耕技术、青铜和铁器技术带到日本，对日本文化的发展产生了极大的影响。这种求仙的活动还从北方山东发展到南方广州。秦始皇听信燕国方士卢生"亡秦者胡"的图谶，北击匈奴，南开五岭，并发配大批商贾到南海和象郡。南海郡治在番禺，也即今天的广州。入海求仙采用什么方法导航，史无明载。东晋方士葛洪远航印度支那的导航方法，在《道藏·洞神部·太清金液神丹经》中略有所述。据说，葛洪渡海到扶南是"迎箕背辰"，也就是从北向南，依靠星辰定方位来航行的。这种导航方法古称"牵星术"，是罗盘发明之前普遍流行导航方法。例如《谈薮》记载："梁汝南周舍，少好学，有才辨。顾谐被使高丽，以海道艰难，问于舍。舍曰：昼则揆日而行，夜则考星而泊。"即便在罗盘发明之后，牵星术仍然是古代航海家导航的重要手段。

汉代的海上交通

汉代是以中国为核心的古代西太平洋交通网与贸易网的形成时期。

陆上的丝绸之路，由于自然条件的恶劣和社会条件的困难（如中亚、西亚游牧诸族的兴衰、征战，以及某些强国居中垄断等），常遭阻断，难以畅达。因而，开辟一条海上贸易通道，自然成为一种巨大的、带有国际性的社会需求。古代历史资料和考古发现业已证明了当时西方地中海世界企图从海上开拓东通中国的航线。自1945年以来，在南印度东海岸的阿里卡梅杜，发现了一个古代国际贸易港。遗址发掘证明，这个拥有许多罗马帝国时代货栈、以及大量希腊、罗马陶器与罗马铸币的商港，是一座有着浓厚罗马色彩的古商埠，其繁荣期恰在1、2世纪。可见当时地中海世界的商人已经以印度东海岸为中转基地，从海上向中国伸出贸易触角。阿里卡梅杜的情况，完全印证了罗

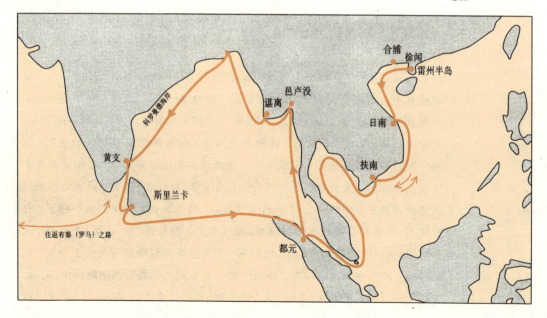

汉代海上贸易通道示意图

马时期的文字材料,即在公元初年,每年从埃及驶入红海的船只达120艘之多。

与此同时,大汉帝国也在努力开辟海上贸易通道。雄才大略的汉武帝不仅派张骞凿空,打通陆上的丝绸古道,而且在平定南方以后,派人从雷州半岛等地出发,探查海上向南方与西方的通道。这些汉帝国的海上探险者和商人,从雷州半岛扬帆,陆续访问都元国(今苏门答腊)、邑卢没国(今缅甸勃古附近)、谌离国(今缅甸伊洛瓦底江沿岸)、黄支国等(今印度马德拉斯附近),沿途用自己携带的黄金、丝货,交换各处的明珠与各种珍奇之物。根据学者的研究,他们出海的路线,大致是今天越南、柬埔寨、泰国而进入暹罗湾;在缅甸登陆,陆行至孟加拉湾,再航行到印度科罗曼德海岸,最后到达斯里兰卡,由那里回航。不过,限于当时的航海技术与知识,要前往如此遥远的陌生海城,在大多数情况下仍要靠东南亚各地的商船转送,即所谓"蛮夷贾船,转送致之"。显然,汉帝国和罗马帝国的商人与海员,早在公元前后已相会在印度洋。

可见,这条海上贸易通道,从一开始就是沿途各族人民共同创建的。所谓"蛮夷贾船",其中就是著名的扶南大舶。以今柬埔寨为中心地区的扶南国,曾称雄东南亚。扶南大舶,"头尾似鱼","大者载百人"。秦汉时代的造船业亦不逊色。汉代楼船组建的渤海舰队,可载士兵5万人。当时广州造船工厂,据遗址发掘情况,估计已能建造宽6—8米、长30米、载重50—60吨的木船。这样规模的海船,是完全可以近海行驶远洋的。

1978年,山东临淄西汉齐王墓1号随葬坑内发现一个带有异国风情的列瓣纹银豆,器高11厘米,口径11.4厘米。这个银豆是在一个颇具西方艺术特色的列瓣纹银盒上改造而成的。它的铜圈足和豆盖上的三个铜卧兽都是后来附加的。这种器物曾见于希腊罗马、波斯和斯基泰人古代遗址墓葬,原本是用来装液体的带盖容器。据考证,山东临淄这座汉墓系齐王刘襄墓,随葬坑的年代约在公元前179年。这个发现说明,早在公元前2世纪中叶,罗马与汉朝的海上交通已远及山东半岛。1983年,广州象岗发现南越王赵眜墓,该墓下葬于西汉武帝元朔末至元狩初年(前122年左右)。墓中不仅随葬了和西汉齐王墓随葬坑所出列瓣纹银盒几乎完全一样的罗马银盒,而且还发现了非洲象牙和来自红海沿岸的乳香。南越王墓出土的列瓣纹银盒,器高10.3厘米,口径13厘米,圈足和盖纽都是后来加配的,盖上还加刻了汉文铭文。南越王墓西

银盒　西汉

耳室的一个漆盒内发现许多乳香，呈树脂状，重26克。乳香主要产于红海沿岸，当时罗马商人活跃于红海海域，这些乳香有可能是经罗马商人之手，辗转传入广州的。20世纪80年代以来，东南沿海发现的罗马玻璃器为罗马与汉朝的海上交通提供了无可辩驳的证据。广州横枝岗西汉墓曾发现一批罗马玻璃碗，估计是地中海南岸公元前1世纪罗马玻璃生产中心的产品。横枝岗汉墓时代大约在西汉中期，相当于公元前1世纪，当中发现的玻璃碗是目前中国境内发现的最早的罗马玻璃器之一。此外，中国东南沿海古代遗址和墓葬还不断发现罗马金币、陶器、银器和玻璃器，这都是罗马与汉朝之间存在海上贸易航线的证明。这条航线从罗马城启航，先到埃及亚力山大港，再溯尼罗河而上，经过一段陆路到贝勒尼克港入红海，然后经印度东海岸的波杜克港（汉代时称作黄支）、雷州半岛的徐闻港，最后抵达广州。罗马皇帝安敦尼在位时，这条沟通中国与罗马的古代交通航线达到鼎盛时期。《后汉书·西域传》记载："桓帝延熹九年（166），大秦王安敦遣使自日南徼外献象牙、犀角、玳瑁，始乃一通焉。"安敦，即罗马帝国皇帝安东尼（M. A. Antoninus），约161—180年在位。这是有文字记载的西方同中国的首次官方的直接接触。东汉末年，这条航线逐渐衰落。中世纪阿拉伯航海业的兴起才使这条航线再度复兴。

第五节　唐代的海上交通贸易

东汉帝国瓦解后，中国进入魏晋南北朝的政治割据与纷乱时期。这一时期，中国经济重心开始南移。三国时期的吴国与南北朝时代的南方诸王朝（东晋与宋、齐、梁、陈），成为西太平洋海上交通与贸易的主角。广州、交州为海外贸易重要交易站。当时海路交通的路线，在《法显传》中有详细记述。陆上的分裂与割据，反而刺激了海上活动的活跃与发展。无论是对东北亚的日本、朝鲜，还是对南方诸国的交往，都在这纷乱时期，迈进了一步。

大唐帝国与海上交通贸易的发展

大唐帝国的出现，促进了海上交通贸易的发展。大唐帝国威加宇内，名扬四海。对外关系则海陆并重，既重陆上通道，也重海上通道。在海上交通与贸易方面,依靠空前大一统的优势,全方位组织、发展西太平洋贸易网。

首先,北线的中、日、韩贸易纲在盛唐时期巨大高涨,在东北亚地区经济文化交流史上,大放光华。朝鲜半岛新罗王国的崛起,日本大化革新(645—650)前后吸取中华文明的需求,为东北亚海上交通与贸易网增添了巨大的活力。据初步统计,在朝鲜半岛的新罗王国与大唐帝国长达280年的交往中,双方使节往还,共计161次,绝大多数是从海路来去的。当时新罗对华的海上活动,北至山东半岛,南至扬子江一带。新罗与日本的海上交易也颇具规模。813年,日本对马岛设立"新罗译语"的译馆,说明日、韩之间海上交往与贸易的需求。至于中日之间在这一时期的海上交往,从日本遣唐使团的规模不断扩大,次数亦称频繁,即可见一斑。

这样,我们可以看到,在唐帝国兴盛时期,在东北亚地区,中国的山东半岛、辽东半岛及长江口诸口岸,朝鲜半岛和日本列岛、特别是本州与九州诸口岸之间,组成了一个关系相当密切、规模相当庞大的海洋贸易网络,我们可以称之为古代西太平洋半环贸易网中的北段贸易网络。这个贸易网,沟通了中、韩、日三方,促进了东北亚地区诸社会的总体进步。

大唐帝国的号召力与凝聚力,也吸引着东南亚广大地区各民族人民,乃至更遥远的印度洋诸国,这就大大推动了海上丝路的进一步发展与繁荣。同时,盛极一时的阿拉伯帝国对于中华文明也采取了积极吸收的态度。阿拔斯王朝

唐代西太平洋(北段)贸易网

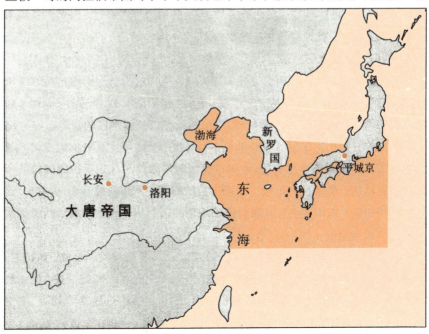

(749—1258)哈里发曼苏尔决定在巴格达建立新都时曾说过:"这里有底格里斯河,可以把我们和遥远的中国联系起来"。

7世纪,南海海上交通与贸易显著活跃。它表现在东南亚和印度洋地区诸国的纷纷来朝上。波斯商人抵达南海,再北上中国沿海诸港活动。再进一步,波斯和阿拉伯商人渐渐成为南海贸易的居间商,他们的商船更渐成为南海、印度洋地区来华贸易的十分重要的工具。这种形势的发展,终于引起唐朝政府的重视。公元8世纪初,唐朝设立了一个新的、专门负责海上贸易的结构:市舶司。

唐代中国逐渐重视海上贸易,并不是偶然的。由于阿拉伯人征服波斯萨珊王朝,在这之后唐朝与阿拉伯发生的冲突使得陆路交通受到影响。同时,唐代中国的造船业更加发达,造出的"埤仓"巨舶,长50—60米,可载五六百人。此时的中国海船已完全具有远航能力,无须像汉代那样,"蛮夷贾船,转送致之"了。公元851年,阿拉伯商人苏莱曼在他写下的《东来中国行记》中说,中国船经常停泊在波斯湾的西拉夫。阿拉伯大旅行家马苏迪在《黄金草原和宝石矿》这部历史名著中,则记述了中国船舶经常航行到"阿曼、西拉夫、奥波拉和巴士拉"。

这一时期前来中国贸易的外国商船,质量、规模和航海技术等也有很大的进步。它们当中的"昆仑舶"、"锡兰舶"等,都享誉中外。在唐中叶,据说"锡兰舶"是外国船只中最大者,其规模长20丈,载六七百人。至于阿拉伯与波斯人的船只,也是"梯而上下数丈",其规模可想而知。当时埃及的卡里米的商人集团,就拥有数百艘商船,航行于印度洋各地。所有这些船舶,都"不用铁钉,只使桄榔须系缚,以橄榄糖泥之,糖干甚坚,入水如漆也"。

唐代的贾耽于800年前后记述了著名的南海大通道,当时被称为"广州通海夷道"。这条海上航线从广州出发,越过南中国海,横穿马六甲海峡,到达当时南海中的大国室利佛逝(今印度尼西亚苏门答腊地区的古国),经过马来半岛西岸,到达狮子国(今斯里兰卡)与印度。由印度再驶向阿曼湾,抵达波斯湾头的重要商埠巴士拉(今伊拉克境内),最终可从巴士拉到阿拉伯帝国首都巴格达。华船从广州航行到巴士拉的时间,大约需要三个月时间。这条航线把中国、东南亚、南亚和阿拉伯地区连接起来,成为沟通中西经济文化的又一重要渠道。

中国南方的广州,是当时世界闻名的港口。从波斯湾的巴士拉、西拉夫、阿曼、印度、爪哇、越南、柬埔寨及其他国家驶来的海船,帆樯云集,何止数百千艘。香料、珍宝等各种船货,堆积如山。可见当时海上丝路,真是盛况空前。由于海上对外贸易的兴盛,除了广州以外,明州(今浙江宁波)、江都(今江苏扬州）等港口与城市也发展起来。

从海路来华的胡人

唐代有很多从外国来华的使者和商人，还有一些外国来的奴婢。唐代绘画和文物中有许多当时来华的外国人的艺术形象。例如：敦煌158窟有一幅外国王子举哀图，生动地描绘了侨居中国的胡人形象；阎立本的《外蕃使臣朝献图》，则描绘了各国使臣向唐朝皇帝贡献各国方物的情景。这些艺术品中的西域胡人究竟是哪国人？目前尚不完全清楚。不过有两类胡人可以确认的是从海路来华的，史书称"昆仑奴"和"僧祇僮"。

《旧唐书·林邑国传》记载："自林邑以南，皆拳发黑身，通号为昆仑。"唐代所说"昆仑"，是指柬埔寨以南的东南亚地区。《南齐书·林邑传》说昆仑人："人色以黑为美，南方诸国皆然。"唐代诗人张籍有诗曰："昆仑家住海中州，蛮客将来汉地游。言语解教秦吉了，波涛初过郁林洲。金环欲落曾穿耳，螺髻长卷不裹头。自爱肌肤黑如漆，行时半脱木棉裘。"这首诗把昆仑奴的形态和服饰描绘得十分细致，有些唐俑的形象正与之相合。如河南郑州上街区唐墓出土的一件三彩胡人俑，身着横巾络腋式印度服装，披缨络，垂耳环，手足戴金钏，卷发赤脚，作舞蹈状。彬州石窟寺内的昆仑奴，塑于唐大历十二年（777）。昆仑人很早就来到中国，最早的昆仑人像是北魏元邵墓出土的一个昆仑奴俑。

除昆仑奴之外，东南亚诸国还向唐朝进献一种名曰"僧祇僮"的奴隶。《新唐书·室利弗逝国传》记载：咸亨至开元年间（670—741），室利弗逝献"僧祇女二人"。《唐会要》卷100记载：元和八年（813），诃陵国献"僧祇僮"；元和十三年（818），诃陵国献"僧祇女二人"。《旧唐书·诃陵国传》记载：元和十年（815），诃陵国献"僧祇僮五人"。僧祇或译"层期"。南宋周去非《岭外代答·昆仑层期国》说："又海岛多野人，身如黑漆，拳发。诱以食而擒之，动以千万，卖为蕃奴。"据有的学者考证，僧祇源于阿拉伯语，阿拉伯人称黑人为Zanqi。又有学者指出，唐代僧祇在今东非桑给巴尔（Zanzibar），意为"黑人之地"，那么僧祇就是指东非海岸。又据有的学者考证，西安南郊嘉里村裴氏墓出土的唐俑似为"僧祇僮"的形象。这种胡人俑只穿一条短裤，通体无任何其他装饰品，肌肤呈黑色，头发呈细涡旋状，眼睛特别大，与《马可波罗游记》说桑给巴尔人"眼睛大得可怕"之说相近。类似的僧祇僮俑亦见于新疆吐鲁番阿斯塔那336号唐墓，只穿一条短裤，人物特征和西安裴氏墓所出雷同。

第六节 宋元时期海上交通贸易的繁荣

海上交通成为宋代中西往来的主要途径

宋元时代,是中国海上交通与贸易大发展和成熟时期。从宋王朝建立之初,在北方和西方就分别屹立着两个强大的游牧民族契丹和党项所建立的政权:辽和西夏。可以说,从一开始,宋王朝就失去了由陆路通往西方的主动权。因此,伴随着城市工商业的发展与繁荣,北宋王朝政府比较重视海上交通与商贸活动。"南渡后,经费困乏,一切倚办海舶"。南宋偏安东南,疆土日蹙,政府需要靠市舶收入以维持局面,因而大力实施"招徕远人,阜通货贿"的开放性外贸政策。北宋的市舶收入每年均50万贯,南宋的市舶收入每年约二百万贯,约占国家财政年收入总额的百分之二至百分之五。在这种情况下,海路疆土便逐渐成为中西往来的主要途径。同时,海上交通比之陆上交通也日益显出它的优越性。唐宋以后,中国瓷器出口愈来愈占重要地位,而沉重易碎的瓷器经陆路运输极易颠簸坏损。加之中亚诸邦形势很不稳定,旅途安全也成问题,陆路运输量也受限制,不利于国际间贸易的扩大。据估计,一支30匹骆驼组成的商队仅能驮运9000公斤货物,而一艘海船货运量可高达六七十万公斤,相当于2000匹骆驼的运输量。这都显出海路运输的优越性。

蒙古西征,扫平欧亚令路途畅通,陆上丝绸古道,一时畅达无阻。蒙古尽管是一个崛起于马背的内陆民族,但由于东征西略过程中与外界众多文明广为接触,因而在元朝建立以后,统治者在注意经营陆路对外交通的同时,也十分重视海上交通与对外贸易。

海上陶瓷之路

从8世纪末开始,瓷器成为海路外销的大宗货物,一直延续了1000年之久。9世纪和10世纪,中国外销的瓷器中数量最大的是青瓷,而最为世界各国喜爱的是釉下彩绘的长沙窑瓷。到了宋代,瓷器在外贸商品中,地位愈来愈重要。宋人朱彧《萍洲可谈》记载:"舶船深阔各数十丈,商人分占贮货,人得数尺许,下以贮物,夜卧其上。货多陶器,大小相套,无少隙也。"宋代外销青瓷主要是越窑和龙泉窑的产品。明清时期中国瓷器通过海路外销的数量更加增多，如1637年中国输往日本的瓷器就达75万件。

近几个世纪，这条海上陶瓷之路沿路的国家，从朝鲜、柬埔寨、菲律宾、马来西亚、文莱、印度尼西亚、印度、巴基斯坦、斯里兰卡，一直到伊朗、伊拉克、叙利亚、黎巴嫩、埃及、苏丹、索马里、肯尼亚、坦桑尼亚，都出土了唐五代和宋元明清的瓷器。我们举最近从海底打捞出水的中国沉船为例。1999年5月12日，澳大利亚的深海探宝者麦克·哈切（Mike Hatcher）在苏门答腊和爪哇岛之间发现1822年（道光年间）沉没的一艘中国货船。这艘中国货船名叫"泰兴号"，长50米，宽10米，重1000多吨，是由中国厦门开往爪哇岛，中途触礁沉没。船上乘客1800多人，除180人获救外，其余1600多人全部遇难。在沉船中发现了至今保存完好的35万件瓷器，是福建德化的青花瓷，有杯子、盘碟、碗、罐、花瓶等。这批瓷器于2000年11月17日在德国斯图加特城拍卖。这一大宗古瓷的发现以及在世界各地出土、出水的中国古瓷都说明了瓷器在中国古代海上贸易中所占的重要地位。

由于瓷器在中外海上贸易中占的重要地位，所以有学者提议把中国连接东亚、西亚以及地中海世界的海上贸易通道称为"陶瓷之路"，也有的提议称为"海上丝瓷之路"或"海上香瓷之路"（因当时香药是大宗进口货物）。

宋元海上陶瓷之路示意图

宋朝进口货物

宋朝从海上进口的货物,据《宋会要》、《诸蕃志》、《云麓漫钞》等书记载,可分为香药、犀牙、珠宝、玻璃、毛皮、织物、食品、竹木、铜铁、矿物十大类。其中最主要的是以下五类:

香药:在各类进口货物中占第一位,数量极大,所以宋代海外贸易,可称之为香药进口贸易。宋朝进口香药,主要有乳香、龙脑、没药、金颜香、安息香、沉香、降真香、檀香、丁香、木香、肉豆蔻、白豆蔻、胡椒、芦荟、龙涎15种。其中尤以乳香进口数量最大,主要供药用、制烛、薰香和军用。主要产于阿拉伯、香岸、佐法尔和索马里。1974年在泉州古港后渚出土的宋末元初之海船,其所载的乳香、龙涎香、降真香、檀香、沉香等即多达4700多斤。

犀象:即犀角、象牙。中世纪的中国是犀角、象牙的消费大国。象牙主要供皇室、贵族、官僚、富豪用于制作车辂、笏、带、牙雕、牙箱和餐具。犀角除供药用外,用于制作腰带、胯,以及杯盘器皿。

珠宝:珍珠、宝石主要来自阿拉伯和印度各地。

木材:主要来自日本、越南、柬埔寨等地。

棉布:当时称蕃布或番布。

宋朝的市舶政策和管理体制

宋元两代统治者对海上交通与贸易的重视,不仅体现在"招徕远人"的政策中,而且落实在制度上。971年,宋太祖在广州设立市舶司,以后宋朝政府又在泉州、杭州、明州、温州、秀州(今浙江嘉兴)、密州(今山东诸城)等沿海各地陆续设置市舶司。为了保证国家从海外贸易中得到税利收入,宋朝官方制定了严密的市舶政策和管理制度,严禁走私贸易。凡出海贸易者,必须事先申请,由官方出具证明文件,规定期限。每艘船由官方指定纲首、副纲首,颁给印章,代表官方

穆斯林古墓墓塔上的中国瓷盘

管理全船人员及有关事务。出海前由官方派人审核商品，依例纳税，然后放行。凡外国船只来港或本国船只返回，进港后须先向市舶司官吏申报，请市舶司官员查点船上人员及货物，按规抽税榷买，然后才能与他人贸易。官方对进口商品规定不同的税率，一般为十分之一或五分之一。除抽税外，凡属禁榷商品，如乳香、犀角、30斤以上的象牙等，官方全部收买，其他商品则按比例部分收买，官买价格一般低于市场价格。另外，宋朝严格禁止铜钱和铜制品出口，南宋后期还禁止粮食出口。为了防止市舶司官吏贪污受贿，宋朝政府禁止市舶司官吏个人购买外商的商品。为了便于管理，宋朝政府在广州划定地段，设立"蕃坊"，专供外商、外侨居住，并设"蕃长"职务，由外商或外侨担任。11世纪中叶，广州一位来自阿曼的蕃长，因"开导种落，岁致梯航"有功，被封为怀化将军。据周去非《岭外代答》、赵汝适《诸蕃志》、《宋史·外国传》等书记载，与南宋通商的国家达到五十多个；中国商人前往贸易的海外国家亦有二十余个。到了元代，与中国通商的国家和地区已达上百个之多，元朝统治者还特地任命数代侨居中国的阿拉伯人蒲寿庚为福建行省长官，专门负责为元朝招抚南海、西域诸国的来华海商。蒲氏一家因此功在朝廷，满门富贵。长子蒲师文任宣慰史左副元帅，兼福建道市舶提举，海外诸蕃宣慰使。孙子蒲居仁为福建等处转运使。蒲寿庚的女婿，也拥有海船80艘，身后遗产，仅珍珠就有130担。

宋元造船业和航海业的进步

宋元时期，中国的造船业与航海业也有长足的进步。宋代的海船，"上平如衡，下侧如刃"，结构坚固，稳定性好。中国海船在世界上首先采用了水密舱的装置，并运用披水板和完善的压载技术。宋代还特别重视制造利于破浪、善走南洋深海的海船。当时泉州造船厂建造的福船，底尖上阔，首尾高翘，吃水深达4米，载数百吨。同时，更广泛使用升降舵和平衡舵，后者是减少转舵力矩的有效措施。这样，就使宋代海船"大如广厦、深涉南海、经数万里，千百人之命直寄于一（舵）"。11世纪，宋代海船又在全世界率先使用指南针导航，即所谓："舟师识地理，夜观星，昼则观日，阴晦观指南针"。凡此种种，使当时的华船在"海中不畏风涛"、"不忧巨浪"，不迷方向，博得外国海商与船员的盛赞。阿拉伯地理学家伊德里西在1154年写成的《地志》中指出华船已常抵幼发拉底河口及亚丁一带，而且由于华船比阿拉伯等地的船只更加坚固可靠，外商来华贸易，也颇多愿乘中国船舶。"蛮夷"贾人由华船"转

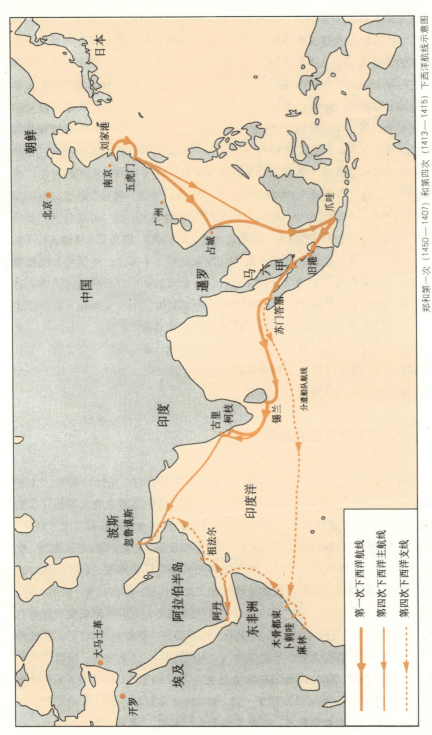

郑和第一次（1450—1407）和第四次（1413—1415）下西洋航线示意图

送致之"了。到了元代，造船业更见发达。据元末史料记载，远航大洋的"华船之构造、设备、载量皆冠绝千古"，"舶之大者，乘客可达千人以上"，"海船一载千石"，"大型之船有四层甲板"，"一艘之船室每至五六十之多"，"普通四桅，时或五桅、六桅，多至十二桅"。这样高度发展的造船业，为元代规模宏大的海上贸易提供了雄厚的物质基础。

正是在上述背景下，10世纪至14世纪，中国在西太平洋乃至印度洋的海上事业有了突飞猛进的发展。中国人对海外的了解，也有了突飞猛进的进步。一些有关航海知识与海外知识的重要著作，正是在此期间涌现的。1178年，南宋桂林通判周去非撰写了《岭外代答》，1225年，泉州市舶司提举赵汝适撰写了《诸蕃志》，这些著作都开阔了中国人的海外视野。元代旅行家汪大渊，于1330年至1334年和1337年至1339年曾两次"附舶于海者数年"，"越数十国"。他根据亲身经历和见闻，写成《岛夷志略》，全书共记载了二百二十多个国名和地名，涉及范围东至菲律宾群岛，西至非洲东岸，许多是中国史籍第一次收录的。

第七节　明初郑和下西洋的远航活动

古代世界一流的远洋船队

明初的中西海路交通曾一度大放光彩。这就是1405年至1433年的郑和下西洋活动。

郑和（1371—1435）原姓马，小字三宝，云南昆明回族人。因随燕王朱棣（明成祖）起兵有功，被赐姓郑，提任太监，所以郑和下西洋又称"三宝太监下西洋"。西洋是指现在的南洋群岛和印度洋一带。

郑和首次出航，是在永乐三年（1405）六月。他率领的远洋船队共有大小船只上百艘。其中，大艅宝船62艘，每艘长44丈，宽18丈，配备有航海图和罗盘等当时世界上最先进的航海设备。全体乘员27800人。这支古代世界最大规模的船队，满载着丝绸、织锦、瓷器、金银、铜钱和铁器等货物，从苏州刘家港（今江苏太仓浏河镇）启程，泛海至福建长乐，然后借海上信风，由闽江口的五虎门扬帆出海。先到占城（今越南南部），后遍历爪哇、旧港（今印度尼西亚巨港)、满剌加(今马来半岛马六甲)、苏门答腊,接着向西驶向印度洋,赴锡兰山(今斯里兰卡)、柯枝(今印度柯钦),最远到达古里(今印度科泽科德)。古里当时是中西海上交通的一个重要港口。郑和在那里建立了一座航海纪念碑。然后返航,于1407年秋天回到中国。

郑和的第二、三次航行(1408—1411)的路线,大致与第一次的航线相同。1911年,在斯里兰卡的加勒发现了一块郑和当年树立的航海纪念碑。碑文用汉文、泰米尔文和波斯文三种文字写成,记述了郑和船队第二次航行期间在斯里兰卡的活动。在第三次出航期间,郑和在地处海上交通要冲的满剌加(马六甲),盖了仓库,作为明朝海上贸易的中转站。

1413年冬,郑和第四次出航。这次远航,主力船队,经占城、苏门答腊、古里,到达波斯湾口的著名海上交通枢纽忽鲁谟斯(今伊朗霍尔木兹)。同时,在苏门答腊,郑和派出了分遣船队。这支分遣船队向西直行,访问非洲东岸的木骨都束(今索马里摩加迪沙)、卜剌哇(今索马里布拉瓦)、麻林(今肯尼亚马林迪)等城邦,又抵达阿拉伯半岛的阿丹(今南也门亚丁)、剌撒(今北也门撒那)、祖法尔(今阿曼佐法尔),再到忽鲁谟斯返航。

郑和航海时使用过的航海牵星图

第五次出航的一个重要使命,是护送各国使节回国。阿拉伯方面的历史资料里,记载了这次航行中郑和船队的分遣船队到达阿丹(今南也门亚丁)的消息。第六次出航期间,郑和再一次派遣分遣船队访问了东非诸城邦。

郑和第六次出航回国不久,永乐皇帝死于亲征蒙古途中。郑和的航海活动也暂停下来。直到1430年,宣德皇帝才又派郑和率众出海。这次航海规模庞大,范围甚广,遍历亚非各地。返航途中,郑和在古里病逝。

郑和七下西洋的历史意义

郑和下西洋,担任了中国的友好使者。远航船队每到一处,就以丝绸、瓷器等物馈赠当地君主、首领,并积极开展贸易活动。船队所到之处,受到友好接待。船队回国时,有大批使臣随同来华访问,并带回各地的土特产品,如

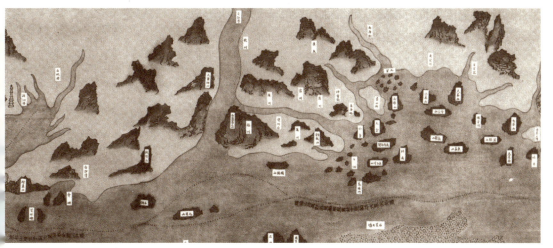

郑和航海图摹本（部分）
明

象牙、香料、宝石等。

郑和的七次远航，遍访东南亚、南亚和东非三十多个国家和地区，架起了一座通商、友好的桥梁。同时，积累了丰富的航海经验，沟通了东西方海上交通。举世闻名的《郑和航海图》（成书于1425—1430年间），记录了郑和经南海、印度洋，直到东非海岸的详细航线，是中国在15世纪初对世界海洋地理学的重大贡献。

郑和下西洋的活动，极大地促进了东西方经济文化的交流。永乐时期，各国来华的使节与商队络绎不绝。永乐二十一年（1423）忽鲁谟斯等国来华的使臣达1200人。郑和远航后，明代出国移民海外的人数也开始明显增多。通过郑和远航，享誉世界的中国丝绸与瓷器大量流播到亚非各国，成为亚非广大地区人民喜爱的日用品。而当时从亚非各国运到中国的货物也琳琅满目，达一百八十多种。

郑和航海活动结束后，明朝政府中止了远洋航行。这意味着中国从海洋的撤退。再过了大半个世纪，葡萄牙人沿非洲西岸南下，推进到好望角。1498年，瓦斯科·达·伽马船队绕好望角，到达印度西海岸；此前不久，1492年克利斯多夫·哥伦布率领的西班牙船队，也横渡大西洋抵达美洲。

推荐读物：

1. 陈炎著：《海上丝绸之路与中外文化交流》（北京：北京大学出版社,1996年）。
2. 周一良主编：《中外文化交流史》（郑州：河南人民出版社, 1987年）。
3. 沈福伟著：《中西文化交流史》（上海：上海人民出版社, 1985年）。

4. 孙光圻著：《中国古代航海史》（北京：海洋出版社，1989年）。
5. 冯承钧著：《中国南洋交通史》（上海：商务印书馆，1937年）。
6. 张星烺编注：《中西交通史料汇编》（上海：上海书店，1996年）。
7. 王赓武著：《南海贸易与南洋华人》（香港：中华书局，1988年）。
8. 沈福伟著：《中国与非洲：中非关系二千年》（北京：中华书局，1990年）。
9. 李东华著：《中国海洋发展关键时地个案研究·古代篇》（台北：大安出版社，1990年）。

图片补充资料：

1. 462页（左）：白瓷执壶，河南陕县后川出土。
   （右）：釉里彩绘龙纹执壶，安徽泗洪县汴河出土。
2. 469页　　：银盒，广东广州象岗西汉南越王墓出土。
3. 476页　　：穆斯林古墓墓塔上的中国瓷盘，位于肯尼亚滨海小镇曼布鲁伊。
4. 480页　　：郑和航海时使用过的航海牵星图，选自明天启年间刻本《武备志》。
5. 481页　　：郑和航海图摹本，原图是明宣宗宣德五年（1430）郑和最后一次下西洋时所用的海图。本件据《武备志》所载海图绘制。

【第二十七章】 宋明理学

在中国学术发展史上，宋明是一个非常重要的时期，这个时期占主流地位的学术思想是理学。理学自北宋中期形成，到元代以后，逐渐起着支配整个社会政治、经济、文化的重要作用，对以后中国社会的各个方面产生了深远的影响。

第一节 宋明理学概况

理学的名称、流派及代表人物

理学又称道学，有广狭二义。广义的理学指宋明时期以理气心性的学说为中心，以成就儒家理想人格为目的的学术形态。狭义的理学指以程颐、朱熹为代表，以"理"为最高范畴，与以陆九渊、王阳明心学相对的学术流派，即程朱理学。这里介绍的，是广义的理学。

按过去传统的说法，宋代理学分为濂学（周敦颐）、关学（张载）、洛学（二程）、闽学（朱熹），这是按地域分。又把整个宋明理学分为"理学"和"心学"，这是按基本理论倾向分。现代学术界则把宋明理学分为四派："气学"（张载为代表）、"数学"（邵雍为代表）、"理学"（程颐、朱熹为代表）、"心学"（陆九渊、王阳明为代表）。学者认为，"气学"—"数学"—"理学"—"心学"这个区分，显示了宋明理学发展的内在逻辑。"气学"针对隋唐盛行的佛教与道教崇尚虚空的思想，提出虚空即气，气为宇宙的终极实在，以从根本上打击佛老，为儒家学说建立一种宇宙论的论证。"数学"是企图用"数"来说明宇宙兴衰的周期变化。"理学"是把儒家的伦理原则提高为宇宙本体和普遍规律，使儒家思想有了更为坚实的本体论基础。"心学"批评"理学"忽视人作为道德实践主体的能动性，认为人的本心作为道德主体，其自身就决定道德法则，突出道德实践中主体的能动性。

宋明理学的代表人物，北宋有周敦颐、张载、程颢、程颐及邵雍，过去习惯上称为"北宋五子"。南宋主要为朱熹、陆九渊，明代最有影响的是王阳明。由于"理学"与"心学"是宋明理学的主要思潮，所以也有不少人把宋明理学的代表人物概括为"程朱陆王"。

理学是对传统儒学的回复和创新

佛教传入中国之后,与道家、儒家学说互相吸收、融合,从东晋到隋唐时期,形成了三教并行的局面。先秦以来的儒学虽然在文物制度、伦理观念及国家政治生活的指导原则这些方面仍然居于主导地位,但在民间风习和士大夫的精神趋向方面,佛家、道家思想占优势力量。佛教、道教的教义和儒家传统伦理思想之间的冲突,佛道寺观经济和中央财政之间经常出现的矛盾,以及从中晚唐到五代社会动荡的局面,促使一些儒家学者提出结束三教并行,重新确立儒家在思想界的统治地位的要求。可以简单地说,理学是在新的时代背景下对先秦儒学的回复与创新。所以理学又称为新儒学。

理学对于传统儒学的发展与创新主要表现在:第一,把孔子、孟子提出的道德规范进一步和天道联系起来,对人的本质、人在宇宙中的地位、人与宇宙的关系进行了多方面的论证。第二,对先秦儒家所要求的理想人格作了充分阐发,强调精神生活的追求和心灵境界的提升,提出了各种具体的修养方法。第三,吸收佛教、道教思想,对中国传统哲学概念进行了重新解释,使一些本来主要是政治伦理哲学的概念有了形而上学的意义。

理学的概念范畴

宋明理学所用的范畴大多来自儒家经典,特别是《周易》、《论语》、《孟子》、《大学》与《中庸》,理学家往往采用注释经典的方法发挥他们对于宇宙人生基本问题的观点。理学家大多同时是教育家,他们的哲学思想也表现在他们的讲学语录和论学书信中。理学范畴主要涉及天道、人性、精神境界、修养方法等方面。这些理学的概念范畴主要有理气、心物、心性、诚敬、义利、格物致知、知行、天理人欲、致良知等等。理学概念范畴大多以成对的形式出现,并且具有天人一体的特点。它们既可言天,又可言人;既是知识论的,又是道德论的,同一概念往往被赋予不同的含义。

理学的发展线索

理学的创立虽在北宋中期,但预示着理学产生的儒学复兴运动在唐代中期就开始了。韩愈(768—824)是唐代古文运动的领袖、散文家。韩愈对理学的贡献,首先在于他抨击佛老,为儒学的复兴扫清思想上的障碍。韩愈指出，佛老所谓道，和儒家君臣父子之道，是冲突的。佛道寺观占有大量土地资产，僧道是不事生产的游食者，这些都对国家造成危害。他主张拆毁寺观建造民居，烧毁佛道经籍，使僧道还俗为劳动者。韩愈对理学的另一贡献，是提出了后来理学家非常欣赏的道统说，即认为儒家之道有一个圣圣相传的道统。这个道统由尧舜禹汤文武周公孔子传下来，孔子传给孟子，孟子死后，道统中断了。后来程颐认为，孟子以后中断了的道统由程氏兄弟接上了。韩愈还特别表彰孟子拒杨（杨子）墨（墨子）的精神，以此激励人们反对异端邪说的佛教和道教。韩愈的弟子李翱（772—841）在复兴儒家心性之学方面有特殊贡献。他写了著名的《复性书》三篇，认为性是情的根据，情是性的表现，性无不善，受了情的污染才有不善，灭息妄情，就可以恢复本善之性。就如水本来是清的，被泥沙污染后浑浊了。泥沙澄清，水就恢复原来的清澈状态。这一说法显然受了佛教人性本净，灭情复性思想的影响。这个观点对后来理学影响很大。

理学从北宋中期开始至清代中叶，延续了八百余年，历北宋、南宋、元、明、清诸朝。

北宋是理学形成并得到很大发展的时期。这个时期的主要理学家有周敦颐、张载、程颢、程颐、邵雍等。他们提出了理学讨论的问题和概念范畴，规定了理学的思考方向，为理学后来的发展奠定了基础。

南宋是理学名家辈出，理学集大成的时期。这一时期由于宋室南渡，程颢和程颐（二程）的弟子杨时把理学带到南方。这个阶段的代表人物有两宋之际的胡安国、胡安国的儿子胡宏、胡宏的弟子张栻、理学的集大成者朱熹、与朱熹同时的江西陆九渊兄弟及吕祖谦等。围绕在他们周围，还有包括他们的弟子在内的一批理学家。朱熹在二程特别是程颐学说的基础上，吸收周敦颐、张载的思想，加以综合，在同张栻、吕祖谦、陆九渊、陈亮等的切磋辩难中，发展了理学思想，并在经学、史学、文学等方面全面贯彻理学主张，达到了理学的高峰。

元朝是蒙古统治中原的时期。元朝建立了统一的国家，朱熹学说得以由长江之南向北传。这一阶段著名理学家有赵复、刘因、许衡、吴澄等人。元仁宗延祐年间，以朱熹《四书集注》为科举考试的依据，试题都从《四书集注》中出，答题也不能违背朱熹所讲的义理。在科举的带动下，朱熹学说在全国推展开来，朱学在思想界的统治地位遂告确立。

明清时期的理学发展可分两个阶段。第一阶段是明初到明中期王阳明崛起之前，这个阶段是朱熹学说占统治地位的时期。明成祖时敕撰《五经大全》、

《四书大全》、《性理大全》，以理学为官方提倡的统治思想。这时学术界主要是继承和发挥朱熹思想，学者多谨守朱学范围，理论创获不大。这个阶段主要理学家有曹端、薛瑄、吴与弼、胡居仁等人。

第二阶段是明中期王阳明崛起至明末王学衰落阶段。王阳明经过多方面的理论吸收和实践上的孤苦探索，形成"致良知"的学说。这一学说以其理论上的创新，对现实弊病的针对性及王阳明个人人格魅力的影响，吸引了大批学者，形成了浙中、江右、泰州等各具特色的王学派别。王阳明和他的弟子围绕"致良知"而展开的理论活动是明代中后期的主要思潮。稍早于王阳明的陈献章、与王阳明同时的湛若水也是当时著名理学家。王门弟子中重要的有浙中黄绾、王畿、钱德洪，江右邹守益、聂豹、欧阳德、罗洪先，泰州王艮、罗汝芳、耿定向等。明末刘宗周力图矫治王学末流出现的流弊，倡诚意慎独之学。刘宗周是明代最后一位理学大家。在王学风靡全国时，信从朱子学的理学家也有相当大的影响，罗钦顺、王廷相、吕坤等是其中最著名的人物。明末东林党人顾宪成、高攀龙等，欲调和程朱陆王两大派的冲突，也提出了自己的主张。这一阶段的学术波澜壮阔，呈现多元并举的局面，是理学史上最活跃的时期。

明末清初，在明亡的刺激下，当时的一批著名思想家纷纷对理学进行批判的反思。孙奇逢的《理学宗传》、黄宗羲的《明儒学案》、黄宗羲、全祖望的《宋元学案》是著名的理学史著作。颜元则对理学进行了激烈的批评。乾嘉之后，整个学术界以考证、训诂、校勘古代典籍为主流，虽有陆陇其、李光地等著名理学家，但已是理学余波，影响不大。到朴学盛极而衰，整个社会已由于列强入侵转到关注社会政治问题，理学的某些方面只是当时政治活动家阐发他们的政治主张所借用的工具。到清末民初，理学被当作导致中国积贫积弱从而受列强欺侮的主要原因而受到猛烈批评，这种状况一直延续到20世纪70年代后期。

第二节 周敦颐、张载

北宋中期的周敦颐、张载、二程（程颢、程颐）是理学的实际开创者，他们的学术从不同的侧面，为理学后来的发展树立了典范。

《太极图说》

周敦颐（濂溪）像

周敦颐（1017—1073）是二程的老师。他的著作有《太极图说》和《通书》。由于他在庐山的书屋前有小溪名濂溪，他在溪旁构筑的书屋名濂溪书堂，所以习惯上称他为濂溪先生或周濂溪，以他为代表的学派被称为"濂学"。《太极图》把道教讲练气养生的图式加以改造，用来阐发他的哲学思想。《太极图说》只有二百多字，把天地万物的来源及其运动、人的本质、人在宇宙中的地位都包含于其中。周敦颐认为，天地万物都由阴阳五行化生，五行源于阴阳，阴阳源于太极，太极为宇宙最初的气。无极指宇宙最初的空廓虚无状态。"无极而太极"，宇宙间最初的气源于虚无。太极之气中包含动静的本性，由太极之动静而生气之阴阳，气之阴阳是万物运动的根源。人为万物之灵，人的最高标准是中正仁义，他称之为"人极"。儒家圣人是完全体现了"人极"的人。修养方法在通过祛除私欲而达到静，无欲之静就是诚，诚就能与道为一。

孔颜乐处

《论语》记载，孔子的弟子颜回生活很贫困，但颜回在精神上很快乐。周敦颐在教二程时，要他们"寻孔颜乐处"，也就是要他们了解颜回何以在贫困中保持快乐。在周敦颐看来，颜回之乐并不是贫贱本身可乐，而是颜回达到了一种超越利害得失的精神境界，这种精神境界带给他一种悦乐。因此贫穷不能改变他的悦乐。周敦颐本人也追求这种境界，黄庭坚曾经称赞他"人品甚高，胸中洒落，如光风霁月"。周敦颐的《爱莲说》，是他高尚情操的写照。在周敦颐之后，"寻孔颜乐处"成了宋明理学的重大课题，这说明周敦颐强调提升人生境界和追求精神悦乐的思想对理学的发展产生了深远的影响。

太虚即气

张载（横渠）像

理学开创期的另一著名代表是张载。张载（1020—1077）一生以穷神知化为职志，孜孜不倦地钻研宇宙人生各种问题。由于长期在关中讲学，他和他的追随者的学说被称为"关学"。"关学"的特点在强调"知礼成性"，用礼乐来陶养人，把形而上的思考和笃实的人格培养结合起来。张载提出了许多深刻的哲学命题，如"太虚即气"、"一物两体"、"心统性情"等，论证了"两一"、"神化"、"天地之性"和"气质之性"、"德性之知"和"见闻之知"等问题。太虚即气是说，宇宙的原始状态是广大无垠的空间，空间中并非绝对空无，而是充满了清澈湛一的本始之气，它是一切物质的本原。"气"在太空中运动变化，形成各种具体事物。"气之聚散于太虚，犹冰凝释于水。知太虚即气，则无无。"（《正蒙·太和》）由此他批判了道家"有生于无"和佛教"以山河大地为幻象"的观点。"太虚之气"本身具有浮沉、升降、动静及相互感应的性质。"气"的运动变化过程就是"道"。"气"的能运动变化的本性叫"神"："神，天德；化，天道。德其体，道其用，一于气而已。"（《正蒙·神化》）张载特别重视"气"分为阴阳，阴阳二气是一个能动的统一体。他说："一物两体，气也，一故神、两故化。"（《正蒙·参两》）张载对"两一"关系的看法包含着深刻的睿智。张载也论述了人性问题，认为"性"由"太虚之气"和具体的有攻取欲望的气构成。前者清通湛一，是人的"天地之性"的来源，后者是人的气质之性的来源。"天地之性"无不善，表现为仁义礼智，"气质之性"有善有恶，表现为人的各种欲望。心由"天地之性"、"气质之性"和知觉活动构成，张载称为"心统性情"。在知识的来源上，张载区别了"德性之知"和"见闻之知"。"见闻之知"指从耳目感官的活动中得到的关于具体事物的知识，"德性之知"指通过道德修养得到的对于天理的体会。"见闻之知"不是"德性之知"的直接来源。

民胞物与

张载主张"大心"，即通过道德修养达到万物一体的境界，从而超越具体见闻的局限，所以"大心"是一种精神境界。有了这种境界，人就可以"体天下之物"，"视天下无一物非我"，放眼宇宙，把自己看成全宇宙的一个部分，把宇宙万物看作是和自己息息相通的整体，并从这样一种对宇宙的了解中来确立个人的地位。这种精神境界也就是他在《西铭》中提出的"民胞物与"的境界。《西铭》是他为学者写的一篇铭文，题为《订顽》，又称《西铭》。二程认为，《西铭》代表了孟子以后儒家的最杰出的见解。《西铭》是要解决如何从个人的角度来看宇宙，同时又如何运用这种对宇宙的观点来看待个人与社会生活。《西铭》认为，人是由气构成的，宇宙万物同样也是由气构成的，因而，天地就是我的"父母"（"乾称父，坤称母"），民众即是我的同胞（"民，吾同胞"），万物都是我的同类、朋友（"物，吾与也"）。从这样一种观点出发，人就可以对自己的道德义务有一种更高的了解，而对于一切个人的利害得失有一种超越的态度。就是说，宇宙的一切都和自己有直接的关系，尊敬长者、抚育幼孤等等都是个体应该实现的直接义务。这也就是"视天下无一物非我"的具体内容。在这种"万物一体"、"天人合一"的境界中,个体的道德自觉大大提高,他的行为也就获得了更高的价值。而个人的生与死、贫与富、贵与贱,在宇宙大化流行面前显得微不足道。生命属于宇宙,贫贱使人发愤,富贵得以养生,活着就应对天地奉行孝道,死亡使人永远安宁。("富贵福泽,将厚吾之生世。贫贱忧戚,庸玉女于成也。存,吾顺事。没,吾宁也。")正是根据这种"民胞物与"的思想,张载提出自己的志愿是"为天地立心,为生民立命,为往圣继绝学,为万世开太平。"这个志愿成了后代无数知识分子共同的理想。"民胞物与"的思想哺育了无数志士仁人,激励他们以天下为己任,救邦国于危难,拯生民于涂炭,而把个人的生死利害置之度外。

第三节 程颢、程颐、邵雍

二程是北宋最重要的理学家,他们的思想学说与张载有不同的侧重点。二程因长期在洛阳讲学,他们的学说被称为洛学。洛学人物最多,在当时影响最大。二程之间从性格到学说也有较大差异,程颢(大程)和乐坦易,程颐(小程)则严毅庄重。在学说上程颢注重向内体认心中本有的仁,然后以诚敬存养。程颐则注重向外格物穷理,在具体知识积累既多的基础上豁然贯通。二程学说虽有不同,但在重视天理、天道这一点上是共同的。理是二程思想的核心。

程颢

程颢(明道)像

程颢(1032—1085)平生没有著作,他的讲学语录与程颐的语录合编为《河南程氏遗书》,另有诗文若干卷。因死后文彦博题其墓表称"明道先生",所以后来学者都尊称他为"明道先生"。程颢提出,天人合一、万物一体的基础是"理"。他说:"有道有理,天人一也,更不分别。"程颢强调儒家对于最高精神境界的追求,他认为"仁"的境界就是要把自己和宇宙万物看作是息息相关的整体,把宇宙的每一部分都看成是自己的一部分。他有一句名言:"仁者与天地万物为一体,莫非己也。"他认为,学者有了这样的内心境界,自然会有"大乐",这也就是"孔颜之乐"。在修养方法上,程颢主张"定性"。他有一篇论学书信称《定性书》。"定性"实际上是定心,定心就是要"动亦定,静亦定,无将迎,无内外"。圣人之所以为圣人,就在于能做到"普万物而无心,顺万物而无情"。定心的具体表现是"廓然而大公,物来而顺应",即心未与事物发生感应时,没有先入之见和私欲妄想,心与事物发生感应时只是顺着事物本来的道理,不任意造作。心对物发生感应后,仍归于廓然大公状态。在人性论上,程颢主张"性即气","性"是由人禀受的"气"决定的,因而善和恶都是"性"的内容。修养工夫在于去掉人性中恶的影响,以理做心的主宰。

程颐

程颐(1033—1107)著作很多,现存《二程集》中大多数是程颐的著作。其中《周易程氏传》是用义理方法解释《周易》的代表作。程颐认为,"理"不是事物运动中表现出的规律性,也不是事物运动变化的过程,而是制约事物运动的方向、状态等的"所以然"。阴阳之气是形而下者,制约、规定着阴阳之气运动的"理"是形而上者。因为"理"具有规定、制约气的功能,所以是"体","体"的表现是微妙的;"气"的运动变化是"用","用"的表现是显著的。但两者是统一的,故说"体用一源、显微无间",但"理"的作用更大,"理"在价值上高于"用"。这一点对朱熹的理气观影响极大。在人性论上,程颐提出"性即理",认为人和宇宙万物的"性"是天赋予的"理"。从物说,"性"是它所以如此运动的道理。从人说,"性"是人区别于动物的本性。人性的具体内容是仁义礼智。这个"性"又叫"极本穷源之性",不同于"气质之性"。"气质之性"有善有不善,而"极本穷源之性"则无不善。现实的人性应说到这两个方面才是完全的:"论性不论气,不备;论气不论性,不明。"程颐的"性即理"说对后来理学心性论影响极大。在修养方法上,程颐提出"涵养须用敬,进学则在致知"。他所谓"敬",特别重视外貌表情的庄敬严肃。"敬"是"心"涵养"未发之中"与"已发之和"的方法。"致知"即通过格物得到具体事物之理。穷理既多,一旦豁然贯通,即达到对天理的体认。程颐的"格物致知"说对朱熹的影响很大。

程颐(伊川)像

邵雍

邵雍(1011—1077)字尧夫,死后赐谥号"康节",后人称"康节先生"。

邵雍（康节）像

他思想的特色是以数为宇宙的根本原理，认为数规定着宇宙和人类历史变化的周期，也规定着万物的种类和数量。他认为我们平常用的历法只是"小年"（一年12月，一月30天，一天12个时辰），他发明了一种"大年"的历法。他按一年12月，一月30天，一天12个时辰的历法，认为历法的进位是12、30、12、30……的不断交替，因而提出：30年为一"世"，12世为一"运"，30运为一"会"，12会为一"元"。一"元"是一个"大年"，一个宇宙年，一元有129600年。"元"并不是宇宙年的终极期限，30元为一"元之世"，12元之世为一"元之运"，30元之运为一"元之会"，12元之会为一"元之元"，"元之元"是更大的周期，包含129600元。邵雍认为，这种大周期的计算法揭示了宇宙演化的周期性规律。每一元之数尽，即129600年满，旧的天地毁灭，新的天地诞生。这种过程循环无穷。而一个"元之元"满，即129600元满，宇宙要发生更大的变化。邵雍的这一套理论，被称为"数学"。

邵雍还提出圣人"不以我观物"，而"以物观物"的思想。所谓"以物观物"，就是顺应事物的本来状态，而不要把自己的好恶掺杂到对待事物的态度之中。这和程颢说的"圣人之喜以物之当喜，圣人之怒以物之当怒，是圣人之喜怒不系于心而系于物也"，是同一个意思。所以邵雍强调"以物观物"，就是提倡一种"无我"的生活态度和精神境界。邵雍认为，有了这种境界，就可以"安乐逍遥"。他认为学者应该努力达到这种境界。

第四节 朱熹、陆九渊

朱熹

朱熹（晦庵）像

朱熹（1130—1200）是理学史上最具影响的学者，他吸收了周敦颐、张载、二程（特别是程颐）的学说而集其大成。他一生只做过短时间的地方官，大部分时间都在著书讲学。他的著作极多，内容涉及经学、史学、文学各个方面，最重要的有《朱子文集》、《朱子语类》、《四书章句集注》等。因长期在福建崇安等地讲学，他的学派称为"闽学"。朱熹的理气观有两个层面，从理气同为构成万物的不可或缺的因素说，理气二者同为世界本原，二者不可分先后。但从逻辑上，从现实的活动者和决定这些活动的主宰者的不同重要

朱熹书法

性来说,"理"在"气"先,"理"更根本。"理"是事物存在和运动的根据,也是事物的价值标准。具体事物上的理各各不同,但可以把他们看做同一的宇宙法则在不同事物上的表现,这就是"理一分殊"。宇宙法则又叫"太极",所以"物物有一太极,人人有一太极"。表现于人和物上的理就是它的"天命之性","天命之性"因它的承担者禀气清浊厚薄而有的不同表现叫做"气质之性"。朱熹接受了张载的"心统性情"说,认为"性"是心之体,"情"是心之用,而心则包贯、主宰性情。朱熹又有"道心人心"之说,"道心"是心对于理的知觉,"人心"是心被私欲占据。修养的目的在于必使"道心常为一身之主,而人心每听命焉"(《中庸章句序》)。朱熹也吸收了程颐的"涵养须用敬,进学则在致知",主张"静时涵养,动时省察"。"格物致知"是朱熹强调最多的学说。"格物"即考察、研究具体事物,"致知"就是获取事物之理,并尽量加以扩充积累。"格物"的途径很多:"或考之事为之著,或察之念虑之微,或求之文字之中,或索之讲论之际"(《大学或问》卷2),内容极为广泛。在所穷之理积累既多的基础上,达到豁然贯通。朱熹的"格物致知"是穷究事物之理,而具体事物的理是理解宇宙根本法则的媒介。所以获取知识在朱熹这里不是单纯的知识活动,同时也是道德活动。在道德知识和道德践履的关系上,朱熹主张"论先后,知为先;论轻重,行为重"(《朱子语类》卷9)。强调在道德实践中"知行互发"。朱熹是理学的集大成者,也是中国哲学史上的一个高峰,对后来理学发展影响极大。他的思想流传到中国周边许多国家,特别是日本、朝鲜,对这些国家的思想界产生了很大影响。

陆九渊

陆九渊（子静）像

与朱熹同时的陆九渊也是当时著名学者。陆九渊（1139—1193）上承孟子，以"发明本心"为学说宗旨。"本心"即心中本有的道德意识。他认为，宇宙的根本法则是"理"，心中本来具有的道德意识也是"理"，因此"心即理"。他的"宇宙便是吾心，吾心即是宇宙"表达的也是这个意思。为学首先在于树立自己本有的道德意识，这就是"先立其大"，也就是"尊德性"。"格物"、"穷理"、"尽心"等修养活动都在于认取、养护、扩充心中之理。因为"理"在心中，所以不必向外寻求。而人心由于私欲蒙蔽，心中的"理"隐而不彰。为学就在于剥落物欲，使心中本具的理显现出来，这就是"发明本心"。陆九渊曾与朱熹在著名的"鹅湖之会"上辩论为学之方。朱熹的方法是先广泛"格物"然后豁然贯通，明达天理。陆九渊的方法是先"发明本心"，然后辅之以"格物"。朱熹认为陆九渊的方法简略，陆九渊认为朱熹的方法支离。陆九渊始终强调"尊德性"对于"道问学"的优先性。陆九渊"心学"在当时影响很大，以后各朝代也不乏"心学"学者，但总的来说，影响不如朱熹学说那样广泛。

第五节 | 王阳明

王学兴起

王阳明（守仁）像

明代学术中心是王阳明及其弟子的心学运动。王阳明（1472—1529）本名王守仁，自号"阳明子"，所以学者称他为"阳明先生"。王阳明是明代心学运动的核心人物。他年轻时曾学习骑射，研究兵法，出入佛老。因反对宦官刘瑾，被贬到偏远的贵州龙场驿，在龙场悟心学之旨。后曾平定闽赣粤交界的流寇，平息宁王朱宸濠叛乱，晚年出征广西思田，死在回军的路上。他是明代大教育家，在政务间隙仍不忘讲学。晚年居丧在家，他的讲学活动达到高峰，弟子多达数百人。他的主要哲学著作是《传习录》及与友人论学书信。王阳明兴陆九渊并称"陆王心学"，但他的思想不是直接继承陆九渊，而是先从朱熹学说出发，后来觉得格格不入，经过多年孤苦探索才得到的。

致良知

王阳明晚年的讲学宗旨是"致良知"。在正式提出这一学说之前,他有"心外无理"、"心外无物"、"知行合一"等命题。"心外无理"强调道德行为的最后依据是动机,任何行为离开了主体意识都不具有道德的性质。必须在端正道德动机上下工夫。"心外无物"是个极易引起误解的命题。其实王阳明所谓"物",主要不是指存在于主体之外的客体。"物"指"事",特别是主体参与其中的伦理行为。即使是纯客观的"物",没有与主体的认识发生交涉,没有进入主体的意识,也不能判其为有。"格物"不是研究外物的道理,而是改正具体行为中不符合道德准则的意念。"知行合一"是说,"知"的方面和行的方面应该是同一个活动的两个方面,这两个方面如车之两轮,鸟之两翼,不能缺一。强调知了要去行,不行不能算作真知。王阳明晚年提出"致良知"。"致良知"是他所有哲学命题的概括。"致良知"的"致"有扩充和推行两个方面的含义。就扩充这个方面说,任何行为都是积累道德理性的行为,都是拓展自己"良知"的行为。拓展"良知"可以从任何道德水平、知识水平开始。从推行这个方面说,"致良知"就是把自己的"良知"所知为善的意志推行于具体行为,使具体行为都合乎道德规范。"良知"在王阳明这里也有几个意思,最主要是道德法则在心中的呈现和在实践中锻炼得到的是非善恶判断能力。"良知"是"知",推致"良知"的行为是"行","致良知"即"知行合一"。王阳明是朱熹之后最大的理学家,他的思想没有朱熹那样多的学者气息,而是充满实践精神,具有鲜明的时代特点。

王阳明《七言绝句》 明

王门后学

王阳明晚年提出著名的四句教:"无善无恶是心之体,有善有恶是意之动,知善知恶是良知,为善去恶是格物。"(《传习录》下)对四句教的理解关联着本体与工夫的问题。本体工夫是明代中后期学者讨论的主要问题。王阳明的弟子由对本体工夫的不同看法分成两派。一派认为,"良知"本正,"良知"时时呈现于心,修养工夫在于直接体悟"良知",不须为善去恶的工夫修正"良知"。这一派直接从先天心体着手,可以叫先天正心派。这一派的工夫要领是"悟本体即是工夫"。另一派认为,"良知"虽然是至善,但"良知"呈现于心中时,要受气禀物欲的污染,必须用为善去恶工夫,克去私欲,使"良知"呈现其本体。这一派从后天诚意入手,可叫后天诚意派。这一派的工夫要领是

"工夫所至即是本体"。在王门弟子中浙中王门的王畿（别号"龙溪"）和泰州学派的罗汝芳是先天正心派的代表，江右王门邹守益、聂豹、罗洪先是后天诚意派的代表。

泰州龙溪这一派演至明代末期，出现了一些激烈反传统的人，明末刘宗周有见于此，倡诚意慎独之学。刘宗周（1578—1645）着力反对的是上面提到的先天正心派的主张以及以禅学消解儒家学说，以为心中并无"良知"，人心本来无善无恶的主张。他认为，先天正心派以为心中流出的都是"良知"，实际上不免私欲夹杂，必须在后天用为善去恶工夫，才能保持先天善性的流行。而以禅学夷灭"良知"，取消了儒家性善论的内在根据，必然走入空虚寂灭。他提出，心中最隐微的决定者是"意"，"意"不是心中发出的意念，而是决定心的方向的本有主宰。所以"意"又称"意根"，"意"的特征是"好善恶恶"。"意"就是独体，慎独也就是诚意。所谓慎独、诚意，就是保持先天本有的、决定后天心念的"意"，不受私欲的遮蔽。他主张"提起诚意而用致知工夫"，就是说，推致到具体事上的"良知"，必须是由"意"主宰、规范的"良知"，这样才不至于流荡无归。刘宗周是王门各派流衍到明末的一位眼光敏锐的评判者，也是整个明代学术的总结者。他的学说中有向朱熹学说复归的因素，代表了明末王学与朱子学合流的趋势。

推荐读物：

1. 侯外庐、邱汉生、张岂之主编：《宋明理学史》（北京：人民出版社，1997年）。
2. 陈来著：《宋明理学》（沈阳：辽宁教育出版社，1991年）。
3. 钱穆著：《宋明理学概述》（台北：台湾学生书局，1981年）。
4. 蔡仁厚：《宋明理学·北宋篇：心体与性体义旨述引》（台北：台湾学生书局，1977年）。
5. 蔡仁厚：《宋明理学·南宋篇：心体兴性体义旨述引》（台北：台湾学生书局，1983年）。
6. 张立文著：《宋明理学研究》（北京：中国人民大学出版社，1985年）。
7. 陈荣捷著：《新儒学论集》（台北：中央研究院中国文哲研究所筹备处，1995年）。
8. 蒙培元著：《理学的演变：从朱熹到王夫之戴震》（福州：福建人民出版社，1984年）。
9. 冯友兰著：《中国哲学史》（北京：中华书局，1961年）。

【第二十八章】宋词

第一节　词的性质及体制

词最初被称为"曲子词"或"曲子",后来也有人称为"诗余"或"长短句",是一种以乐为主、依乐谱填词歌唱、字数固定、格律化的长短句抒情诗。由于词与音乐有密切关系,词在宋代又有"乐府"、"乐章"、"歌曲"、"小歌词"、"倚声"等别名。词的体制形式的主要特点,都与词的入乐歌唱的性质有直接关系。

词调与词牌

每首词都有一个词调。词调的名称叫词牌,如《水调歌头》、《满江红》、《念奴娇》、《菩萨蛮》之类。它标明一首词的乐谱曲调,本身不是题目。每个词调都是"调有定句,句有定字,字有定声",依据乐曲对字数、句法、平仄、韵脚作出基本的规定。词调不同,意味着乐曲的旋律节拍、声情风格不同,文辞的格律也不同。

词调的乐曲有令、引、近、慢等区别。这些都曾是唐代大曲中间的一个构成部分。大曲是大型的歌舞曲,由同一宫调的若干曲子组成,是一种综合器乐、声乐和舞蹈的大型艺术形式,最短的为"令",大约起源于唐代宴席上所行的酒令。"引"、"近"本是摘取大曲中的一部分而成,一般比"令"长。"引"是歌唱开始的部分,相当于后来的引子,如《阳关引》。"近",亦称近拍,是慢曲以后,在由慢渐快部分所用的曲调,如《扑蝴蝶近》。"慢"即慢曲子,指曲调慢长、节奏舒缓的乐曲,与"急曲"相对而言,依"慢曲"所填的词,称为"慢词"。为简明起见,一般又把各种词调归纳为三类:小令、中调和长调。清人还从字数上区分,58字以内为小令,59—90字为中调,91字以上为长调。这种分法并不科学,实际上界限并不这样分明,但因习用已久,遂沿用至今。

词的结构

  词在结构上还根据分段的不同,有单调、双调、三叠、四叠的区别。单调只有一段,多为小令。双调包括两个段落,是由两段乐曲组成一个词调,前段称上片或上阕,后段称下片或下阕。片(阕)之间,是曲调段落间暂时的休止。双调有上下片结构全同的,也有不同的,不同的大都是慢词。双调是词中最常见的形式。三叠、四叠分别由三段、四段乐曲构成,都是慢词,在词调中数量都不多。词的分段,是由乐曲的段落结构决定的。
  词在句式上的基本特征是长短句,而且句式组合丰富,句子的节拍变化多样。词的长短句主要是由配合乐曲的乐句、曲度、节拍所决定的。句式的长短变化和句式组合的丰富多样,又影响到词的声情风格的变化多样,进而形成不同于诗歌的独特风貌。

词的声律

  词的声韵格律也与音乐有关。押韵的位置,各个词调都有不同的要求,词调音乐曲度不同,韵位也就不同。词对声律的要求比律诗更细、更严,不仅分平仄,还要辨四声,这也是因为词要"倚声"歌唱,必须使字调的升降高低与乐曲相协的缘故。词的曲谱大多失传后,后人填词同样要遵循前人词作的平仄声韵才算合律,并且还根据前人作品的声律整理出字句的平仄声韵谱作为填词的标准。这种谱一般称为"词谱",例如万树《词律》、舒梦兰《白香词谱》等,都是清人所编的词谱。

第二节 词的兴起与唐五代词

词的产生

  词,从广义来说也是诗。但比起诗来,词与音乐有更密切的关系。词以曲谱为主,是先有声而后有辞的,所以叫"倚声"、"填词"。词是一种音乐文学,它的产生、发展,以及创作、流传都与音乐有直接关系。词所配合的音乐是所谓燕乐,又叫宴乐。燕乐的主要乐器是琵琶,是北周和隋以来由西域胡乐与民间里巷之曲相融而成的一种新型音乐,主要用于娱乐和宴会的演奏,隋代已开始流行。因而配合燕乐的词的起源,也就可以上溯到隋代。宋人王灼《碧鸡漫志》卷1说:"盖隋以来,今之所谓曲子者渐兴,至唐稍盛。"词最初主要流行于民间,《敦煌曲子词集》收录的一百六十多首作品,大多是盛唐到唐末五代的民间歌曲。

有一种看法,认为词是出于唐代的近体诗(律诗、绝句)。就是说,唐人先用五、七言诗入乐,到了唐末五代,才改用长短句,于是产生了词。这种看法,并不符合实际情况。词的创作是配合音乐,歌词必须适应乐曲,所以一开始就采用长短句,这在隋唐之际就出现了,从时间上说,它的产生可能是在近体诗正式成立之前。所以说词是由律诗、绝句变化而出是不合事实的。

还有一种看法,认为词出于乐府,即认为词是从汉魏乐府或六朝乐府发展而来的。这种看法,也不符合实际情况。所谓乐府,本是西汉武帝时所设立的一个音乐机关,后来用来作为一种诗体的名称。汉魏六朝入乐的诗都称为乐府。唐宋词也是配合音乐可以歌唱的诗,在这个意义上也可称它为一种乐府诗,宋代就有一些人把词集题为乐府的。但词并不是直接渊源于汉魏乐府或六朝乐府。因为前代乐府所配合的是雅乐(汉魏以前的古乐)和清乐(清商曲,大部分是汉魏六朝的"街陌谣讴"),而唐宋词所配合的是燕乐,主要成分是西域传入的音乐(中亚细亚和印度的音乐),这是不同的音乐系统,是全新的、外来的东西。而且前代乐府是"选词以配乐,非由乐而定词",而唐宋词则是"由乐以定词,非选词以配乐",每个词调都有固定的句格、韵位和字声,这也是完全不同的。

唐代诗人的词

如王灼所说,词在隋代已经产生,但到唐代才开始逐渐兴盛起来。唐代商业经济和国际贸易发达,出现了许多繁华的大都市,这种社会环境对于词的发展起了促进的作用。

唐代诗人中填词最早的,前人都说是李白(701—762)。但流传下来署名李白的作品,到底是否李白的作品,学者仍有所怀疑。其中最有名的是《菩萨蛮》和《忆秦娥》二词:

平林漠漠烟如织,寒山一带伤心碧。暝色入高楼,有人楼上愁。　玉

梯空伫立，宿鸟归飞急。何处是归程，长亭连短亭。(《菩萨蛮》)

箫声咽，秦娥梦断秦楼月。秦楼月，年年柳色，霸陵伤别。　乐游原上清秋节，咸阳古道音尘绝。音尘绝，西风残照，汉家陵阙。

(《忆秦娥》)

这两首词气象雄浑，有极高的艺术价值。宋人评价说："《菩萨蛮》、《忆秦娥》二词为百代词曲之祖"(黄昇《唐宋诸贤绝妙词选》)。

从8世纪下半期开始，诗人填词的风气逐渐形成。如张志和(字子同，活跃于758—774)的《渔歌子》：

西塞山前白鹭飞，桃花流水鳜鱼肥。青箬笠，绿蓑衣，斜风细雨不须归。

刘熙载称赞这首词"风流千古"(《艺概》)。还有白居易(772—846)和刘禹锡(772—842)的《忆江南》：

江南好，风景旧曾谙：日出江花红胜火，春来江水绿如蓝。能不忆江南？

(白居易《忆江南》)

春去也！多谢洛城人。弱柳从风疑举袂，丛兰裛露似沾巾。独坐亦含颦。

(刘禹锡《忆江南》)

这两首词，写得十分流丽活泼，对后人影响很大。

温庭筠和"花间词"

到了晚唐，填词风气更为普遍。如皇甫松(字子奇，生卒年不详)的《梦江南》：

兰烬落，屏上暗红蕉。闲梦江南梅熟日，夜舡吹笛雨潇潇，人语驿边桥。

最后两句很有韵味。晚唐最有名的词人是温庭筠(字飞卿，812—870?)。《旧唐书》说他"能逐弦吹之音，为侧艳之词"。他的词作色彩非常浓艳。如：

小山重叠金明灭，鬓云欲度香腮雪。懒起画蛾眉，弄妆梳洗迟。　照花前后镜，花面交相映。新帖绣罗襦，双双金鹧鸪。

(《菩萨蛮》)

水精帘里颇黎枕，暖香惹梦鸳鸯锦。江上柳如烟，雁飞残月天。　藕丝秋色浅，人胜参差剪。双鬓隔香红，玉钗头上风。(《菩萨蛮》)

这两首词都极艳丽。"江上柳如烟，雁飞残月天"二句很有诗意，历来为人们所喜爱。再如：

玉炉香，红蜡泪，偏照画堂秋思。眉翠薄，鬓云残，夜长衾枕寒。　梧桐树，三更雨，不道离情正苦。一叶叶，一声声，空阶滴到明。

(《更漏子》)

梳洗罢，独倚望江楼。过尽千帆皆不是，斜晖脉脉水悠悠，肠断白蘋洲！　　　　　　　　　　　　　　　　　(《梦江南》)

这两首词都是写离情。前一首由浓丽转入疏淡，后一首空灵疏荡，写得别有情味。

在温庭筠的影响下，五代出现了一个"花间词派"。

"花间词派"是在五代后蜀出现的一批词人，主要成员有韦庄（字端己，836—910）、薛昭蕴、牛峤（字松卿，生卒年不详）、张泌（字子澄，930—？）、毛文锡（字平珪，生卒年不详）、牛希济、欧阳炯（896—971）、顾敻、鹿虔扆、阎选、尹鹗、李珣（字德润，855？—930？）、和凝（字成绩，898—955）、孙光宪（字孟文，900—968）等人。

后蜀广政三年（940），赵崇祚把这些人的词编成一集，共收作者18人，词500首，名曰《花间集》，这便是"花间派"得名的由来。《花间集》承袭温庭筠的香软词风，用艳丽的色彩、华美的词藻描绘女人的姿态、生活和恋情，充满浓腻的脂粉气味。其中韦庄的词则和温词的词风有所不同，显得清丽疏淡。如下面这首《菩萨蛮》：

人人尽说江南好，游人只合江南老。春水碧于天，画船听雨眠。　炉边人似月，皓腕凝霜雪。未老莫还乡，还乡须断肠。

此首极写江南人物景色之美，反衬羁留江南的游人漂泊而不能还乡，更显得无限哀伤。

李煜和南唐词人

在战乱频繁的五代，相对安定的除了后蜀，还有南唐。南唐中主李璟(字

伯玉，916—961)、后主李煜（字重光，937—978）以及宰相冯延巳（字正中，903—960）是当时的重要词人。

李璟的词充满悲伤色调。如：

> 菡萏香销翠叶残，西风愁起碧波间。还与容光共憔悴，不堪看。 细雨梦回清漏永，小楼吹彻玉笙寒。簌簌泪珠多少恨，倚栏干。
> 　　　　　　　　　　　　　　　　　　　　《摊破浣溪沙》

王安石非常赞赏下半阕的头两句。王国维则称赞上半阕头两句有"众芳芜秽，美人迟暮"之感。

冯延巳词清新秀美、委婉动人。如：

> 庭院深深深几许？杨柳堆烟，帘幕无重数。玉勒雕鞍游冶处，楼高不见章台路。 雨横风狂三月暮。门掩黄昏，无计留春住。泪眼问花花不语，乱红飞过秋千去。
> 　　　　　　　　　　　　　　　　　　　　《鹊踏枝》

> 风乍起，吹绉一池春水。闲引鸳鸯香径里，手挼红杏蕊。 斗鸭阑干独倚，碧玉搔头斜坠。终日望君君不至，举头闻鹊喜。
> 　　　　　　　　　　　　　　　　　　　　《谒金门》

冯延巳词对北宋词人影响很大。王国维说："冯正中词，虽不失五代风格，而堂庑特大，开北宋一代风气。"《人间词话》

李煜是唐五代词人中成就最大的。他前期过着奢侈淫逸的享乐生活。后来南唐为宋所灭，李煜成为俘虏，过着痛苦和屈辱的生活。四十二岁时被宋太宗下令用毒药杀死。他的这种人生剧变，使他后期的作品从"花间派"的艳丽香软的词风中突破出来，着重抒写他从一个皇帝变为一个囚徒的无限伤感，同时又通过感情色彩极浓的意象，把他个人的今昔之感升华为不同时代、不同社会的人所共同具有的一种人生感，所以他的这些词就引发了后世无数人的共鸣。如最有名的几首：

> 林花谢了春红，太匆匆！常恨朝来寒雨晚来风！ 胭脂泪，留人醉，几时重？自是人生长恨水长东！
> 　　　　　　　　　　　　　　　　　　　　《乌夜啼》

> 无言独上西楼，月如钩。寂寞梧桐深院锁清秋。 剪不断，理还乱，是离愁，别是一般滋味在心头。
> 　　　　　　　　　　　　　　　　　　　　《相见欢》

> 帘外雨潺潺，春意将阑。罗衾不耐五更寒。梦里不知身是客，一晌贪

欢。　独自莫凭阑！无限关山，别时容易见时难。流水落花春去也，天上人间！　　　　　　　　　　　　　　（《浪淘沙》）

春花秋月何时了，往事知多少。小楼昨夜又东风，故国不堪回首月明中。　雕栏玉砌应犹在，只是朱颜改。问君能有几多愁，恰似一江春水向东流。

　　　　　（《虞美人》，版本据唐圭璋选释《唐宋词简释》）

王国维说："李重光之词，神秀也。词至李后主而眼界始大，感慨遂深，遂变伶工之词而为士大夫之词。"（《人间词话》）李煜词对宋代以及宋代以后历代的词人，影响都是非常大的。

第三节　宋词的繁荣

进入宋代，词的创作逐步蔚为大观，产生了大批成就突出的词人，名篇佳作层出不穷，并出现了各种风格、流派。《全宋词》共收录流传到今天的词作一千三百三十多家将近两万首，从这一数字可以推想当时创作的盛况。词的起源虽早，但词的发展高峰则是在宋代，因此后人便把词看作是宋代最有代表性的文学，与唐代诗歌并列，而有了所谓"唐诗、宋词"的说法。

宋词兴盛的原因

宋词的兴盛与北宋一百多年间的经济繁荣是有联系的。孟元老的《东京梦华录》对汴京的繁华做了如下的描绘：

太平日久，人物繁阜。垂髫之童，但习鼓舞，斑白之老，不识干戈。时节相次，各有观赏。灯宵月夕，雪际花时，乞巧登高，教池游苑。举目则青楼画阁，绣户珠帘。雕车竞驻于天街，宝马争驰于御路。金翠耀目，罗绮飘香。新声巧笑于柳陌花衢，按管调弦于茶坊酒肆。八荒争凑，万国咸通。集四海之珍奇，皆归市易；会寰区之异味，悉在庖厨。花光满路，何限春游；箫鼓喧空，几家夜宴。伎巧则惊人耳目，

侈奢则长人精神。

从这一描绘中可以看出当日工商业的盛况以及豪门贵族和一般市民的游乐生活。由于词和音乐联系密切,所以在这种安逸游乐的风气中词的用途就很广泛,朝廷盛典、士大夫宴会、长亭送别、歌楼卖唱,都要用词。这就促使词的普及和发展。君主和贵族对词的爱好,也推动词的发展。再加上词作为一种新的诗歌形式,是一个艺术创造的新天地,这也吸引愈来愈多的文人进入这个领域发挥自己的才情。

晏殊、欧阳修

北宋初至宋仁宗朝,出现于词坛的都是一些达官贵人,如宋祁(字子京,998—1062)、晏殊(字同叔,991—1055)、范仲淹(字希文,989—1052)、欧阳修(字永叔,号六一居士,1007—1072)等。他们基本上承继晚唐五代,特别是南唐遗风,采用旧曲小令词调,作小词自娱,追求深婉精致、含蓄蕴藉的风格。如宋祁的《玉楼春》:

> 东城渐觉风光好,縠皱波纹迎客棹。绿杨烟外晓寒轻,红杏枝头春意闹。 浮生长恨欢娱少,肯爱千金轻一笑?为君持酒劝斜阳,且向花间留晚照。

"红杏枝头春意闹"的意象极美,王国维曾说这句词"着一'闹'字而境界全出",当时就有人称宋祁为"'红杏枝头春意闹'尚书",一时传为美谈。

晏殊是宋仁宗时的宰相。他的词写得风流蕴藉、温润秀洁。如:

> 一曲新词酒一杯,去年天气旧亭台,夕阳西下几时回? 无可奈何花落去,似曾相识燕归来,小园香径独徘徊。 (《浣溪沙》)

> 小径红稀,芳郊绿遍,高台树色阴阴见。春风不解禁杨花,濛濛乱扑行人面。 翠叶藏莺,朱帘隔燕,炉香静逐游丝转。一场愁梦酒醒时,斜阳却照深深院。 (《踏莎行》)

> 槛菊愁烟兰泣露。罗幕轻寒,燕子双飞去。明月不谙离恨苦,斜光到晓穿朱户。 昨夜西风凋碧树。独上高楼,望尽天涯路。欲寄彩笺兼尺素,山长水阔知何处? (《蝶恋花》)

范仲淹的词大都散佚，但从留下的几首可以看出他过人的才华。如：

> 碧云天，黄叶地。秋色连波，波上寒烟翠。山映斜阳天接水。芳草无情，更在斜阳外。　黯乡魂，追旅思。夜夜除非，好梦留人睡。明月楼高休独倚。酒入愁肠，化作相思泪。　　　　（《苏幕遮》）

> 塞下秋来风景异，衡阳雁去无留意。四面边声连角起。千嶂里，长烟落日孤城闭。　浊酒一杯家万里，燕然未勒归无计！羌管悠悠霜满地。人不寐，将军白发征夫泪。　　　　（《渔家傲》）

前一首写离情，缠绵细密，后一首写边塞，沉郁悲壮。可见他的词包含了婉约和豪放两种风格。

欧阳修的词作有《六一词》和《醉翁琴趣外篇》二种。他的词风接近冯延巳，下面两首是非常有名的：

> 候馆梅残，溪桥柳细，草薰风暖摇征辔。离愁渐远渐无穷，迢迢不断如春水。　寸寸柔肠，盈盈粉泪。楼高莫近危阑倚。平芜尽处是春山，行人更在春山外。　　　　（《踏莎行》）

> 去年元夜时，花市灯如昼。月上柳梢头，人约黄昏后。　今年元夜时，月与灯依旧。不见去年人，泪满春衫袖。　　　　（《生查子》）

这些词，写离情委婉缠绵，写儿女之态天真活泼。后来的苏轼、秦观都受他的影响。

柳永

北宋前期在创作风格上与晏、欧一派完全不同的词人是柳永（字耆卿，985？—1053？）。当晏、欧等人还沿用小令旧曲的时候，社会上流行的音乐已经发生了很大的变化。宋翔凤《乐府余论》说："宋仁宗朝，中原息兵，汴京繁富，歌台舞席，竞赌新声。"这种新起音乐在当时民间非常流行，出现了"是处楼台，朱门院落，弦管新声腾沸"（柳永《长寿乐》）、"万家竞奏新声"（柳永《木兰花慢》）的局面，不过这种流行的"新声"并未引起上层文人的注意。柳永由于仕途失意，多出入于市井里巷，混迹于秦楼楚馆、舞榭歌场，与乐妓乐工交往，对当时流行的"新声"非常熟悉，加上他精通音律，才华超群，"教坊乐工，每得新腔，必求永为词，始行于世"（叶梦得《避暑录话》卷3）。于是，词在柳

永的手中,开始出现了新的倾向。

柳永采用民间新兴的曲调作词,大量写作篇幅较长的慢词,扩展了词的体制,改变了宋初以来以小令为主的单一格局。柳词擅长抒写个人的羁旅行役之愁,并以同情的态度表现市井下层妓女的生活和感情,还以赞美和认同的口吻描写都市生活的繁荣景象,不仅表现了柳永个人的感情,同时也融入了市民的生活趣味,体现出鲜明的时代特征,把词的领域从士大夫文人的小庭深院、酒宴歌席引向了水天空阔的茫茫旅途和人声鼎沸的市井都会,大大拓展了词的表现领域。与体制和内容的扩展相联系,柳词在艺术表现上发展了铺叙的手法,层层铺展,尽情渲染,而语言又明白浅近,不避俚言俗语,部分词体现出口语化的特色,于雅词之外又发展了俗词的一体。柳永词的内容、风格和形式体制,都突破了宋初以来词的狭小格局,突破了士大夫自我欣赏的范围,真正做到了雅俗共赏,因而在民间广泛流传。叶梦得《避暑录话》记载当时一位西夏归宋官员的话:"凡有井水饮处,即能歌柳词。"可见柳永词影响之大。

雨霖铃　柳永

寒蝉凄切,对长亭晚,骤雨初歇。都门帐饮无绪,留恋处、兰舟催发。执手相看泪眼,竟无语凝噎。念去去、千里烟波,暮霭沉沉楚天阔。　多情自古伤离别,更那堪冷落清秋节!今宵酒醒何处?杨柳岸、晓风残月。此去经年,应是良辰好景虚设。便纵有千种风情,更与何人说?

八声甘州　柳永

对潇潇暮雨洒江天,一番洗清秋。渐霜风凄惨,关河冷落,残照当楼。是处红衰翠减,苒苒物华休。惟有长江水,无语东流。　不忍登高临远,望故乡渺邈,归思难收。叹年来踪迹,何事苦淹留?想佳人妆楼颙望,误几回天际识归舟?争知我、倚阑干处,正恁凝愁。

苏轼

到北宋中期,苏轼(字子瞻,号东坡,1036—1101)从另一个方向进一步变革了北宋的词风。北宋前期词,基本上是以绮艳婉约为主导风格,并且主要是作为消遣娱乐的工具而存在的,即使柳永的创新,也未能突破"词为艳科"、"应歌而作"的藩篱。苏轼则为词的发展带来了全新的面貌。在拓展词的内容和丰富词的艺术表现功能方面,苏轼显示了绝大的艺术才力,南宋末年刘辰翁说:"词至东坡,倾荡磊落,如诗,如文,如天地奇观。"(《稼轩词序》)词被苏轼用来言志说理,探究人生意义,表达哲理思考,容纳了更为广阔的生活内容。这种以诗为词的创作特色,不仅大大扩展了词的抒情功能,而且提高了词的艺术地位,对宋词的发展起了重大的推动作用。

苏词的艺术风格也非常丰富,有的缠绵深婉,有的飘逸洒脱,有的清新明丽,如:

> 缺月挂疏桐,漏断人初静。谁见幽人独往来?缥缈孤鸿影。 惊起却回头,有恨无人省。拣尽寒枝不肯栖,寂寞沙洲冷。
>
> 　　　　　　　　　　　　　　　　　　　　(《卜算子》)
>
> 十年生死两茫茫!不思量,自难忘。千里孤坟,无处话凄凉。纵使相逢应不识,尘满面,鬓如霜。 夜来幽梦忽还乡。小轩窗,正梳妆。相顾无言,惟有泪千行。料得年年肠断处,明月夜,短松冈。
>
> 　　　　　　　　　　　　　　　　　　　　(《江城子》)

赵孟頫《苏东坡像》　元

前一首写自己在贬谪中孤离傲世的心境,清冷高洁。第二首怀念他死了十年的妻子王氏,极其沉痛。特别值得注意的是苏轼开创了豪放清旷的新词风,如他的《念奴娇》(大江东去)、《水调歌头》(明月几时有)、《江城子》(老夫聊发少年狂)等作品,从内容到风格都使人耳目一新。他的这类风格的作品虽然不多,但在绮艳婉约之外另立一体,显示了新的发展方向,其影响是非常深远的。如胡寅《酒边词序》所说,苏轼词"一洗绮罗香泽之态,摆脱绸缪宛转之度,使人登高望远,举首高歌,而逸怀浩气,超然尘垢之外。于是花间为皂隶,而柳氏(按:柳永)为舆台矣"。这段话十分准确地概括了苏轼词的特点及其在词史上的地位。

水调歌头　苏轼

丙辰中秋,欢饮达旦,大醉,作此篇,兼怀子由。

明月几时有?把酒问青天。不知天上宫阙,今夕是何年?我欲乘风归去,惟恐琼楼玉宇,高处不胜寒。起舞弄清影,何似在人间? 转朱阁,低绮户,照无眠。不应有恨,何事长向别时圆?人有悲欢离合,月有阴晴圆缺,此事古难全。但愿人长久,千里共婵娟。

念奴娇　苏轼

赤壁怀古

大江东去,浪淘尽、千古风流人物。故垒西边,人道是:三国周郎赤壁。乱石崩云,惊涛

> 拍岸，卷起千堆雪。江山如画，一时多少豪杰。　遥想公瑾当年，小乔初嫁了，雄姿英发。羽扇纶巾，谈笑间、强虏灰飞烟灭。故国神游，多情应笑我，早生华发。人间如梦，一尊还酹江月。

晏几道、秦观

北宋中后期，词的创作十分繁荣，名家辈出，风格多样。稍早的晏几道（号小山，1038—1110），在慢词已经广泛流行的情况下，仍专力于写作小令，上承"花间"、南唐的词风，而以清新优美的笔调抒发男女间的离合悲欢，别具深挚哀婉而风流蕴藉的个性，其音调之和谐优美，文字之清丽精工，尤有过人之处，代表了北宋中期小令艺术的最高成就。如下面这首词：

> 彩袖殷勤捧玉钟，当年拼却醉颜红。舞低杨柳楼心月，歌尽桃花扇影风。　从别后，忆相逢，几回魂梦与君同？今宵剩把银釭照，犹恐相逢是梦中！　　　　　　　《鹧鸪天》

这类词充满伤感，比较接近李煜。另一大词人秦观（字少游，1049—1100）是苏轼的门生，但词风却与苏轼不同，慢词深婉缠绵，小令凄清妩丽。如下面两首词：

> 纤云弄巧，飞星传恨，银汉迢迢暗度。金风玉露一相逢，便胜却人间无数。　柔情似水，佳期如梦，忍顾鹊桥归路。两情若是久长时，又岂在朝朝暮暮？　　　　　　　《鹊桥仙》

> 雾失楼台，月迷津渡，桃源望断无寻处。可堪孤馆闭春寒，杜鹃声里斜阳暮。　驿寄梅花，鱼传尺素，砌成此恨无重数。郴江幸自绕郴山，为谁流下潇湘去？　　　　　　　《踏莎行》

晏几道和秦观都真正做到了内容与形式及文辞的完美结合，而他们词中浓重的感伤情调，又充分体现了词体的抒情特长，因此他们向来被看作"古之伤心人"，而他们的词则被视为婉约词正宗。

周邦彦

北宋最后一位大词人是周邦彦（字美成，1056—1121），他在宋词的发展史上占有重要的地位。周邦彦精通乐律,曾被任命为大晟乐府的提举官,致力于词调的整理和规范,并创制了一些新的词调。在丰富词的体式、促进词体的规范和成熟方面,周邦彦都对宋词的发展做出了重要贡献。他非常重视词的音韵声调与乐曲相协,格律细密,声韵清雅,并能使音律与幽微深细的感情内容相互引发,产生独特的艺术效果。他的词作集北宋词之大成,言情体物更为精巧、缜密、典雅,擅长以工笔勾勒的方式作多层次、多角度的铺叙,章法结构多变而巧妙,总体上的开合呼应、前后映照、回环往复与局部的精细勾勒相得益彰,具有既精细又浑厚的特点,在慢词的写法上又比柳永进了一步。周邦彦词在南宋受到普遍的喜爱,特别是他在音律和词法方面的成就,更受到南宋姜夔、史达祖、吴文英、张炎一派词人的推崇,对南宋词的发展产生了深远影响。因此他又被看作是北宋和南宋之间承上启下的词人。

> **六丑** 周邦彦
> 蔷薇谢后作
> 正单衣试酒,恨客里光阴虚掷。愿春暂留,春归如过翼,一去无迹。为问花何在?夜来风雨,葬楚宫倾国。钗钿堕处遗香泽。乱点桃蹊,轻翻柳陌。多情最谁追惜?但蜂媒蝶使,时叩窗隔。　东园岑寂,渐蒙笼暗碧。静绕珍丛底,成叹息。长条故惹行客,似牵衣待话,别情无极。残英小、强簪巾帻。终不似一朵钗头颤袅,向人欹侧。漂流处、莫趁潮汐。恐断红尚有相思字,何由见得?

李清照

李清照(号易安居士,1084—1155?)是南渡前后的女词人。她的词带有多愁善感的气质,早期作品多写闺阁生活、离愁别绪,南渡之后,连遭乱离,她的思想感情发生了巨大变化,词作也深深地打上了时代的烙印。后期作品低回婉转,凄切哀伤,内容、声调、风格都与清新明丽的早期词有了很大的不同,虽只是个人的悲痛,却是国破家亡现实的真实写照。李清照认为词体与诗歌不同,"别是一家",强调合乐歌唱的音乐性与艺术特征,她的女性的感受与笔触,与词体的婉约柔美的本色风格天然契合,在抒情的真切自然这一点上,具有别的词人不具备的优势和成就。

山东济南李清照纪念馆

> **如梦令** 李清照
> 昨夜雨疏风骤,浓睡不消残酒。试问卷帘人,却道海棠依旧。知否?知否?应是绿肥红瘦。

醉花阴 李清照

薄雾浓云愁永昼,瑞脑消金兽。佳节又重阳,玉枕纱厨,半夜凉初透。 东篱把酒黄昏后,有暗香盈袖。莫道不消魂,帘卷西风,人比黄花瘦。

辛弃疾

  两宋之交的叶梦得(1077—1148)、朱敦儒(1081—1159)、向子諲(1085—1152)、张元幹(1091—1160)、张孝祥(1132—1169)等词人,都有忧时伤乱、感愤激昂的歌词,同样显示了词风的转变。南宋前期影响最大的词人是辛弃疾(字幼安,号稼轩居士,1140—1207),他本是一位投身抗金斗争的战士,一位身负雄才而不能施展的英雄,他用词来表现他的理想,抒发壮志未酬的忧愤,把金戈铁马的铿锵之声带进了词的歌唱里来。辛词题材广泛,内容丰富,风格多样。词史上向来以"苏、辛"并称,把他们看作宋代豪放词的代表。他们的词都有宏阔的境界,豪迈的气概,但他们的词风不尽相同,辛词的悲愤沉郁就是时代和他个人的经历气质所赋予的特质,与苏词的清旷雄放有很大的区别。如《摸鱼儿》(更能消几番风雨)一词,用象征的比兴手法,写国势危弱,有如春残花谢,再以蛾眉遭嫉,抒写抗战派被压迫排挤的悲愤心情,层层深入,沉痛无比。在变革词体的艺术创新方面,辛弃疾比苏轼走得更远,从词的结构、语言、表现手法上都突破了词的传统,极大地增强了词的表现力。在对词体的艺术特质的理解和把握方面,辛弃疾也有过人之处。辛词虽然有散文化的倾向,但有雄大的气势和魄力,并不浅直粗疏,相反具有丰富的比兴寄托,深沉的抒情感染力,把词体的抒情功能发挥得淋漓尽致。此外他的一些婉约风格的作品,例如《青玉案》(东风夜放花千树)等作品也毫不比第一流的婉约词人逊色。总之,苏、辛词的风格有同有异,异多于同。苏词高旷,辛词沉郁;苏词多表现对历史、现实和人生的超越,辛词更多体现对社会、功名和事业的执着。他们是宋词中并峙的两座高峰。在辛词的影响下,南宋词坛上出现了一批学习辛词风格的爱国词人,形成了所谓"豪放词派",或称"辛派"。代表人物有陈亮(1143—1194)、刘过(1154—1206)、刘克庄(1187—1269)、刘辰翁(1232—1297)等,不过这些词人的成就都不能与辛弃疾相比。

> **摸鱼儿** 辛弃疾
>
> 淳熙己亥，自湖北漕移湖南，同官王正之置酒小山亭，为赋。
>
> 更能消几番风雨，匆匆春又归去。惜春长恨花开早，何况落红无数。春且住！见说道、天涯芳草迷归路。怨春不语。算只有殷勤，画檐蛛网，尽日惹飞絮。　长门事，准拟佳期又误。蛾眉曾有人妒。千金纵买相如赋，脉脉此情谁诉？君莫舞，君不见、玉环飞燕皆尘土。闲愁最苦。休去倚危楼，斜阳正在，烟柳断肠处。

姜夔

南宋另一位大词人姜夔（字尧章，号白石道人，1155？—1221？），则在辛派词之外另立一宗。姜夔不但能写词，而且懂得作曲。他曾创作不少新的词调，称为"自度曲"，如《扬州慢》、《杏花天影》、《鬲溪梅令》等，经今人杨荫浏、阴法鲁的研究、解译，翻译成简谱和五线谱，至今仍可演唱。姜夔也整理前人旧曲，并配上歌词，如琵琶古调《醉吟商小品》，唐代大曲的《霓裳》中《霓裳中序第一》曲调等。他的《白石道人歌曲》六卷用旁谱（在诗、词、曲等文词旁所注的工尺谱）形式记录了这些宋词歌谱，是现存研究宋代音乐的宝贵史料。由于精通音律，姜夔十分重视歌词与音乐的配合，有的作品还先写好词再谱曲，与一般"依谱填词"的做法不同，在文词与乐曲声情的配合上达到了很高的水平。姜夔为人性情孤高，作风清雅，不随流俗；姜词的优秀之作具有明静幽冷、清空深远的特色，是高度诗化的精神世界的写照。他的《暗香》、《疏影》以及年轻时的作品《扬州慢》都是很有名的作品。在语言风格上，他追求清冷的色调和瘦硬刚健的力度，既不同于传统婉约词的软媚，也不同于辛派词的雄放，在南宋词坛独树一帜，产生了很大影响。

> **扬州慢** 姜夔
>
> 淳熙丙申至日，予过维扬。夜雪初霁，荠麦弥望。入其城则四顾萧条，寒水自碧，暮色渐起，戍角悲吟。予怀怆然，感慨今昔，因自度此曲。千岩老人以为有"黍离"之悲也。
>
> 淮左名都，竹西佳处，解鞍少驻初程。过春风十里，尽荠麦青青。自胡马窥江去后，废池乔木，犹厌言兵。渐黄昏，清角吹寒，都在空城。　杜郎俊赏，算而今重到须惊。纵豆蔻词工，青楼梦好，难赋深情。二十四桥仍在，波心荡冷月无声。念桥边红药，年年知为谁生？

吴文英、张炎

从南宋后期的史达祖（字邦卿，生卒年不详）、吴文英（号梦窗，1200？—1260？），到宋末的周密（号草窗，1232—1298？）、王沂孙（号碧山，生卒年不详）、张炎（号玉田，1248—1320？）等人，都受姜夔影响，成为南宋后期词坛创作的主流。这些词人上承周邦彦，近追姜夔，都追求音韵格律的精严和文辞的精巧雅正，但也有各自不同的艺术风格。其中吴文英和张炎比较重要。吴文英词较晦涩，但其梦幻般的意象和浓丽绵密的风格则在宋词世界中成为不可多得的一体。张炎的词风接近姜夔，著有《词源》一书，辨析乐理、探讨词艺，强调词的音乐特性，标举清空雅正的风格，在词学理论上有重大贡献。

经过两宋词人的不断努力，词在不断变革和创新中走向了全盛。宋代以后，词不再成为整个社会最流行、最兴盛的文学形式，但仍不断有人继续创作，并且有不少优秀的作品出现。元代写词比较有名的有赵孟頫（字子昂，号松雪道人，1254—1322）、萨都剌（字天锡，1272—？）等人。萨都剌是蒙古族人，他的怀古词气象高远，如：

> 六代豪华，春去也、更无消息。空怅望，山川形势，已非畴昔。王谢堂前双燕子，乌衣巷口曾相识。听深夜，寂寞打孤城，春潮急。　思往事，愁如织。怀故国，空陈迹。但荒烟衰草，乱鸦斜日。《玉树》歌残秋露冷，胭脂井冷寒螀泣。到如今，只有蒋山青，秦淮碧。
>
> 　　　　　　　　（《满江红·金陵怀古》）

明代的词作比较沉寂。但到了清代，又涌现出大批词作家，被后人称为"词的中兴"。比较有名的作家有陈维崧（字其年，1625—1682）、朱彝尊（号竹垞，1629—1709）、纳兰性德（原名成德，字容若，1654—1685）、张惠言（字皋文，1761—1802）、周济（字介存，1781—1839）等人。

清代在词论方面也很有成就，出版了许多词话，还整理、编印了许多前人的词集，如朱彝尊的《词综》、张惠言的《词选》、周济的《宋四家词选》等。

第四节 宋词的主要艺术特色

宋词受到社会生活风尚、时代审美趣味、士人文化心理、民间娱乐习惯等因素的影响,在艺术上形成了鲜明的特色。同时,由于词是合乐歌唱的,在艺术风格上必然受到音乐的制约。宋词独特的审美特征,都与词体的音乐特性有直接或间接的关系。

宋词的歌唱性与音乐美

宋人俞文豹《吹剑续录》记载,大词人苏轼有一次问一个善歌的人:"我词何如柳七(按:柳永)?"对曰:"柳郎中词,只合十七八女郎,执红牙板,歌'杨柳岸、晓风残月'。学士词,须关西大汉,铜琵琶、铁绰板,唱'大江东去'。"这个有名的故事形象地描述了宋词中阴柔与阳刚两种风格的不同。不过,我们还应该注意,这位善歌的人评价苏、柳的不同词风,首先是着眼于"唱"。不同风格的歌词,与不同的词调乐曲声情相结合,要在歌唱之中,才能全面体现它的审美特征。这正反映了宋人对词与音乐关系的普遍认识。宋人作词首先要考虑的就是它的歌唱性,李清照作《词论》提出"词别是一家"的说法,对词的声律提出十分严格的要求,首要的着眼点便是"可歌"。宋人王炎《双溪诗余自序》更说:"长短句宜歌而不宜诵。"正是这种入乐歌唱的性质,决定了宋词的独特发展路径,形成了独特的艺术审美倾向。

关于宋词的歌唱性特点,可以先看南宋姜夔的《暗香》:

旧时月色,算几番照我,梅边吹笛?唤起玉人,不管清寒与攀摘。何逊而今渐老,都忘却春风词笔。但怪得竹外疏花,香冷入瑶席。　江国,正寂寂。叹寄与路遥,夜雪初积。翠尊易泣,红萼无言耿相忆。长记曾携手处,千树压西湖寒碧。又片片吹尽也,几时见得?

暗　香　(夷则宫,俗名仙吕宫)

辛亥之冬,予载雪诣石湖。止既月,授简索句,且征新声。作此两曲,石湖把玩不已,使工妓隶习之,音节谐婉,乃名之曰《暗香》、《疏影》。

宋　姜夔词曲，1191年
杨荫浏　译谱

[暗香曲谱]

旧时月色，算几番照我，梅边吹笛？唤起玉人，不管清寒与攀摘。何逊而今渐老，都忘却春风词笔。但怪得竹外疏花，香冷入瑶席。江国，正寂寂。叹寄与路遥，夜雪初积。翠尊易泣，红萼无言耿相忆，长记曾携手处，千树压西湖寒碧。又片片吹尽也，几时见得？

这首词咏物与抒情融为一体，意蕴深远，文辞雅健，与清雅谐婉的曲调和谐地配合，相得益彰。

歌唱性特点造成了宋词独特的音乐美感，虽然宋词大多数由于乐谱失传，已经脱离音乐而独立，但词的音乐性也仍然是很强的。这种音乐感主要是来自于词调规定的有规律的字声平仄组合，句式的错落和音节、韵位的丰富变化而造成的抑扬顿挫的旋律和节奏感。如李清照的《声声慢》(寻寻觅觅)，开头七组叠字，以独特的音节、压抑的声调，强化和渲染了凄苦、孤独、冷清、无聊的心情，特别富于音乐的节奏感。词中用字，又有意识地用语音表现出悲苦的情绪，较多地使用舌音字和齿音字，并押入声韵脚，造成了一种独特的音律效果，从字词的声音上就可以体会到词人压抑悲苦的心情。虽然乐谱失传，但从文字的声律组合中同样可以体会到和谐的音乐美感。

宋词词调丰富，声律体式变化多样，清康熙年间的《钦定词谱》共收录826调、2306体。不同的词调有不同的音律节奏和声情风格，词人创作可以根据抒情内容的不同，选择不同的词调，达到声与情的完美结合。宋词的声律节奏变化比一般格律诗歌更为丰富多彩，这也是宋词作为音乐性很强的文学在艺术上的独特之处。

词为艳科

《吹剑续录》记载的故事还有一个着眼点，就是不同内容风格的词，要由不同的人歌唱。关西大汉和十七八女孩儿刚柔不同的演唱，可以对豪放和婉约的不同词风给予不同的演绎。但在宋人的一般观念中，词却是以女声歌唱为本色的。北宋李廌有一首《品令》词说："唱歌须是，玉人檀口，皓齿冰肤。意传心事，语娇声颤，字如贯珠。"南宋刘克庄（1187—1269）《翁应星乐府序》说："长短句当使雪儿、啭春莺辈可歌，方是本色。"王炎《双溪诗余自序》也说，词的歌唱，如果"非朱唇皓齿，无以发其要妙之声"。到南宋末年，吴自牧《梦粱录》卷20记述杭州唱词风习仍是："但唱令曲小词，须是声音软美。"这种以软美的女声歌唱为本色的风气，对宋词的艺术风格产生了重要的影响。宋人王灼《碧鸡漫志》，卷1说："今人独重女音，不复问能否。而士大夫所作歌词，亦尚婉媚。"也就是说，由于唱词崇尚女声，士大夫作词也要追求风格的婉媚。于是这种女性化的婉媚就成了词体的一个突出特点。前人论词，有所谓"诗庄词媚"、"词为艳科"、"词之为体如美人"等说法。要了解词的艺术风格，这是应该特别注意的一点。

宋词的内容多与男女之情有关，这是造成宋词婉媚风格的重要原因。词中最多见的题材是相思恋情、离愁别绪、伤春悲秋、风花雪月、游子乡愁、思妇闺怨等，大多是倾向于阴柔之美的内容。即使一些抒写个人身世之感的作品，也往往与男女相思离愁结合在一起，如柳永的《雨霖铃》(寒蝉凄切)写羁旅行役的漂泊之感，就是在男女离别的悲苦气氛中去表现的。秦观的《满庭芳》(山抹微云)更被誉为"将身世之感，打并入艳情"的名作。这样的例子在宋词中不胜枚举。一些与艳情无关的登临咏怀词，也免不了带出"艳情"的词句，如辛弃疾"登建康赏心亭"的《水龙吟》词，抒写壮志难酬、英雄末路的悲愤，最后则说："倩何人唤取，盈盈翠袖，揾英雄泪。"还是要借女性知己的柔情抚慰来表现失意的孤愤。一些咏物的词章，更少不了柔媚的情调。如姜夔《暗香》表面是咏梅，实际是表现对昔日爱情的追思。苏轼的《水龙吟》咏杨花:"萦损柔肠,困酣娇眼,欲开还闭。梦随风万里,寻郎去处,又还被莺呼起。"以女性的娇柔形象比喻杨花,又借咏物写柔情,在似与不似、若即若离之间写出杨花的情态神韵,更传达一种女性化的情思。宋末沈义父《乐府指迷》讨论咏物词之作法云:"作词与诗不同,纵是花卉之类,亦须略用情意,或要入闺房之意……。如只直咏花卉,而不着些艳语,又不似词家体例,所以为难。"作咏物词尚且如此,别的题材就可想而知了。

至于苏轼、辛弃疾等词人,突破"词为艳科"的藩篱,扩大了词的表现范围和抒情功能,发展了阳刚之美的豪放词风,为词的发展做出了重大贡献,但在当时,苏、辛的一些雄放豪迈的词作或被视为"句读不葺之诗",或被视为"变体",不是词的本色风格。这种看法当然是保守的,但也从另一个侧面说明在宋人的普遍观念中,婉媚之美才是词的艺术本色。

宋词的抒情多取与女性有关的角度,或者模拟女性的口吻,或者把用笔的中心放在女性身上,或者以女性化的意象自比,或者采取女性的视角,或者干脆就是为女性代言。这是造成宋词婉媚风格的又一重要原因。柳永的名作《八声甘州》(对潇潇暮雨洒江天)写羁旅行役之愁,本是他自己的主观抒情,但最后还是把视点转向了他所思念的女性:"想佳人妆楼颙望,误几回天际识归舟?争知我、倚阑干处,正恁凝愁。"从女方的行动中写出双方的深挚感情,从而加重了离愁的渲染。欧阳修的《踏莎行》(候馆梅残)上片的中心是男性的游子,下片便转向了思妇,抒情的角度在游子与思妇之间切换,从两面抒写相思离愁。即使以豪放著称的辛弃疾,在《摸鱼儿》(更能消几番风雨)词中同样以女性自比:"长门事,准拟佳期又误。蛾眉曾有人妒。千金纵买相如赋,脉脉此情谁诉?"以历史上美人遭妒失宠的故事,暗喻自己遭受排挤、报国无门的现实遭遇。这种写法比直截了当地诉说更能体现词的婉曲深切的特点。

至于全部采取女性视角或干脆为女性代言的作品,典型的例子有晏殊的《蝶恋花》(槛菊愁烟兰泣露)、柳永的《定风波》(自春来)、李重元的《忆王孙》(萋萋芳草忆王孙)等。这些词都体现了词人对女性的深切同情,虽是男性代女性立言,却真切自然,没有矫揉造作之弊。由于宋词是一种音乐文学,而演唱者又主要是女性,因此词人作词多采用女性的视角、立场和抒情角度,也是顺理成章的。当然,男性词人作词,揣测女性的心情,难免会有隔膜,有时还会因为缺少真诚的同情而带有不健康的赏玩因素。而且男性词人以女性角度抒情,有时也会失去词人本来的真性情而变得矫揉造作。这种情形曾被宋人批评为"群儿雌声学语","自立与真情衰矣"。

真正改变了这状况的词人是苏轼、辛弃疾等一批注重抒写自己性情的词人,如元好问《新轩乐府引》所说"自东坡一出,情性之外,不知有文字,真有'一洗万古凡马空'气象。……坡以来,山谷、晁无咎、陈去非、辛幼安诸公,俱以歌词取称,吟咏情性,留连光景,清壮顿挫,能起人妙思。"苏、辛对宋词的变革,很重要的一点就在于他们的大部分词作以抒写自己的真情为依归,不再遵循词的女性化传统了。

与内容和抒情方式的特点相应,宋词的语言也多以阴柔之美为主导倾向。词中常见的辞藻,如小庭、深院、闺房、绣阁、彩袖、罗衣、曲径、雕栏、香炉、红烛、画屏、疏帘、花前、月下、凉蝉、新雁、落花、飞絮、芳草、柳丝、淡云、微雨、轻寒、暮霭、旧欢、新怨、幽思、闲愁、惨绿、愁红等等,无不体现词所特有的优美意韵。

婉而细、幽而深

宋人王炎认为词的特点是"曲尽人情,惟婉转妩媚为善"(《双溪诗余自序》)。张炎《词源》则说:"簸弄风月,陶写性情,词婉于诗。"晏殊的《浣溪沙》词有"无可奈何花落去,似曾相识燕归来"的名句,又用入《假中示判官张寺丞王校勘》七律诗中,但词论家都认为这两句不宜入诗,王士禛《花草蒙拾》论诗词分界就以这两句为例,认为它是词而不像诗。张宗橚《词林纪事》卷3分析这两句的特点是:"情致缠绵,音调谐婉,的是倚声家语。"这样委婉缠绵的句子,如用于诗,就显得过于软弱了。还有晏几道《鹧鸪天》(彩袖殷勤捧玉钟)词的结句:"今宵賸把银釭照,犹恐相逢是梦中"化用杜甫《羌村》三首其一的"夜阑更秉烛,相对如梦寐"。刘体仁《七颂堂词绎》认为晏几道词与杜诗的区别可见"诗与词之分疆"。也是因为晏词的层次更多,更为婉转曲折。由于宋词的歌唱多取女声,词的内容多写"艳情",词的艺术表现也自然要倾向于委婉、细腻。

宋词艺术表现上的细致,有多种形态,如柳永词的尽情铺叙、周邦彦词的精细勾勒、欧阳修词的婉曲陈述、李清照词对细腻感触的刻画、秦观词在情境上的深细感发、姜夔词的幽深寄托等等,无不体现婉而细的总体特点。如吴文英的《风入松》(听风听雨过清明)词,上片的"一丝柳一寸柔情",下片的"幽阶一夜苔生",无论词人的感受还是词笔的描绘,都显得婉曲细腻,尤其"黄蜂频扑秋千索,有当时纤手香凝"两句,迷离恍惚,真幻相参,曲折地表现对恋人的思念,构思巧妙,手法纤细。又如秦观《浣溪沙》(漠漠轻寒上小楼),词中"轻寒"、"小楼"、"画屏"、"飞花"、"丝雨"、"小银钩"等词语,都显得

轻巧纤细，而飞花似梦、丝雨如愁两个新巧的比喻，更以凄迷朦胧的意象与幽微难言的愁绪互为感发，飘渺幽深。从这首词可见词的艺术表现手法的婉而细，与词的幽深意境有着密切的联系。刘体仁《七颂堂词绎》说："词中境界，有非诗之所能至者。"所谓诗所不能至的词境，就是这种婉而细、幽而深的境界。由于以上原因，造成了宋词长于表现深层世界、长于抒写幽微深细、复杂难言的心情意绪的独特优势。当然，苏、辛等词人的举首高歌，无论情调、意象和表现手法，都与一般词人的浅斟低唱不同，为词的发展注入了清新刚健的生命力，以阳刚之美丰富了词的艺术，但这并未改变词以阴柔之美作为基本特征的事实。

（本章所引用的宋词原文，除特别标示外，均取自龙榆生编选《唐宋名家词选》，上海古籍出版社1992年出版。）

推荐读物：

1. 杨梅明著：《唐宋词史》（南京：江苏古籍出版社，1987年）。
2. 吴熊和著：《唐宋词通论》（杭州：浙江古籍出版社，1989年）。
3. 杨海明著：《唐宋词纵横谈》（苏州：苏州大学出版社，1994年）。
4. 夏承焘、吴熊和著：《读词常识》（北京：中华书局，1981年）。
5. 龙榆生编撰：《唐宋词格律》（上海：上海古籍出版社，1992年）。
6. 王力著：《诗词格律》（北京：中华书局，1977年）。
7. 施议对著：《词与音乐关系研究》（北京：中国社会科学出版社，1985）。
8. 叶嘉莹：《叶嘉莹说词》（上海：上海古籍出版社，1999年）。
9. 龙榆生编选：《唐宋名家词选》（上海：上海古籍出版社，1992年）。
10. 唐圭璋选释：《唐宋词简释》（上海：上海古籍出版社，1981年版）。
11. 唐圭璋编：《全宋词》（郑州：中州古籍出版社，1996年）。
12. 唐圭璋主编：《唐宋词鉴赏集成》（香港：中华书局，南京：江苏古籍出版社，1987年）。
13. 上疆村民重编，唐圭璋选注：《宋词三百首笺注》（上海：上海古籍出版社，1979年）。
14. 马兴荣等主编：《中国词学大辞典》（杭州：浙江教育出版社，1996年）。

【第二十九章】元曲

元曲是元代文学的代表，它包括杂剧和散曲两部分。杂剧和散曲是两种不同的文学体裁。杂剧是一种戏剧形式，它通过人物表演故事，有歌唱和宾白，而散曲则是一种和唐诗、宋词类似但有着不同特点的诗歌形式。下面我们对元代杂剧和元代散曲分开做一些介绍。

第一节 元代杂剧

杂剧的产生和发展

元代杂剧是在宋杂剧和金院本的基础上发展起来的。北宋时的杂剧有两种含义，一是广义，有"杂戏"、"百戏"的意义，一是指各种戏剧性的演出，包括滑稽戏、歌舞戏、傀儡戏等等。北宋后期，杂剧逐渐从众多杂戏中独立出来，形成自己的体制。到了金代，杂剧称为院本。院本就是行院所用演唱的底本。据吴自牧《梦梁录》记载，杂剧"大抵全以故事，务在滑稽，唱念应对通遍"，这说明宋、金杂剧以表演故事为主，是包括歌唱、说白、舞蹈、武技等在内的一种综合艺术，而滑稽调笑在其中占有重要位置。音乐也很重要，因为歌唱要伴奏。又由于演出多在热闹广场，所以都用音量大的打击乐器，如鼓、板、锣以及响亮清脆的笛、筚篥。又据耐得翁《都城纪胜》记载，宋元杂剧的角色有"末泥"、"引戏"、"副末"、"副净"、"装孤"、"装旦"等类型，一般四人或五人一场。其中"末泥"、"引戏"相当于编剧、导演、监督一类职务，自己并不演戏。

从宋、金杂剧到元杂剧，有两个重要的转变。一个转变是由宋、金杂剧的不成套曲牌到元杂剧每一折都用一套组曲。这样，就用音乐的节奏把全剧的歌唱、舞蹈、表演等等统一成一个整体。在这个转变中，诸宫调是一个重要的环节。诸宫调是把同一宫调的曲子联成短套，再把不同宫调的短套联成长篇，歌唱时要换宫调和换韵。这种形式可以随意表演或长或短的故事。金章宗时期（1190—1208）出现的董解元《西厢记诸宫调》是诸宫调的代表作品。另一个转变是由宋金杂剧以副净为主的演出转为正末正旦主演的体制。这也有重要的意义。

元代杂剧的发展，大致可分成初、中、晚三个阶段。初期：自蒙古灭金至元世祖忽必烈至元三十一年（1234—1294）。中期：自元成宗铁穆耳元贞

元年至元文宗图帖睦尔至顺三年（1295—1332）。晚期：元顺帝帖睦尔统治时期（1333—1368）。

  元杂剧的初期是一个社会大变动的时期，蒙古灭金、灭宋这样的大事件接连发生。这种社会大变动给予元杂剧的创作以深刻的影响。从忽必烈经略汉地开始，元杂剧便进入了繁盛期。戏曲史上许多熟悉的名字便产生在这一时期，如关汉卿、白仁甫、马致远、纪君祥等等。

  这一时期的杂剧作家痛经变乱，对社会人生颇多感悟，写出了深刻思考人生处境与命运的剧本，如《窦娥冤》、《梧桐雨》、《赵氏孤儿》、《汉宫秋》等。民间伎艺的发展又为这个时代提供了优秀的演员。例如朱帘秀就是当时极有名的杂剧演员。她能写诗，能写散曲，有极高的文学修养，能扮演各种角色，并且和关汉卿等当时著名的戏剧家和散曲家都有密切的交往。这种种条件就使得公元13世纪成为中国戏曲史上的第一个黄金时代。

  元代中期的杂剧创作展示出新的特点：爱情、神仙道化、文人事迹成为重要的创作题材。在表现爱情时，他们更注重"情"本身，而不像初期作家那样通过"情"来透视社会。他们也热衷写神仙道化剧，因为他们渴望寻找一个避世的港湾。他们在文人事迹剧中歌咏着自己不遇的苦闷，怀乡的愁绪。

  后期的杂剧呈现衰落之势，没有产生能和前两期相抗衡的作家作品。这一时期的杂剧在舞台上仍占有重要位置。杂剧创作中心南移，元末明初的重要作家多活动于今天浙江省和江苏省长江以南的地区。于是杂剧与流行于东南沿海地区的南戏互相交流，一方面是剧目的相互吸收，另一方面在音乐上也出现了南北合套的形式，为戏曲的进一步发展提供了契机。这一时期的杂剧比较注重对封建道德的宣扬以及对离奇情节的追求。语言上则以本色为主流。

  元杂剧的作品，流传到今天的，大约有237种。从这些作品来看，元杂剧反映的社会生活面是相当广泛的，正如元人胡衹遹在《送宋氏序》中所概括的"上则朝廷君臣政治之得失，下则闾里市井父子兄弟夫妇朋友之厚薄，以至医药卜筮释道商贾之人情物性，殊方异域风俗语言之不同，无一物不得其情，不穷其性"。

杂剧的体制和演出

  元代杂剧由故事情节、曲词、宾白、科介等几部分组成。科介是演出提示，用来规定主要的表演动作和舞台效果，比如"把盏科"、"内作起风科"。宾白就是说白，曲词是歌唱的部分。元杂剧剧本一般由四折组成，同一宫调的一套乐曲唱完为一折,"折"在剧本里既是音乐的单元,也是剧情的大段落。一折相当于现代剧中的一幕。在四折之外,还可以有楔子。楔子一般放在剧本的开始,大致相当于序幕。有时也放在折与折之间,与过场戏近似。剧本的结尾一般有两句或四句对子,叫"题目正名",用来概括全剧的内容,最后一句常用作剧本名称,比如《窦娥冤》:

题目:秉鉴持衡廉访法

正名:感天动地窦娥冤

元杂剧中的主要人物为正色,男主角为正末,女主角为正旦。一本戏只有主要角色独唱,正末唱为末本,正旦唱为旦本。末、旦之外,还有副末、贴旦、净。此外又有孤、卜儿、孛老、邦老、徕儿等等。这些名称,是当时社会上的普通用语,它们并不是角色的名称,而是一种社会身份,孤是官员,孛老是老头子,卜儿是老太婆或鸨儿,徕儿是小孩子,邦老是强盗或是流氓。元剧中还有"砌末"一词,是指道具。

《忠都秀作场》壁画

元杂剧的演出,在明中叶后已经绝迹。目前我们只能根据现存的戏曲文物和文字资料,做一些粗略的说明。元代杂剧的演出可以在勾栏、神庙中进行,也可以在随意搭设的戏台或酒楼茶肆里演出。今天,在山西省东南地区仍保存了不少元代的神庙戏台以及一些和元代戏剧演出有关的文物。依据这些保存下来的戏台,我们可以知道,元代的神庙戏台一般有一个一米多高的台基,台上四角立柱,覆以木结构顶盖建筑。顶盖的藻井设计具有帮助聚拢舞台音乐和造成共鸣的作用。戏台的平面大致呈正方形(一般约五六十平方米),前、左、右三面敞开面对观众,后部砌墙,并在左右两端稍向前部延伸,演出时悬挂帐额,遂构成后台空间。从山西省洪洞县广胜寺明应王殿所保存的"忠都秀作场"壁画可以看到当年杂剧演出的情况。在画面上,演员的背后悬有布幔,以此作为前后台的分界。

布幔左角一位上场角色掀帘向外张望。元杂剧的神庙演出一般具有酬神和娱人的双重作用。勾栏是宋元时期城镇里的演出场所。勾栏上面封顶,为全封闭式近圆形建筑。其中用于演出的部分是戏台,戏台后部有戏房,同样以布幔来与前台分开。戏台上设有乐床,是女艺人演奏乐器的坐处。观众席则分为神楼和腰棚。神楼可能是正对戏台而位置比较高的看台。腰棚是从戏台开始向后面逐渐升高的看台,环绕在戏台的前、左、右三面。观众通过阶梯进入神楼和腰棚。元初杜仁杰(1201?—1283)在一首套曲《庄家不识勾栏》中,用通俗而有趣的口语,记述一个乡民看戏的情况:

元代戏台

> 风调雨顺民安乐。都不似俺庄家快活。桑蚕五谷十分收,官司无甚差科。当村许下还心愿,来到城中买些纸火。正打街头过。见吊个花碌碌纸榜,不似那答儿闹穰穰人多。
>
> 【六煞】见一个人手撑着椽做的门,高声的叫请,道迟来的满了无处停坐。说道前截儿院本调风月。背后幺末敷演刘耍和。高声叫,赶散易得,难得的妆哈。
>
> 【五】要了二百钱放过咱,入得门上个木坡。见层层叠叠团圝坐。抬头觑是个钟楼模样,往下觑却是人旋窝。见几个妇女向台儿上坐。又不是迎神赛社,不住的擂鼓筛锣。
>
> 【四】一个女孩转了几遭。不多时引出一伙。中间里一个央人货。裹着枚皂头巾,顶门上插一管笔,满脸石灰更着些黑道儿抹。知他待是如何过。浑身上下,则穿领花布直裰。
>
> 【三】念了会诗共词,说了会赋与歌。无差错。唇天口地无高下,巧语花言记许多。临绝末,道了低头撮脚,囊罢将幺拨。
>
> 【二】一个妆做张太公,他改做小二哥。行行行说向城中过。见个年少的妇女向帘儿下立,那老子用意铺谋待取做老婆。教小二哥相说合,但要的豆谷米麦,问甚布绢纱罗。

青白釉透雕戏台式枕

【一】教太公往前那不敢往后那。抬左脚不敢抬右脚。翻来覆去由他一个。太公心下实焦懆。把一个皮棒捶则一下打做两半个。我则道脑袋天灵破,则道兴词告状,划地大笑呵呵。

【尾】则被一胞尿,爆的我没奈何。刚揌刚忍更待看些儿个。枉被这驴颡笑杀我。

先写剧场门口有广告,一个人在门口高声招徕观众。这个乡人付了二百钱入门,通过阶梯进入圆形剧场。台上敲锣打鼓,演员脸上搽粉化妆,先演一种叫"爨"的院本,接下去演题目为《调风月》的院本,后面还要演题目叫《刘耍和》(《黑旋风敷演刘耍和》)的杂剧("幺末"是杂剧的异称),因为尿急只得中途退场。这是研究元代杂剧演出的重要资料。

关汉卿

关汉卿是元代最早的杂剧作家和散曲作家。

关汉卿的生平,文字记载很少,目前只能依据零星的材料和他的作品,勾画一个大致的轮廓。他大约生于金末,由金入元,卒于元成宗大德年间。也就是说,他的生活年代可能在1210—1300年间。关汉卿活动的主要地区是大都,但也曾到过汴梁,元灭南宋后还到过临安(今浙江杭州)。

关汉卿是一个一生落拓、不屑仕进的文人,一个多才多艺、生活烂漫、性格倔强的艺术家。他的《不伏老》套曲最能表现他的这种性格:

【尾】我是个蒸不烂、煮不熟、捶不匾、炒不爆、响珰珰一粒铜豌豆。恁子弟每,谁教你钻入他锄不断、斫不下、解不开、顿不脱、慢腾腾千层锦套头。我玩的是梁园月,饮的是东京酒。赏的是洛阳花,攀的是章台柳。我也会围棋、会蹴踘、会打围、会插科、会歌舞、会吹弹、会咽作、会吟诗、会双陆。你便是落了我牙、歪了我嘴、瘸了我腿、折了我手,天赐与我这几般儿歹症候。尚兀自不肯休。则除是阎王亲自唤,神鬼自来勾,三魂归地府,七魄丧冥幽。天哪,那其间才不向烟花路儿上走。

关汉卿一生创作的杂剧约有六十余种,现在保存下来的有18种,其中个别作品如《鲁斋郎》是否为关汉卿作仍有争议。

从关汉卿现存杂剧的题材来看,大致可分为三类:一类是公案剧,如《窦娥冤》《蝴蝶梦》等;一类是爱情风月剧,如《救风尘》《望江亭》等;一类是历史剧,如《单刀会》《西蜀梦》等。

关汉卿杂剧的成就,首先在于对人物形象的塑造,尤其是对受迫害、受虐待的女性形象的塑造。像《窦娥冤》中的窦娥,《救风尘》中的赵盼儿,《望江亭》中的谭记儿等,都是中国戏剧史上塑造得非常成功的人物。

窦娥年轻守寡,恶人张驴儿逼窦娥与自己成婚。窦娥坚决拒绝,被张诬告,问成死罪。临刑前,窦娥发下三桩大愿,死后皆一一应验。最后窦娥托梦给已经做了官的父亲,才使冤案得以昭雪。窦娥是一个充满悲剧色彩的人物。她恪守传统的礼教,她孝顺,她坚持好女不嫁二夫,但她却被这个社会给毁灭了。关汉卿笔下的窦娥是一个既善良又刚强的女子。她的善良与刚强在剧本里是在生与死、善与恶的冲突中表现出来的。当张驴儿借毒死人命事要挟窦娥时,蔡婆非常害怕,要求窦娥随顺张驴儿。但一向孝顺的窦娥坚决不从。法场之上当她注定要冤屈而死时,窦娥面对刽子手发下三桩大愿。人虽然就要死去了,但她的内心是不屈服的。她要复仇,她要证明她的清白。同时她的心又是充满爱意的。在被押赴刑场、走向死亡的路上,她还在恳求刽子手,"与人行方便","不走前街走后街",以免蔡婆看到她披枷戴锁心中难过。她的细心与爱心,不能不使每个读者动容。

关汉卿的剧本的情节曲折紧张,紧凑而富于变化。《窦娥冤》中蔡婆讨债,被赛卢医骗到郊外要将她勒死,恰遇张驴儿父子而得救。但跑了一个坏蛋,又来了两个更凶恶的坏蛋。后来张驴儿想毒死蔡婆,逼窦娥就范,却毒死了自己的父亲。张驴儿的阴谋虽没有得逞,可窦娥却因此被诬告、被处死。全剧高潮迭起,一波三折,张弛有致。

关汉卿杂剧的风格质朴自然,富于表现力,对白是纯粹的口语,曲辞也是明白如话。王国维《宋元戏曲考》曾说关汉卿"自铸伟词,而其言曲尽人情,字字本色,故当为元人第一"。例如窦娥赴刑场时唱的一支曲子:

【滚绣球】有日月朝暮悬,有鬼神掌着生死权。天地也,只合把清浊分辨,可怎生错看了盗跖颜渊?为善的受贫穷更命短,造恶的享富贵又寿延。天地也,做得个怕硬欺软,却原来也

《元曲选》插图之感天动地窦娥冤 明万历(1573—1619)博古堂刻本

> 这般顺水推船。地也，你不分好歹何为地？天也，你错勘贤愚枉做天！
> 哎，只落得两泪涟涟。

她指责天地的不分清浊是非、怕硬欺软，慨叹老百姓有口难言。全曲毫无藻饰，痛快淋漓，诉尽一腔怨愤。

《单刀会》是关汉卿的历史剧，通过关羽接受东吴鲁肃的邀请渡江赴宴的情节，描绘关羽的英雄气概。戏剧的高潮是第四折，关羽乘船来到大江中流，他观赏江景，吊古伤今，发出感慨：

> 【双调·新水令】大江东去浪千叠，引着这数十人，驾着这小舟一叶。又不比九重龙凤阙，可正是千丈虎狼穴。大丈夫心别，我觑这单刀会似赛村社。（云：好一派江景也呵！）（唱）
>
> 【驻马听】水涌山叠，年少周郎何处也？不觉的灰飞烟灭！可怜黄盖转伤嗟，破曹的樯橹一时绝！鏖兵的江水犹然热，好教我情惨切。（云）这也不是江水（唱）二十年流不尽的英雄血。

文词豪壮，抒写了关羽如江水一样壮阔的胸襟。

关汉卿在戏剧界享有崇高的声望，以至他的名字在当时成为一种标准，一种赞誉。人们在称赞一位作家时，喜欢拿关汉卿做比较，出现了"小汉卿"、"蛮子汉卿"的称谓，可见他的巨大影响。

白朴

白朴（1226—1306以后），原名恒，字仁甫。他的家庭在金朝属于社会的上层，伯父、叔父都是诗人，父亲白华，贞祐三年（1215）进士，官至枢密院判官，是一位著名的文士。

白朴生在金末，7岁时遭遇蒙古灭金之难。当时父亲随金哀宗外出就兵，母亲在变乱中失散。白朴只好跟随父亲的好友、著名诗人元好问一起逃难。15岁时其父北归，居于真定。后来虽然白朴的名声愈来愈大，但他一直拒绝出仕。南宋灭亡后，居于建康。

白朴所著杂剧15种，今存两种，其中以《梧桐雨》最为著名。剧本写唐明皇与杨贵妃的故事，抒发兴亡的感慨。整个剧本饱含感情，尤其在剧本的最后一折，白朴用雨打梧桐的特殊环境氛围表现唐明皇对死去的杨贵妃的思念以及唐明皇的孤独、愁苦，充满悲凉的情调：

【叨叨令】一会价紧呵，似玉盘中万颗珍珠落；一会价响呵，似玳筵前几簇笙歌闹；一会价清呵，似翠岩头一派寒泉瀑；一会价猛呵，似绣旗下数面征鼙操。兀的不恼杀人也么哥！兀的不恼杀人也么哥！则被他诸般儿雨声相聒噪。

【倘秀才】这雨一阵阵打梧桐叶凋，一点点滴人心碎了。枉着金井银床紧围绕，只好把泼枝叶，做柴烧，锯倒。

【黄钟煞】顺西风低把纱窗哨，送寒气频将绣户敲。莫不是天故将人愁闷搅，前度铃声响栈道。似花奴羯鼓调，如伯牙水仙操。洗黄花润篱落，清苍苔倒墙角。渲湖山漱石窍，浸枯荷溢池沼，沾残蝶粉渐消，洒流萤焰不着，绿窗前促织叫，声相近雁影高，催邻砧处处捣，助新凉分外早。斟量来这一宵，雨和人紧厮熬，伴铜壶点点敲，雨更多泪不少。雨湿寒梢，泪染龙袍，不肯相饶，共隔着一树梧桐直滴到晓。

这些曲辞把梧桐雨滴人心碎的情景写得非常优美而伤感。王国维说："白仁甫《秋夜梧桐雨》剧，沉雄悲壮，为元曲冠冕。"（《人间词话》）

《元曲选》插图之唐明皇秋夜梧桐雨　明万历(1573—1619)博古堂刻本

纪君祥、马致远

　　纪君祥，大都人。著有杂剧6种，今存1种，即《冤报冤赵氏孤儿》，或称《赵氏孤儿大报仇》，简称《赵氏孤儿》。剧本写春秋晋灵公时武将屠岸贾进谗言，将文臣赵盾一家满门杀绝，并假传灵公之命害死驸马赵朔，囚禁公主。公主在禁中生下一子，根据赵朔的遗言起名赵氏孤儿。程婴救出孤儿后无处藏身，遂投奔公孙杵臼，原想让公孙杵臼抚养孤儿，而自己和自己未满月的儿子出首。公孙杵臼因自己年迈，要程婴抚养孤儿成人，自己和程婴的儿子献身。结果屠岸贾收留程婴做门客，以赵氏孤儿为义子。20年后，赵氏孤儿长大成人，报了冤仇。整个剧本突出表现了程婴等众多义士的自我牺牲精神。这个剧在18世纪传到欧洲，法国大作家伏尔泰把它改编为《中国孤儿》，产生了广泛的影响。

　　马致远（1250？—1321？），号东篱，大都人。一生著有杂剧15种，现存7种。马致远保存下来的剧作有：《荐福碑》、《岳阳楼》、《青衫泪》、《汉宫秋》、《黄粱梦》、《陈抟高卧》、《任风子》。

《汉宫秋》是中国戏剧史上著名的悲剧,也是现存最早敷演王昭君故事的戏曲剧本。马致远选取了中国历史上一向为文人所关注的昭君题材,通过汉元帝、王昭君的形象,表达自己对历史与现实的思考。剧中昭君的气节、元帝的悲哀,无一不浸透着作者的感慨。而语言运用的成功,更使这一剧本充满了魅力。如第三折的【梅花酒】、【收江南】:

【梅花酒】呀!俺向着这回野悲凉:草已添黄,兔早迎霜;犬褪得毛苍,人搠起缨枪;马负着行装,车运着糇粮,打猎起围场。他、他、他伤心辞汉主,我、我、我携手上河梁。他部从入穷荒,我銮舆返咸阳。返咸阳,过宫墙;过宫墙,绕回廊;绕回廊,近椒房;近椒房,月昏黄;月昏黄,夜生凉;夜生凉,泣寒螀;泣寒螀,绿纱窗;绿纱窗,不思量。

【收江南】呀!不思量除是铁心肠,铁心肠也愁泪滴千行。美人图今夜挂昭阳,我那里供养,便是我高烧银烛照红妆。

曲辞优美,特别把末尾的六字句顿成两个三字句,形成重叠回环的句式,抒写汉元帝送别王昭君后的悲苦心情,使人读后回肠荡气,余味无穷。又如第四折写汉元帝在孤雁的凄叫声中思念王昭君:

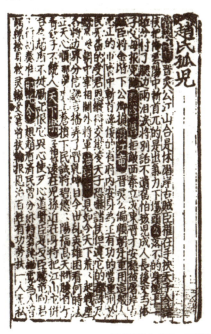

《赵氏孤儿》剧本 元刊本

《元曲选》插图之赵氏孤儿大报仇
明万历(1573—1619)博古堂刻本

【蔓青菜】白日里无承应,教寡人不曾一觉到天明,做的个团圆梦境。(雁叫科,唱)却原来雁叫长门两三声,怎知道更有个人孤零!(雁叫科,唱)

【满庭芳】又不是心中爱听,大古似林风瑟瑟,岩溜泠泠。我只见山长水远天如镜,又生怕误了你途程。见被你冷落了潇湘暮景,更打动我边塞离情,还说甚过留声。那堪更瑶阶夜水,嫌杀月儿明。(黄门云)陛下省烦恼,龙体为重。(驾云)不由我不烦恼也。(唱)

【十二月】休道是咱家动情,你宰相每也生憎。不比那雕梁燕语,不比那锦树莺鸣。汉昭君离乡背井,知他在何处愁听?(雁叫科)(唱)

【尧民歌】呀呀的飞过蓼花汀,孤雁儿不离了凤凰城。画檐间铁马响丁丁,宝殿中御榻冷清清。寒也波更,萧萧落叶声,烛暗长门静。

【随煞】一声儿选汉宫,一声儿寄渭城;暗添人白发成衰病,直恁的吾家可也劝不省。

《元曲选》插图之破幽梦孤雁汉宫秋 明万历 (1573—1619) 博古堂刻本

马致远《青衫泪》插图 明刻本

在这些曲辞中，雁声与心声融为一体，生动地写出了"景中情"、"景中人"。明代朱权说马致远的曲辞有如"神凤飞鸣于九霄"（《太和正音谱》），清代焦循说《汉宫秋》"可称绝调"（《剧说》），都给了很高的评价。

王实甫、郑光祖

王实甫，名德信，大都人。一生创作杂剧13种，现在全本保存下来的有3种，即《西厢记》、《丽春堂》、《破窑记》。其中《西厢记》是他的代表作。剧本描写相国之女莺莺与书生张君瑞的爱情故事，成功刻画了封建社会条件下青年男女的恋爱心理。

莺莺故事起源于9世纪初年中唐著名诗人元稹的小说《莺莺传》。金代董解元的《西厢记诸宫调》改变了小说始乱终弃的结局，而代之以才子佳人的团圆。王实甫在董西厢的基础上，把崔、张故事由说唱变成了大型杂剧，把这一故事搬上了戏剧舞台。同时，在剧本主题、情节、人物塑造诸方面都有很大的改进。

在剧本形式上，王实甫既遵从杂剧的体制，又有所变通。全剧共分五本，每本仍以四折为基础，以五本二十一折的篇幅连演一个故事。在演唱方面，也能从剧情出发有所突破。全剧由张生、莺莺、红娘分担主唱角色，在一本之中也不一定由一位主角独唱到底。比如第四本，第一折张生主唱，第二折红娘主唱，第三折莺莺主唱，第四折由张生、莺莺分唱。

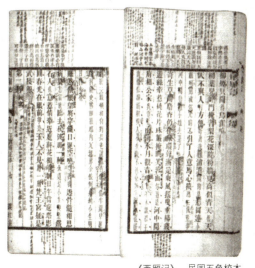

《西厢记》　民国五色校本

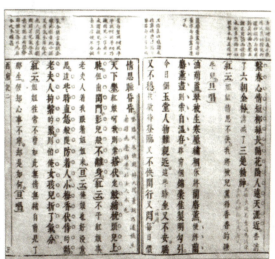

《西厢记》　明刊朱墨本

《西厢记》语言优美、清丽，创造了浓郁的抒情气氛。既融铸了古典诗词中的句子，也吸收了口语成分，并把二者和谐地统一起来。比如"长亭送别"里的几支曲子：

【正宫·端正好】碧云天，黄花地，西风紧，北雁南飞。晓来谁染霜林醉？总是离人泪。

【叨叨令】见安排着车儿、马儿，不由人熬熬煎煎的气；有什么心情将花儿、靥儿，打扮得娇娇滴滴的媚；准备着被儿、枕儿，则索昏昏沉沉的睡；从今后衫儿、袖儿都揾湿做重重叠叠的泪。兀的不闷杀人也么哥！兀的不闷杀人也么哥！久已后书儿、信儿，索与我凄凄惶惶的寄。

明代朱权称赞王实甫的曲词"如花间美人"，"若玉环之出浴华清，绿珠之采莲洛浦"(《曲律》)，同是明代的贾仲明则说，"新杂剧，旧传奇，《西厢记》天下夺魁"(《凌波仙》吊词)。

郑光祖，字德辉，平阳（今山西临汾）人。元人周德清在《中原音韵》中曾把他和关汉卿、马致远、白朴并提，因而后人都把他列为元曲四大家之一。《倩女离魂》是他的代表作。其他作品还有《王粲登楼》等多种。《倩女离魂》写离情很细微：

【醉春风】空服遍酕醄药不能痊，知他这腌臜病何日起，要好时直等的见他时，也只为这症候因他上得、得。一会家缥缈呵忘了魂灵，一会家精细呵使着躯壳，一会家混沌呵不知天地。

【迎仙客】日长也愁更长，红稀也信尤稀。（带云）王生，你好下的也。（唱）春归也奄然人未归。（梅春云）姐姐，俺姐夫去了未及一年，你如何这等想他？（正旦唱）我则道相别也数十年，我则道相隔着几万里。为数归期，则那竹院里刻遍琅玕翠。

王国维称赞说："此种词如弹丸脱手，后人无能为役。"(《宋元戏曲史》)

南戏

元代戏剧除杂剧外，还有南戏。下面简单介绍一下南戏。

南戏是南曲戏文的简称，又称戏文、温州杂剧、永嘉杂剧等，是用南方语言和南方歌曲组成的一种民间戏曲。大约产生在宋代宣和之后，南渡之际。

《元曲选》插图之迷青琐倩女离魂　明万历（1573—1619）博古堂刻本　　　　　　　　　　　　《西厢记》插图之佛殿奇逢　明刻本

南戏在北宋杂剧的基础上，吸收南方的语音、语言、歌曲而形成。元统一全国后，南戏与北杂剧并行，但北杂剧占据主导地位。元末明初时，南戏创作达到一个高潮，出现了《荆钗记》、《白兔记》、《拜月亭》、《杀狗记》、《琵琶记》等著名作品。今天我们所说的明清传奇，便由南戏发展而来。

南戏的篇幅较长，一本戏有几十出，而且场上的各个角色都可以演唱。早期的南戏，据《南词叙录》、《猥谈》等书的记载，有《赵贞女》、《王魁》等剧目。其他如《王焕》、《乐昌分镜》、《张协状元》等，时间也较早。由于年代久远，保存不善，早期南戏流传下来的很少很少，能保存原来面目的只有《张协状元》、《宦门子弟》、《小孙屠》、《琵琶记》等数本。

北杂剧与南戏，在音乐上代表了北曲与南曲两大声腔系统。北曲"神气鹰扬"，南曲"流丽婉转"（徐渭《南词叙录》）。北曲"辞情多而声情少"，南曲"辞情少而声情多"（王世贞《曲藻》）。南曲中的海盐、余姚、弋阳、昆山诸声腔，对中国后来戏曲的发展产生了很大影响。北杂剧和散曲虽然在明代逐步远离舞台，但这两种文体继续为明清两代文人所运用和发扬，成为文学创作的重要一翼。元曲中的名作不断被改编上演，在舞台上获得了永久的生命。

明刊海盐腔演出图

明刊弋阳腔演出图

第二节 元代散曲

散曲的体制

  散曲是一种可以配乐演唱的歌曲。所以,每一支散曲都有宫调和曲牌。宫调是古代标示音阶高低的专词。唐代燕乐,原有四声(宫、商、角、羽)二十八调(每声七调)。到了宋代,只存十七宫调。到了元代,只存十二宫调,即宫声五宫(正宫、中吕宫、南吕宫、仙吕宫、黄钟宫),商声五调(越调、大石调、双调、小石调、商调)、羽声一调(般涉调),以及商角调。每一宫调之下,有许多曲牌。每一个曲牌都规定字数、句数,每字应用的平、上、去声,以及韵脚等。元散曲的歌唱根据《青楼集》的记载,有多种形式,像表演唱、舞蹈伴唱、乐器伴唱等。如据记载,有位名叫解语花的演员,"左手持荷花,右手举杯,歌骤雨打新荷曲"。又据记载,有位名叫连枝秀的演员,一面舞蹈,一面唱《青天歌》,还有女童伴舞。元散曲主要有小令和套数两种形式。小令,就是市井小曲,自由活泼,当时又名"叶儿"。一般由一支曲牌构成,大致相当于词的一阕。比如刘秉忠的【南吕】《干荷叶·漫兴》:

干荷叶，色苍苍，老柄风摇荡。减了清香越添黄，都因昨夜一场霜，寂寞在秋江上。

套数，又叫散套、套曲，是连接同一宫调的数支曲子而成的组曲。短的可以两个曲牌，长的可以二三十个曲牌。全套各调，必须同韵。大多有尾声。

散曲的长短句的变化比较词的长短句要更活泼自由，短的有一字句、二字句，长的有二三十字一句，而且可以任意加上衬字。杂剧曲词的衬字比散曲还要多。衬字的运用增加了曲子的口语化、俚俗化，使曲意更加活泼、显豁。

曲的用韵比较严密，除平仄外还要讲究阴阳清浊。有的曲通首句句押韵。另一方面，诗词一般平仄不能通押，而曲的平、上、去三声却可以互协（元曲没有入声），这使得作者可以大量采用口语方言，又可使音调发生高低抑扬的变化，十分曲合语吻，歌唱时更加悦耳动听。这一点和曲中使用衬字都是古代诗歌在形式上的解放，也是元曲能够成为通俗文学的重要原因。

散曲的作家和作品

<u>衬字</u>即曲句在曲谱规定字数之外增加的字。由于曲的口语化，曲的作者在曲中，尤其是在剧曲中普遍使用衬字，使曲意更为明白、生动，形成曲的一大特色。

据元曲的实际情况，套数用衬字多，小令用衬字少；剧曲的衬字多，散曲的衬字少；对口曲衬字多，大曲衬字少。以下举出一首加了衬字的小令为例：

【双调】《新水令·驻马听》（元）景元启

骄马吟鞍，<u>我是个</u>酒社诗坛小状元。舞裙歌扇，<u>伴着</u><u>个</u>风花雪月玉天仙。<u>我把</u>紫霜毫书满碧云笺，<u>他攥</u><u>着</u>泥金袖绣彻红绒线。正当年，一团儿娇艳堪人羡。此曲共八句，八句中只有一个三字句和两个四字句未加衬字，其余五个七字句都在句首或句中加了衬字。

注：衬字部分加了网底。

散曲可能在北宋已有萌芽，到金代已相当成熟，到元初则进入全盛时期。

据统计，元人散曲作家可考者有270人。流传下来的元人散曲，据《全元散曲》所收，小令有三千八百多，套曲有四百多。元人散曲的题材广泛，抒情、怀古、写景、咏物、叙事、投赠以至谈禅、嘲谑都有。但比较多的是歌咏闲适隐逸和描写男女风情的作品。也有一些揭露社会矛盾、直接讽刺时政的作品。很多作家在作品中发泄他们在元朝统治下的压抑和悲愤的心情。

文学史家一般以元成宗大德四年（1300）为界线，把元人散曲的创作分为前后两期。前期散曲作家有关汉卿、马致远、白朴、卢挚、张养浩等人，其中最有代表性的是马致远，他所活动的中心在大都。这一时期散曲的特点是浑朴自然，语言生动，很有民间气息。后期散曲作家有张可久、乔吉、贯云石、徐再思、刘时中等人，其中最有代表性的是张可久，这一时期散曲的特点是比较注重声律和格律，文词典雅婉约，但不及前期通俗和有生气。

白朴、卢挚、姚燧

白朴的散曲开启了清丽派的风格。今存小令35首，套数4篇。写景咏物、叹世归隐、男女风情是常被写到的内容。如：

> 孤村落日残霞，轻烟老树寒鸦。一点飞鸿影下。
> 青山绿水，白草红叶黄花。　　　　（《天净沙·秋》）

寥寥几句，便写出了秋天的赏心悦目。使斑斓、明朗与宁静、素淡融为一体。

卢挚（?—1315?）的散曲多数写得典雅，但也有质朴生动的，如写农村生活的《折桂令》（按：一作《蟾宫曲》）：

> 沙三伴哥来嗏，两腿青泥，只为捞虾。太公庄上，杨柳阴中，磕破西瓜。小二哥昔涎剌塔，碌轴上渰着个琵琶。看荞麦开花，绿豆生芽，无是无非，快活煞庄家。

又如为送别著名杂剧演员朱帘秀而写的《寿阳曲·别朱帘秀》：

> 才欢悦。早间别。痛煞煞好难割舍。划船儿载将春去也。空留下半江明月。

都写得自然真切。

姚燧（1239—1314）的小曲比较接近诗词的风味，但也写得很有情致。如：

> 欲寄君衣君不还，不寄君衣君又寒。寄与不寄间，妾身千万难。
> 　　　　　　　　　　　　（《凭栏人·寄征衣》）

马致远

马致远散曲中最有名的作品是《夜行船·秋思》。在这个套曲里，马致远倾诉了他对人生的思考。他从生命的短暂、世事的无常来否定追名夺利，肯定恬淡自在的隐居生活：

> 百岁光阴一梦蝶。重回首往事堪嗟。今日春来，明朝花谢。急罚盏夜阑灯灭。
>
> 【乔木查】想秦宫汉阙。都做了衰草牛羊野。不恁么渔樵没话说。纵荒坟横断碑，不辨龙蛇。
>
> 【庆宣和】投至狐踪与兔穴。多少豪杰。鼎足虽坚半腰里折。魏耶。晋耶。

【落梅风】天教你富,莫太奢。没多时好天良夜。富家儿更做道你心似铁。争辜负了锦堂风月。

【风入松】眼前红日又西斜。疾似下坡车。不争镜里添白雪。上床与鞋履相别。休笑巢鸠计拙。葫芦提一向装呆。

【拨不断】利名竭。是非绝。红尘不向门前惹。绿树偏宜屋角遮。青山正补墙头缺。更那堪、竹篱茅舍。

【离亭宴煞】蛩吟罢一觉才宁贴。鸡鸣时万事无休歇。何年是彻。看密匝匝蚁排兵。乱纷纷蜂酿蜜。急攘攘蝇争血。裴公绿野堂,陶令白莲社。爱秋来时那些。和露摘黄花,带霜分紫蟹。煮酒烧红叶。想人生有限杯,浑几个重阳节。人问我、顽童记者。便北海探吾来,道东篱醉了也。

这首套曲笔墨纵横,排比对仗极为工巧。元人周德清评论这首套曲"不重韵,无衬字,韵险语俊,谚曰百中无一,余曰万中无一"(《定格》)。

马致远的小令,也写得极为出色。如:

枯藤老树昏鸦。小桥流水人家。古道西风瘦马。夕阳西下,断肠人在天涯。　　　　　　　　　　　　　　(《天净沙·秋思》)

夕阳下,酒旆闲,两三航未曾着岸。落花水香茅舍晚,断桥头卖鱼人散。　　　　　　　　　　　(《寿阳曲·远浦帆归》)

《寿阳曲》写得清新明丽。而《天净沙》连续用十一个物象叠加在一起,构成一幅蕴涵着漂泊者秋日愁思的萧瑟凄凉的意象世界。周德清称赞它是"秋思之祖"(《中原音韵》),王国维也称赞说:"寥寥数语,深得唐人绝句妙境。有元一代词家,均不能办此也。"(《人间词话》)

睢景臣、刘时中

睢景臣(生卒年不详,钟嗣成说大德七年在杭州见过他)只留下几首散曲,但其中《哨遍·高祖还乡》却极有特色。这套散曲描写一个乡民的眼中看到的汉高祖还乡的种种情景,语言生动,极尽嘲讽之能事。

刘时中(1310?—1354以后)有两首《端正好·上高监司》套曲。其中

一首写于元至正十四年（1354）。据《元史》记载，至正十三年，江西龙兴"大旱"，又，至正十四年，江西龙兴等郡"皆大饥，人相食"。刘时中在曲中真实细致地描绘了灾民的悲惨遭遇：

【滚绣球】去年时正插秧，天反常，那里取若时雨降，旱魃生四野灾伤。谷不登，麦不长，因此万民失望。一日日物价高涨，十分料钞加三倒，一斗粗粮折四量。煞是凄凉。

【倘秀才】殷实户欺心不良，停塌户瞒天不当，吞象心肠歹技俩。谷中添秕屑，米内插粗糠。怎指望他儿孙久长。

【滚绣球】甑生尘，老弱饥，米如珠，少壮荒。有金银那里每典当，尽枵腹高卧斜阳。剥榆树餐，挑野菜尝。吃黄不老胜如熊掌，蕨根纷以代糇粮。鹅肠苦菜连根煮，获笋芦萵带叶啖，只留下杞柳林樟。

【倘秀才】或是捶麻柘、稠调豆浆，或是煮麦麸稀和细糠。他每早合掌擎拳谢上苍。一个个黄如经纸，一个个瘦似豺狼，填街卧巷。

【滚绣球】偷宰了些阔角牛，盗斫了些大叶桑。遭时疫无棺活葬，贱卖了些家业田庄。嫡亲儿共女，等闲参与商，痛分离是何情况，乳哺儿没人要、撇入长江。那里取厨中剩饭杯中酒，看了些河里孩儿岸上娘。不由我不哽咽悲伤！

【叨叨令】有钱的贩米谷，置田庄，添生放。无钱的少过活，分骨肉，无承望。有钱的纳宠妾，买人口，偏兴旺。无钱的受饥馁，填沟壑，遭灾障。小民好苦也么哥，小民好苦也么哥，便秋收鬻妻卖子家私丧。

灾民吃草皮树根，卖儿鬻女，甚至把孩子抛入长江，而富豪大贾则乘机纳宠妾、置田庄。这样触目惊心的灾民图，在散曲中是很少见的。

哨遍·高祖还乡　　睢景臣

社长排门告示：但有的差使无推故，这差使不寻俗。一壁厢纳草也根，一边又要差夫，索应付。又言是车驾，都说是銮舆，今日还乡故。王乡老执定瓦台盘，赵忙郎抱着酒葫芦。新刷来的头巾，恰糨来的绸衫，畅好是妆幺大户。

【耍孩儿】瞎王留引定火乔男女，胡踢蹬吹笛擂鼓。见一彪人马到庄门，匹头里几面旗舒：一面旗，白胡阑套住个迎霜兔；一面旗，红曲连打着个毕月乌；一面旗，鸡学舞；

一面旗，狗生双翅；一面旗，蛇缠葫芦。

【五煞】红漆了叉，银铮了斧，甜瓜黄金镀，明晃晃马鞭枪尖上挑，白雪雪鹅毛扇上铺。这几个乔人物，拿着些不曾见的器仗，穿着些大作怪衣服！

【四】辕条上都是马，套顶上不见驴。黄罗伞柄天生曲。车前八个天曹判，车后若干递送夫。更几个多娇女，一般穿着，一样妆梳。

【三】那大汉下的车，众人施礼数。那大汉觑得人如无物。众乡老展脚舒腰拜，那大汉那身着手扶。猛可里抬头觑，觑多时认得，险气破我胸脯！

【二】你须身姓刘？您妻须姓吕？把你两家儿根脚从头数；你本身做亭长，耽几盏酒，你丈人教村学，读几卷书。曾在俺庄东住，也曾与我喂牛切草，拽坝扶锄。

【一】春采了桑，冬借了俺粟，零支了米麦无重数。换田契，强秤了麻三秤，还酒债，偷量了豆几斛。有甚胡突处？明标着册历，见放着文书！

【尾】少我的钱，差发内旋拨还；欠我的粟，税粮中私准除。只道刘三，谁肯把你揪捽住？白什么改了姓，更了名，唤做汉高祖！

乔吉、贯云石

乔吉（1280？—1345），字梦符。太原人。曾居杭州，漂泊江南40年。所著杂剧11种，今存《金钱记》、《扬州梦》、《两世姻缘》三种。散曲存小令213首，套数10篇。是清丽派的代表作家。

乔吉散曲中写得最有特色、最好的是抒怀遣兴、咏物写景之作。如《水仙子·重观瀑布》：

天机织罢月梭闲。石壁高垂雪练寒。冰丝带雨悬霄汉。几千年晒未干。
露华凉人怯衣单。似白虹饮涧。玉龙下山。晴雪飞滩。

这是一幅壮丽的美景。其中"冰丝带雨悬霄汉，几千年晒未干"，想象非常奇特。

贯云石（1286—1324），维吾尔族人。因喜饮醋，故号"酸斋"。贯云石文武双全，仕路通达，但他却无意于此，辞官游历江南，隐于钱塘。据说他将所创的曲调，传给浙江澉浦杨氏，后称为海盐腔。流传到明代，成为昆腔的先驱。他的散曲现存八十余篇，内容上以风情和隐逸为主。如：

隔帘听，几番风送卖花声。夜来微雨天阶净。小院闲庭，轻寒翠袖生。
穿芳径，十二阑干凭。杏花疏影，杨柳新晴。

（《殿前欢》）

挨着靠着云窗同坐，倦着抱着月枕双歌，听着数着愁着怕着早四更过。

四更过情未足,情未足夜如梭。天哪,更闰一更儿妨甚么!(《红绣鞋》)

《殿前欢》明净,《红绣鞋》直率,都很精彩。

张可久

张可久(1279?—1348以后),字小山。一生专力从事散曲创作,是散曲创作数量最多的一位。今存小令853首,套数9篇。

张可久的散曲体现了一种蕴藉典雅的倾向。清秀含蓄,少用衬字,在风格上表现出向诗词的靠近。如:

萋萋芳草春云乱,愁在夕阳中。短亭别酒,平湖画舫,垂柳骄骢。一声啼鸟,一番夜雨,一阵东风。桃花吹尽,佳人何在?门掩残红。

(《人月圆·春晚次韶》)

翩翩野舟,泛泛沙鸥。登临不尽古今愁。白云去留。凤凰台上青山旧,秋千墙里垂杨瘦,琵琶亭畔野花秋。长江空自流。

(《醉太平·怀古》)

柳叶微风闹,荷花落日酣。拂晴空远山云淡。红妆女儿十二三。采莲归小舟轻缆。

(《落梅风·书所见》)

这几首作品都可以说是"清而且丽,华而不艳"。《人月圆》和《醉太平》都用清丽的景色来抒发胸中的愁绪。《落梅风》则以景写人,把那位采莲的小姑娘写得十分可爱。

张可久的套曲《一枝花·湖上晚归》也是一篇受人称赞的作品。这首套曲用比拟手法描绘恬静的西湖夜色、俊语如珠。明人李开先称此曲为"千古绝唱"。沈德符也认为此曲和马致远的《夜行船·秋思》都是"一时绝唱"。

张可久充分发挥了元人散曲创作中清丽的一面,并产生很大影响。很多文人追摹其后,像清代散曲创作中的佼佼者朱彝尊便与张可久的风格相近。

【南吕】一枝花·湖上晚归　　张可久

长天落彩霞,远水涵秋镜。花如人面红,山似佛头青。生色围屏。翠冷松云径。嫣然眉黛横。但携将、旖旎浓香,何必赋、横斜瘦影。

【梁州】挽玉手、留连锦英。据胡床、指点银瓶。素娥不嫁伤孤零。想当年小小,问何处卿卿。东坡才调,西子娉婷。总相宜千古留名。吾二人此地私行。六一泉亭上诗成。三五夜花前月明。十四弦指下风生。可憎。有情。捧红牙合和伊州令。万籁寂,四山静。幽咽泉流水下声。鹤怨猿惊。

【尾】岩阿禅窟鸣金磬。波底龙宫漾水精。夜气清。酒力醒。宝篆销,玉漏鸣。笑归来、仿佛二更。煞强似、踏雪寻梅灞桥冷。

(本章所引用的杂剧原文,均取自王季思主编《全元戏曲》,北京人民文学出版社1990—1999年出版。散曲原文取自隋树森编《全元散曲》,北京中华书局1991年出版。)

推荐读物:

1. 王国维著:《宋元戏曲史》,载王国维著:《王国维戏曲论文集》(北京:中国戏剧出版社,1984年)。

2. 李修生著:《元杂剧史》(南京:江苏古籍出版社,1996年)。

3. 青木正儿著,隋树森译:《元人杂剧概说》(北京:中国戏剧出版社,1957年)。

4. 赵义山著:《元散曲通论》(成都:巴蜀书社,1993年)。

5. 贺昌群著:《元曲概论》(台北:庄严出版社,1982年)。

6. 谭正璧著:《元曲六大家略传》(上海:上海文艺联合出版社,1955年)。
本书收录了关汉卿、白仁甫、马致远、郑光祖、王实甫、乔吉的生平、作品本事及历代评论等。是一部资料汇编。

7. 王季思等著:《元杂剧选注》(北京:北京出版社,1980年)。

8. 王季思等著:《元散曲选注》(北京:北京出版社,1981年)。

9. 王季思主编:《全元戏曲》(北京:人民文学出版社,1990—1999年)。

10. 隋树森编:《全元散曲》(北京:中华书局,1991年)。

11. 廖奔著:《中国古代剧场史》(郑州:中州古籍出版社,1997年)。

图片补充资料:

1. 525页:《忠都秀作场》壁画,这幅壁画保存在山西洪洞县广胜寺明应王殿内,作于元泰定元年(1324)。画上端画一横幅,题着"大行散乐忠都秀在此作场"十一字(意为:大行演员忠都秀在此演出)。画的中央,一共有十个人,分作三排。这十个人,除演员外,还有司乐和打杂人员。

2. 526页:元代戏台,位于山西翼城县武池村乔泽庙。

【第三十章】基督教、伊斯兰教的传入与中外文化的交流

在古代和近代的中外文化交流中，宗教是一个重要的方面。最先是印度佛教传入中国，接着是西方的基督教和阿拉伯地区的伊斯兰教。在明清两代，在中西两种文明的接触、碰撞、交流和对话的过程中，基督教的传教士以及他们的传教活动起了十分重要的作用。

第一节　基督教的传入

唐元两代基督教的传入

早在盛唐，就有景教传入中国。景教是基督教中的聂斯托利派。聂斯托利是公元5世纪基督教君士坦丁堡大主教。他主张在基督里同时具有神性与人性两个本性，否认玛丽亚为圣母。公元431年，聂斯托利被定为异端，并被流放到上埃及。但聂斯托利派在叙利亚有许多追随者，在波斯也受到保护，并开展广泛的传教活动。据《大秦景教流行中国碑》记载，贞观九年（635）聂斯托利派的一位主教阿罗本（Alopen）带一行人到长安。唐太宗派宰相房玄龄接待他们，并让他们在皇帝的藏书楼翻译经典。贞观十二年（638）太宗下诏："道无常名，圣无常体，随方设教，密济群生，大秦国大德阿罗本，远将经像来献上京，详其教旨，玄妙无为，观其元宗，生成立要，词无繁说，理有忘筌，济物利人，宜行天下，所司即于义宁坊造大秦寺，一所度僧二十一人。"阿罗本等人到中国后，即自称景教，意思是正大光明之教。由于唐朝几代皇帝的庇护，景教一度有"法流十道"、"寺满百城"之盛。但在公元845年唐武宗下令灭佛时（史称会昌法难），景教也受到牵连，从而在中原基本绝迹。

元朝时，景教再度兴起，天主教也首次传入中国。但那时人们对基督教的各派不加

《大秦景教流行中国碑》
唐

分辨，统称为也里可温教，或称作十字教。元朝在礼部之下专设崇福司管理景教事务，也里可温教徒受到善待。

在蒙古铁骑西征的嘶鸣声中，罗马教廷为避免西欧遭受攻击，不得不多次遣使，与蒙古皇室进行了长达一个多世纪的交往。1245年，意大利方济各会士柏朗嘉宾受命东行，于次年受到贵由汗的接见。他的著作《蒙古史》使欧洲人对东方的风土民情略有所知。1275年，意大利威尼斯富商波罗（Polo）一家三人抵达中国，受到元世祖忽必烈的礼遇。三人中的马可·波罗在中国生活了17年，并曾做过元朝的官员。他回欧洲后写了《游记》一书，在欧洲影响极大，成为中古时代欧洲人了解中国的必读之书。1293年，教宗尼古拉四世（Nicholas IV）派遣的意大利方济各会士约翰·孟高维诺（Giovani da Montecorvino）抵达泉州，然后北上大都（今北京市），在那里受到元朝皇帝的礼遇，并获准在大都传教。至1328年逝世，孟高维诺在大都传教三十余年，修建了两座教堂，1305年之前就已为六千多人施洗，他还曾将《圣经》的一部分译为蒙文。另外，还有鄂多立克等方济各会士到达过元朝中国。鄂多立克撰写的《东游录》在欧洲的影响也很大。但是，在元朝灭亡后，蒙古人信奉的景教和天主教也随之销声匿迹，长达二百多年。

"大秦景教流行中国碑"——公元1625年（明天启五年），在陕西西安西郊挖掘出一块石碑，上端刻着十字架，两旁有莲花云纹。碑的上部刻有"大秦景教流行中国碑"字样，碑铭正文长1695个字，共36行，每行62个字，正文之后和左右两旁刻有人名（叙利亚文和汉文并列）和职务（叙利亚文）。碑文撰写者为"大秦寺僧景净"，书写者为"朝议郎前行台州司参军吕秀岩"。据碑文记载，此碑刻于唐建中二年（781）。

也里可温是元朝蒙古人对基督徒的称呼，意思是福分人或有缘人，转义为"奉福音的人"，即"奉福音的基督徒"。

方济各会是天主教的托钵修会之一，1209年由意大利人方济各得到教宗的批准而创立。

明清之际耶稣会士来到中国

最早尝试进入中国的耶稣会士是方济各·沙勿略（B.Francis Xavier），他在1552年登上了广东海外的上川岛，试图由此进入中国内陆传播天主教。但明朝的海禁异常森严，他只能望洋兴叹。这年年底，沙勿略猝死于上川岛。他在写往欧洲的六封信中赞扬中国的文化，说"中国为正义之邦，一切均讲正义，故以正义卓越著称，为信仰基督教的任何地区所不及。就我在日本所目睹，中国人智慧极高，远胜日本人；且擅于思考，重视学术。"1557年，享有东方保教权的葡萄牙正式强租了中国的澳门，使澳门成为天主教在东方传教活动的重要据点之一。1582年，利玛窦（Matteo Ricci，1552—1610）抵达澳门，并于次年与另一耶稣会士罗明坚一起进入广东。他们以贿赂地

利玛窦像

第三十章 基督教、伊斯兰教的传入与中外文化的交流 | 547

方官的方式获准在广东肇庆居留传教。

自进入中国之后,利玛窦就试图使天主教中国化,希望通过调和天主教与中国文化而使中国人接受天主教。最初,他和罗明坚毫不犹豫地接受了明朝地方官赐予的和尚服装,以为这样就可以与中国的"本土教士"打成一片。稍后,通过对中国社会的观察,他发现,以传承、弘扬儒家思想为己任的士大夫才是中国社会和文化生活的中坚力量。于是,他改穿儒服,行秀才礼。他还刻苦学习儒家经典,积极与士大夫结交,争取士大夫的同情,并喜欢别人称自己是"西儒"。这便是他所确立的合儒斥佛、走上层路线的传教策略。利玛窦发现,他从欧洲带来的西方科学技术对士大夫有很大的吸引力,于是便以西方科学作为传教手段。1601年,他经历了千辛万苦,终于抵达北京,并因一座上贡给万历皇帝的自鸣钟而获准在北京居留。不久,他很快就在自己的周围吸引了一批好学的名公巨卿,如徐光启、李之藻等人。

汤若望像

东方保教权 即由罗马教廷授予的保护天主教在东方传教活动的权力,它意味着可以分享传教活动所获得的利益。随着海上势力的消长,保教权会从一个国家转移到另一个国家。

利玛窦看到,书籍对士大夫的影响力很大。因此,他采用所谓"哑式传教法",撰写和印行了大量文字水平较高的中文著作,如《交友论》、《西国记法》、《天主实义》、《畸人十篇》等,宣讲西方伦理思想和基督教义。在介绍和解释基督教义时,利玛窦努力使基督教义儒家化。他力图向儒生们证明,基督教的唯一至上神天主就是儒家经典中的"上帝",两者名异而实同;他还附会儒家的复古尊古史观,说明尊奉上古时代中国人所崇拜的上帝才是儒家的正统;在证明灵魂不朽及天堂地狱之赏罚不可避免时,利玛窦努力把儒生们惯用的类比推理法与托马斯·阿奎那注重理性的神学理论和方法结合起来,以说理的方式向士大夫宣讲基督教的一般道理。他很少讲所谓启示真理,也不引用《圣经》,以免引起信奉儒经的儒生们的反感。同时,对后儒如宋明理学中的"太极生万物"及"万物一体"等观念,利玛窦也从基督教的立场进行了批判。他对儒学的态度是"附儒"、"补儒"、"超儒",他的最终目的则是试图以天主教取代儒学在中国文化中的主流地位。

在如何对待中国礼仪这一问题上,利玛窦显得较为宽容。他认为,祭祖只是中国人维系孝道伦理的习俗,不是偶像崇拜,不是非排斥不可的异教宗教仪式;祭孔则是为了表达儒生们对孔子及其教导的感激之情,没有宗教意义。因此,利玛窦允许中国教徒祭祖祭孔。后来,康熙皇帝很赞许这种做法,称之为"利玛窦规矩"。利玛窦对儒家文化的友好与宽容态度使天主教在明末赢得士大夫的好感,获尊称为"利子",很多人都乐于与他结交。

经过长期努力,利玛窦在中国的传教活动取得了进展。他病逝那年,全中国约有天主教徒2500人,在北京、上海、杭州、南京、南昌、韶州等地都有天主教士传教。利玛窦自己指定的教务继任人龙华民(Niccolo Longobardi,1559—1654)于1613年派金尼阁(Nicolas Trigault,1577—1628)回欧洲活动。金尼阁在归途中将利玛窦的《基督教进入中国史》由意大利文译为拉丁文,并在欧洲出版,从而产生广泛的影响。他还在欧洲多方游说,为中国教会募捐,招募传教士来华传教。1620年,金尼阁与另外八名传教士携带七千多册西文书籍抵达澳门,这八人中有杰出的科学家邓玉函(Jean Terrenz,1576—1630)和后来名声很大的汤若望(Johann Adam Schall von Bell,1592—1666),而他们带来的书籍则为传播西学发挥了巨大的作用。

"教中三大柱石"

在明末的士大夫中,对传播西学贡献比较大的有徐光启、李之藻、杨廷筠三人,当时的传教士誉之为教内"三大柱石"。徐光启(1562—1630),是礼部尚书兼东阁大学士、太子太保。李之藻(1565—1630)乃光禄寺少卿。杨廷筠(1557—1627)是顺天府少京兆。通过与西学的比较,徐光启等人从某些侧面对中国传统文化进行了反思和批判。徐光启认为西学中的修身之道和伦理规范较之于儒学更具有至上性和普遍有效性,可以使人们"为善必真,去恶必尽",并能够带来"实心实行",有助于改变明末的玄虚学风。徐光启和李之藻都认为西方科技有助于富国强兵,有助于中国与日益强大的西方世界进行竞争。杨廷筠则认为"人而无信,不知其可也",只有信奉天主教能给人生带来真正的意义和价值。徐、李二人与传教士一起合译了大量西方科技书籍,积极参与崇祯历法的修订工作,还曾在与清兵交战中,积极引进西洋火器,为中国科学技术的进步做出了重要贡献。1616年,南京发生部分士大夫反教排教的事件,徐、李、杨三人都曾积极护教,使天主教避免在明末遭受灭顶之灾的命运。当然,明末的时局及思想界对西学的需要,也是传教士在"教难"后仍能够继续留居的重要原因。

徐光启像 明

历法之争

明朝灭亡之后,原先为明朝服务的一些传教士立即转而效忠清室。顺治

利玛窦(左)、汤若望(中)及南怀仁(右)像

元年,汤若望由于准确地预测了日食,因而受命掌管钦天监,这是耶稣会传教士首次在中国朝廷中担任高官。汤若望颇受皇室礼遇,屡受晋封,还曾得到"通玄教师"的赐号,天主教的声誉因此一度如日中天。1652年,由皇室资助的宣武门内的南堂修建竣工,天主教的传教事业日益发展。

但好景不长。由于安徽杨光先以一种"宁可使中夏无好历法,不可使中夏有西洋人"的心态,嫉恨以西洋历法取代大统历和回回历,多次上疏礼部,参劾汤若望历法荒谬,邪说惑众,觊觎神器。1664年,汤若望、南怀仁(Ferdinand Verbiest,1623—1688)等传教士被下逮入狱,各省传教士亦遭拘禁。汤若望甚至被定罪凌迟,因适逢北京地震而幸免一死。但天主教因此而遭受巨创:西洋历法被废止,传教亦遭严禁,汤若望则于1666年郁郁而逝。

康熙皇帝亲政后,发现杨光先所上历书错误迭出,于是令其与南怀仁在天象台做了立春、雨水等几项比试测验,南怀仁屡试屡胜。杨光先因此被革职遣返,南怀仁则被任命为钦天监监副,连死去了的汤若望亦被恢复名誉,北京南北两堂的宗教生活也得以恢复。由此可见,西方先进的科学技术对西方传教士在中国能够立足确实发挥了重要的作用。

雄才大略的康熙皇帝对西方科学技术表现出极大的热情和兴趣。在繁忙的政务之余,他曾命传教士南怀仁、徐日昇、闵明我等人轮流进讲天文、地理、数学、音律等西洋科学,并经常演算习题至深夜。他还曾命南怀仁致书欧洲,罗致精通科学的传教士来华。1689年,康熙皇帝让徐日昇和张诚两位传教士参与了中俄两国谈判签订《尼布楚条约》的整个过程,使中国与西方关系史上的第一个条约得以顺利签订。1692年,康熙颁布了准许传教士在中国传播天主教的命令。这就是"康熙保教令"。天主教的传教事业因此得到较大发展。至1701年,中国已有130名传教士从事传教工作,教徒则多达近30万人。

礼仪之争

礼仪之争是"中国名称与礼仪之争"的简称,争论的实质是天主教是否应中国化,争论的核心是如何翻译"造物主"及中国教徒是否可以参加祭祖祭孔等礼仪活动。争论肇始于天主教内部,后发展到教外,又从中国发展到西方,持续了一百多年,官司一直打到罗马教宗和中国皇帝之间。在中西文明交流史上,礼仪之争及其结果是一件影响深远的大事。

利玛窦曾在天主教的天主(陡斯,Deus)与儒家五经中的上帝、天之间画上等号,而他的继任人龙华民在利玛窦于1610年去世后即反对此种做法。耶稣会内部的分歧导致1621年和1628年分别在澳门和嘉定举行两次教内集会,后且致书欧洲质询。17世纪30年代后进入中国的方济各会和多明我会火上浇油,将造物主的译名问题上交罗马教廷裁决。多明我会更反对"利玛窦规矩",认为允许中国教徒祭祖祭孔是对"异教"的妥协,于是一再向教宗控告在华的耶稣会,其结果是教宗英诺森十世于1645年下令禁止中国教徒祭祖祭孔。但是赞同"利玛窦规矩"的耶稣会则派卫匡国赴罗马申辩,其结果是教宗亚利山大七世于1656年下令允许中国教徒祭祖祭孔。这两个互相矛盾的教谕后来竟然被教宗克莱门特九世于1669年判定为具有同等效力,使一些在华传教士无所适从。北京的耶稣会士不得不把官司打到康熙皇帝那里,希望能从他那里得到权威性的说法。康熙皇帝的答复颇合利玛窦对中国礼仪的解释,他的结论被耶稣会士李明送呈罗马教廷,李明此举因把教内问题诉诸教外权威而遭到非议。1704年,教宗克莱门特十一世下令严禁中国教徒祭祖祭孔,并派遣特使铎罗赴中国宣示教谕。铎罗在北京未敢与接见他的康熙皇帝发生正面冲突,却在南京宣布教宗的禁令,从而惹恼了康熙皇帝。康熙坚决反对教宗干涉中国内部事务,下令将铎罗押解至澳门拘禁;同时宣布,只有遵循利玛窦规矩,并领取"永居票"、答应永不回欧洲的传教士方可在中国留居。1715年,克莱门特十一世发布《禁约》,重申前禁,康熙针锋相对,痛骂西洋人为小人,下令严禁传教,"免得多事"。雍正乾隆两朝对天主教禁教更严,天主教在中国因此而日趋式微。为了"上帝"的译名和是否允许祭祖祭孔,天主教教内教外,从东方到西方,争论不休,最后逼迫崇拜祖先的中国人重新关上大门。

传教士与近代中国

新教第一位来华的传教士是受伦敦会派遣的英国人马礼逊(Robert

Morrison，1782—1834），他于1807年抵达广州，1809年起供职于澳门的英国殖民商业机构东印度公司，同时从事《圣经》的翻译工作。1819年，马礼逊译完新旧约全书。他还曾以七年时间编纂了一部大部头的《华英字典》，在中英两种语言文化之间架设了一座便利的桥梁。马礼逊按立的第一位中国牧师梁发的著作《劝世良言》为太平天国领袖洪秀全提供了革命的主要思想资源。

> 按立：主教为教会人员授予神职。

美国第一位来华的传教士是公理宗美部会的裨治文。他于1830年抵达广东，协助郭士立创办了中国境内最早的基督教中文期刊《东西洋考每月统纪传》，又创办了英文刊物《中国丛报》。这些在鸦片战争之前来华的传教士由于被中国法律禁止到内地传教，只得采用利玛窦式的"哑式传教法"，以中文著述传播基督教。他们还兴办学校和医院，主要目的是为本国的商业利益与传教服务。他们中间一些人直接为西方列强侵略中国效劳。如奥地利传教士郭士立就大力鼓吹以武力征服中国。他不但为英国的侵华战争搜集情报，而且担任英国侵略军大佐义律的翻译官，在1842年签订使中国人饱受屈辱的《中英南京条约》的过程中，充当谋士的角色。而美国传教士伯驾、裨治文、卫三畏等人则为1844年签订的《中美望厦条约》效力，伯驾甚至宣称"只有战争能开放中国给基督"。

鸦片战争爆发后，西方列强迫使中国签订了一系列不平等条约。英法美等国的传教士从这些不平等条约中获得利益，相继获准在通商口岸建造礼拜堂。这标志着清朝自康乾以来的禁教令已不可能维持下去。1846年，在法国特使拉萼尼的压力下，道光皇帝发布的上谕把康熙年间建造的天主堂悉数归还给天主教。1858年和1860年，在英法等国组成的联军两次分别攻陷大沽口炮台和攻入北京后，清政府被迫与西方列强先后签订了《天津条约》和《北京条约》。在这些不平等条约中，都有"传教宽容条款"。自此以后，传教士便可以自由地在中国内地传教了。

借助于不平等条约的庇护，天主教、新教及东正教的势力在19世纪后半叶都有较快的发展。天主教各修会几乎都进入内地传教，到19世纪末，已有传教士约四百人，教徒74万人。新教在华的教会团体多达61个，传教士约有一千五百人，教徒约九万五千人。19世纪后半叶影响最大的传教士有英国的戴德生、李提摩太及美国的林乐知与丁韪良。戴德生创建了跨宗派和国际化的"中华内地会"，到19世纪末，已在中国各地乃至偏远山区建立了270个传教点，吸收教徒约五千人。浸礼会的李提摩太则相信："要感化中国，没有比文字宣传来得更快的方法了。"因此，他与戴德生的传教方针不同，倡导走

山东青岛基督教教堂（前身为德国路德会）。

中国女学堂提调教习诸生群像

教会在中国开办的女子学塾，摄于1921年

上层路线，主张文化传教。他曾主持创立于1887年的广学会长达二十余年。该会的宗旨是介绍新知，开发民智，以助通商与传教。广学会一共发行了246种73万册新书，其中李氏本人翻译的《泰西新史揽要》和林乐知编著的《中东战纪本末》等书，曾在清末思想界产生广泛而又深远的影响。此外，丁、林两位美国传教士曾分别出任同文馆总教习和京师大学堂（北京大学的前身）总教习，林氏还创立了东吴大学，主编《万国公报》多年。在戊戌维新运动中，传教士林乐知、李提摩太、李佳白等人与康有为、梁启超、谭嗣同等人交往密切，对康、梁等人的思想和行为产生了重要影响。他们提出了很多变法建议，后来大多成为戊戌变法纲领中的重要内容。可见，传教士在改革中国制度（包括政治和教育制度）方面做了很大的努力。他们改革中国社会的努力使维新派知识分子对基督教的看法变得较为宽容和积极，这也正是传教士求之不得的。

教会学校与教会的慈善事业

为了在中国传播基督教，基督教的传教士在中国陆续开办了许多教会学校，兴办了各种慈善事业。

最早的基督教学校有1843年从马六甲迁到香港的英华书院，1844年在宁波由英国"东方女子教育会"创办的女子学塾等。最早的天主教学校是上海的徐汇公学（后来的圣依纳爵公学）。到1875年，全国教会学校数目已达八百所，学生近二万。到19世纪末，教会学校数目达到二千所，学生逾四万。

不但有中学,还办了大学,如上海的约翰书院(后来的圣约翰大学)、苏州的中西书院(后来的东吴大学)、广州的格致书院(后来的岭南大学)等。20世纪的前20年,教会学校迅速发展。到1914年,全国共有教会学校一万二千多所,学生近二十五万,而当时全国官办学校有57267所,学生约一百六十三万。到1918年,教会学校学生总数上升到35万,而公立学校的学生数为430万。可见教会学校在当时中国的学校中已占有很大的比例。这时也相继建立了一批教会大学,如上海的震旦大学和沪江大学,苏州的东吴大学,成都的华西大学,南京的金陵大学,北京的燕京大学等,共14所。而当时只有三所国立大学,另有五所私立大学。1922年和1925年又开办了两所天主教大学,即天津的津沽大学和北京的辅仁大学。到1926年,全国教会学校总数约一万五千所,学生约八十万。这些教会学校的兴办,推进了中国现代教育的发展,培养了大批人才。在19世纪末赴日留学生和20世纪初赴美留学生中,教会学校学生都占了很大比例。

西方教会还在中国开办了许多慈善事业,主要是医院和慈幼事业(孤儿院、育婴堂、聋哑学校、盲童学校等)。天主教会最早开办的医院是天津的法国医院,基督教会最早开办的医院是上海的仁济医院。西方教会还在教会大学设医学院,在教会医院设护士学校,以培育医学人才。20世纪前期中国大部分的西医人才都出自教会办的医学院校。西方传教士也注重开展社会救济工作。如19世纪70年代华北发生特大旱灾和1911年黄、淮发生水灾,西方传教士都成立了救灾的机构,从事募集和发放救灾食品和救灾物资的工作。

第二节 基督教的传教士与中西文化的交流

来华的基督教传教士在传教的同时,对于推进中西文化交流起了十分重要的作用。一方面,他们把西方的科学、技术和哲学、宗教介绍给中国人,这是推进"西学东渐";另一方面,他们又把中国的文化,特别是中国的哲学、宗教介绍给欧洲人,这是推进"东学西传"。他们在这两个方面都做出了重要的贡献。

利玛窦墓碑　　　　　　　　　　　　利玛窦《天主实义》
明万历二十三年（1595）南昌初刻本

传播西方科学技术

利玛窦等传教士希望西方的科学技术有助于增加天主教的权威。为此，利玛窦等人与徐光启、李之藻等人合译了《几何原本》、《同文算指》、《测量法义》、《泰西水利法》等大量科技书籍。这些西方科技的输入既满足了当时一些士大夫探求"实学"的需求，也在一定程度上促进了中国数学、天文等学科的公理化和系统化。利玛窦等传教士则因此而获得了博学的美誉，他们的传教工作也由此大获便利。当利玛窦于1610年在北京病逝时，内阁首辅叶向高力排众议，认为仅一部《几何原本》就足以让利玛窦在北京获得一块永久安息的墓地，万历皇帝果然答应了传教士和士大夫赐葬利玛窦于北京的请求。

介绍亚里士多德的哲学和中世纪经院哲学

来华耶稣会士在中国最花力气介绍的是西方的宗教思想和哲学思想，主

要是亚里士多德的哲学和中世纪的经院哲学。

首先是对亚里士多德的逻辑学的介绍。利玛窦所以和徐光启合译《几何原本》，一个重要的目的是通过这本数学著作来向中国人介绍西方的逻辑思想。对亚里士多德逻辑学介绍得最全面的是葡萄牙传教士傅汎际和李之藻合译的《名理探》。但他们没有译完，后来南怀仁译完后半部分并定名为《穷理学》。南怀仁在将此书送呈康熙的奏折中说，"穷理学为百学之门"，可见他对逻辑学的高度重视。《名理探》第一次系统地向中国介绍了西方逻辑学，这对于中国近代逻辑学的发展，对于纠正晚明士大夫空谈心性的弊端，都有重要的意义。

除了亚里士多德的逻辑学，利玛窦等人还介绍了亚里士多德的"四因说"。亚里士多德把世界的来源概括为：质料、形式、动力、目的。他又把后三种原因概括为"形式因"。亚里士多德的这一学说体现了西方哲学着重探讨自然界万物来源的思维方式。把这一学说引进中国，对于以人伦思想为中心的中国传统文化的思维方式是一种冲击。

利玛窦等人对中世纪经院哲学的介绍主要包括三方面的内容：（一）传统的形而上学：上帝存在、灵魂不死、意志自由等；（二）基督教神话：创世纪、乐园放逐、受难与复活、天堂与地狱、末日审判等等；（三）灵修：教义问答、祈祷文、日课、崇修与礼节等。这一切的核心是对上帝的存在和唯一性的证明。利玛窦在《天主实义》中根据中世纪托马斯·阿奎那的思想，从五个方面对上帝的存在做了论证。之后，艾儒略在《西学凡》中进一步介绍了托马斯·阿奎那的哲学。到顺治、康熙年间，利类思从拉丁文翻译了托马斯·阿奎那的《神学大全》（中文译本书名为《超性学要》）。以托马斯·阿奎那为代表的西方中世纪经院哲学，是西方思想史的一个重要环节。西方近代思想是从中世纪经院哲学的母体中产生的。因此，利玛窦等人对托马斯·阿奎那哲学的介绍，对中国思想界了解西方的宗教哲学以及西方的思维方式都是有意义的。

利玛窦向西方世界介绍儒学、佛教、道教

利玛窦等传教士一方面把西方的宗教、哲学思想引进中国，另一方面又把中国的哲学、宗教介绍给西方世界。利玛窦晚年所写的《基督教进入中国史》（1615年由金尼阁译成拉丁文在欧洲出版，中文译本名为《中国传教史》）对中国的儒学、佛教和道教都做了详细的介绍。

利玛窦介绍了孔子的生平和孔子在中国的地位。他说:"中国最伟大的哲学家是孔子,生于公元前551年,活了七十余岁,一生以言以行以文字,诲人不倦。大家都把他作为世界上最大的圣人来尊敬。实际上,他所说的,和他的生活态度,绝不逊于我们古代的哲学家,许多西方哲学家无法与他相提并论。因此他所说的或所写的,没有一个中国人不奉为金科玉律;直到现在,所有的帝王都尊敬孔子,并感激他留下的道学遗产。"利玛窦指出,中国各地有孔庙,并有祭孔的仪式,但"他们并不认为孔子是神,也不向他求什么恩惠",所以不能说是正式的祭祀。但是利玛窦仍然把儒学看作是一种宗教:"是最盛行、最受重视、经典最多的宗教。"利玛窦强调儒教和天主教的相容性。他说:"从开始我们的信仰就受到了儒教的保护,原来儒家的道理没有任何与天主教相冲突的地方","在欧洲知道的外教民族中,关于宗教问题我不知道有什么民族比古代中国人更纯正,错误观念最少。"利玛窦还介绍了儒家的伦理思想,十分详细地描绘了中国的各种礼仪风俗。

利玛窦对中国的佛教和道教的宗教思想和宗教活动也做了介绍。

利玛窦和明代的士大夫阶层有广泛的接触和交往,有许多是当时的名人,如焦竑、李贽、袁宏道、袁中道、李日华等。其中他与李贽的交往特别值得注意。李贽对利玛窦十分推崇,说"我所见之人未与其比。"(《续焚书》卷1《与友人书》)利玛窦在他的《基督教进入中国史》中也把李贽这位晚明杰出思想家介绍给西方的思想界。

礼仪之争引起了欧洲人了解中国文化的热情

持续了一百多年的礼仪之争,产生了一个意想不到的结果,就是引起了欧洲人了解中国文化的热情。在礼仪之争中,来华的各修会的传教士为了维护自己的传教方针多次派人回欧洲,向罗马教廷和欧洲社会申诉自己的观点。他们著书立说,到处宣传,竭力把自己所了解的中国介绍给欧洲,以取得人们的同情和支持。这样,一个有悠久历史和灿烂文化的东方大国——中国的形象,一下子展示在欧洲人的面前。一时间谈论中国成了最热门的话题。

被来华耶稣会第一个派回欧洲的是曾德昭(Alvaro de Semedo),他出版了《中国通史》(又称《中华大帝国史》),介绍中国的历史、地理和思想(包括儒学、佛教、道教)。接着有:卫匡国(Martinus Martini,1614—1661),著有《中国新地图志》、《中国上古史》、《鞑靼战记》;柏应理(Philippe Couplet,1624—1692),著有《中国哲学家孔子》(副标题《四书直解》,这是17位来华耶稣会士的集体创作,由柏应理写序并带回欧洲出版);李明(Louis le Comte, 1655—1728),著有《中国现形势新志》;白晋(Bouvet Joachim, 1656—1730),著有《康熙帝传》等等。除了这些直接返回欧洲的传教士外,还有许多来华传教士也写了有关中国的论著和报告寄回欧洲出版。同时,在欧洲先后出现了三本有关中国的刊物,专门收集发表来华耶稣会教士们的通信和著作,它们是:《耶稣会士通信集》、《中华帝国全志》、《中国杂纂》(北京传教士所写的关于中国人之历史、科学、艺术、风俗习惯的论考)。这些论著、报告和期刊都大大激发了欧洲人对中国的兴趣,进一步推动了中国文化的西传。

中国文化对莱布尼兹、培尔、伏尔泰的影响

由于来华基督教传教士的介绍,中国的文化对17、18世纪欧洲的思想界,特别是对德国思想家莱布尼兹、法国思想家培尔、伏尔泰,发生了重要的影响。

莱布尼兹(Gottfried Wilheim Leibniz, 1646—1716),是17、18世纪德国伟大科学家、哲学家。他和来华耶稣会士闵明我、白晋、张诚、苏霖、安多、南怀仁、汤若望、邓玉函、龙华民等人都有接触,并读到了传教士所写的关于中国的著作,如白晋的《康熙帝传》,利玛窦的《基督教进入中国史》、柏应理的《中国哲学家孔子》、李明的《中国现形势新志》、龙华民的《关于中国宗教若干点之记录》等。白晋还把《易经》的资料寄给他。1667年,莱布尼兹把七位传教士的报告、书信编辑成《中国近事》出版。1716年,即莱布尼兹逝世那一年,写了《论中国人的自然神学》(这是写给奥尔良公爵的幕僚雷德蒙先生的一封长信)。在这部著作中,他对孔子,对中国哲学中"理"、"气"、"太极"的概念,对中国人关于上帝、鬼神、灵魂的观念,做了详细的评述,发表了许多深刻的见解。莱布尼兹还有200封关于中国的信件。

法国启蒙运动先驱培尔(Pierre Bayle, 1647—1706)深受中国文化的影响。他把中国文化作为他论证宗教宽容精神和无神论思想的论据。他读了南怀仁关于中国皇帝允许基督教传教的报道后,在文章中写道:"我不知道为什么基督徒们如此少地思考在被我们公开认为是蒙昧和残暴的那些异教徒国家中盛行的宽容思想。"他说,尽管中国皇帝"坚信耶稣会士们的宗教是伪宗教,这种宗教是和他及他的臣民们宣扬的那种宗教相对立的",但是"他不允许折磨传教士而是非常人道地对待他们"。培尔认为,东方的这种宗教宽容精

神与西方基督教的那种宗教仇视形成鲜明的对比。培尔在"礼仪之争"爆发之后,大量阅读来华耶稣会士的著作。这时,他由于在《论有关彗星的不同思想》一书中提出无神论要胜过偶像崇拜的思想而受到教会的强烈指责,所以他要证明由无神论者构成的社会是可能的。他认为中国就是一个最有说服力的例证。因为中国是一个大国,是一个非常古老的民族,实施最纯洁的伦理,但中国是无神论的国家,中国的无神论并没有阻止中华民族的形成和生存,正相反,这种无神论帮助中国维持生存和繁荣昌盛。培尔还以中国为例,论证伦理道德可以和宗教分离,而不必像欧洲那样完全受宗教的支配。他指出,孔子留下了许多优秀的道德训诫,可他是个无神论者。

法国启蒙运动的旗手伏尔泰(Voltaire,1694—1778)在来华耶稣会的影响下,以很高的热情宣传孔子和儒家学说。伏尔泰本人是一个"自然神论"者,他认为孔子不是无神论者,而是一个"自然神论"者。孔子不否认神的存在,但他的学说中突出的是人文精神。他说,孔子从不宣扬神的启示,也不做先知,只是以道德谆谆告诫人。"这位孔夫子事实上是一个非常高尚的人。他是理性之友,狂热之敌,他仁慈且安详,一点都不将真理与谎言相混。"伏尔泰把孔子肖像挂在自己的房间,并称自己的住宅为"孔庙"。他对孔子学说保持了一种持久的热情,并把对孔子学说的介绍和自己的思想融为一体。

第三节 伊斯兰教的兴起、东传及其流变

伊斯兰教是世界三大宗教之一,公元7世纪初兴起于阿拉伯半岛的麦加城(今沙特阿拉伯境内)。阿拉伯人的先知穆罕默德是伊斯兰教的创始人,他不仅创立了一个崭新的宗教,而且用23年(610—632)的时间使这个新宗教迅速传遍阿拉伯半岛,将一盘散沙似的阿拉伯人团结为一个统一的和强大的民族。穆罕默德之后开始了强大的、不断对外扩张的四大哈里发时期(632—661)。这一时期穆斯林军队几乎同时向当时世界上的两大帝国波斯和罗马开战:东征波斯,并把波斯并吞;西击罗马,把罗马帝国势力逐出中东和非洲。第三

任哈里发奥斯曼（644—654）曾于651年（唐永徽二年）派遣使节来到唐朝都城长安（今陕西西安），开始了伊斯兰教和平传入中国的历史进程。一般认为，唐宋元时期（651—1367），是伊斯兰教"移植中国"的时期；明清时期（1368—1911），是伊斯兰教"在中国生长"的时期；从民国至今，则是中国伊斯兰教曲折发展的时期。

伊斯兰教在唐代称"大食法"，在宋称大食法度，在元称回回，在明称回回教门，在明末清初称清真教，清至民国泛称回教。伊斯兰教的清真寺在唐代称礼堂，在宋代称礼拜堂，在元代称礼拜寺。

伊斯兰教的兴起

公元610年（隋大业六年）的某一天，在信奉多神的麦加城，一名40岁的男子开始秘密宣布：他受到了安拉的"启示"，世界上除了独一神安拉外，再没有神灵；他本人是真主安拉所派遣的众多使者中的一位，然而却是最后一位（即"封印的"）使者。他就是伊斯兰教的先知穆罕默德。613年穆罕默德开始在麦加公开宣布他所陆续接到的安拉的"启示"。穆罕默德的祖父是麦加城的长老，他虽然没有接受穆罕默德的宗教信仰，但却自始至终地保护穆罕默德的安全。后来由于麦加上层的反对和迫害，穆罕默德被迫于622年自麦加"迁徙"（这一年后来被定为伊斯兰教历的元年）到麦地那城（今沙特阿拉伯境内）。在麦地那，伊斯兰教获得了新生，穆斯林政权不断壮大，当穆罕默德于公元632年"归真"时，阿拉伯人基本上统一在伊斯兰教的旗帜之下，成为一个牢固的民族统一体。

"伊斯兰"是阿拉伯文"al-Islam"的音译，它的字面意义有"顺从"、"平安"、"和平"等；作为一种宗教，它要求信徒：

（一）全心全意地相信世界上只有一位造物主即安拉（中国穆斯林历史上一般将"安拉"汉译为"真主"），他是独一的；

（二）相信穆罕默德是安拉派遣的使者和先知，他是"封印的"先知。

信仰伊斯兰教的人被称做穆斯林。"穆斯林"是阿拉伯文"al-Muslim"的音译，其意为"顺从……的人"，指顺从真主安拉、顺从先知穆罕默德。中国穆斯林经常诵读的"清真言"是：

（一）万物非主，惟有真主；

（二）穆罕默德，是主的钦差。

其中，前半部分是在强调真主的独一性，后半部分则是强调穆罕默德作

第三十章 基督教、伊斯兰教的传入与中外文化的交流

泉州清净寺

为一个先知的独特地位。

伊斯兰教的东传

"学问虽远在中国，亦当求之。"相传这是先知穆罕默德对其弟子所说过的一段话。根据有关史料记载，中国与阿拉伯之间的交通早在公元1世纪就已开始了。这种联系主要依靠商业和贸易。贸易的路线主要有两条：一条是海上的，所谓"香料之路"；一条就是陆上的，现在举世闻名的所谓"丝绸之路"。唐王朝从贞观到开元的一百年间，处于盛世，中国与中亚、西亚之间的海陆交通均畅通无阻。大批阿拉伯和波斯商人来到中国，他们大多居住在内陆大城市和沿海通商口岸，如西安、扬州、广州、泉州、杭州等地，被称作"蕃客"。到中唐时，仅居住在扬州的"蕃客"就数以千计。"安史之乱"时，唐肃宗曾借用大食（阿拉伯）兵力平定安禄山叛乱。两京收复后，肃宗允许大食兵世居华夏，可与其他民族的妇女通婚。伊斯兰教由此得以在中国扎根生长。五代、北宋之际，伊斯兰教传入中国新疆地区，至15世纪末、16世纪初，伊斯兰教成为维吾尔族的全民宗教信仰。宋时，来中国而不回国的"蕃客"不仅人数多于唐朝，而且地位大有提高，一些商人的经济实力也相当可观。这些侨居中国的"蕃客"及其后裔——"土生蕃客"，熟悉中国文化，对增进中国文化的繁荣和促进东西文化交流作出了一定的贡献。元时，来华的

回回（穆斯林）商人很多，"天下名城巨邑，必居其津要"，加上因蒙古人西征而被大批签发来华的工匠、平民、将士，穆斯林的人口急剧增加，形成"元时回回遍天下"的局面。由于"回回"对元朝开国有功，他们的地位仅次于蒙古人，高于汉人。穆斯林在政治、经济、军事、文化各方面都有较大的实力和影响。穆斯林中还有一些学识渊博之士，他们在天文、历法、医药、建筑、火炮、工艺、诗画、经学等方面都有所建树，促进了东西文化之间的交流。元末明初，由于共同的宗教信仰和生活习惯，一个新的民族——回回民族形成了。回回民族的形成，使得伊斯兰教在中国成为一个民族的集体信仰，成为伊斯兰教东传中国新阶段的标志，标志着侨居中国的穆斯林从此以后成为中华民族的一分子。明清之际，一方面为了消除主流社会即汉族社会对伊斯兰教的误解，一方面为了教育穆斯林的新生代，穆斯林中的有识之士开始用汉文来著书立说，阐述伊斯兰教的基本信仰，从而产生了一代中国穆斯林学者；最为著名的有王岱舆、刘智、马注、马德新等；其中王岱舆的《清真大学》、刘智的《天方性理》、马注的《清真指南》和马德新的《四典要会》成为明清时期最具代表性的伊斯兰教学术著作。同时，为了适应当时的社会环境和伊斯兰教发展的需要，培养"经汉兼通，回而兼儒"的宗教人才，中国穆斯林中的知识分子确立了以经堂教育为主要形式的宗教教育制度。民国时期，一些穆斯林地区兴办师范和中学，课程设置上对以前的经堂教育做了革新，除传授伊斯兰教义外，还增设了普通文化知识方面的课程，有的学校还曾向西亚国家派遣留学生。与此同时，汉文译本《古兰经》不断涌现。第一部汉文译本《古兰经》的译者是铁铮。1949年中华人民共和国成立以来，又陆续出版了数种《古兰经》汉译本，其中以马坚的译本学术性最强。

现在，中国大陆地区大约有一千八百万穆斯林，居住格局还是"大分散、小集中"，其中以西北、新疆、云南、华北等地为集中居住地。

推荐读物：

1. 顾卫民著：《基督教与近代中国社会》（上海：上海人民出版社，1996年）。
2. 朱维铮主编：《基督教与近代文化》（上海：上海人民出版社，1994年）。
3. 孙尚扬：《基督教与明末儒学》（北京：东方出版社，1994年）。
4. 谢和耐（Gernet, Jacques）著，耿昇译：《中国和基督教：中国和欧洲文化之比较》（上海：上海古籍出版社，1991年）。
5. 利玛窦著，刘俊余、王玉川译：《利玛窦中国传教史》（台北：光启出版社，

1986年)。

6. Bays, Daniel H.(ed.) *Christianity in China: From the Eighteenth Century to the Present* (Stanford: Stanford University Press, 1996).

7. 白寿彝著:《中国伊斯兰教史存稿》(银川:宁夏人民出版社,1983年)。

8. 秦惠彬著:《伊斯兰教志》(《中华文化通志》第83册)(上海:上海人民出版社,1998年)。

9. 楼宇烈、张志刚主编:《中外宗教交流史》(长沙:湖南教育出版社,1998年)。

图片补充资料:

1. 546页　　:利玛窦像,于利玛窦死后不久在北京绘制,由金尼阁带回罗马,今仍保存于耶稣会总部,即罗马 Chiesa di Gesu 大教堂。画中他穿着儒官绢服,金尼阁解释说是"中国的博士"服饰。
2. 552页(下):中国女学堂提调教习诸生群像,中国女学堂是1896年由维新派创立的第一所近代女子学校,李提摩太夫人(Mrs.Timothy Richard)出任提调(即校长)。
3. 555页(左):利玛窦墓碑,位于北京行政学院内。

【第三十一章】 明清小说

在明清以前，中国古代小说的发展已历千余年，从魏晋的志怪小说、志人小说到唐代传奇，文言短篇小说蔚为大观。而肇始于说书艺术的通俗小说，也在唐代萌芽，到宋元话本，渐趋成熟。这都为明清小说的发展奠定了良好的基础。

章回小说是明清小说的主要形式，其特点是分回标目、故事连续、段落整齐、首尾完具。据《东京梦华录》、《醉翁谈录》等书记载，至迟在宋代已出现了长篇分回的说书艺术，尤其是一些讲史故事，更非一天一场所能了结。现存的《大唐三藏取经诗话》、《全相平话五种》等，就显示了说书人驾驭长篇题材的能力，它们可以说是章回小说的雏形。《三国演义》和《水浒传》则标志着章回小说的成熟。

明清小说的数量极多。其中最有名的长篇小说有《三国演义》、《水浒传》、《西游记》、《金瓶梅》、《儒林外史》、《红楼梦》，短篇小说集"三言"、"二拍"，以及文言短篇小说集《聊斋志异》、《阅微草堂笔记》。明人冯梦龙称《三国演义》、《水浒传》、《西游记》、《金瓶梅》为"四大奇书"。

第一节 《三国演义》

《三国演义》的成书

《三国演义》描写了东汉灵帝建宁二年（169）至晋武帝太康元年（280）一百一十余年的历史故事，尤其集中在魏、蜀、吴三国的斗争。

宋代的说话艺人就有专说三国史事的。我们现在可以看到元朝至治年间（1321—1323）建安虞氏刊的《全相三国志平话》。这是说话艺人的底本，文字粗简。元末明初，罗贯中把它改写成一本历史小说《三国志通俗演义》。罗贯中，名本，贯中是他的字，太原人，号湖海散人。《三国志通俗演义》有"庸愚子"的序，说罗贯中根据陈寿《三国志》写成这部通俗演义，"文不甚深，言不甚俗，事纪其实，亦庶几乎史"，"盖欲读诵者人人得而知之，若《诗》所谓里巷歌谣之义也"。《三国志通俗演义》共24卷，每卷10节，每节有一小目，为七言单句。到清代康熙年间，江苏长洲（今苏州）的毛宗岗又把这部通俗演义加以改作，并加上批评，称为第一才子书，这就是我们今天读到的一百二十回的《三国演义》。

"三奇"、"三绝"

《三国演义》描绘了众多的历史人物，塑造了一批具有独特性格的人物形象。其中最突出的就是毛宗岗称之为"三奇"、"三绝"的诸葛亮、关羽、曹操。诸葛亮是"古今来贤相中第一奇人"，关羽是"古今来名将中第一奇人"，曹操是"古今来奸雄中第一奇人"。

《三国演义》这些典型人物的性格特征，都是通过这些人物的十分独特的、甚至是独一无二的行为，通过一系列十分典型的情节和细节表现出来的。如诸葛亮，就是通过三顾茅庐、舌战群儒、草船借箭、借东风、空城计、七擒孟获、秋风五丈原等典型的情节，塑造了他谋略过人、"鞠躬尽瘁，死而后已"的光辉形象。如关羽，就是通过温酒斩华雄、单刀会、刮骨疗毒、屯土山约三事、过五关斩六将等典型的情节，塑造了他武勇神威和坚贞不屈的义士品格。又如曹操，也是通过一系列典型的情节和细节塑造了他的"宁教我负天下人，休教天下人负我"的奸雄的性格。第十七回，写曹操引兵十七万

《新刊校正古本大字音释三国志通俗演义》插图之"青梅煮酒论英雄" 明万历十九年（1591）金陵周曰校版

《李卓吾先生批评三国志演义》插图之"刘玄德初顾茅庐" 明万历年间（1573—1619）建阳吴观明刻本

攻打袁术，粮食接济不及。曹操命仓官王垕以小斛散粮，以救一时之急。兵士都发怨言。于是曹操密召王垕入曰："吾欲问汝借一物，以压众心，汝必勿吝。"垕曰："丞相欲用何物？"操曰："欲借汝头以示众耳。"垕大惊曰："某实无罪！"操曰："吾亦知汝无罪，但不杀汝，军必变矣。汝死后，汝妻子吾自养之，汝勿虑也。"垕再欲言时，操早呼刀斧手推出门外，一刀斩讫，悬头高竿示众，于是众怨始解。这一回接着写曹操引兵攻打张绣，途中曹操所乘之马践坏了一大块麦田，曹操乃当即以长剑割发代首以号令三军。毛宗岗批道："曹操一生，无所不用其借；借天子以命诸侯；又借诸侯以攻诸侯；至于欲安军心，则他人之头亦可借；欲申军令，则自己之发亦可借。借之谋愈奇，借之术愈幻，是千古第一奸雄。"（第十七回回首总评）

第二节 《水浒传》

《水浒传》的成书

《水浒传》的版本有繁、简两个系统。南宋时，民间已流传《水浒》的故事。《宣和遗事》已记了《水浒》人物三十六人。宋末画家李嵩为三十六人画像，龚圣与作赞。宋、元之际，出现了一些《水浒》故事的话本，有《青面兽》、《花和尚》、《武行者》等篇。元末明初，施耐庵在民间传说和话本的基础上整理、加工，写成了《水浒传》。施耐庵的生平缺乏资料。据说他生于元成宗元贞二年（1296），卒于明太祖洪武三年（1370）。原名耳，义名子安。祖籍苏州。明嘉靖时人高儒《百川书志》说："《忠义水浒传》一百卷，钱塘施耐庵的本，罗贯中编次。"据此，学者们认为施耐庵的本子可能经过罗贯中的进一步加工。嘉靖年间又有人对罗贯中的本子进一步修改加工，出了武定侯

《水浒传人物全图》之"史进、刘唐"
清光绪六年（1880）刊本

《李卓吾先生批评忠义水浒传》插图之"张都监血溅鸳鸯楼" 明万历年间（1573—1619）容与堂刊本

郭勋刻的一百回本。这是繁本之祖。之后，一些书商，又在书中增加了征田虎、王庆的内容，出版了一百一十回本、一百十五回本和一百二十四回本。这些本子的文字接近罗贯中本，比较简略，所以称为简本。到天启、崇祯年间，杨定见编的一百二十四回本《忠义水浒全书》出版。他用郭勋本原文，再把简本中田虎、王庆的故事改写插入。这可以说是综合了繁本和简本的一个全本。接着有著名文学批评家金圣叹（1608—1661）又对《水浒传》做了一次修改。除了文字方面的修改外，他主要是把《水浒传》拦腰斩断，即删去七十一回以后的部分，卷首另加引子。三百多年来，金圣叹的本子成了最流行的本子。

"人有其性情，人有其气质"

在中国历史上，发生过无数的农民暴动。这样的暴动历来被看作"犯上作乱"，《宋史》上也是以"盗贼"称宋江等人的。但《水浒传》中，却通过对朝政黑暗的描写，揭示出"乱由上作"的道理，突出表现了"自古权奸害忠良，不容忠义立家邦"的社会现实，从而把梁山英雄作为反奸除暴、保境安民的正义力量来赞美。这显然体现了下层民众的意识。

《水浒传》塑造了武松、林冲、鲁智深、李逵等大批英雄形象,他们见义勇为,慷慨任侠,在各自不同的"逼上梁山"的经历中,展示出凡人难以企及的生命力和英雄气概。其中如景阳冈武松打虎、林冲风雪山神庙、鲁智深拳打镇关西、鲁智深倒拔垂杨柳、鲁智深大闹野猪林、武松醉打蒋门神、吴用智取生辰纲等故事,都写得笔墨酣畅,兴会淋漓,充满了令人向往的神奇色彩。

《水浒传》在描绘这些英雄人物形象的时候,着重刻画他们每个人不同的性格。金圣叹对于这一点曾作过精彩的分析。他认为,《水浒传》之所以吸引人、感动人,使人百读不厌,主要就在于它把这些英雄人物的性格写了出来。他说:"别一部书,看过一遍即休。独有《水浒传》,只是看不厌,无非为他把一百八人性格都写出来。"(《读第五才子书法》)又说:"《水浒》所叙,叙一百八人,人有其性情,人有其气质,人有其形状,人有其声口。"(《水浒传》序三)"《水浒传》写一百八个人性格,真是一百八样,若别一部书,任他写一千人,也只是一样,便只写得两个人,也只是一样。"(《读第五才子书法》)金圣叹还认为《水浒传》所写的这些英雄人物的性格可以对读者的精神起一种振奋、鼓舞、净化、升华的作用。他说:"阮小七是上上人物,写得另是一种气色。一百八人中,真要算做第一快人,心快口快,使人对之,龌龊销尽。"(《读第五才子书法》)"写李逵遇焦挺,令人读之,油油然有好善之心,有谦抑之心,有不欺人之心,有不自薄之心。真好铁牛,有此风流,真好耐庵,有此笔墨矣。"(第六十六回回首总评)"写鲁达为人处,一片热血直喷出来。令人读之,深愧虚生世上,不曾为人出力。孔子云:'诗可以兴。'吾于稗官亦云矣。"(第二回回首总评)

金圣叹说《水浒传》"写一百八个人性格,真是一百八样",这显然是有些夸张。但《水浒传》一些主要的英雄人物的性格确实是个个不同。金圣叹在第二十五回比较分析了鲁达、林冲、杨志、武松这四个英雄人物的性格的独特性。他指出,这四人都是"极丈夫之致",但他们"各自有其胸襟,各自有其心地,各自有其形状,各自有其装束",是四个个性完全不同的英雄。金圣叹这个分析是完全符合实际的。金圣叹还指出,《水浒传》在描写英雄人物的性格时,善于在共性中写出他们的个性,如在第二回,他比较了史进和鲁达这两个英雄人物的性格:"此回方写过史进英雄,接手便写鲁达英雄;方写过史进粗糙,接手

《李卓吾先生批评忠义水浒传》插图之"武松斗杀西门夫" 明万历年间(1573—1619)容与堂刊本

便写鲁达粗糙;方写过史进爽利,接手便写鲁达爽利;方写过史进剀直,接手便写鲁达剀直。作者盖特走此险路,以显自家笔力。读者亦当处处看他所以定是两个人,定不是一个人处,毋负良史苦心也。"他在《读第五才子书法》中有一段话把这种意思表述得更清楚:"《水浒传》只是写人粗鲁处,便有许多写法,如:鲁达粗鲁是性急,史进粗鲁是少年任气,李逵粗鲁是蛮,武松粗鲁是豪杰不受羁勒,阮小七粗鲁是悲愤无说处,焦挺粗鲁是气质不好。"

《水浒传》成功地塑造了一大批英雄人物的性格,这是《水浒传》的一个重要贡献。

第三节 《西游记》

《水浒全传》插图之"失声笑鲍老" 明崇祯年间(1628—1644)袁无涯原刻本

吴承恩和《西游记》的成书

吴承恩(1500?—1582?),字汝忠,号射阳山人。祖籍江苏涟水,后徙淮安山阳(今江苏淮安)。他当过八品小官。自幼喜好志怪小说,曾写过一本志怪小说集《禹鼎志》(已失传)。《西游记》是他晚年的作品。他死后,亲属中有人搜集他的遗稿,编成《射阳先生存稿》出版。

《西游记》是写玄奘取经的故事。玄奘取经是一个真实的历史事件。后来在民间流传有许多关于玄奘取经的传说故事。唐代李冗《独异志》记有玄奘在西行途中遇一老僧传授《多心经》的传说。到了宋代的传说中,有了猴行者的加入。南宋刊印的话本《大唐三藏取经诗话》中,猴行者已成为取经的主要角色。这个猴行者自称是"花果山紫云洞八万四千铜头铁额猕猴王",在二万七千年前偷吃蟠桃,被王母捉下,发配在花果山紫云洞。他神通广大,一路上杀了白虎精等各种妖魔鬼怪。这部《取经诗话》还很粗糙。但已有了一个《西游记》故事的大致的框架。元代出现了《西游记平话》。这部

《水浒全传》插图之"火烧草料场" 明崇祯年间(1628—1644)袁无涯原刻本

《李卓吾先生批评西游记》插图之"圣僧夜阻通天水，金木垂慈救小童" 明崇祯年间（1628—1644）刊本

《李卓吾先生批评西游记》插图之"猿熟马驯方脱壳，功成行满见真如" 明崇祯年间（1628—1644）刊本

《平话》现已不传，但从保存下来的一些片断以及朝鲜《朴通事谚解》一书中有关这部《平话》的材料，可知《平话》的内容已经大为丰富，"大闹天宫"已成为独立的故事，《西游记》中的重要情节在《平话》里大体上都已具备。与此同时，西游记的故事也在舞台上搬演。金院本有《唐三藏》，元杂剧有《唐三藏西天取经》，元末明初有《西游记杂剧》。就在《西游记平话》和杂剧的基础上，吴承恩重新进行艺术构思，创作了长篇神魔小说《西游记》，它既吸收了民间传说、平话和杂剧的已有的成果，又是一个全新的创造。他把孙悟空写成小说的第一主角。他又把明代社会的很多实际状况写进小说，就是鲁迅说的"取当时世态，加以铺张描写"，从而使小说中那些妖魔鬼怪带有时代的色彩。他还使全书具有一种幽默的风格。幽默是吴承恩个人天才的表现。

现存《西游记》的版本以明代万历二十年（1592）世德堂刊本为最早，全称《新刻出像官板大字西游记》，共一百回。万历末年或天启崇祯年间有《李卓吾先生批评西游记》，一百回。清代初期出现一种新版本，题为《新镌出像古本西游记证道书》，一百回。这个本子依据"世德堂本"做了加工润饰，使情节比较精密，文字更加雅驯，并增加了唐僧出身一回文字。这个版本出来后影响极大，后来清代的各种本子的正文都依据这个版本。

孙悟空形象的意义

在孙悟空身上，体现了双重的矛盾冲突。

一是人和社会的矛盾冲突。孙悟空本是天地生成，是大自然的产物。他无拘无束，超脱一切社会规范，打破生死阴阳的界限，所谓"超出三界外，不在五行中"。但是他不可避免要进入人类社会。于是他和社会规范、社会关系不可避免要产生冲突，所以就有"大闹天宫"，结果被压在五行山下。接着是被唐僧放出，戴上"禁箍"，经过千辛万苦，最后完成"取经"这一使命，修成了"正果"。这就是所谓"成人不自在，自在不成人"。孙悟空从天不怕地不怕的"泼猴"、"齐天大圣"

成了社会的一分子,个人与社会从冲突走向和谐。

再一是社会生活中正义与邪恶、光明与黑暗的冲突。孙悟空在取经路程上所遇到的妖魔鬼怪是社会生活中的邪恶、黑暗势力的象征。而孙悟空在和它们的斗争中表现了一种百折不挠、勇往直前的精神。孙悟空永远乐观、永不气馁。孙悟空这个形象鼓舞人们为社会正义事业而斗争。

《西游记》里面充满了神奇瑰丽的幻想,又充满了幽默和诙谐。这使得它具有永恒的魅力。

《西游补》

《西游记》流行后,出现了许多续书。其中最有价值的是董说的《西游补》。董说(1620—1686),字茗雨,号西庵,浙江乌程(今浙江湖州)人。明亡削发为僧。作品有《董茗雨诗文集》和《西游补》。《西游补》共十六回,是一部讽刺文学的杰作,书中处处充满了诙谐与滑稽。作者攻击的对象是明末的腐败政治和科举制度以及堕落轻浮的士风。如第四回写放榜的场面以及太上老君的一番议论:

> 顷刻间,便有千万人挤挤拥拥,叫叫呼呼,齐来看榜。初时但有喧闹之声,继之以哭泣之声,继之以怒骂之声。须臾,一簇人儿,各自走散,也有呆坐石上的;也有丢碎鸳鸯瓦砚;也有首发如蓬,被父母师长打赶;也有开了亲身匣,取出玉琴焚之,痛哭一场;也有拔床头剑自杀,被一女子夺住;也有低头呆想,把自家廷对文字三回而读;也有大笑拍案,叫命命命;也有垂头吐红血;也有几个长者,费些买春钱,替一人解闷;也有独自吟诗,忽然吟一句,把脚乱踢石头;也有不许僮仆报榜上无名者;也有外假气闷,内露笑容,若曰应得者;也有真悲真愤强作喜容笑面。独有一班榜上有名之人,或换新衣新履,或强作不笑之面,或壁上写字,或看自家试文,读一千遍,袖之而出,或替人悼叹,或故意说试官不济……孙行者呵呵大笑道:"老孙五百年前,曾在八卦炉中,听见老君封玉史仙人说著文章气数……老君道:'哀哉!一班无耳无目无舌无鼻无手无脚无心无肺无骨无筋无血无气之人,名曰秀士。百年只用一张纸,盖棺却无两句书。做的文字,更有蹉跎混沌,死过几万年,还放他不过。……你道这个文章叫做什么?原来叫做纱帽文章。会做几句,便是那人福运,便有人抬举他,便有

人奉承他，便有人恐怕他……'"

作者骂当时被科举制度搞得精神扭曲的"秀士"为"无耳无目无舌无鼻无手无脚无心无肺无骨无筋无血无气之人"，"百年只用一张纸，盖棺却无两句书"，真是骂得痛快淋漓。作者的文笔既风趣，又尖刻。鲁迅在《中国小说史略》中评论《西游补》说："惟其造事遣辞，则丰赡多姿，恍惚善幻，奇突之处，时足惊人，间以俳谐，亦常俊绝，殊非同时作手所敢望也。"

第四节 《金瓶梅》

《金瓶梅》在中国小说史上是个重要的转折，即从历史演义（如《三国演义》）、英雄传奇（如《水浒传》）、神魔小说（如《西游记》）转变为人情小说、世情小说。很多学者认为，如果没有《金瓶梅》，就没有后来的《红楼梦》。

《金瓶梅》之俏潘娘帘下勾情　明崇祯年间（1628—1644）刻本

《金瓶梅》的成书年代、版本和作者

《金瓶梅》这部小说，大约产生于明代万历年间。明史专家吴晗根据这部小说中多处写到万历年间发生的一些历史事件，考定它成书的年代不能早于万历十年（1582），最早也不能早于隆庆二年（1568）。又据沈德符《野获编》记载，袁宏道在万历三十四年（1606）已经见过《金瓶梅》的抄本。因此，《金瓶梅》的成书年代大致是在1568年至1606年之间。

现在我们看到的《金瓶梅》的版本很多。主要有三种：

（1）《金瓶梅词话》。明万历年间刊本。有万历四十五年（1617）的序。这是目前我们所见到的最早的刊本。

（2）《新刻绣像金瓶梅》。明崇祯年间刊本。这个本子比较词话本有很大变化。文字上有一些修饰，减少了一些山东土白。

（3）《张竹坡评金瓶梅》，或叫《皋鹤堂批评明代第一奇书金瓶梅》。清康熙三十四年（1695）刊本。基本上根据崇祯本。有张竹坡的评点。

词话本的作者署名是"兰陵笑笑生"。兰陵是山东峄县古名，书中对话又用了不少山东方言，所以一般认为《金瓶梅》的作者应是山东人。但这位作者"笑笑生"的真实姓名至今还是一个谜。由于沈德符在《野获编》中曾谈到《金瓶梅》的作者问题，说"闻此为嘉靖间大名士手笔"，因而很多人就根据这一说法做了种种猜测，有说是王世贞，有说是李开先，有说是屠隆等等，但都是缺乏确凿证据。

"人情小说"、"世情小说"

《金瓶梅》是以《水浒传》第二十三回、二十四回中的西门庆作为全书的主人公，写西门庆一家暴发和衰落的故事。

清代小说评点家张竹坡把《金瓶梅》和《西厢记》比较，说二者的美学风貌不同。《西厢记》是一篇"花娇月媚文字"，《金瓶梅》则是一篇"市井的文字"。

鲁迅在《中国小说史略》中把《金瓶梅》称为"人情小说"、"世情小说"。他认为，《金瓶梅》"作者之于世情，盖诚极洞达，凡所形容，或条畅，或曲折，或刻露而尽相，或幽伏而含讥，或一时并写两面，使之相形，变幻之情，随在显见，同时说部，无以上之"。

文学史专家郑振铎也从这个角度给予《金瓶梅》很高的评价。他在《插图本中国文学史》中认为《金瓶梅》"是一部可诧异的伟大的写实小说"。他说："它不是一部传奇，实是一部名不愧实的最合于现代意义的小说。它不写神与魔的争斗，不写英雄的历险，也不写武士的出身，像《西游》、《水浒》、《封神》诸作。它写的乃是在宋、元话本里曾经略略昙花一现的真实的民间社会日常故事。"宋元话本的那些故事里尚带有不少传奇的成分在内，"《金瓶梅》则将这些（传奇）成分完全驱出于书本之外"，它"是赤裸裸的绝对的人情描写，不夸张，也不过度的形容"。他还指出："《金瓶梅》的特长，尤在描写市井人情及平常人的心理，费语不多，而活泼如见。其行文措语，可谓雄悍横恣之至"。当然，他也指出："可惜作者也颇囿于当时风气，以着力形容淫秽的事实、变态的心理为能事，未免有些'佛头着粪'之感。然即除净了那些性交的描写，却仍不失为一部好书。"

《金瓶梅》作为"市井文字"、"人情小说"，有一些很显著的特点。

第一，《水浒传》、《三国演义》都不专门写一个家庭，一般也不写家庭的日常生活。《金瓶梅》则不同。它用聚光灯照亮一个家庭，把这个家庭的日常生活很具体、很细致地描绘出来。但是，它又没有把这个家庭孤立起来写，而是把这个家庭放在复杂的社会联系中来写，通过它的左右上下前后的联系，来描写当时整个社会的黑暗的、污浊的一面。这就是鲁迅说的：“门庆故称世家，为缙绅，不惟交通权贵，即士类亦与周旋，着此一家，即骂尽诸色。"

第二，《金瓶梅》虽然是写一个家庭，但它反映的社会生活面相当广阔。它生动地描写了市井的三教九流，各色人等，包括奸夫淫妇，贪官恶仆，帮闲娼妓，尼姑道士等等，成为世俗社会生活风习的画廊。

第三，像《西厢记》这类"花娇月媚文字"，它主要描写生活中美的东西，因而作品很有诗意。而《金瓶梅》则大量描写丑恶的东西，描写病态的东西，因此作品没有多少诗意。与此相联系，《金瓶梅》中的主要人物也和《水浒传》、《三国演义》等小说不同。《水浒传》、《三国演义》的主要人物是正面角色，是英雄、义士、贤相、名将等等，而《金瓶梅》的主要人物都是一些反面角色。张竹坡做了这样的概括："西门庆是混账恶人，吴月娘是奸险好人，……金莲不是人，瓶儿是痴人，春梅是狂人，敬济是浮浪小人，娇儿是死人，雪娥是蠢人，……若王六儿与林太太等，直与李桂姐辈一流，总是不得叫做人，而伯爵、希大辈，皆是没有良心的人，兼之蔡太师、蔡状元、宋御史，皆是枉为人也。"（《金瓶梅读法》）《金瓶梅》就是通过描绘一大批恶人、狂人、不是人的人为中心的毫无诗意的市井生活，发掘和解剖人性中丑恶的东西，来反映整个社会的腐朽、混乱和黑暗。

《金瓶梅》的这些特点，反映了明代后期开始出现的人文主义、现实主义的美学潮流，显示出中国古典小说向近代小说转变的趋向。

"白描入骨"、"白描入化"

《金瓶梅》在刻画人物性格方面取得了很高的成就。明人谢肇淛在《金瓶梅·跋》中说《金瓶梅》"妍媸老少，人鬼万殊，不徒肖其貌，且并其神传之"，"信稗官之上乘，炉锤之妙手也"。清人刘廷玑在《在园杂志》中说，"若深切人情世务，无如《金瓶》，真称奇书"，"凡写一人，始终口吻酷肖到底，掩卷读之，但道数语，便能默会为何人"。

张竹坡对《金瓶梅》的人物描写做了比较细的分析。他认为《金瓶梅》的人物描写"纯是白描追魂摄影之笔"。如写潘金莲、应伯爵，都是"白描入骨"、"白描入化"、"毛发皆动"、"俨然纸上活跳出来，如闻其声，如见其形"。就

是说,《金瓶梅》作者善于用很少的笔墨勾画出人物的动态和风貌,表现人物内在的性格和神韵。那么《金瓶梅》作者为什么能做到这一点呢?张竹坡认为作者首先是从一个人的心中讨出这个人的"情理"来,然后才让这个人开口。什么是一个人心中的"情理"呢?就是人和人的亲疏厚薄、浅深恩怨。抓住了这一点,就能"白描入骨"。如第十三回,写李瓶儿临产,吴月娘等人都到她房中看望。潘金莲心中有气,把孟玉楼拉出房间说道:"爹唶唶!紧着热刺刺的,挤了一屋子的人,也不是养孩子,都看着下象胎哩!"孙雪娥听见李瓶儿生孩子,从后边慌慌张张走来观看,险些被台基绊了一跤。潘金莲看见就对孟玉楼说:"你看!献勤的小妇奴才!你慢慢走,慌怎的?抢命哩!黑影里绊倒了,磕了牙,也是钱。养下孩子来,明日赏你这小妇一个纱帽戴?"对这段描写,张竹坡批道:"白描入骨。"接着,李瓶儿生下孩子来了,"合家欢喜,乱成一块",潘金莲"越发生气","径自去到屋里,自闭门户,向床上哭去了"。张竹坡又批道:"总是现妒妇身说法,故白描入化也。"《金瓶梅》在人物描写个性化方面的成就,对后来的《红楼梦》产生了很大的影响。

第五节 "三言"、"二拍"

在宋元说书艺术中,"小说"是与"讲史"等并列的一个独立类别,主要讲说一些较为短小的故事。由此形成的话本小说在明清两代持续发展,并从说书艺人的口头演述,逐步演变到文人模拟话本体制的书面创作。明代后期,是话本小说编撰的一个高潮。冯梦龙继承宋元话本的传统,整理出版了《喻世明言》、《警世通言》、《醒世恒言》三部小说集,俗称"三言"。它们共收入宋元以来话本小说120篇,堪称话本小说的一次大检阅。

冯梦龙

冯梦龙(1574—1646?)字犹龙,别署龙子犹,长洲(今江苏苏州)人。崇祯时,官寿宁县知县。曾参加抗清活动。冯梦龙是非常杰出的通俗文学作家。他改编过《平妖传》、《新列国志》等长篇小说,编辑短篇小说集"三言",刊行过《挂枝儿》、《山歌》一类的民间歌曲,编辑散曲集《太霞新奏》,刻过

《墨憨斋传奇定本》十种,他自己写过传奇《双雄记》、《万事足》,他还编印过《笑府》、《古今谈概》等书籍。可以说,他把毕生精力都贡献于通俗文学的搜集、整理、编辑、加工、研究和出版等种种工作,他确是明末推动通俗文学发展的一位大功臣。

"三言"

"三言"作品题材不一,却存在着一些共同的倾向,反映了宋元以来商业经济发达、城市繁荣的生活面貌,表现了新兴市民阶层的价值观念,尤其在婚恋题材和所谓"发迹变泰"类作品中,这一倾向更为突出。例如《蒋兴哥重会珍珠衫》中描写的商人婚姻生活就超越了传统贞节观念的束缚,展示了更复杂的人性。《施润泽滩阙遇友》则描写了小手工业者的本分和发家。其他如《滕大尹鬼断家私》、《乔太守乱点鸳鸯谱》、《乐小舍拼生觅偶》、《杜十娘怒沉百宝箱》、《一文钱小隙造奇冤》等也都从不同侧面反映了市民社会多姿多彩的生活。当然,由于"三言"时间跨度大,又不出于一手,思想驳杂和水平参差,都在所难免。

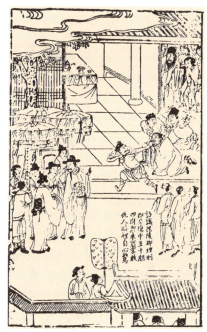

《喻世明言》插图
明末衍庆堂版

《警世通言》插图
天启四年(1624)金陵兼善堂版

"二拍"

受冯梦龙影响,稍后的凌濛初也编集了两部小说集即《初刻拍案惊奇》和《二刻拍案惊奇》。凌濛初(1580—1644),字玄房,号初成,别号即空观主人,浙江乌程(今吴兴)人。与"三言"不同的是,"二拍"主要是凌濛初自己创作的。因此,它们在思想倾向和艺术风格上更为统一。其中如《转运汉遇巧洞庭红 波斯胡指破鼍龙壳》、《迭居奇程客得助 三救厄海神显灵》等描写海外贸易和商人投机冒险的精神,颇具时代特色。《大姊魂游完宿愿 小妹病起续前缘》、《同窗友认假作真 女秀才移花接木》等爱情题材作品以"情"为重,赞美青年男女自主婚姻,也呈现着晚明时代弘扬个性的市民思想特征。

《醒世恒言》插图
天启七年(1627)金阊叶敬溪版

第六节 《儒林外史》

吴敬梓

吴敬梓(1701—1754),字敏轩,一字文木,安徽全椒人。他出身大官僚地主家庭,所谓"一门三鼎甲,四代六尚书"。但到了他父亲时,家道中落。吴敬梓本人把八股文看得一钱不值,拒绝参加科举考试,晚年生活极端贫困。

《儒林外史》通行版本是五十六回。但据金和的《跋》说,原书只有五十五回,第五十六回是后人加的。同治年间出过一种六十回本,即后五回当然也是后人加上的了。

讽刺文学的丰碑

《儒林外史》在文学上的最大成就是出色地运用讽刺文学的手法,对明清时代的科举制度和吃人的礼教,做了深刻的

《二刻拍案惊奇》插图
明崇祯年间(1628—1644)尚友堂刊本

《儒林外史》清同治八年（1882）群玉斋活字印本

揭露和嘲笑。他用讽刺的笔法，生动地勾画出一大批秀才、贡生、举人、翰林、斗方名士、八股选家、扬州盐商、官吏乡绅的脸谱和丑态。读过《儒林外史》的人，对周进、范进、汤知县、严贡生、胡屠户、王举人、张乡绅、牛布衣、匡超人、杨执中、权勿用等等这群人物都会留下深刻的印象。作者把自己的经历和情感熔铸在小说创作中，冷静地解剖了旧时文人或崇高或卑微或超脱或无奈的灵魂，从而对培养这种文人的文化乃至整个社会做了深入的分析和批判。范进中举是小说中的一个精彩片段。它通过对科举士子所处环境的细致描写，揭示其精神的极度空虚与脆弱。书中描写了一些因科场不顺，转而求"异路功名"的众多假名士，也往往在理想与现实、内心与外表的矛盾中，贻人笑柄。尽管吴敬梓也塑造了一批正面的文人形象，但在总体上，他对自己所属的这一阶层却充满了失望的情绪。小说结尾描写的市井四奇人，与其说是一种精神寄托，不如说更强烈的衬托了这种失望。

《儒林外史》没有贯穿全书的主人公和主干情节，这对于一部长篇小说来说是一个不足，正如鲁迅所说："惟全书无主干，仅驱使各种人物，行列而来，事与其来俱起，亦与其去俱讫，虽云长篇，颇同短制。"（《中国小说史略》）

第七节 《红楼梦》

曹雪芹和《红楼梦》的版本

曹雪芹（1715？—1763），名霑，字梦阮，号芹圃、芹溪。祖籍辽阳（今属辽宁省）。一说原籍河北，后迁居东北。属汉军正白旗。从康熙二年到雍正六年，在这六十年中，曹雪芹的曾祖曹玺、祖父曹寅、伯父曹颙、父亲曹頫，担任江宁织造近六十年之久，有时还兼任苏州织造和两淮盐政。曹玺、曹寅都是康熙皇帝的亲信。江宁织造专门为皇帝采办宫廷的衣服装饰和日常用品，

同时又是皇帝的耳目。康熙六次南巡,四次由曹寅接驾,并在曹家下榻。所以当时的曹家是一个显赫一时的贵族世家。但雍正继位后,曹家受到打击而败落,曹頫革职下狱,并被抄没家产。曹家从金陵迁居北京,此时曹雪芹十三岁,从此就生活在贫困之中。曹雪芹的朋友敦敏、敦诚在赠曹雪芹的诗中有"燕市狂歌悲遇合,秦淮残梦忆繁华"、"满径蓬蒿老不华,举家食粥酒常赊"等句子,这是曹雪芹晚年生活的写照。曹雪芹就在这种生活环境中,写成了不朽的巨著《红楼梦》。

曹雪芹生前写成《红楼梦》前八十回。这八十回以稿本、抄本的形式被人们传阅。这种本子大多附有脂砚斋等人的评语,所以被称为"脂本"。现在发现属于这一系统的本子有许多种。曹雪芹也写了八十回之后的部分初稿,但未及传抄问世就散失了。到乾隆五十六年(1791),有程伟元、高鹗二人对前八十回正文进行大量修改,删去批语,又把搜集到的后四十回和前八十回拼接在一起,使《红楼梦》成为一部一百二十回的完整的小说。这一百二十回本共有两种,一种是乾隆五十六年(1791)的木活字印本,称为"程甲本",一种是乾隆五十七年(1792)的木活字印本,称为"程乙本"。"程乙本"对全书正文的改动较多。在这之后,还出现了八十回本和一百二十回本的"混合体",即前八十回取自八十回本(未经程、高的改动),后四十回取自程、高的一百二十回本。

程、高的一百二十回本的后四十回的作者是谁,至今尚无定论。有人认为就是高鹗。根据是张问陶《赠高兰墅(鹗)同年》七律题下有一小注:"传奇《红楼梦》八十回以后,俱兰墅所补"(《船山诗草》卷16)。但程伟元、高鹗在序文和引言中说,数年以来,他们一直在搜求《红楼梦》原作和续作的各种抄本,他们把各种抄本集合在一起,加以整理、加工,成了这个一百二十回本。所以断言后四十回为高鹗所作的根据尚不足。

深刻揭示封建贵族制度的腐败

《红楼梦》以前所未有的广度和深度真实地反映了清代前期的社会面貌和人情世态,深刻揭示了封建贵族制度的腐败。小说描写了贾府的内部和外部的社会关系:经济关系、政治关系、家族关系,描绘了各种各样的人物,极为真实,极为深刻,在读者面前展现了社会生活的广阔的图景。这在中国小说史上是空前的。如第五十三回写黑山村的乌庄头到贾府交租,那是一个荒年,乌庄头送来米一千担,柴炭三万三千斤,干虾二百斤,熊掌二十对,鹿舌牛舌各五十条,海参五十斤,鸡鸭鹅六百只,各种猪一百只,各种羊八十只……又卖去

《红楼梦图咏》插图之"黛玉"
清乾隆五年(1740)原刻本

《红楼梦》插图之"香菱、袭人"
清乾隆五十六年(1791)萃文书屋第一次木活字印本

梁谷牲口各项,折银二千五百两。乌庄头一面叩头,一面哀诉年成不好。而贾珍却大为不满,皱眉道:"我算定了你至少也有五千两银子来,这够做什么的?如今你们一共只剩了八九个庄子,今年倒有两处报下旱潦,你们又打擂台,真真是叫别过年了。""这几年添了许多花钱的事,一定不可免是要花的,却又不添些银子产业。这一二年倒赔了许多,不和你们要,找谁去?"这段描写非常真实地反映了封建贵族和佃户之间的经济关系。又如,贾府的亲戚、身为"皇商"的薛蟠,打死人如"没事人一般",自谓"花上几个钱没有不了的"。又如贪酷成性的贾雨村,为了结交豪门,想夺取石呆子手中的十二把扇子,就害得他家破人亡。再如凤姐为了三千两银子的贿赂,便拆毁张金哥的姻缘,神不知鬼不觉地害死两条人命。小说中这许许多多描写,都极深刻地揭示了当时社会的种种黑暗现象,揭示出在充满"诗书翰墨之香"的贵族家庭里,隐藏着无数的罪恶和悲剧。

"有情之天下"的毁灭

曹雪芹在《红楼梦》开头说,这本书"大旨谈情"。曹雪芹的审美理想是肯定"情"的价值,追求"情"的解放。曹雪芹要寻求"有情之天下",要寻求春天。但现实社会没有春天。所以他就创造了一个"有情之天下",就是大观园。大观园是一个理想世界,是一个"清净女儿之境"。那是一个春天的世界,那里处处是对青春的赞美,对"情"的赞美,对少女的人生价值的肯定和赞美。大观园这个"有情之天下",好像是当时社会的一股清泉,一缕阳光。但是这个理想世界,这个"有情之天下",被周围的恶浊世界所包围,不断受到打击和摧残。大观园这个春天的世界,一开始就笼罩着一层"悲凉之雾",很快就呈现出秋风肃杀、百卉凋零的景象。林黛玉的两句诗:"一年三百六十日,风刀霜剑严相逼",不仅是写她个人的遭遇和命运,而且是写所有有情人和整个有情之天下的遭遇和命运。在当时的社会,"情"是一种罪恶。贾宝玉被贾政一顿毒打,差一点打死,

大观园的少女也一个一个走向毁灭：金钏投井，晴雯屈死，司棋撞墙，芳官出家……直到黛玉泪尽而逝，这个"千红一窟（哭）"、"万艳同杯（悲）"的交响曲的音调层层推进，最后形成了排山倒海的气势，震撼人心。"冷月葬花魂"（林黛玉诗句），是这个悲剧的概括。有情之天下被吞噬了。

这是一个带有民主主义和人文主义倾向的审美理想在封建"末世"遭到毁灭的悲剧。

《红楼梦》在艺术上的很多方面都取得了很高的成就。

《红楼梦》塑造了一系列极有典型意义的人物性格和形象。如宝玉、黛玉、宝钗、湘云、探春、晴雯、袭人、平儿、鸳鸯、王熙凤、贾母、王夫人、贾赦、贾政、贾珍、贾琏、贾雨村、尤二姐、尤三姐、刘姥姥、焦大等等。曹雪芹除了通过他们的语言、行动来刻画他们外，还特别重视对人物心理的直接刻画，在人物描写方面开辟了一个新的境界。

曹雪芹以他极其丰厚的学识修养，把中国历史上长期积累起来的传统文化，几乎包罗无遗地全部安插在《红楼梦》里：经学、史学、诸子哲学、散文、骈文、诗赋、词曲、平话、戏文、绘画、书法、八股、对联、诗谜、酒令、佛教、道教、星相、医卜、礼节、仪式、饮食、服装以及各种风俗习惯。对所有这一切他都懂得非常透彻，因而描写得细致、准确。所以人们常说，《红楼梦》是一部中国传统文化的百科全书。把《红楼梦》细读一遍，可以大大提高自己的中国传统文化的修养。

第八节　《聊斋志异》与《阅微草堂笔记》

清初，在白话小说蓬勃发展之际，久已沉寂的文言小说又一度复兴。带动这一复兴的首推蒲松龄的《聊斋志异》。

蒲松龄和《聊斋志异》

蒲松龄（1640—1715），字留仙，别号柳泉居士，山东淄川（今淄博）人。

他一生以教书为业，到七十一岁才补岁贡生。著作除小说、俗曲外，有文集、诗集、词集及《省身语录》、《怀刑录》、《历字文》、《口用俗字》、《农桑经》等。他在中国文学史上占有重要地位，是因为他的文言短篇小说集《聊斋志异》。

《聊斋志异》近五百篇作品，题材丰富，举凡各种社会问题，生活哲理，在这部小说集中都有不同的反映。其中最突出的是描写了科举制度的弊端及对社会，尤其是对文人心理造成的严重影响，如《司文郎》、《贾奉雉》、《王子安》、《叶生》、《镜听》等。《王子安》最后有一段话极深刻地揭示了参加科举考试的考生的非人遭遇以及精神的极度扭曲：

> 秀才入闱，有七似焉。初入时，白足提篮，似丐。唱名时，官呵隶骂，似囚。其归号舍也，孔孔伸头，房房露脚，似秋末之冷蜂。其出场也，神情惝怳，天地异色，似出笼之病鸟。迨望报也，草木皆惊，梦想亦幻。时作一得志想，则顷刻而楼阁俱成；作一失志想，则瞬息而骸骨已朽。此际行坐难安，则似被絷之猱。忽然而飞骑传入，报条无我，此时神色骤变，嗒然若死，则似饵毒之蝇，弄之亦不觉也。初失志，心灰意败，大骂司衡无目，笔墨无灵，势必举案头物而尽炬之；炬之不已，而碎踏之；踏之不已，而投之浊流。从此披发入山，面向石壁，再有以"且夫"、"尝谓"之文进我者，定当操戈逐之。无何，日渐远，气渐平，技又渐痒，遂似破卵鸠，只得衔木营巢，从新另抱矣。如此情况，当局者痛哭欲死，而旁观者视之，其可笑孰甚焉。

《聊斋志异》还有许多作品是揭露当时黑暗、腐败的官场政治以及老百姓在专制统治下的悲惨遭遇，如《促织》、《红玉》、《梦狼》、《石清虚》、《窦氏》等。可贵的是作者还进而颂扬了被压迫者的反抗，如《席方平》、《向杲》。而最吸引人的莫过于那些描写爱情的作品，如《连城》、《阿宝》、《香玉》、《婴宁》、《青凤》等，作者精心塑造了许多挚诚仆实的男子，他们那种痴迷情态，令人感叹不已；至于由花妖狐精幻化的少女，更是聪明善良、美丽多情，具有明显的理想色彩。蒲松龄的这些小说写狐写鬼，但却弥漫着浓郁的诗意。

《阅微草堂笔记》

清代前期，和《聊斋志异》类似的文言小说集还有很多。最有名的是纪昀的《阅微草堂笔记》。纪昀（1724—1805），字晓岚，直隶献县（今属河北）人。他经历丰富，学识广博。他的《阅微草堂笔记》追求简淡质朴、高雅隽

清人绘《聊斋志异》插图
左:"购菊盈门" 右:"姻亲相聚"

永的风格。书中也写了许多狐鬼故事,其中有的是对道学家的讽刺和嘲笑,有的则是包含有深刻意蕴的寓言。如:

> 闻有老学究夜行,忽遇其亡友。学究素刚直,亦不怖畏,问:"君何往?"曰:"吾为冥吏,至南村有所勾摄,适同路耳。"因并行。至一破屋,鬼曰:"此文士庐也。"问何以知之。曰:"凡人白昼营营,性灵汩没。惟睡时一念不生,元神朗澈,胸中所读之书,字字皆吐光芒,自百窍而出,其状缥缈缤纷,烂如锦绣。学如郑、孔,文如屈、宋、班、马者,上烛霄汉,与星月争辉。次者数丈,次者数尺,以渐而差,极下者亦荧荧如一灯,照映户牖。人不能见,惟鬼神见之耳。此室上光芒高七八尺,以是而知。"学究问:"我读书一生,睡中光芒当几许?"鬼嗫嚅良久曰:"昨过君塾,君方昼寝。见君胸中高头讲章一部,墨卷五六百篇,经文七八十篇,策略三四十篇,字字化为黑烟,笼罩屋上。

> 诸生诵读之声，如在浓云密雾中。实未见光芒，不敢妄语。"学究怒叱之。鬼大笑而去。

这是幻化出一个鬼来对八股文时代的老学究进行一番嘲弄。又如：

> 北村郑苏仙，一日梦至冥府，见阎王方录囚……有一官公服昂然入，自称所至但饮一杯水，今无愧鬼神。王哂曰："设官以治民，下至驿丞闸官，皆有利弊之当理。但不要钱即为好官，植木偶于堂，并水不饮，不更胜公乎？"官又辩曰："某虽无功，亦无罪。"王曰："公一生处处求自全，某狱某狱，避嫌疑而不言，非负民乎？某事某事，畏烦重而不举，非负国乎？三载考绩之谓何？无功即有罪矣。"

这是借阎王的口对"官"的责任发表了一番精彩的议论，结尾"无功即有罪"五字掷地有声。再如大家比较熟悉的《河中石兽》一篇，通过一个故事讲出一番哲理。结尾"然则天下之事，但知其一，不知其二者多矣，可据理臆断欤"发人深省。

鲁迅在《中国小说史略》中对《阅微草堂笔记》做了很高的评价。他说："惟纪昀本长文笔，多见秘书，又襟怀夷旷，故凡测鬼神之情状，发人间之幽微，托狐鬼以抒己见者，隽思妙语，时足解颐；间杂考辨，亦有灼见。叙述复雍容淡雅，天趣盎然，故后来无人能夺其席，固非仅借位高望重以传者矣。"

推荐读物：

1. 鲁迅著：《中国小说史略》（北京：人民文学出版社，1952年）。
2. 叶朗著：《中国小说美学》（北京：北京大学出版社，1982年）。
3. 石昌渝著：《中国小说源流论》（北京：三联书店，1994年）。
4. 宁宗一主编：《中国小说学通论》（合肥：安徽教育出版社，1995年）。
5. 《中国古代小说百科全书》编辑委员会，中国大百科全书出版社编辑部编：《中国古代小说百科全书》（北京：中国大百科全书出版社，1993年）。
6. 江苏省社会科学院明清小说研究中心编：《中国通俗小说总目提要》（北京：中国文联出版公司，1990年）。
7. 何满子、李时人主编：《明清小说鉴赏辞典》（杭州：浙江古籍出版社，1992年）。本书对44部长篇小说、32部中短篇小说、114部单篇做了鉴赏分析。
8. 周钧韬等主编：《中国通俗小说鉴赏辞典》（南京：南京大学出版社，1993年）。本书对近三百部小说的思想内容和艺术特点做了分析。

【第三十二章】 水墨画

中国绘画源远流长，有丰富多彩的遗产、独特而鲜明的艺术特点，在世界各国的绘画中别具一格，自成体系。在中国绘画中，又以水墨画最能体现中国绘画的特点。水墨画主要画山水、花鸟，也画人物。本章对从唐代开始的水墨画做一简要的介绍。

第一节　唐五代水墨画

水墨画的开端

水墨画发端于唐代。唐代张璪等一批画家开始用水墨渲染来代替青绿描绘。笔墨是中国画的核心。我们今天说笔墨，多是二者连用，泛指中国画的基本技法。其实笔与墨是有较大的区别的。从技巧上来讲，笔指钩、勒、皴、点等笔法，有轻、重、徐、疾等变化；墨指烘、染、破、积等墨法，有浓、淡、干、湿等不同。唐代以前的中国画，多先用细线勾画，然后填上色彩，有点类似于西洋画先画素描，后上色彩的程序。这种作画的方法重视图形，而不重视笔墨。中国画由重视图形，向重视笔墨的转变，发生在唐代。唐代画家王维、张璪等改革了传统的作画方法，直接用水墨作画，且十分强调墨的重要性。唐五代的著名画家荆浩曾经说过："夫随类赋彩，自古有能。如水晕墨章，兴吾唐代。"（《笔法记》）

中国画在发展过程中，为什么会出现以水墨渲染代替青绿描绘的现象？主要有两方面因素的影响。一方面是在道家思想影响下，中国画家认为墨可以代替色。唐代画论家张彦远在《历代名画记》中有一段文字，把这种观点表述得很清楚。他说："夫阳阴陶蒸，万物错布，玄化无言，神工独运。草木敷荣，不待丹青之彩；云雪飘扬，不待铅粉而白。山不待空青而翠，风不待五色而䌽。是故运墨而五色具，谓之得意。意在五色，则物象乖矣。"张彦远的这个观点的思想根源，就是老庄为代表的道家思想轻五色，重玄黑的观点。中国画以墨代色，与老庄思想的影响很有关系。另一方面是中国画家认为"墨"可以直接显现"笔"。中国画家很早就认识到绘画中用笔的重要性，在南朝谢赫所列举的"六法"中，"骨法用笔"排在第二位。但唐代以前那种先勾画，后填色的作画方式，设色与用笔是两道不同的工序，设色很难体现用笔的特征。而水墨画的笔墨是密切地结合在一起的，墨的浓淡湿枯可以直接显现笔的轻重徐疾。画家在以墨代色的同时，又可以直接显示自己用笔的特征，这可能是促使中国画由色向墨转变的关键。

很多画家以水墨取代青绿作画，并不是完全废弃用色。只要色有助于墨的艺术效果，画家也会用。如清代画家王学浩说："画中设色，所以补笔墨之不足，显笔墨之妙处。若使色自为色，笔墨自为笔墨，必至如涂涂附矣。"《山南论画》

张璪、郑虔、王墨

唐代画家中最早用水墨渲染的方法作画的，明代董其昌说是王维（701—761）。从历史记载来看，王维的山水画有两类。一类接近李思训。李思训（651—718）是唐代大画家，他的山水画以大青绿着色。王维另一类山水画是"破墨山水"，这一类画"笔意清润"，有名的《辋川图》可能就属于这一类。据说《辋川图》"山谷郁郁盘盘，云水飞勃"、"意出尘外"（朱景玄《唐朝名画录》），但原画早已毁坏，现存的都是摹本。王维画的其他一些传本如《雪溪图》、《江山雪霁图》、《江山雪意图》等，也都是摹本或托名之作。

真正以水墨渲染为创作特色的第一位画家可能是张璪。张璪（建中、贞元间人，生卒年不详）善画山水松石。朱景玄《唐朝名画录》说他的山水画"高低秀丽，咫尺重深，石尖欲落，泉喷如吼"、"其近也，若逼人而寒，其远也，若极天之尽"。张彦远在《历代名画记》说张璪的山水画用"破墨"。五代的荆浩在《笔法记》中说张璪的画"笔墨积微"、"不贵五彩"。这些记载都说明张璪是水墨画的一位开拓者。张璪著有《绘境》一书，可惜失传，但他说的"外师造化，中得心源"八个字却流传下来，并被后人认为是中国绘画美学的最高概括。

唐代画家中以水墨画为特色的还有郑虔、王墨等人。郑虔（685—764）

董源《夏景山口待渡图》 五代

巨然《秋山问道图》 五代

的诗、书、画都有名，唐玄宗曾在他的《沧州图》上题了"郑虔三绝"四字，因而名声大噪。《图绘宝鉴》说他画的山水"山饶墨趣，树枝老硬"，说明他擅长水墨画。赵孟頫说他的画"思致幽深，景物奇雅，阅之令人萧然意远"(《赵孟頫集》)，可能就是说他的水墨山水画。王墨（一作默，又作洽）(734?—805)曾学画于郑虔和项容。据荆浩说，项容"用墨独得玄门"。王墨受郑、项二人影响，绘画以"泼墨"取胜。朱景玄说，王墨在画山水画时，先以墨泼，"或挥或扫，或淡或浓，随其形状，为山为石，为云为水，应手随意，倏若造化，图出云雾，染成风雨，宛若成神巧，俯视不见其墨污之迹"(《唐朝名画录》)。

张璪、王墨的水墨渲染的画法，到了晚唐、五代，影响愈来愈大，逐渐成了中国画的主流。

荆浩、关仝

荆浩（生卒不详）、关仝（生卒不详）是五代著名水墨山水画家，关仝师法荆浩，在绘画史上并称"荆、关"。

荆浩的名作《匡庐图》是一幅全景式的水墨山水，大气磅礴，说明水墨山水画已发展到了一个新的境界。关仝的代表作有《山溪待渡图》、《关山行旅图》，都有雄奇峭拔的气势。

荆浩著有《笔法记》，这是中国绘画史上的重要理论著作。他在《笔法记》中提出六要："气、韵、思、景、笔、墨。"这是对谢赫"六法"的发展。谢赫"六法"中没有"墨"，荆浩"六要"把"墨"单独提了出来，说明水墨画的兴起已经在绘画理论上得到了反映。

董源、巨然

董源（？—962），钟陵人（今江西进贤县西北），南唐时曾任北苑副使。董源的山水画，吸取了唐代青绿山水和水墨山水的优点，尤其突出了水墨的表现力。他用短促的墨线作皴，还多用墨点，这些似不经意的小点，掺杂一些干笔、破笔，给人一种苍茫浑润之感，自然而不雕琢。这种墨线、墨点能较好地表现江南山水的氤氲湿润的气象，用米芾的说法就是"平淡天真"。流传至今的著名作品《潇湘图》、《夏山图》、《夏景山口待渡图》、《龙袖骄民图》。《夏景山口待渡图》描绘江南夏景：水面空阔，山头圆厚，树木葱茏，芦苇丛生，恰到好处的几点渔舟，在宁静平远的画面中又增添了几分动势，形成了和谐统一的视觉效果。

"皴"是中国画的一种技法，在画山石时，勾出轮廓后，为了显示山石的纹理和阴阳面，再用淡干墨侧笔而画。

巨然（生卒年不详）是一位画僧。他师承董源，特别师承了董源的水墨山水画法，他们的画都以"淡墨轻岚为一体"，所以在画史上"董、巨"并称。南唐亡后，巨然到汴梁（开封），创作了大量的水墨山水，但传世作品不多，著名的有《层岩丛树图》、《溪山兰若图》和《秋山问道图》。米芾说："巨然明润郁葱，最有爽气。"《画史》巨然的爽气不同于董源的浑濛，显示了江南山水的另一方面的特色。如《秋山问道图》，用淡墨长线画山，浓墨短线画树，浓墨、破墨点苔，错落有致，虽无奇异之笔，却有葱郁野逸之趣。

董源、巨然的画法对后来的山水画产生了极大的影响，后人凡论及山水画的，无不对董源、巨然推崇备至。

第二节 宋元水墨画

李成、范宽、郭熙

李成（919？—967）师法荆、关，喜画雪景寒林，多为北方景色。他的画给人以"气象萧疏,烟林清旷"的感觉。但他的作品传下来的极少。现存传为李成作的作品有《读碑窠石图》、《小寒林图》、《雪山行旅图》等。

范宽(?—1026?)与李成齐名,世称"李、范"。他的画重骨法,用墨深厚。米芾说他"山顶好作密林"、"水际作突兀大石,自此趋劲硬"。《溪山行旅图》是他的代表作品。画面上高嶂迎面矗立,一线山瀑倾泻而下。范宽用豆瓣皴、雨点皴凝铸了山石沉厚的体积感和坚实的质感。整幅画既雄浑博大又精细入微。

郭熙(1023—1085以后)是北宋山水画大家。他的山水画有"独步一时"的称誉。《早春图》、《幽谷图》、《窠石平远图》是他的代表作品。他和他儿子郭思著有《林泉高致》一书,这是中国绘画史上关于山水画的重要理论著作。郭熙在书中提出山水画的"三远"(高远、深远、平远)之说,对后来山水画

范宽《溪山行旅图》 北宋

郭熙《早春图》 北宋

家影响极大。

中国画家喜欢画山水画,是因为在山水的意象中可以得到精神的寄托。他们在精神上要超越有限的个体生命存在,要追求一种无限和永恒,所以在山水画中他们要创造一种"远"的意境。"远"就是突破有限,通向无限。中国山水画多数都是从近处一层一层推向远处。近处有草堂、树木、小桥、流水、人家,远处有水面、渔船,再远处有层层叠叠的山峦和树林,愈推愈远,最远处是烟云飘渺,若有若无的一痕山影,从有限推向无限。同时又从无限回归有限,从无限回归自己的家园。陶渊明曾有诗云:"采菊东篱下,悠然见南山。山气日夕佳,飞鸟相与还。"清人题画也说:"低徊留得无边在,又见归鸦夕照中。"这些诗可以借来描绘中国山水画"远"的意境。它体现着一种回旋往复的意趣。它是一种诗意的空间,又趋向于一种节奏化的音乐境界。山水画家在这种境界中体验到自我和大自然的和谐,从而使自己的心灵得到安顿。

文同、苏轼

文同(1018—1079),字与可,号石宝先生,又称锦江道人。梓州永泰(今四川盐亭县东北)人。以画墨竹著称。文同十分喜爱竹子,达到了"竹如我,我如竹"的境界。他把房子建在竹林里,与竹子朝夕相处,赞美竹子"得志遂茂而不骄,不得志瘁瘠而不辱,群居不倚,独立不惧",其实这也是文同自己的人格理想的写照。文同的墨竹潇洒飘逸,给人一种超然高洁之感。由于文同把士大夫的气节和竹子完美地融合起来了,后来的文人雅士多仿效他以墨竹来显示自己的骨气,从而使竹子成为历代文人水墨画家竞相创作的题材。《墨竹图》是文同的传世佳作,用水墨在丝绢上画一枝垂竹,竹枝扭曲,末梢上翘,构图极具动势,给人一种潇洒飘逸的美感。竹叶用浓淡两种墨色画成,浓墨画面,淡墨画背,浓淡相宜,密而不乱。

苏轼(1036—1101)喜欢在写诗作书之余、茶余酒酣之际作画自娱。擅长画枯木竹石,多率意而作,不计形似。传世作品仅有《枯木怪石图》。此图

文同《墨竹图》 北宋

苏轼《枯木怪石图》 北宋

画怪石一块，枯木一株，竹数枝，草数叶。怪石状如蜗行，古木屈曲遒劲，竹枝顶风怒生，草叶随风倒伏，形象生动地体现了苏轼身上那种既百折不挠又随遇而安的精神品质。

除了墨竹之外，宋代画家中也有专画墨梅、墨兰的。如扬无咎（1097—1169）就以画墨梅著称，赵孟坚（1199—1267？）、郑思肖（号所南，1241—1318）则以画墨兰名世。

米芾、米友仁

宋代的水墨山水画也有极大的发展。特别是以米芾、米友仁父子为代表的"米家山水"，常常以泼墨、破墨、积墨法作画，大大丰富了水墨渲染技法，在水墨山水画的发展史上占有重要的地位。米芾（1051—1107），字元章。《画继》说米芾认识到"山水古今相师，少有出尘格，因信笔为之，多以烟云掩映，树木不取工细"。米芾的山水画早已失传，我们只能从他儿子米友仁的作品中测其大概。

米友仁（1086—1165），字元晖，米芾长子，世称"小米"。他继承和发展了米芾水墨写意的画法，创作了一批独具特色的艺术珍品。传世作品有《云山小幅》、《潇湘奇观图》、《潇湘白云图》和《云山得意图》等。《潇湘奇观图》是一长为289.5厘米的纸本水墨山水。时浓时淡的云山连绵不断；树木上浓下淡，有干无枝，仿佛悬浮在氤氲的水气之中；整个画面浑濛模糊，真实地表现了江南山水的独特意态。米友仁自题这幅画说："大抵山水奇观，变态万层，多在晨晴晦雨之间，世人鲜复知此。余生平熟潇湘奇观，每于观临佳处，辄复得其真趣，成长卷以悦目。"

二米的山水画，属水墨大写意，用泼墨法，参以积墨和破墨，其紧要处，又常以焦墨提其神。传统的水墨渲染的技法，到二米这里提高了一大步。

马远、夏圭

马远（1164—?）、夏圭（生卒年不详）是南宋院体画的代表，他们的水墨画都有一种苍劲的风格。比较起来，马远坚实，夏圭清淡。明代文徵明说马远"意深"，夏圭"趣胜"。现存马远的作品有《踏歌图》、《雪图》、《对月

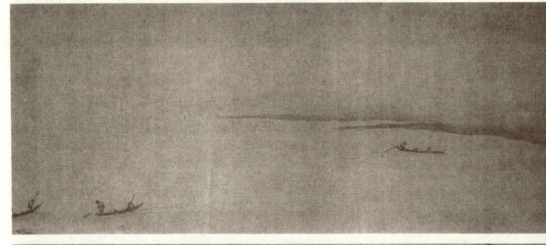

夏圭《山水十二景图》（四景）　南宋

图》、《楼台夜月图》、《寒江独钓》等。《踏歌图》画四个老农在田垄溪桥之间互相唱和,是山水画与风俗画的结合。马远还有12幅《水图》,画水的不同变化,也很有名。现存夏圭的作品有《溪山清远图》、《江山佳胜图》、《西湖柳艇图》等。《溪山清远图》是水墨长卷。开卷为溪山,烟雾迷茫,继而见丛林,林间有山庄。接着是开阔江面,有客舟泊岸,远处有渔船,隔江浓雾,隐约可见城池。接着是崇山峻岭。出山是水天一色,靠山边有长桥,桥上有二人对话。桥左端通向茅屋,又有一船运货靠岸,有人正在搬物。过山树荫下有山店,有竹篱茅舍。出村是烟波浩渺,接下去又是崇山,茂林叠翠,山间有楼台亭阁。出山是清溪,溪边架木桥,一老人拄杖而行。沿溪前进见山村,

王蒙《青卞隐居图》 元

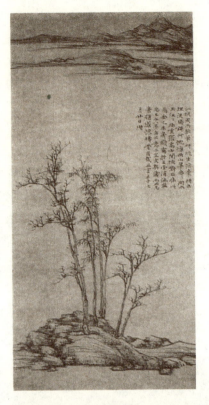

倪瓒《渔庄秋霁图》 元

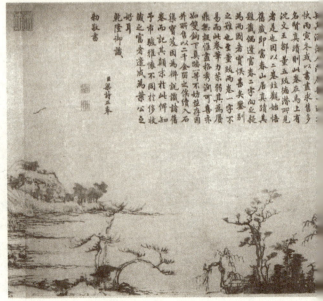

黄公望《富春山居图》（局部） 元

柴门内有毛驴,进村古木参天,中有茅篷水阁。全卷至此而终。(参看王伯敏《中国绘画通史》)这个长卷描绘了几百里的景色,而整体给人的感觉是萧条淡泊。

马、夏山水的布局很有特色,所以有"马一角"、"夏半边"之称。有人描述,马远的山水,"或峭峰直上,而不见其顶;或绝壁直下,而不见其脚;或近山参天,而远山若无;或孤舟泛月,而一人独坐"(万鹗《南宋院画录》引曹昭《格古要论》)。这种布局,使他们的画面显得空灵而别致。

梁楷

梁楷(生卒不详)是南宋画院的人物画家。他秉性疏野,被称为"梁风子"。早年学李公麟细笔画,中年后,变细笔画为水墨逸笔。他的《泼墨仙人图》是用粗阔的笔势和水墨的浓淡画成的一幅写意画,寥寥数笔,一气呵成,富有奇趣。这种泼墨人物画是他的创造。

赵孟頫

赵孟頫(1254—1312),字子昂,号松雪道人。吴兴(今浙江湖州)人。诗文书画都有极高的造诣,兼擅山水、花鸟、人物、鞍马和竹石墨戏,工笔、

写意、设色、水墨无一不精。但影响最大的还是他的水墨山水画。在绘画技法上，赵孟頫强调以书法的笔法作画，强调在形象描绘的同时，要表现画家的笔墨意趣。他开创了在半生纸上用淡墨干皴或飞白的笔法画山水。这种技法概括性强，且能体现书法的笔趣，多为后来的文人画家所继承。赵孟頫的传世作品很多，《水村图》是体现他的淡墨干皴技法的代表作。此画以山峦、水面、小村、疏柳、草丛、渔舟等构成一幅江南水村图画，表现出"远山近山云漠漠，前村后村水重重"的景色。山峦用淡墨干皴，浓墨点苔；树木草丛简繁相宜；笔墨洒脱秀润，意境清远。董其昌曾评论赵孟頫的画，说他"有唐之致而去其纤，有北宋之雄而去其犷"（《容台集》）。

赵孟頫的妻子管道昇(1262—1319)，人称"魏国夫人"，是一位以画竹闻名的女画家。她画的竹纵横苍秀，神韵俊逸。作品有《竹林泉绕图》《墨竹图》《竹石图》等。

元四家

元代的水墨画，以号称"元四家"的黄公望、王蒙、倪瓒、吴镇最为著名。

"元四家"差不多活动在同一时代，受老庄、禅宗思想影响很深，对人生采取一种任运自然、超然物外的态度。"元四家"的这种人生态度，也影响到他们的绘画创作。他们的水墨山水画尽管都依据真山真水，但总给人一种孤冷、清淡、荒寒的感觉。

黄公望(1269—1355)，本姓陆，名坚，平江常熟（今属江苏）人。因出继平阳（今属浙江）黄氏为义子，改姓黄。字子久，号一峰、大痴道人等。黄公望的山水画多以虞山、富春山为对象，他强调要画出山川树木在一年四季中的不同风貌。在具体技法上，用笔简洁，皴纹较少。其代表作是《富春山居图》。清代王原祁评价这幅画说："想其呕毫挥笔时，神与心会，心与气合。行乎不得行，止乎不得止，绝无求工求奇之意，而工处奇处斐然于笔墨之外，几百年来，神采焕然。"（《麓台题画稿》）

王蒙(1301—1385)，字叔明，号香光居士，吴兴（浙江湖州）人，赵孟頫外孙。王蒙的山水画多以江南山川为对象，尤其喜欢表现江南山林所特有的氤氲湿润的感觉。他对笔墨非常讲究，常常先用淡墨，再施浓墨，先用湿笔，再用干皴，从而把江南山水茂密苍郁的特征表现得淋漓尽致。他的代表作《青卞隐居图》被明代著名书画家董其昌誉为"天下第一"。

"元四家"中,以倪瓒最为后来的文人画家所称赞。倪瓒(1301—1374),字元镇,号云林子,常州无锡人。出生于巨富之家,青壮年时期过着悠闲的读书作画的生活。后来受道家禅宗思想的影响,弃家隐居山林湖泊之间。这种生活经历,在文人画家中非常典型。倪瓒的山水画用笔疏散简净,很好地传达了他内心那种凄冷苍凉之感。如《渔庄秋霁图》,画太湖的一角,近处小丘上五株枯树,枝桠槎丫,参错有致;中间湖面洁净空阔,水波不兴;对岸远处冈峦逶迤。笔简墨淡,意境清寂幽深。倪瓒画中的空白常常占画面的二分之一,甚至三分之二。有的画舍去中景,从近景直接跳到远景。这种处理手法,使画面显得空疏、广阔,空疏中有灵气和秀气。这是倪云林的画所独有的美。

戴进《溪堂诗思图》 明

吴镇(1280—1354),字仲圭,号梅花道人,浙江嘉兴人,工诗画,擅画山水竹石。吴镇的山水画,在技法上跟上述倪瓒等人稍有区别,他少用干笔,而是充分发挥水墨氤氲的特性,给人一种浑然沉郁的感觉。后人评价他的画"浑然天成,五墨齐备"。吴镇的这种画法对明清山水画的发展有较大的影响。《芦花寒雁图》画远山、石滩和溪流。芦苇丛中画一渔舟,一人坐舟中抬头眺望,两只寒雁翩翩飞过。整个画面水墨淋漓,意境幽远。

元代水墨画,除了上述四家为代表的山水画外,还有许多造诣极高的水墨竹梅。元水墨画家大多数都能画墨竹,而且常常以画墨竹来抒情遣兴。如倪瓒就说过一段很有名的话:"余之竹聊以写胸中逸气耳,岂复较其是与非,叶之繁与疏,枝之斜与直哉!或涂抹久之,他人视以为麻为芦,仆亦不能强辩为竹,真没奈览者何!"(《题自画墨竹》)

元人画墨梅以王冕(1287—1359)最为著名。他的墨梅继承扬无咎的笔法,以简洁清淡为尚。

吴伟《长江万里图》(部分之一) 明

吴伟《长江万里图》(部分之二) 明

吴伟《长江万里图》(部分之三) 明

吴伟《长江万里图》(部分之四) 明

第三节 明清水墨画

戴进、吴伟

明朝初年,"浙派"山水画最为盛行。所谓"浙派",指的是以浙江杭州画家戴进为代表的画派。

戴进(1388—1462),字文进,号静庵,又号玉泉山人,浙江杭州人。画法兼容并包,精山水、擅花鸟、能人物,作品的主要特点是挺拔劲秀,谨严有法。戴进虽然身在画院,但在士大夫中间影响很大。传世名作有《春山积翠图》、《春游晚归图》、《溪堂诗思图》等。其中《溪堂诗思图》意境淡远,画面近景有草堂、松树、溪流,小桥上一童子抱琴过桥;远景有飞瀑、山林、楼阁,生趣十足。

浙派画家众多,吴伟(1459—1508)是其中的杰出者。他的《长江万里图》描绘万里长江沿途的云山、幽谷、山村、房舍,以及江面的风帆等,笔法简逸、水阔天空、明净清远,极富韵律美感。

> 一说吴伟开创了"江夏派"。因吴伟是江夏(今湖北武昌)人,故有江夏派之称。由于吴伟等江夏派画风与浙派相近,所以常常被看作是浙派支流。

沈周、文徵明

明中叶以后,占据画坛统治地位的是以苏州地区的画家为中心而形成的"吴门派"。其中以沈周、文徵明、唐寅、仇英最为著名,被时人誉为"吴门四家"。吴门派继承元人绘画传统,更注重笔墨的总体表现力和文人胸襟气质的修养,形成了宁静典雅、蕴蓄风流的艺术风格。吴门画派在当时影响所以大,有多方面的原因:一是他们集中在江南经济、文化发达的中心地区;二是这些画家除了绘画创作水平很高,还有着较高的学养,并且与文化界人士有广泛的交往;三是这些画家的审美趣味非常符合当时多数文人的趣味。

沈周(1427—1509),字启南,号石田,又号白石翁,长洲(今江苏吴兴县)人,是吴门派山水的创始人,一生不仕,致力于书画,学元人而上追北宋五代,于董源、巨然、黄公望、吴镇、王蒙尤有心得,并且能融会变通,形成自己的风格。《庐山高》是他的代表作。此图是沈周41岁时为祝贺他的恩师70寿辰而作,借庐山来喻老师的道德学问,并用万古长青的五老峰来祝老师长寿。近景坡岸画一高士迎瀑布而立,静观美景。人物虽小,却起了点题的作用。淡墨勾染，色彩明丽。《夜坐图》是沈周66岁的作品。画夜晚山麓有茅屋数间，屋内一人秉烛危坐。图上方有作者自书《夜坐记》，四百余字，抒写他对人生、对自然的感兴。这使得整幅画成了一首带有哲理性的散文诗。沈周晚年的作品，变为阔大雄浑的作风，用笔益见简练。王世贞读他的《春山欲雨图》后，说他的画"元气在含吐间"，这说明沈周的画达到了很高的境界。

吴门派的另一位重要画家是文徵明（1470—1559）。文徵明号衡山，当时与祝枝山、唐寅、徐祯卿被称为"吴中四才子"。他早年师从沈周学画，形成了文雅秀逸的风格。《石湖图》是他的代表作之一。画面描写江南水乡的景色，左边岗峦起伏，林木茂盛，林木掩映下有古寺草堂，以大片空白画辽阔的湖面，给人一种宁静淡远的超然之感。他早年、中年、晚年的画风有所变化，但总的说都带有清润自然的风格。晚年声望愈高，向他求画者，车马盈门。

当时的苏州，经济十分发达，富商巨贾云集，书画买卖十分兴盛，以致假画泛滥。如沈周的画，早上真本上市，下午就有赝品出售，再过几天就到处都在卖他的这张画了。有位王涞，就是专造沈周画的高手。还有一位袁孔彰，专造唐寅画。祝允明（枝山）的外孙吴应郎专门伪造祝允明的字来牟利。也有的画家因为求画者太多，只好请人代笔。如文徵明常请同乡朱朗代画山水，唐寅则常请他的老师周臣代笔。

沈周《庐山高》 明

徐渭

明代的水墨画中，出现了一种大写意水墨花鸟，淋漓奔放，十分鲜明地传达出晚明画家对个性解放的追求。徐渭便是这种大写意水墨花鸟画的杰出代表。

徐渭（1521—1593），字文长，号天池，又号青藤，浙江山阴（今绍兴）

文徵明《石湖图》（局部）
明

人。多才多艺，既是画家、书法家，又是剧作家、戏剧理论家，他的诗也颇有特色，清代学者黄宗羲说他的诗"光芒夜半惊鬼神"。现在绍兴还有他的"青藤书屋"。在《青藤书屋图》上他题联道："几间东倒西歪屋，一个南腔北调人"，形象地表现了他的个性。徐渭一生经历坎坷，应举屡试不中。性格狂傲，愤世嫉俗。他以狂草笔法纵情挥洒，泼墨淋漓，无法中有法，乱而不乱，"不求形似求生韵"，把中国的写意花鸟画推向了能够强烈抒发内心情感的高境界。《墨葡萄图》是徐渭的传世名作，他用淋漓酣畅的水墨画出低垂的藤条、披散的枝叶、晶莹如珠的葡萄，并用行草在画上题诗："半生落魄已成翁，独立书斋啸晚风。笔底明珠无处卖，闲抛闲掷野藤中。"抒发自己空有才华不得重用的愤懑不平。这是一幅诗、书、画结合完美的作品，在有限的画面上传达了深刻的意蕴。徐渭的大写意水墨花卉，常常是笔酣墨饱，淋漓尽致，无论技法还是意象，都可以看到对传统绘画的强烈反叛。正如他自己在题画梅时所说："从来不见梅花谱，信手拈来自有神。不信试看千万树，东风吹来便成春。"徐渭开创的这种绘画风格，对后来的画家影响极大。清代画家郑板桥曾用五十金买他的一幅石榴，还刻了一枚"青藤门下走狗"的印，作为自己的书画闲章。郑板桥对徐渭的推崇，由此可见一斑。近代著名画家齐白石也十分推崇徐渭，甚至说自己"恨不生三百年前"为青藤磨墨理纸。

董其昌

董其昌（1555—1636）是晚明书画大师。他的画博采宋元诸家之长，追求温润、柔和、含蓄、秀逸的艺术效果，尤擅长用墨，讲究笔致墨韵，画风清润明秀。《秋兴八景图册》作于万历四十八年（1620），画中山势峻拔，溪谷深邃，草木葱茏，烟雨迷蒙，色彩明静沉着，恰到好处地表现出江南青山绿水的秀润风光。画面自然得体，真率浑厚，秋意浓浓。董其昌对清代绘画的发展产生了巨大的影响，师法他的画风的清代"四王"，主导了清代山水画坛长达300年之久。

董其昌在绘画史的重要地位，还体现在他的绘画理论上。他强调绘画要体现士气，标举文人画，将古代山水画分为南北宗，并推崇南宗为文人画正脉。

四王

晚明以董其昌为代表的正统派和以徐渭为代表的反正统派，在清初的画坛得到了继承和发展，形成了以"四王"为代表的正统派和以"四僧"为代表的反正统派。

"四王"指的是清初四位著名画家王时敏（1592—1680）、王鉴（1598—1677）、王翚（1632—1717）和王原祁（1642—1715），他们学董其昌，提倡师古、摹古，在笔墨风格趣味上追求新意，笔墨形式的独立性得到了进一步的发展。文人士大夫所追求的秀逸、文雅、安闲的艺术境界，在他们的画面上得到了充分的体现。"四王"山水也有一些缺点和局限，比如他们脱离生活的学习方法，一味摹仿古人而缺乏创造性等等。

"四王"中师承最广、艺术功力最深者当推王翚（字石谷），有"画圣"之称。《溪山雪霁图》是他的代表作之一。此图绘雪后河山景色：崇山深壑，苍松杂树，古刹小村，皆为大雪笼罩，漫天银白，气势壮观；收卷为烟波浩淼的湖面，渔人泛舟其间，对岸远处群山起伏，咫尺之间有万里之势。王翚还仿画了许多前人的名作，在

徐渭《墨葡萄图》　明

不失古人面貌的同时，又能体现自己独特的笔墨趣味。正如他自己所说："以元人笔墨，运宋人丘壑，而泽以唐人气韵，乃为大成。"

四僧

"四僧"指石涛（1640—1718？）、八大山人（1626—1705）、弘仁（1610—1664）和髡残（1612—1673？）。他们是清初反传统派的代表。石涛原名朱若极，出家后释号原济，又号石涛、清湖老人、苦瓜和尚、大涤子等。八大山人原名朱耷，号雪个、八大山人等。弘仁为僧后号渐江。髡残，字介丘，号石溪等。他们都是明朝遗民，石涛、八大还是明宗室，因此具有较强的反清意识，明亡后出家为僧。在艺术上，他们主张抒发性灵，强调独创，反对泥古不化，提出"笔墨当随时代"，要"借笔墨写天地万物而陶咏乎我"。

《山水清音图》是石涛的代表作之一。这是一幅构图十分新奇的作品，奇松突出横亘在纵横错落的山岩间；一股瀑布从山头直泻而下，穿过竹林和栈阁，冲击山石，注入深潭，喷雪跳珠，动人心魄。在溪涧桥亭中二人静坐，面带微笑，陶醉在松声、水声奏成的交响曲中。这幅画笔法豪放，墨色淋漓泼辣，特别是满幅洒落的浓墨苔点与尖笔剔出的丛草相配合，产生了如急风暴雨般的音乐韵律。石涛作画师法元人，而笔墨千变万化；注重深入自然，而又能不受其束缚；强调直抒胸臆，以"我"为主；从而将古人、自然和鲜明的个性特征融合在一起。石涛不仅是一位绘画大师，而且是一位著名的绘画理论家。他的《苦瓜和尚画语录》是中国绘画史上最有理论性、系统性的画论著作，带有很强的总结性和创造性。

除了山水画之外，"四僧"的水墨花鸟画也有极高的造诣，其中又以八大山人的造诣最高。八大山人，连缀于画则成"哭之笑之"四字，朱耷用此来寄寓自己国破家亡的痛苦心情。郑板桥说他"国破家亡鬓总皤，一囊诗画作头陀，横涂竖抹千千幅，墨点无多泪点多"。八大的花鸟画题材广泛，师古人而有变法，强调缘物寄情，画境清奇幽冷。他画的鱼、八哥、鸭子、猫等动物，都倔强地昂着头，眼睛更是夸张奇特，有的甚至画成方形，眼珠点得又大又黑，往往顶在眼眶的近上角，显出"白眼向人"、不肯妥协的神情。八大山人的绘画构图和笔法都很简练，他画的鱼，简之又简，却生气十足；虽不画水，却满纸烟波。这就是中国画论里说的"虚实相生，无画处皆成妙境"。

髡残《雨洗山根图》 清

八大山人《湖石翠禽》（局部） 清　　　　　　　　八大山人《荷石水禽图》 清

扬州八怪

八大之后，清代水墨花鸟画领域成就最大的是"扬州八怪"。"扬州八怪"是指清雍正、乾隆年间活跃在扬州地区的一批书画家。比较常见的说法是金农（1687—1764）、黄慎（1687—1768）、汪士慎（1686—1759）、郑燮（1693—1765）、李鱓（1682—?）、李方膺（1695—1755）、高翔（1688—1752）、罗聘（1733—1799）八位书画家。除了这八位之外，当时扬州从事艺术活动的还有不少名画家，所以有的美术史家喜欢用"扬州画派"这个名称来称呼他们。

"扬州八怪"虽然画风上各有特点，却也有许多相同之处。他们都对当时的现实不满，或终身是布衣，或作小官被罢免，靠卖画为生。所以他们都蔑视权贵，比较同情普通百姓的疾苦。在艺术上，他们继承徐渭、八大、石涛水墨写意花鸟画的传统，同时重视生活感受，张扬个性，又擅长文学、书法、金石，诗、书、画、印在他们的绘画中得到了完美的结合，对近、现代绘画有巨大的影响。郑燮（号板桥）是"扬州八怪"中思想活跃，诗、书、画造诣很高的一位。他是乾隆年间的进士，50岁出任山东县令，后被罢官，到扬州卖画。他最擅长画兰竹石，歌颂兰竹石有香有节有骨，实际上也是自喻，是对人的高尚节操的赞美。郑板桥种竹、画竹，真正做到了身与竹化，用他自己的话说，就是"非唯我爱竹石，即竹石亦爱我也"。他画的竿竿细竹，都充满了鲜明的性格和活跃的生命。在绘画创作理论上，郑板桥提出"眼中之竹"、"胸中之竹"、"手中之竹"的概念，并指出从"眼中之竹"到"胸

石涛《山水清音图》　清

郑燮《兰竹石图》 清 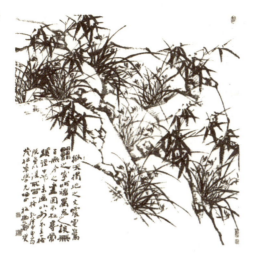中之竹"是一次飞跃,从"胸中之竹"到"手中之竹"又是一次飞跃。这是对绘画创作过程的一个很好的概括。

徐渭、八大、郑板桥等文人画家的画,有一个共同的特点,那就是充满了勃勃的生机。这体现了中国绘画艺术的最高法则。中国哲学认为宇宙万物的本体和生命是"气","气"是生生不息的。所以绘画艺术的最高法则是"气韵生动"。"气韵生动"就是要表现宇宙万物的生机、生意、生趣。中国画家画的花鸟都是活泼泼的,都是充满生命感的。郑板桥说过,他画的东西,哪怕是一块石头,也是由一团元气团结而成,是有生意的。这就是中国绘画理论说的气韵生动。中国画是气韵生动的艺术。中国画家是热爱生命的艺术家。

明清时期的水墨画对近现代中国绘画的发展产生了巨大的影响,赵之谦、吴昌硕、齐白石、潘天寿、张大千、刘海粟等继承传统而有创新,为中国绘画史又增添了新的光彩。

推荐读物:
1. 王伯敏著:《中国绘画通史》(台北:东大图书股份有限公司,1997年)。
2. 铃本敬著:《中国绘画史》(东京:吉川弘文馆,1981—1995年)。
3. 谢稚柳著:《水墨画》(香港:中华书局,1973年)。
4. 陈师曾著:《中国文人画之研究》(天津:天津古籍出版社,1992年)。
5. 陈滞冬著:《中国书画与文人意识》(长春:吉林教育出版社,1992年)。
6. 中国美术全集编辑委员会编:《中国美术全集:绘画编》(北京:人民美术出版社,文物出版社,上海:上海人民美术出版社,1984—1989年)。
7. 国立历史博物馆编辑委员会编:《浙江石溪石涛八大山人书画集》(台北:国立历史博物馆,1978年)。

【第三十三章】 园林艺术

中国园林艺术具有悠久的历史和优秀的传统。世界上的园林艺术有多种类型：其中有一类是追求自然山水之美的诗意的园林，还有一类是以几何图案为表现形式的园林。中国园林属于前者。经过长期的历史发展，中国园林形成了自己的独特的风格和体系。

第一节 中国园林的两个系统

中国园林有两个系统，一个系统是皇家园林，一个系统是私家园林。这两个系统的园林艺术，在明清时期都达到繁荣的顶点。

皇家园林

皇家园林源于古代帝王的狩猎场所。从殷商时代起，热衷于狩猎的帝王和贵族，就选择天然草木繁茂、鸟兽滋生的地方圈起来，并在其中豢养动物，挖池养鱼，夯土筑台。这就是古代的囿。帝王、贵族可以在此狩猎、游乐、欣赏自然美景，观看鸢飞鱼跃。《诗经·大雅》记载的周文王的灵囿就是这种古代的囿："王在灵囿，麀鹿攸伏；麀鹿濯濯，白鸟翯翯。王在灵沼，于牣鱼跃。"这是后来皇家宫苑的雏形。

今译：文王在那灵囿逛，母鹿哺子地上躺。母鹿身上多肥胖，白鹤羽毛多洁亮。文王在那灵沼上，啊，满地的鱼儿直跳荡。
（译文按金启华译注：《诗经今译》，江苏古籍出版社，1984年）

秦代的上林苑是古代最有名的皇家宫苑之一。秦始皇统一中国以后，集全国之力在咸阳大兴土木，在渭水南岸开辟了规模宏大的上林苑，以及众多的离宫、别馆，著名的阿房宫就建于上林苑中。

秦始皇笃信方士、神仙家之言，在上林苑中辟池筑岛，取名蓬莱，象征海上仙岛（相传东海上有三神山——蓬莱、方丈、瀛洲），造成人间仙境。这是历史上首次在园林中模拟海上仙山的境界。这种创造神仙境界的思想，在以后很长时间里，一直体现在皇家园林的创作中。蓬莱三山成为帝王苑囿中不可缺少的寓意性风景。

秦代以后，历代帝王都修建有规模巨大的宫苑园林。汉代有上林苑、甘泉苑等宫苑。上林苑里养育大量禽兽，种植名花异果，苑中最大的水池昆明池周40里，汉武帝曾在此训练水军。甘泉苑中有宫殿、台、阁一百多所，其中有高台称通天台，是用来祭祀"太乙"和会神仙的。

唐代在长安和洛阳都建造了壮丽辉煌的宫殿建筑群。长安有太极宫、大明宫、兴庆宫。大明宫北部有太液池，池中建蓬莱山，池四周建周廊400间。兴庆宫有龙池，临池建亭廊楼阁，建筑之间用游廊相接。此外，长安城还有西内苑、东内苑、禁苑三处皇家苑园。禁苑周围120里，是长安最大的皇家园林。园内畜养各国朝贡的百兽。主要景点和建筑有：鱼藻宫、望春亭、临渭亭、桃园亭、咸宜宫、梨园等。梨园内置教坊，唐玄宗曾亲自指教法曲。学习的宫人称为梨园弟子（所以后来梨园就成了戏剧、曲艺的代名词）。洛阳皇家园林有九州池、神都苑。神都苑内有人工湖，湖中建三山，湖的北岸以曲折水面分隔景区，营筑各有特色的十六院，成为园中之园。除长安、洛阳之外，唐代帝王还在长安、洛阳附近和全国名胜之地，兴建许多离宫别院。最有名的是陕西省临潼县骊山北麓的华清宫。这是一座以温泉为特色的皇家园林。唐玄宗和杨贵妃的故事就以华清宫为背景。

宋代皇家园林在开封内城有艮岳。宋徽宗时从浙中运来大量花木竹石，称为"花石纲"。园中用太湖石堆造峰峦岩谷和池沼岛屿，这是中国园林叠石造景的开端。在开封城外有金明池。池中可举行赛船、争标等游戏。东岸有临水街道，可观看骑射百戏，又有酒食、博易场户和艺人勾肆，热闹非凡。所以金

琼华岛上的永安寺

冷枚《避暑山庄图》 清

万寿山前山全景

圆明园长春园海宴堂西面
（铜版画）

明池这座皇家园林带有市俗游乐的性质。

明代皇家园林除皇宫后部的御花园外，主要是皇宫西侧的"三海"：北海、中海、南海，当时称为"西苑"。三海水面狭长，布局自然舒朗，与宏伟严整的宫殿建筑群形成强烈对比。琼华岛是三海景观中的主导。自琼华岛四望，视野开阔，景观层次深远，起伏跌宕，景山、故宫以至城外西山景色尽收眼底。琼华岛北部一变山南中轴对称的布局，根据山形地势布置亭廊轩榭，并用曲折婉转的假山、石洞和游廊把各景点联系起来，高低错落，轻巧别致。

皇家园林在清代达到了辉煌的顶点。

清代从康熙时期到乾隆时期,除了改建"三海"之外,又在西部修建了"三山五园":香山静宜园、玉泉山静明园、万寿山清漪园、圆明园、畅春园。又在承德修建了避暑山庄。其中规模最大的是圆明园。它经过康熙、雍正、乾隆三代的建设,继承了历史上皇家园林的传统,同时也吸收了江南私家园林的造园艺术,力图将天下名园名景都搬入一园之中。乾隆六下江南,所到之处,命画师把名园胜景临摹下来供建园参考。杭州西湖十景体现在福海沿岸,"坐石临流"仿绍兴兰亭,"招鹤磴"仿杭州西湖之放鹤亭,"茹园"仿南京瞻园,"安澜园"仿浙江海宁隅园,还有仿庐山的"西峰秀色"及仿虎溪的"溪

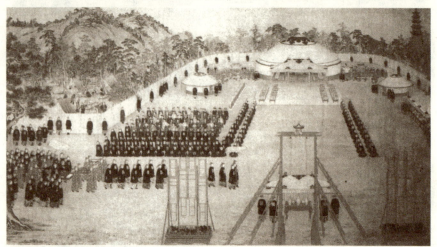

郎世宁《万树园赐宴图》 清

郎世宁《马术图》 清

月松风"等,可谓集江南园林之大成。比较特别的是,园中吸收西洋巴洛克建筑风格,建造了大水法十景,俗称"西洋楼"。这是首次在中国古典园林中吸收了西方园林的布局方式,以及喷泉、雕塑、迷园等一系列西方古典园林手法。因此,圆明园被称为"万园之园",成为西方来华传教士向西方介绍中国园林的典范,被称之为"人间天堂"、"造园艺术的楷模"。咸丰十年(1860)英法联军火烧圆明园,大火一连烧了三天,使一代名园毁于一炬,园中珍宝、古玩、书画、工艺品等或被焚毁,或被洗劫一空。这是人类文化的一场罕见的浩劫。1900年,八国联军侵入时,园中重修及原来存留的部分又被毁。1904年,清廷正式撤销圆明园管理机构,从此荒草丛生,成为一处废园。清漪园也在咸丰十年被英法联军破坏。光绪年间,慈禧太后用海军建设费二千万两把这座园林修复,更名为颐和园,是中国现今保存下来规模最大的皇家园林。承德避暑山庄始建于康熙四十二年(1703),乾隆十六年(1751)再度扩建。占地面积560公顷,分成四大景区:宫廷区、湖沼区、平原区、山峦区。宫廷区由正宫、松鹤斋、万壑松风、东宫等四组建筑组成。湖泊区有七个湖泊,有如意洲、月色江声岛等岛屿。这是以水景为主的景区。其中有许多仿照江南园林建造的景点,如文园狮子林仿苏州狮子林,天宇咸畅仿镇江金山寺,青莲岛烟雨楼仿嘉兴烟雨楼,沧浪屿仿苏州沧浪亭等。平原区以万树园最有特色,有数百亩草地,并有苍松翠柏。乾隆时经常在此为各兄弟民族政教首领举行野宴和各种娱乐活动。山峦区占地面积最大。它的特点是保持山林的自然形态,在一片林海中穿插布置一些小建筑,营造出一个幽静的境界。在避暑山庄的园林艺术中几乎容纳了历史上形成的各类造园形式,同时又将生活中的寺庙、庵堂、道观、书阁、戏楼等建筑类型纳入整体布局,使整座园林成为古典园林之总汇。

私家园林

据记载,早在汉代就出现了私家园林,如富商袁广汉和贵族梁冀都建有大规模的园林,并在其中养畜各种奇兽珍禽。到了魏晋南北朝时期,私家园林开始以自然山水作为园林景观的重心。《宋书·刘悛传》记述刘悛"聚石蓄水,仿佛丘中"。《南齐书·孔稚珪传》说孔稚珪"风韵清疏","居宅盛营山水"。《南齐书·文惠太子传》说文惠太子"开拓玄圃园与台城北堑等,其中楼观塔宇,多聚奇石,妙极山水"。这和当时社会上一些人追求玄远放逸的风气是有联系的。这种私家园林的精神性功能就显得很突出。唐代的私家园林继续朝着

沧浪亭

抒情写意的方向发展。特别是文人士大夫构筑的园林,都是为了寄托自己的精神追求,体现一种闲适澹泊的心境。唐代洛阳私家园林有千余家,长安更多。唐代官僚、文人在郊外及名胜之地建造别墅之风也很盛,最有名的是李德裕的平泉庄、王维的辋川别业和白居易的庐山草堂。白居易的庐山草堂的着眼点是四周幽邃宁静的自然景色:"春有锦绣谷花,夏有石门涧云,秋有虎溪月,冬有炉峰雪,阴晴显晦,昏旦含吐,千变万状,不可殚纪。"这是一座以自然景观为主的山地园林,具有清雅、幽静的风貌。

宋代洛阳的名园众多,园中引水凿池、叠土堆山,种植花卉竹木,规模较大。当时造园已采用借景、对景等手法。南宋以后,赏石之风很盛,所以很多园林都采用太湖石作为景观。宋代士大夫的园林也都注重文化内涵。如司马光独乐园中景点的设置:"读书堂"是追慕董仲舒之好学,"钓鱼庵"寓严子陵之钓台,"种竹轩"源于王子猷的名言:"何可一日无此君(按:指竹)"。"见山台"源于陶渊明的诗句:"采菊东篱下,悠然见南山"。司马光在《独乐园记》中写道:"堂中读书,倦时钓鱼,采药浇花,登高远望,明月时至,清风自来,逍遥自在,不知天壤之间复有何乐可以代此也。"

明清两代是中国私家园林发展的全盛时期。主要集中在北京、南京、苏州、扬州、杭州、无锡、松江等地。据记载,明代私家园林在北京有五十多处,在苏州多达二百七十多处。扬州城外瘦西湖至平山堂沿岸,私家园林一座接一座,"楼台画舫,十里不断"。北京私家园林最有名的是武清侯李伟的清华园和米万锺的勺园。清华园和勺园都是水景园,但清华园富丽堂皇,勺园曲折素雅,各有特色。后来康熙皇帝就在清华园旧址上建造了畅春园。明代南方的私家园林最有名的有苏州的拙政园、留园、艺圃、狮子林、沧浪亭,上海的豫园,无锡的寄畅园,南京的瞻园,嘉庆的秋霞园,杭州的皋园等。园主和造园专家在建造这些园林时,都力图在有限空间内再现大自然的山水美景,以达到身居城市而享有山林之趣的目的。清代的私家园林已逐渐显露造园艺术的地方特色,形成北方、江南与岭南之三大体系。北方私家园林集中在北京。据统计当时城内私家园林有150处之多,著名的有恭王府萃锦园、半亩园等。城外集中在西部海淀一带,著名的有一亩园、蔚秀园、淑春园、熙春园、翰林花园等,大部分为水景园。江南私家园林在清初集中在扬州地区,乾隆以后苏州转盛。最著名的有扬州瘦西湖沿岸的二十四景(一景即为一园),扬州城内的小盘谷、片石山房、何园、个园,苏州的拙政园、留园、网师园,无锡的寄畅园等。江南园林建筑小巧玲珑,色彩淡雅,迂回曲折,空间层次多变化。植物以落叶树配以常绿树,再辅以青藤、竹子、芭蕉、葡萄等,以做到四季常青而季季景色不同。叠石主要用太湖石和黄石两大类。岭南园林以顺德清晖园、东莞可园、番禺余荫山房、佛山梁园为代表作。台湾一些宅园也属岭南体系。岭南园林建筑比较规整,通透明亮。在工艺方面用塑壁及细木雕工较多,显出较强的装饰性。

清代私家园林的一个特点是住宅与园林从分置走向结合,在宅园内增加生活内容,向居住化发展。由于这些宅园大多处于繁华地区,用地受到局限,

艺圃

扬州瘦西湖——五亭桥和白塔

网师园竹外一枝轩

所以在组织空间、扩大空间方面产生了许多新的方法。同时，在造园中大量引入相关艺术手段，形成山池、花木、建筑、雕刻、书法、绘画、手工技艺等各种艺术的综合体，为造园艺术的意匠经营开辟了更广泛的途径。

清代园林除皇家园林和私家园林外，还有一个类型，即寺观园林。因为道、禅的理想境界本来都和自然山水有联系，所以佛寺、道观一般都有园林。有的是在寺观内结合山形水势建造一区小园林，如北京碧云寺的水泉院，北京大觉寺的舍利塔院等；有的是在寺观旁边的庭院建造一座园林，如北京白云观云集山房周围庭院，北京卧佛寺的西院，北京潭柘寺的戒坛院等；有的则着重营建寺观周围的大环境，把寺观建筑融进一个大园林之中，如青城山古常道观、峨眉山伏虎寺等。

第二节 苏州园林

苏州园林是中国私家园林最杰出的代表之一。苏州景色秀丽怡人，商业经济发达，文人辈出，诗人画家众多。苏州园林充分体现了城市山林的审美趣味，是很典型的闹中取幽、小中见大的"人间闲地"。苏州的许多著名园林，

拙政园小飞虹

其构思谋划,都曾得到过当时一些有名的文人画家的协助。如建于元代的狮子林,是邀请大画家倪云林给予指点建成的,仿天目山的狮子岩,富有天目山的神韵和野趣,而且还带点倪云林简笔山水的情调。有名的拙政园,是明代的王献臣请大画家文徵明协助规划,文徵明还绘了31幅园图。下面我们以苏州园林为主,对中国私家园林的审美特色做一些简要的介绍。

"坐穷泉壑"的山林之乐

私家园林注重的是对自然的欣赏和创造,追求"不下堂筵,坐穷泉壑"的意趣,也就是要达到北宋画家郭熙在《林泉高致》中所说的"可行"、"可望"、"可游"、"可居"的要求,并且有"猿声鸟啼,依约在耳,山光水色,滉漾夺目"的效果。

拥翠山庄是苏州城外的一座小园,它位于虎丘寺二门山西侧,因着山麓的自然坡度,逐层升高,与真山浑然一气。园门向南,十余级朴素的青石踏步将游人引入翠树掩蔽的简洁门洞。内有小轩三间筑于岗峦上的古木间。西、北两面,和着真山悬崖的石脉,又堆了一座湖石小山,间植紫薇、白皮松、石榴等花木,令人真假难辨。一边,园墙隐约于山石花木之中,使园内小景和园外自然山林融合在一起。再往上,到小园的主建筑灵澜精舍的平台上,已是虎丘山腰。往下看,是一片葱翠的山麓风景;抬头望,则是巍巍古塔。按着自然的脉理，人工建筑的小园与大自然的山水景色协调地融在一起。这样的建筑，一方面使园林建筑满足日常生活的起居、饮宴、游赏的需要，另一方面又要与周围的景物巧妙结合，创造出"虽由人作，宛自天开"（计成《园冶》）的天然图画来。

丰富游览者对空间的美的感受

建在城市的私家园林一般占地面积不大。所以造园家往往采用曲折掩映、收放开合以及分景、隔景、借景等手法来组织空间、扩大空间，以丰富游览者对空间的美的感受。

曲折掩映、收放开合是造园家常用的手法。如留园的入口就非常曲折。入园后，进到半明半暗的古木交柯庭。进入涵碧山房后豁然开朗，一池清水，皆依假山，左为廊屋游走，右为亭阁高耸，是一幅秀丽的风景画。但由东边曲溪楼、西楼的狭长空间进入五峰仙馆这座巨大的厅堂后，则完全变为室内空间的感受。再由此经鹤所、石林小屋、指峰轩这些空透的小庭院，而到达冠云峰、林泉耆硕之馆的大庭院，精神为之一振。像这种空间的开合、收放、明暗、大小的不断转换，就大大丰富了游览者的美的感受。

又如拙政园，无论是在其西部的西侧，向东遥望芙蓉榭景区，或在其中部东侧，向西遥观"柳阴路曲"游廊，都可望见一带绿柳，拂地临水，如烟似雾，如帘似幕，飘拂迷蒙，使附近的景物时藏时露，时隐时现。这种"杨柳堆烟，帘幕无重数"的境界，是花木掩映之美。

再如艺圃的芹庐小院入口处，有一清瘦的湖石立峰，它掩蔽了月洞门，但

网师园西部殿春簃庭院

艺圃芹庐小院月洞门

又未把月洞门全部遮蔽。这样，一方面因峰石和洞门的相破相生而增加了形式之美，另方面由于峰石的掩映而增加了门内景色的幽深感和魅力。这是山石掩映之美。

艺圃芹庐小院的墙上有两个月洞门。对于景物来说，大片高墙是"藏"，而月洞门则是"露"。这是一个"藏"多"露"少的小景区。游览者站在不同方位，可以看见两个洞门相映或相套的幽深画面，而两个洞门的前后的空间里，又有叠石、花树、溪桥参错其间，更显得层次丰富。这是建筑掩映而呈现的一种"庭院深深深几许"的境界，是建筑掩映之美。

分景、隔景、借景也是造园家组织空间、扩大空间的重要手法。"水必曲，园必隔"，小园要是取消了所有分隔空间、遮挡视线的廊、林木及假山，实际上只是很小一块空地。只有分隔使之尽曲尽幽，才会使游人不知其尽端而备觉其大。这便是"园林愈拆愈小，愈隔愈大"的道理。分隔最典型的是苏州留园的石林小院。这里原是两间书斋，其空间设计按照"安静闲适，深邃无尽"的立意构思，是江南园林中"小中见大，曲有奥思"的佳例。这一区域长仅29米，宽只17米，却包容了38个形状、大小均不同的天井和角院。它们环环相扣，又分又连，变化多端，是古园中密集型小巧空透空间院落的典型。

借景，则是巧借园内或园外可观之景，从而突破有限的空间而达到无限的空间。经过园林艺术几千年的积累，借景这一艺术手法演化出许多形式，如

颐和园鱼藻轩西望玉泉山景

由倚虹亭西望,拙政园园外北寺塔如在园中,为借景佳例

远借、近借、邻借、实借、虚借、镜借及应时而借等。徽州名园檀乾园,北边耸立黄山余峰,南边是古木参天、横卧若屏的平顶山,这两山一远一近,成为小园最好的借景。园内的镜亭,巧借园外山色,亭如画舫,停泊在湖面上。依亭远眺,可见亭子所在的"小西湖"两岸青山如围如拱。登上亭前平台,可见园外的原野小岗。不在意收回视线,探视水中,却又看到峰峦林木和蓝天白云的倒影,从实借到虚借,将园外山容树色、天光云影之美一收无遗。檀乾园借入远山近岭,又利用溪湖之水镜借,实是集古园借景之大成。

无论是借景、对景、还是隔景、分景,都是通过布置空间、组织空间、创造空间、扩大空间的种种手法,达到以有限面积造无限空间之目的,从而丰富游览者的美的感受。

宗白华论"借景"、"分景"、"隔景"

玉泉山的塔,好像是颐和园的一部分,这是"借景"。苏州留园的冠云楼可以远借虎丘山景,拙政园在靠墙处堆一假山,上建"两宜亭",把隔墙的景色尽收眼底,突破围墙的局限,这也是"借景"。颐和园的长廊,把一片风景隔成两个,一边是近于自然的广大湖山,一边是近于人工的楼台亭阁,游人可以两边眺望,丰富了美的印象,这是"分景"。《红楼梦》小说里大观园运用园门、假山、墙垣等等,造成园中的曲折多变,境界层层深入,像音乐中不同的音符一样,使游人产生了不同的情调,这也是"分景"。颐和园中的谐趣园,自成院落,另辟一个空间,另是一种趣味。这种大园林中的小园林,叫做"隔景"。对着窗子挂一面大镜,把窗外大空间的景致照入镜中,成为一幅发光的"油画"。"隔窗云雾生衣上,卷幔山泉入镜中。"(王维诗句)"帆影都从窗隙过,溪光合向镜中看。"(叶令仪诗句)这就是所谓"镜借"了。"镜借"是凭镜借景,使景映镜中,化实为虚(苏州怡园的面壁亭处境逼仄,乃悬一大镜,把对面假山和螺髻亭收入镜内,扩大了境界)。园中凿池映景,亦此意。(摘录自宗白华:《中国美学史中重要问题的初步探索》,载氏著《美学散步》,上海人民出版社1997年版,页66—67)

把大自然的清风明月引入园内

园林中的假山、水池、溪涧、花草、树木以及楼台建筑等是风景的骨架,而园林的空灵与生气还要借助自然界风雨阴晴的变化。因此,每一个造园家,都力求把大自然的阴晴雨雪和晨昏晦明的天光云影的变化纳入自己的园中,使得在一个小园中能欣赏到丰富的多层次美景。就这一点来说,不论私家园林还是皇家园林都不例外。

中国的名园,每每爱在临水处设立赏月景点。西湖十景中,有两处是赏月。特别是"平湖秋月",小榭突出于湖中,三面临水,古人记载:"每当秋清气爽,水痕初收,皓魄中天,千顷一碧,恍置身琼楼玉宇,不复知为人间世矣。"

避暑山庄有一景,叫"月色江声"。每当皓月当空,月光倾洒,四周湖水碧波粼粼,轻波拍岸,在一片空灵宁静中聆听水声阵阵,意味难以言传。

夕照和月色一样,也是园林的景观,避暑山庄西部榛子屿北侧临湖山峰之巅的"歇山顶景亭",是专为观赏对面"锤峰夕照"的美景而设的。每当暮色苍茫,夕阳西下之时,落日的余晖独独映照在挺立的磐锤峰上,光彩夺目,给东边山景增添了一笔奇幻的色彩。

与月景同样能引人情思的是雨景,所谓"山色空濛雨亦奇"。嘉兴的烟雨楼便是著名的赏雨建筑,楼在南湖湖心岛上,四周一片空濛水色,而在雨中则更有诗意:湖水微波,烟雨迷离,绿树飘摇,时隐时现,加上菱藕间摇曳的小船与微茫烟波中的楼阁,组成一幅淡雅素净的江南云水图。

上海豫园正对大假山有座卷雨楼,有数十个檐口翼角层层突起,如一群彩凤举翅欲飞。雨景更奇:白花花的雨水沿陡峭屋面流下,从反曲向上的檐口溜出很远,犹如大斗明珠在双双对对的飞翼翘角间弹落。令人想起"珠帘暮卷西山雨"的滕王阁,神思为之飞扬。

苏州名园以及苏州附近的园林,以赏月、听雨为主题的景点极多。如吴江退思园有"坐春望月楼",常熟廊园有"邀月轩"(取李白"举杯邀明月"诗意),吴县光福东崦草堂有"月满廊"(取苏轼"香雾空濛月转廊"诗意),灵岩山馆娃宫遗址有"西施玩月池",虎丘后山有"揽月亭",怡园有"锄月轩"("自锄明月种梅花")和"旧时月色轩"(取姜白石词意)等等。最妙的是艺圃有"响月廊",从月光之"明亮"沟通声音之"响亮",由视觉通向听觉,更增加游览者的朦胧之感。还有拙政园的"听雨轩",轩外庭院中种植芭蕉翠竹,每逢雨天,满轩都充盈着"雨打芭蕉"的乐感。

峰石之趣

假山是苏州园林的主要特色之一。最有名的是叠山名家戈裕良所作的环秀山庄的湖石大假山,它被造园家奉为"法天贵真"的范本。整座假山占地仅半亩,但盘旋曲折,高下迂回,重重叠叠,极尽开合变化之能事。石涛有一段论画的话移过来形容这座大假山真是十分合适,就是:"有反有正,有偏有侧,有聚有散,有近有远,有内有外;有虚有实,有断有连,有开有合,有拱有立,有蹲有跳,有磅礴,有嵯峨,有奇峭,有险峻,有层次,有剥落,有丰致,有飘渺。"(参见《画语录》)真是"一山而兼数十百山之形状"(郭熙《林泉高致》)。不仅如此,而且当游览者从楼、房、厅、廊、亭、舫、桥、池、崖际、谷底、山巅、洞外等四面八方、高低上下的不同角度来观赏时,这座大假山的情状也随之变幻万端,用苏轼的话来说,就是"横看成岭侧成峰,远近高低各不同"。这确实是完美体现了"以芥子纳须弥"的叠山理想的经典之作。

在苏州园林里,太湖石除了叠山,还用作立峰。这也是园林景观的重要组成部分。苏州名园中名石、奇峰极多,我们举几个最有名的例子。先看留

留园冠云峰

环秀山庄山水

园冠云峰。峰之上停宛转东扭,有一罕见的特大孔穴,使全石玲珑孔透,生气贯通。孔穴之西,棱角峭硬,有如鹦嘴。空穴上下则布满斜向折文,有如披麻皴。峰之西停向西扭,显得秀瘦窈宛。西面孔穴都似通非通。洞中曲折尖峭,诡怪万状。东面则布满乱柴皴,显出纹理纵横之美。峰之下停又大幅度东扭,使全石的重心归于平衡。石正面有一大孔穴,其上有若干小孔呼应,加上石面上的芝麻皴、斧劈皴,显出一种峭硬深邃之美。整座冠云峰,集"瘦"、"透"、"漏"、"皱"于一身,不愧是江南湖石立峰之冠。

除了冠云峰,瑞云峰和九狮峰也很有名。瑞云峰是宋代宣和年间"花石纲"的遗物,张岱在《陶庵梦忆》中把它称为"石祖",说它"变化百出,无可名状"。在清代是放在苏州织造署花园内(今苏州第十中学)。石之中部有两个大孔,四周孔穴极多,而且洞洞毗连,孔孔环铆,可谓虚多于实,遍体活眼,臻透漏之极致。石上涡洞极不规则,由于风浪冲激而呈斜向宛转之势,既有千岩万壑之状,又有夏云奔涌之态,使整个瑞云峰有极强的动势。狮子林的九狮峰的构造奇特。它拔地而起,升腾飞舞。它的特点是能够引发观赏者无穷的想象,从而在观赏者眼前呈现出变幻无穷的群狮戏舞的图景。

花木之美

中国园林除亭台楼阁和山水泉石之外,还离不开花木。苏州园林是花的

世界。花以它的色、香、形、质为苏州名园增添了无穷的魅力。而且花的品种与季节相配合，随着季节的转换，不同品种的花次第开放，给人以丰富多样的美感。如拙政园，春天玉兰堂里玉兰亭亭玉立，素容生辉；海棠春坞庭院里海棠红艳娇媚，雍容华贵；绣绮亭的牡丹则红白相间，分外鲜艳。夏天，拙政园的几处荷池都开满荷花，幽香袭人，清气扑鼻。秋天，北面山上待霜亭四周可观红叶。冬天，雪香云蔚亭可踏雪寻梅。又如网师园中部，春天有迎春花、玉兰花和爬墙木香，夏天有紫藤、睡莲，秋天有桂花和枫叶，冬天有松、柏、梅、竹。苏州名园差不多每一座都体现了欧阳修说的"莫教一日不花开"的境界。

中国园林特别看重古木之美。如吴县光福司徒庙的四株古柏，相传为汉代大司徒邓禹手植，清代乾隆帝曾分别命名为"清"、"奇"、"古"、"怪"，它们姿态各异，都显示出顽强的生命力，显出一种倔强瘦硬的蛟龙之美。孙原湘《司徒古柏》对这四株古柏有生动的描绘："司徒庙中柏四株，但有骨干无皮肤。一株参天鹤立孤，倔强不用旁枝扶。一株卧地龙垂胡，翠叶却在苍苔铺。一空其腹如剖瓠，生气欲尽神不枯。其一横裂纹紫纡，瘦蛟势欲腾天衢。"再如网师园水池之南，有一株古老的二乔玉兰，斜向逸生，虬曲临空，大枝小枝，俯仰交叉。花朵上呈素白，下现粉紫，重重叠叠，多而不乱，显出天地的一派生意。

黑白光影之美

北京的皇家园林，都是富丽堂皇，耀人眼目，有如唐代李思训的金碧辉煌的山水画。而苏州园林的色调完全不同。苏州园林的建筑都是黑瓦粉墙，质朴淡雅，富有一种黑白对比的韵律。粉墙在园林构图中的作用极大。苏州园林里的花木、山石，都离不开粉墙的映衬、界隔。如狮子林燕誉堂的前庭院，布置了一组园林小品：石笋一株挺拔而立，周围散立数点湖石和花草小树，被称为小品的经典之作。这组小品之所以显得典雅精致，就因为后面有一大片白墙作为背景。中国的园林还特别注重光影之美。"疏影横斜水清浅"（林逋）、"云破月来花弄影"（张先）、"粉墙花影自重重"（高濂），都是古人描写光影之美的名句，苏东坡和郑板桥都有描写光影之美的散文。苏州园林处处显出光影之美。光影之美也是黑白之美。如怡园拜石轩南庭园，当红日西斜，东面粉墙上就出现黑白光影构成的画面，湖石立峰和竹柏杂树，都在墙上显出身影，抽象变形，闪烁重叠，而且深浅浓浓，变化万端，构成一幅富有韵味的图画。

推荐读物：

1. 郦芯若、唐学山著：《中国园林》（北京：新华出版社，1992年）。
2. 王毅著：《园林与中国文化》（上海：上海人民出版社，1990年）。
3. 刘天华著：《画境文心：中国古典园林之美》（北京：三联书店，1994年）。
4. 张家骥著：《中国造园论》（太原：山西人民出版社，1991年）。
5. 杜顺宝著：《中国园林》（台北：淑馨出版社，1988年）。
6. 陈从周编著：《扬州园林》（上海：上海科学技术出版社，1983年）。
7. 苏州园林设计院编著：《苏州园林》（北京：中国建筑工业出版社，1999年）。
8. 罗哲文、陈从周主编：《苏州古典园林》（苏州：古吴轩出版社，1999年）。
9. 计成著，陈植注，陈从周校：《园冶注释》（北京：中国建筑工业出版社，1981年）。
10. 陈植注，陈从周校：《中国历代名园记选注》（合肥：安徽科学技术出版社，1983年）。

【第三十四章】 昆剧与京剧

第一节 昆剧

昆剧的形成

宋元之际,北方有由"院本"、"诸宫调"演变而来的"杂剧",南方有"戏文"。从明代开始,戏剧分为"传奇"和"杂剧"两大类。明人大多称"戏文"为传奇,把元人的"戏文"如《拜月亭》、《琵琶记》等列入"传奇"一类。明人吕天成《曲品》卷上(1610年完稿)曾分析杂剧和传奇的区别:"杂剧北音,传奇南调。杂剧折唯四,唱止一人;传奇折数多,唱必匀派。杂剧但摭一事颠末,其境促;传奇备述一人始终,其味长。……传奇既盛,杂剧寝衰。北里之管弦播而不远,南方之鼓吹簇而弥喧。""传奇"这个词在历史上有不同的内涵,唐代的文言小说也称"传奇"。这里说的"传奇",是指从"戏文"发展而来的一种文学体制规范化、音乐体制格律化的长篇戏曲剧本。"传奇"剧本的篇幅很长,故事情节曲折、离奇,写尽悲欢离合,以求达到引人入胜的剧场效果。

"传奇"剧本可以用各地不同的声腔来唱。在元末明初,南方(指江南一带)流行的"余姚腔"、"海盐腔"、"弋阳腔"和"昆山腔"被称为"四大声腔"。"昆山腔"虽唱"传奇"曲文,但"清唱"早于"剧唱"。在"昆山腔"未改良之前,"昆剧"还没有成为一个完备的剧种。那时,就唱腔来说,"海盐腔"和"弋阳腔"甚至比"昆山腔"更受欢迎。"海盐腔"用官话唱,"体局静好"为士大夫文人所欣赏;"弋阳腔"高亢热闹,以锣鼓伴唱,是老百姓欢迎的声腔。"昆山腔"风格近"海盐腔",但未如"海盐腔"细致。

在昆剧的形成过程中,"昆山腔"的改造是一个关键的环节。

"昆山腔",简称"昆腔",因明初在昆山附近流行而得名。在明代嘉靖年间(1522年前后)出现了一批钻研声腔、改良"昆山腔"的曲家:如魏良辅、滕全拙、梁辰鱼、郑思笠、朱南川等。其中魏良辅的影响最大。他写了一本

《曲律》，总结他研究、改造及演唱"昆山腔"的心得，成为中国戏曲演唱重要的理论依据。

魏良辅等人对"昆山腔"的改造有三方面。首先是唱法，要求行腔的高低起伏符合平、上、去、入四声规律，就是魏良辅自己说的："五音以四声为主，四声不得其宜，则五音废矣。平上去入，逐一考究，务得正中，如或苟且舛误，声调自乖。"（《曲律》）此外还要把字的声母、韵母、尾音（即曲家所谓字的头、腹、尾）正确地歌唱出来，包括"出字"、"过腔"、"收音"三个层次，达到"启口轻圆，收音纯细"的境地。

其次，在唱腔的改造上，在原有曲调的基础上作细腻的行腔处理，使之清柔婉转，故时人称之为"水磨调"。

第三，"昆山腔"多唱南曲，委婉有余，刚劲不足，不能充分表现激越的情绪。作为一种戏曲声腔，这无疑是一种缺陷。于是在改造的过程中，吸收了许多北曲曲牌，以增强"昆山腔"的表现力。

在伴奏方面，魏良辅等人对伴奏乐队加以改革，集南北之精华，把弦索、箫管、鼓板三类乐器合为一处，创立了一个丝竹并举的伴奏乐队。

经过改造的"昆山腔"，清柔婉转，悠扬舒缓，令时人惊奇，很快流行开来。接着，梁辰鱼（1521？—1592？）把昆山新腔引到戏曲舞台上。他创作的《浣纱记》是第一部用改良"昆山腔"演唱的"传奇"，一炮而红，传唱大江南北。"昆山腔"由是而风靡天下，渐渐从一种声腔，发展为一个流行全国的大剧种，称为"昆曲"或"昆剧"。

自《浣纱记》后，"传奇"作家开始有意识地为昆曲创作剧本，这样便大大地带动了昆剧的"清唱"和"剧唱"活动。从16世纪70年代到17世纪20年代，明神宗万历一朝50年中，是昆剧迅速发展的时期，作家辈出，佳作如林。大家如汤显祖、沈璟、徐复祚、高濂、周朝俊等，都在此一时期冒起，创作了诸如"玉茗堂四梦"（《紫钗》、《牡丹》、《南柯》、《邯郸》四记）、《义侠记》、《红梨记》、《玉簪记》、《红梅记》等等名作。此时期出现的剧作已超过二百种。

这些有名的文人参与昆剧"传奇"的写作，大大提高了昆剧的文学水平，使昆剧的剧本更有深度，更有意趣。到了清代，也还有像洪昇《长生殿》、孔尚任《桃花扇》这样极有名的作品。据吕天成《曲品》、祁彪佳《远山堂曲品》及《剧品》、姚燮《今乐考证》、王国维《曲录》等著录统计，明清两代可定为昆曲

《牡丹亭还魂记》 明万历刻本

剧本的约达二千五百多种。到20世纪二三十年代"新乐府"、"仙霓社"传字辈昆剧艺人所演的"折子戏"剧目尚有六百余出。由此可见昆剧剧本文学的丰富。这些剧本，有许多都被改编成其他剧种的剧目。

一些热爱昆曲的文人，不但爱看戏，而且往往组织"家班"，亲自训练演员，演出自己的作品。由于他们在文学、音乐、美术等多方面都有较高的修养，他们参与昆剧舞台演出的实践，对昆剧艺术自然起了积极的推进作用。

昆剧的演出体系

昆剧的演出，首先重视演唱。经过魏良辅等人的改革，昆山腔的演唱艺术大大提高，并由此发展出许多重要的戏曲作曲与演唱的理论，出现了诸如明沈璟的《南九宫十三调曲谱》及《唱曲当知》、王骥德的《曲律》、沈宠绥的《度曲须知》，清徐大椿的《乐府传声》、王季烈的《螾庐曲谈》、俞粟庐《度曲刍言》等著作，逐渐形成了一整套戏曲演唱理论体系。

昆剧在演出时，对原来"戏文"的"五大家门"（生、旦、净、末、丑）有很大发展，"脚色"分得更细，也更专门化。尤其是在清代乾隆、嘉庆年间，在文人家班中提倡演"折子戏"，更有利于"脚色"的专门化。

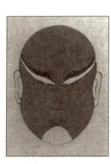

所谓"折子戏"，即在一个篇幅长数十"折"（或称"出"，即今"场"）以至一、二百"折"不等的长剧中，抽取其中一"折"作独立演出。"折子戏"的兴起，使每个"家门"的"脚色"都有提高演技的可能性，使"生"、"旦"以外的"家门"也走向专门化。据《苏州戏曲志》记载，近代昆曲"家门"有下列专门化的细分：

生：冠生、巾生、苦生、鸡毛生、花生。
旦：老旦、正旦、作旦、四旦、五旦、六旦、大耳朵旦、小耳朵旦。
净：红净、黑净、白净。
末：老生、老外、副末。
丑：小面、二面。

"脚色"的专门化，也意味着表演的规范化，在规范化的基础上更要求结合"戏文"人物性格，达到动人的表演。明代潘之恒《亘史》及《鸾啸小品》评论演员的表演，提升到理论层次；清初剧家李渔《闲情偶记》有"演习部"一节，对唱演均有许多实践心得。乾隆年间手抄的《梨园原》（亦名《明心鉴》），也是一本总结昆剧艺人表演心得的书。这本书反映了昆剧的表演艺术已达到相当高的水平，从它的一段开场白便可知道：

词曰：闲来仔细看端详，关心音韵论几桩。三仄应分上去入，两平还要辨阴阳。辨一番形状、腔、白、情、文理，揣摩曲意词合章。要将关目作家常，宛若古人一样。乐处颜开喜悦，悲哉眉目怨伤；听者鼻酸泪两行，直如真事在望。

书名"明心鉴"意即以心为镜，要求演员对镜反省自己的表演，究竟毛病出在哪里。书中"艺病十种"是论述的重点之一；后面还有"曲白六要"、"身段八要"；《宝山集》六则是附在书后的部分，像是一种"余论"。这些论述，对表演的"唱、念、做、舞"，"手、眼、身、步、法"等方面，都有理论性的总结。

清乾隆年间，昆剧的服饰、道具已形成规范。服饰、道具配搭成套，是专为方便舞台上表演而设计的，带有象征性，而不是照搬或模仿现实生活或任何历史阶段中的东西。因此不管演什么朝代的故事，也还是这一套服饰、道具。化妆的"俊扮"、"脸谱"、"变脸"、"髯口"等也形成了严谨的规格。舞台装置一般是凸字舞台，三面朝向观众，以板墙隔开前后台。前台后墙挂装饰性的帐幔，叫"台幔"或"守旧"。墙两侧各辟一门，为上、下场门，舞台上部、两侧及台柱饰有楹联匾额。舞台演区如演室内戏，只有一桌两椅；演室外戏则往往空无一物，或以椅桌搭成桥、楼、台、城等。这是一个象征性的、时空开放的舞台，使演员在时空的表现上有高度的自由，不为写实性的

江苏苏州忠王府戏台

昆剧《长生殿·弹词》中计镇华饰演李龟年 1980

景物所局限。这样的舞台，固然由中国戏剧以演员表演为核心的传统所形成，也同时展示了中国戏剧演出体系的重要特点。这个体系，是由昆剧完成的。

康熙、乾隆年间为昆剧的极盛时代。道光、光绪年间昆剧开始衰落。

20世纪20年代，由曲家俞粟庐、徐凌云、穆藕初等开办的"苏州昆剧传习所"，聘请清末昆剧老艺人沈月泉、尤彩云、吴义生、沈斌泉等培养了六十多位"传字辈"（其艺名带一"传"字）昆剧艺人，是现代昆剧最重要的传人。50年代后，在曲家俞振飞及"传字辈"艺人的努力下，又培养出四代新人。现在全国尚有七个专业昆班，经常在中、港、台及海外演出。

2001年5月，联合国"教科文组织"把昆剧列为"口述非实体人文遗产杰作"（Masterpiece of Oral and Intangible Heritage of Humanity）。

第二节 京剧

京剧的形成与发展

京剧虽以"京"命名，却并不源自北京，而是由南方入都的安徽的徽调、湖北的汉调，吸收流行于北京的梆子、昆曲、京腔的营养，融会本地语言，然后形成的一个新剧种。

谈到京剧的形成，必须从徽班进京谈起。乾隆五十五年（1790），"三庆"徽班进京为乾隆皇帝祝寿，在北京受到热烈欢迎。继"三庆"徽班之后，又有不少徽班相继进京。徽班中以"三庆"、"四喜"、"和春"、"春台"最著名，时称"四大徽班"。

徽班起自皖南安庆府地区，它的兴起与徽商的扶植密切相关。徽班除唱徽调二簧外，还兼容其他声腔。不少是演唱多种声腔的戏班，因而在观众中有很强的适应性。徽班的剧目题材广泛，通俗易懂，深受老百姓欢迎。徽班艺人不但善于学习他人的长处，而且注意顺应观众的要求。到北京后，他们便在唱念中吸收京音，以满足北京观众的需要。

徽班进京，为京剧的形成准备了初步的条件。但只有徽班，京剧还无从产生。汉戏进京，促成了京剧的最后生成。

汉戏即汉调，是流行于湖北汉水一带的地方戏曲。汉戏在乾隆末年传入

北京。徽戏和汉戏在进入北京之前，相互之间已有很多交流和影响。汉戏演员进入北京后，没有单独组班演唱，而是搭入徽班。徽汉合流为京剧的最终形成创造了条件。

汉戏的主要声腔为西皮和二簧。西皮脱胎于西北的梆子腔，二簧腔出于江西，传到安徽，又传到湖南、湖北、广西而有湖广调之名。西皮是北方音乐，二簧是南方音乐。经过湖北、安徽艺人的加工，两者结合而形成皮簧腔，也叫汉调，或者楚腔、楚调。叶调元在《汉口竹枝词》(写于道光三十年[1850])中对皮簧腔做了描述："月琴弦子与胡琴，三样和成绝妙音。啼笑巧随歌舞变，十分悲切十分淫。""曲中反调最凄凉，急是西皮缓二簧。倒板高提平板下，音须圆亮气须长。"汉调在汉口一带盛行后，四处流布。徽戏虽有皮簧腔，但不很发达。汉戏进入徽班，对徽班的声腔曲调起到了丰富和改造的作用。在汉戏的影响下，徽班的演出逐渐发生变化，由诸腔杂陈，变为以具有新特点的皮簧腔为主要音乐形式。在唱念上，《中原音韵》成为语言规范，并吸收一些北京字音，从而增进了与观众的交流，使徽班的演出具有了统一的语音标准。在唱念的四声调值上则沿用了部分湖北地方语言的声调。

从1790年开始，经过五六十年的孕育，1840年至1860年，京剧终于从徽班中诞生。无论在剧目，还是在声腔、音韵、表演上，都形成了自己的特色。

在音乐上，徽班形成以皮簧为主，以昆腔、吹腔、拨子、南锣为辅的，既完整统一又多姿多彩的体系。此时无论西皮还是二簧的曲调板式都已发展得相当成熟。在舞台语音方面，"北京化"使演唱具有了新的特色。道光、咸丰年间（1820—1860），北京语音已经和徽汉二戏渐相融合，成为演出不可分割的一部分。如"十三辙"、"韵白"、"上口字"、"尖团字"，在这时已经基本形成。所谓"十三辙"，就是综合了徽、汉方言和北京话的发音特点，在唱白韵脚上所规定的13个辙韵。"韵白"，就是根据徽、汉、昆三个剧种的语言声调（其中汉调的湖北方言特色更浓），同时参照北京语言声调特点，加以融会变化而成的一种北京观众听得懂，而又富有音乐性的舞台语言声调。这是一种独特的"四声"规范。所谓"上口字"，是京剧韵白在咬字上的一种规范标准，如"个"，京剧中读"过"音；"河"，京剧中读"话"音等等。实际上是在京剧形成过程中所遗留下来的某些地方戏的字音标准，有的源于昆曲，有的源于汉调，有的将昆、汉、京彼此融合。总之这一类上口字的字音是一种独特的舞台字音。"尖团字"，也是指某些字（声母）的读音标准。"尖"是指舌尖音，"团"是指舌面音。这些尖团字的读法，参照了《中原音韵》。《中原音韵》是元代根据元大都（北京）的语音标准编写的一部韵书，是专供北方戏曲唱念时用的。总之，北京字音与湖广音的结合，形成了京剧演唱语言的规范化。在剧目上，京剧独有的剧目产生。剧本的题材范围扩大，有关政治、历史的主题成为创作热点。就剧本本身而言，京剧剧本比徽、汉二戏的皮簧剧本更加丰富、生动，并显示出独到之处。比如语言的明白规范，没有过多的方言（包括北京地区的方言），而是使用北京流行、全国通用的官话。在演出形式上，则表现为舞台、服装、化妆等方面的规范化。所有这些都标志着京剧的形成。

在京剧的形成过程中，程长庚、余三胜、张二奎作出了很大贡献，被称为京剧老生老三鼎甲，或京剧前三杰。程长庚（1811—1880）是安徽潜山人，道光二十年（1840）进京，以演出《法门寺》中的赵廉、《借箭》中的鲁肃、《文昭关》中的伍员、《让成都》中的刘璋等闻名。他在咸丰时期总领四大徽班，被称为"大老板"。他在演唱中融昆、弋声腔于皮簧，是老生中徽派的代表。余三胜（1802—1866），湖北罗田人，道光年间进京，是"春台班"的首席老生，擅长演出《定军山》中的黄忠、《探母》中的杨四郎、《碰碑》中的杨令公、《捉放曹》中的陈宫。他的演唱，以汉调皮簧为主，对徽调二簧进行加工融合，丰富了唱腔的旋律变化和色彩，京剧的西皮腔和二簧反调中都有他的创造。他在唱腔方面的贡献最大。张二奎（1814—1860?），直隶（今河北）人，是"四喜班"中头牌老生，以演唱《金水桥》、《打金枝》等戏声震一时。他的演唱，以京音为主，咬字坚实有力，是当时京派的代表。随着京剧三鼎甲的出现，伴奏废笛改琴终告完成，舞台上徽、汉、京三个流派在发音归韵、行腔吐字方面得到协调统一。

到同治、光绪年间，京剧后三杰——谭鑫培、汪桂芬、孙菊仙名噪京城，标志着京剧的兴盛。谭鑫培（1847—1917），湖北武昌人，初学武生，后改老生。光绪初年入"三庆班"，光绪十三年转入"四喜班"。他以湖广音结合中州韵，创立了公认为典范的语言风格。他在唱腔中融入其他行当的行腔技巧，使演唱韵味十足，既有高亢激越，又能婉转低回。汪桂芬（1860—1906），湖北

容圃《同光十三绝》 清

汉川人。他开口发声气息饱满，响遏行云。孙菊仙（1841—1931），天津人，三十多岁才由票友下海。他嗓音宽厚高亮，演唱时洪阔如雷，声腔古朴磅礴，真挚感人。1917—1938年，京剧发展到了最辉煌的时期。新剧目层出不穷，表演技艺精彩纷呈，人才辈出。余叔岩、杨小楼、梅兰芳、尚小云、荀慧生、程砚秋等一代巨星均产生在这一时期。

京剧的剧本浩如烟海，现在保存下来的剧本有五千余种。

京剧的行当

京剧继承中国戏曲的传统，在昆曲及地方戏的基础上，根据人物的性别、性格、年龄、职业、社会地位等，把舞台上的角色分为生、旦、净、丑四大类型，即四个行当（在京剧发展的初期，京剧的行当分生、旦、净、末、丑五大类，后生行与末行合并）。不同的行当在演唱及表演诸方面都有不同的特点。

生行——生是扮演男性角色的一种行当，其中包括老生、小生、武生、红生、娃娃生等几个门类。除去红生和勾脸（画脸谱）的武生以外，一般的生行只是略施粉墨，以达到美化的效果，所以称作俊扮。

老生：又叫须生，或胡子生。主要扮演中年以上的男性角色。从表演的角度划分，老生又可以分唱工老生、做工老生和武老生。

红生：用红色涂成脸谱的老生。

《芦花荡》中的张飞

小生：扮演年轻的男性角色，不戴胡子，扮相一般比较清秀、英俊。表演上的特点是真假声兼用。假嗓是一种经过特殊训练的发声方法，声音听起来比较尖细。小生又分文武两类。文小生还可再分，如纱帽小生，一般演做官的年轻人，大部分是文人。扇子生，手里拿一把扇子，以此表现人物的风流潇洒、文质彬彬，大多是爱情戏里的人物。翎子生，头上插两根长长的雉尾，作为装饰品。常表现英武的青年。武小生又再分成穿长靠的武小生、短打的武小生两类。

武生：专演擅长武艺的角色，也分成两大类，一种叫长靠武生，一种叫短打武生。

娃娃生：专门演儿童一类的角色。

旦行——旦扮演各种不同身份、年龄、性格的女性角色。其中又分成青衣、花旦、花衫、武旦、老旦等几类。

《群英会》中的曹操

《二进宫》中的徐彦昭

青衣：又叫正旦。扮演的一般是端庄、严肃的青年或中年女性，比如贤妻良母、节妇烈女等等。在服装上，青衣穿青褶子较多，所以青衣也被叫作青衫。

花旦：扮演性格比较活泼、开朗，动作也比较敏捷、伶俐的年轻女性，大多穿短衣裳，像短裙子、短裤子，或者是短袄、短裙。穿长衣服时则一定有色彩鲜艳的图案。

花衫：把青衣、花旦的表演融为一炉，不再只是重唱或重做，而是唱做并重。

武旦：扮演精通武艺的女性。又分两类，一类是短打武旦，穿短衣裳，一般不骑马。另一类则是长靠武旦，穿长靠，顶盔贯甲，一般要骑马，手里拿一把尺寸比较小的刀，所以也叫刀马旦。

老旦：扮演老年妇女。

净行——又称花脸，扮演男性角色。分正净、副净、武净三类。

正净：也叫大花脸，表演时一般以唱工为主，所以又叫唱工花脸。

副净：包括架子花脸和二花脸。二花脸的表演风格近似丑角，有时候还扮演一些诙谐、狡猾的角色。

武净：又叫武二花、摔打花脸，重视武打，对唱念则不太讲究。

丑行——丑，也叫小花脸、三花脸。这是从净行的大花脸、二花脸排下来的。丑可以扮演坏人，也可以扮演正直、善良的好人。可以演阴险、狡猾、自私的人，也可以演机警、伶俐、幽默的人。在传统戏里，下层老百姓，如渔夫、差役等，常常由丑角来扮演，他们在性格上往往具有滑稽、活泼、乐观的特点。

丑又可分为文丑、武丑两类。

京剧的脸谱

脸谱借夸张的色彩和线条，突出人物的性格，表达对人物的评价，褒贬善恶，是京剧化妆的一部分。脸谱主要用于净丑两行所扮演的各种人

《宝莲灯》中的哮天犬

物。生旦很少采用,而只是略施粉墨。

脸谱由唐代乐舞大面所戴面具和参军戏副净的涂面发展而来。南戏、北杂剧直接继承了这个传统,但构图一开始还很简单,比如在面部中心画一个白斑,画两个白眼圈,额上画两道黑线等等。随着戏曲的发展,脸谱日益精美,构图也愈来愈多样。

脸谱可以归纳为一些基本的类型,由这些基本的类型,根据人物的性格、气质等,再变化出许许多多的脸谱。每个脸谱都是以戏中人物的长相、性格等为依据的。脸谱的基本类型有整脸、三块瓦脸、破脸(又叫歪脸)、丑角脸等。此外还有象形脸。象形脸一般用于神话戏中精灵神怪的形象。画时注重传神,着眼点主要在于让观众明白人物是从什么精灵幻化而来。象形脸中最著名的便是孙悟空的猴子脸。

脸谱的色彩也有各自的含义。一般来讲,颜色象征了性格。比如红色表示人物的忠勇义烈;黑色表示人物忠耿、正直、勇猛;黄色表示人物残暴凶狠等等。当然这种对性格的象征也不是绝对的。

《盗御马》中的窦尔敦

京剧表演艺术的特点

综合性 京剧表演是唱、念、做、打的综合。唱,即演唱。念,即念白。念白又分成韵白和京白两种。韵白在湖北、安徽话的基础上加工而成,是音乐性很强的朗诵,半文言,比较文雅。有身份的人一般用韵白。京白是在北京话的基础上加工而成的朗诵语言,具有干净、利落、爽快的特点。在剧本里,一般是身份低的人使用。做,包括身段、眼神、独舞、群舞等,其中有纯粹的舞蹈,但多数是把日常生活里的动作舞蹈化。打,即是武术、杂技的舞蹈化,用以表现竞技或战斗场面。

虚拟性 京剧表演中,人的动作、自然环境多是虚拟的。

在虚拟性动作中,有一部分是模拟生活的,如开门、关门、喝酒等等。这些动作和生活的本来样子相似。还有一部分,也是更重要的一部分,则是经过概括、美化、夸张的舞蹈组合。它们和生活本身有较大的差异。比如趟马,在京剧里常用来表现策马疾行的情节。它由圆场、转身、挥鞭、勒马等一系列动作组成,既有生活的影子,又不同于生活。演出时演员便借助这一套动作来表现人物的心情、神态。

京剧舞台的表演环境也是虚拟的,比如开门、开窗,舞台上并没有真正

《群英会》中的蒋干

的门窗；演水中行船，台上没有水也没有船，都是通过人的表演来实现的。在京剧表演中，环境带在人物身上。人物上场，随着人物的表演，环境便也具体化了。观众通过演员的表演来联想、想象，从而把握故事发生的情境。

京剧表演突破了时间和空间的限制。在舞台上，京剧总是突出表现最主要的东西，瞬间的思虑可以用大段的唱白来表现，而演员在台上转一圈就可以是走过了千山万水。相距遥远的、同时发生的两件事，也可以同时出现在舞台上。

程式化 所谓程式化，指的是许多来自生活的动作被舞台化、定型化，形成一定的规范，为所有演员遵循，也为观众所接受、熟悉。比如演出中要表现一个人死了，或由于惊吓、悲痛、绝望而引起的昏死，一般就要用一个叫"僵尸倒"的程式来表现。表演"僵尸倒"的动作时，演员腰腿挺直，背朝下（有的向前扑），整个身体像僵尸一样硬硬地摔倒下去。

夸张 京剧表演中的形体动作都是非常夸张的。即使一个生活中很简单的动作，如以手指人，到了京剧中，也变成眼神、手指互相配合的一组动作。京剧的台词，在语言、语调、节奏上也是夸张的，和普通说话不一样。可以说夸张贯穿在整个京剧表演中。

四大须生

在老生行当中，经过初期的发展，到程长庚、余三胜、张二奎时代，出现了最早的、按地域来划分的三个流派：程的徽派，余的汉派，张的京派。到谭鑫培的时代，才形成以个人风格为特色的谭派。到 20 世纪 20 年代，出现了余叔岩、言菊朋、高庆奎、马连良四位优秀的老生演员，形成各自的流派。

余叔岩（1890—1943）生长于梨园世家，15 岁登台演出即获得成功。他的音量虽不如谭鑫培，却别有韵味，醇厚刚劲委婉，武功扎实，表演细腻感人。他的代表作有《搜孤救孤》、《战太平》、《问樵闹府》、《空城计》等等。

余叔岩的演唱艺术对于 20 世纪 30 年代以来出现的老生流派都有一定程度的影响。

言菊朋（1890—1942），蒙古族人，曾在清廷蒙藏院任职。本为著名票友，后正式参加戏班。开始时以"谭派正宗须生"闻名，后在谭腔基础上，根据自己的嗓音特点，吸收青衣、小生及京韵大鼓等的唱念技巧，创制新腔，跌宕、细致，富于表现力。他特别注意由唱腔风格的变化来表现不同的人物。擅长剧目有《卧龙吊孝》、《让徐州》等。

马连良(右)与梅兰芳合演《汾河湾》

谭鑫培在《定军山》中饰黄忠

谭派领袖言菊朋(右)

余叔岩在《定军山》中饰黄忠

  高庆奎(1890—1942),出身梨园世家,12岁登台演出。最初亦宗谭派,后根据自己的嗓音特点、吸收刘鸿声、孙菊仙等人的演唱特点,形成独具风格的"高派"。他嗓音高亢,念白铿锵顿挫,长于表现悲壮激越的感情。善于博采众长是高庆奎的重要特色。《逍遥津》、《哭秦庭》、《史可法》诸剧是他的代表作。

  以马连良(1901—1966)为代表的马派是当代最有影响力的老生流派之一。马连良上承谭鑫培,私淑余叔岩,并向众多前辈艺人学习,形成了独具特色的马派。马连良嗓音圆润纯净,演唱从容舒展。与"余派"、"言派"严格按湖广音念中州韵不同,马连良在演唱中运用京音,使表演更具明快的色彩。马派的做工飘逸洒脱。马连良在剧目编排上富于创新精神,不但不断推出新编剧目,而且善于对传统剧目进行改编增补。他对服装道具及舞台的美化亦颇留心。马连良的唱腔流传极广。他所扮演的人物,如《淮河营》中的蒯彻、《打渔杀家》中的萧恩、《借东风》、《三顾茅庐》中的诸葛亮等均赢得了广泛赞誉。

  马连良在演出萧恩这一人物时,以其扎实的基本功、潇洒的形象、优美的造型,给观众留下深刻的印象。

与"余、言、高、马"同时,还流传着另一种说法,即"南麒北马关外唐"。"南麒"指的是周信芳,"北马"指的是马连良,"关外唐"指的是唐韵笙。他们代表了上海、北京、东北三地出现的京剧老生的三种表演流派。

20世纪30年代末,余、言、高先后退出舞台,马连良、谭富英、杨宝森、奚啸伯领袖剧坛。因为他们的年代在余叔岩为代表的四大须生之后,故称"后四大须生"。

四大名旦

京剧旦行流派的产生同样经历了一个发展过程。在"同光十三绝"时,虽然梅巧玲、余紫云、时小福、朱莲芬等旦角演员已颇有名气,但尚未形成流派。直到清末民初,经过王瑶卿的努力,突破青衣、花旦的严格界限,才使旦角的表演艺术得到极大发展。在王瑶卿的帮助下,梅兰芳等一代名旦角逐渐成长起来。

1927年北平的《顺天时报》组织了一次以读者投票方式进行的京剧旦角评选活动。评选结果,梅兰芳、尚小云、程艳(砚)秋、荀慧生、徐碧云、朱琴心名列前六名。不久朱琴心退出舞台,遂有"五大名旦"之说。后徐碧云

梅兰芳(右,饰杨玉环)与孙盛武合演《贵妃醉酒》
1955

又辍演，于是便只流传着"四大名旦"的名字了。而"四大名旦"各具特色，不断进取，在剧坛的地位日益稳固。1931年长城唱片公司邀请梅、程、荀、尚灌制《四五花洞》的唱片，反响强烈，流传一时。从此"四大名旦"的称谓为世人所公认。

以梅兰芳为代表的梅派在京剧旦行的表演中影响极大。梅兰芳（1894—1961）出身名伶世家，为"同光十三绝"之一梅巧玲之孙。梅兰芳嗓音清亮圆润，扮相端庄秀丽，具有得天独厚的天赋，同时又以严谨的态度从事演出，从而达到旦角表演艺术的高峰。

梅兰芳的演出不但歌唱从容含蓄，念白富于情感，而且做工与身段精美漂亮，台风雍容华贵、自然大方。他的表演倾倒了无数观众，并扭转了京剧舞台"以生为主"的局面。

梅兰芳在许多方面为京剧旦角艺术作出了贡献。他成功地改变了传统青衣只重歌唱，不重身段、表情的状况；他设计了大量新的唱腔；他把昆曲中的表情、身段、步法以及载歌载舞的表演方法引入京剧，增加了京剧的表现力；他突破旦角的传统化妆方法，创造了许多新的古装扮相、服饰，至今仍为演员所采用；他以二胡辅助京胡为旦角伴奏，丰富了京剧的音乐。

梅兰芳一生在舞台上创造了大量古代妇女的形象，成功演出了许许多多的剧目，如《贵妃醉酒》、《霸王别姬》、《宇宙锋》、《洛神》等等。

程砚秋（1904—1958）擅长表演悲剧，善于刻画外柔内刚的中下层女性，表达凄楚悱恻的感情。他在13岁倒仓（变声）后，嗓音晦涩，但他根据自己的特点创造了新唱法，为旦角的演唱开辟了新领域。在表情上，程砚秋善于运用眉目传情。代表作有《荒山泪》、《红拂传》、《三击掌》、《窦娥冤》等。

荀慧生（1900—1968）少时曾学河北梆子，后改学京剧。他的唱腔柔美，并将地方戏的曲调用到京剧演唱中；在做工、身段等方面，荀慧生善于表现少女特有的神态，如垂头、弄手、捶胸及各种眼神等等，丰富了旦角的表演。荀慧生演出的剧目多表现受迫害妇女的悲惨命运，如《杜十娘》、《钗头凤》、《金玉奴》、《红楼二尤》等。

尚小云（1900—1976）先习武生，后改学旦行。演唱腔于刚健中见妩媚。他在舞台演出的剧目也多表现具有反抗性格的女性，如《汉明妃》、《红绡》、《失子惊疯》等。

推荐读物：

1. 陆萼庭著：《昆剧演出史稿》（上海：上海文艺出版社，1980年）。
2. 胡忌编：《戏史辨》（北京：中国戏剧出版社，1999年）。
3. 洛地著：《洛地文集·戏剧卷》卷1（西雅图：艺术与人文科学出版社，2001年）。
4. 张庚、郭汉城主编：《中国戏曲通史》（北京：中国戏剧出版社，1992年）。
5. 周贻白著：《中国戏剧史讲座》（北京：中国戏剧出版社，1958年）。
6. 胡忌、刘致中著：《昆剧发展史》（北京：中国戏剧出版社，1989年）。
7. 张庚、余从主编：《中国京剧艺术》（北京：京华出版社，1996年）。
8. 北京市艺术研究所、上海艺术研究所编著：《中国京剧史》（北京：中国戏剧出版社，1990年）。
9. 徐城北著：《京剧与中国文化》（北京：人民出版社，1999年）。
10. 中国戏曲研究院编辑：《京剧丛刊》50集（上海：新文艺出版社，1953—1958年）。
11. 《中国京剧（录影资料）19集彩色系列纪录片》（广州：南影有限公司，1993年）。
12. 梅兰芳著：《舞台生活四十年》（北京：人民出版社，1957年）。
13. 吴同宾著：《京剧知识手册》（天津：天津教育出版社，1995年）。

图片补充资料：

1. 635页：老生：程长庚（左六）《群英会》中饰鲁肃
    卢胜奎（右四）《战北原》中饰诸葛亮
    张胜奎（左二）《一捧雪》中饰莫成
    杨月楼（右一）《四郎探母》中饰杨延辉
  小生：徐小香（左七）《群英会》中饰周瑜
  武生：谭鑫培（右二）《恶虎村》中饰黄天霸
  旦行：梅巧玲（左三）《雁门关》中饰萧太后
    时小福（右六）《桑园会》中饰罗敷
    朱莲芬（右三）《琴挑》中饰陈妙常
    余紫云（左五）《金水桥》中饰银屏公主
  老旦：郝兰田（左一）《行路训子》中饰康氏
  丑行：杨鸣玉（右五）《思志诚》中饰闵天亮
    刘赶三（左四）《探亲家》中饰乡下妈妈

附录

附录一　中国古代典籍举例

西汉刘歆《七略》分图书为七类，至三国魏荀勖《中经新簿》始改书籍为四部：甲部为六艺小学，乙部为诸子兵书术数，丙部为史记及其他记载，丁部为诗赋图赞。至晋李充《四部书目》重分四部，以五经为甲部，史记为乙部，诸子为丙部，诗赋为丁部，定为经、史、子、集。隋唐以后，经籍艺文分类，多用四部为序。

经部也称"甲部"，是中国古代图书四部分类中第一大类的名称。《隋书·经籍志》分为易、书、诗、礼、乐、春秋、孝经、论语、谶纬、小学十类，清代《四库全书》分为易、书、诗、礼、春秋、孝经、五经总义、四书、乐、小学十类。

史部也称"乙部"，是中国古代图书四部分类中第二大类的名称。收各种体裁的历史著作。《隋书·经籍志》分为正史、古史、杂史、霸史、起居注、旧事、职官、仪注、刑法、杂传、地理、谱系、簿录十三类，清代《四库全书》分为正史、编年、纪事本末、别史、杂史、诏令奏议、传记、史钞、载记、时令、地理、职官、政书、目录、史评十五类。

子部也称"丙部"，是中国古代图书四部分类中第三大类的名称。收诸子百家及释道宗教的著作。《隋书·经籍志》分为儒家、道家、法家、名家、墨家、纵横家、杂家、农家、小说家、兵家、天文、历数、五行、医方十四类，清代《四库全书》分为儒家、兵家、法家、农家、医家、天文算法、术数、艺术、谱录、杂家、类书、小说家、释家、道家十四类。

集部也称"丁部"，是中国古代图书四部分类中第四大类的名称。收历代作家一人或多人的散文、骈文、诗、词、散曲集和文学评论、戏曲等著作。《隋书·经籍志》分为楚辞、别集、总集三类，清代《四库全书》分为楚辞、别集、总集、诗文评、词曲五类。

		书名	成书年代	作者（编校者）
经部		周易	西周初年	传说为周文王
		尚书	春秋末战国初期	上古史官（孔丘编定）
		诗经	春秋	采诗官采集民歌而成（孔丘删定）
		周礼	战国	传说为周公
		仪礼	战国初至中期	传说为周公
		礼记	西汉	孔门后学（戴圣编辑）
		春秋左氏传	战国初期	左丘明
		春秋公羊传	西汉初期	公羊寿／胡毋子
		春秋榖梁传	西汉初期	榖梁赤
		论语	战国初期	孔丘及其弟子
		孝经	战国末期	传说为孔门后学
		孟子	战国中末期	孟轲及其弟子
		尔雅	战国	
		方言	东汉	扬雄
		说文解字	东汉	许慎
史部	纪传体	史记	西汉	司马迁
		汉书	东汉	班固
		后汉书	南朝宋	范晔
		三国志	西晋	陈寿
		晋书	唐	房玄龄等
		南史	唐	李延寿
		宋书	南朝梁	沈约
		南齐书	南朝梁	萧子显
		梁书	唐	姚思廉
		陈书	唐	姚思廉
		北史	唐	李延寿
		魏书	北齐	魏收
		北齐书	唐	李百药
		周书	唐	令狐德棻
		隋书	唐	魏徵等
		旧唐书	五代晋	刘昫等
		新唐书	北宋	欧阳修
		旧五代史	北宋	薛居正等
		新五代史	北宋	欧阳修
		宋史	元	脱脱等
		辽史	元	脱脱等
		金史	元	脱脱等
		元史	明	宋濂等

附录一 中国古代典籍举例

		书名	成书年代	作者（编校者）
史部	编年体	明史	清	张廷玉等
		竹书纪年	战国	
		资治通鉴	北宋	司马光
		国榷	明	谈迁
	纪事本末体	通监纪事本末	南宋	袁枢
	杂史、政书	国语	战国初期	各国史官
		世本	西汉初期	先秦史官（刘向编）
		战国策	西汉初期	战国史官或策士（刘向编）
		通典	唐	杜佑
		通志	南宋	郑樵
		文献通考	元	马端临
	地理	水经注	北魏	郦道元
		洛阳伽蓝记	北魏	杨炫之
	史评、史考	史通	唐	刘知几
		廿二史考异	清	钱大昕
		廿二史札记	清	赵翼
		十七史商榷	清	王鸣盛
		文史通义	清	章学诚
子部		墨子	战国	传说为墨翟
		老子	春秋末期	老聃
		庄子	战国	庄周及其后学
		列子	战国	列御寇
		荀子	战国	荀况
		晏子春秋	春秋	晏婴
		韩非子	战国	韩非
		孙子	春秋	孙武
		吕氏春秋	秦	吕不韦
		淮南子	西汉	刘安
		风俗通义	东汉	应劭
		论衡	东汉	王充
		伤寒论	东汉	张机
		抱朴子	东晋	葛洪
		神灭论	东晋	范缜
		世说新语	南朝宋	刘义庆
		古画品录	南朝齐	谢赫
		书品	南朝梁	庾肩吾
		齐民要术	北魏	贾思勰
		颜氏家训	北朝齐	颜之推
		历代名画记	唐	张彦远

		书名	成书年代	作者（编校者）
子部		太平御览	北宋	李昉等
		梦溪笔谈	北宋	沈括
		容斋随笔	南宋	洪迈
		东京梦华录	南宋	孟元老
		本草纲目	明	李时珍
		日知录	明末清初	顾炎武
集部	总集	楚辞	西汉	屈原等（刘向辑）
		文选	南朝梁	萧统编
		玉台新咏	南朝梁	徐陵编
		乐府诗集	北宋	郭茂倩编次
		文苑英华	北宋	李昉等编
		古诗源	清	沈德潜选
		古谣谚	清	杜文澜辑
		全汉三国晋南北朝诗	近代	丁福保编纂
		全上古三代秦汉三国六朝文	清	严可均校辑
		全唐诗	清	彭定求等编
		全唐文	清	董诰等编
		唐诗三百首	清	孙洙选编
		古文观止	清	吴楚材、吴调侯选
		古文辞类纂	清	姚鼐纂集
	别集	曹子建集	魏	曹植
		靖节先生集	南朝梁	陶潜
		王右丞集笺注	清	王维（清赵殿成集注）
		李太白全集	清	李白（清王琦辑注）
		杜诗详注	清	杜甫（清仇兆鳌编撰）
		韩昌黎诗编年笺注	清	韩愈（清方世举考订）
		白氏长庆集	唐	白居易
		柳河东集	明	柳宗元（明蒋之翘集注）
		樊川文集	唐	杜牧
		李义山诗注	清	李商隐（清朱鹤龄注）
		文忠集	北宋	欧阳修
		晦庵集	南宋	朱熹
		苏文忠公全集	北宋	苏轼
		陆放翁全集	南宋	陆游
		湛然居士集	金	耶律楚材
		震川文集	明	归有光
		船山遗书	清	王夫之

		书名	成书年代	作者（编校者）
集部	诗文评类	文心雕龙	南朝梁	刘勰
		诗品	南朝梁	钟嵘
		苕溪渔隐丛话	南宋	胡仔
		诗人玉屑	南宋	魏庆之
		沧浪诗话	南宋	严羽
		历代诗话	清	吴景旭
		人间词话	近代	王国维
	词曲	花间集	后蜀	温庭筠等（后蜀赵崇祚编）
		东坡词	北宋	苏轼
		片玉词	北宋	周邦彦
		稼轩词	南宋	辛弃疾
		白石道人歌曲	南宋	姜夔
		东篱乐府	近代	马致远（近代任讷辑录）

附录二 中国民俗举例

日期	节日	活动
正月初一	春节	原为农历元旦，1912年起以公历纪元，改称为春节。人人穿上新衣，互相祝贺，或到亲友家中拜年。拜祭祖先，全家团聚吃饭。长辈给晚辈封红包。庆祝活动有舞狮、舞龙、放炮竹、放烟花等，处处洋溢欢乐气氛。
正月初七	人日	传说人在这一天出生。古时人日节，人们要用七种菜做羹和吃煎饼；又要用彩色绸缎剪作人形，或者用金属箔刻成人形，贴在屏风上或戴在头上。
正月十五	元宵节又名灯节、上元节	吃汤圆，寓意团圆。街上挂上各式各样的彩灯，供人玩赏。猜灯谜是这一晚有特色的活动。此外还有舞龙、舞狮、踩高跷等活动。
公历2月4日或5日	立春	周朝时就有以土牛庆祝立春的活动。历朝皇帝在这天都率领大臣到皇田，亲自扶犁鞭牛，以劝农桑，并祈求风调雨顺，五谷丰登。民众在这一天吃春饼和春卷。
二月初二	龙头节又名二月二	祭祀龙神，祈求风调雨顺、五谷丰登。这时候百虫复苏，江苏一带有祭虫的习俗，以保田中稼禾。
二月初二前后	社日又名社王节	祭祀社神，即土地神。古代皇帝都要祭祀社神，祈求丰收。平民则在村落的大树下搭起席棚祭祀社神，然后聚餐。
正月二十五（一说二月初二、一说二月十二）	花朝节又名百花节	传说这天是花王的生日，或说是百花生日。人们在庭院周围种上几棵树，美化环境。花农则往花神庙祭花神，祈求花事兴隆。
三月初三	上巳节又名修禊、踏青	古人在这天到野外水边洗濯身体，袯除不祥。魏晋以后，人们到野外郊游，谓之"踏青"。文人则聚集在风光秀丽之地，饮酒赋诗。
清明前一、两天	寒食又名禁火节、禁烟节	传说为纪念晋文公的臣子介之推而设。这一天不准用火，只能吃冷食。节后，皇帝向臣子赐蜡烛，以示恩宠。后世这一节日逐渐与清明节混同，因而息微。
公历4月5日或前后1天	清明节	二十四节气之一，在春季的后半段，万物至此时皆洁齐清明，故称"清明"。活动主要在郊外进行，饮酒赋诗，放风筝，弹吹歌舞。扫墓祭祖是清明和寒食混同后兴起的。

日期	节日	活动
三月廿三	妈祖诞又名天后宝诞	兴起于福建,在渔民中间流行,后来扩展至台湾、广东及沿海一带。妈祖原名林默娘,据说自幼秉赋特异,出海救助过不少渔民和商船队,渔民尊她为守护神,后称"天后"。
五月初五	端午节	传说为了纪念屈原。家家吃粽子,插菖蒲艾叶,喝雄黄酒。有赛龙舟的特色活动。
七月初七	七夕又名乞巧节	传说天上的牛郎、织女在此夜借鹊桥相会。妇女摆香案、供瓜果、穿针引线,向织女乞求智巧。
七月十五	中元节又名盂兰盆节、鬼节	佛教徒称盂兰盆节。相传佛祖叫弟子目莲在这天备百味饮食,供养十方僧众,这样便可以解救他在地狱受苦的母亲。道教则称为中元节,以这天为地官在凡间察核人们的善恶。有的地方,人们放"河灯"为屈死冤魂引路。后来,中元与盂兰相混,人们设祭品,供奉各方游魂野鬼,使其得到安息。
八月十五	中秋节	人们一家团聚,吃月饼、赏月、赏灯、猜谜。又陈设月光纸、献瓜果拜月。有的地方还拜兔儿爷。
九月初九	重阳节又叫重九节、登高节	相传东汉时,恒景得费道人指点,在这天带同家人登高,避过劫难。后来人们在这天登高、饮菊花酒、赏菊、插茱萸。
公历12月22日或前后1天	冬至	冬至是全年白天最短、黑夜最长的一天。但这天以后,白昼愈来愈长,是大地向春日复苏的开始,因此值得庆贺。这天要全家团聚,拜祭祖先,享受丰盛食物。
十二月廿三(或廿四)	祭灶	相传灶君是玉皇大帝派来监察人间善恶的,在这天要回天庭述职。人们献上各种甜食、糖果供奉灶君,好让他说说好话。
十二月三十(或廿九)	除夕	是旧岁之终,新岁来临之前夜。一家团聚,贴春联、贴门神、贴年画,拜祖先,吃团年饭。长辈给晚辈压岁钱。有的整夜不睡,称作守岁。

附录三　中国名胜古迹

地名	省市	历史与特色
北京	北京	中国首都。世界著名历史文化名城。金元明清与民国初期相继建都于此，文物古迹异常丰富。周口店"北京人"遗址、故宫、天坛、颐和园和长城被联合国教科文组织世界文化和自然遗产保护公约列入世界文化遗产目录。
天津	天津	中国四大直辖市之一，也是华北最大的工业城市和对外贸易港口。著名的旅游地点有天后宫、大悲院、清真大寺、大沽口炮台、盘山和独乐寺等。独乐寺有中国现存最古老的木结构建筑，又有最大的泥塑观音像。
石家庄	河北	西倚太行山，北临滹沱河。20世纪初，这里还是一个小村庄。主要的旅游地点有烈士陵园、毗卢寺、隆兴寺、赵县大石桥等。
保定	河北	为军事重镇和著名文化古城。有宋明城墙遗址、大慈阁、直隶总督署、慈禧行宫等文物古迹和协生印书局、石家花园、保定师范等革命纪念地。
承德	河北	有康熙创建的避暑山庄（又名热河行宫），及相继修建的外八庙，被列入世界文化遗产目录。
西安	陕西	著名古都和历史文化名城。古称长安。自西周始，历为西周秦汉西晋隋唐等王朝都城，又是"丝绸之路"的起点，为古代国际经济、文化交流中心和著名都会。有丰富的古代建筑遗址及大、小雁塔、明西安府城墙、钟鼓楼、碑林、半坡村等文物古迹。附近秦始皇陵及兵马俑坑已被列入世界文化遗产目录，还有临潼骊山风景名胜区。
咸阳	陕西	古代为秦国都城，唐置县。有周陵、秦咸阳城遗址、汉唐帝陵、唐昭仁寺、大佛寺、杨贵妃墓和明代佛铁塔等文物古迹。
延安	陕西	在宋代，延安是防御外族入侵的边塞重镇，范仲淹、韩世忠、梁红玉都驻守过这里。20世纪30年代，中国共产党在这里建立根据地。区内有许多古迹，除宝塔山、清凉山等名胜外，黄陵县更有中华民族祖先黄帝的陵墓。
汉中	陕西	自古为名郡。有刘邦汉台、饮马池、韩信拜将台、张良庙、武侯祠和张骞墓，褒斜栈道石门及其摩崖石刻等文物古迹。其中汉魏以来石刻尤为珍贵。
华山	陕西	西岳华山，在华阴县境内，海拔近二千多米，以峥嵘峻峭而闻名于世。华山有五大主峰：南峰（落雁峰）、东峰（朝阳峰）、西峰（莲花峰）、中峰（玉女峰）和北峰（云台峰），前三峰高峭，后二峰俊秀，各擅胜场。

地名	省市	历史与特色
洛阳	河南	著名古都和历史文化名城。西周洛邑、东周都城、东汉等王朝建都历时近千年，有九朝故都之称。有历代故城遗址、龙门石窟、白马寺及大量古代墓葬等文物古迹。有龙门风景名胜区。
开封	河南	著名古都和历史文化名城。曾为战国魏、五代梁、晋、汉、周及北宋和金末都城。有北宋东京城遗址及祐国寺铁塔、相国寺、龙亭等文物古迹。
安阳	河南	殷商故都，中原名城。"殷墟"出土大量甲骨文、青铜器。有文峰塔、高阁寺等文物古迹。旧城区保持传统格局并保留了许多传统民居。
郑州	河南	是历史悠久的古都。1952年春，发掘了商代二里岗文化遗址，1955年秋，又发掘了郑州商城。
嵩山	河南	中岳嵩山，在登封县境内，东西绵延60公里，山势坦缓，由太室山和少室山组成。少室山阴的少林寺是佛教禅宗的发祥地，少林武术著称于世。此外，又有中岳庙、嵩岳寺塔和嵩阳书院，都很有名。
曲阜	山东	历史文化名城。西周至春秋战国鲁国都城。有鲁国故城遗址、孔子故里、孔庙、孔府、孔林、周公庙、颜庙等众多名胜古迹。曲阜孔庙、孔林、孔府已列入世界文化遗产目录。
济南	山东	历史文化名城。有孝堂山郭氏石祠、隋四门塔、唐龙虎塔、灵岩寺、千佛山等汉代以来文物古迹，有独特泉城风貌和大明湖、趵突泉名胜。
泰山	山东	东岳泰山，在省中部，主峰在泰安城北，海拔1545米。历代帝王到泰山巡狩、封禅，加上文人的题咏，为泰山留下许多文物古迹。著名的旅游点有岱庙、南天门、玉皇顶等。泰山已列入世界文化与自然遗产目录。
青岛	山东	位在黄海之滨，胶州湾畔，是著名的旅游、避暑胜地。市内有许多西式建筑物。著名景点有海水浴场、崂山、八大关等。
烟台	山东	在胶东半岛北端的黄海之滨，三面环山，一面临海，是一座海港城市。明初，明军在烟台对外的芝罘岛设狼烟墩台，以抵御倭寇，故称烟台。秦始皇曾三次登上芝罘岛，留下许多遗迹和传说。
太原	山西	在省中部太原盆地，东有太行山，西有吕梁山，汾河穿越其间。春秋时晋国在今城西45公里处建立晋阳，开始了太原的历史。晋祠、双塔寺、崇善寺和纯阳宫，都非常有名。
大同	山西	历史文化名城。曾为北魏初期都城。有云冈石窟及上、下华严寺、九龙壁古建筑和平城遗址。附近有恒山风景名胜区。
平遥	山西	保存有完整的明清城池、街区格局和古代建筑特色。附近镇国寺万佛殿、双林寺雕塑和壁画都十分精美，具很高艺术价值。平遥已被列入世界文化遗产目录。
恒山	山西	位于浑源县城南，东连太行山，西扼雁门关，东西绵延250公里，主峰2016米。恒山悬空寺是在峭壁上兴建的木结构建筑，由许多巨大木柱和石砌平台支撑，全长一百多米。它的设计巧妙，造型奇特，自北魏建成至今千余年，仍然保存完好。

地名	省市	历史与特色
新绛	山西	晋西南著名古城。现存城墙筑于明代。有龙兴寺、钟鼓楼等古建筑及国内现存唯一隋唐园林绛守居园池遗址和薛、陈、乔家花园等私家园林。
上海	上海	鸦片战争后对列强通商的五口岸之一，是近代中国科技、商贸中心和国际港口城市。多文物古迹和革命遗址及各式外国风格的建筑。
南京	江苏	六朝故都，又为五代时南唐、明初及太平天国和民国都城。有石头城、南朝陵墓石刻、明故宫遗址及南京城墙、明孝陵、中山陵、太平天国天王府、孙中山临时大总统办公处和民国总统府、栖霞寺等文物古迹。有钟山风景名胜区。
苏州	江苏	历史文化名城。与杭州并称"苏杭"。苏州园林集中了宋元明清历代造园艺术的精华，被列入世界文化遗产目录。附近有太湖风景名胜区。
扬州	江苏	历史文化名城。大运河南北交通要冲，古代著名商贸城市，多隋唐以来文物古迹。有蜀岗瘦西湖风景名胜区。
无锡	江苏	无锡在太湖的正北，是江南有名的鱼米之乡。相传周太王的大儿子泰伯在这里建立了勾吴国，定都于梅里（今无锡东的梅村）。梅园、寄畅园是江南有名的庭园。此外，市西南的五里湖，据说是越国的谋臣范蠡功成身退之后，与西施泛舟之地，所以又叫作蠡湖。湖畔建了蠡园和赛蠡园。
合肥	安徽	地处长江和淮河之间，因为东淝河和南淝河在这里合流而得名。它是宋代名臣包拯的家乡，市内南门外有包公祠。另外又有逍遥津和曹操教弩台等与三国故事有关的遗迹。
歙县	安徽	古代名城，有明建南、北谯楼及部分城垣，有大量明清住宅和庭园，保持明清街巷风格。多名人遗迹和文物古迹，有歙砚等传统工艺品。附近有黄山风景名胜区，已列入世界文化与自然遗产目录。
亳州	安徽	商汤立都，史谓南亳。因是老子、曹操、华佗等名人故里而闻名中外。水运发达，为古代四大药材基地之一，商贸繁荣。老街区保持明清建筑风貌。有商汤王陵、曹操家族墓群、华佗故居、文峰塔、明王台等文物古迹。
黄山	安徽	明代旅游家徐霞客曾称赞黄山说："五岳归来不看山，黄山归来不看岳"，对黄山推崇备至。黄山有名的山峰有七十二座，主峰有三座：莲花峰、天都峰、光明顶，海拔都在1800米以上。黄山的怪石、奇松、云海、温泉都很有名，人称"四绝"。
寿县	安徽	古称寿春。东晋时，这里有过著名的淝水之战，东晋的谢玄、谢石以几千兵马击退前秦苻坚数十万大军。县内的报恩寺、范公祠和孔庙，是有名的古迹。这里又出土了许多珍贵的文物，如楚王墓的"楚器"、蔡侯墓的"蔡器"以及"鄂君启节"等。
武汉	湖北	水陆交通要冲，"九省通衢"，东汉以来历为兵家必争之重镇。汉口商业繁荣为明清四大名镇之一。有许多楼阁寺塔等文物古迹和近代革命旧址及东湖风景名胜区。
江陵	湖北	即荆州，是春秋战国时期楚国的都城郢都进出长江的门户。现在城外的楚纪南故城，正是当日的郢都。在纪南故城内，考古学家发现不少文物。另外又有明代城垣。

地名	省市	历史与特色
襄樊	湖北	战国楚邑、历史名城。有保存完好的襄阳古城墙和樊城两座城门与部分城墙，有鹿门寺、多宝佛塔及历史文化名人故居、祠墓等文物古迹。附近武当山古建筑群已列入世界文化遗产目录。市西15公里有隆中山，是诸葛亮隐居、刘备"三顾茅庐"之处。
秭归	湖北	是屈原的故里。秭归有屈原庙，始建于唐代，门外石碑上刻"三闾大夫故里"几个大字。庙内立屈原像。城东，有屈原祠，又名烈公祠。祠内大殿后面有屈原衣冠冢。
武当山	湖北	在省西北的丹江口市境内，是秦岭大巴山的支脉，自西南向东北，方圆400公里。武当山是道教的胜地，有七十二峰、三十六岩、二十四涧、十一洞、三潭、九泉。主峰天柱峰，海拔1613米，绝顶上有金殿，因此峰顶也称金顶。金殿为铜铸，外鎏赤金，高5.5米，宽5.8米，深4.2米，不留一点凿痕。殿内供奉重达十吨的真武大帝铜像，左右是金童、玉女和水火二将军铜像。此殿建于明永乐十四年（1416），至今保存完好。
重庆	重庆	战国时为巴国都。水陆交通发达，为长江上游重要都会。有船棺、岩墓、汉阙等文物和温泉、缙云山等名胜。附近有著名的大足石刻。
成都	四川	西南著名都会，曾为三国蜀汉、十六国成汉、五代前蜀与后蜀都城。有杜甫草堂、武侯祠、王建墓、望江楼等文物古迹。
乐山	四川	春秋为蜀开明王国都，有宋末城址、炮台、乐山大佛、凌云寺、龙泓寺、唐塔、摩崖造像、汉崖墓等文物古迹。有峨眉山风景名胜区。峨眉山及乐山大佛已列入世界文化与自然遗产目录。
都江堰	四川	秦李冰创筑的水利工程。工程至今仍发挥作用，为全国重点文物保护单位。有始建于五代的文庙及奎光塔、城隍庙和传统民居及纪念李冰父子的二王庙等。
峨眉山	四川	在成都西南160公里外，自古以巍峨秀美著称，主峰高达三千多米。峨眉是佛教四大名山之一，现存有报国寺、伏虎寺、万年寺等。自然景观方面，峨眉的日出、云海和"佛光"都很有名。"佛光"是指在主峰金顶之上，阳光在游人背面斜射下来，在摄身岩下形成的彩色光环。峨眉山也有许多珍奇的动植物。粗略统计，山中植物达三千多种。
长沙	湖南	战国以来，为中国历代南方重要城市。有麓山寺、岳麓书院、马王堆西汉古墓葬等文物古迹及近代革命遗址遗迹。附近有衡山风景名胜区。
岳阳	湖南	有岳阳楼。它位于岳阳市西门古城台上，扼长江、临洞庭，气势壮阔。岳阳楼始建于唐代，宋代范仲淹的《岳阳楼记》使它声名大噪。现在的岳阳楼是清代同治年间重建的，高20米，面积251平方米，三层三檐，由四根楠木大柱支撑，造型仿照古代武士的头盔，十分别致。岳阳楼外的君山岛，有湘妃墓、柳毅井等。
武陵	湖南	武陵风景区包括张家界、索溪峪、天子山，位于省西北部的大庸市。青岩山千奇百状。其他胜景有金鞭溪、索溪峪、天台、天子山等。

地名	省市	历史与特色
衡山	湖南	南岳衡山，在省南部的湘江之畔，广八百里，气势磅礴。相传黄帝、尧、舜都到这里巡狩祭祀，历代帝王也大都在这里举行祭典。山中的南岳庙，仿帝王宫殿建造，有九进，院落有四重。正殿大雄宝殿高22米，殿内外有72根石头柱子，象征七十二峰。
南昌	江西	历史文化名城。有百花洲、滕王阁、绳金塔等名胜古迹。附近有庐山风景名胜区，已列入世界文化遗产目录。
景德镇	江西	中国古代瓷都。现存古代窑址数十座及明代民居及宋塔等文物古迹。
庐山	江西	在中国第一淡水湖鄱阳湖边。庐山以云雾缭绕著称，一年之中，有192天有云雾。山南麓的香炉瀑布，有李白的咏叹："日照香炉生紫烟，遥看瀑布挂前川。飞流直下三千尺，疑是银河落九天。"庐山东南有白鹿洞书院，南宋朱熹、明王守仁皆在此讲学。
杭州	浙江	南宋都城。有灵隐寺、岳飞庙、六和塔等文物古迹及杭州西湖风景名胜区。
宁波	浙江	古代名城，近代通商五口岸之一。有河姆渡原始文化遗址、保国寺、天童寺、天一阁藏书楼、明代甲第世家和清代大型民居等文物古迹。
绍兴	浙江	江南水乡城市。历史上人才辈出、名流荟萃，多文物古迹和名人故居。
福州	福建	古代名城。曾为宋末与明末临时都城。宋代为造船业中心，近代为通商五口岸之一。有宋华林寺大殿、崇福寺、历代摩崖石刻等文物古迹，市区保留有不少明清民居。
厦门	福建	是旅游和疗养胜地。厦门港港阔、水深，是中国的良港，也因此在鸦片战争后被辟作通商口岸。市西南约1公里外是鼓浪屿，环境清幽，是钢琴之乡。明末，郑成功在此训练水师，然后收复台湾。现今岛上还有古寨门和水操台遗址。厦门还有南普陀寺和集美镇，是游人必到之地。
泉州	福建	中国宋元两代最大的外贸港口，又是近代以来著名侨乡。有清净寺、开元寺、九日山摩崖石刻等文物古迹和清源山风景名胜区。
漳州	福建	闽南古城。是台湾同胞和海外侨胞祖居地之一。有唐咸通经幢、南山寺、宋古城赵家堡、明铜山古城、云洞岩摩崖石刻等文物古迹。
广州	广东	南方著名都会。东汉开始与南洋诸国贸易往来，五代以后成为南方最大商业都市和通商口岸。有怀圣寺光塔、光孝寺、镇海楼、三元里平英团旧址等名胜古迹。
潮州	广东	是著名的侨乡，文化古迹很多。开元寺始建于唐代开元二十六年（738），有78块唐代石刻，刻着佛像、鹿、猴、莲花图画和"法轮常转，佛日增辉，皇风永扇，帝道遐昌"等文字。此外，寺里有宋代造的千斤铜钟，元代雕刻的陨石香炉，明代的木雕和清代的木刻藏经，都十分珍贵。
肇庆	广东	古城墙保存完好，有崇禧塔、梅庵、西谯楼、七星岩摩崖石刻等文物古迹及佛教禅宗六祖遗迹。有肇庆星湖风景名胜区。

地名	省市	历史与特色
海口	海南	位于南渡河的入海处。自宋代开始，海口是中外通商口岸。在古代，海南是不少失意于官场的士人被贬之所，因此也有几所纪念这些名臣的建筑：苏公祠（又称二苏祠），纪念苏轼及他的弟弟苏辙；五公祠即海南第一楼，纪念唐代的李德裕、宋代的李纲、赵鼎、胡铨和李光；邱海二公祠则是为纪念明代清官海瑞和理学家邱濬。
三亚	海南	在海南岛南端，最有名的景点是市西24公里"天涯海角"。这里原叫做"下马岭"，满地乱石。在一座浑圆的巨石山上，刻着"天涯"二字，在旁边的卧石上，则刻着"海角"二字。在这两块石的左边，还有一座圆锥形的巨石，擎天拔地，上面刻着"南天一柱"四个大字。每逢潮涨之时，万顷波涛奔进而来，气势极为壮观。
桂林	广西	西南著名都会。山奇水秀，奇峰罗列，素有"桂林山水甲天下"之称。有独秀峰、叠彩山、七星岩等名胜和明靖江王城、靖江王陵、花桥、开元寺、历代摩崖石刻等文物古迹及大量题咏、诗赋和桂林漓江风景名胜区。
南宁	广西	有一千六百多年历史。南湖公园是南宁市最古老的胜迹。一千多年前，人们为了免除邕江在水涨时倒灌邕溪，便在邕溪两岸分流建堤，蓄水成湖，这便是南湖。
贵阳	贵州	在省的中部群山环抱的谷地之中。三国时，诸葛亮带兵南征，曾在这里驻防。现在市内的观象台，又叫观风台，据说是诸葛亮观天象、测风云的地方。贵州是少数民族聚居之地，在每年农历四月初八日，市郊的苗族群众都穿着盛装，吹着芦笙，载歌载舞，会集到市中心，欢度节日；城郊也有唱山歌、牵羊游等活动，为当地添上独特的民族色彩。
黄果树瀑布	贵州	位于镇宁和闽岭两县的接壤地。在北盘江支流的树枝状水系上，有成千上百条的瀑布，而黄果树瀑布就是其中最大的一条。夏季洪峰时节，瀑流如银河倾倒，声震十里。春冬水枯，瀑流若数条白练，飘荡在悬崖绝壁之上，有娟秀之姿。瀑帘后，有一条岩廊洞穴，称"水帘洞"。游人从水帘洞观看四周的景物，则有缥缈迷离的感觉。
昆明	云南	自古为西南边疆重镇和著名都会。有西山、翠湖、圆通山、金殿、大观楼等名胜古迹和昆明滇池风景名胜区。
大理	云南	唐代南诏和宋代大理国都城。西汉以来就是中国与东南亚诸古国文化交流、通商贸易的重要门户。有南诏太和城遗址、大理三塔、南韶德化碑等体现古代云南与中原文化密切联系的重要文物古迹及大理风景名胜区。
丽江	云南	自古为纳西族聚居地。宋代建城。老城区保留传统格局和地方建筑风貌。有土司府邸、五凤楼、宝积宫等反映纳西族古代文化的文物古迹。已列入世界文化遗产目录。
拉萨	西藏	自吐蕃建都起即为西藏地区中心城市，历史悠久。有布达拉宫、罗布林卡园林、大、小昭寺、色拉寺、哲蚌寺及唐蕃会盟碑等文物古迹。拉萨布达拉宫已被列入世界文化遗产目录。
日喀则	西藏	藏族聚居地，为后藏政治经济文化中心，曾为西藏噶玛王朝首府。建城已五百余年。建筑基本保存藏式传统风貌。有历世班禅驻锡的西藏三大宗之一的扎什伦布寺以及珍贵的宋元建筑夏鲁寺。

地名	省市	历史与特色
西宁	青海	海拔二千多米,是一座高原古城。市内东关清真大寺是中国西北地区著名的伊斯兰圣地,始建于明洪武十三年(1380),曾经三次扩建。寺院宽敞,平时可容三千人礼拜,最多可达万人。另一座北禅寺,年代则更久远,始建于汉魏时期,历代重修,是佛道合居的庙宇。寺内残存的壁画和藻井,是晚唐和宋、元期间遗留下来的。
青海湖	青海	青海湖古称西海,距西宁市西北一百多公里。它是中国最大的内陆咸水湖,面积4635平方公里。湖内蕴藏着丰富的鱼类和鸟类资源。湖中分布着鸟岛、蛋岛、三块石岛、海心山岛和沙岛五个岛屿。但近年来湖水下降,鸟岛已经成了半岛。
乌鲁木齐	新疆	位于天山北麓,准噶尔盆地的南端,是新疆的首府。早在西汉时代,朝廷为了维护丝绸北路之安全,就在乌鲁木齐附近的轮台设置了西域都护府。乌鲁木齐市中的红山,是该市的象征。山上红岩嶙峋,故名。这里曾是佛教徒顶礼膜拜的地方,但历代修建的庙宇已荡然无存。大清真寺是最有名的伊斯兰寺院。由于这座寺院是陕西渭河一带人士捐助而建成的,故称陕西大寺。
喀什	新疆	古称疏勒,在新疆西部,帕米尔高原脚下,塔克拉玛干大沙漠西缘,是中外交通的重要关口。这里是民间艺术的中心,市内处处是手工艺作坊,生产各种精美的手工艺品。香妃墓是一座宏丽的伊斯兰墓园,相传里面葬的是乾隆的宠妃香妃。
兰州	甘肃	古称金城,是丝路上的交通要塞,与酒泉、张掖、武威、敦煌合称河西五郡。五泉山公园在兰州市区的中心,因山上有五眼泉水而得名。区内永靖县炳灵寺有唐代石雕大佛坐像,夏河县则有喇嘛教寺院拉卜楞寺。
武威	甘肃	西汉河西四郡之一,曾为十六国时前、后、南、北凉及唐初大凉都城。地处"丝绸之路"要冲,是中西经济文化交流重镇,一度为北方佛教中心。为著名凉州词、曲,西凉乐、伎的发源地。有丰富的历史文物古迹。雷台汉墓出土的铜奔马为国家级文物珍品。
张掖	甘肃	西汉河西四郡之一,为"丝绸之路"上的重要城市,有"金张掖"之称。有大佛寺、西来寺、木塔、鼓楼等文物古迹。大佛寺内有中国最大卧佛,身长34.5米。城区保留不少明清时期民居,具明显地方特色。
敦煌	甘肃	西汉河西四郡之一,为古代"丝绸之路"上的重镇。莫高窟千佛洞是中外闻名的文化艺术宝库。有"沙漠第一泉"月牙泉名胜及敦煌古城、古阳关等遗址。莫高窟已列入世界文化遗产目录。
酒泉	甘肃	在河西走廊的中段,古称肃州。据说,西汉霍去病率兵打败匈奴,武帝赐他御酒十瓶,霍去病把酒倒进"金泉"中,与二十万将士开怀大饮。酒泉之名由此而得。这个金泉据说就在现在泉湖公园之内。在城西北有魏、晋及十六国时期的墓葬群。在东晋墓的前后两室内,都有彩绘壁画。有一部分反映当时生活的场面,如农耕、畜牧、主人宴乐等情景,非常珍贵。
银川	宁夏	唐代筑城,清代筑驻防满城。西夏建都达一百九十年。有承天寺塔、古代岩画等文物古迹和西夏王陵风景名胜区。

地名	省市	历史与特色
固原	宁夏	有须弥山石窟。须弥山是梵文"须弥都"的音译，意为仙山。从北魏开始，至唐代止，这里共开凿窟室一百三十多个。现在保存较好的有二十个，分布在大佛楼、子孙宫、圆光寺、相国寺、桃花洞五处。
呼和浩特	内蒙古	自古为北方游牧民族与汉族经济文化交往地。老城为明代建，新城为清初建。有大召、席力图召等著名寺庙建筑及金刚宝座塔、昭君墓等古迹。
包头	内蒙古	包头是内蒙古最大的城市。成吉思汗陵在伊金霍洛旗阿腾席连镇东南15公里处。这是成吉思汗的衣冠冢，富有蒙古建筑风格。在多伦县城西20公里有元代上都遗址。另外，五当召是一座藏式寺院，气势雄伟。
沈阳	辽宁	清朝入关前的都城，有沈阳故宫宫殿建筑群、东陵（福陵）、北陵（昭陵）、塔山山城、永安石桥等文物古迹。
大连	辽宁	在辽东半岛的最南端，旅顺港就在它的西南角，是著名的避暑和疗养胜地。海滨有造型奇特的岩石。附近有蛇岛，只有0.63平方公里，却有万多条蝮蛇。
长春	吉林	位于松辽平原的中部。市西北70公里的农安镇，有一座在辽代建成的古塔，高44米，八角十三层，颇为精美。农安是古代夫余国的王城，古称"黄龙府"。
长白山	吉林	长白山在安图、抚松和长白三个县内。长白山是睡火山，最近一次喷发在1702年。山上常年积雪，洁白如银，故称作长白。长白山有十多个海拔在2500米以上的山峰，最高的是白云峰。松花江、鸭绿江和图们江都发源于此。
哈尔滨	黑龙江	在松花江中游。哈尔滨有九百多年的历史，女真族的一支，在这里建立了"阿勒锦"村。阿勒锦有"荣誉"的意思，哈尔滨即从此转化而来。市内有许多俄式建筑。
五大莲池	黑龙江	在德都县西北。1720年，该处火山喷发，岩浆把小白河截为五段，形成五个互相串连的火山堰塞湖。著名的景点有温泊云雾、三池冰裂、石浪闻声、桦林沸泉等。该次火山喷发为此地留下许多有趣的景物。在"石海"附近，有数以百计的"石塔"，又有石龙、石蟒、石象、石虎、石熊、石马、石牛、石猿、石鱼等等，形态千奇百怪。

附录四　中国历史朝代公元对照简表

夏			约前21世纪—约前16世纪
商			约前16世纪—约前11世纪
周	西周		约前11世纪—前771年
	东周		前770—前256年
	春秋		前770—前476年
	战国时代		前476—前221年
	主要有秦、魏、韩、赵、楚、燕、齐等国。		
秦			前221—前206年
汉	西汉		前206—公元25年
	包括王莽建立的"新"王朝（9—23）和更始帝（23—25）。		
	东汉		25—220年
三国	魏		220—265年
	蜀		221—263年
	吴		222—280年
西晋			265—316年
东晋十六国	东晋		317—420年
	十六国		304—439年
	汉（前赵）、成（成汉）、前凉、后赵（魏）、前燕、前秦、后燕、后秦、西秦、后凉、南凉、北凉、南燕、西凉、北燕、夏等国。		
南北朝	南朝	宋	420—479年
		齐	479—502年
		梁	502—557年
		陈	557—589年
	北朝	北魏	386—534年
		东魏	534—550年

南北朝	北朝	北齐	550—577年
		西魏	535—556年
		北周	557—581年
隋			581—618年
唐 包括武则天建立的"周"王朝（690—705）。			618—907年
五代十国	后梁		907—923年
	后唐		923—936年
	后晋		936—946年
	后汉		947—950年
	后周		951—960年
	十国 吴、前蜀、吴越、楚、闽、南汉、荆南（南平）、后蜀、南唐、北汉。		902—979年
宋	北宋		960—1127年
	南宋		1127—1279年
辽			907—1125年
西夏			1032—1227年
金			1115—1234年
元			1279—1368年
明			1368—1644年
清			1644—1911年

鸣谢

本书部分图片承蒙下列机构及人士慨允转载，谨此致谢：

Columbia University Press	朵云轩
Russell & Russell	江西教育出版社
Stanford University Press	江苏人民出版社
人民美术出版社	江苏美术出版社
下中直人株式会社	宜新文化事业
上海人民出版社	河北教育出版社
上海人民美术出版社	河南教育出版社
上海文艺出版社	南京大学出版社
上海古籍出版社	重庆出版社
上海书画出版社	香港历史博物馆
山西人民出版社	浙江教育出版社
中州古籍出版社	国立故宫博物院
中州书画社	张瑞威先生
中国大百科全书出版社	计镇华先生
中国建筑工业出版社	朝华出版社
中国历史博物馆	游子安博士
中华版权代理总公司	湖南教育出版社
天津人民美术出版社	紫禁城出版社
文物出版社	解放军出版社
福建人民出版社	广西师范大学出版社
东方出版社	广西教育出版社
古吴轩出版社	广东旅游出版社
台北辅仁大学出版社	苏州市园林管理局